Unterwegs zwischen Oder und Elbe

Reisebuch DDR

Unterwegs zwischen Oder und Elbe

Reisebuch DDR

Axel Besteher-Hegenbart
Peter Gärtner

Fotografiert von
Jochen Wehrmann
und Peter Gärtner

Haude & Spener

CIP-Titelaufnahme der Deutschen Bibliothek

Reisebuch DDR : Unterwegs zwischen Oder und Elbe / Axel Besteher-Hegenbart ; Peter Gärtner. Fotogr. von Jochen Wehrmann u. Peter Gärtner. – Berlin : Haude & Spener 1990
ISBN 3-7759-0323-2
NE: Besteher-Hegenbart, Axel [Mitverf.]; Wehrmann, Jochen [Ill.]

Satz: Volker Spiess, Berlin
Lithos: Reproges. Wahl, Berlin
Druck: Kupijai & Prochnow, Berlin
Buchbinder: Heinz Stein, Berlin
Layout: Ulrich Hopp, Berlin
Umschlag: Hauke Sturm, Berlin
ISBN 3-7759-0323-2

Inhalt

Reisen nach nebenan – Reise-ABC 7

Informationen 13

Ostsee – ein halber Meter Urlaub für jeden 19

Wismar – eine Stadt macht Pause: 22 / Von Wismar nach Warnemünde – ein Seestück in fünf Stunden: 26 / Glückliche Tage in Warnemünde: 30 / Rostock – Leben, Arbeit, Schlaf: 31 / Von Rostock nach Stralsund – Strand, Pilze, Sonnenöl: 33 / Stralsund – eine Stadt unter Denkmalschutz: 37 / Altefähr – mit einem Fuß auf Rügen: 40 / Hiddensee – Traumziel / DDR: 42 / Rügen – ein Freizeitland: 43 / Greifswald – eine Stadt auf Abbruch: 50 / Usedom – Baden an der Grenze: 54

Informationen 59

Das weite Land 67

Von Güstrow nach Schwerin – die Fahrradtour: 70 / Schwerin – ein Schloß, eine Stadt: 72 / Güstrow – genannt „die Barlach-Stadt": 77 / Eintausend Seen – die Faltboottour: 81 / Mecklenburgische Nachtmusik: 85 / Ein Dorf in der Mark – Wutike oder irgendwo: 86 / Drei märkische Landstädte: 90 / Übers Land fahren: 93

Informationen 95

Kleine Reisen in die Umgebung Berlins 101

Im Spinnennetz der S-Bahn: 102 / Kornblumen vor der Stadt – Schönfließ: 103 / Straßen mit Vergangenheit – Oranienburg: 104 / Strandbad und Hirtenhorn – Wandlitz: 106 / Stadtoperation – Bernau: 108 / Platz, Sieg, DDR-Mark – Hoppegarten: 109 / Baumblüte, Havelblick – Werder: 111 / Einmal halb um die Halbstadt: 113 / Drei große Namen – Neuruppin: 115 / Zwei Schlösser – Rheinsberg: 118 / Baukunst im Nichts – Kloster Chorin: 121 / Fahrstuhl für Schiffe – Niederfinow: 122 / Schweizer Kleingebirge – Buckow: 125 / Gurken und Reiher – Spreewald: 128

Informationen 131

Potsdam – DDR Preußisch 137

Informationen 151

Berlin-DDR 155

Unter den Linden: 157 / Die Spreeinsel: 159 / Im Nikolaiviertel: 164 / In der Friedrichstraße: 165 / Am Alex: 169 / Im Scheunenviertel: 171 / In der Sophienstraße: 175 / Prenzlauer Berg – Berlin bunt: 176 / Pankow – Berlin bürgerlich: 181 / Hauptstadt – Berlin bei Nacht: 183 / Museumsstadt: 190 / Rund um den Müggelsee – Berlin grün: 195

Informationen 203

An Oder und Neiße – Grenzland zwischen Frankfurt und Görlitz 211

Informationen 225

Der Traum von Dresden 229

Die Schrecken und Spuren des Krieges: 231 / Umweg – vom Fluß zur Stadt: 232 / 3 Plätze, 1 Terrasse – der Rundgang: 235 / Dresden-Neustadt: 243 / Dresden-Weißer Hirsch und Dresden-Loschwitz 246

Informationen 249

Erzgebirge – Bergbau, Fabriken, Spielzeug 253

Karl-Marx-Stadt – Industriezentrum: 256 / Annaberg-Buchholz – Stadt auf dem Berg: 259 / Seiffen – im deutschen Weihnachtswunderland: 261 / Johanngeorgenstadt – strahlende Vergangenheit: 264

Informationen 267

Leipzig – Messe, Mode, Demos 271

Halle – Stadt und Staub 281

Informationen zu Leipzig und Halle 285

Thüringen – Deutsche Klassik, Wanderwege 289

Naumburg – Domstadt: 290 / Weimar – Goethe und Langeweile: 293 / Weimar-Buchenwald – Erinnerungen: 296 / Hohenfelden/Kranichfeld – Freizeit aufgestaut: 298 / Erfurt – Handel und Einkauf: 300 / Gotha – Eingangstor zum Thüringer Wald: 303 / Mit der Straßenbahn in den Wald: 305 / Der große Inselsberg – Treffpunkt für alle: 306 / Vom großen Inselsberg über den Rennsteig zur Wartburg: 308 / Die Wartburg – Symbol: 309 / Eisenach – versunkene Stadt: 312 / Die Hörselberge – in der Sagenwelt: 314 / Wasungen/Meiningen – am Rand des Waldes: 315

Informationen 317

Harz – von Hexen, Naturwundern und Fachwerk 323

Quedlinburg – ein altdeutsches Freiluftmuseum: 324 / Im Bodetal – üppige Natur, Sagen und Industrie: 328 / Rübeland und die drei „Wunder": 331 / Halberstadt – ausradiert: 333 / Wernigerode – tourismusgerecht: 335 / Die Harzquerbahn – Fahrt von Wernigerode nach Nordhausen: 336 / Bad Frankenhausen/Kyffhäuser – Monumente der Macht: 340

Informationen 343

Die Elbetour – von der Sächsischen Schweiz in die Altmark 347

Informationen 363

Reisen nach nebenan

Nein, die DDR braucht sich wirklich nicht zu verstecken. Es gibt alte Hansestädte mit gewaltigen backsteinernen Kirchenschiffen und gotischen Kaufmannshäusern, die nicht weit von traditionellen Badeorten und langen Sandstränden der Ostsee entfernt liegen. Schattige Buchenwälder säumen die Ufer klarer märkischer Seen, Vogelschwärme fliegen über Feldern auf, zwischen die halbvergessene Dörfer gebettet sind. Qualmende, stinkende Schlote, uralte Fabriken und gigantische Stahldrachen prägen rußig-grau die Ebenen, Täler und Senken der Industrie- und Tagebaugebiete, aus denen sich die großen, dicht bewaldeten Mittelgebirgszüge erheben. Mittendrin verlassene und verfallene Burgen und Schlösser, Hänge mit Villen und Wein, immer wieder Ausblicke auf Höhenzüge und Bergkuppen. Und rings um die Hauptstadt Berlin mit seinen Resten der Residenz von Kurfürsten, Königen und Kaisern sind die klassischen Ausflugsziele in der Mark rasch mit Bus, Bahn oder Dampfer zu erreichen.

Durch die Teilung Deutschlands wurden einige der Landschaften gespalten, der Harz, die Rhön und auch die Ostseeküste. Landstriche wie Mecklenburg jedoch mit seinen weit über tausend Seen, die märkischen Wälder, die abrupt am Rande des Oderbruchs enden, die platten und feuchten, nur von der Landwirtschaft berührten Gegenden, die die noch größeren Weiten des Ostens bereits andeuten, die gibt es in der DDR. Und nur im Kyffhäusergebirge und in den Hörselbergen ist noch heute zu spüren, was deutsche Sagenseligkeit bedeutet. Im Elbsandsteingebirge finden sich die einzigen Kilometer in deutschen Landen, die an die Toskana erinnern. Und eine Wanderung entlang des Ostufers der Müritz durch das ehemalige Regierungs-Jagdgebiet, in dem bis zum Oktober 1989 Willi Stoph wilderte, gehört zu den aufregendsten Naturerlebnissen in Mitteleuropa.

Aber auch in den geteilten Landschaften liegen auf der östlichen Seite Gebiete, die im deutschen Westen kein Gegenstück aufzuweisen haben: das einzigartige Bodetal im Harz, an der Ostsee die Kreidefelsen der größten deutschen Insel Rügen und mittelalterliche Stadtkerne, die nirgendwo sonst derart geschlossen erhalten und zugleich vom Verfall bedroht sind. Allein in der östlichen Hälfte Berlins sind die Orte zu entdecken, von denen aus sich die Stadt einst entfaltete. Mit der Oder-Neiße-Grenze entstanden deutsch-polnische Doppelstädte wie Kietz/Kostrzyn, Guben/Gubin und Görlitz/Zgorzelec. Und auf der Karte der DDR sind all die klingenden Namen angesiedelt, die vielen höchstens aus dem Geschichtsunterricht bekannt sind: Potsdam, Dresden, Meißen, Halle, Bautzen, Erfurt, Weimar, Eisenach, die Wartburg und der Zwinger, der Naumburger Dom und das Völkerschlachtdenkmal oder im Norden Schwerin, Wismar, Rostock, Stralsund und Saßnitz – Namen, die sich mit Geschichte und Geschichten verbinden, die lange und intensiv nachklingen, weil sie zu einem Land gehören, das man in den letzten Jahrzehnten nicht alle Tage besuchte.

Denn um aus diesen schwer beladenen Namen lebendige Eindrücke zu machen, galt es ja gleich zwei Grenzen zu überwinden. Die eine ist nun nach über 28 Jahren wieder offen und durchlässig. Die andere, die Grenze im Kopf, war ohnehin für viele noch schwerer zu überwinden. Und sie ist es auch heute noch. Denn 40 Jahre der Teilung waren ein vorzüglicher Nährboden für Vorurteile und Mißverständnisse. Einigen erscheint der Osten fern und umständlich zu erreichen, andere kennen dieses Land zwischen Elbe und Oder nur vom Fernsehsessel aus. Längst ließen sie alte familiäre Bindungen in die DDR einschlafen, schickten Genex-Geschenkpakete und überwiesen DM-Beträge wegen des schlechten Gewissens, statt Geld und Zeit für Besuche jenseits der Grenze zu nutzen. Jetzt stehen die Brüder und Schwestern plötzlich vor der Haustür. Und wie von selbst hat sich die Chance neu eröffnet, die ausgetretenen Routen zu verlassen und Orte und Plätze aufzusuchen, an denen sie garantiert noch nie in ihrem Leben waren.

Lübecker können in knapp zwei Stunden in Wismar sein, dessen Marktplatz heute noch so aussieht, wie Murnau ihn in den zwanziger Jahren für seinen „Nosferatu" gefilmt hat. Marburger finden sich in nicht viel längerer Fahrt in Eisenach wieder, können sich dann auf Eselsrücken zur Wartburg hochtragen lassen, „wie in Spanien" und eben doch nicht. Braunschweiger brauchen nicht so lange nach Quedlinburg, das mit seinem geschlossenen Fachwerkkern die Kaiserpfalz Goslar noch übertrifft. Und der Berliner wird nun für sein „Insulaner"-Dasein entschädigt, hat sogar die freie Auswahl. Ein kurzer Ausflug führt ihn an die Küste nach Warnemünde, in das Elbsandsteingebirge hinter Dresden, in den Spreewald oder in den Oderbruch.

Doch selbstverständlich ist eine derartige Reise auch nach der Öffnung der Grenzen nicht. Die Fahrt in diese DDR, in ein so nahes und doch so fernes Land, ist nicht nur außergewöhnlich, sondern auch aufregend und abenteuerlich. Vieles ist hier deutscher als in der Bundesrepublik und dennoch, weil 40 Jahre stalinistisch überformt, einfach fremd. Die Sprache ist sofort zu verstehen, auch viele Gesten, aber manche Gegebenheiten und in Gesprächen erwähnte Details erscheinen anfangs rätselhaft. Sicher, im Laufe der Zeit haben sich einige Lehnübersetzungen und -übertragungen aus dem Russischen wie auch Anglo-Amerikanischen durchgesetzt und etabliert. Doch für Begriffe wie Datsche, Broiler, Volkseigentum und Plansoll oder diverse

Seit dem 9. November 1989 ist alles anders

Abkürzungen braucht man nun wirklich kein Wörterbuch. Verändert haben sich deutlicher die Klangfärbung der Sprache, die gefühlsmäßigen Inhalte vieler Wörter. Es schwingen Melancholie, Resignation, und auch Trotz und Widerspenstigkeit mit, die in Unterhaltungen zwischen Deutschen-Ost und -West auch mal zu Irritationen führen. Zwar sind die Menschen in der DDR vom ersten, ja oberflächlichen Eindruck her den Bundesbürgern sehr ähnlich – im Guten wie im Schlechten –, und trotzdem bleibt ein Rest, den man nicht sofort entschlüsseln kann. Eine Tiefe, die den westlichen Besucher anfangs verunsichert, die er häufig ein wenig unbeholfen mit „Leiden“ beschreibt.

Vielleicht liegt das in der ganz eigenen Gesellschaftsstruktur des Landes begründet. Denn bis Mitte der fünfziger Jahre verließen die meisten großbürgerlichen Familien die DDR in Richtung Westen. Zurück blieben Arbeiter, Angestellte und kleine Handwerker. In diesen Kreisen entwickelte sich ein konservatives Kleinbürgertum, vermischt mit einer stillschweigenden Rebellion gegen die SED-Obrigkeit. Gemeckert wurde immer hinter vorgehaltener Hand, protestiert aber nur im erlaubten Rahmen. Wer zu weit ging, mußte mit Unannehmlichkeiten rechnen. Die wirklich riskanten Aktionen überließ man lieber den wenigen Oppositionellen und Aufmüpfigen. Die große Mehrheit der DDR-Bürger paßte sich millimetergenau an die jeweiligen Vorgaben an. Wut und Frust ließen sie im privaten Kreis ab oder ertränkten sie im Alkohol.

Die sogenannten preußischen Tugenden wie Sauberkeit, Fleiß, Ordnung und Disziplin wurden vier Jahrzehnte vom Staat propagiert und gefördert, waren stets Erziehungsideale. Das hat tiefe Spuren hinterlassen, obwohl große Gruppen immer auch etwas anders gelebt haben. Im Betrieb wurde oft so wenig wie möglich gearbeitet, dafür um so mehr für private Zwecke organisiert. Tauschhandel, Bestechung, Privilegien wurden vom starren zentralistischen System begünstigt, hatten sich neben der Plan- als Schattenwirtschaft etabliert. Nun schreien immer mehr nach der Leistungsgesellschaft, hoffen auf schnellen Konsum und westlichen Lebensstandard. Doch den alltäglichen Rhythmus des Kapitalismus kennen sie kaum.

Tatsächlich wirkte der reale Sozialismus wie eine riesige Zeitmaschine, die aufgehalten und verzögert hat. Alles ging langsamer voran, das Alte und das Neue in Architektur und Lebensart standen dicht nebeneinander, Moden und Trends hielten sich wesentlich länger als im Westen.

Stets kündigten sich Wechsel an, lange bevor sie wirksam wurden. Banale Gebrauchsgegenstände wie Kaffeemaschinen blieben über Jahre unverändert im Design, damit einher ging ein Prozeß der Gewöhnung, aber auch des Schätzens von vielen Dingen. Durch Mangel und Versorgungsschwierigkeiten bekam Banales eine ungewöhnlich große Bedeutung. Geldmangel und eine starrköpfige Staatsführung haben die zügige Modernisierung von Stadt und Land verhindert, der Mangel an freier Öffentlichkeit und Freizügigkeit behinderte einen Austausch über den Markt der Meinungen und Erfahrungen, der die Lebensgewohnheiten und den Umgang miteinander stärker nivelliert hätte. Zugleich wurden alte Traditionen in Brauch und Dialekt bewahrt, konservative Lebens- und Moralvorstellungen immer gefördert.

Unterschiedliche, gegensätzliche Lebensstile stehen unvermittelt nebeneinander. Da sind die Kleingärtner auf ihren Grundstükken, die Mitglieder der Taubenzüchter-, Angler- und Karnevalsvereine, die Künstlerszene in den großen Städten, die Alternativen auf den Bauernhöfen in der Mark und die Kleinfamilien in den genormten Neubauwohnungen. Schiebermützen werden über Halbglatzen, lange Haare und noch längere Bärte zu Latzhosen und Parkern, Irokesenschnitte zu Lederjacken getragen, doch nur in der DDR die russischen Fellmützen zum vornehmen Wollmantel. Die Menschen gehen ungehemmt ihren Konsum-Neigungen nach, fahren in den Westen zum Einkaufen, machen es sich gemütlich in ihren vier Wänden. Andere begeistern sich an heavy-metal-bands oder happenings mit verspritztem Schweineblut. Wiederum andere engagieren sich in politischen Gruppen und Parteien, und immer mehr ziehen sich am liebsten in idyllische Winkel zurück, wollen ihre Ruhe oder malen wie die Wilden.

Unterschiedliche Zeitschichten liegen über- und nebeneinander: Mittelalterliche Ecken und Spuren, verträumte Dörfer und Landstädte, die im vergangenen Jahrhundert stehengeblieben zu sein scheinen. In den Großstädten stößt man auf Altbauviertel, karg und streng, in denen immer noch der Proletarier alten Typs wohnen könnte. Verfall, Sanierung und Neubau werden gerade mal durch einen Straßenzug getrennt. Nierentisch- und Plüschkultur vermischen sich mit nachgemachtem westlichen Chic, bestimmen den Charakter in alten und neuen Trabantensiedlungen. Autobahnabfahrten gehen in kopfsteingepflasterte Alleen über, die Straßen zerteilen brutal die Landschaft oder verstecken sich unter hohen, dichten Baumkronen.

Unter der Glocke des stalinistischen Staates war ein regelrechtes Durcheinander entstanden, in das die Staatssicherheit jederzeit reglementierend eingriff. Dieser bedrückende Zustand hat viele Menschen still angepaßt und resigniert, auch verzweifelt gemacht, zugleich jedoch widerborstig und pfiffig im Auskundschaften und Ausnutzen der Nischen und Lücken. Aus den verschiedenen westlichen und östlichen Einflüssen ist in vier Jahrzehnten eine Mischung aus deutschem Opportunismus und südöstlichem laisser-faire entstanden. Eine Mischung, die auch die sogenannte Oktober-Revolution prägte: Erst eine gewaltige Fluchtwelle schaffte ein Klima, in dem ein kurzer und lautstarker Aufstand ausreichte, um ein lange überlebtes System hinwegzufegen. Doch der Schwung der Herbsttage war mit der Öffnung der Grenzen rasch abgeebbt. Immer mehr DDR-Bürger üben bereits eine neue Anpassung. Sie wollen so schnell wie möglich in einem vereinigten Deutschland leben.

Die Unmenge der widersprüchlichen Eindrücke vom Leben in der Republik, die unerwartete Fülle der frischen und unverbrauchten Blicke auf Landschaften füllen dem westlichen Besucher schon nach einem Tag den Kopf. Ein Druckgefühl entsteht, für viele ein Schlüsselerlebnis bei einem DDR-Besuch, das jedoch vorübergeht, desto öfter man das Land bereist. Gerade bei den ersten Malen braucht der Besucher schon seine Zeit, um die Eindrücke, die bei jüngeren wie älteren oft auch eine Reise in die eigene Vergangenheit sind, zu verstehen und zu verarbeiten. Das ist jedoch ein sicheres Zeichen für eine lebendige Abenteuerreise, sie ist eben anstrengend.

Die besondere Art, Leben und Alltag zu organisieren, ist auch für den Gast hilfreich. Faltboot, Fahrrad oder Zelt sind schnell beschafft, selbst wenn offiziell nicht im Handel erhältlich. Ist man erst einmal unterwegs, bedeutet ein überbelegter Campingplatz kein großes Hindernis. Erstaunt nimmt man dann vielleicht zur Kenntnis, wie viele Menschen einfach mitten in der Landschaft ihr Zelt aufbauen. Daß die Züge der Reichsbahn oft Verspätung haben, ist ohnehin bekannt, darauf kann man sich einstellen, ähnlich wie in Südeuropa. Dennoch gibt es ein dichtes Eisenbahnnetz, viele gut ausgebaute Landstraßen, die sich als Alternative zum Autobahnfahren geradezu aufdrängen. In den größeren Städten kann man auf das Auto ohnehin verzichten, auf Straßenbahn und Bus ist Verlaß. An andere Eigenarten wie die komplizierte Versorgungslage, mürrische Kellner oder nichtfunktionierende Fahrstühle im Hochhaus muß man sich nicht gerade gewöhnen. Alles ist in der DDR nicht zu planen, muß oder kann dem Zufall überlassen werden, und vieles wird sich vielleicht schon bald ändern.

Wir haben versucht, Tips zu geben, auf kleine Hürden aufmerksam zu machen und vor bösen Überraschungen zu warnen. Während unserer Aufenthalte in den letzten Jahren haben wir auch die eher ungewöhnlichen Reisemöglichkeiten berücksichtigt, die sicher nicht jeder nachvollziehen will oder kann. Und wir haben ein ehrliches Reisebuch über die DDR geschrieben, das sich nicht nur auf Sehenswürdigkeiten und Vorurteile stützt. Denn wir waren selbst nie vor Überraschungen gefeit, waren enttäuscht, geradezu entsetzt wie aber auch erfreut und unerwartet glücklich. Wir haben dieses Buch stets als ein gemeinsames Projekt von drei Freunden verstanden, das, wie auch die Freundschaft, grenzüberschreitend gedacht ist. Diese Grenze, die gibt es in der alten Form heute nicht mehr. Doch die Herausforderung, sich einem immer noch so unbekannten Land zu nähern, das in der Vergangenheit fast nichts unternahm, um Besucher zu verwöhnen, bleibt bestehen.

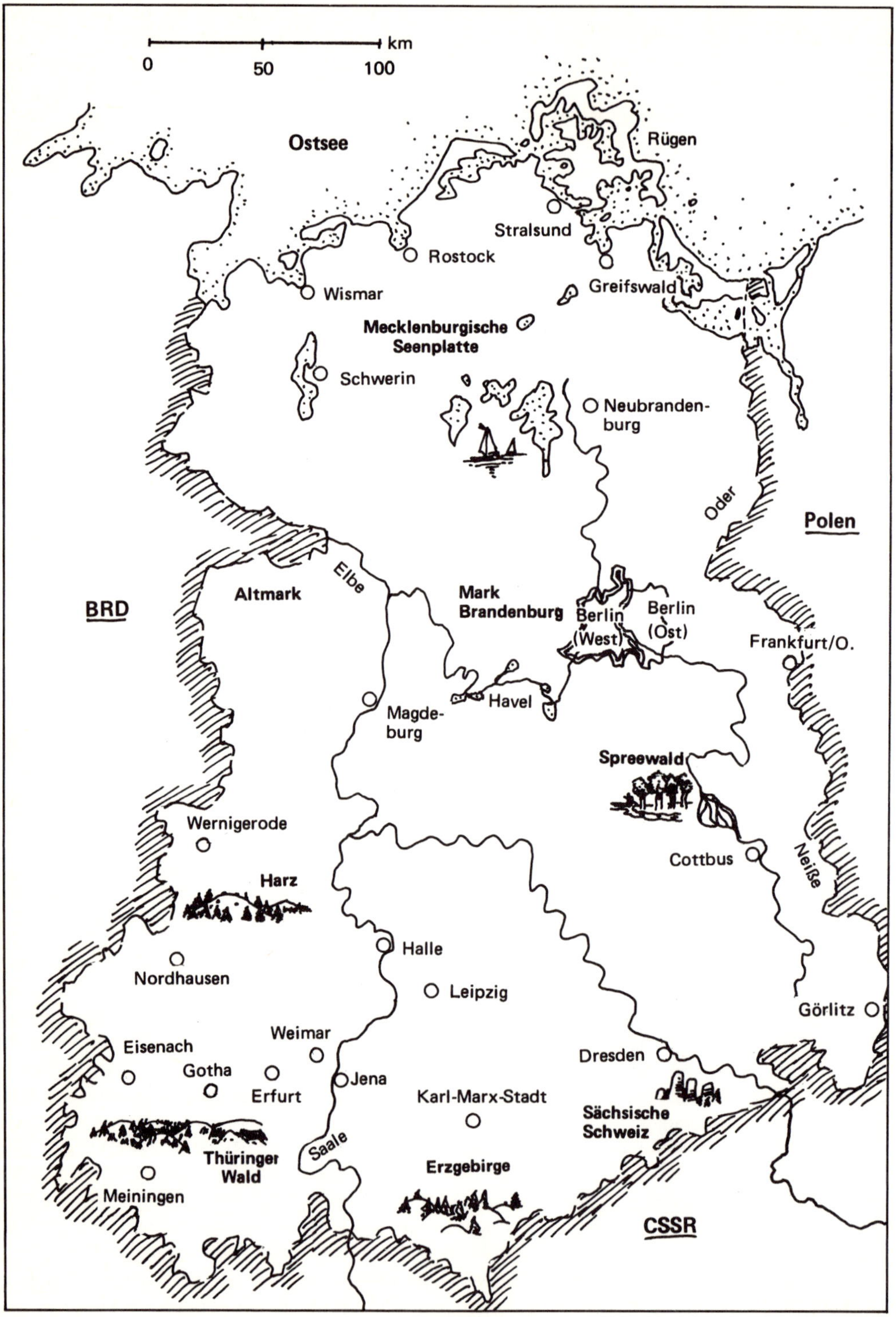

km
0
50
100
Ostsee
Rügen
Stralsund
Rostock
Greifswald
Wismar
Mecklenburgische Seenplatte
Schwerin
Neubrandenburg
Oder
Polen
BRD
Elbe
Altmark
Mark Brandenburg
Berlin (West)
Berlin (Ost)
Frankfurt/O.
Magdeburg
Havel
Spreewald
Wernigerode
Harz
Cottbus
Neiße
Halle
Nordhausen
Leipzig
Görlitz
Weimar
Eisenach
Gotha
Erfurt
Jena
Dresden
Karl-Marx-Stadt
Sächsische Schweiz
Saale
Thüringer Wald
Erzgebirge
Meiningen
CSSR

Reisen nach nebenan – Reise-ABC

Camping

Anders als in der Vergangenheit stehen für Camper aus der BRD und West-Berlin alle Zeltplätze der DDR zur Verfügung. Im Buchhandel der DDR sind Campingführer erhältlich, die Listen aller über 500 Plätze enthalten. Problematisch sind Aufnahmekapazität und Ausstattung, so daß nach wie vor die über 30 Campingplätze zu empfehlen sind, die schon früher für West-Touristen offen waren. Diese Plätze sind in den folgenden Kapiteln benannt.

Einreise

West-Deutsche und West-Berliner können ohne aufwendige Formalitäten jederzeit über eine der über 90 Übergangsstellen in die DDR und nach Ost-Berlin reisen. Bundesbürger weisen ihren Paß, West-Berliner ihren Personalausweis vor. Ein Visum ist nicht (mehr) notwendig. Bis zu 30 Tagen können sie sich ohne polizeiliche Anmeldung in der DDR aufhalten und sind dabei in ihrer Bewegungsfreiheit nicht (mehr) eingeschränkt. Die Transitfahrt zwischen der BRD und West-Berlin kann unterbrochen und zu einem Abstecher ins Land benutzt werden, wenn diese Absicht bei der Grenzübergangsstelle geäußert wurde.

In West-Berlin fest ansässige ausländische Staatsbürger, die sich eine entsprechende Bescheinigung haben ausstellen lassen, genießen dieselbe Reisefreiheit wie Bundesbürger.

In West-Deutschland ansässige ausländische Staatsbürger und als Touristen reisende Ausländer müssen für die Fahrt in die DDR in ihrem Heimatland ein Visum beantragen. Für die Einreise nach Ost-Berlin müssen sie die Übergänge Checkpoint Charlie/Friedrichstraße (auch mit dem PKW zu benutzen) oder S-Bahnhof Friedrichstraße benutzen. Sie bekommen dort ein nur für einen Tag und nur für das Stadtgebiet gültiges Visum ausgestellt.

Grenzübergangsstellen

Schleswig-Holstein:

- Lübeck-Schlutup/Selmsdorf B 104
- Lübeck-Eichholz/Herrnburg L 182 (nur für Fußgänger und Radfahrer)
- Mustin/Roggendorf B 208
- Marienstedt/Zarrentin L 203 (nur für Fußgänger und Radfahrer)
- Gudow/Zarrentin A 24 (auch für Transit von und nach Berlin)
- Lauenburg/Horst B 5 (auch für Transit von und nach Berlin)

Niedersachsen:

- Bleckede/Neu Bleckede (Elbfähre nur Fußgänger und Radfahrer)
- Neu Darchau/Darchau (Elbfähre nur Fußgänger und Radfahrer)
- Hitzacker/Brandstade (Elbfähre nur Fußgänger und Radfahrer)
- Kaltenhof/Dömitz (Elbfähre nur Fußgänger und Radfahrer)
- Pevestorf/Lenzen (Elbfähre nur Fußgänger und Radfahrer)
- Schmarsau/Schrampe L 260
- Lübbow/Hoyersburg B 248
- Bergen (Dumme)/Salzwedel B 71
- Bodenteich-Schafwedel/Bonese L 266

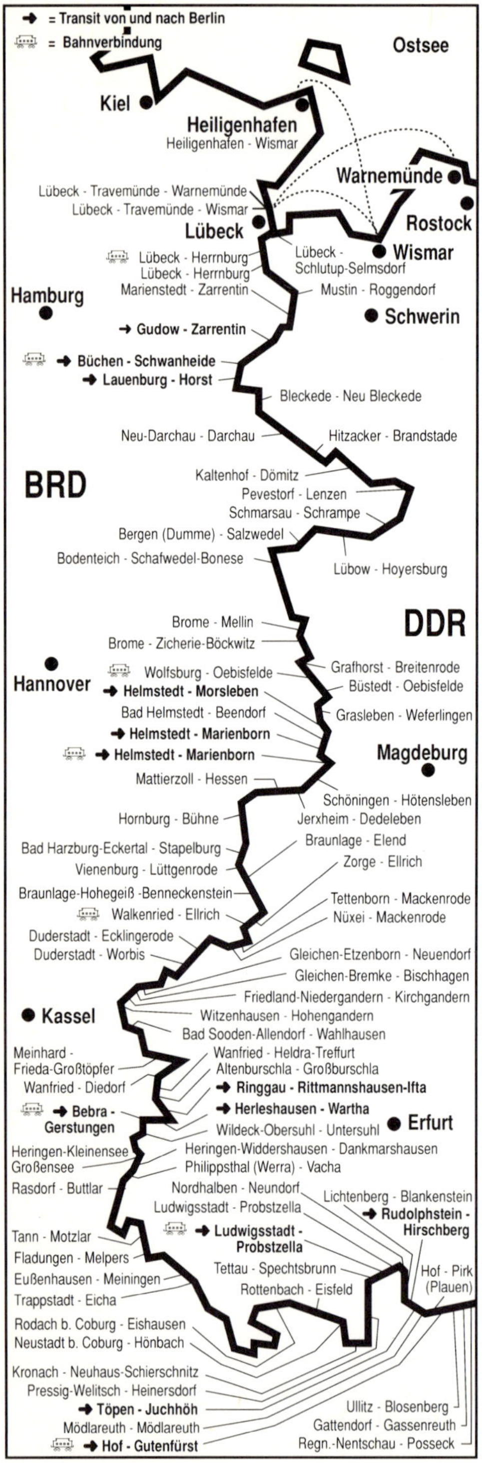

- Brome/Mellin B 248
- Brome-Zicherie/Böckwitz
- Grafhorst-Breitenrode
- Büstedt/Oebisfelde B 188
- Grasleben/Weferlingen L 651 (nur Fußgänger und Radfahrer)
- Helmstedt/Marienborn A 2 (auch für Transit von und nach Berlin)
- Bad Helmstedt/Beendorf L 642 (nur Fußgänger und Radfahrer)
- Helmstedt/Morsleben B 1 (auch für Transit von und nach Berlin)
- Schöningen/Hötensleben L 652
- Jerxheim/Dedeleben B 244
- Mattierzoll/Hessen B 79
- Hornburg/Bühne L 620 (nur Fußgänger und Radfahrer)
- Vienenburg/Lüttgenrode L 510 (nur Fußgänger und Radfahrer)
- Bad Harzburg-Eckertal/Stapelburg B 6
- Braunlage/Elend B 27 (nur Fußgänger und Radfahrer)
- Braunlage-Hohegeiß/Benneckenstein (vorerst nur Fußgänger und Radfahrer)
- Zorge/Ellrich L 602
- Nüxei/Mackenrode B 243
- Duderstadt/Ecklingerode L 540 (nur Fußgänger und Radfahrer)
- Duderstadt/Worbis B 247
- Gleichen-Etzenborn/Neuendorf K 16 (nur Fußgänger und Radfahrer)
- Gleichen-Bremke/Bischhagen L 568 (nur Fußgänger und Radfahrer)
- Friedland-Niedergandern/Kirchgandern L 566 (nur Fußgänger und Radfahrer)

Hessen:

- Witzenhausen/Hohengandern B 80
- Bad Soden-Allendorf/Wahlhausen (nur Fußgänger und Radfahrer)
- Meinhard-Frieda/Großtöpfer L 3467 (nur Fußgänger und Radfahrer)
- Wanfried/Diedorf B 249
- Wanfried-Heldra/Treffurt B 250 (nur Fußgänger und Radfahrer)
- Altenburschla/Großburschla (nur Fußgänger und Radfahrer)
- Ringgau-Rittmannshausen/Ifta B 7 (auch für Transit von und nach Berlin)
- Herleshausen/Wartha A 4 (auch für Transit von und nach Berlin)

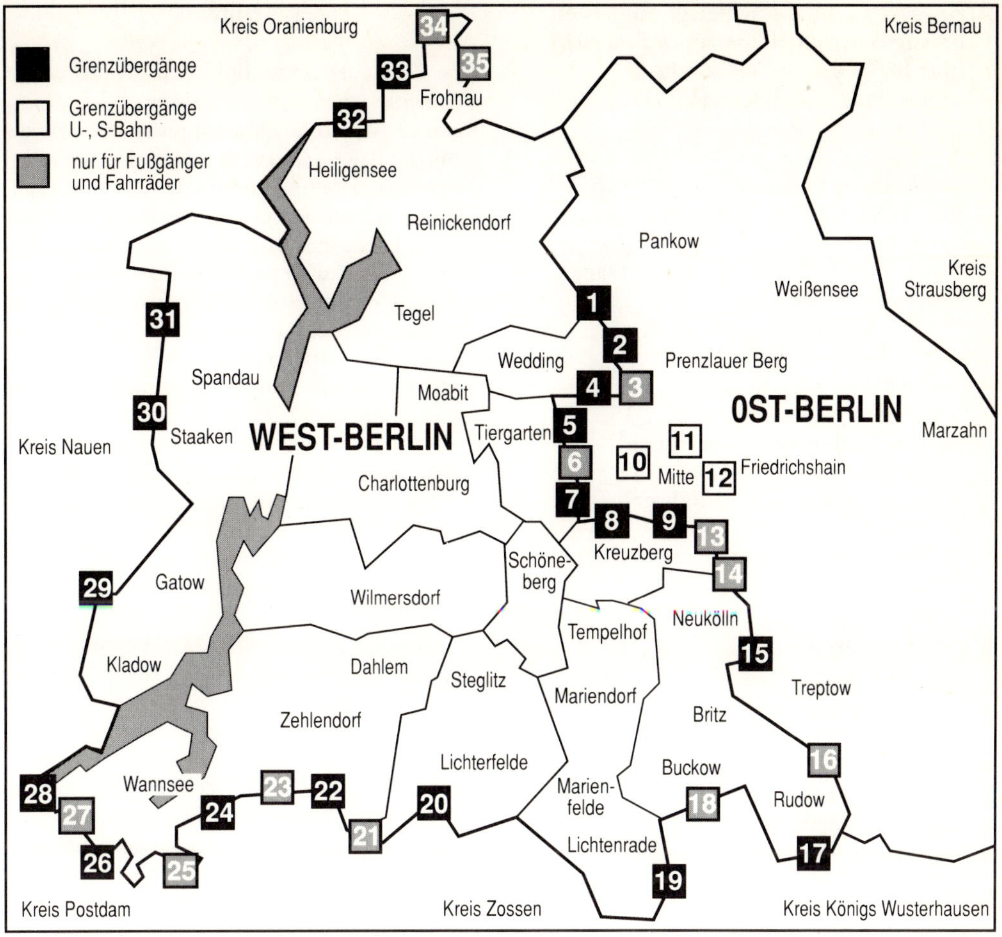

Alle Übergänge: **1** = Wollankstraße, **2** = Bornholmer Straße, **3** = Bernauer Straße, **4** = Chausseestraße, **5** = Invalidenstraße, **6** = Brandenburger Tor, **7** = Potsdamer Platz, **8** = Checkpoint Charlie (nur für Ausländer), **9** = Prinzenstraße, **10** = Friedrichstraße, **11** = Rosenthaler Platz, **12** = Jannowitzbrücke, **13** = Oberbaumbrücke, **14** = Schlesische Straße, **15** = Sonnenallee, **16** = Stubenrauchstraße, **17** = Waltersdorfer Chaussee (auch Bus nach Schönefeld), **18** = Buckower Damm (17 - 24 Uhr, Sa/So 8 - 24 Uhr), **19** = Kirchhainer Damm (auch Bus nach Blankenfelde), **20** = Ostpreußendamm (auch Bus nach Stahnsdorf), **21** = Teltower Damm (geplant ab Juni 90), **22** = Machnower Straße (geplant ab Ostern 90), **23** = Benschallee, **24** = Dreilinden (auch Transitübergang, Bus nach Potsdam), **25** = Kohlhasenbrück (geplant vor Ostern 90), **26** = Griebnitzsee (nur Zug nach Potsdam), **27** = Böttcherberg (geplant vor Ostern 90), **28** = Glienicker Brücke, **29** = Potsdamer Chaussee (Autos geplant ab 1. 7. 90), **30** = Heerstraße (auch Bus nach Nauen), **31** = Falkenseer Chaussee (auch Bus nach Falkensee), **32** = Ruppiner Chaussee, **33** = Heiligensee/Stolpe (auch Transitübergang, Bus nach Hennigsdorf und Oranienburg), **34** = Oranienburger Chaussee (evtl. Bus), **35** = "Entenschnabel" Berliner Straße. Stand: März 90.

– Wildeck-Obersuhl/Untersuhl L 3250
– Heringen-Kleinensee/Großensee L 3451 (nur Fußgänger und Radfahrer)
– Heringe-Widdershausen/Dankmershausen K 3
– Philippsthal (Werra)/Vacha B 62
– Rasdorf/Buttlar B 84
– Tann/Motzlar B 278

Bayern:

– Fladungen/Melpers B 285
– Eußenhausen/Meiningen B 19
– Trappstadt/Eicha St 2283
– Rodach b. Coburg/Eishausen St 2205
– Rottenbach/Eisfeld B 4
– Neustadt b. Coburg/Hönbach St 2202

– Kronach/Neuhaus-Schierschnitz B 89
– Pressig-Welitsch/Heinersdorf St 2201 (nur Fußgänger und Radfahrer)
– Tettau/Spechtsbrunn St 2201
– Ludwigsstadt/Probstzella B 85
– Nordhalben/Neundorf St 2207
– Lichtenberg/Blankenstein St 2196
– Rudolphstein/Hirschberg A 9 (auch für Transit von und nach Berlin)
– Töpen/Juchhöh B 2 (auch für Transit von und nach Berlin)
– Mödlareuth/Mödlareuth
– Hof/Pirk (Plauen) A 722
– Ullitz/Blosenberg B 173
– Gattendorf/Glassenreuth St. 2193 (nur für Linien- und Reisebusse)
– Regn.-Nentschau/Posseck (nur Fußgänger und Radfahrer)

Im Schienenverkehr sind folgende Übergänge nutzbar:

Schleswig-Holstein:

– Lübeck-Herrnburg
– Büchen-Schwanheide

Niedersachsen:

– Wolfsburg-Oebisfelde
– Helmstedt-Marienborn
– Walkenried-Ellrich

Hessen:

– Bebra-Gerstungen

Bayern:

– Ludwigsstadt-Probstzella
– Hof-Gutenfürst

Museen

Sehenswerte Sammlungen, Ausstellungen und Museen gibt es nicht nur in Berlin und Dresden. Auf die in Broschüren, Reiseführern und Prospekten der Reiseveranstalter angegebenen Öffnungszeiten ist nicht immer Verlaß, zumal sich die Schließtage auch öfter verändern. Nach unserer Erfahrung gilt als Faustregel, daß Museen zumeist Montags oder Dienstags geschlossen sind.

Restaurants

Die DDR ist sicherlich kein Paradies für Feinschmecker. Es dominiert die Hausmannskost, stets abhängig von der Besetzung der Küche und vom jeweiligen Angebot. Nach exotischen Gerichten wird man vergeblich Ausschau halten; und auch Vegetarier haben es ausgesprochen schwer. Dennoch finden sich mittlerweile einige wenige Ost-Berliner Restaurants in französischen Gourmet-Führern. Doch dort kann es einem passieren, daß aufgrund der oft schwierigen Versorgungslage nicht alle ausgedruckten Speisen auch wirklich vorrätig sind.

Wir haben bei unserer Auswahl von Gaststätten und Cafés nicht unbedingt auf Vollständigkeit Wert gelegt, sondern neben der Qualität, die eben leider immer wieder schwankt, vor allem die Lage im Zentrum oder in der Nähe von Sehenswürdigkeiten berücksichtigt.

Öffnungszeiten haben wir bewußt nicht angegeben, weil wir häufig die Erfahrung gemacht haben, daß diese sich sehr schnell ändern. Grundsätzlich kann man allerdings davon ausgehen, daß Gaststätten an zwei Tagen in der Woche geschlossen haben. Urlaubszeit im Sommer, Erkrankungen von Mitarbeitern ziehen häufig längere Schließzeiten nach sich. Denn Küchenpersonal und Kellner gehören in der DDR zu den meist gesuchten Arbeitskräften.

Sprache

Wer an den Feinheiten des DDR-Deutsch interessiert ist, Worte wie „Neuerer", „Dispatcher" und „Sero" genauer erklärt haben möchte, der sollte sich das handliche deutsch-deutsche Wörterbuch „Plaste und Elaste", erschienen im Verlag Haude & Spener in Berlin, einmal genauer ansehen.

Theater

Grundsätzlich sollte man immer vorher die Karten reservieren lassen, ansonsten kann man schnell eine unangenehme Überraschung erleben. Die meisten Theater haben eigene Vorverkaufskassen. Man kann sich aber auch an die Interhotels wenden, die oft „in letzter Minute“ noch Plätze für Schauspiel oder Konzert organisieren.

Umtausch

Ein Mindestumtausch wie in der Vergangenheit ist nicht mehr erforderlich. Bei Filialen der Staatsbank der DDR direkt an der Grenze oder im Lande und auch bei anderen Geldinstituten, in Ost-Berlin etwa beim Stadtkontor, können DM in Mark der DDR im Verhältnis 1:3 gewechselt werden.

Achtung! Mark der DDR, die im Westen getauscht worden ist, darf nicht eingeführt werden. Siehe: Zoll.

Unterkunft

Neben den rund 500 Campingplätzen stehen Hotels, Pensionen und auch Jugendherbergen und Privatquartiere zur Verfügung. Da die Kapazität beschränkt ist, empfiehlt sich zumindest für die nahe Zukunft eine Buchung über Reisebüros, die zunehmend mehr Unterkünfte, Tagesreisen oder Pauschalurlaube im Angebot haben. Die über 80 Hotels und Pensionen, die auch schon in der Vergangenheit für Reisende aus dem Westen geöffnet waren, sind weiterhin sichere Adressen für die Zimmersuche auch auf „Spontanreisen“. Diese Häuser sind in den folgenden Kapiteln benannt.

Zoll

Mark der DDR dürfen weder eingeführt hoch ausgeführt werden, es sei denn, man kann durch eine Quittung nachweisen, daß diese Beträge aus einem Umtausch stammen, der in der DDR vorgenommen wurde. Wichtig also: Umtauschquittung aufbewahren.

In der DDR erworbene Waren dürfen nur dann zollfrei ausgeführt werden, wenn ihr Wert bei einer eintägigen Reise 100 Mark/DDR, bei einer mehrtägigen Reise 200 Mark/DDR nicht übersteigt. Anderenfalls werden Zollsätze fällig, die die Waren um das Doppelte verteuern.

Auf den Transitreisen dürfen nur Waren für den persönlichen Verzehr, Reiseproviant erworben werden.

Eine ganze Reihe von Waren unterliegt einem Ausfuhrverbot, so etwa Kinderkleidung, Kinderspielzeug, optische Geräte, Antiquitäten und antiquarische Bücher, Kunstgegenstände, die dem Schutz des Kulturgutes der DDR unterliegen. Genauere Auskünfte an den Grenzübergangsstellen.

Ostsee – ein halber Meter Urlaub für jeden

Ostsee, das war schon immer Gegenteil jeder Übertreibung – Wellen ja, aber nicht so hoch und nicht zu wild, Salzwasser nur nicht so salzig, Sommer und Sonne und Wind und Eis, aber nicht zu heiß und nicht zu kalt.

An der Ostsee ist alles dicht beieinander, lautes Gedränge und stille Einsamkeit, der Wald und das Meer, Gerüche von Fischen und von Pilzen. Rohrgedeckte Katen in den Fischerdörfern, stuckverzierte Pensionen der Seebäder und in den alten Hansestädten die Backsteinfassaden der Bürgerhäuser.

Das alles gibt es immer noch und noch einiges, was man vom Meer erwartet. Seeleute sind in blauem Arbeitszeug und in weiß-blauen und blau-goldenen Uniformen anzutreffen. Fischerboote, randvoll mit exotisch anmutendem Hornfisch, laufen in kleine Häfen ein. An Stammtischen, überladen mit leeren Schnapsgläsern, wird laut und kräftig Platt gesprochen.

Es versteht sich von selbst, daß eine solche Küste Urlaubsland geworden ist.

Ab einer bestimmten Grenze, so schreibt ein britischer Wirtschaftswissenschaftler, verschlechtern sich die Nutzungsbedingungen eines Gutes, je verbreiteter dessen Gebrauch ist, das seien die sozialen Grenzen des Wachstums. Übersetzt heißt das etwa: Als in den Seebädern auf der Ostseeinsel Usedom über die Durchfahrt zweier Automobile noch in der Zeitung berichtet wurde, machte das Autofahren Spaß, war Sport. Heute, da in der DDR jeder zweite Haushalt über einen PKW verfügt, wird es eng auf Straßen und Parkplätzen, bringt das Fahren nicht Spaß, sondern Streß. Ein anderes Beispiel: Als für einen Badeaufenthalt noch geworben werden mußte, wagten sich nur wenige an den Strand oder gar in die See. Das war dann fast ein Abenteuerurlaub, mußte doch auf die Sittlichkeit und die Gesundheit geachtet werden. In Warnemünde etwa wurde empfohlen, gegen eindringendes Salzwasser Watte in die Ohren zu stopfen, sich nicht zu lange der Anstrengung in den kalten Wellen auszusetzen und schon gar nicht den neugierigen Blicken des jeweils anderen Geschlechts, weshalb es ein Herrenbad und eins für die Damen gab. Das war 1880. Heute wird nicht mehr gewarnt, aber auch nicht geworben, die Touristen kommen auch so, wenn sie denn können. Fünf Millionen machen in der Republik über betriebseigene Einrichtungen und den FDGB-Feriendienst Urlaub. 30% davon an der Ostsee, und das jährlich. Die Wartezeit auf eine solche Unterkunft betrug im Durchschnitt 10 Jahre, wenn man keine Beziehungen hatte. Der Raum auf den am Meer gelegenen Campingplätzen wurde über einen Zentralcomputer in Stralsund vergeben. Durch den gingen noch einmal zwei Millionen Namen, so daß unter dem Strich über 3.500.000 Menschen Urlaub an der Ostsee machen. Dazu kamen dann noch Tagesausflügler, Besitzer von Häusern und ihre Gäste. Die DDR-Bürger, die in Zukunft, dank der nun offenen Grenzen, woanders Urlaub machen, werden wohl durch hunderttausende von Bundesbürgern ersetzt.

Noch einmal zurück zu dem britischen Wirtschaftswissenschaftler. Jeder dieser Urlauber kann das Gut Aufenthalt an der See um so schlechter nutzen, je leichter der Zugang für alle ist. Es gibt zwar 340 Kilometer Küste zum offenen Meer und 1.130 an Bodden und Haffs, aber die teilen sich eben unter recht viele Nutzungsberechtigte. Wären sie alle gleichzeitig da, dann käme auf einen Urlauber ein halber Meter Küste. Die Touristen würden dann Schulter an Schulter stehen, von der Grenze zur BRD bis nach Polen. Eine unangenehme Vorstellung, aber natürlich machen die Millionen nicht alle gleichzeitig Urlaub und verteilen sich dabei auch nicht gleichmäßig. Auf dem Königsstuhl auf Rügen muß man sich im Sommer schon auf alle viere herablassen und durch die Beine der Vorderleute starren, um die Kreidefelsen herunterschauen zu können. Am selben Tag kann man dafür auf der Halbinsel Groß-Zicker im Südosten der Insel durch recht einsame Dünen wandern. Und im Winter ist selbstverständlich alles viel leerer, überkommt einen an manchen Orten gar die Melancholie des Verlassenseins. Trotz aller Melancholie sollte man in den kalten Monaten aber unbedingt eine Mütze aufsetzen, wegen des Windes.

In der Klage über den Massentourismus steckt immer ein innerer Widerspruch. Kaum einer, der sie führt, wäre vor noch nicht allzu langer Zeit überhaupt in die Verlegenheit gekommen, sich über die Überfülle an Stränden zu mokieren, denn bis vor wenigen Jahrzehnten blieben Ferienreisen den Adligen, Reichen oder zumindest Bessergestellten vorbehalten. Es ist jetzt so voll an der Küste der DDR, weil der Urlaub für viele erschwinglich geworden ist. Ein FDGB-Urlaub dauert 13 Tage, diese zwei Wochen Aufenthalt kosten je nach Unterkunft, Einkommen und Jahreszeit pro Person zwischen 45 und 190 Mark. Dafür gibt es nicht nur das Bett, sondern auch die Verpflegung.

„Versorgung“ ist ein oft gebrauchtes Wort in der Republik. Auf sie hat der einzelne irgendwie Anspruch, sie kann ausreichend oder ungenügend sein, auf jeden Fall aber wird der Urlauber „versorgt“. Wenn von den Restaurants an der Küste die Rede ist, wird selten gesagt, das Essen sei schlecht. Es wird darauf hingewiesen, daß die Versorgung nicht ausreichend sei. Die meisten Urlauber werden irgendwie verköstigt, hart trifft es die Camper und die anderen auf eigene Faust fahrenden Touristen, und das sind zumeist ja auch die aus der Bundesrepublik. Sie sind darauf angewiesen, in der geringen Anzahl von Lokalen und Cafés und in der zumeist kurz bemessenen Öffnungszeit einen noch freien Platz zu ergattern, haben

Auf der Strandpromenade des Seebads Bansin auf Usedom

keinen Anspruch auf „Versorgung" qua Essensgutschein des FDGB oder des Reisebüros der DDR. Die DDR-Bürger haben sich schon längst kritisch arrangiert, Engpässe an Restaurantplätzen und Angeboten in den Kaufhallen werden durch häusliche Vorsorge ausgeglichen. In den privaten Unterkünften stehen immer mehr Kühltruhen, und in den Geschäften der Städte sieht man zur Reisezeit mit Fleischkonserven überfüllte Einkaufswagen. Dem Reisenden aus der BRD ist auf jeden Fall zu raten, sein Anspruchsniveau für die Zeit des Aufenthaltes gerade an der Ostsee herunterzuschrauben, von der Kaufhalle in den Mund zu leben, sich über jeden Platz im Restaurant zu freuen, nicht erst die Suche nach ihm aufzunehmen, wenn der Hunger da ist, sondern dann zu essen, wenn es etwas gibt. Im Endeffekt nimmt man so zu, man ißt zu Mittag, wenn der Bauch vom Frühstück noch gefüllt ist, und dann noch deftige Hausmannskost. Wer schon immer mal wieder Gulasch essen wollte, wird hier gut bedient. An der Küste kommen dann noch die in Bierteig angebotenen Fischgerichte aus der Restaurantkette „Gastmahl des Meeres" hinzu.

Ein dem Tourismus unserer Tage eigener Widerspruch ist der, daß man doch zumeist dorthin fährt, wo man nicht ständig leben möchte, daß man gerade Lebensumstände reizvoll findet, die für die Einheimischen ein Ärgernis sind. Die kopfsteingepflasterten Alleen auf Rügen, die von eng am Straßenrand stehenden Bäumen überschattet werden, sind für den Touristen, gerade aus dem Westen, natürlich reizvoll. Weil der ADAC dafür gesorgt hat, daß der Unfallschwerpunkt Baum verschwunden ist, kann sich der Westler nur noch aus der Kindheit an solche Straßen erinnern. Für den Autofahrer aus Saßnitz dagegen sind diese Strekken eine Qual. Der fortschreitende Verfall der alten Hansestädte an der Küste bietet dem Urlauber erst einmal Anreiz seiner Phantasie. Er kann sich Jahrzehnte, Jahrhunderte zurückversetzt fühlen. Für den Stralsunder sind die kleinen Zimmer in Häusern mit nassen Wänden weniger erfreulich. Und noch ärgerlicher, weil er weiß, daß unter Honecker Bauarbeiterbrigaden aus seiner Stadt, statt sich um seine Wohnung zu kümmern, auf Jahre zum Ausbau des U-Bahn-Netzes der Hauptstadt delegiert waren. Und natürlich wird auch der Tourist aus dem Westen darauf kommen, daß der für ihn erst einmal reizvolle Verfall dieser Städte gestoppt werden muß, ehe alles unwiderbringlich dahin ist. Der Gedanke, daß eben jede Stadt sich auf die ihr eigene Weise umbringt, die in der BRD früher, durch Abriß des Alten für Supermärkte und Kaufhäuser, die im Osten durch fortschreitenden Schwund, bietet da nur wenig Trost. Gerade weil in Wismar, Rostock, Stralsund, Greifswald so viele Gebäude stehengeblieben sind, in Stralsund über 400 Häuser, die im Westen spätestens in den frühen 60er Jahren von der Abrißbirne getroffen worden wären, stehen die Denkmalschützer der DDR jetzt vor einem unlösbaren Problem. Sie müssen um internationale Unterstützung bitten und werden den Wettlauf mit der Verfallszeit vielleicht dennoch verlieren.

Vor einem ähnlichen Dilemma stehen die Naturschützer der Republik. In den vergangenen Jahren konnte nicht so viel Geld wie im Westen in die Abtötung der Feldraine durch Herbizide investiert werden. Eine Folge davon ist, daß es auf Usedom noch eine große Zahl bewohnter Storchennester gibt. Entzücken überkommt den West-Touristen. Zugleich sind durch den Mangel an Geld für Kläranlagen die Dorsche, Heringe, Sprotten vor der Küste der DDR in noch stärkerem Maße als bei uns, wenn das überhaupt möglich ist, von Sauerstoffmangel und Krankheiten bedroht. Natürlich betrifft das auch die Badenden, die eben noch einem der Störche hinterhergesehen haben. Sie baden entgegen der Warnung von Wissenschaftlern, es könne danach zu unliebsamen Hautreaktionen kommen. Auf jeden Fall ist den Touristen anzuraten, eher in der offenen See als in den unbewegten Boddengewässern zu schwimmen.

Ein Urlaub an der Ostsee ist also nicht problemlos, man kann sich nicht immer gedankenlos einem süßen Feriengefühl hingeben. Aber wenn man genau hinschaut, kann man das in kaum einem Landstrich, wo auch immer. Und Urlaub bleibt es doch, man entdeckt, genießt, manchmal mit zwiespältigem Gefühl, verläßt die Ostsee mit gemischtem Empfinden, auf jeden Fall mit Wehmut, vielleicht mit einem Sonnenbrand.

Wismar – eine Stadt machte Pause

Wismar ist die zweitgrößte Werftstadt und auch der zweitgrößte Hafen der DDR mit 57.000 Einwohnern. Und: Wismar ist ein überschaubares, ruhiges Städtchen.

Beides zugleich.

Mitten im Stadtkern plätschert, über Steinblöcke hinweg, eingefaßt von Feldsteinmauern, ein flacher Bach oder eher doch ein Kanal. Links und rechts des Kanals, „Grube“ genannt, laufen die Fußgänger auf dem Fahrdamm kopfsteingepflasterter Straßen, vorbei an verputzten und unverputzten, auf jeden Fall aber niedrigen Fachwerkhäusern und an alten Backsteinspeichern. Dabei ist hier keine Fußgängerzone, einzelne am Rand geparkte Wartburgs zeigen das. Dennoch ist es ruhig, obwohl viele Menschen unterwegs sind, irgendwo ihre Angelegenheiten zu erledigen. Diese Stille kommt vom Inventar dieses Stadtteils, Doppelreihen von Bäumen, Brücken und Stege, die über den Kanal führen, Namen wie „Schweinebrücke“ und „Hinter dem Chor“. Man kann sich an das Geländer lehnen und ruhig zusehen, wie unten Kinder den Ball aus dem Wasser angeln, der ihnen beim Spiel hineingerollt ist. Man kann an der „Schweinebrücke“ in das Stadtgeschichtliche Museum gehen. Schiffsmodelle aller Art zeigen im ehemaligen Wohnhaus des Wismarer Bürgermeisters Schabbell, 1569 erbaut, die Vergangenheit Wismars als Seefahrerstadt. Draußen weht einem auch die Seeluft um die Nase, frischer und schärfer als in anderen Ostseestädten.

St. Nikolai an der Wismarer „Grube"

Wo die „Grube" in den Stadtkern fließt, kommt sie aus einem Seerosenteich. Hier sitzen, natürlich nur bei günstigem Wetter, Familien vorm Café. Andere spazieren durch den Park gleich daneben, in den ehemaligen Wallanlagen an einem runden Wehrturm, dem Wasserturm. Wieder andere sitzen auf den Bänken im Schatten der mächtigen Backsteinkirche St. Nikolai, in den Nischen, die von den monumental massiven Pfeilern gebildet werden.

Die „Grube" wird an beiden Enden des Stadtkerns von Brückengebäuden begrenzt, an der einen Seite von einer Mühle und an der anderen, dort, wo sie in den „Alten Hafen" fließt, vom „Gewölbe", einer ehemaligen Fischräucherei. Wie der Verlauf der „Grube" scheint das ganze Leben Wismars eingefaßt, geschützt durch alte Gebäude. In den Straßen, ob nun Krönkenhagen oder ABC-Straße genannt, erwartet man jeden Moment ein Pferdefuhrwerk zwischen den Häuserreihen des 16. und 17. Jahrhunderts. Statt dessen beschauliches Kleinstadtleben, Leute mit Eis oder Einkaufstaschen, Alte lehnen aus den Fenstern.

Und gleichzeitig arbeiten auf der Werft 7.000 Menschen, stellen Kühlschiffe, Eisenbahnfähren, Containerschiffe her. Im Hafen wird das gesamte Kali der DDR umgeschlagen und Unmengen Spezialöle noch dazu. Ein VEB Dieselmotorenwerk produziert für die Werft.

Spuren des modernen Lebens sind auch im Stadtkern zu entdecken. Baulücken und leere Stellen inmitten enger Viertel zeigen die Zerstörungen durch Bomben im Zweiten Weltkrieg. Und, wie mittlerweile in fast jeder Stadt, gibt es auch in Wismar eine Fußgängerzone. Die Lübsche Straße, die zentrale Achse der Stadt, ist mit den üblichen Requisiten wie Blumenkübeln, nostalgischen Lampen und einem Pflaster ausgestattet, das eher an Teppichboden als an Straßenland erinnert. Diese Zone liegt, auch wie überall, nach 18 Uhr wie ausgestorben. Aber es gibt noch viele kleine Geschäfte, und gleich um die Ecke stehen hinter den alten Häusern Obstbäume und Lauben.

Die neue Zeit scheint doch eher um das innere Wismar herumgeflossen zu sein, so, wie die vielbefahrenen Straßen im Kreis um die Altstadt herumführen. Die am Hafen kann man kaum überschreiten, ohne unters Auto zu geraten. Auf der einen Seite hat man den Blick über die Wasserfläche der Hafenbecken hinweg auf das Gewirr von Kränen und Laufkatzen der Werft. Frauen und Männer strömen durch die Tore auf das Gelände des Fischereibetriebs, VEB Fischfang Rostock, Betriebsteil Wismar. Zur anderen Seite hin jedoch wird das Innenleben der Stadt vom Autoverkehr durch das Wassertor von 1450 getrennt. Kaum ist man durch das Tor getreten, fängt einen drinnen wieder die Stille am Spiegelberg und an der Hundestraße ein.

Die tausende Arbeiter der Betriebe sind draußen in Neubaugebieten untergebracht in tausenden von Wohneinheiten, in Blockbauweise auf die Wiese gestellt.

Lange Zeit schon hat die Moderne Wismar umgangen, ist vor dem Tor geblieben.

Die Stadt war vor über 600 Jahren Gründungsmitglied der Hanse, kam durch Fernhandel zu großem Reichtum. Zumindest die Kaufleute wurden reich. Ihre Schiffe holten die begehrten Fastenspeisen, Heringe von Schonen und Stockfisch von Bergen. Mit Tuchen aus Brügge, englischer Wolle und Fellen vom Handelsplatz Nowgorod konnte ein riesiger Profit erzielt werden. Bis zur Loire und nach Spanien fuhren die hansischen Schiffe, führten Salz in den Norden ein und wismarisches Bier aus.

Da war die Stadt ganz auf der Höhe der Zeit.

Es wurde gebaut. Drei mächtige Kirchen für 5.000 Einwohner entstanden. Die eine, St. Nikolai an der „Grube", bekam mit 37 Metern Höhe das größte Kirchenschiff in Norddeutschland. Man leistete sich einen Marktplatz mit 100 mal 100 Metern Fläche, der dennoch zu Messetagen und Theateraufführungen überfüllt war. Später wurde dort die „Wasserkunst" errichtet, ein zwölfeckiges Häuschen mit geschwungenem Dach und schmückender Laterne. Im Inneren spien ein Nix und eine Nixe aus Bronze das nach Wismar geleitete Quellwasser in die Holzröhren, die die Zapfstellen in der ganzen Stadt versorgten. Die „Grube" wurde zu einem Kanal umgewandelt, zur Wasserversorgung und für Schiffstransporte. Wismar hatte damit einen der ersten Kanäle in den deutschen Ländern. Um ihre Unabhängigkeit gegen die mecklenburgischen Herzöge zu verteidigen, errichteten die Kaufherren rund um die Stadt eine Befestigung mit 5 Toren und 35 Mauertürmen. Und für sich selbst repräsentative Gebäude, deren Fassaden ihren Wohlstand zeigten, wie etwa der „Alte Schwede" von 1380 am Markt. In den Geschäftsräumen im Erdgeschoß der Bürgerhäuser organisierten sie den schwunghaften Handel, der sie noch reicher machte.

Dann aber kam der Niedergang. Die Hanse, die Genossenschaft der mittelalterlichen Kaufleute und ihrer Städte, konnte ihre Macht gegen die Fürsten nicht verteidigen. Schließlich der Ruin, der 30jährige Krieg, dem die schwedische Besetzung folgte, die über 150 Jahre andauerte. Reisende, die im 18. Jahrhundert die Stadt besuchten, berichten, daß auf dem Marktplatz Gras wüchse, so wenig bevölkert sei sie. Es müsse traurig sein, Wismarer zu sein. Nur noch 20 kleinere Schiffe gebe es, der Handel sei unbedeutend. Dieses Schicksal teilte Wismar mit den anderen Hansestädten an der jetzigen DDR-Küste, mit Rostock, Stralsund, Greifswald. Nur blieb es länger vom Verkehr abgeschnitten, noch in den 20er Jahren lag der Hafen still. Die Stadt machte Pause. Wismar war ein Museum seiner selbst, seiner reichen Vergangenheit geworden.

In das schlugen 1945 die Bomben, zerstörten die mittelalterlichen Quartiere rund um die Georgenkirche und St. Marien. Der Schutt wurde weggeräumt. Von der Marienkirche steht nur noch der steil aufragende Turm, an dem, merkwürdig genug, wieder eine vergoldete Uhr die Zeit anzeigt. St. Georg gleicht einem zerklüfteten Berg aus Backstein. Notdächer schützen die Hallen und Gänge, massive Pfeiler sind zu schrägen Geröllhalden zerbrochen, die wie Kletterpfade am Steingebirge nach oben führen. In der Nähe der beiden Kirchen blieb noch der „Fürstenhof" erhalten, ein Festsaalgebäude der mecklenburgischen Herzöge von 1554, mit einer reliefverzierten Fassade. Und wieder aufgebaut ist das Archidiakonat an der

An der Bademutterstraße in der Wismarer Altstadt

Ecke zur Sargmacherstraße, ein Bau der Kirche von 1450, also Backsteingotik. Während der Fürstenhof, heute Amtsgericht mit angeschlossenem Untersuchungsgefängnis, in einer halbwegs intakt gebliebenen Straße steht, liegt das Archidiakonat etwas verloren am Rande eines bis auf den Turm von St. Marien abgeräumten Platzes.

Aber rund um die Narben aus dem Bombenkrieg blieben die verwinkelten Gassen stehen. Man kann noch durch den Blick aus der engen Sargmacherstraße auf den weiten Marktplatz überrascht werden. An den Cafés in den hellgrün oder weiß gestrichenen Giebelhäusern vorbei eilen oder bummeln die Passanten, an der Wasserkunst und vor der Kulisse des weiß und grau abgesetzten klassizistischen Rathauses. Dieser Markt hier ist nicht zu Parkraum mißbraucht. Und er ist auch nicht das gehütete Einzelstück in einer in allen anderen Teilen völlig umgestalteten Stadt. Der Markt ist eingebettet in das Ganze der ruhigen Straßen und des ruhigen Lebens.

In einer Zeit, in der vieles Alte zerstört, das Neue aber oft nicht als angenehme Lebensumwelt empfunden wird, ist Wismar gerade durch die Pause in seiner Entwicklung modern geworden. Junge Leute begannen in den letzten Jahren, trotz des Mangels an Baustoffen aller Art, leerstehende Häuser des alten Wismar für sich auszubauen.

Von Wismar nach Warnemünde – ein Seestück in fünf Stunden

Wasser, Wellen und Küste, das erlebt man richtig nur per Schiffsreise. Eine führt von Warnemünde nach Wismar und retour. Je nach den Strömungsverhältnissen dauert die einfache Fahrt etwa fünf Stunden. Die Mehrheit der Seereisenden fährt hin und zurück. Um 7 Uhr legen sie mit dem kleinen Schiff „Seebad Ahlbeck“ in Warnemünde ab, in Wismar geht es dann um 15 Uhr in die Gegenrichtung. Für den, der nur eine einfache Tour machen will, wird es schwierig. Der muß erst mit dem Kapitän und dann mit dem Zahlmeister verhandeln, bekommt dann vielleicht noch einen Platz.

Wer das also schafft, sieht gegenüber der Abfahrtsstelle der Schiffe der „Weißen Flotte“ erst einmal die Liegeplätze des Wismarer Hafens. Kleine Frachter werden da gelöscht mit Namen wie „Pinguin“, „Waterkoning“ oder solchen in kyrillischen Buchstaben. Man sitzt in roten Kunstlederbänken, vor sich auf den langen Tischen bereits das Kaffeegeschirr aufgereiht. Erst nach einiger Zeit geht es dann wirklich los.

Während das Schiff zwischen den Ufern der Wismarbucht dahinrüttelt, werden die im Hafen vorbereiteten Teller mit Sahnetorte ausgeteilt. Links blitzen die Lichtbögen auf der Werft, dahinter sind Hochhäuser der Neubauquartiere vor den Toren der Stadt zu sehen. Rechts tauchen bewaldete Ufer auf, dann Inseln, der schuttbedeckte „Walfisch“ und Poel. Kirchendorf, ein kleiner Häuserhaufen am Ende einer schmalen Bucht, die mitten ins Zentrum der Insel führt. Hinter dem Leuchtturm von Timmendorf beginnt ein hell leuchtender langer Sandstrand.

Bald danach legt sich das Schiff nach rechts in die Kurve. In eine so scharfe Kurve, daß die Fahrgäste ein wenig schief sich auf den Sitzen halten müssen. Nach hinten heraus ist immer noch die Silhouette Wismars mit den Türmen von St. Nikolai und dem höheren von St. Marien zu sehen. Da sind immerhin schon 40 Minuten vergangen.

Eine geruhsame Kaffeefahrt wird das also. Und so sitzen auch die Urlauber hier an Bord. Begutachten die Einkäufe, die sie in Wismar gemacht haben. Frauen stecken die Köpfe über einem Paket mit blaurot kariertem Stoff zusammen, ein Mann zeigt mit wichtiger Miene eine grüne Modellokomotive herum. Jungs hantieren mit piepsenden Computerspielen, auf deren Sichtschirm immer Feuerwehrleute einen aus den Flammen Springenden in ihrem Rettungstuch auffangen müssen. Frauen stricken, lesen. Vor den Männern stehen bald die Halbliterflaschen Bier und mancher Kurze. Lockerleichte Liebesduette und schließlich eine Fußballübertragung werden über die Bordlautsprecher eingespielt. Nur kleine Kinder und Westtouristen sind in den ersten Stunden daran interessiert, was draußen zu sehen ist.

Am Rande der See zieht der breite helle Strand entlang, das Gelb der Lupinenfelder unterbricht das hellere und dunklere Grün von Wäldern und Weiden. Die Ostsee ist wie geschaffen dafür, in die Stille hineinzulauschen und sich zu entspannen oder möglichst gelassen über etwas nachzudenken. Auch bei Wind hat sie kaum mehr Wellen als ein Binnensee. Und ihre Uferlinie gleicht auch der eines im Lande liegenden Gewässers. Kiefern heben sich gegen den Himmel ab, Gesträuch senkt sich über die Ränder steil abbrechender sandiger Küste, helle Dünenflächen leuchten zwischen Gräsern hervor. Ein Kirchturm und Reihen von Strandkörben zeigen schließlich menschliche Besiedlung, das Seebad Rerik.

Unten im Bauch des Schiffes wird jetzt das Abendessen serviert, belegte Brote. Anders als in vielen Gaststätten an der Küste

Blick zurück in den Wismarer Alten Hafen

ist hier die Versorgung gesichert, vielleicht auch ein Grund für viele, sich einen Tag an Bord zu gönnen. Die „Versorgung" ist streng geregelt. Die Bons für das Abendbrot hatten sich die Seefahrer bereits um 8 Uhr kurz nach der Abfahrt von Warnemünde kaufen müssen, danach gibt es keine Möglichkeit mehr dazu. Wer in Wismar zusteigt, geht leer aus. Aber das ist halb so schlimm, wenn man auf dem Sonnendeck im Windschutz der Glasflächen sitzt. Hier halten sich jetzt die auf, denen gerade recht ist, daß nichts passiert. Einige alte Frauen, die sich über ihre Schuhe und die Schwierigkeiten, sie in ihrer Heimatstadt zu bekommen, unterhalten und natürlich über Krankheiten sprechen.

Dann plötzlich, ein Haufen von größeren Villen ist schräg voraus zu erkennen, drängen die Urlauber nach oben. Das Abendessen ist pünktlich beendet, genau rechtzeitig vor Kühlungsborn.

Viele hier auf dem Schiff sind dort untergebracht, wie aus den Gesprächen an Deck und den entsprechenden Fingerzeigen hervorgeht. Das ist auch nicht verwunderlich, ist Kühlungsborn doch das größte Seebad und auch der meistbelegte Ferienort der Republik. 130.000 Urlauber kommen jährlich hierher, im Sommer und mehr und mehr auch im Winter, der Ostseeluft wegen. Hinter den Häusern sind die dunklen Hänge der „Kühlung" zu sehen, eines bewaldeten hügeligen Geländes, durch das sich Wanderwege ziehen. Diese Wege entlang und die vier Kilometer Strandpromenade zwischen Kühlungsborn-West und -Ost, den ehemaligen Dörfen Fulgen und Brunshaupten, führen die Spaziergänge all der Urlauber.

Diese Fahrt ist wirklich nichts für Eilige. Schon lange ist Heiligendamm in Sicht, aber ehe man dem Ort wirklich nahe kommt, vergeht noch einige Zeit. Man kann sich in der Kunst üben, nicht das Ziel, sondern den Weg dahin wichtig zu nehmen und die Sicht auf das Ziel. „Die weiße Stadt am Meer" murmeln gleich mehrere auf dem Deck vor sich hin. Das ist die quasi offizielle Bezeichnung Heiligendamms in der Reiseliteratur schon seit 100 Jahren. Und tatsächlich, gibt es Abendsonne, leuchten die Häuser weit sichtbar auf.

Warnemünder Leuchtturm und „Teepott"

Heiligendamm mit seinem Kieselstrand ist die vorgelagerte Badestelle Bad Doberans, das ja einige Kilometer vom Wasser entfernt liegt. Beide Orte zusammen haben Vergnügungsgeschichte gemacht. Schon um 1793 ließ der mecklenburgische Herzog Friedrich Franz I., beeindruckt von den englischen Seebädern, die ersten Bauten für seinen Seeaufenthalt errichten. Das Geld dafür erhielt er im Austausch für 1.000 Soldaten, die er an die Niederlande zur Niederschlagung von Aufständen vermietet hatte. An einer Viehweide in Doberan, dem „Kamp" wurden für die Vergnügungen des Hofes Logierhäuser, Palais, Salongebäude, Pavillons in chinesischem Stil errichtet. Es wurde gespielt, gegessen und getrunken, Konzerte und Bälle gab es. Ab 1807 konnte auch auf einer Pferderennbahn gewettet werden. Damit war Doberan nicht nur das erste deutsche Seebad, sondern hatte auch die erste Rennbahn auf dem ganzen Kontinent. Illegale Geldverleiher finanzierten die Spiele im Kasino, von Wismar, Schwerin und aus den umliegenden Dörfern kamen mehr oder weniger gut gekleidete Mädchen, um sich als Dienstmädchen oder Prostituierte oder beides zu verdingen. Der Pastor des Ortes mußte schon bald feststellen, daß sich der Wohlstand Doberans unleugbar gehoben habe, gleichzeitig aber Moral und gute Sitten gesunken seien.

Und nebenbei wurde in Heiligendamm gebadet. Zu Beginn mehr aus Gründen der Mode und der Gesundheit als aus Freude am Spiel des Körpers in den Wellen. Vor dem Jahr 1793 wäre kein Mensch an der Küste auf die Idee gekommen, freiwillig sich dem Wasser auszusetzen. Das Verhältnis der Menschen zu Natur und zu ihrem Leib muß noch lange Zeit ein recht gebrochenes gewesen sein. Anders ist nicht vorstellbar, mit welchem Ballast von Kleidungsstücken bis in die ersten Jahrzehnte unseres Jahrhunderts in die See gestiegen wurde. Man schleppte lange Hosenbeine oder weite Rüschen mit sich, die, erst einmal naß geworden, ein äußerst unangenehmes Gefühl auf der Haut ausgelöst haben müssen. Entsprechend kurz waren die einzelnen Badegänge. Und zu Beginn des Badelebens in Heiligendamm nahm man sein gesundes Eintauchen vornehmlich im angewärmten Seewasser im Hause vor.

Nach und nach entstanden ein Kurhaus mit Vorhalle im dorischen Stil, mehrere Villen, eine Kaufhalle und Logierhäuser,

die einheitlich weiß getüncht, Heiligendamm den weitverbreiteten Beinamen eintrugen. Die Gebäude leuchten so über die See, daß sie im Zweiten Weltkrieg mit einem Tarnanstrich versehen wurden. Der alte Zustand ist inzwischen wiederhergestellt, und in Doberan finden erneut Rennen statt, allerdings sogenannte „Bauernrennen“ mit den Pferden der umliegenden LPGs. Die guten Sitten, deren Verschwinden der Doberaner Pfarrer beklagte, werden wohl auch in den Urlauberort zurückgekehrt sein.

Ebenso bekannt wie der Beiname Heiligendamms ist die Schmalspurbahn, die Doberan mit Heiligendamm und dann weiter mit Kühlungsborn verbindet, jeder kennt die „Molli“. Sie ist deshalb auch eine solche Attraktion, weil sie ebenerdig durch die Straßen der Orte dampft, der Lokomotivführer lehnt sich dabei weit aus dem Fenster seiner altertümlichen Lok. Früher war die Bahn vor allem ein Verkehrsmittel. Das ist sie auch heute noch, aber darüber hinaus „Sehenswürdigkeit“. Es werden sogar Fahrten in einem bewirtschafteten Salonwagen angeboten, der dicke Volants an den Fenstern und Lämpchen auf den Tischen hat. Und das für eine Reise von 40 Minuten. Neben der „Molli“ ist auch das Münster von Doberan oft besucht. Es ist die Kirche eines der bedeutendsten Klöster, die es im deutschen Küstengebiet gab, entsprechend reich ist die Innenausstattung. Die Außenfassade ist durch die in Backstein gemauerten Pfeiler und Ornamentbänder stark gegliedert. Die Kirche besitzt keinen Turm, nur einen sehr spitzen Dachreiter, denn ihre Erbauer, Zisterzienser-Mönche, durften nach ihren Ordensregeln keine hochfahrenden Aufbauten errichten.

Zurück an Bord. Die Menge auf dem Sonnendeck ist immer größer geworden. Weit vorne ist schon seit einiger Zeit ein weiß leuchtendes Rechteck zu sehen, das aus den graugrünen Wellen der See herauszuwachsen scheint, die Spitze des Hotels „Neptun“ von Warnemünde. Männer betrachten es durch das Fernglas. Das Rechteck des Hotels wächst, bis schließlich nach einem ausgedehnten Wald ein Streifen Gründerzeitvillen und Pensionsbauten zu erkennen ist. Am Strand eine Unmenge von Strandkörben, dann der Ort Warnemünde, alte und neue Ferienheime, hinter allem die Kräne und Gestänge einer Werft. Die merkwürdige Form der Gaststätte „Zum Teepott“ wird deutlich, ihr ellipsenförmig geschwungenes Dach. Wer die Kongreßhalle in Westberlin kennt, weiß ungefähr, wie dieser Pott aussieht. Daneben der alte Leuchtturm, der an der Seite des vielgeschossigen Hotels kaum noch auffällt. Das Schiff biegt um die Mole, auf der Urlauber ihren Abendspaziergang machen. Sanddünen werden durchfahren, die Schiffsgesellschaft drängt zum Ausgang. Hinter ihr werden bereits die Tische abgewischt. Man kommt an. Das Schiff macht im „Alten Strom“ fest, der früheren Fahrrinne der Koggen und Segelfrachter aus Rostock.

Der Schiffsverkehr zum größten Seehafen der DDR nach Rostock läuft heute durch eine neue Ausbaggerung der Warnow, den Seekanal. Der „Alte Strom“ dient nun als Anlegestelle der „Weißen Flotte“ und der Sportsegler, ist nun gefüllt mit schmalen

Schiffsrümpfen, dickeren der zahlreichen Motoryachten und Fischkutter.

Am Wasser entlang verläuft eine der Bummelstrecken der Ausflügler und Feriengäste. Den niedrigen Häusern an dieser Straße sieht man ihre Vergangenheit als Fischerhäuser an, die durch Vorbauten und Glasveranden erweitert wurden, als der Fremdenverkehr einsetzte. Es gibt eine Vielzahl von Cafés, Restaurants und Imbißständen, die dennoch nicht ausreichen, wenn sich, vor allem an den Wochenenden die Spaziergänger in dichten Haufen den Kai entlangschieben. Ein anderer Strom von Menschen ergießt sich über die Strandpromenade, vorbei an „Teepott" und Leuchtturm auf das „Neptun" zu. Mit großer Rezeption und Cocktailbar, gedämpftem Licht und Holztäfelung auf den Zimmerfluren, dezenter Musik und getönten Spiegeln in den Expreßfahrstühlen, die die Stockwerke schnell, aber sanft durchfahren, gibt sich das Hotel ein internationales Flair. Die Atmosphäre ist etwas beklemmend, alles erscheint ein wenig zu bemüht. Aber ein Aufenthalt im Café im 19. Stockwerk ist zu empfehlen, zum heißen Getränk gibt es die weite Sicht die Strandlinie entlang.

Warnemünde ist heute Stadtteil Rostocks, es ist schon lange Vorort der nahen großen Stadt. Die reiche Hansestadt kaufte 1323 den kleinen Fischerort Warnemünde und beutete ihn von da an aus. Den Dorfbewohnern war noch bis 1860 Schiffahrt, Handel oder Handwerk verboten. Alle Waren und Lebensmittel mußten in Rostock eingekauft werden, die Warnemünder hatten den Rostocker Reedern die Lotsen und Schiffsleute zu stellen und die Einfahrt in die Warnow in Ordnung zu halten. Und sich in ihr Schicksal zu fügen. Heutzutage ist die Abhängigkeit freundlicher, Warnemünde ist Ausflugsziel und Arbeitsplatz der Großstädter.

In der „Warnow-Werft" arbeiten Tausende von Rostockern und ebensoviele im Seehafen am Breitling, einer seeartigen Erweiterung der Warnow im Hinterland von Warnemünde. Für „das Tor zur Welt" der neuen Republik wurden auf Weideland von 1957 an Hafenbecken ausgehoben und mit Steinen, die die „Freie Deutsche Jugend" in der ganzen DDR aufgelesen hatte, befestigt. 1960 lief das erste Schiff ein, inzwischen werden im Seehafen fast so viele Tonnen Güter umgeschlagen wie in Bremen.

Und der Strand von Warnemünde war der „Hausstrand" der Rostocker und ist es, mit Einschränkungen, immer noch.

Badefreuden Ende der 50er Jahre, ein Bericht:

Glückliche Tage in Warnemünde

Nach Warnemünde sind wir natürlich im Sommer immer gefahren, mit den Doppelstockzügen, und die waren immer brechend voll. Alles stürzte zum Hauptbahnhof. Man mußte ja manchmal schon eine Stunde vorher hingehen, um sich eine Fahrkarte zu kaufen. Das war immer eine Aufgabe für uns Kinder. Diese Massen wälzten und ergossen sich dann auf den zwar sehr breiten Strand in Warnemünde. Aber jeder wollte einen Strandkorb haben, und wenn es zu spät war . . . Der Strand ist ja sehr breit und lang bis zur Steilküste hinten bei Stoltera raus, aber man wollte vorne bleiben, nicht gleich an der Mole, da war es zu stürmisch zum Baden, aber so an den Strandhotels, in der Nähe der Milchbar, da war's attraktiv. Da gab es besonders gutes Eis, und da standen wir dann auch ewig an.

Also, erst ging man an den Strand, mietete sich schnell einen Strandkorb, packte seine Sachen aus, dann konnte man sich eine Schaufel ausleihen und dann fing jeder an, wie verrückt eine Burg zu graben. Das ist ja jetzt verboten laut Strandordnung, aber damals galt, je tiefer und größer, um so besser, und da wurden richtige Kunstwerke draus gemacht, mit Muscheln und Steinen verziert, ganz früher wurden ja noch so Burgwettbewerbe veranstaltet, wer nun die schönste hatte.

Nachdem die Burg nun stand, wurde gebadet. Und je öfter man im Wasser war, desto besser, zehnmal war ein Rekord. Dann hat man seine Fressalien ausgepackt und was es damals noch gab, was wir immer mitgenommen haben, das waren Sprotten, die dort noch hergestellt wurden. Jetzt ja nicht mehr, es gibt ja keine Sprotte mehr in der ganzen DDR zu kaufen.

Da blieben wir dann so den ganzen Tag, und abends war dann bei der Rückfahrt natürlich die Hölle wieder los, mußte man sehen, nach Hause zu kommen.

Der schönste Strand, der uns am besten gefallen hat, war eben der von Warnemünde, breit, steinfrei. Und in Warnemünde war auch immer was los durch diese Promenade. Und durch die Hotels hatte man immer das Gefühl, da ist so ein bißchen große weite Welt, und durch den Hafen natürlich und durch die Fährverbindung nach Dänemark war auch immer so ein weltstädtischer Duft. Wenn die Fähre am Vormittag nach Dänemark abfuhr, da war immer viel Wehmut mit verbunden, wo die jetzt hinfuhr . . .

Jetzt liegen sie da wie die Sardinen, Platz hat man ja da nicht mehr. Die Strandkörbe sind bis ans Wasser rangerückt worden. Mit zunehmender Mobilität kommen sie ja nicht nur aus Rostock, sondern von überall her. Abgesehen davon, daß im Sommer sich die ganze DDR an die Ostsee ergießt.

R.K., Rostock

Rostock – Leben, Arbeit, Schlaf

Leben und arbeiten in einer Gegend, in der die begehrtesten Ferienplätze liegen, macht Rostock für viele Bürger der Republik attraktiv. Die Ostsee nicht nur für die 14 Tage des Urlaubs vor der Tür haben, Seeluft atmen, die vergleichsweise wenig der Schwaden aus Braunkohlebefeuerungsanlagen und Industrieschornsteinen mit sich trägt, das bewirkt, daß die Stadt Zuzug erhält. Neben Berlin ist Rostock einer der wenigen Orte, deren Einwohnerzahl ständig steigt. Der Zustrom wird auch nicht dadurch gestoppt, daß das Trinkwasser, das aus der Warnow gewonnen wird, des öfteren einen unangenehmen Geruch und Geschmack hat. Probleme mit durch Pestizide und Kohlenwasserstoffe belastetem Wasser gibt es schließlich auch in anderen Städten.

Hat Rostock heute 250.000 Bürger, so rechnen die Stadtplaner schon für die nächsten Jahre mit 300.000. Und es ist eine jugendliche Stadt, das Durchschnittsalter ihrer Einwohner liegt bei 33 Jahren.

Arbeiten heißt hier an der Küste natürlich erst einmal, mit der Seefahrt zu tun zu haben. 14.000 Arbeiter gehen auf einer der beiden Werften, der in Warnemünde und der „Neptunwerft“, zur Schicht. Tausende sind im Seehafen beschäftigt oder tun Dienst auf den Schiffen der Seereederei „Deutrans“. Werften und Hafen brauchen eine Vielzahl von Zulieferbetrieben, etwa das Dieselmotorenwerk. Und natürlich sind auch viele mit den Fischereischiffen unterwegs. Aber daneben gibt es auch „seefremde“ Industrien, vom VEB Jugendmoden über die Margarinewerke bis zum VEB Ostsee-Druck.

Arbeiten in Rostock heißt auch, zur Universität zu gehen, als einer der derzeit 6.000 Studenten oder eine der fast ebenso vielen Lehrpersonen, Reinigungskräfte und Büroangestellten.

Leben in dieser Stadt, das bedeutet für die meisten, in einem der Neubauviertel zu wohnen. Soviel wie sonst nirgends in der Republik ist in Rostock nach 1945 Wohnraum neu errichtet worden. Allein entlang der 14 Kilometer langen Straße nach Warnemünde leben in zahllosen Hochhäusern 110.000 Menschen. Mit vorspringenden Erkern, unterschiedlich gestalteten Balkonen und Klinkerelementen versuchten die Bauplaner, den Sechsgeschossern so etwas wie ein individuelles Gesicht zu geben.

Aber wie alle diese Trabantenstädte hat auch „Lütten Klein“ kein Zentrum, kein Maß, keinen inneren Zusammenhalt als den, Unterkunft zu sein. Die Bewohner orientieren sich deshalb nach wie vor am alten Stadtkern als Lebensmittelpunkt. Hier erledigt man die Einkäufe, die über das Warenangebot der Kaufhallen zwischen den Neubaublocks hinausgehen, geht bummeln, ins Café. Dort mischen sich die Rostocker unter Touristen und Studenten.

Als Treffpunkt haben die Stadtarchitekten schon 1968 die Fußgängerzone Kröpeliner Straße geschaffen. Die erste der Republik. Nach und nach sind viele der alten Bauten dort rekonstruiert worden, darunter Häuser mit gotischen Backsteingiebeln oder mit Barockfassaden. Lücken wurden mit „angepaßten“ Neubauten gefüllt, so mit einem 1986 fertiggestellten „Fünf-Giebel-Haus“ in Plattenbauweise, davor Glockenspiel. Läden tragen plattdeutsche Namen, die Gemütlichkeit verbreiten sollen, wie „Tüdelkram“ oder „12 Glasen“ oder „Pinselbütt“. Pizza-Bars gibt es und Weinstuben.

In der Mitte der Kröpeliner Straße, am Universitätsplatz, der vom Hauptgebäude der „Wilhelm-Pieck-Universität“ beherrscht wird, drückt ein Springbrunnen den Zweck des Ganzen aus. Wasserfontänen umsprühen eine Familie, die in der Figur eines spielenden Kindes gipfelt. „Lebensfreude“ heißt das Werk.

Nach den Einkäufen und dem Bummel im Zentrum kehren die meisten in ihre Wohnungen zurück zu Fernseher und frühem Schlaf. Nach Einbruch der Dunkelheit sind die Straßen in der Innenstadt wie ausgestorben, denn in den wenigen noch geöffneten Restaurants und Klubs sind die Plätze rar. Das trifft natürlich besonders die jungen Leute. Vor den Sperren von Tanzveranstaltungen muß man stundenlang anstehen, was zu folgenschwerem Unmut führen kann. Es wird von Schlägereien und Messerstechereien berichtet, an denen auch ausländische Seeleute oder Studenten beteiligt waren. Die „Ostsee-Zeitung“ mußte dazu aufrufen, keinen Ausländerhaß aufkommen zu lassen.

Solche Vorkommnisse sind Ausnahmen, in der Regel wartet man geduldig auf den Eintritt oder den Platz im Lokal. Oder zieht sich eben in die Wohnungen zurück, macht dort sein eigenes Programm. Aus offenen Fenstern im östlichen Teil des Stadtkerns, zwischen St. Nikolai und Petrikirche, dröhnt Rockmusik. Hier stehen viele Wohnungen leer, Häuser sind halb eingerissen.

Dieses Quartier, so hört man, soll behutsam rekonstruiert und nicht, wie in den ersten Aufbaujahrzehnten der neuen Industriestadt Rostock üblich, einfach abgetragen werden. Was jetzt nach langjährigem Verfall und Abriß noch vorhanden ist, wird wohl erhalten bleiben. Dabei greift man zu unkonventionellen Lösungen. In den Turm der Nikolaikirche wurde ein Fahrstuhl eingebaut, der zu Dienststellen der Kirche und den Wohnungen emeritierter Pfarrer führt. Die riesige Schräge des Daches wird jetzt durch Fenster und Balkone unterbrochen. Mit Gottesdiensten konnte die Kirche nicht mehr gefüllt werden, so wird sie anderen Zwecken zugeführt, irgendwann soll sie auch Konzertsaal werden.

In der Wokrenter Straße, die auf den Stadthafen zuläuft, sind die wenigen alten Häuser, darunter das einzige noch erhaltene Kaufmannshaus der Hansezeit, einbezogen in Nachahmungen geschlossener Giebelhausreihen. Ein Imitat, das etwas an Theaterkulisse erinnert.

Das Kuhtor ist wieder aufgebaut, und das Steintor glänzt mit rotem Backstein, als sei es erst vor fünf Tagen fertig geworden, zwei der vier erhaltenen Tore der Stadtbefestigung. Von der Mauer rund um die historischen Stadtkerne ist ein großer Rest erhalten geblieben, mit einigen Türmen vor den Wallanlagen im Kröpeliner Tor. Auch diese Bauwerke sind mittlerweile wie neu. In den nächsten Jahren soll schließlich die Petrikirche ihren im Krieg zerstörten 126 Meter hohen Turm wiederbekommen.

Am Steintor vorbei fließt der Autoverkehr auf einer eigens verbreiterten Straße zum Ernst-Thälmann-Platz, dem ehemaligen Neuen Markt. Mehrspurig geht es vorbei am Rathaus, dessen gotische Giebel hinter einer altrosa barocken Fassade hervorschauen. Für den ruhenden Verkehr sind die Parkhäfen daneben gedacht, das alles im Schatten der gewaltigen Marienkirche, deren älteste Teile noch aus dem 13. Jahrhundert stammen. Fußgängergewimmel am Kröpeliner Tor. Aber es gibt auch stillere Ecken.

Gleich hinter dem Rathaus ist ein solcher Platz vor dem Kerkhofhaus von 1470. Dort geht man ruhiger durch kopfsteingepflasterte Straßen. Oder schlendert im Innenhof des Klosters zum Heiligen Geist durch den Kreuzgang um Rasenflächen und das unweit der vollen Einkaufszone. Und der Heiligengeisthof, auch nur durch einen Häuser-

Das Rostocker Steintor

block von der Kröpeliner Straße getrennt, ist von niedrigen Barockgebäuden umgeben.

Von Rostock nach Stralsund – Strand, Pilze, Sonnenöl

Buchenwälder, in denen man steht, die Bäume hochschaut und nicht mehr daran denkt, daß in der Nähe das Meer ist. Und dann, nur ein kleines Stück weiter, sind über den Kamm der Dünen, durch Kiefern hindurch, doch die Wellen zu sehen.

Das ist, immer noch, Ostsee, freie Auswahl zwischen Strandleben und Spaziergang im Seewind oder Geruch von Gräsern und Bäumen und Pilzen. Auf dem Küstenstreifen zwischen Rostock und Stralsund bekommt man Ostsee konzentriert, am konzentriertesten auf der schmalen Landzunge Fischland–Darß–Zingst, drei Inseln, die durch Sturmfluten und Sandanspülungen nach und nach miteinander und dem Festland zusammengewachsen sind.

Die Straße führt von Seebad zu Seebad immer in der Nähe von Wasser, nur wenige Meter von der offenen See oder vom Bodden entfernt. Efeu rankt sich die Buchen empor wie Lianen, umgestürzte Bäume liegen an der Seite, fast ein Stück Urwald. Man kann, das allerdings nur zu Fuß, in moorige Gegenden gelangen, mit Moosen und Erlen und, wieder näher am Strand, in Gruppen von Kiefern, deren Kronen durch den stetig in einer Richtung wehenden Wind weggebogen, einseitig verkrüppelt sind. In den Badeorten Prerow oder noch auf dem Festland Graal-Müritz stehen die Ferienheime und Villen an sandigen Waldwegen. Und davor liegt, fast noch im Schatten der Bäume, ein breiter Sandstrand, endlos, den man Kilometer um Kilometer entlanglaufen kann – zumindest bis zum nächsten militärischen Sperrgebiet.

Ostsee konzentriert, das heißt auch, daß im Sommer die Straße von parkenden Autos gesäumt ist, deren Masse sich auf große Parkplätze und bis in die Anfänge der Waldwege drängt. Die Waldluft ist dann an einigen Stellen mit den Abgasen der Zweitakter durchsetzt. An der offenen See, deren Wasser in der exponierten Lage der Halbinsel durch schärferen Wellenschlag sauberer als an anderen Küstenstrichen ist, geben sich die Urlauber dem Strandleben hin. Die Strandkörbe sind mit kleinen Schildern ihrer Eigner, diverser VEBs, versehen und, wenn nicht benutzt, abgeschlossen. Auf dem Campingplatz von Prerow stehen Zelte für 5.000 Personen. Es gibt immer noch leere Stellen, aber an vielen Orten wimmelt es von bekleideten und unbekleideten Menschen, die ihre Körper rundum der Sonne aussetzen.

Prerow und das Seebad Zingst sind nicht mehr die armseligen Orte von Fischern und Bauern, die sich einen Nebenverdienst durch den Transport von Torf und Holz auf kleinen offenen Schuten verschafften. In diesen Dörfern mußte um den Lebensunterhalt gekämpft werden und gegen das Meer. Die große Sturmflut 1872 füllte mit dem von ihr mitgerissenen Sand die letzten Verbindungskanäle zwischen Bodden und offener See, schuf so aus den drei Inseln endgültig die heutige Landzunge. Das Fachwerk der Häuser konnte dieser Wucht nicht lange standhalten, die Lehmwände lösten sich auf, Schränke, Sofas, Haustiere wurden fortgespült. Familien versanken mit den zusammenbrechenden Dächern ihrer Katen in der Flut.

Und schon normale Stürme brachten Gefahren. Vor Prerow, an der spitzen Landekke „Darßer Ort", scheiterten immer wieder Segler. Grabmäler auf dem Seemannsfriedhof des Ortes erinnern an die Opfer, und im Darßmuseum sind auf alten Stichen die in den Wellen auseinanderbrechenden Schiffe zu sehen.

Heute werden am 10 Kilometer langen Strand des Seebades Zingst Burgen gebaut und auf dem überfüllten Zeltplatz von Prerow sitzen die Camper mit Bierflaschen und Skatkarten auf zusammenklappbaren Stühlen.

Auf der Steilküste von Ahrenshoop

Ahrenshoop ist nicht mehr die stille Malerkolonie von 1880, als im Ort der Badebetrieb begann. Es gibt immer noch Häuser, in denen Keramiker und Maler arbeiten. In „Kunstkaten" werden Bilder und Plastiken ausgestellt, und in der „Bunten Stube" kann Kunstgewerbe erworben werden. Aber im „Kurhaus" werden die Feriengäste des Reisebüros der DDR, die mit Bons zum Essen antreten, in zwei genau berechneten Durchgängen bedient. Der Restaurantleiter befindet 15 Minuten nach Beginn des jeweiligen Durchgangs, ob noch fremde Gäste bewirtet werden können. Das einzige weitere annehmbare Lokal, ein Fischrestaurant, ist notorisch überbelegt. Ferienheime stehen neben Reihen reetgedeckter Häuser ohne Namensschild, in denen also Prominenz wohnt. Und vor der „Bunten Stube", die aus einer Litfaßsäule durch zahlreiche Anbauten entstanden zu sein scheint, stehen die Touristen Schlange.

Aber kann man denn anderes erwarten, ist man doch schließlich selbst als Tourist hier, da können ja die anderen nicht alle zu Hause bleiben. Die Ostsee ist nun einmal begehrt als Wohnort und als Feriengebiet. Also wird man sich eben arrangieren, den Blick aus dem vollen Eiscafé auf der Dünenkrone von Ahrenshoop genießen, oder ausweichen, beiseite treten. Direkt vor den Seebädern ist der Strand belegt, schon einige hundert Meter weiter sind die Sonne, das Licht, der Wald ungestörter zu haben.

Oder aber man wählt gleich eine andere Jaherszeit, den Mai oder September. Dann ist hier alles viel ruhiger, man holt frische Luft am Waldesrand, die Parkplätze sind fast leer. Leerer sind auch die Ziele im Hinterland rund um den Bodden.

Das Bernsteinmuseum.

Es ist dem VEB Ostseeschmuck in Ribnitz-Damgarten angeschlossen, in dem 600 Beschäftigte Ketten und Ohrringe aus dem versteinerten Baumharz herstellen. Im Museum blickt man durch große Lupen auf die seltenen Einschlüsse in riesigen Bernsteinbrocken, auf vorzeitliche Fliegen, Mücken, Spinnen.

Die kleine Stadt.

In Barth kann man immer noch die mittelalterliche Ortsanlage erkunden. Nahe dem Markt stehen sich die Marienkirche und das Dammtor gegenüber, beides mächtige Backsteinbauten, beide gleich wehrhaft, nur daß an der Kirche die vorspringenden Erker fehlen, von denen aus die Feinde beschossen und mit flüssigem Pech übergossen werden konnten. Links und rechts des Tores beginnt eine Gasse, die zwischen einstöckigen Häusern rund um die Stadt läuft. Diese Häuschen lagen einmal im Schutz der Stadtmauer, die nun verschwunden ist. Aber der kreisrunden Linie, die sie hinterlassen hat, kann man folgen wie in einem großen Karussell.

Das Dorf.

Bei Klockenhagen liegt ein Freilichtmuseum, in dem alte mecklenburgische Bauernhäuser zusammengestellt wurden. Auf dem Rasen der Anlage grast eine Schafherde um ein Backhaus, die Bockmühle, ein Spritzenhaus, den Ziehbrunnen. Große Hallenhäuser stehen hier, in deren Diele sich das ganze Leben der Familie abspielte, die Arbeit des Dreschens, das Räuchern von Wurst und Schinken, das Reparieren der Arbeitsgeräte. In einer Nische wurde geschlafen und gegessen. Nur im Winter zog die Familie aus der zugigen Diele in eine beheizbare Stube um. Die Backstube hat einen riesigen aus Lehm gebauten Ofen, in dem die bis zu drei Meter langen Schieber liegen, mit denen das Brot aus der Glut geholt wurde. Daneben ein ausgehöhlter Baumstamm für das Kneten des Teiges. In den reicheren Bauernhäusern stehen die Gerätschaften des täglichen Wirtschaftens. In den kleinen Katen der Tagelöhner hängen Tafeln mit Lebensschilderungen ehemaliger Bewohner, die berichten, wie drei Kinder in einem Bett schlafen mußten, mit den Kartoffeln

Im Fischereihafen des Seebades Zingst

neben sich, im einzigen Raum der siebenköpfigen Familie.

In dem Haus mit der Nummer 10 ist es so, als könne noch jeden Moment die Familie hereinkommen. Die Frau würde in die Küche mit den hellblau gestrichenen Möbeln auf den kalten grauen Fliesen treten. Dann würde sich das Ehepaar in die Stube mit dem braunen Linoleum in das braune Sofa setzen oder sie sich neben dem Blumenständer an die Nähmaschine, er sich in die braunen Sessel vor den Fernseher mit kleiner Bildröhre im abgerundeten Teakholzgehäuse. So komfortabel diese beiden Räume im Vergleich zu den niedrigen Kammern und rauchgeschwärzten Küchen der anderen Häuser auch sind, es ist zu spüren, daß hier nach harter Arbeit nur kurz ausgeruht wurde, daß jedes Einrichtungsstück zusammengespart und dann lange gepflegt werden mußte. Alles ist karg, ordentlich und kalt.

Das Foto des letzten Bewohners hängt an der Wand. Heinrich Peters, Bauer, Jahrgang 1890, gestorben 1976. Peters hat 1969 dem Staat seinen Hof zu Ausstellungszwekken übereignet, wohnte also noch 7 Jahre in einem Museum, als Beispiel für das Ende eines Bauernlebens.

Kommt man aus dem Museum auf den Feldweg, blickt auf die reetgedeckten Häuser, die von LPG-Bauern bewohnt werden und auf den ersten Blick so viel anders nicht aussehen als die auf dem Ausstellungsgelände, sieht man alles mit anderen Augen. Der Feldweg ist nur eine Wagenspur in tiefem Sand zwischen einer Doppelreihe alter Obstbäume, verliert sich irgendwo in der Ferne im flachen Land. Die Staketenzäune vor den Häusern hängen ein wenig schief. Da drinnen wirtschaften Bauernfamilien nicht viel anders als die des Heinrich Peters. Man hat eine Ahnung vom immer noch, trotz Auto und TV, harten und eingeschränkten Leben auf dem Lande.

An dem ändert auch der moderne massenhafte Ostsee-Tourismus wenig, auch wenn er Nebenerwerb und sogar Westmark bringt.

Stralsund – eine Stadt unter Denkmalschutz

Die Ostsee lohnt sich auch im Winter.

Das Meer liegt in Dunkelheit und Kälte. Die Mole gegenüber dem Hafen von Stralsund ist völlig vereist, die Gischt auf dem Geländer gefroren. Über das Wasser leuchten von irgendwoher Lampen, dort müssen Schiffe auf Reede liegen. Am Kai strahlen Scheinwerfer die „Fritz Heckert", das weiße Wohnschiff, an. Im Licht der Scheinwerfer und der Straßenlaternen sind in Richtung der Stadt neue und alte Speicher, die Giebel von Wohnhäusern zu erkennen. An die Mole klatschen von links und rechts die Wellen.

In der Dunkelheit der Straßen verliert man die Orientierung, stolpert über das holprige Pflaster vorbei an hohen gotischen Backsteinhäusern, niedrigen Fachwerkbauten, schaut in Höfe, in denen Holztreppen zur Stadtmauer empor führen, kommt an Neubauten vorbei und Ruinen und an Katzen, die einen Buckel machen. Im Hellen und auf der Karte kann man feststellen, daß man eigentlich nur einen Halbbogen rund um den Stadtkern innen an der Mauer gelaufen ist. Im Dunkeln aber scheint es einem, als würde man immer neue unbekannte Gassen kreuzen in einem Gewirr von Stadttoren, Hauseingängen, Gartentüren.

Kalter Wind geht über den Leninplatz, über dem sich die Umrisse von St. Marien abzeichnen. Auf dem Weihnachtsmarkt sind die meisten Buden schon früh geschlossen. Nur über dem Schießstand und einem Karussel sind die Lichterketten angeschaltet. Dort drücken sich Halbwüchsige herum, suchen erste Erlebnisse, wollen einfach noch nicht nach Hause, schießen Papierblumen und Pappstörche. Man fühlt sich allein mit den drei dutzend Menschen auf dem weiten Platz. Die Fußgängerzone Ossenreyer Straße ist völlig leer. Die Auslagen der Geschäfte liegen hinter den Scheiben als Verheißung von Leben und Konsum, aber erst morgen, wenn es wieder hell ist. Menschen sind nur noch im „Gastmahl des Meeres" und im „Ratskeller" anzutreffen. Danach stolpert man wieder in die Leere.

Noch später ist man froh, nach dem Weg durch den Laubengang des gotischen Rathauses, über den „Alten Markt" und wieder zurück durch die Einkaufsstraße, überhaupt noch jemanden anzutreffen im großen hellerleuchteten Saal des „Schweriner Hofs" neben der Marienkirche. Marinesoldaten, die bewundernd blickenden Mädchen, es ist tatsächlich immer noch so. Daneben einige Hotelgäste, die im Wohlgefühl des auf sie wartenden Bettes mit dem Zimmerschlüssel klappern. Und einige Fremde, die noch so spät am Abend, es ist immerhin schon nach 22 Uhr, etwas zu essen und zu trinken und Licht suchen. Die einzige Alternative ist die verrauchte „Kogge", in der Arbeiter der Werft hängengeblieben sind, und die „Troccadero-Bar" neben einem alten Kloster. Dort gibt es bis 3 Uhr morgens Musik von Combos in glitzernden Anzügen.

Dann lieber früh ins Bett.

Man tritt aus dem Wind in den Schutz enger Hinterhöfe, steigt steile ausgetretene Treppen, passiert niedrige Türen. Die Wohnungen in der Altstadt sind klein. Es wird gegen Kälte und aufsteigende Nässe angeheizt. Ein seltsames Gefühl, in einer kleinen warmen Wohung im Schatten eines wuchtigen mittelalterlichen Turms einzuschlafen. Und ein solcher Turm ist hier überall fast in Reichweite.

Im scharfen Licht des Vormittags sieht man alles anders.

Die Häuser rund um die Marienkirche, die an der engen Straße so mittelalterlich wirkten, stellen sich doch als Gebäude jüngeren Datums heraus. Aber neben ihnen beginnen tatsächlich kleine Gärten, die bis zur Stadtmauer reichen, und ein Stück die Marienstraße und Am Katharinenberg hinunter stehen gotische Giebelhäuser. Auf der Ossenreyer Straße sind jetzt die Hausfrauen zu Einkäufen unterwegs, wegen der Kälte sehr eilig. Am Ende der Straße erscheint einem das Rathaus nicht mehr als wuchtiger dunkler Bau. Die Schaufassade zum Alten Markt löst sich auf in Ornamente, Giebel, Rosetten, Fensterhöhlungen aus schwarz

Am Kai der „Weißen Flotte" Stralsund

und grün glasierten, auch naturbraunen Backsteinen. Man erkennt deutlich, daß die Fassade zwei einzelstehende Gebäude verbindet. Durch die leeren Fenster ganz oben scheint der Himmel. Im überdachten Gang zwischen den beiden Häusern trägt eine doppelte Säulenreihe die Galerie, schwarz und golden bemalt. Die Kapitelle sind mit Weintrauben und Granatäpfeln geschmückt. Der Markt ist auch bei Tage leer. Wer aber will, kann sich Menschenmassen bei den Festen vorstellen, die dort stattfanden, als das Rathaus noch ein Neubau war. Katzen wurden an den Pranger genagelt, wer sie totbiß, vom Bürgermeister zum „Katzenmeister" erklärt. Oder – ein Schwein und einige Blinde wurden in ein Gehege gesperrt. Die Blinden hatten die Aufgabe, mit langen Knüppeln das Schwein zu erschlagen, trafen aber eher die Kompagnons. Die Stadtchronik verzeichnet große Heiterkeit der Zuschauer. Solche Geschichten schützen einen vor allzu großer nostalgischer Versunkenheit vor den alten Bauten. Die beiden Stadttore jenseits des Marktes bleiben auch bei Tageslicht mächtige Backsteinblöcke, nur sieht man die spitz zulaufenden Torbögen und kleinen Fensterluken besser. Zwischen Kniepertor und Kütertor ist die Stadtmauer völlig rekonstruiert mit Pfeilern, Türmen, immer wieder überbaut mit kleinen Häusern. Einige dieser Mauerhäuser werden von Privaten zu Wohnungen und Ateliers ausgebaut.

In Winter wie im Sommer ist ein Besuch in den beiden Museen Stralsunds zu empfehlen, die im alten Katharinenkloster direkt an der Stadtmauer untergebracht sind, im Winter natürlich besonders, weil man sich dann gleich aufwärmen kann. Die Etagen des Meeresmuseums sind in freitragender Konstruktion in das Mittelschiff der Klosterkirche hineingebaut. Fischereigerätschaften, Zeugnisse des Lebens der Fischer, Schiffsmodelle werden ausgestellt, dazu noch ausgestopfte Haie, Wale, Delphine, von denen einige an der Küste vor Stralsund gestrandet waren. Lebendiges Getier ist im

An der Triebseer Straße im Schatten von St. Marien

Meeresaquarium zu besichtigen. Das Kulturhistorische Museum belegt die übrigen Klostergebäude. Es zeigt vornehmlich die kriegerische Seite der Stralsunder Geschichte mit Spießen, Schilden, Vorderladern, Bildern, auf denen mit Pulverdampf und fliegenden Kanonenkugeln Schlachten toben. Und immer wieder ist die Silhouette der Stadt mit den drei charakteristischen Kirchtürmen abgebildet. St. Marien, die größte, wie in fast allen Hansestädten, die zweite, St. Nicolai, benannt nach Nikolaus, dem Schutzpatron der Seeleute, die dritte nach dem der Fischer, St. Petrus. In diesen Kirchen steht man dann später in der kalten Zugluft.

Die Schritte hallen, man ist allein in dieser Größe, hat sich mit dem riesigen Schlüssel aus dem Pfarramt selbst geöffnet, wird nicht herumgeführt, ist auf sich gestellt vor dem Altar und den Grabmälern adeliger Familien und reicher Kaufleute an den Seitenwänden. Die Kirchen sind natürlich Backsteinbauten, Haustein stand ja nur in den deutschen Gebieten westlich der Elbe zur Verfügung. Aus dem Charakter des Materials und dem des Landes entwickelte sich nach und nach ein eigener Stil. Mit Backstein kann man die Säulen und Pfeiler nicht in unzählige Streben auflösen, die Wände nicht mit feinen Ornamenten übersäen, die Fenster können nicht unbegrenzt vergrößert werden, ohne die Tragfähigkeit des Ganzen zu gefährden. Die Gotteshäuser waren Zeichen der Christianisierung des den Slawen abgenommenen Landes. Und dieses Land war in seiner Kargheit, mit herbem Klima und oft armen Böden zu den Menschen nicht besonders freundlich. Das zusammen prägte den Stil des Backsteinbaus, wehrhaft, massiv, schmucklos gerade. Das spürt man auch vor und in den Stralsunder Kirchen. Noch einen Augenblick der Ruhe auf der Kirchenbank, dann wird man wieder in den Betrieb der Fußgängerzone treten, bei der Küsterei den Schlüssel abgeben.

Abseits der Ossenreyer Straße gibt es reichlich Leerstand und Zerfall. In der „Unnützen Straße“ oder „Jakobiturmstraße“ blättert die Farbe, Putz fällt. Viele Häuser werden nicht mehr zu retten sein. Nur langsam gehen die Restaurierungsarbeiten voran, zu langsam als daß alle denkmalsgeschützten Gebäude dem Abriß entkommen könnten. Reich geschnitzte gelb und hellblau abgesetzte Barocktüren neben gegliederten Haustoren aus der Gründerzeit wechseln sich ab mit zugemauerten Eingängen. In der Nähe des Hafens sind an den alten Speichern und Lagerhäusern noch Inschriften zu entziffern, „Aussteuer En Gros Lager Dambeck“ und „Pommersche Eisengießerei und Maschinenfabrik“. Am Kloster zum Heiligen Geist bildet die Klosterstraße ein eigenes kleines Quartier mit einem langgestreckten, eingeschossigen Elendenhaus, das viele kleine Wohnungen enthält, einigen Reihen von Fachwerkhäusern und einem Eingangstor mit geschwungenem Giebel. Den Kern des Viertels bildet das Spital, das sich an die Heiliggeistkirche anschließt. Wie beim Rathaus zieht sich eine Galerie um den Hof. Wer das nötige Geld hatte, so um die 800 Scheffel Weizen, konnte hier sich einen Altersruhesitz erkaufen. Hoffentlich wird die alte Klosteranlage bald restauriert.

Am alten Hafen stehen im Sommer die Fahrgäste der „Weißen Flotte“ an den Ablegestellen nach Hiddensee und zur Nordspitze Rügens, warten in der Schlange am Kiosk auf die Gelegenheit, noch eine Fahrkarte zu kaufen. Jetzt ist es still, der Verkehr ruht. Auf dem schmalen Kanal, der zwischen dem neuen Hafengelände und der Stadt zwischen gemauerten Kais verläuft, liegen eingemottet Segelboote und Kähne. Viele der Häuser des alten Hafenviertels haben jedoch nichts mehr von dieser Stimmung: Halbverfallen, entmietet, abrißbereit stehen sie da wie Ruinen.

Auf der anderen Seite des Sundes, hinter dem grauen Wasser, ist der Kirchturm von Altefähr, schon auf Rügen, zu sehen. Rechts fahren Autos und Eisenbahnen über die Brücken und den Damm, die Insel und Festland verbinden. Eisschollen werden angespült. Etwa so ist Stralsund im Winter.

Und im Sommer wächst der Flieder im Hof des Heiliggeist-Hospitals. In der Ossenreyer Straße bieten private Händler auf Campingtischen angeblich echten Bernsteinschmuck zu Spottpreisen an. Die beiden Kaufhäuser haben einen Teil ihres Warenangebots nach draußen verlagert, lassen Modenschauen stattfinden, auf denen Großgeblümtes vorgezeigt wird. Aus den großen Teichen vor der Stadtmauer sprüht eine Fontäne, die schilfbestandenen Ufer entlang sitzen Pärchen und Angler. Die ganze Altstadt ist auch auf der Landseite von Wasser umgeben, früher waren hier Sümpfe und Seen, die Stralsund ein Stück unangreifbarer machten. Noch heute ist die Linie der vorderen Stadtbefestigung an der Form der Teiche abzulesen. Auf der anderen Seite der Stadt fahren die Urlauber mit den Schiffen der „Weißen Flotte“ zwischen den flachen Küsten auf gelblich braunem Wasser hinaus, an Rapsfeldern vorbei nach Hiddensee.

Und am Leninplatz sind wieder Stände aufgebaut, mit bunt gestreiften Markisen diesmal. Man sitzt dann im Freien vorm Eiscafé und schaut auf St. Marien.

Altefähr – mit einem Fuß auf Rügen

Das Dorf liegt auf Rügen, ist durch den Strelasund von Stralsund getrennt und gehört doch zur Stadt als Aussichtspunkt, Fährort, Ausflugsziel.

Von keinem anderen Ort hat man einen so schönen Blick auf die ganze Silhouette der Stadt wie vom flachen Ufer vor Altefähr. Am frühen Morgen liegen die Umrisse Stralsunds noch grau, dann schälen sich das Rot und Weiß der drei Kirchen langsam aus Dunst und Nebel, werden die Türme immer intensiver angestrahlt, bis sie klar vor dem Himmel stehen. Den ganzen Tag über ist dann der Wechsel des Lichts, das Wandern der Schatten zu beobachten, bis schließlich nur noch die Lichter der Stadt in der Nacht stehen.

Stralsund hat lange Zeit Rügen beherrscht, der gesamte Handel der Insel ging durch die Kaufmannshäuser der Hansestadt,

Blick vom Altefährer Anleger auf die Türme Stralsunds

die Bauern mußten ihre Produkte dort zum Markt fahren. Mit den Türmen wurde diese Macht demonstriert. Und so beherrschen sie auch heute noch den Horizont vor Altefähr.

Bis zum Bau des Rügendamms 1931 lief der Verkehr von Stralsund auf die Insel durch das Dorf, landeten hier die Fähren und im Winter auch die Schlitten. Das war durch Jahrtausende so, Funde arabischer Goldmünzen zeigen, wie weit die Handelswege über Altefähr sich erstreckten. Zu Anfang wurde die Verbindung über die 2.500 Meter Wasser mit kleinen Booten hergestellt, dann mit Raddampfern, schließlich durch ein Schiff, das immerhin drei Eisenbahnwaggons und 250 Passagiere transportieren konnte. Das „Hotel Putbus" an der Fährstelle, dessen Gästezimmer nun langsam zerfallen, nahm zu einem ersten Aufenthalt die Reisenden auf.

Von der Vergangenheit als Durchgangsstation ist im Dorf jetzt nichts mehr zu spüren. Aber an den schönen Wochenendtagen, wenn die Stralsunder mit Bus, Fahrrad, manche mit dem Taxi einfallen, um sich an den Strand zu begeben, füllt sich Altefähr. Sonst liegt der Ort ruhig. Dann steht auf der Hauptstraße der Linienbus mit offener Tür vor dem Konsum, der Fahrer hört laut Musik, Fetzen davon ziehen über die Straße. Hausfrauen tauschen am Bäckerladen Nachrichten aus, Kinder streicheln eine der Katzen, die um die alten Fischerhäuser an der Kirche streichen. Direkt an der Fährstelle bietet das Lokal „Am Sund" Platz im Freien auf grünen Gartenstühlen, Schweinebraten, die Sicht aufs Wasser und natürlich auf die Stadt gegenüber. Man kann den schmalen Uferstreifen entlanggehen bis zu der Stelle, an der die Küstenlinie nach Norden umschwenkt, blickt dann auf die Inseln Ummanz und die kleine Heuwiese, kommt vorbei an Schwänen, legt sich zwischen Tanghaufen in die Sonne und läßt den Wind über sich hinwegwehen. Am Abend sitzt man dann neben dem Stammtisch in der Bierstube des Hotels „Putbus", hört das Platt der Männer in Arbeitsanzügen. Die Schiffe von Hiddensee ziehen vorbei, Segler, Fischerboote.

Das Besondere an diesem Dorf, die Fähre, gibt es immer noch. Jede Stunde pendelt das Schiff zwischen den Ufern, transportiert nun Schulklassen, Ausflügler. Für 25 Pfennig wird man übergesetzt, hat ein wenig Seefahrt mit knatterndem Dieselmotor. Vorne wachsen die Türme Stralsunds.

Hiddensee – Traumziel/DDR

Stralsund ist Ausgangspunkt für die Fahrt nach Rügen, aber oft auch für den Ausflug zur Insel Hiddensee. Der ist nicht so einfach zu organisieren. Einen Platz auf den Schiffen sollte man schon Tage, möglichst Wochen vorher reservieren, zumindest in der Sommerzeit. Die Fahrt dauert Stunden, wesentlich kürzer ist sie mit dem Postboot, das von Schaprode an der Westküste Rügens verkehrt. Das nimmt aber bevorzugt Hiddenseer und Langzeiturlauber mit, nur wenn dann noch Platz sein sollte, auch Tagestouristen.

Die Wartezeit kann in Schaprode in „Keils Gasthaus“ verbracht werden, in dem Portraits einiger bekannter Schauspieler und Sänger, versehen mit Autogrammen, zeigen, wer alles schon diesen Weg genommen hat und daß Hiddensee immer noch auch so etwas wie eine Prominenteninsel ist. Aber auch junge Leute, die dann im Freien oder in Hühnerhäusern schlafen, setzen über.

Auf welchem Weg man auch immer reist, wird man bei der Annäherung an die Insel zuerst ihre charakteristischen Umrisse wahrnehmen. Den hohen Hügel an der Nordspitze, den Kiefernwald auf dem flachen südlichen Teil, dazwischen einzelne Bäume, die auf dem Wasser zu stehen scheinen. Diese Form hat manche zum Vergleich mit einer lang in der See hingestreckten Eidechse angeregt.

An der Anlegestelle in Vitte wird man gleich zur „Fischerklause“ entlassen, in der man Portionen gebratenen Hornfischs erstehen kann. Das Besondere an diesem Tier ist in natürlichem Zustand sein langer Kopf mit dem spitz zulaufenden Maul, der bis zur Hälfte der Körperlänge ausmachen kann, und in zubereiteter Form die türkisfarbenen Gräten, die zwischen dem weißen Fleisch zum Vorschein kommen. Das Lokal wird von der Produktionsgenossenschaft Fischerei unterhalten, in der viele der 1.300 Hiddenseer arbeiten. Die meisten sind aber in der Versorgung der Fremden beschäftigt.

Die Insel trug in den zwanziger Jahren zwei Gesichter. Eins für die Fischer, die in Holzschuhen herumschlurften, deren Töchter als Dienstmädchen nach Berlin gehen mußten. Und eines für die Künstler, die sich nach und nach einfanden, um lange Urlaube zu verleben oder einen angenehmen Nebenwohnsitz zu nehmen. Für Gerhart Hauptmann, Thomas Mann, Asta Nielsen war der Aufenthalt hier so schön, daß Hauptmann niederschrieb: „In meines Hauses stillem Raum wohnt der Traum.“

Heute haben sich die Unterschiede nivelliert.

Wenn an der Ostsee die Traumküste der Republik liegt, dann ist Hiddensee die Trauminsel ihrer Bürger. 400.000 Urlauber zieht es jährlich auf das kleine Stück Land, Feriengäste und Tagesausflügler. Die Einheimischen, deren Kinder vor 100 Jahren noch an trockenem Brot und Dörrfisch knabberten, vermieten ihre Quartiere für Westgeld.

Drei Orte gibt es auf der Insel, Neuendorf im Süden, Kloster im Norden und dazwischen Vitte, alle drei liegen an der Ostseite. An der Westküste haben See und Wind einen breiten Sandstrand geschaffen. Zwischen beiden Küsten gibt es nur wenige hundert Meter Land, man kann von einer zur anderen schauen. Sandige Wege ziehen sich den Strand entlang. Sanddorn und Heckenrosen schützen vor dem Wind. Gepflasterte Straßen sieht man nur in den Orten, dafür häufig Pferdewagen. Aber während früher wenig Autos auf der Insel fuhren, neben dem des Arztes gab es nur noch zwei, sind jetzt immer mehr Servicefahrzeuge zu den Ferienheimen unterwegs. Dennoch, obwohl der Platz begrenzt ist, herrscht Ruhe. Die Stille einer Insel, die zu nichts anderem bestimmt ist, als Erholung zu bieten. In den Dörfern geht es zwischen den Reihen türmchenbestückter Villen, reetgedeckter weißer

Ein Fang Hornfisch vor Schaprode

und roter Häuser gedämpft lebhaft zu, die Ausflügler eilen von Fahrradverleih zu Kiosk mit historischen Ansichtskarten, zur Gerhard Hauptmann-Gedächtnisstätte in Kloster und zur „Blauen Scheune", einem alten Atelierhaus in Vitte, kreisen in den Orten und auf den Sandwegen, die sie verbinden. Keine der Wanderstrecken über die Insel ist länger als zwölf Kilometer, alles ist rasch zu erreichen. Und viel Zeit bleibt auch nicht, die letzten Schiffe nach Schaprode fahren schon am frühen Abend, die nach Stralsund noch zeitiger zurück. Aber jeder, der hier läuft, scheint von Freude und Stolz erfüllt, er hat es geschafft, er war hier.

Nur die, die länger bleiben dürfen, haben Gelegenheit, sich ruhig einen ganzen Tag auf die Hügel des Dornbuschs in das kurze Gras zu setzen. Diese Glücklichen können in der Sonne liegen und über das Meer zum Festland schauen, mit dem Hiddensee noch bis etwa 1300 verbunden war, das also zum Greifen nahe scheint. Von der Anhöhe des Nordens ist die ganze Insel bis hinunter zur bewaldeten Südspitze zu überblicken. Buchten ragen weit in den schmalen Streifen Land, der sich nur wenig aus dem Wasser hebt, zerteilen ihn fast.

Im Winter sind die Hiddenseer dann fast wieder unter sich, sitzen in den wenigen dann noch geöffneten Lokalen, führen ein abgeschiedenes Inselleben. Dann ist es ein bißchen wie um die Jahrhundertwende, Schwangere müssen auf dem Kutter und manchmal sogar auf dem Schlitten nach Schaprode, zum Festland gebracht werden.

Rügen – ein Freizeitland

Das Wasser spült gegenüber Stralsund bei Altefähr in kleinen Wellen an einen flachen Sandstrand, an den nördlichen Küsten der Insel bricht der feste Boden über 100 Meter zum Meer hinunter ab. Das Land dazwischen ist an so vielen Stellen von der See durchbrochen, daß kein Ort mehr als acht Kilometer von einem Ufer entfernt liegt.

Man kann Rügen als großen Freizeitpark begreifen, mit einer Küstenlinie von 570 Kilometern. Das Inventar wären dann der nördlichste Punkt der DDR in Kap Arkona, eine Kette traditioneller Seebäder, ein Ort, Putbus, der auf dem Reißbrett geplant wurde vor 170 Jahren, und der bekannte Fährhafen Saßnitz. Zwischen den Dörfern und Städten werden baumbestandene Alleen, kopfsteingepflastert, eine Fähre, eine Kleinbahn, Buchenwälder, Getreidefelder, Slawenburgen geboten. Hünengräber und Kreidefelsen.

Selbstverständlich wird auf der Insel auch gearbeitet, aber gegen mehr als 700.000 Feriengäste und weitere Hunderttausende von Wochenendbesuchern nimmt sich die Zahl von 45.000 in Rügener Arbeitsstätten Beschäftigten doch sehr bescheiden aus. Und viele von denen arbeiten für die Urlauber. In Bergen, geprägt durch Industriebetriebe und die dazugehörigen Neubauviertel, stellen Großmolkerei, Fleischkombinat und Backfabrik vor allem Waren für die Touristen her.

Die Modelleisenbahn

Der „Rasende Roland“, die Kleinbahn, paßt so richtig in ein Ferienland. Im Winter sind mit ihr zwar nur Einheimische unterwegs, hasten mit der Aktentasche unter dem Arm durch die dicken Dampfwolken auf dem Bahnsteig, auf dem Weg zur Arbeit. In der Saison aber gehört dieser Zug mit der Aufschrift „RKl“, also „Rügen Kleinbahn“, den Touristen. Täglich staunen an die 2.000 Urlauber über die Waggons, die so winzig sind, daß die Reinemachefrauen an der Endstation mit ihren Schrubbern bis zum Dach hochreichen können, um dort den Seifenschaum zu verteilen. Die kleine schwarze Lok dampft mächtig, wenn sie sich vor den Zug setzt, das ist dann stets ein beliebtes Fotomotiv. In jedem der Wagen gibt es nur 26 Sitzplätze, dafür ein richtiges WC und einen dicken Kohleofen, der im Winter für mehr als ausreichende Wärme sorgt.

Selbstverständlich setzt sich „Roland“ unter lautem Pfeifen in Bewegung. Die Perrons der Wagen sind voll besetzt. Die Fahrt geht dicht vorbei an Schafherden, reetgedeckten Häusern, Storchennestern. Halt auf freier Strecke. Der Zug wartet, es gibt nur ein Gleis, am Ausweichpunkt auf den aus der Gegenrichtung. Wieder langandauerndes Pfeifen beider Lokomotiven. An einem Bahnhof verkündet ein Transparent „Urlauberparadies Binz grüßt seine Gäste“. Hier steigen besonders viele Gäste in Trainingsanzügen ein für den Rest der Fahrt, die nun durch Hügel und dichte Wälder führt. Haltestelle „Jagdschloß“. Gemeint ist das Jagdschloß Granitz, das 1816 mit vier runden zinnenbewehrten Ecktürmen als Schmuckstück auf einen 107 Meter hohen Berg gesetzt worden ist. Später kam, nach einem Entwurf von Schinkel, noch ein 38 Meter hoher Aussichtsturm hinzu. Es schwindelt einen schon, steigt man innen die gußeiserne Wendeltreppe empor, die den Blick in die Tiefe der Halle so frei läßt. Von der Haltestelle des „Rasenden Roland“ führen schattige Wege durch die Wälder der Granitz, einer Landschaft, die schon immer mit Rotbuchen und Eichen bestanden war, hoffentlich auch noch einige Zeit sein wird.

Ein weiterer Sichtpunkt an der Strecke von 24 Kilometern ist der Selliner See, eine weite Wasserfläche, sauber blinkend und glänzend. Aber man kommt mit dem Zug auch an Müllplätze und durch die Hinterhöfe kleiner Betriebe, das kann eben selbst hier nicht ausbleiben.

Putbus – die Kulissenstadt

Putbus, die eine Endhaltestelle der „RK1“, macht den Eindruck eines Theaterprospekts. Weiß getünchte klassizistische Fassaden mit farbigen Rosetten unterhalb des Flachdachs verdecken die Backsteinbauten der Hinterhäuser. Diese Fassaden ziehen sich durch den ganzen Ort, umrunden den „Circus“, heute „Ernst-Thälmann-Platz“, bilden die eine Seite der Alleestraße und das Geviert des sich anschließenden Markts. Hinter den Häusern am „Circus“ beginnt sofort der Wald. Der Rundplatz ist also nicht aus dem Ort herausgewachsen, sondern zwischen die Bäume gesetzt.

Beim Bau von Putbus wurde Wert auf die Sicht gelegt. Von der Landstraße nach Bergen blickt man durch zwei Säulen mit Amphoren auf den Obelisken auf dem runden Platz, der zur Erinnerung an den Gründer

Der „Rasende Roland“ bei Putbus

des Ortes, Fürst Malte, gesetzt wurde. Zu einem solchen Ort gehören ein Theater, das steht in der Alleestraße, mit Säulenfassade und einem Figurenfries hellenistischer Motive, und ein Park. Der liegt gleich gegenüber. Neben der Orangerie, die es ja auch geben muß, eine verfallene Kapelle mit den Sarkophagen der fürstlichen Familie. In einer Achse sind ein weiteres Denkmal für Malte von Putbus, ein Springbrunnen und ein Laubengang angeordnet, von dem Treppen zum See hinunterführen. Am See, hinter antikisierenden Statuen, eine Kirche, die irritierend viel Licht durchläßt. Sie scheint nur aus Fenstern zu bestehen, selbst der Turm ist transparent. Markt und See liegen wieder auf einer Achse. Dann gibt es noch das Damwildgehege. Der Park ist zu Ende.

Spätestens jetzt fällt auf, daß etwas Entscheidendes fehlt, das Schloß. Da haben wir einen Fehler gemacht damals, wird von Verantwortlichen heute offen zugegeben, das haben wir 1945 abgerissen, Schluß mit der Fürstenherrschaft.

Damit hat man hier in Putbus die Verhältnisse nun aber wirklich auf den Kopf gestellt, denn nicht das Schloß gehörte zum Ort, den Ort gibt es nur durch den Schloßherrn.

Zu Anfang standen, mitten im Wald, nur das Schloß und ein paar Wirtschaftsgebäude. Dann ließ sich Fürst Malte durch Aufenthalte in Doberan um 1810 anregen, auch ein Seebad zu gründen. Am nächstgelegenen Punkt an der Küste, im jetzigen Putbusser Ortsteil Neuendorf, wurden Leinwandzelte zum Umkleiden der Herren aufgeschlagen, Badekarren für die Damen ins Wasser geschoben. Für die Versorgung der Gäste mußte gesorgt werden und für ihre Unterkunft. Der Fürst gab Grundstücke zur Pacht und setzte Geld für die aus, die sich gegenüber dem Schloß ansiedeln würden, er setzte auch die Maßstäbe für die Bauten. Ein einheitliches Bild hatten sie zu bieten und

Am „Circus" in Putbus

sauber mußten sie sein, die Bewohner waren angewiesen, jährlich die Häuser frisch zu tünchen, keine Schweinekoben anzulegen, die etwa von der Straße aus zu sehen wären, am Samstag die Straße zu fegen. Auf Symmetrie sei zu achten. Baute einer ein Giebelhaus, ließ der Fürst, der sich wirklich um alles kümmerte, eine rechteckige Fassade davor setzen, um das Ortsbild zu wahren.

Der ganze Ort diente dem Badebetrieb, zur Abfahrt des Pferdeomnibusses an die See tönte ein Hornsignal durch die Alleestraße, das Mittagessen im Kurhaus wurde durch eine Glocke angekündigt, die überall zu hören war. Das Kurhaus, in dem natürlich auch Glücksspiele stattfanden, wurde später in die Kirche umgewandelt, deshalb die ungewöhnlich vielen und großen Fenster.

Das vom Fürsten bestimmte Bild bietet Putbus heute noch, und auf eine merkwürdige Weise wirkt auch der Müßiggang des Badebetriebes nach. Putbus ist ein Ort, der darauf zu warten scheint, Kulisse für die Fremden abzugeben, im Winter und frühen Sommer leer, zu groß für die Einheimischen. Dann wird jede Touristengruppe in den Geschäften angekündigt: „Bald wird der Laden voll sein."

Binz, Sellin, Göhren – die Bädertour

Große Veranden und Balkone mit geschnitztem Geländer an den Villen, die „Gudrun", „Odin", italienisch „Miramar" oder schlicht deutsch „Meeresblick" benannt sind. Sellin hat unter den Seebädern an der Ostküste Rügens noch am meisten von seinem alten Aussehen bewahrt. Pensionen aus der Gründerzeit, geschmückt mit den charakteristischen Putten, Säulen und Erkern, stehen parallel zum Strand, auch dem großen Hotel mit dem neuen Namen „Frieden" und dem Café mit den roten Kunstlederbänken ist ihre Vergangenheit anzusehen. Es ist sogar noch ein Stück der „Seebrücke" erhalten, eines hölzernen

Das Schiff des Mönchguter Museums

Pfahlbaus, der früher die Eingangshalle zu einem 600 Meter langen Dampferanlegesteg war und die Konzertmuschel trug. Jetzt verfällt die Brücke immer mehr wie so viele der hölzernen Vorbauten der Villen, an die dann Ersatz aus Beton gesetzt wird.

Natürlich aus Beton und in Plattenbauweise ist das sechsgeschossige Urlauberheim am Rande von Binz erstellt worden. Vom Strand aus ist das Hochhaus kaum zu sehen, die Bäume auf der Höhe der Steilküste an der Promenade verdecken es glücklicherweise. Den Urlaubern wird in Binz, einem der größten Badeorte der Republik, im Sommer mehr als anderswo geboten. Theateraufführungen im riesigen Kurhaus, davor Kaffee und Kuchen auf der Terrasse, Konzerte aus dem Musikpavillon, im Keller des Kurhauses ein Intershop, Heimabende in den FDGB-Häusern mit Diavorträgen, Kurlichtspiele und Minigolfanlage führen auf der Strandpromenade zu beträchtlichem Fußgängerverkehr. Ganz in der Nähe liegt die „Zentrale Einweisung", in der sich die Neuzugänge melden müssen, um gegen Vorlage ihres Berechtigungsscheins ihr Zimmer zugeteilt zu bekommen. Das kann sich in einer der Bettenburgen befinden, aber auch in einem zum Betriebsferienheim umgewandelten alten Haus. Viele dieser Gebäude sind allerdings schon durch Kellner oder Küchenfrauen aus den „Versorgungseinrichtungen" belegt. Die sollen, sagt ein Gerücht, ihre Wohnungen mit Meeresblick auch dann noch behalten dürfen, wenn sie schon lange nach Berlin zurückgekehrt sind, und vermieten sie dann unter der Hand. Ein Zimmer in Binz ist eben begehrt und bringt Geld.

Im Winter steht das Kurhaus fast leer, die breite geschwungene Treppe in die oberen Räume liegt verwaist. In der mit roten Samtportieren ausgestatteten Halle wird man von einem Kellner empfangen, der zwar viel Platz im plüschigen Speisesaal, aber nur ein Gericht anzubieten hat. Dafür kann man ungestört den Strand entlangspa-

An der Küste bei Göhren

zieren. In den warmen Monaten muß man dazu schon auf dem Uferweg nach Sellin ein ganzes Stück ausweichen.

Am Eingang zu einer auch im Sommer etwas abgeschiedenen Ecke Rügens, der Halbinsel Mönchgut, liegt das Seebad Göhren auf einem kleinen Berg. Die Straßen führen an kaum einer Stelle über flaches Terrain, es geht immer bergauf oder steil hinunter, zu Musikpavillon und Strandpromenade sogar in Serpentinen. Göhren ist auf drei Seiten vom Meer umgeben, eine Lage, die in Werbeprospekten und Liedern von Heimatdichtern immer wieder besungen wird. Pensionen, die an der Steilküste frei im Winde stehen, preisen sich an. Küste in jeder Richtung in Sichtweite, damit warb schon 1920 ein Hotel „Nordpeerd", so wirbt auch heute eine Pension gleichen Namens.

Besonderheit damals: Alle Zimmer waren mit elektrischem Licht ausgestattet. Besonderheit derzeit: Die Betten sind allein für Gäste aus dem Westen reserviert.

Der Kreidefelsen

Von westlichen Besuchern wird als Saßnitz zumeist nur das kleine Stück zwischen dem Stadtrand und der Fähranlage wahrgenommen, die Transitreisenden nach Schweden und Dänemark sind froh, die Fahrt hinter sich zu haben. Da schaut man nicht links und rechts. Der interessante Teil von Saßnitz beginnt aber erst dort, wo die Straßenschleife zum Fährhafen abbiegt. Da gibt es ein Quartier um Gassen mit Namen wie Rosenstraße, Marktstraße, Häuser mit verwitterten Reklameschriften wie „Pension Irene, Mittagstisch bürgerlich und reichlich, Beilagen von 1 Mark an, volle Pension von 4 Mark an" und „Zur Brundgansschen Konditorei am Strande". Die schmalen Straßen führen tatsächlich zu einer Strandpromenade und zu einem steinigen Ufer. Ihr Asphalt ist aufgebrochen, gibt den Sand des Steilufers frei. Am Wasser, gegenüber dem Gelände des Fischereikombinates liegen versteckt ein Restaurant „Gastmahl des Meeres" und gleich daneben ein Lokal, in dem wohl Arbeiter des Betriebs nach Feierabend immer einkehren. Hier unten ist man im Windschatten der 30 Meter hohen Küste, abgeschirmt vom Transitverkehr.

An der Strandpromenade beginnt der Fußweg durch die Wälder der Stubnitz zum Königsstuhl, dem berühmten Kreidefelsen. Das ist erst eine Kletterei über die Steine am Ufer, dann durch die „Piratenschlucht" die Steilküste empor auf den Höhenweg, der durch Buchenwälder führt. Von den Biegungen des Weges ist der Blick immer wieder frei auf hochaufragende Kreidefelsen, schließlich auf den 107 Meter hohen Königsstuhl.

Kreide, das sind, wissenschaftlich betrachtet, die Reste einzelliger Meereslebewesen und Schalen von Muscheln und Austern, zu einem elastischen wasserlöslichen Material gepreßt. Das merkt man oben auf dem Königsstuhl, der Boden ist weich, scheint den Tritt abzufedern. Immer wieder stürzen Kreideplacken in die See und färben sie weiß ein. So bildeten sich schräge Hänge, an denen der Wald hinunterwächst. Aus diesem Grün steigt der Königsstuhl um so schroffer und heller empor.

Je nach der Stunde des Tages und je nach Jahreszeit sind die Felsen vom Licht eingefärbt. Im Winter weißgrau, stumpf wie ein etwas verbrauchtes Stück von der Tafelkreide, bei Sonne und in der Frühe leuchten sie in warmem Weißgelb, später liegen sie, aber immer noch ein helles Weiß, im Schatten. Über den Kreideklippen steht, in unterschiedlichen Grüntönen und spät im Jahr rotbraun, der Buchenwald. Das Meer davor einmal weißgrün, einmal graugrün, das steinige Ufer je nach Beleuchtung hell oder fast schwarz.

Caspar David Friedrich, das weiß man, hat diese Klippen gemalt in für seine Verhältnisse recht hellen Farben, am frühen Morgen beim Aufgang der Sonne. Die Menschen, die er vor den Abgrund stellte, blikken zwar sinnend in die Tiefe, sind klein gegen das weite Meer gesetzt. Aber es ist nicht ganz die Atmosphäre vieler seiner anderen Bilder, die die Vergänglichkeit des Lebens, des Menschen, seine Winzigkeit gegenüber der Natur spiegeln. Das mag daran liegen, daß Friedrich sich 1818 auf der

Alter und neuer Leuchtturm am Kap Arkona

Hochzeitsreise am Königsstuhl befand, in einer wohl angenehmen Situation also.

Das Kap

Bei Arkona weht immer der Wind, geht über die Landplatte, die sich, nördlichste Spitze der DDR, in das Panorama der See schiebt. Vor der bewegten Masse des Meeres stehen nebeneinander die beiden bekannten Leuchttürme, der ältere von Schinkel entworfen.

Dieses Stück festen Bodens wird immer kleiner, immer mehr davon reißt das Wasser fort, Kreide, Sand, Geröll. Eine Folge davon ist, daß die slawische Rundburg nur noch als Halbkreis von Erdwällen existiert, zur See hin aufgebrochen. An dieser Stelle, dem Zentrum der Verehrung Swantewits, ihrer Gottheit, mußten die besiegten Rugier, daher der Name Rügen, dem neuen christlichen Gott und dem christlichen dänischen König, das hing selbstverständlich zusammen, Gehorsam schwören. Jetzt weiden Schafe die Hänge der Wälle ab. An der offenen Seite kann man, vorsichtig, nicht daß man mit einem weiteren Stück der Burg herunterbricht, den Oberkörper an den Rand schieben, zur Brandungslinie in die Tiefe schauen. Der Abstieg dorthin ist nicht ungefährlich und mit Kreide verschmierte Kleidung nicht zu vermeiden, aber er lohnt sich. Unten geht es über Unmengen von Feuersteinen und großen Brocken von Kreide in Richtung des Fischerdorfs Vitt. Abbruchhalden liegen im Weg, schon wieder mit Gesträuch bewachsen, Überhänge oben am Rand des Steilhangs lassen den nächsten Erdrutsch erwarten. Seeschwalben haben dort ihre Brutlöcher und fliegen ein und aus.

Vitt liegt in einer Schlucht, die sich zur See hin öffnet, an einer natürlichen Landungsstelle für Fischerboote also. Angesichts der gerade einmal 13 niedrigen Häuser ist es kaum vorstellbar, daß dieser Ort bis ins letzte Jahrhundert ein wichtiger Platz für den Heringshandel war. Von ihm lief im Mittelalter eine bedeutende Handelsstraße nach Süden. Auf der Höhe der Steilküste über Vitt wurden die Gottesdienste abgehalten, in denen für einen guten Fang gebetet wurde, erst im Freien, später in der achteckigen Kapelle.

Von hier oben wirkt das Dorf im Talkessel wie Kinderspielzeug in der Schachtel, saubere weiße reetgedeckte Häuser, geschützt vor dem Wind, ordentlich in zwei Reihen aufgestellt. In der Mitte ein kleiner Platz vor dem Dorfkrug „Zum goldenen Anker“. Ein paar Räume, einige Boote gehören noch zum Bausatz und schließlich die Kirche.

Greifswald – eine Stadt auf Abbruch

Damit man wirklich begreift, was mit Greifswald geschah, muß ganz an den Beginn seiner Geschichte zurückgegangen werden.

Greifswald ist etwa so alt wie Berlin, dessen 750. Jubiläum kürzlich ja auch in der Hauptstadt/DDR mit großem Aufwand gefeiert wurde. Schon um 1200 siedelten die Mönche des nahegelegenen Klosters Eldena Arbeiter ihres Salzwerks auf dem flachen Hügel des jetzigen Stadtkerns an. Einwanderer aus den westlichen deutschen Ländern und aus Dänemark kamen dazu, Handwerker und Kaufleute. Greifswald wurde Hansestadt, nicht ganz so reich wie Stralsund, aber eines der führenden Mitglieder des Handelsbundes. Kaum 60 Jahre nach Beginn der Besiedlung gab es eine Stadtbefestigung mit neun Toren und drei große Pfarrkirchen. Eine Universität wurde 1456 gegründet, da war an eine solche Hochschule in Berlin noch über 300 Jahre gar nicht zu denken.

Als dann der Handel mit immer größeren Schiffen abgewickelt wurde, erwies sich die Lage Greifswalds, mit dem Meer nur durch den schmalen und flachen Fluß Ryck verbunden, als katastrophal. Die Stadt lebte mehr und mehr nur noch von der Universität und später der Garnison. Hafen und Werft verfielen. Aber die Häuser blieben stehen, auch dann noch, als 1945 die Rote Armee zur Offensive an der Ostsee antrat. Der Stadtkommandant, Oberst Petershagen, übergab Greifswald kampflos, ein

Abrißarbeiten am Greifswalder Markt

Glück, das nicht vielen Städten Deutschlands zugefallen ist.

Einige Jahrzehnte später richtete die Witwe des Obersten einen Brief an den Staatsratsvorsitzenden Honecker in Berlin: Dafür, daß Greifswald jetzt systematisch dem Verfall überlassen wird, hat mein Mann die Stadt nicht kampflos übergeben.

Auch das half nichts, der planmäßige Abriß Greifswalds begann. Offiziell hieß das „Umgestaltung" und war wissenschaftlich vorbereitet worden mit einem „Forschungsprojekt". Dabei kam man zu dem Ergebnis, daß die Bausubstanz im Stadtkern schlecht sei und teilweise schon aus dem Mittelalter datiere. Tatsachen, die jeder mit eigenen Augen sehen konnte und jeder wußte. Nachdem über lange Zeit nichts für den Erhalt der aus dem Mittelalter stammenden Häuser getan worden war, mußten viele der Gebäude mit Bohlen abgestützt werden, standen leer mit dunklen Fensterhöhlen. Entscheidend für das Schicksal der Stadt war die Feststellung, daß, so das Forschungsprojekt, die Kapazität der örtlichen Bauwirtschaft für eine Instandhaltung und Modernisierung nicht ausreiche, obwohl ein leistungsfähiges Betonplattenwerk vorhanden sei. Da war das Ergebnis der Untersuchung ja vorbestimmt.

Die Quartiere links und rechts der Haupteinkaufsstraße wurden zum Abriß freigegeben. Es sollten die Gebäude erhalten bleiben, die die Stadtsilhouette bestimmen, also das Rathaus, die drei Kirchen, die Universität, die Reste der Stadtmauer. Einiges Denkmalgeschützte sollte auch stehenbleiben, aber nicht zuviel, damit in den vorgesehenen Neubaugebieten rationell und kostengünstig geschlossene Häuserzeilen erstellt werden konnten. Nachdem das Schicksal der Stadt soweit festgelegt war, gingen die Architekten ins Detail. Sie wollten die Fehler anderer Städte vermeiden, keine Hochhäuser in das Zentrum stellen, sondern viergeschossig, „angepaßt" bauen. Einer dieser Blocks ist inzwischen bereits fertiggestellt. Die Dächer sind abgeschrägt, Maisonettenwohnungen dort untergebracht, Balkons und angedeutete Giebel lockern die Fassaden auf. Eine durchaus akzeptable Lösung, wären die Neubauten auf die grüne Wiese gestellt worden. Da man aber weiß, daß für sie die alten zweistöckigen Häuser abgerissen wurden, betrachtet man sie doch mit Abneigung.

Einige der Einwohner seien gegen den Abriß gewesen, berichteten die Planer, waren aber mit dem Kostenargument rasch zu überzeugen. Von Betroffenen hörte man es anders, ihnen seien schon Ersatzwohnungen angeboten worden, sie aber würden in den Häusern bleiben, bis der Bagger vor der Tür steht. Das Argument des zu hohen Aufwandes für die Erhaltung historischer Stadtviertel war unglaubwürdig in einem Land, das sich in seiner Hauptstadt erst vor kurzem den Neubau des Nikolaiviertels, eines mittelalterlichen Stadtkerns, geleistet hat. Entsprechend groß ist die Verbitterung über einen solchen Tausch neu gegen alt draußen „in der Provinz". Dieses Verfahren wurde in der DDR häufig angewandt, in Bernau am extremsten, aber auch Gotha hat es zu spüren bekommen. Inzwischen ist die Abrißwut gedämpft, auch in Greifswald. Dort sind Stadtbaudirektor und Stadtarchitekt abgelöst worden. Eine Lösung ist das allein aber nicht, zuviel ist schon verrottet und zerstört. Keiner weiß so recht, wie es weitergehen soll.

Die Straße der Freundschaft, Hauptachse Greifswalds, lebt nicht nur durch den regen Einkaufsverkehr. Die Häuser haben ganz unterschiedliche Höhen und Dachformen, stuckverzierte Balkone und Säulen gliedern die Fassaden, die einmal vor, einmal mehr zurücktreten. Verfall und Leerstand auch hier. Wo laut Erinnerungstafel einmal Friedrich Jahn wohnte, ist die Haustür zugemauert, dasselbe bei einem Gasthof, der einmal einer Familie Wichmann gehörte, und einer „Konditorei Billhardt".

Vernachlässigt, verlassen auch die Fachwerkhäuser in den Seitengassen, die zur Domstraße führen, an die Jakobikirche, wo der Dom St. Nikolai und die Universität stehen. Junge Leute sitzen und unterhalten sich in kleinen Gruppen um ein Denkmal, das wie

Hölzerne Klappbrücke von Wieck

die gußeiserne Spitze des Kölner Doms aussieht. Am Hauptgebäude der Universität weisen Aufschriften in gotischen Lettern auf „Aula" und „Rektorat" hin. Es gibt Studenten mit blauen Anzügen und Kim-Ir-Sen-Plaketten am Revers und andere aus dem südlichen Afrika. Plakate weisen auf Jazzabende und Rockveranstaltungen hin. Die Universität ist immer noch ein bestimmender Faktor in der Stadt, verkörpert Tradition und belebt mit vielen jungen Menschen das Straßenbild rund um den Markt, an dem sich das für die bisherige Abrißorgie verantwortliche Stadtbauamt ausgerechnet ein gotisches Giebelhaus reserviert hat. Das Rathaus am Platz zeigt im Relief seines Eingangstores eine Inschrift, die mit „Im Aufruhr des Gewissens keimte neues Leben" beginnt und auf „so wurde durch entschlossene Tat Greifswald der Freiheit übergeben" endet. Die Schrift erinnert an Oberst Petershagen, man sollte sich auch der Mahnungen seiner Witwe erinnern.

Früher war die Garnison von Bedeutung für Greifswald, heute ist es das Kernkraft-

werk „Wilhelm Leuschner“ beim Seebad Lubmin vor der Stadt. Beschäftigte des Werkes sind in großen Neubaugebieten wie dem Ostseeviertel entlang des Ryck und zwischen Greifswald und Lubmin untergebracht, fahren mit Sonderzügen zur Schicht. Nachdem die Beinahe-Katastrophen im Werk bekanntgeworden waren, demonstrierten sie für den Erhalt ihrer Arbeitsplätze. Gegen die mörderische Schlamperei in der Vergangenheit hat dort keiner den Mund aufgemacht. Zumindest wird wohl niemand mehr am Strand von Lubmin im Kühlwasser des KKW baden, wie das noch vor kurzer Zeit Brauch war. Die Neubauten für die Kraftwerksarbeiter haben viel von der Baukapazität und wohl auch von der Aufmerksamkeit der Stadtverwaltung, die die Altstadt gebraucht hätte, auf sich gezogen.

Zwischen Greifswald und der nicht weit entfernten Klosterruine Eldena liegt eine Straßenkreuzung, an der die Reste der Mühle stehen, in der einmal das Getreide des Klosters gemahlen wurde. Von etwa dieser Stelle hat C.D. Friedrich, ein geborener Greifswalder, die Wiesen vor der Stadt gemalt. Einige davon gibt es immer noch rechts von der Straße, auf der linken Seite aber verstellen die Hochhäuser des Ostseeviertels den Blick auf die drei Kirchen.

Durch Friedrichs Bilder wurde die Klosterruine allgemein bekannt. Zerbrochene Bögen und Pfeiler ragen rot zwischen Eichen hervor, bei Sonnenuntergang fällt das Licht durch das Tor der nur noch durch Säulenstümpfe markierten Kirche. Mauerreste deuten den Kreuzgang an. C.D. Friedrich verwandte das zerstörte Kloster als Symbol für Scheitern, stellte es auch schon einmal vor das Erzgebirge oder als Hintergrund für ein Leichenbegängnis. Die Geschichte Eldenas bietet durchaus auch einen Beleg dafür, daß „Menschenwerk eitles Tun“ ist. Das 1199 so stolz errichtete Gebäude diente schließlich über 200 Jahre lang als Steinbruch für den Bau von Bauernkaten und Schweineställen. Vor den Bäumen, die von Lenné an dieser Weihestätte der deutschen Romantik gepflanzt worden sind, sitzen heute Paare mit Picknickkörben, und Karatekämpfer üben auf der Wiese.

An der Mündung des Ryck in den Greifswalder Bodden, ganz in der Nähe, führt eine hölzerne Klappbrücke, die heute noch

Kloster Eldena

funktioniert, in das Fischerdorf Wieck. Viele Häuser des Ortes könnten auch im Museum Klockenhagen stehen, einstöckige Kapitänshäuser, andere, in denen immer zwei Bauernfamilien zusammen hausten, wieder andere mit großer Diele, alle natürlich rohrgedeckt und weiß verputzt. Die Straßen, von Obstgärten umgeben, reichen bis an das Ufer des Boddens. An der Mole kann man im Café sitzen, über das Wasser zur anderen Küste und den Wald dahinter schauen.

Zwischen der Klosterruine und Wieck steht immer noch das Lokal, in dem schon die Fuhrleute einkehrten, die Waren aus Greifswald holten oder Getreide zur Mühle fuhren. Auch C.D. Friedrich könnte dort im Biergarten vor der „Klosterschänke" gesessen haben. Im Moment besteht die Mehrheit des Publikums aus Studenten der Universität, die aus der Stadt geflüchtet sind. Eldena, Wieck, die Klosterschänke sind das Kontrastprogramm zu Greifswald.

Usedom – Baden an der Grenze

Rügen: ein großer Ferienpark – und die Insel Usedom ist eigentlich nur eine Kette von Seebädern mit etwas Hinterland.

Zwar hat die Kreisstadt Wolgast mehr Einwohner als die Badeorte, auch Bedeutung als Verwaltungssitz und Werftstandort, hauptsächlich aber als Durchgangsstation auf dem Weg auf die Insel und an den Strand. Eine von nur zwei Brücken, die Usedom mit dem DDR-Festland verbinden, steht in Wolgast. Autos und Fußgänger überqueren ohne Verzögerung, außer sie ist gerade für die Durchfahrt eines Schiffes hochgeklappt, den Peenestrom. Die mit der Eisenbahn kommen, haben hier aber erst einmal Endstation, müssen über die Brücke laufen, um dann im Bahnhof Wolgaster Fähre ins Bahnnetz der Insel einzusteigen. Güterwaggons werden im Schubkahn übergesetzt.

Wer von den Durchreisenden doch einen Blick in die Stadt wirft, wird feststellen müssen, daß Wolgast dem Beispiel Greifswalds folgt. Was einstürzt, stürzt eben, zur Erhaltung des Alten kann wenig getan werden. Rund um St. Petri werden die Dächer der Fachwerkhäuser immer schiefer. Ähnlich sieht es an der Stadtmauer aus, alte Speicherbauten verkommen. Die Idylle von Obstbäumen und kleinen Schuppen in den Hinterhöfen wird immer maroder. Die Gebäude am Markt, das Rathaus mit geschweiftem Giebel, die „Kaffeemühle", ein Bürgerhaus, in dem das Heimatmuseum untergebracht ist, die Stadtapotheke von 1724, sind frisch gestrichen, weiß und rot und grün. Beim Blick in die Höfe und Treppenhäuser aber wird deutlich, daß die Verschönerung nur Kosmetik war.

Dann eben lieber weiterfahren.

Sieben Bäder liegen in einer Reihe hintereinander vor einem an manchen Stellen nur ein paar hundert Meter breiten Landstreifen. Das meistbesuchte und das erste, das man von Wolgast erreicht, ist Zinnowitz.

Die Chronik eines solchen Seebades ist schon merkwürdig. Die ersten Feriengäste 1851 mußten Lebensmittel, Hausrat mitbringen, um es sich in den Fischerhäusern, in denen sie unterkamen, gemütlich zu machen. Sogar das geschnittene Rohr für die Badehütten wurde mitgeführt. Nach 1945 hatten die Urlauber ihre eigenen Eßbestekke und Glühbirnen für den Ostseeaufenthalt einzupacken und natürlich ihre Lebensmittelmarken. Zwischendurch boten die Hotels mehr Komfort, „elegant eingerichtete Zimmer und Salons, mit und ohne Balkon, Bäder, Autogaragen", und das alles laut Prospekt von1920 direkt „am Strand und Wald gegenüber der Landungsbrücke". Diesen Service gab es, das versteht sich, für hochgestellte und gutsituierte Gäste wie etwa den Kronprinzen von Preußen. Gern gesehen waren nur „deutschblütige" Gäste. Anzeigen von Pensionen mit Namen wie „Siegfried" waren mit Hakenkreuzen versehen, Verbotstafeln sollten „fremdstämmige und jüdische Kurgäste" vom Betreten des Ortes abhalten. Und das im Zinnowitz der 20er Jahre. Heute heißen „Schwabes Hotel" „Heim Klement Gottwald" und der „Preußenhof" Bergarbeitererholungsheim „Glück auf". Das „Hotel Kaiserhof" ist nun „Handelsorganisationsgaststätte Zur weißen Mö-

In Ahlbeck auf Usedom

we". Der Vergleich alter und neuer Fotografien zeigt: Stuck wurde durch Rauhputz ersetzt, Türmchen, Balkons und große Portale sind verschwunden. Die Veränderung im Innern der Pensionen: die Mehrzahl der Urlauber sind Bergarbeiter und ihre Familien von der SDAG Wismut.

Ein sozialer Fortschritt, so möchte man meinen. Sicher, nur ist in der DDR unter der Hand bekannt, daß die Kumpel der Wismut, sie bauen Uranerz ab, eine doch erheblich kürzere Lebenserwartung als der Rest der männlichen Bevölkerung haben.

Im Krieg wurde das Seebad Zinnowitz Teil des Sperrgebiets Peenemünde. Sicher haben die Militärs und Spezialisten, die ab 1939 das Bad belegten, den Feuerschweif der von der Westspitze der Insel abgefeuerten Raketen V 1 und V 2 aus ihren Fenstern sehen können. 1938 war jedenfalls letztmalig „Saison" in Zinnowitz mit 3.800 Gästen, zum Teil Arbeiter, durch die Organisation „Kraft durch Freude" vermittelt. Dann gab es Sandsäcke und Flugabwehrgeschütze an der Strandpromenade und eine Raketenabschußrampe auf der Straße nach Zempin. Die breite Betonpiste, auf der die Projektile transportiert wurden, kann man noch sehen, wenn man einen Spaziergang durch die Buchenwälder rund um Zinnowitz unternimmt, und das Gelände der Peenemünder Raketenversuchsanstalt ist nach wie vor militärisches Sperrgebiet.

Die drei Bäder an der anderen Spitze Usedoms, Bansin, Heringsdorf und Ahlbeck, sind durch eine über 10 Kilometer lange Promenade miteinander verbunden. Wird einem also der Fußmarsch durch den feinen Sand den breiten Strand entlang zu mühselig, kann man auf glatteres Pflaster ausweichen. Unter den Badeorten der Insel ist Ahlbeck hervorzuheben. Alle anderen sind, mit Villen und Pensionen, französischen und englischen Vorbildern nachempfunden. Und auch heute ähneln sie sich, haben alle einen großen Anhang von FDGB-Ferien-

Hauptstraße im Seebad Ahlbeck

heim-Komplexen, Heringsdorf das Urlauberzentrum „Solidarität“ mit 1.100 Betten, Zinnowitz ein ähnlich großes Haus in bekannter Betonbauweise. Ahlbeck dagegen, obwohl der Badebetrieb hier nicht später anfing als anderswo, macht mehr den Eindruck eines Volksbades, wirkt bescheidener, kleine Häuser stehen durcheinander. Und es ist lebendiger, das mag daran liegen, daß hier eher Einheimische als Urlauber das Bild bestimmen. An der Seestraße, die schräg, nicht akkurat rechtwinklig auf die Strandpromenade stößt, mischen sich Gebäude verschiedener Stile, sogar dörflichen Charakters. Die Backsteinkirche steht noch mitten im Ort.

Ahlbeck hat 2 weitere Besonderheiten.

Es gibt noch eine unversehrte Badebrükke, die von der Promenade am Strand über einen langen Steg zu erreichen ist. Über dem Wasser schwebt, an jeder Ecke ein kleiner Turmhut, das Restaurant „Seebrücke“. Von dem aus kann man, das ist die zweite Besonderheit, zur polnischen Grenze in Richtung Swinoujście/Swinemünde blicken. Nur ein kleines Stück östlich von Ahlbeck liegt man am Strand, hinter sich Kiefernwälder und Dünen, vor sich, das ist ja klar, das Meer, und rechts zieht sich ein niedriger Drahtzaun über den Strand. So niedrig, daß es keiner besonderen Statur bedarf, ihn zu übersteigen, und eine nur so kurze Strecke ins Wasser, daß er bei Ebbe fast trockenen Fußes zu umlaufen ist. Daß dies ein besonderer, eben der Grenzzaun zu Polen ist, kann man höchstens daran sehen, daß die Menschen auf der anderen Seite alle Badebekleidung anhaben, während die auf „unserer“ Seite mehrheitlich nackt sind. Der polnische ist eben ein katholischer Strand. In der DDR dagegen hat sich FKK schon durchgesetzt.

Aber nicht ganz. In Ueckeritz an der dem Land zugewandten Seite Usedoms, am Achterwasser, hängt im Kasten, in dem der

Am Strand von Bansin

Rat der Gemeinde seine Bekanntmachungen annagelt, ein Zettel: „Trotz Ausschilderung der Strandabschnitte für Kinderferienlager und dem Hinweis, daß FKK dort nicht erlaubt ist, wird in diesen Bereichen weiter FKK betrieben . . .“ Es folgt die Aufforderung, das doch endlich zu unterlassen. Aber Ueckeritz ist ja fast noch Dorf und erst in den letzten Jahren, als die alten Seebäder überquollen, vom FDGB zum Badeort erhoben worden. Ein Restaurant, ein Café, Bauernhäuser, Wochenendvillen, das ist der Ort. Man glaubt nicht, daß in der Nähe der größte Campingplatz der DDR mit 8.000 Plätzen liegt.

Das Achterwasser dringt als riesige Bucht in die Insel ein, formt Usedom zu zwei größeren Flecken, die durch eine äußerst dünne Landbrücke verbunden sind. An der schmalsten Stelle zwischen Zempin und Koserow gibt es nur 330 Meter Boden zwischen den beiden Ufern. Hier hatte der Maler Niemeyer-Holstein sein Atelier. Mit 88 Jahren starb er, noch als 60jähriger war er recht unbekannt, verdiente sich Geld damit, Urlauber mit seinem Segelboot auf dem Achterwasser herumzufahren. Den Grundstock zu einem ausgedehnten Haus bildete ein Berliner S-Bahn-Wagen, der mit immer neuen Anbauten versehen wurde. Im Garten gibt es Ecken für unterschiedliche Stimmungen: die chinesische Nische, die tropische, die maritime. In den letzten Jahren seines Lebens konnte der Maler einige zehntausend Mark für seine Bilder verlangen, sein Anwesen ist jetzt „Gedenkatelier“. Viele der Anwohner lassen sich gegen entsprechende Bezahlung nach wie vor zu Rundfahrten mit dem Boot überreden. Das Achterwasser ist flach und brackig, grüne Algenschlieren bewegen sich mit der geringen Strömung. Wenn die Sonne scheint, lastet sie schwer auf der Wasserfläche, es riecht etwas. Deshalb gilt die Regel – auf dem Achterwasser segelt man nur, in der Ostsee, da badet man auch.

Der Zugang auf die Insel bei Wolgast führt auf den nördlichen Landflecken, eine zweite Klappbrücke führt im Süden wieder auf das Festland. Auf dem Weg von den Seebädern zur Brücke geht es durch einige stille Dörfer. Benz und Neppermin liegen inmitten ausgedehnter Weiden, Hügel, auf denen Ginster blüht, bewaldeter Halbinseln. Vom Mühlenberg in Benz, aus der obersten Luke der einschließlich der Flügel wieder hergerichteten Holländermühle, blickt man über die Kirche des Dorfes hinweg auf den Schmollensee, der vom Grün der Waldungen eingefaßt ist. Auf diesem Berg kann man sich in Sonne und rauschendem Wind einen halben Tag aufhalten, irgendwann über sandige Wege runtergehen ins Dorf und sein Glück im Restaurant versuchen.

Zwei Dörfer weiter, über holperige Straßen, schließlich dann über die glattere Hauptverkehrslinie zu erreichen, steht die Stadt, die der Insel den Namen gegeben hat, Usedom auf Usedom. Die Aufbauten kleiner Industriebetriebe ragen über die Reste der Stadtmauer, über das Anklamer Tor, das, früher Stadtgefängnis, jetzt Heimatstube ist. Im Innern kleine, zumeist einstöckige Häuser, dann ein Burgwall aus slawischer Zeit, in der Usedom der Hauptort der Insel war. Das ist schon lange nicht mehr so, die Entwicklung der Seebäder hat Usedom zu einer Kleinstadt irgendwo im Hinterland gemacht, die man, wie Benz und Neppermin, nur aufsucht, wenn einem der Betrieb vorn an der See zuviel wird.

Die Brücke zum Festland sollte man in der Morgenfrühe oder bei Sonnenuntergang passieren. Dann stehen die Angler als Schattenrisse vor dem silbern glänzenden Wasser, dem breiten Strom. Das Licht zeichnet weich die Linien des Ufers, einzelner Bäume und kleiner Wälder vor dem Horizont. Wasser, Wälder, Weiden geben eine Ahnung weiter pommerscher Landschaft, die Menschen verlieren sich darin.

Ostsee – ein halber Meter Urlaub für jeden

Anreise
von Berlin
mit der Bahn nach Wismar über Schwerin, direkte Verbindungen nach Greifswald, Stralsund, Saßnitz, Rostock und Binz
mit dem Auto über die Autobahn E 55 bis Rostock, über die F 96 über Greifswald, Stralsund nach Rügen
von Hamburg
über Lübeck, Landstraße nach Wismar
von Lübeck und Heiligenhafen
mit dem Schiff nach Wismar und Warnemünde

Camping
Reinberg, Stalbrode am Greifswalder Bodden
Ueckeritz/Bansin, am Strand
Zierow, an der Ostsee

Ahrenshoop
Bezirk Rostock

Informationen
Kurverwaltung
2593 Ahrenshoop
Kirchnersgang 1
Tel. 2 34 Ortsnetz Wustrow

Essen & Trinken
„Seezeichen"
„Zur Ostsee"
„Kurhaus"

Kunst & Kultur
Galerien
„Kunstkaten"
Strandweg 2

Ahlbeck/Usedom
Bezirk Rostock

Informationen
Kurverwaltung
2252 Ahlbeck
Dünenstr. 45

Essen & Trinken
„Seehof"
„Fortschritt"
„Seebrücke"
„Lindenhof"
„Strandcasino"
„Promenadencafé"

Spaß & Sport
Tennisplätze
Schulzenstraße
Sportgarten
Dünenstraße
Kinos
„Ostsee-Lichtspiele",
Dünenstr. 50
Tanzvergnügen
„Nautilus-Disko-Klub",
Friedrich-Schiller-Straße

Altefähr/Rügen
Bezirk Rostock

Informationen
Rat der Gemeinde
2331 Altefähr
Bahnhofstr. 28
Tel. 57 33 Ortsnetz Stralsund

Essen & Trinken
„Am Sund",
am Fähranleger
„Hotel Putbus",
am Fähranleger
„Kurhaus Altefähr"

Bad Doberan
Bezirk Rostock

Informationen
Rat der Stadt
2560 Bad Doberan
Am Markt 5
Kurverwaltung
Bad Doberan/
Heiligendamm
Tel. 6 20

Essen & Trinken
„Mecklenburgischer Hof",
Markt 15
„Ratskeller", Rosengarten
„Palette", Heiligendamm 23

Kunst & Kultur
Zisterzienser-Kloster-Kirche
„Doberaner Münster"

Spaß & Sport
Ausflug
mit der Kleinbahn „Molli" über Heiligendamm zum Ostseebad Kühlungsborn, im Sommer Abfahrt fast stündlich, Fahrzeit 45 Minuten in Kühlungsborn Meerwasserschwimmhalle

Barth
Bezirk Rostock

Informationen
Barth-Information
2380 Barth
Ernst-Thälmann-Str. 51

Essen & Trinken
„Stadt Barth",
Ernst-Thälmann-Str. 60
„Sturmecke", Dammstr. 9
„Seeblick", Hafenstr. 9
„Zum Franziskaner",
Reitergang 67
„Erlengrund",
L.-Fürnberg-Str. 3

Binz/Rügen
Bezirk Rostock

Informationen
Rat der Gemeinde
2337 Binz
Heinrich-Heine-Str. 7
Tel. 2 91
Reisebüro
Strandpromenade
Tel. 3 23

Essen & Trinken
„Kurhaus"
„Goldener Löwe"
„Vineta"

Spaß & Sport
Tennisplatz
Straße der Freundschaft
Minigolfplatz
Straße der Freundschaft

Kino
„Kurlichtspiele",
Strandpromenade 45

Tanzvergnügen
„Kurhaus"

Göhren/Rügen
Bezirk Rostock

Informationen
Rat der Gemeinde
2345 Göhren
Elisenstraße
Tel. 2 01

Essen & Trinken
„Adolf Hennecke"
„Mönchgut"
„Strandcafé"

Kunst & Kultur
Museum
Mönchguter Museum mit Museumshof, Museumsschiff „Luise" und Fischerkaten „Rookhus"
täglich 9.00 bis 17.00 Uhr

Spaß & Sport
Tennisplatz – am Bahnhof

Kino
„Filmtheater",
Waldstraße

Greifswald
Bezirk Rostock

Informationen
Reisebüro
2200 Greifswald
Straße der Freundschaft 102 – Tel. 32 78

Unterkunft
Hotel „Boddenhus"
2200 Greifswald
Karl-Liebknecht-Ring

Essen & Trinken
„Boddenhus",
Karl-Liebknecht-Ring
„Ostseeschenke",
Straße des Friedens
„Stadt Greifswald",
Baderstr. 3
„Am Theater",
Platz der Freundschaft 1
„Maritim-Bar",
Straße der Freundschaft 22

Kunst & Kultur
Konzerte
Bachwoche
im Juni
Konzerte in der Klosterruine Eldena
in den Sommermonaten

Spaß & Sport
Ausflüge
zu Hafengelände, hölzerner Klappbrücke und alter Mole im Stadtteil Wieck, in der Nähe Strandbad
zur Klosterruine Eldena im Stadtteil Eldena, dort Gaststätte „Klosterschänke"
mit der Weißen Flotte von Wieck nach Lauterbach bei Putbus auf Rügen, im Sommer jeden Sa Abfahrt 9.00 Uhr, Rückkehr 17.00 Uhr, Rundfahrt auf dem Bodden, im Sommer Mo und Do Abfahrt 10.45 Uhr, Rückkehr 14.00 Uhr

Heringsdorf/Usedom
Bezirk Rostock

Informationen
Reisebüro
Heringsdorf
Delbrückstr. 62
Tel. 38 06

Essen & Trinken
„Spezial", Platz des Friedens
„Zur Klause", Strandstraße
„Schmiedehaus",
Delbrückstraße
„Terrassencafé",
Strandpromenade
„Café Freundschaft",
Rudolf-Breitscheid-Straße
„Café Kulmeck",
Kulmstraße

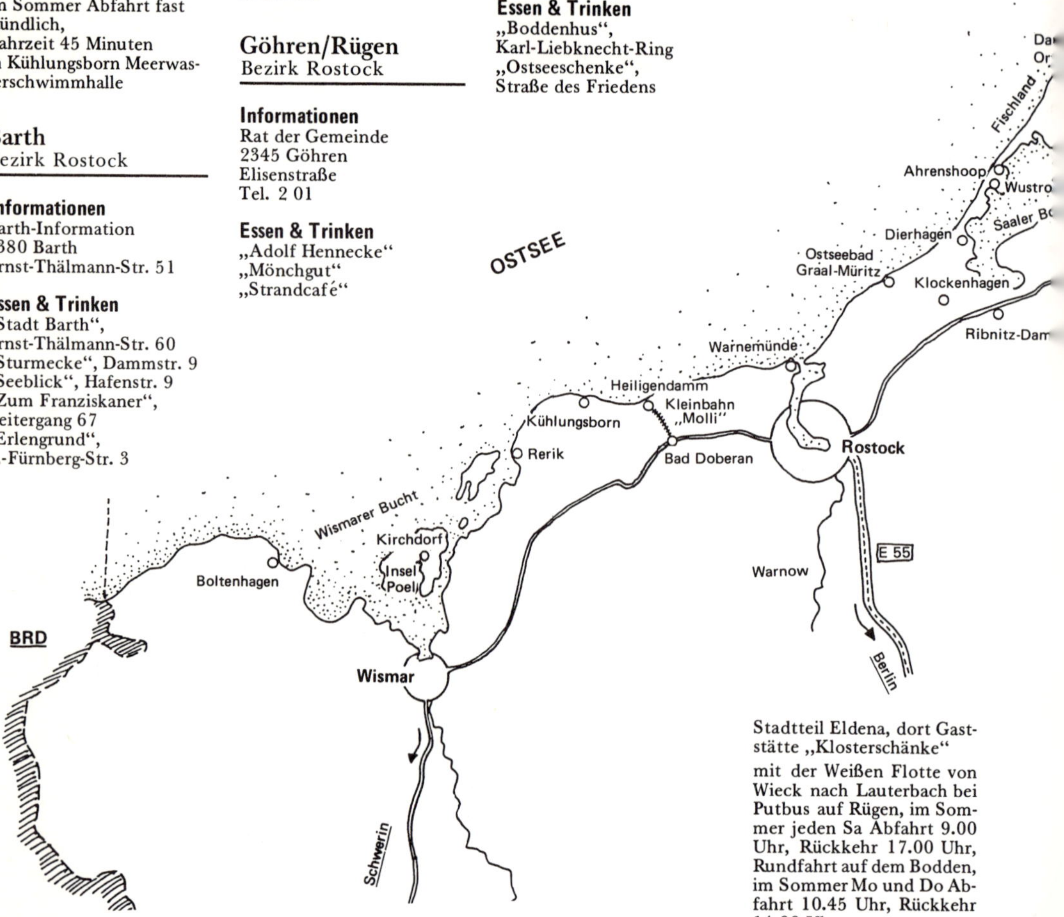

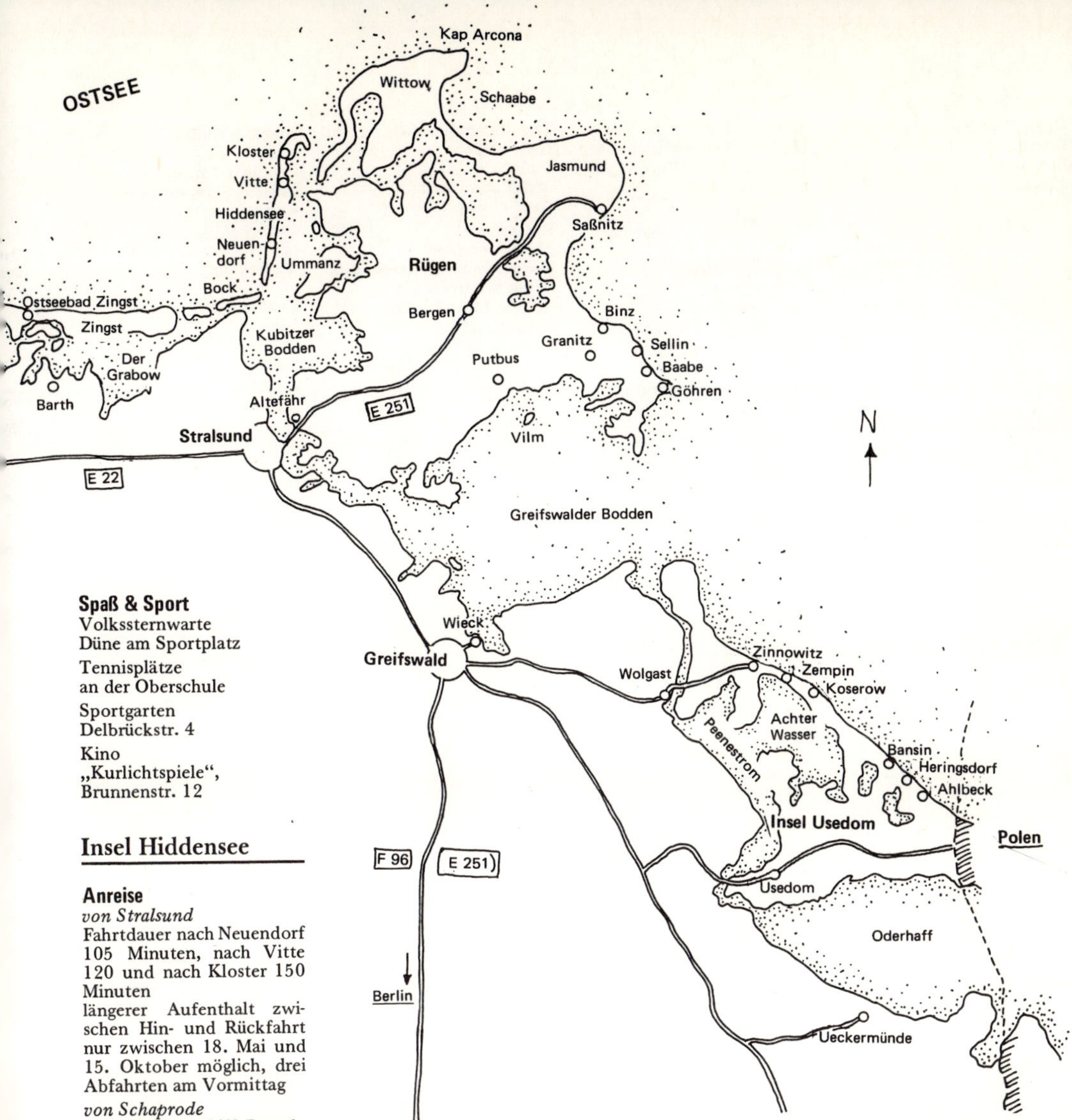

Spaß & Sport
Volkssternwarte
Düne am Sportplatz

Tennisplätze
an der Oberschule

Sportgarten
Delbrückstr. 4

Kino
„Kurlichtspiele",
Brunnenstr. 12

Insel Hiddensee

Anreise
von Stralsund
Fahrtdauer nach Neuendorf 105 Minuten, nach Vitte 120 und nach Kloster 150 Minuten
längerer Aufenthalt zwischen Hin- und Rückfahrt nur zwischen 18. Mai und 15. Oktober möglich, drei Abfahrten am Vormittag
von Schaprode
mit dem Postschiff, Bewohner Hiddensees und Langzeiturlauber haben Vorrang, daher keine Beförderungspflicht von Tagestouristen
Fahrtdauer nach Neuendorf 30 Minuten, nach Vitte 75 und nach Kloster 105 Minuten
längerer Aufenthalt nur zwischen 1.5. und 30.9. möglich ab Schaprode 8.30, 9.00 Uhr
letztes Schiff ab Kloster 17.00, ab Neuendorf 17.45 Uhr

Kunst & Kultur
Museen
Museum der Insel Hiddensee – Kloster
Mai bis Oktober Di bis So 9.00 bis 16.00 Uhr

Gerhard-Hauptmann-Gedenkstätte – Kloster
Mai bis Oktober Mi bis Mo 10.00 bis 16.00 Uhr

Galerien
Atelierhaus
„Blaue Scheune" – Vitte

Spaß & Sport
Fahrradverleih – Vitte
8.00 bis 16.00 und 16.00 bis 18.00 Uhr

Prerow
Bezirk Rostock

Informationen
Kurverwaltung
2383 Prerow
Gemeindeplatz 1
Tel. 2 26

Essen & Trinken
„Darßer Leuchtturm",
Waldstr. 5
„Helgoland", Lange Str. 31
„Darßer Wald", Lange Str. 9

Kunst & Kultur
Museen
Darß-Museum
zur Geschichte der Darßer Schiffahrt, mit Kapitänsstube, Pilzberatungsstelle
Waldstr. 48

Spaß & Sport
Kinos
„Darß-Lichtspiele",
Waldstr. 5
Zeltkino im Sommer
am Bernsteinweg

Putbus/Rügen
Bezirk Rostock

Informationen
Rat der Stadt
2353 Putubs
Markt 8
Tel. 2 71

Kurverwaltung
2353 Putbus
Orangerie
Tel. 6 72

Essen & Trinken
„Hotel am Markt"
„Jägerhütte"
„Rosencafé"

Kunst & Kultur
Theater
Theater Putbus

Oper, Operette, Schauspiel, Konzerte
Alleestr. 9 a

Galerien
Orangerie
im Schloßpark
wechselnde Ausstellungen

Spaß & Sport
Wildgehege
Am Schloßpark

Kino
„Filmtheater", Bahnhofstr. 2

Ausflüge
Fahrt mit der Rügenschen Kleinbahn „Rasender Roland" zu den Seebädern Binz, Sellin, Baabe und Göhren
Abfahrt fast stündlich,
Fahrzeit bis Göhren
80 Minuten
mit der Weißen Flotte
rund um die Insel Vilm
dort Freizeitgelände des Zentralkomitees der SED
Juni bis September Mi
Abfahrt 14.00 Uhr,
Rückkehr 17.00 Uhr,
Juli bis August auch Mi
8.00, Rückkehr 11.00 Uhr
Abendfahrt
auf der Ostsee
Juli bis August Mi 19.00,
Rückkehr 22.00 Uhr
Abfahrt am Hafen Putbus/Lauterbach

Rostock
Bezirkshauptstadt

Informationen
Rostück-Information
2500 Rostock
Lange Straße 5
Tel. 2 26 19

Unterkunft
„Hotel Warnow"
Hermann-Duncker-Platz
Tel. 3 73 81

„Hotel am Bahnhof"
2500 Rostock
Gerhard-Hauptmann-Str. 13

Service
Theaterkartenvorverkauf für alle Bühnen
Kasse Doberaner Str. 134/135 – Tel. 24 42 53
Mo, Do, Fr 10.00 bis 13.00 und 15.00 bis 17.00 Uhr,
Di 10.00 bis 13.00 Uhr und 15.00 bis 18.00 Uhr

Überblicke
Standrundfahrt
mit dem Bus, Abfahrt
Lange Straße/Reisebüro
Information und Vorbestellungen
bei Rostock-Information,
Abteilung Stadtrundfahrten
Tel. 3 46 04

Hafenrundfahrt
Abfahrt Am Kabutzenhof
Information u. Vorverkauf
Verkehrspavillon
Am Kabutzenhof
Tel. 2 63 33

Essen & Trinken
„Ostseegaststätte",
Lange Straße 9
„Zur Kogge", Strandstraße/Wokrenter Straße
„Ratsweinkeller",
Ernst-Thälmann-Platz
„Alte Schenke",
Rungestr. 17
„Hotel Warnow",
Hermann-Duncker-Platz
„Fünf-Giebel-Haus",
Breite Str. 2
„Zur Gemütlichkeit",
Faule Straße
„Gastmahl des Meeres",
August-Bebel-Str. 112
„Steintor-Café",
Augustenstraße 1
„Arktisbar", Ernst-Thälmann-Platz 17–18
„Polar", Kröpeliner Str. 91
„Café Alte Münze",
Am Ziegenmarkt 3

Kunst & Kultur
Museen
Schiffbaumuseum
Rostock-Schmarl
Schiffsbesichtigung,
Geschichte des Schiffsbaus
Mai, Juni, September
9.30 bis 16.30 Uhr
Juli, August 9.30 bis
18.00 Uhr
Oktober bis April Di bis So
9.30 bis 16.00 Uhr,
Mi 10.00 bis 16.30 Uhr
Schiffahrtsmuseum
August-Bebel-Str. 1
Geschichte und Gegenwart der Schiffahrt
Sa bis Do 9.00 bis 17.00 Uhr
Kulturhistorisches Museum
im ehemaligen Kloster
„Zum heiligen Kreuz"
Universitätsplatz
Stadtgeschichte und
Geschichte des Klosters
Di bis So 10.00 bis
18.00 Uhr

Galerien
Kunsthalle Rostock
Am Schwanenteich
Kunst der Gegenwart
Di bis So 9.00 bis 18.00 Uhr,
Mi bis 22.00 Uhr
Galerie am Boulevard
Verkaufsgalerie für zeitgenössische Kunst
Di bis Fr. 10.00 Uhr bis 18.00 Uhr, Mo 14.00 Uhr bis 18.00 Uhr

Theater
Volkstheater Rostock
Doberaner Str. 134
Intimes Theater
Buchbinder Str. 19
Theater am Kehrwieder
Kehrwieder
Studio 74
in der Kunsthalle
Am Schwanenteich

Konzerte
„Musik im Mai"
Konzertreihe im Barocksaal,
Universitätsplatz,
und im Innenhof des Klosters „Zum heiligen Kreuz", Universitätsplatz
Philharmonische Konzerte
im Volkstheater Rostock
Doberaner Str. 134
Liederabende
im Festsaal des Rathauses
Ernst-Thälmann-Platz

Spaß & Sport
Zoo
An der Tiergartenallee
Mai bis September
7.30 bis 20.00 Uhr,
Oktober bis März
7.30 bis 17.30 Uhr,
April 7.30 bis 18.30 Uhr

Kinos
„Capitol", Breite Str. 3–5
„Hansa-Theater",
Leninallee 14/15
„Metropol-Theater",
Barnstorfer Weg 4
„Theater des Friedens",
Doberaner Str. 5

Tanzvergnügen
„Trocadero-Bar",
Wismarische Str. 6
„Ostseebar", Lange Str. 9
„Boulevard-Bar",
Kröpeliner Str. 80–81
Zentrales Jugendklubhaus,
Blücherstr. 31

Volksvergnügen
„Rostocker Sommerfesttage" Anfang bis Mitte Juli

Ausflüge
ins etwa 30 Kilometer entfernte Museumsdorf Klockenhagen
Freilichtmuseum täglich
9.00 bis 17.00 Uhr

Saßnitz/Rügen
Bezirk Rostock

Informationen
Rat der Gemeinde
2355 Saßnitz
Karl-Marx-Str. 33
Tel. 2 31 33

Unterkunft
„Rügenhotel"
Seestraße 1

Essen & Trinken
„Saßnitzer Hof", Bergstr.
„Gastmahl des Meeres",
Strandpromenade
„Rugenhotel", Seestraße 1
„Stadtcafé",
Karl-Marx-Straße
„Stubnitzcafé", Leninstr.

Kunst & Kultur
Museen
Lenin-Gedenkstätte
Imitation des Eisenbahnwaggons, mit dem Lenin über Saßnitz und Finnland nach Rußland zurückkehrte
am Bahnhof

Spaß & Sport
Kino
„Stubnitz-Lichtspiele",
Bahnhofstraße

Ausflüge
Wanderung
an der Kreideküste der Stubbenkammer entlang
zum Königstuhl, 6 km nördlich von Saßnitz
dort Ausflugsgaststätte „Stubbenkammer"

Schaprode/Rügen
Bezirk Rostock

Essen & Trinken
„Gaststätte Keil",
an der Fährstelle

Sellin/Rügen
Bezirk Rostock

Informationen
Rat der Gemeinde
2356 Sellin
Warmbadstr. 4
Tel. 3 96 und 2 93

Essen & Trinken
„Berliner Hof"
„Waldfrieden"
„Strandkrug"
„Waldhalle"

Spaß & Sport
Kino
„Filmtheater
Gerhard Hauptmann",
August-Bebel-Straße 3

Stralsund
Bezirk Rostock

Informationen
Reisebüro
2300 Stralsund
Alter Markt 10
Tel. 21 94

Campingzentrum Ostsee
2300 Stralsund
Barther Str. 64 b
Tel. 50 15

Unterkunft
„Hotel Baltic"
2300 Stralsund
Frankendamm 17
Tel. 53 81

Am Hafen von Vitte auf Hiddensee

Überblicke
Rundblick
vom Turm der Pfarrkirche St. Marien, Leninplatz

Hafenrundfahrt
mit der Weißen Flotte
bei Bedarf Mai bis September Mi bis Mo Abfahrt 9.45 und 15.15 Uhr, jeden Mo auch 12.30 Uhr
Information und Kartenvorverkauf
Pavillon am Hafen
Seestraße
Tel. 69 24 73

Essen & Trinken
„Fiete Dettmann“, Kedingshäger Str. 78
„Stadtkoppel“, Barther Str. 58
„Zur Kogge“, Triebseer Str.
„Schweriner Hof“, Leninplatz 2–3
„Strelasund“, Lion-Feuchtwanger-Straße
„Hotel am Bahnhof“, Triebseer Damm 4
„Ratskeller“, im Rathaus, Alter Markt
„Café Duett“, Alter Markt 16
„Café Bernstein“, Lion-Feuchtwanger-Str. 14
„Milchbar“, Leninplatz 13

Kunst & Kultur
Museen
Meeresmuseum
Katharinenberg 14–17
Tel. 51 35
Kulturhistorisches Museum
Mönchstr. 25/27
Mai bis Oktober
täglich 10.00 bis 17.00 Uhr
November bis April, So bis Do 10.00 bis 17.00 Uhr

Theater
Stralsunder Theater
Oper, Operette, Schauspiel, Konzert
Olof-Palme-Platz

Spaß & Sport
Tierpark Stralsund
Barther Straße

Kinos
„Sundlichtspiele“, Frankendamm 37
Freilichtkino
Knieperdamm 5
dort Sommerfilmtage Juni/Juli

Tanzvergnügen
„Störtebecker-Keller“, Ossenreyerstr. 49
„Trocadero-Bar“, Katharinenberg 13

Speedway-Bahn
Paul-Greifzu-Stadion
Barther Straße

Bootsausleih-Station
Knieperdamm

Ausflüge
mit der Fähre über den Strelasund nach Altefähr
Mai bis Oktober zwischen 8.00 und 18.00 Uhr nahezu stündlich
mit der Weißen Flotte nach Hiddensee
Mai bis September
täglich 7 Verbindungen
Oktober bis April
täglich 3 Verbindungen
Information und Kartenvorverkauf
Pavillon am Hafen
Seestraße
Tel. 69 24 73
nach Rügen
auf der F 96 über den Rügendamm

Warnemünde
Bezirk Rostock

Information
Rostock-Information
2500 Rostock
Lange Str. 5
Tel. 2 26 19

Unterkunft
„Hotel Neptun“
2530 Warnemünde
Seestraße
Tel. 53 71 und 53 81

Überblicke
Hafenrundfahrt
Abfahrt am Alten Strom und Am Neuen Strom
Information u. Vorverkauf
Weiße Flotte-Büro
Am Strom 124
Tel. 5 26 24

Essen & Trinken
„Teepott“, Am Leuchtturm
„Haupts Weinstuben“, Theodor-Körner-Str. 76
„Strandhotel“, Seestr. 12
„Hotel Neptun“, Seestraße
„Fischrestaurent“, Am Strom 88

„Café Atlantik",
Am Strom 107/108
„Café Am Strom",
Am Strom 61
„Zum Leuchtturm",
Mühlenstr. 30
„Pinguin-Milchbar",
Am Strom 78/79

Kunst & Kultur
Warnemünde-Museum
Fischerwohnung des 19. Jahrhunderts, maritime Geschichte Warnemündes
Theodor-Körner-Str. 31
Juli, August Di bis So 9.00 bis 12.00 Uhr und 14.00 bis 17.00 Uhr
Mai, Juni, September Mi bis So 9.00 bis 12.30 Uhr und 14.00 bis 17.00 Uhr
Oktober bis April Mi und So 9.00 bis 12.30 Uhr und 14.00 bis 17.00 Uhr

Spaß & Sport
Kino
„Park-Lichtspiele",
Dänische Str. 29

Bootsverleih
Am Alten Strom an der Bahnhofsbrücke
im Sommer 10.00 bis 19.00 Uhr

Ausleihdienst
für Sport- und Badeartikel im Versorgungszentrum am „Teepott"

Tanzvergnügen
„Sky-Bar" im „Hotel Neptun", Seestraße
„Atlantik",
Am Strom 107/108
„Teepott", Am Leuchtturm

Ausflüge
Strandwanderung
bis Ostseebad Nienhagen an der Steilküste entlang
mit der Weißen Flotte
nach Wismar
von Mai bis September Mi ab Alter Strom 7.00 Uhr, Rückkehr 20.30 Uhr
Abendfahrt auf der Ostsee von Mai bis Oktober Sa ab Neuer Strom 19.00 Uhr
Abendfahrt auf der Ostsee von Mai bis Oktober Fr ab Alter Strom 20.00 Uhr
Information u. Vorverkauf
Weiße Flotte-Büro
Am Strom 124
Tel. 5 26 24

Wismar
Bezirk Rostock

Informationen
Wismar-Service
2400 Wismar
Lübschestr. 44
Tel. 29 58

Reisebüro der DDR
Hegede 1
Tel. 33 30

Überblicke
Hafenrundfahrt
mit der Weißen Flotte
Mai bis September Do Abfahrt 9.00, 11.00, 14.00 Uhr
Juli und August Mo Abfahrt 9.00, 11.00, 14.00 Uhr
Information u. Vorverkauf
Pavillon am Hafen
Tel. 31 81

Essen & Trinken
„Alter Schwede",
Am Markt 20
„Ostseerestaurant",
Spiegelberg 64
„Kurpianka",
Lübschestr. 81
„Wallgarten",
Dahlmannstr. 38
„Hotel Wismar",
Breite Str. 10
„Café am Markt", Hegede 4
„Eis- und Milchbar",
Lübsche Str. 12
„Milchbar", Bauhofstraße am Wasserturm
„Grusinische Teestube",
Lübsche Str. 51

Kunst & Kultur
Museen
Schabbellhaus
Stadtgeschichtliches Museum Wismar
Schweinsbrücke 8
Tel. 23 50
Mai bis September Di bis So 10.00 bis 16.30 Uhr,
Oktober bis April Di bis Sa 10.00 bis 16.30 Uhr
Kunstabteilung
Museum Wismar
„Alte Münze"
Krämerstr. 13
Tel. 27 11
Mai bis September Di bis Sa 10.00 bis 12.00 Uhr und 12.30 bis 16.00 Uhr
Oktober bis April Di bis Fr 10.00 bis 12.00 Uhr und 12.30 bis 16.00 Uhr

Theater
„Theater der Werftstadt Wismar"
Philip-Müller-Straße

Spaß & Sport
Kinos
„Weltspiegel", Lübschestr.
„Cafékino",
Ernst-Thälmann-Straße

Ausflüge
mit dem Bus
zum Ostseebad Boltenhagen
mit der Bahn oder dem Auto
zum Dorf Mecklenburg
dort Ausflugsgaststätte „Zur Mecklenburger Mühle" mit Bauernstube und Reste slawischer Burg
mit der Weißen Flotte
Abendfahrt über die Ostsee
Juni bis September Mi und Fr Abfahrt 19.30 Uhr
nach Warnemünde
Mai bis September
Mi Abfahrt 15.30 Uhr,
an Warnemünde 20.30 Uhr
nach Kirchdorf/Insel Poel
von Mai bis September
Informationen zu Abfahrtszeiten und Vorverkauf
Pavillon am Hafen
Tel. 31 81

Wolgast
Bezirk Rostock

Informationen
Rat der Gemeinde
2220 Wolgast
Karl-Liebknecht-Platz
Tel. 22 51

Essen & Trinken
„Zum Anker", Hafenstraße
„Stadt Wolgast",
Thälmannstraße
„Vier Jahreszeiten",
Dähnstraße
„Am Hafen", am Hafen
„Centralcafé", Steinstraße

Kunst & Kultur
Museen
Stadtgeschichtliches Museum in der „Kaffeemühle"
Markt
Di bis Fr 10.00 bis 12.00 und 13.00 bis 17.00 Uhr,
Sa 9.00 bis 12.00 Uhr

Spaß & Sport
Kino
„Filmtheater des Friedens",
Straße der Befreiung

Ausflüge
mit der Weißen Flotte
nach Saßnitz
mit Landgang
Juni bis September Mi
Abfahrt 8.00,
Rückkehr 20.00 Uhr
Boddenfahrt
Juni bis September Mo und Fr Abfahrt 8.00 und 13.45 Uhr, Dauer 4 Stunden
Information und Kartenvorverkauf
Pavillon am Hafen
2220 Wolgast
Tel. 23 52

Zinnowitz/Usedom
Bezirk Rostock

Informationen
Kurverwaltung
Zinnowitz
Karl-Marx-Str. 7
Reisebüro
Zinnowitz
Karl-Marx-Str. 12
Tel. 20 38

Essen & Trinken
„Bauernstube",
Johannes-ter-Morsche-Str.
„Volkshaus",
Johannes-ter-Morsche-Str.
„Zur weißen Möwe",
Potenbergstraße
„Ostseebar", Dünenstraße
„Störtebecker", Dünenstr.

Kunst & Kultur
Theater
Theatersaal im „Kulturhaus"

Spaß & Sport
Meerwasser-Hallenbad
Westpromenade

Tennisplätze
Heringsdorfer Weg

Sportgarten
Westpromenade

Bootsverleih
Anlegestelle Achterwasser

Kino
„Theater der Freundschaft",
Wilhelm-Pieck-Str. 2

Tanzvergnügen
„Ostseebar", Dünenstraße

In der Rostocker Langen Straße

PRAKTICA
Kameras
AJ 42-85

Das weite Land

Die Augen schließen, von oben her durch den Bauch bis hin zu den Füßen atmen, einige Male, dann die Augen wieder öffnen und schauen, die Stare auf den Stromleitungen, der See hinter den Weiden, die Felder, die bis zum Horizont reichen. Das ist eine der Möglichkeiten, die das weite Land im Norden der DDR bietet. Wanderungen durch eine fast menschenleere Landschaft, durch Dörfer, die es so einsam, so altertümlich in einem modernen Staat doch eigentlich nicht mehr geben dürfte, und Radtouren oder Bootsfahrten sind andere. Man trifft unvermutet, hinter dichtem Wald, auf eine Dorfgaststätte, sonnt sich auf dem halbverfallenen Steg eines alten Bootshauses, wird zur Besichtigung in eine Windmühle eingeladen. Viele Möglichkeiten. Ein Bad in der Frühe, in immer noch so klarem Wasser, daß man seine Füße sehen kann, wird an über tausend Seen geboten und eine Reise in die Vergangenheit in fast jeder der kleinen Städte im Landstrich, der unter dem Küstenstreifen an der Ostsee beginnt und erst im Hohen Fläming und Spreewald südlich Berlins endet.

In diesem Gebiet, früher als Mecklenburg, Vorpommern und als Mark Brandenburg bekannt, scheint, und das wohl noch für die kommenden Jahrzehnte, eine ständige Ausstellung zum Thema „Deutsche Landschaft, 19. Jahrhundert" stattzufinden. Aber anders als im Museum hat man Raum, sich zu bewegen. Erstaunt stellt man fest, daß es gerade in einem Staat, in dem so vieles reglementiert war, solche freien Räume gibt. In manchen Gegenden dieses Landstrichs leben nicht einmal drei Dutzend Menschen auf einem Quadratkilometer. Das ist erst einmal nur Statistik, wird aber, sobald man dort ist, zum Gefühl des Alleinseins mit der Erde, dem Wind, mit Regen oder Sonne.

Der fast naturbelassene Zustand der nördlichen Bezirke der DDR, Schwerin, Neubrandenburg, große Teile der Verwaltungsbezirke Potsdam und Frankfurt/Oder, hat eine lange Geschichte. Daß hier so wenige leben, liegt nicht nur an der Landflucht, die überall üblich ist, daran, daß Dorfbewohner bessere Arbeit und moderne Annehmlichkeiten in den Städten suchen. Die Bauern sind systematisch vertrieben worden, schon vor 200, 250 Jahren.

Die Gutsherren, denen sie dienten, zogen ihr Land ein, jagten sie von den Höfen. Wer für die Arbeit auf dem Gutsbesitz noch gebraucht wurde, mußte in kleine Hütten in der Nähe des Hofes der Herren umsiedeln, die anderen konnten sehen, wo sie blieben. Eine Möglichkeit der Gegenwehr hatten die Bauern nicht, sie waren Leibeigene, konnten ohne Genehmigung ihrer faktischen Besitzer weder heiraten noch umziehen oder einen anderen Beruf ergreifen, ihre Höfe gehörten ihnen nicht. Sie waren lebendes Inventar, das gekauft und verkauft, hin und her geschoben werden konnte, rechtlos. Nun wurden sie eben vollständig enteignet, mußten umsiedeln oder verschwinden. Kamen sie nicht in der Stadt unter oder wanderten gleich ganz aus, viele nach Amerika, lebten sie als Bettler, Wanderarbeiter, Armenhausinsassen. Als schließlich – in Mecklenburg erst 1820 – die Leibeigenschaft gesetzlich abgeschafft wurde, änderte sich das Leben für die Landbewohner kaum.

Die Herren durften sie immer noch prügeln, sie hießen zwar jetzt Tagelöhner, aber außer dem einen Recht, 14 Stunden und mehr am Tage zu arbeiten, dafür Essen und Wohnung zu erhalten, hatten sie immer

Dorf in der Mark

noch keine anderen. Raubtiere, die um ihre Höhlen, die Höfe, das Land veröden, es in eine tote Stille versetzen, nannte um 1800 ein weitsichtigerer preußischer Adliger seine Kollegen. Und das galt noch bis 1945, die Großgrundbesitzer hatten weder ein besonderes Interesse an guten Verkehrswegen noch am Bau von Schulen oder gar Museen, Theatern, noch am Wachstum der Städte in ihrem Gebiet.

In Campehl, in der Nähe von Neustadt an der Dosse in der Mark, liegt in einer Wehrkirche der Leichnam des Ritters von Kahlbutz, 1703 gestorben. Er ist bis heute nicht verwest, pro Jahr bestaunen tausende von Touristen den faltigen, an manchen Stellen eingefallenen, aber doch seit fast 300 Jahren unveränderten Leib. Ein wenig ist das auch so mit dem ganzen Land hier in den nördlichen Bezirken der DDR; überkommene Verhältnisse, die einen auch das Grauen lehren könnten, entzücken die fremden Besucher. Aber jeder Vergleich hinkt, und einiges hat sich natürlich verändert.

Die Großgrundbesitzer wurden nach dem Krieg enteignet, das Land verteilt an ehe-

malige Tagelöhner, aber auch an Vertriebene aus den Gebieten jenseits der Oder, hier nicht Vertriebene, sondern Aussiedler genannt. Es gab erst einmal mehr Menschen und neue Bauernhöfe. Dann aber kam der Umschwung, die SED beschloß die sozialistische Umgestaltung der Landwirtschaft, die vielen selbständigen Bauern hatten sich zu Landwirtschaftlichen Produktionsgenossenschaften zusammenzuschließen, wenn nicht freiwillig, dann unter Zwang. Das Land wurde wieder leerer, viele flüchteten in die inzwischen gegründete BRD. Die Mehrheit blieb und arbeitete, unter besseren Bedingungen als bei den Grundbesitzern, mit steigendem Wohlstand, aber angestellt bei der LPG. In den 60er und 70er Jahren setzte sich bei den staatlichen Stellen die Idee durch, die Landwirtschaft wie einen großen Industriebetrieb zu organisieren. Man dachte sogar darüber nach, die Landbevölkerung in städteähnlichen Siedlungen zu konzentrieren. Riesige Ställe wurden errichtet, Komplexe von neuen Scheunen, die Investitionen wurden nur noch in Schwerpunktbetriebe gesteckt, anderes verkam. Alte Bauernhöfe verfielen, eine Umzugswelle in die Städte setzte ein, weil der Zusammenhalt in den Dörfern schwand.

Das Land leerte sich damals wieder ein Stück mehr.

Im letzten Jahrzehnt hatte sich die Politik wieder verändert. Der Begriff „Renaissance des Dorfes" war in der Diskussion. Es wurde Wert auf bessere Wohnungen in jedem Dorf gelegt und, wegen der Moral, auf die Erhaltung alten Brauchtums. Erntedankkronen wurden wieder geflochten, Schützenfeste veranstaltet. In Grimmen im Fläming etwa gab es jedes Jahr ein Pfingstgelage, vom Jugendverein „Teutonia" organisiert, mit gemeinsamem Rühreiessen. In der Altmark erschienen Broschüren über das Kochen in alter Zeit, mit entsprechenden Rezepten. In Marxwalde am Rande des Oderbruchs fanden wieder die Tierschauen mit Prämierung der besten Kühe statt, die auch nicht mehr technokratisch „Großvieheinheiten" heißen. Bier und Bockwurst war die Devise, Volkstanz und Blasmusik.

Das alles ließ die Landschaft unberührt. Eine Landschaft, die, da die Finanzkraft des

Storchenturm bei Bad Freienwalde

Staates eher auf die Städte und die Industrie konzentriert wurde, nur wenig von breiten Asphaltbändern und den Flecken der Neubaugebiete zerrissen ist. Für den westlichen Touristen ein Glücksfall, für die Einheimischen ist es das weniger. Aber auch immer mehr Bürger der DDR beginnen, das weite Land zu schätzen, verbringen den Winter in der Stadt, den Sommer in den nördlichen Bezirken oder suchen sich einen Job auf dem Lande. Die meisten kommen natürlich als Urlauber in Ferienheime und auf Campingplätze.

Aber deren Zahl hält sich immer noch in Grenzen, man braucht keine allzu weiten Umwege zu machen, um ihnen auszuweichen. Und hat dann seine kleinen Abenteuer. Jeder erlebt sie für sich allein, sucht sich die, die zu ihm passen, atmet durch auf seine Weise. Für das weite Land im Norden der DDR sind keine Gebrauchsanleitungen zu geben, nur Appetithäppchen sind möglich.

Von Güstrow nach Schwerin – die Fahrradtour

Der Rundblick an einer beliebigen Stelle der Strecke zwischen Güstrow und Schwerin zeigt – eine fast schnurgerade Straße, die gleichmäßig auf die Höhen von Hügeln ansteigt und in die Senken dazwischen hinabgleitet, große Stücke Wiesen und Felder, die sich um Baumgruppen und Teiche herumziehen, einen größeren Wald am Horizont. Auf den Weiden galoppieren Pferde, tauchen hinter dem Hügel oder aus dem Wald hervor auf, überqueren die riesige Grasfläche, um dann rasch wieder aus dem Bildausschnitt zu verschwinden, oder Kühe oder Schafe ziehen ruhig dahin. In der Regel ist ein kleiner oder größerer See zu sehen oder zumindest ein Schilfgürtel, der ein Gewässer anzeigt.

Das Fahrrad ist das richtige Verkehrsmittel, den Raum links und rechts der Straße zu durchqueren, mit dem Auto würden einige der Wege nur beschwerlich zu befahren sein. Mit dem Rad aber kann man hinter jeden Hügel, in jede Ecke schauen, querfeldein halbvergessene Dörfer erreichen, je nach Grad der Vergessenheit, in die sie geraten sind, erst über Asphalt, dann Kopfsteinpflaster, schließlich Split und am Ende durch tiefen Sand.

Klein-Upahl zum Beispiel, drei Reihen von Häusern, zwei spielende Kinder, eine alte Frau, eine Asphaltstraße, zwei Sandwege, die das Dorf mit einem anderen kleinen Häuserhaufen, Gerdshagen Hof, und auf der entgegengesetzten Seite mit dem Upahler See verbinden. An der Kreuzung der Straße mit den Sandwegen steht ein Schild, das darauf hinweist, daß dieser Ort immerhin schon 1263 gegründet worden sei. Um das Schild herum, vor den Gehöften, ist außer den dreien kein Mensch zu sehen. Man taucht auf einem der Wege im Dorf auf und verschwindet in Richtung des Sees, fühlt sich als Abenteuerreisender, der ohne Bindung, ohne Spuren zu hinterlassen, kommt und geht, wirklich völlig fremd. Groß-Upahl, von Klein-Upahl durch einen Buchenwald und den See getrennt, ist auch nicht größer und ebenso still, hat aber immerhin eine Kirche. Über schattige Waldwege, durch sumpfige Niederungen, in deren Schilfregionen irgendwelche Tiere knistern, Frösche lauthals quaken, geht es nach Lenzen, ins nächste Dorf. Ehe noch Häuser zu sehen sind, ist an dem matschigen, von hunderten von Kuhhufen ausgetretenem Pfad bereits die Haupterwerbsquelle der Lenzener abzulesen. Hinter den ersten Gehöften steht auch schon der riesige Stallkomplex der LPG. Daneben gleich die alte Idylle, ein altes, an manchen Stellen schiefes Bauernhaus, vor dem unter Obstbäumen die Großmutter mit ihrem Enkelkind sitzt. Einige der guterhaltenen Gebäude im Ort gehören aber Berlinern, die einem mit nassen Haaren vom Badesee entgegenkommen, Trabants mit der Kennzeichnung I, für Hauptstadt, parken vor ausgebauten Bauernkaten. Auch hier, in den abgelegenen Winkeln Mecklenburgs, gibt es also den modernen Austausch: Die Bauern ziehen in moderne Einfamilienhäuser, brauchen sie doch durch die LPG kaum noch Stallungen, dafür die

Am Dorfrand von Lenzen

Städter in die alten Gebäude, die so zur Wochenendvilla werden.

Der Kirchturm von Ruchow, dem Dorf hinter Lenzen, ist weit zu sehen. Man strampelt, in der Sonne schwitzend, über die Sandwege, strampelt lange, und immer wieder taucht der Kirchturm hinter Baumwipfeln auf, scheint so fern zu stehen wie noch eine halbe Stunde zuvor. Später, im Gespräch mit Einheimischen, erfährt man, daß die Spitze dieses Turms traditionell als Richtpunkt für die Landvermessung hier in der Gegend diente. Das führte bei der Bodenreform, so wird lächelnd erzählt, bei der Verteilung des großen Grundbesitzes an die kleinen Bauern 1946, zu Schwierigkeiten. Im Krieg war das Dach um sechs Meter gekappt worden, so stimmte keine Feldgrenze mehr. Inzwischen sind die damals verteilten Ländereien wieder vereinigt in der LPG, deshalb das leicht schadenfrohe Lächeln über die damaligen Pannen. Man ist hier in Ruchow auf Schweinemast spezialisiert, was man natürlich am Geruch, aber auch an den vielen Neubauten der gutverdienenden Schweinemäster bemerkt.

Oberhalb des Dorfes steht eine Windmühle, einschließlich der Flügelbespannung wieder hergestellt von einer Gruppe junger Leute. Die Kirche aus dem 13. Jahrhundert, das älteste Gebäude im Dorf, steht leer, nur noch zwei Bürger Ruchows sind gläubig. Dafür wird das Gebäude nun hin und wieder von Musikergruppen als Konzertsaal genutzt. In der Nähe führt ein Maler workshops durch und Kundsthandwerker bauen sich Häuser aus. Gerade weil die Gegend etwas abseits liegt, entspricht sie ganz dem Trend.

Auch dieses Dorf hat natürlich einen eigenen See, der aber stark verkrautet ist. Dafür bietet der Scharbower See, nur wenig entfernt, eine abgemähte Badestelle und klares Wasser, umgeben von dichtem Wald. Der verhindert auch, daß die Autofahrer, die auf der Straße von Schwerin nach Gü-

In Sternberg

strow fahren, auf die Idee kommen, an seinem Ufer Picknick zu machen. Nur Eingeweihte finden hierher, nach der besten Badestelle sollte man sich immer bei den Einheimischen erkundigen.

Auch als Radfahrer kann man die Hauptverkehrsstraße gut befahren, schließlich ist der Motorisierungsgrad in der DDR noch nicht so groß, die Höchstgeschwindigkeit von Trabants und Wartburgs verführt nicht gerade zum Rasen, der Radler ist nicht ständig durch Überholvorgänge gefährdet.

Auf einer recht gut ausgebauten Strecke geht es nun in die Kreisstadt Sternberg hinein.

Der alte Kern des Ortes liegt leicht erhöht, hinter Befestigungswällen aus rotem Backstein, über der Straße. Man steigt steile kopfsteingepflasterte Gassen zum Marktplatz hinauf. Die Häuser sind nicht sehr alt, denn die Stadt brannte mehrmals ab, zuletzt Mitte des 18. Jahrhunderts. Und sie werden gepflegt, so daß beim Schlendern durch die Straßen ein wohliges Gefühl und nicht der Eindruck von Verfall entsteht. Das Schlendern kann man mit einem Eis in der Hand erledigen, das man in einem Café in der Nähe des Marktes erstanden hat nach dem Essen im Restaurant direkt am Platz. Etwas abseits steht die gotische Backsteinkirche „St. Maria und St. Nikolaus", an deren Südseite die „Kapelle des Heiligen Blutes" gesetzt ist. Der Name verweist auf ein Blutwunder, das von 1492 für siebzig Jahre die Stadt zu einem vielbesuchten Wallfahrtsort und durch entsprechende Einnahmen ein Stück reicher gemacht hat. Das beherrschende Gebäude am Markt ist nicht das des Rats der Stadt, sondern der Konsum in einem Bauwerk mit halbrundem klassizistischem Säulenvorbau, weiß und hellblau gestrichen. Das strahlt, zumindest bei Sonnenschein, so etwas wie südliche Stimmung auf den Platz. Dann liegt auch der Große Sternberger See mit Restaurants und Schiffsverleih himmelblau am Rand der Stadt.

Nach Sternberg gibt es auf der Straße, das freut den Radfahrer, Gelegenheit zu rasenden Schußfahrten, die es aber durch quälend lange Aufstiege auf die Hügel zu erarbeiten gilt.

Insgesamt wird das Land weniger wellig, die Ausläufer der Mecklenburgischen Schweiz klingen aus.

Die merkwürdig staubige Stadt Brüel durchquert man möglichst schnell, läßt sich dafür in den großen Wäldern danach mehr Zeit. Oder macht Pause am Ufer des Cambser Sees, der, auch etwas von der Straße entfernt, am Rande des Ortes gleichen Namens liegt. Segelboote und Surfer kreuzen, Schwäne ziehen vorbei, Kinder tauchen zur kurzen Abkühlung ins Wasser, werden von ihren Omas auf dem Rückweg vom Einkauf abgeholt, Jugendliche gehen in Gruppen ihren üblichen lautstarken Beschäftigungen nach. Nahe am Ufer steht eine Reihe Bungalows, aus Platten zusammengesetzt, die Fugen sind durch dunkelbraune Latten abgedeckt, so daß sie aussehen, einer wie der andere, wie Pappfachwerkhäuser. Diese Wochenendbehausungen gehören Schwerinern aus der nun schon nahen Stadt.

Schwerin – ein Schloß, eine Stadt

Bereits 1160 wurde Schwerin das Stadtrecht verliehen, damit ist es die älteste Stadt des ehemaligen Mecklenburg, schon 500 Jahre zuvor siedelten sich auf den sumpfigen Stellen zwischen den zehn Seen, die heute noch Schwerin umgeben, slawische Stämme an.

Das Schweriner Schloß

Und so kann man immer weiter in immer dunklere Zeiten zurückgreifen. Und dennoch wirkt die Stadt heute seltsam geschichtslos.

Das liegt zum Teil sicher daran, daß die mittelalterliche Stadt durch mehrere Brände vernichtet worden ist, beim verheerendsten 1651 wurden zwei Drittel des damaligen Schwerin zu Asche. Dann kommt hinzu, daß die einzige Tradition dieses Ortes darin besteht, daß sie Residenz der Herzöge Mecklenburg-Schwerin war. Die Bürger waren immer vom Hof abhängig, durch ihn hatte die Stadt Bedeutung. Daneben war sie nur eine Ansammlung von Ackerbürgern, also Städtern, die neben ihrem Handwerk die Lebensgrundlage in der Landwirtschaft vor den Stadtgrenzen hatten. Das bewirkte, daß Schwerin immer wieder nach den Einfällen und Bedürfnissen der Herzöge umgebaut und überformt wurde, zuletzt im Stil des Klassizismus Mitte des 19. Jahrhunderts. Als später etwas Industrie aufkam, wurde noch eine gründerzeitliche Schicht aufgelegt.

Wichtiger für den Eindruck von Geschichtslosigkeit aber wird die Atmosphäre sein, die in den Straßen zu spüren ist. In die Hauptstadt des neugeschaffenen Bezirks Schwerin investierte der sozialistische Staat Menschen und Betriebe und Geld, um so etwas wie eine Arbeiterstadt, ein proletarisches Zentrum im ländlichen Norden zu schaffen. Über 120.000 Einwohner leben jetzt hier, arbeiten in Plastewerk, Hydraulik VEB und Lederwarenfabrik. All das, bis vielleicht auf das Kombinat Dauermilch, ist nicht aus der Geschichte gewachsen, hat nichts Traditionelles wie etwa die Seefahrtindustrie in Rostock.

Am dichtesten ist die Glocke dieser Atmosphäre über der Straße, die zum Hauptbahnhof führt, vorbei an dem häßlichen, vielleicht zehngeschossigen Hotel „Stadt Schwerin“. Die Betonplatten dieser Herberge sind weder von der Wismarischen Straße noch vom Platz vor dem Bahnhof aus zu übersehen, man kann sich noch so bemühen. Nirgendwo findet das Auge Ruhe, weder an dem Springbrunnen „Rettung aus Seenot", in dem irgendwelche Neptune mit irgendwelchen Nixen inmitten der Wasserstrahlen sitzen, noch an der Randbebauung des Bahnhofsvorplatzes, noch an der Eisenbahnanlage. In den Straßen ist man nicht zu Hause und vor dem gründerzeitlichen Bahnhof auf Durchreise.

Und in der Fußgängerzone, die unweit davon beginnt, sind die Fachwerkbauten, die Stück für Stück ein hohes Alter aufweisen, nichts als Requisiten an der Einkaufsstrecke, sind ebenso Straßenmöbel wie die Laternen und die Blumenkübel.

Nur fünf Gegenden gibt es im heutigen Schwerin, die Geschichte so spiegeln, daß man sich gern dort aufhält: den Markt, die Schelfstadt, den Pfaffenteich, die Schloßinsel. Die Insel vor allem; wer keine Schlösser mag, der braucht die Stadt nicht unbedingt zu besuchen. Und dann noch das Viertel hinter dem Bahnhof. Das zeigt mit Getreidespeichern aus schmutzigrotem Klinker und den Mietskasernen aus gleichem Material Spuren traditioneller Arbeit und früheren Arbeiterlebens.

Der Marktplatz im Zentrum, die, wie es im DDR-Planer-Deutsch heißt, „Fußgängerschutzzone", ist schön, weil begrenzt, an der einen Seite durch ein klassizistisches „Neues Gebäude" und dahinter den Dom.

Das Weiß der 1783 gebauten Kaufhalle und ihre leichten dorischen Kolonnaden stehen in krassem Gegensatz zur massigen Backsteinkirche, ihren dicken Stützpfeilern und aufstrebenden Treppentürmen. Die ältesten Teile des Doms stammen aus dem 12. Jahrhundert, der jüngste, ausgerechnet der herausragendste, der fast 120 Meter hohe Turm, ist ein Neubau von 1889. Dessen Häßlichkeit vergißt man zum Glück im Innern der Kirche. Auf frischem Weiß laufen Farbstreifen, grün und ocker und braun und grau und schwarz, die Streben und gotischen Bögen empor, führen den Blick in die Höhe, dazwischen leiten die bei der Rekonstruktion aufgefundenen romanischen Wandmalereien in noch frühere Zeiten. Man

Schweriner Hauptbahnhof

braucht nicht die Musik aus der jüngst wiederhergestellten Orgel mit den 6.000 Pfeifen, um sich festlich erhoben zu fühlen.

Viele der Gebäude, die den Marktplatz einfassen, sind nach dem großen Stadtbrand entstanden, so auch das Altstädtische Rathaus. Von seiner Rückfront, vom kleinen Schlachtermarkt aus, auf dem an den Werktagen Obst, Gemüse, Blumen, aber auch von Privatleuten selbstgefertigte Kleidung und Schmuck angeboten werden, kann man genauer sehen, daß das Rathaus eigentlich aus drei Fachwerkhäusern besteht. Die sind wirklich aus dem 17. Jahrhundert, die vier Häuser daneben wurden 1975 „komplex rekonstruiert", was in diesem Fall Abriß und Neubau in den früheren Proportionen bedeutete. Man wird über den Sinn solcher Aktionen streiten können, auf jeden Fall stören die auf alt getrimmten neuen Häuschen nicht weiter, betonen vielmehr die Geschlossenheit des Platzes. Seine vier Wände aus zweistöckigen Gebäuden geben einem genau den passenden Raum, sich zu ergehen, umzuschauen, wohl zu fühlen.

Zwischen Neuem Gebäude und Altstädtischem Rathaus, am ältesten Fachwerkhaus Schwerins von 1574 vorbei, beginnt die Puschkinstraße, führt in ein altes Handwerkerviertel, die Schelfstadt, die ab 1705 vor den Toren der Stadt errichtet wurde. Die ehemalige Vorstadt hat einen eigenen Marktplatz, ein eigenes Rathaus, mit der Schelfkirche den bedeutendsten Barockkirchenbau im Norden der DDR und wohl immer noch ganz eigene Lebenszusammenhänge der Bewohner in den oft niedrigen, dem Verfall preisgegebenen Häusern. Hier wohnen die, die immer hier gewohnt haben, man kennt sich untereinander und das schon lange Zeit.

Im Dreieck, das von Hauptbahnhof, Marktplatz und Schelfstadt gebildet wird, liegt der Pfaffenteich, im 12. Jahrhundert als Wasserreservoir für die Mühle entstanden. Der Teich lieferte die Fastenfische für die Geistlichen des Doms, daher der Name. Auf alten Gemälden ist er noch zwischen Wiesen zu sehen, auf denen Reiter und promenierende Spaziergänger verkehrten. Heute, da breite Straßen und die üblichen Grünanlagen mit asphaltierten Wegen und niedrigen Büschen das Gewässer umgeben, wirkt es wie ein Bassin, auf dem Kinder zur Abwechslung einmal ihre Papierschiffchen schwimmen lassen können. Nur ist in diesem Fall das Bassin etwa 600 Meter lang und 200 Meter breit und das Schiffchen eine Fähre, die zwischen den Ufern pendelt. Bei schlechtem Wetter und trübem Licht wird man sich bei einer Fahrt mit dem Schiff von den Häusern um den Teich etwas eingeschlossen und erdrückt fühlen, im Sonnenschein aber das helle Strahlen einiger klassizistischer Gebäude, etwa des ehemaligen Arsenals, empfinden. Jetzt residiert in der zinnengeschmückten, türmchenbekrönten Waffenhalle, einer seltsamen Kreuzung aus englischer Gotik und italienischer Renaissance, deren Anblick sofort fragen läßt, was da wohl drin sei, die Volkspolizei. Posten stehen an der Tür, schwere Tore versperren die Einfahrt. Und dabei kam einem das Haus in der Sonne so freundlich vor.

Das Schloß, früher Mittelpunkt des Lebens der Stadt, befindet sich nicht im Zentrum, steht etwas am Rand auf einer Insel zwischen dem Schweriner und dem Burgsee. Schon in der Straße, natürlich Schloßstraße genannt, die auf das Schloß zuläuft, ist der Gestaltungswille der Herzöge zu spüren. Links und rechts führen breite Treppen und Auffahrten zu mit mächtigen Säulen versehenen Regierungsgebäuden. Durch diese Bürokratengasse, die sie immer noch ist, blickt man auf den Alten Garten, den Platz vor der Brücke, die zum Schloß hinüberführt. Heute durch eine Trasse für den Autoverkehr in die Innenstadt völlig aufgerissen, trug dieses Gelände am Seeufer früher wirklich einen Garten und Kolonnaden, die ihn einfaßten. Nun stehen ein großes Fachwerkhaus, das für den Erbprinzen Ende des 18. Jahrhunderts erbaut wurde, das Museum, auf dessen gerundeter Freitreppe zu Festtagen Spitzen von Partei und Staat einst Paraden der Nationalen Volksarmee abnahmen, und dazwischen das Mecklenburgische Staatstheater verloren und ohne Beziehung zueinander am Platz. Das Museum dient nicht nur als Tribüne für Vorbeimärsche, sondern enthält die umfangreichsten Gemäldesammlungen nördlich Berlins, eine reiche Kollektion holländischer und flämischer Meister, die zum Teil noch von den Herzögen angekauft worden waren. Das Theater hat durch seine experimentierfreudigen Inszenierungen in der DDR einen guten Ruf, zu den Faust-Aufführungen fuhr man auch von der Hauptstadt aus, und es hat Tradition.

1753 wurde in Schwerin die erste deutsche Theaterakademie gegründet. Die Mecklenburgische Staatskapelle, die im Haus am Alten Garten ihre Konzerte gibt, besteht schon seit 1563. Museum, Theater und Staatskapelle sind also so etwas wie ein Stück lebendiger Geschichte in dieser Stadt.

Auf der Brücke zeigen Standbilder wilde Rösser, die von kräftigen Männern gebändigt werden, das sollen Obotriten, also Angehörige des slawischen Volksstammes sein, die auf der Schloßinsel bis 1160 ihre Burg hatten. Sonst begegnen einem diese Obotriten hauptsächlich im Namen eines Spezialbieres, das in den Kaufhallen des Bezirks angeboten wird.

Noch einmal zurück in die Schloßstraße, zum Blick auf das Schloß.

Der Bau ist so etwas wie ein mecklenburgisches Neuschwanstein. Viel massiger und gedrungener als das Schloß in Bayern, auch nicht so märchenhaft, natürlich auch nicht auf dem Berge gelegen. Aber es sitzt genauso irreal auf einer weiten Wasserfläche, ist auch ein Nachbau, der etwas überhitzten Phantasie von Fürsten entsprungen. Es hat keinen so hohen Turm wie Neuschwanstein, dafür aber immerhin fünfzehn, der größte erreicht 72 Meter, mit seiner vergoldeten Wetterfahne sicher mehr. Die Dachaufbauten sind wahlweise zwiebelförmig, spitzkegelig oder spitz mit angesetzten Extratürmchen. Dann gibt es noch, hinter dem Eingangsportal, eine große Prunkkuppel mit aufgesetzter Engelsfigur. Die Fassaden sind durch Nischen, in denen ganze Reiterstandbilder Platz finden, eingemeißelte Verse, Brüstungen, echte und Scheinfenster vielfach aufgelöst. Mit dieser überreichlichen Verzierung übertrifft dieses Bauwerk seine Vorbilder, französische Renaissanceschlösser, um Längen, macht dabei aber keinen zu protzigen Eindruck. Eher wirkt das Schloß sympathisch verschachtelt, als wären verschiedene Baukastenteile in einem asymmetrischen Fünfeck zu etwas Ganzem getürmt worden. Nur wenige dieser Teile haben vor der Einweihung des Neubaus 1857 bereits gestanden, das „Neue Lange Haus“, das „Bischofshaus“, die Schloßkirche und das „Haus über der Schloßküche“ stammen aus dem 16. Jahrhundert. Sie sind nun so eingebaut, überbaut und teilweise auch umgestaltet, daß es schon Mühe kostet und am besten mit einem Grundrißplan des Schlosses gelingt, sie von den neuen Stücken zu unterscheiden.

Nach innen, in den Schloßhof, springt der Bau mit Treppenhäusern, Balkonen und Veranden vor, natürlich auch mit Statuen, Wappen, plastischem Schmuck verziert, nach außen greift er mit unterschiedlichen vorgelagerten Anbauten aus. Zur Stadtseite hin gibt es einen Vorhof mit Tordurchfahrt, zum Wasser eine Orangerie, eine Grotte, einen Muschelbrunnen. Auf Parkwegen, zum Teil auf diesen Anbauten laufend, kann man das Schloß umrunden, kommt an botanischen Besonderheiten wie Sumpfzypressen, Ginkgos und Schneeglöckchenbäumen vorbei. Über eine weitere Brücke ist der langgestreckte Schloßgarten zu erreichen, den ein Kanal mit den Formen eines Doppelkreuzes durchzieht. Dieser Wasserlauf wird nun wieder durch eine Reihe von Barockstatuen verziert, die die Jahreszeiten oder besonders schöne oder besonders starke Gottheiten darstellen. Baumalleen, Laubengänge, ein Pavillon, hin und wieder ein Standbild sind zu entdecken.

Die Gänge, Galerien, Zimmer und Säle des Schloßinneren sind, wie sollte es nach diesem Äußeren auch anders sein, entsprechend prunkvoll ausgestaltet. In manchen Räumen, wie dem Thronsaal, gibt es keinen Quadratzentimeter, der nicht mit einem Wandteppich, vergoldeten Figuren, Stuckmarmor, hölzernen Säulen, Pappmaché, rotem Baumwollplüsch, Gemälden gedeckt ist. Der Fußboden ist Tafelparkett mit Intarsieneinlagen. Aus den Fenstern schaut man weit auf den von Wäldern umgebenen Schweriner See.

Etwa ein Drittel des Schlosses ist so wiederhergestellt, die anderen Räume werden durch die Pädagogische Hochschule und Festsäle des neuen Staates eingenommen, und da geht es weit weniger prächtig zu, greift eher die Kiefernimitatkultur heimischer Wohnzimmer.

Mit einem solchen Stil verglichen, ist die Imitation eines Wiener oder Prager Caféhauses in der Beletage ein echter Trost. Eine Dreimannkapelle mit Stehgeiger spielt die sentimentalen Stücke, deren Name einem immer gerade nicht einfällt, deren Melodie man aber noch im Schlaf mitsummen könnte. Korrekte Ober und Kellnerinnen in korrekter schwarzer Kleidung servieren teuren Kaffee bei plüschiger Atmosphäre, vielleicht sollte man zum Kaffee doch einen Weinbrand oder ein Stückchen Torte nehmen.

Aus dem Schloß an den Obotriten vorbei entlassen, kommt man am Alten Garten wieder in die Konfliktzone zwischen neuzeitlichem Straßenverkehr und überkommener Umwelt. Die Straße, die an Gründerzeitbauten mit abgeblättertem Putz vorbeiführt, ist voller Motorengestank. Über den Abgasen erhebt sich das Schloß, und daneben segeln kleine Boote über das Wasser. Hier, an dieser Bucht, sind die Maße des Schweriner Sees nicht zu überblicken, mit 21 Kilometern Länge und bis zu 5 Kilometern Breite gehört er zu den größten der Mecklenburgischen Seenplatte. Einen Eindruck von der Weite der Wasserfläche gewinnt man etwa auf der Eisenbahnfahrt von Wismar nach Schwerin, wenn der Zug in Bad Kleinen hält. Der Bahnhof dort scheint an einem Meer zu liegen. Hinter der Überdachung der Bahnsteige ist nichts als Wasser zu sehen, darauf weiße Tupfer der Segelboote und sonst nichts anderes. Nur endloses Blau, Blau des Himmels, das in das Blau des Wassers übergeht. Man blickt fast den ganzen See entlang Richtung Schwerin.

Was auch immer man von der Stadt halten mag, von Schloß und Einkaufszone, Dom und Interhotel, der See ist schön.

Güstrow – genannt „die Barlach-Stadt"

Güstrow ist bekannt als der Ort, in dem Ernst Barlach, Bildhauer, Zeichner, Schriftsteller, von 1910 bis zu seinem Tode 1938 lebte. Der Ort selbst nennt sich „Barlach-Stadt". Dabei war Güstrow für Barlach nur so etwas wie seine Höhle, sein Rückzugsgebiet. Die Krisen, in denen sich sein künstlerischer Weg klärte, hatte er woanders durchlebt, in seiner Geburtsstadt Wedel, in Paris und Berlin. Die entscheidenden Eindrücke, die ihn dazu brachten, seine Religiosität in erdhafte Plastiken zu fassen, gewann er auf einer Reise durch Rußland. Bei einem Aufenthalt in der Toskana spürte er den Reiz der italienischen in Stein gehauenen Strenge, hatte aber auch gemerkt, daß das Behagen in diesen spielerischen Städten ihm nicht entsprach. Den Kulturbetrieb der Großstädte lehnte er ab. Das war alles schon geklärt.

So kam er nach Güstrow. Barlach schwärmte für den Dom und die Pfarrkirche, nannte die Stadt freundlich, sie könne sich neben jede toskanische stellen. Die Strenge und Weite der mecklenburgischen Landschaft wird ihn an seine Rußlandeindrücke erinnert haben. Aber gleichzeitig karikierte er in seinen Schauspielen den engen kleinstädtischen Geist und den feisten,

Blick von der Schweriner Schloßbrücke auf das Landestheater

fleischfressenden Gutsbesitzer. Er lebte wie ein Einsiedler, verbrachte seinen Tag auf weiten Spaziergängen durch die Umgebung und vergraben in seinem Atelier am Heidberg 4. Nur selten ging er zum Marktplatz in den Ratskeller, wenig Gespräch hatte er mit den Einheimischen über die Organisierung des Alltags hinaus. Barlach lebte für sich allein, als ihn die Begeisterung bei Ausbruch des Ersten Weltkriegs packte, für sich allein verarbeitete er seine blutrünstige Erregung über die deutschen Siege, lehnte schließlich das Menschenschlachten ab.

Seine Besucher kamen von außerhalb, nur mit ihnen tauschte er Gedanken aus. Am Ende, als die Güstrower sich in die Kampagne gegen den „entarteten“, den „kulturbolschewistischen jüdischen“ Künstler eingereiht hatten, ließ Barlach sich nur noch im Taxi mit verhängten Fenstern durch die Straßen fahren.

Damals war die Stadt für ihn nicht mehr freundlich, jetzt ist Güstrow „Barlach-Stadt“.

Sein Atelier wurde in eine Gedenkstätte umgewandelt, dort wo er, von niemandem als einem kleinen weißen Hund bewacht, aufgebahrt gelegen hat. Und in der Gertrudenkapelle, einem spätgotischen kleinen Kirchenbau, der von den Nazis als „Ahnenhalle“ benutzt wurde, sind jetzt eine Reihe seiner Plastiken ausgestellt. „Die gefesselte Hexe“ etwa, die, wohl schon verurteilt, demütig und gelassen, voll innerer Stärke, in eigenem Glauben dasteht, oder „Der Apostel“, der in Freude und Überzeugung predigt.

So ehrt Güstrow Ernst Barlach heute. Und nirgendwo in der Stadt wird vom Anteil der Güstrower an seiner Verfolgung gesprochen.

Die Ehrung Barlachs zieht jedenfalls auswärtige Besucher in die Stadt und zog damit eine besondere Fürsorge der staatlichen Organe nach sich. Zum Besuch des damaligen Bundeskanzlers Helmut Schmidt, eines Barlach-Verehrers, vor einigen Jahren, wurden in den Tagen zuvor die Häuser im Zentrum frisch mit Farbe versehen, und zwar genau

Lavendel im Schloßgarten

Am Güstrower „Barlach“-Theater

bis zu der Höhe, in die man aus dem Wagenfenster die Fassaden emporsehen kann. Aber da Schmidt auch einige Strecken zu Fuß gehen wollte, kamen die Gebäude dort in den Genuß einer umfänglicheren Renovierung. So war das immer, kam DDR-Außenminister Fischer mit einem Staatsbesuch, den „Fischer-Chören", wie man hier sagte, so wurde wieder ein wenig gepinselt, beim nächsten Anlaß das Ganze noch einmal. Leerstehende Häuser wurden mit Rolläden versehen, damit man nicht in die schuttbedeckten Zimmer schauen konnte.

Güstrow war ein gutes Beispiel für die Politik der Augenwischerei unter Honecker, Potemkinsche Dörfer wurden aufgebaut. Nimmt man die Stadt ohne Barlach und Staatsvisiten, so ist durchaus einiges an Behaglichkeit und Freundlichkeit in den Straßen zu finden, zumindest im Sommer. Die Straße des Friedens, die Fußgängerzone, hat Maße bewahrt, die den schlendernden, einkaufenden Menschen angemessen sind. Am Marktplatz an der Pfarrkirche sitzt man vor dem Hotel „Stadt Güstrow" im Freien, verzehrt Eis und Kaffee, schaut den Kindern zu, die auf einer Bronzeplastik eines Mannes in Toga herumturnen. Durch die Kirche hallt Orgelmusik. Man steht vor dem geschnitzten Altar mit Darstellungen der Passionsgeschichte, unter dem gekreuzigten Jesus, der von Adam und Eva, Maria und Johannes flankiert wird, und hört die Übung für den Barockmusikabend am selben Tage.

Dieselbe Szenerie im November ist weniger behaglich, hat aber auch ihren Reiz. Aus dem Nebel schälen sich die zweigeschossigen Häuser, man streicht um die Ekken in kopfsteingepflasterte Gassen, früh gehen die Lichter in den Geschäften an, man fühlt sich so wie die Witterung und die Landschaft, die man eben durchquert hat – mit Reif behangen, etwas unterkühlt, leer, dem Wind offen. Die richtige Jahreszeit und der richtige Ort, um in Melancholie Lebensentscheidungen zu treffen, so empfand es Barlach.

Am „Mann mit Toga", im Sommer Treffpunkt für Ehepaare nach dem Einkauf, auch für Verliebte, eilen jetzt nur Frierende vorbei. Hinter der Pfarrkirche steht das Rathaus, das aus mehreren mittelalterlichen Häusern durch das Vorsetzen einer Fassade entstanden ist, 1798 war das, hatte also mit der Güstrower Praxis des Aufbaus Honeckerscher Dörfer nichts zu tun.

Die Domstraße hinunter kommt man zum Schloß, einem Renaissancebau, begonnen 1558. Die Fassade ist durch Putzflächen und Stuckelemente, durch Fensteröffnungen, Säulen, Vasen, Türme verwirrend vielfältig gegliedert, ist so überladen, daß sie wie ein übertriebener Nachbau der Jahrhundertwende erscheint. So sorgfältig die von der Straße her sichtbaren Teile des Schlosses ausgeführt sind, so überraschend ist der Blick, den man im Hof nach Durchschreiten des Portalhauses und des großen Tores hat. Nach hinten raus bricht das Schloß ein-

In der Güstrower Fußgängerzone, an der Post

fach ab, da gibt es nur ein kleines Backsteingebäude und eine Grünanlage, die vom Schloßhügel, von Trampelpfaden durchzogen, nach unten abfällt. Die Gebäudeteile, die dort einmal standen, sind 1795 abgerissen worden. Da war die Güstrower Linie der mecklenburgischen Herzöge seit hundert Jahren ausgestorben, die Herrschaft an die Schweriner übergegangen, das Schloß in dieser Zeit dem Verfall überlassen worden. Die Herzöge von Mecklenburg-Schwerin waren gerade dabei, sich eine neue Residenz in Ludwigslust zu bauen, hatten wohl eher ein Interesse daran, die unerwünschte Konkurrenz des Güstrower Schlosses zu beseitigen, als zu erhalten. Jedenfalls konnte nur der Widerstand der Bürger der Stadt den vollständigen Abriß verhindern und diesen merkwürdigen Rumpf erhalten. Jetzt blick man durch die Lücke in den Garten mit Lavendelbeeten.

Eine enge stille Straße verbindet Schloß und Dom, so eng, daß man an keiner Stelle einen freien Blick auf den Kirchenbau gewinnt. In der weiten Halle drinnen dominiert überall figürlicher Schmuck, der rotblau-goldene Flügelaltar, Begräbnisstätten der Herzöge, die unter steinernen Stammbäumen bis ins letzte lebensechte und darum völlig stilisierte Statuen der hier ins Grab Gelegten zeigen, betend, die Augen zum Himmel gedreht, die Halskrausen frisch plissiert, Ringe an den Fingern.

Etwas abseits hängt eine Kopie des Bildwerks „Der Schwebende“ von Barlach. Die Arme vor der Brust verschränkt, mit geschlossenen Augen, ganz in sich ruhend, versammelt, eine kompakte Gestalt, die dennoch nichts anderes kann, als eben schweben. Barlach sagte über den Engel, er solle die Vorstellung von ewiger Dauer transportieren, den Stillstand der Zeit, das Schweben während des Krieges. Er machte die Plastik 1927 der Domgemeinde zum Geschenk. Die hatte 1933 nichts anderes im Sinn, als das Ding wieder loszuwerden, da war die Zeit für die Nazis aber noch nicht reif. Erst vier Jahre später war es so

Campingplatz C/28

weit, „der Schwebende" wurde entfernt, der NSDAP übergeben und schließlich zu Granatenringen umgeschmolzen. Der Erlös aus deren Verkauf kam der „Ahnenhalle" zugute. Derselben Halle, die heute Barlach-Gedenkstätte ist.

Eintausend Seen – die Faltboottour

Neustrelitz ist Umsteigestation, auf dem Bahnhof stauen sich die Urlauber, die an einen der über 300 Seen in der Nähe kommen wollen. Familien schleppen riesige Koffer, machen in der Mitropa Pause auf dem Weg von Leipzig oder Dresden zu ihrem Betriebsferienplatz. Junge Leute tragen wenig mehr als ihre Schlafsäcke unter dem Arm. In der Gepäckaufbewahrung stapeln sich die zusammengelegten Faltboote, und dennoch stehen immer noch zwei oder drei der Bootspakete, sinnreich verstaute Stangen und Häute im Leinensack, auf dem Bahnsteig herum. Daneben die Bootsfahrer. Es gibt ältere Herren mit muskulösen Waden darunter, aber allzu stark braucht man zum Wasserwandern nicht zu sein.

Neustrelitz ist natürlich auch eine Stadt, hat 7.000 Einwohner. Es gibt einen Park, in dem bis 1945 das Schloß des Herzoghauses Mecklenburg-Strelitz stand, dann wurde es abgerissen. Die Orangerie aber ist erhalten geblieben und, halbverfallen hinter Büschen, die Schloßkirche. Am Park stehen dann noch einige Baracken, weshalb die Einwohner der Stadt, der nach dem Brand des alten Strelitz im Barockstil neu errichteten Residenz, von „Neustrelitzer Barack" sprechen. Recht respektlos, hat Neustrelitz doch die einzige barocke Stadtanlage im Norden der DDR.

Viele der Neustrelitzer Betriebe arbeiten für die Versorgung der Urlauber an den Seen der Umgegend, und das „Friedrich-Wolf-Theater" versorgt sie mit Kultur. Besonders beliebt sind die „Abende mit Wein", an denen den Besuchern zu Kerzenschein Lieder geboten werden, die einen erotischen Anspruch haben. Das Theater kommt auch auf die Dörfer, mit dem Barkas, einem Lieferwagen, in den für einen Volkskunstabend etwa eine auseinandernehmbare Bank, Geweihe, Gestänge und Tuch für den Hintergrund, die drei Künstler und der Fahrer passen müssen.

Der Zug Richtung Wittenberge, durch die Urlauber nun vollbesetzt, fährt quer durch die Seenplatte, die, Teil der großen Mecklenburgischen, hier Neustrelitzer heißt. Bei jedem Halt steigen Trupps aus. Die Faltbootfahrer streben dem nächsten Wasser, dem nächsten flachen Ufer zu, das nie weit entfernt liegt.

Über die Seen dieser Gegend, durch schmale Wasserläufe und Kanäle führen viele Wege für Bootsfahrer, und einige davon sind für Motorfahrzeuge gesperrt. Aus der Vielzahl der möglichen Routen beginnt eine am Käbelicksee in der Nähe von Kratzeburg, im Quellgebiet der Havel.

Die kleinen Seen hier sind wie intime Zimmer. Ihre Ufer ragen immer wieder halbinselförmig vor, so daß die Wasserfläche, eng vom Schilf, dahinter von Wäldern umgeben, in viele Nischen unterteilt ist. Die Wasseroberfläche liegt völlig ruhig, nur hin und wieder unterbrochen durch die Kielwellen von Haubentauchern, Enten und eben des Faltbootes. Es ist still, eine grüne abgeschlossene Stille, in der die Rufe der Vögel, das Piepen eines jungen Teichhuhns weithin schallen, dazu das Rauschen des Windes in den Baumwipfeln, den man unten auf dem See nicht zu spüren bekommt, und hin und wieder eine helle Stimme vom Ufer, von einem der Zelte, die irgendwo versteckt aufgebaut sind. Das Wasser ist von unterschiedlicher, aber zumeist so guter Qualität, daß man immer wieder die Hand hineintauchen, mit der Bewegung des Bootes gleiten lassen, das Weiche spüren möchte. Danach mit der nassen Hand durch das Gesicht fahren.

Am Ausgang des Käbelicksee tut sich ein kaum fünf Meter breites Flüßchen auf, nur so breit ist hier die Havel. So geht es eine Weile, von einem kleinen Gewässer über die schmale Havel ins nächste, vom Granziner See in den Pagelsee, in den Zotzensee, den Jühlensee. Hinter Schilffeldern sucht man oft vergeblich nach der Ausfahrt, trifft dafür dort auf weiß oder gelb blühende Seerosen oder scheucht einen Fischreiher auf. Die Ufer sind so dicht bewachsen, daß das Dorf Granzin kaum zu entdecken, gerade einmal an seinem Kirchturm auszumachen ist. Auch das wird auf der ganzen Fahrt so sein, vom Wasser aus ist nur selten menschliche Besiedlung zu sehen. Dort, wo es anders ist, etwa beim Dorf Blankenförde am Jählensee, gleitet man durch die Hintertür in den Ort, blickt in die Hinterhöfe, in die Wirtschaftsgärten, kommt sich vor wie ein Spion, der ins fremde Hotelzimmer späht. Die Häuser sind alle zur Straße gewandt, nach dorthin fein gemacht. Nur vom Wasser aus sind die intimen Bereiche der Bewohner zu sehen, das, was sie gern verbergen würden, die Winkel ihrer Abgeschiedenheit mit Hollywoodschaukel und Kaffeetisch und Gerümpelhaufen. An der Brücke, die die

Bootschleppe

beiden Hälften des Ortes über die Havel hinweg verbindet, führt ein schmaler Weg von der Bootsanlegestelle nach oben und zum Konsum. Der kleine Laden ist dicht gedrängt voller Urlauber in Trainingsanzügen. Einige der Bootsfahrer stehen hier Schlange, die einem schon von der letzten Übernachtung auf dem wilden Zeltplatz bekannt sind, an der Fuhrt, auf deren anderer Seite eine Herde Pferde gegrast hatte. Große Lagerfeuer hatte es da natürlich gegeben, aus Holz, das sich die Camper im Wald zusammengesucht hatten, in dem es laut Hinweisschild Kreuzottern geben soll. Und obwohl neben den Familien und Pärchen auch Gruppen junger Männer gesessen hatten, die einige Flaschen Schnaps und Bier im Sturztrunk leerten, war es doch still gewesen. Einige vernügten sich mit dem fortdauernden Rösten an Stöcke gesteckter Brotscheiben. Andere starrten mit fasziniertem Blick in die Flammen.

Weiter durch die Havel in Richtung des Useriner Sees. Einen schmalen Fluß zu befahren ist wie eben gefallenen Schnee zu betreten. Vor einem windet sich das Wasser in Kurven. Eine Strömung ist kaum zu bemerken, so daß die Oberfläche wirklich an eine Chaussee, eine Wasserstraße erinnert, besonders dann, wenn links und rechts Bäume wie an einer Allee aufgereiht sind. Aber dieser Straßenbelag hier ist weich. Man schneidet mit dem Boot in ihn ein, erzeugt mit dem Paddel kleine Wellen, Wirbel, Trichter. Die Glätte ist zerstört, aber anders als bei Schnee hinterläßt man keine dauerhaften Spuren. Hinter einem schließt sich die Wasserfläche, die Seerosen kommen wieder nach oben, schaukeln nur noch ein wenig, einige kleine Luftblasen vergehen, dann ist alles wie vorher, das Boot vorbei, folgenlos.

Der Useriner See ist fünf Kilometer hingestreckt. Schon lange ist das andere Ende sichtbar, aber es kommt nur langsam näher. Konzentriert man sich auf das Fahrtende dort hinten, so befällt einen Nervosität, man muß sich ganz ins Gleiten des Bootes, in den Moment fallen lassen können. Hier auf dem großen See riecht es zeitweise nach Dieselabgasen, die auch in der DDR beliebten großen Motorboote schippern vorbei. Auf der erhöhten Brücke steht der Vater, hinter Gardinen im Inneren Mutter beim Kochen, am Heck langweilt sich ein Kind.

An der Fleether Mühle

Die Namen der Yachten verraten Fernweh, „Ontario II“ oder auch „Clochard“. Dieselbe Kombination von althergebrachter deutscher Ordnung und ungestillter Abenteuerlust findet sich auf den offiziellen Campingplätzen. Hinweistafeln kennzeichnen „Rauch- und Grillecke“ oder mahnen „Trinkwasser nur abgekocht verwenden“. Die Zelte sind mit aus Leinen und Tüchern hergestelltem Zaunersatz umgeben, hinter dem der weibliche Teil der Familie Pilze säubert, während sich der männliche am Bootssteg oder mit Surfbrett oder Ruderboot auf dem See aufhält. Die Fernsehantenne fehlt an keiner der Behausungen, überhaupt sind viele der Wohnwagen und Zelte in feste Lauben umgewandelt, dienen als ständige Betriebsferienplätze. Auf den Wegen dazwischen, fast sind es schon Straßen, eilen die Camper mit Flaschen zur Altglaskiste, mit Zigarre zur Raucherecke, mit Toilettenpapier zu den entsprechenden Kabinen. An der Baracke der Platzleitung, „Jeder Neuankommende bei der Platzleitung melden!“, hängt die Platzordnung aus, nach der aus den Reihen der Campingfreunde ein Campingplatzrat zu bilden ist, der wiederum mitverantwortlich für die Aufrechterhaltung von Disziplin, Sauberkeit und Ordnung ist.

Wie angenehm sind dagegen die wilden Zeltstellen, etwa die am Useriner See, auf der man unbehelligt direkt unter dem Schild „Camping verboten“ übernachten kann.

Zwei Seen weiter zweigt von der hier zum breiten Kanal ausgebauten Havel ein alter Flußarm, die „Schwaanhavel“, ab. Mit herabhängenden Weidenzweigen, die die Fahrt zum Hindernisrennen machen, ist sie schon abenteuerlich genug, an der nächsten Abzweigung aber beginnt Urwald. So wie einen die Bootsfahrt durch Ortschaften in die intimen Hinterhöfe führt, kommt man in sumpfigen Wäldern an Stellen, die, weil nur zu Wasser zu erreichen, wohl nur wenige Menschen sehen. Dicke, saftige Schachtelhalmgewächse sind mit Büschen verhakt, die große rote und grüne Beeren tragen. Schlingpflanzen winden sich drum herum. Das Wasser ist fast vollständig mit Seerosen und Kraut zugewachsen, das Paddel wühlt in dicker Entengrütze. Zwischen den Bäumen steht feuchte Hitze. Hin und wieder springt ein Fisch nach einer Mücke, das Platschen ist das einzige Geräusch.

Am Ende der „Schwaanhavel“ und noch zwei Seen weiter, im Gobenowsee, ergibt sich eine Wasserstraßenkreuzung. Nach links in Richtung Klein-Zerlang paddelt man in das Flußgebiet des Rhin, in märkische Gewässer, kommt bis vor das Rheinsberger Schloß, auf dem Weg, den auch die Gondeln des preußischen Hofes auf dem Rückweg vom Picknick genommen haben. Nach rechts geht es durch kleine Flußläufe und verkrautete Seen nach Mirow, schließlich zur Müritz, dem größten mecklenburgischen See, dem Binnenmeer der DDR.

Auf dem Wasserarm zwischen dem Mirower Schloß und der Stadt haben dutzende von Yachten, Seglern und Faltbooten festgemacht. Die Besatzungen schwärmen durch den Ort, haben hier Gelegenheit, in einem der fünf Lokale ein warmes Mittagessen einzunehmen, das einmal nicht auf dem Spirituskocher zubereitet wurde. An der Kreuzung der beiden Hauptverkehrsstraßen stehen nicht nur Wegweiser zu den nächsten Orten, auch die Verbindungen zu den durchnumerierten Campingplätzen der Gegend werden angezeigt. Nicht verwunderlich also, daß etwa die Hälfte aller Passanten im Sportdreß daherkommt, nicht eilig, aber mit genauem Ziel. Ein Platz im Restaurant ist zu besorgen, diese oder jene Lebensmittel und notwendigen Utensilien sind einzukaufen. Auf der Schloßinsel dagegen ist es still. Durch das Torhaus mit großem mecklenburgischen Wappen betritt man einen schattigen verwilderten Park, in dem mächtige Bäume die frühgotische Kirche, das Schloß von 1760 und eine kleine Freilichtbühne umgeben. Noch abgelegener ist die Liebesinsel, auf die man hinter dem recht bescheidenen Schloß über eine kunstvolle schmiedeeiserne Brücke gelangt. Die Insel ist ein kleiner Friedhof, nur für einen Menschen, den letzten Herzog von Mecklenburg-Strelitz, der sich 1918 aus Gram über die Revolution das Leben nahm. Die anderen Herzöge und Fürsten haben danach noch ganz lustig gelebt. Also wird

Käbelick-See bei Kratzeburg

man hier wohl auch sein eben eingekauftes Frühstück verzehren dürfen, in aller Ruhe und mit Blick auf den Mirower See.

Die Müritz, eine Kanalfahrt weiter, hat ihren Namen vom slawischen Wort für Meer, und das ist sie wirklich. Ihre weite Fläche bietet dem Wind eine lange Anlaufstrecke, so daß fast immer Wellen aufgerührt werden, unterschiedlich heftig, manchmal mit Gischt über das Boot schlagend. Die Entfernungen sind so groß, daß man vom einen Ufer das andere nicht sehen kann. Dabei kommen einem die Maßstäbe durcheinander, gewöhnt an die normalen Größenverhältnisse von Binnenseen, verschätzt man sich, hält ganze Baumgruppen für einzelne Bäume am Horizont, überschätzt sich auch in den eigenen Kräften, kann oft froh sein, es bis zum Ufer, das doch so nah schien, überhaupt noch geschafft zu haben. Und wie auf einem richtigen Meer, gibt es auf der Müritz einen regen Schiffsverkehr, viele Lastkähne, große offene Fischerkähne. Die Fischer der Gegend, in einer Produktionsgenossenschaft zusammengeschlossen, bearbeiten mit ihren Schleppnetzen eine Seenfläche, die immerhin so groß wie die Hälfte West-Berlins ist. Um die besten Fanggründe zu ermitteln, werden in letzter Zeit auch Echolot und Computer eingesetzt, wie auf hoher See also. Nur daß nicht Heringe, sondern Zander, Hechte, Barsche oder Karpfen aus dem Wasser geholt werden.

Und damit sich die Schiffsführer nicht verirren, steht am nördlichen Ende der Müritz ein veritabler Leuchtturm, mitten in Mecklenburg.

Mecklenburgische Nachtmusik

Es fliegen verschiedene Arten von Entenvögeln, die Stockente natürlich, dann Reiherenten, Schnatterenten, Krickenten und so weiter, außerdem Kormorane, Haubentaucher, Bleßrallen, Graugänse, Höckerschwäne, Graureiher, Rohrweihen, Bussarde und Habichte, selten Seeadler, Fischadler und Milane.

Und dann fliegen sehr häufig verschiedene Arten von MIG-Düsenjägern, schwere Turboprop-Maschinen, leichte und gepanzerte Kampfhubschrauber, einmotorige Aufklärer. Die Zahl zumeist russischer Militärflugplätze in Mecklenburg ist groß, die der Manövergelände und Schießplätze ebenfalls.

Es fliegen also noch Granaten aus Geschützen und Panzerkanonen. Die Übungen werden meistens nachts abgehalten. Weshalb der Begriff „Mecklenburgische Nachtmusik" verbreitet ist, der nicht ein freundliches Stück von Mozart, sondern das Zusammenspiel von Rotorengeknatter, roten und grünen Positionslichtern und durch die Luft zischenden Projektilen meint.

Die russischen Mittelstreckenraketen SS 20 waren bis zu ihrem Abzug Anfang 1988 natürlich auch hier, in Warenshof an der Müritz, stationiert. Die Gebäude der Militärspezialisten werden inzwischen vom FDGB als Ferienheim genutzt, in den fünf füngeschossigen Häusern kommen 700 Urlauber unter, geben damit ein neuerliches Beispiel für das seltsame Durcheinander von Tourismus und Sperrzonen.

Auch die größten Militärmanöver sind nur Episode in diesem weiten Land, der Lärm verhallt, dann ist wieder Ruhe.

Ein Dorf in der Mark – Wutike oder irgendwo

Nördlich von Kyritz, in der Prignitz (und die war Teil der Mark Brandenburg), also da liegt Wutike. Wutike, das ist ein Dorf an der Eisenbahnstrecke von Neustadt an der Dosse über Kyritz nach Pritzwalk, man kann dort aussteigen, Wutike hat einen eigenen Bahnhof. Neustadt ist zu erreichen mit einem der Züge von Berlin nach Schwerin.

Aber jetzt ist eine Standpunktveränderung notwendig – nicht von außen auf Wutike blicken wie üblich, denn dann liegt ja bereits Kyritz so weit ab, daß die Berliner es schon lange als Synonym für äußerste Provinz verwenden: „Kyritz an der Knatter" heißt jeder Ort im weiten platten Land für die arroganten Großstädter. Zur Abwechslung soll einmal die Welt von Wutike aus betrachtet werden.

Mittelpunkt des Lebens ist das eigene Haus. Es ist mit Eternit-Platten verkleidet oder sauber weiß oder beige abgeputzt, mit einem großen Blumenfenster versehen und einem Vorgarten, einer verzierten Eingangstür und einem gediegenen Zaun. Hinter dem Haus, von der Straße nicht sichtbar, stehen ein oder zwei Anbauten oder Schuppen, die als Garage und Stätte der Arbeit nach Feierabend und Stall für kleines Vieh dienen. Hier wird schon ab dem frühen

Der Arbeitgeber im Dorf ist die LPG. Laut Statut dieser „Landwirtschaftlichen Produktionsgenossenschaft“ sind alle Mitglieder der LPG gemeinsam Eigentümer. In Wutike also Besitzer großer Felder mit Gerste, Weizen, Mais und Kartoffeln, einer Milchkuhherde und vieler Mastbullen, großer Gebäude für den Maschinenpark, die Herden und die Verwaltung an drei Seiten des Dorfes.

In der Praxis aber sind die Genossenschaften an die Produktionsvorgaben des Staates gebunden und können die anfallenden Gewinne am Ende des Jahres nicht einfach frei verteilen, müssen doch Investitionen getätigt werden, die wieder den staatlichen Plänen zu entsprechen haben. In Kyritz hatten 1945 Bauern und Landarbeiter die Aufteilung des Großgrundbesitzes gefordert und ihren Willen erklärt: „Wir wollen endlich freie Bauern sein, auf freier Scholle.“ Eigene Scholle ist nun nicht mehr, dafür haben die ehemaligen Bauern Anrecht auf einen Jahresurlaub, Abrechnung ihrer Leistungen nach Arbeitspunkten, Versicherung, Gesundheitsvorsorge, Krankschreibung, Kantinenessen, also auf alle Vorteile eines Arbeitnehmers. Darüber hinaus vermietet die LPG Wohnungen, vergibt zum Hausbau langfristige Kredite gegen die Zusicherung,

Nachmittag gewerkelt, wird Holz für den Hausausbau zugeschnitten, am Trabant gebastelt, Grünfutter verteilt. Hinter den Anbauten liegt, in ordentlichen Reihen bepflanzt, der eigene Garten, aus dem die Hausfrau für das Abendessen den Salat holt. Nach dem Abendbrot flimmert hinter den Gardinen im mit Schrankwand und Polstergarnitur ausgestatteten Wohnzimmer bläulich oder auch bunt der Fernseher.

Die Hauptstraße, die gerade vom Mittelpunkt des Dorfes zum Bahnhof verläuft, ist Stück für Stück mit Unterstützung der LPG und der Vereinigung der gegenseitigen Bauernhilfe (VdgB) von den Besitzern der Häuser mit Gehsteigplatten und einem Rasenstreifen versehen worden. So läuft man bei Regen nur noch an einzelnen Stellen durch den moddrig gewordenen märkischen Sand.

für 15 Jahre im Dorf zu bleiben, stellt im Gemeinschaftsraum Platz für Familienfeste zur Verfügung, ist im Leben Wutikes allgegenwärtig.

Auch beim Tratsch im Dorfgasthof „Zur Linde". Da gibt es die üblichen Gespräche, wieviel der oder der am letzten Wochenende auf einem Fest wieder getrunken habe oder in welcher Ehe welche Probleme schwelen und dann eben Geschimpfe über die LPG, den Arbeitgeber. Über die Küchenchefin der Kantine heißt es, die achte immer darauf, daß nicht zuviel Fleisch ins Essen kommt, die gehe sogar selbst hinunter in den Keller an die Kühltruhen, um den Bestand zu kontrollieren. Über die Buchhalterin, die habe doch neulich bei einem moniert, daß der jeden Tag eine Stunde zuviel auf den Arbeitszettel schreibe, da hätte die aber eine saftige Antwort gekriegt, sie gehe doch auch immer in der Arbeitszeit einkaufen und von der Stunde würde sowieso keiner reich und wenn es ihr nicht passe, würde man sich eben krankschreiben lassen. Da sei die aber ruhig gewesen.

So und ähnlich hallt es durch den etwas düsteren kahlen Raum mit der alten, mit grüner Ölfarbe gestrichenen Einrichtung und den mannshoch mit Holzimitationstapete beklebten Wänden, die Wasser und Schmutz abweisen, dafür von Zigarettenqualm noch brauner eingefärbt sind. Einen Hund gibt es und einen riesigen Theatersaal mit Guckkastenbühne, der aber nur noch zum Erntedankfest benutzt wird, und Stammgäste. Die stehen in der ewig gleichen Pose und an der gleichen Stelle an der Theke, sprechen berlinerisch mit leichtem Einschlag ins Platt, der Schnaps, der zum Dessower Bier gekippt wird, heißt hier schon „Schluck".

Richtig voll wird es in der „Linde" nie, die meisten eilen, wenn sie zwischen 15.00 und 17.00 Uhr das Tor der LPG hinter sich gelassen haben, auf ihrem Fahrrad gleich nach Hause, verschwinden hinter ihrem Zaun und bleiben auch da. Die Straßen Wutikes sind immer leer. Vormittags ist nur die eine oder andere Frau zu sehen, die mit Einkaufstaschen aus dem Konsum kommt, in der Dunkelheit ist hier kaum einer unterwegs. Die Jugendlichen fahren auf ihren Mopeds zwei Bahnstationen weiter zum dortigen Warteraum, der so etwas wie ein Treffpunkt geworden ist, ein wirklicher Wartesaal auf vielleicht doch einmal mögliche Aufregungen, die kommen könnten, wenn man nur genügend lange hofft. Warten auf Freunde und Freundinnen, auf den Zeitpunkt, zu dem man in ein Kulturhaus in der Nähe zur Disko knattert.

Mit dem Konsum, dem Dorfladen, hat Wutike wirklich Glück. Der im Nachbarort Rosenwinkel sieht ständig so aus, als ob er im nächsten Moment für immer schließen würde, da gibt es nichts. Im Wutiker Konsum aber sind die Regale voll, eins mit Getreideprodukten, Gerstengrütze vom Brandenburger Mühlenwerk Neuruppin oder Tortenmehl, eins mit Büchsen, Rindfleisch oder „französische" Leberpastete aus Eberswalde, und Grünkohl in Gläsern. Eine ganze Wand ist bedeckt mit Spirituosen und Wein, Marke „Goldtröpfchen", daneben Kekse, etwa „Othello" mit Kakao, und Brot, Landbrot aus Pritzwalk. Zwei gesonderte Verkaufsstände sind recht leer, in dem einen liegen nur einige Enden Cervelatwurst, Fleisch ist nur zweimal die Woche im Angebot, in dem anderen bietet die Verkäuferin Zigaretten, Tee, Kaffee an.

Das Fleisch und die Wurst werden wahrscheinlich hier nicht so vermißt, sind doch viele Selbstversorger, mästen privat Schweine, für die sie nicht nur pro Stück 1.200 Mark erlösen können, die auch die Vorratsschränke und Tiefkühltruhen füllen. Einiges andere fehlt schon mal, wird bei der Kassiererin nachgefragt: wann denn die Säfte kämen. Das weiß dann niemand.

Das sind also die Zentren im Dorf, das eigene Haus, die LPG, „Zur Linde", der Konsum. Dazu gehört dann noch der Rat der Gemeinde, direkt an der Kirche (gotisch, 14. Jahrhundert, Backstein) gelegen. Die Kirche ist nicht so sehr Mittelpunkt, obwohl die in Wutike noch zu Gottesdiensten genutzt wird, aber man läßt seine Kinder, wenn überhaupt, mehr als Rückversicherung gegenüber dem lieben Gott und wegen der dann später möglichen Konfirmation taufen.

Die Zentren außerhalb des Dorfes sind Kyritz und Pritzwalk. Dort werden die großen Einkäufe erledigt, danach kann man ins Café oder ins Kino, wenn man will, sogar ins Kulturhaus ins Theater, hat mit Polizei, Standesamt oder staatlichen Betrieben zu tun. Wie inzwischen überall auf dem Lande üblich, braucht man eigentlich ein Auto, um bequem in die nahegelegenen Städte zu kommen. Vom Bahnhof Wutike aus, einem gelben Klinkerbau, Pferdeäpfel liegen auf dem Vorplatz, es hängt immer noch ein Schild an der Wand – „Aus gesundheitshygienischen Gründen bitten wir, das Spucken im Bahnhofsgebäude und auf dem Bahnsteig zu unterlassen" –, kann man nur in größeren Abständen in eine der beiden Richtungen losfahren. Und nach 22.00 Uhr hält der rote Schienenbus, der auch schon einmal durch eine ausgebrochene Kuhherde gestoppt wird, nicht mehr auf dieser Station. Busse fahren noch seltener und stellen noch früher ihren Betrieb ein.

Die große Kaufhalle in Kyritz an der Johann-Sebastian-Bach-Straße bietet mehr Auswahl als der dörfliche Konsum. Der Weg zu den Ämtern am ehemaligen Marktplatz führt an Fachwerkhäusern und an der St. Marienkirche mit großer Schaufassade vorbei. Der Markt heißt Platz des Friedens, der große Baum in der Mitte, direkt vor dem Gebäude des Rats des Kreises, Friedenseiche, das Café hat auch den Frieden im Namen. Auf jeden Fall gibt es dort ein gutes Eis mit Kirschen, Torte und Kaffee. In der Straße, die gleich daneben vom Markt abgeht, erfüllen die Geschäfte die nicht alltäglichen Wünsche nach Möbeln, Schmuck, Pelzen. Und zwei Ecken weiter verkauft der Fleischer die Grillwürste für die Feste im Garten hinterm Haus. Ist die Runde Kaufhalle, Uhrengeschäft oder Möbelladen, Fleischer und dann Café des Friedens erledigt, geht es ins Dorf zurück. Die Einwohner Wutikes werden kaum noch bemerken, daß die Fachwerkhäuser aus dem 17. Jahrhundert stammen, eher, daß die Hausflure der Gebäude in letzter Zeit endlich renoviert worden sind. Sie werden auch die Reste der Stadtmauer hinter dem Platz des Friedens nicht mehr sehen, weil sie schon zu oft daran vorbeigekommen sind.

Ebenso wird es ihnen in Pritzwalk mit der Pfarrkirche aus dem 15. Jahrhundert ergehen und dem roten Backsteinturm des VEB Zahnradwerk, der noch mit einem riesigen roten Stern gekrönt ist. Hin und wieder werden sie vielleicht in den ehemaligen Wallanlagen am Wasserlauf vor der Stadtmauer auf einer Parkbank Platz nehmen, wohl eher aber nach ihren Einkäufen im Eiscafé an der Kirche.

Natur haben sie ja zu Hause genug.

Die Landschaft und das, was für Fremde eine „Sehenswürdigkeit“ darstellt, ist für die Einheimischen alltäglicher Anblick oder, wie die Natur, Arbeitsgegenstand, kann also nur mit vollkommen fremdem Blick beschrieben werden.

Die Felder rund um Wutike sind nicht präriehaft groß wie manche in Mecklenburg, werden immer wieder unterbrochen durch kleine Wälder von Birken, Kiefern und Eichen. Die Feldwege führen durch die Baumgruppen, graben sich in die Felder, in den Sand ein, kurven um kleine Anhöhen. So ergeben sich immer neue, oft überraschende Ansichten, wenn man aus dem Wald heraustritt oder einen Hügel überquert. An den Feldrändern wachsen Kamille und Kornblumen, sehr viele Kornblumen. Im Bach, über den der Weg nach Wutike über eine Holzbrücke geht, schwimmen Forellen. Der frühe Morgen ist oft grau, auch im Sommer hängt feuchter Nebel zwischen den Bäumen, wenn es nicht leichten Nieselregen gibt. Später strahlen die Farben dann frisch in der Sonne. Am Abend ist so viel melancholisches Blau über den Feldern, daß man sich in einen romantischen Park versetzt fühlt. Dann scheint das Dorf hinter der Koppel mit dem einen Schimmel besonders einsam zu liegen. Man blickt hinüber, weiß, jetzt sitzen die da im Dorf vor dem Fernseher oder in der „Linde“. Man will auch nicht dazugehören, fühlt sich hier draußen dennoch ausgesperrt und allein.

Drei märkische Landstädte

Die typische Stadt des Nordens der DDR, auf dem flachen Land, wurde im 12. oder anfangs des 13. Jahrhunderts, je weiter nach Osten, desto später, gegründet. Sie besaß selten größere wirtschaftliche oder politische Bedeutung als die, das umliegende kleine Gebiet zu verwalten und zu versorgen. Kurze Karrieren, die darüber hinausführten, wurden spätestens durch die Verwüstungen des 30jährigen Krieges, also schon vor 1648, abrupt abgebrochen, die Bevölkerung war um bis zu 90% dezimiert. Diesen Schlag überwand die typische Landstadt nie mehr so recht, auch dann nicht, wenn danach nicht auch noch ein oder zwei große Brände über sie kamen. Ihre Einwohner lebten von Landwirtschaft und bodenständigem Handwerk, waren Schuster oder Tuchweber, größere Industrie gibt es bis heute keine, vielleicht ein halbes Dutzend Betriebe.

So steht sie also jetzt da, mit kopfsteingepflasterten Straßen zwischen zweistöckigen Häusern, beherbergt im besten Fall den Rat des Kreises, bietet Kino, Café, Kirche, Kultur- und Rathaus, ein Heimatmuseum. Sie ist kein Reiseziel, nur ihretwegen wird sich niemand ins Auto oder den Zug setzen. Aber sie gehört zum flachen Land, zur Landschaft, die sie umgibt. Nach Stille und frischer Luft und einem Bad im See ist sie ein weiteres Erlebnis.

Hier eine Auswahl von drei Landstädten, von West nach Ost, von Prignitz über Uckermark zum Oderbruch.

Perleberg – die ovale Stadt

Den alten Stadtkern von Perleberg kann man entlang eines kleinen Flusses, der Stepenitz, umrunden, hin und wieder führen eine Brücke oder ein Steg in die winkeligen Straßen hinein. Immer ist die St. Jacobi-Kirche, die die schmalen und niedrigen Bürgerhäuser weit überragt, aus neuer Perspektive zu sehen. Das alles hat sich seit dem Mittelalter kaum verändert, ist ein eng bebautes Oval geblieben, etwa dreimal so groß wie ein Fußballstadion, durchzogen von drei Handelsstraßen, die Perleberg mit der Altmark, Wismar und Rostock verbanden. In der Mitte, an der Kirche, sind gleich zwei Märkte, der Große und der Schuhmarkt, Erinnerungen an das alte Handwerk und die frühere Bedeutung der Stadt als Mitglied der Hanse. Täglich gingen Kähne mit Getreide den Fluß hinunter Richtung Elbe und Hamburg. Das Zeichen der Hansestädte, der Roland, steht nur noch in einer Nachbildung gegenüber dem Rathaus, 15. Jahrhundert, am Großen Markt. Perleberg war einmal eine der wichtigsten Städte der Mark.

Die Straßen sind so eng, daß, zumindest am Tage, die Fußgänger so an den Geschäften vorbeidrängen, daß kein Stehenbleiben möglich ist. Nur von einem Platz am Imbiß oder Eisstand aus sind die Gebäude und der Einkaufsbetrieb in Ruhe zu beobachten. Der begrenzte Raum zwischen den Flußarmen ist vollkommen ausgenutzt, Bauten aus den letzten 200 Jahren, die mittelalterliche Fachwerkhäuser ersetzt haben, hatten auch nur deren Grundstück zur Verfügung, sind also gleich schmal gebaut. Balkone, Veranden und Zugänge zu Haustüren sind über die Flußläufe gesetzt, nur um keinen Platz zu verschenken. So schweben Geranientöpfe über dem Wasser, können Hinterhöfe auch über einen Holzsteg erreicht werden.

Templin – die Mauerstadt

In Perleberg reizt der Stadtkern zum Schauen, bei Templin ist es die Hülle. Das sind 1.735 Meter Stadtmauer, die den Ort umschließen, im 13. Jahrhundert gebaut, bis auf einige wenige Stellen noch ebenso erhalten, wie sie damals hochgemauert wurden. Bis zu sieben Metern ist der Ring hoch, ausgestattet mit 50 halbrunden und einem viereckigen, also insgesamt 51 Wiekhäusern, das sind Wehrhäuser. Drei Tortürme, Höhe bis zu 25 Meter, zur Stadt hin mit spitzbogigen Blenden verziert, gewährten damals den einzigen Zugang. Später kamen noch einige schlichtere Durchbrüche hinzu, die zerstören aber nicht den Eindruck des Ganzen. Um einen Meter dieser Mauer, die natürlich noch um einiges in die Erde hineinreicht, zu bauen, mußten 20 Wagenladungen Feldsteine herangefahren werden, das bei 1.735 laufenden Metern und noch zwei zusätzlichen dicken Rundtürmen.

Trotz dieser Superlative – Rechenaufgabe: wieviel Wagenladungen waren also insgesamt heranzuschaffen? – macht das immer noch keine chinesische Mauer, aber immerhin so etwas wie ein Rothenburg ob der Tauber der DDR, das gibt es hier kaum ein zweites Mal. Anders als in Rothenburg kann man nicht auf der Mauerkrone entlanglaufen, dafür findet auch nicht, noch nicht, ein solcher Auftrieb von Touristen statt. Und schließlich ist ja auch ein Rundgang auf der Innenseite möglich, an kleinen Häusern aus dem letzten Jahrhundert vorbei, die hinter blumengeschmückten Vorgärten stehen. Die Mark ist nicht Franken, die Templiner Mauer steht nicht romantisch in lieblicher Landschaft, sie sieht eher nüchtern und ärmlich aus.

Drinnen, innerhalb der Stadtmauer, hat kaum etwas den großen Brand von 1735 überstanden. Als einziges Gebäude aus dem 14. Jahrhundert steht noch die Georgenkapelle, die jetzt wieder als Gotteshaus dient, in früheren Jahren war sie schon einmal Pferdestall oder Kornspeicher. Die Maria-Magdalenen-Kirche und das Rathaus im Zentrum sind Barockbauten, bei dem damaligen Wiederaufbau entstanden. Danach schlug der 2. Weltkrieg neue große Lücken, die inzwischen durch häßlichere Gebäude geschlossen wurden.

Also wendet man sich wieder nach draußen in die Natur, unternimmt eine Wanderung zwischen den 15 Seen, die Templin umgeben, oder auch eine Rundfahrt mit dem Dampfer der „Weißen Flotte". Kiefernforsten und Buchenwälder sind da zu entdecken, moorige Gegenden und fruchtbare Felder. Früher hieß das „Goldene Uckermark".

Bad Freienwalde – die Stadt an der Straße

Das Zentrum Bad Freienwaldes ist eine große Kreuzung, zwar noch Markt genannt, aber doch nichts anderes als der Ort, an dem die Leninstraße und die breitere Karl-Marx-Straße aufeinandertreffen. Das Rathaus, ein Putzbau von 1855, die Kirche St. Nikolai aus der Mitte des 15. Jahrhunderts, die Post von 1957, die so auch Ende der 30er Jahre hätte gebaut werden können, das Kaufhaus „Kontakt“, 1973 im Woolworth-Stil errichtet, alles steht an dieser Straßengabelung, auch das Oderland-Museum schräg gegenüber der Kirche, ein Barockbau.

Am späten Nachmittag, zur Einkaufszeit nach der Arbeit, sind die Parkplätze neben St. Nikolai und der Post dicht besetzt, die Geschäfte in der Leninstraße voll. Über die beiden Hauptstraßen gelangen die Fußgänger nur im Slalomlauf durch die Schlangen der sich stauenden Fahrzeuge hindurch. In den Seitenstraßen dagegen, die mit Namen wie Georgenkirchstraße schon anzeigen, daß dort Fachwerkhäuser stehen, sind auch um diese Zeit nur wenige unterwegs. Und völlig allein steigt man die kopfsteingepflasterten Gassen zum Volkspark mit dem kleinen Schloß empor.

Der Verkehr, der sich an der Kreuzung staut, ist nicht nur der zu Arbeit oder Einkauf, hier treffen die Ausfallstraßen in den Oderbruch, nach Berlin und Eberswalde aufeinander. So spürt man die Atmosphäre einer Stadt, die nach allen Seiten hin offen ist, in der sich die meisten nur für kurze Zeit auf Durchfahrt aufhalten.

Erst seit Mitte des 18. Jahrhunderts ist Freienwalde Badeort mit einem Sanatorium im Süden der Stadt, wo moorige Bäder verabreicht werden, jünger noch als Kreisstadt und Standort kleiner Industriebetriebe. Von seiner Gründung an aber war Freienwalde Station an der Furt einer wichtigen Handelsstraße durch die Oder.

Da floß der Hauptstrom der Oder noch nahe bei Freienwalde.

Ab 1747 ließ Friedrich II. das ändern. Dem Fluß wurde ein neues Bett gegraben, Wälle und Dämme wurden aufgeschüttet, so daß die alljährlichen Überschwemmungen aufhörten, was für die Fischer der Gegend allerdings unangenehme Folgen hatte. Vorher konnten sie im Wasser auf den Wiesen ihrem Gewerbe nachgehen, war der Reichtum an Fischen so groß gewesen, daß man kaum wußte, wo man damit hinsollte. Aus besonders fetten stellte man durch Trocknung Handfackeln her. Das war nach der Zähmung der Oder zum Teil vorbei, in einigen Orten griffen die Fischer deshalb zur Selbsthilfe, durchstachen die Dämme. Aber schließlich war neues fruchtbares Ackerland gewonnen. Kolonisten wurden angesiedelt, 30 Dörfer entstanden, deren Einwohner platt oder badisch oder hessisch sprachen oder auch, wie Ortsnamen, etwa Beauregard, zeigen, französisch.

1753 konnte Friedrich bei einer Besichtigung des Oderbruchs jedenfalls den immer wieder zitierten Ausspruch tun, hier habe er im Frieden eine Provinz erobert. Das hielt er sonst wirklich anders, drei Jahre später begann der Siebenjährige Krieg, nur acht Jahre zuvor hatte der letzte geendet. Den Bauern ging es auf den fetten Böden gut, manche von ihnen sollen mit Silberbesteck gegessen haben, ohne recht zu wissen, wie man es benutzt. Sie müssen etwa so wohlhabend gewesen sein wie die Viehbauern im Marschland an der Nordsee.

Wie Marschland sieht der Oderbruch auch aus, völlig eben, die einzigen Blickpunkte sind die Reihen von Leitungsmasten und Büschen des Windschutzes, die wie mit dem Lineal gezogen über die Ebene laufen, parallel dazu, ebenso gerade, die Feldwege. Durch die Reihen von Masten und Büschen blickt man wieder auf die nächsten, dann weiter auf die übernächsten und so weiter. Dazwischen werden Mais oder Kartoffeln angebaut, steht hin und wieder ein Dorf. Rauch von Krautfeuern oder Nebel vom nächsten Flußarm ziehen über das Land. Auf den Leitungen hocken in Schwärmen Krähen, aber auch einzelne Möwen von der nahen Oder. Dort scheint sich, wie an jeder richtigen Grenze, das Ende der Welt zu befinden. Außer einem einsamen Angler ist kein Mensch zu sehen, weder am deutschen, noch am polnischen Ufer. Schilf und Weidenäste bewegen sich im Wind, ein paar Möwen, ein paar Kühe, sonst nichts. Nur der Fluß ist in ständiger Unruhe. Die Grenzpfähle in kräftigem Schwarz-Rot-Gold, auf

Leninstraße in Bad Freienwalde

der anderen Seite rot-weiß, in regelmäßigen Abständen aufgestellt, machen den Strom zum Niemandsfluß dazwischen.

Übers Land fahren

Eine Fahrt mit dem Bus könnte in Putlitz beginnen.

Heute ist das eine verschlafene Stadt mit 2.200 Einwohnern, so sehr von der Welt abgeschieden, daß die Königsberger Klopse auf der Speisekarte des Restaurants immer noch so heißen. In der ganzen übrigen DDR tragen die Klopse Tarnnamen wie „Fleischklöße in Kapernsauce", weil Königsberg doch jetzt Kaliningrad ist, nur eben in Putlitz nicht. Auf den Straßen zwischen den niedrigen, mit grauem Putz unkenntlich gemachten Fachwerkhäusern regt sich kaum etwas, die Gaststätte ist vor allem dadurch aufzufinden, daß aus ihr noch die meisten Geräusche dringen. Ein Flüßchen passiert eine Backsteinkirche, die in keinem Reiseführer erwähnt wird.

Lange Zeit ist es schon her, da war Putlitz ein Begriff als Sitz der Familie Gans, der Edlen Gans zu Putlitz. Die hatten sich so um das Jahr 1412 um die Stelle der Grafen der Mark Brandenburg beworben, die der Kaiser dann aber doch an die Hohenzollern vergab. Aus Ärger darüber und aus Gründen des leichten Lebensunterhalts unternahmen die „Gänse" daraufhin Raubzüge bis weit ins Mecklenburgische. Ihre Burg wurde schließlich gestürmt, der Aufruhr gebrochen. Aber bis 1945 gab es in Putlitz gräfliche Gutsbesitzer ihres Geschlechts.

Von der Burg sind mittlerweile nur noch der runde Bergfried und ein kleiner Mauerrest übriggeblieben. Außer Büschen und Brennesseln sind die Wäscheleinen und Parkplätze der Neubauten davor zu sehen.

Abends sollen sich hier die jugendlichen Liebespaare treffen, so sagt man.

An der Bushaltestelle warten nur wenige, und es kann leicht passieren, daß man die Fahrt nach Perleberg als einziger antritt. Für die 25 Kilometer braucht der Bus über eine Stunde, weil er die meiste Zeit die Hauptstraße geradezu meidet, kreuz und quer über die Dörfer fährt, manchmal sogar Rundtouren veranstaltet, so daß man Orte wie Wüsten Varnow gleich zweimal besucht. Es fängt an zu regnen. Ein paar Schulkinder steigen ein und dann in der Reihenfolge ihrer Dörfer einzeln aus. Man ist wieder allein mit dem Fahrer, der an kleinen Häusern, die sich um unverhältnismäßig große Kirchen scharen, vorbei über schnurgerade Alleen chauffiert. Das schafft Vertrautheit, so daß Bemerkungen fallen wie: die Frau, die da eben ausstieg, sei ein schönes Kind, könne aber keinen Kaffee kochen, das wisse der Busfahrer hundertprozentig.

Und draußen gleitet die Landschaft vorbei, dichte Wälder, gelbe Flächen der Rapsfelder. Greifvögel kreisen, Kraniche fliegen auf. Ein junger Schäfer zieht mit seiner Herde über die Straße. Man braucht nicht böse zu sein, daß die Tour so lange dauert.

Eine Eisenbahnfahrt könnte in Kietz beginnen.

Das ist eigentlich überhaupt kein Ort. Es gibt ihn, weil es die heutige Grenze zur Volksrepublik Polen an der Oder gibt. Kietz gehörte früher zu Küstrin/Kostrzyn, fristet, durch die Grenze abgeschnitten von der Stadt, eine Art Eigenleben, ist aber immer noch nichts anderes geworden als eine etwas ausgedehntere Häuseransammlung, verloren in der Landschaft des Oderbruchs. Wäre der Bahnhof nicht Endpunkt der Strecke von Berlin geworden, würde er von kaum jemandem wahrgenommen.

In den umliegenden Dörfern gehen die Menschen ihrer Arbeit in der LPG nach. Sie ziehen auf dem fruchtbaren Boden in ihren privaten Gärten mit Begeisterung Obst und Gemüse, das sie auf eigene Rechnung an der Ankaufstelle zu Geld machen können. Unverhohlen neugierig wird geschaut, wenn einmal jemand Fremdes auftaucht. Mit ebenso unverhohlener Verachtung wird über die Polen gesprochen, die auf der anderen Seite des Flusses ein großes Zellstoffwerk betreiben und damit die Luft verpesten, wenn der Wind herüberweht, und mit Nostalgie über Friedrich II. geredet, der das alles ja erst einmal urbar gemacht habe. Und als wäre es erst gestern geschehen, wird von der Flucht des preußischen Königs vor Napoleon über die Oder nach Küstrin berichtet, das war vor immerhin über 180 Jahren. Eine seltsame Ecke der Geschichte ist das hier, und die Bauern leben in einer gleichermaßen merkwürdigen Mischung von Realitätstüchtigkeit und Vorurteil und Geschichtsbewußtsein.

Am frühen Abend geht der letzte Zug nach Berlin, in jeden zweiten Waggon steigt ein Passagier. Beim nächsten der dann noch folgenden vielen Aufenthalte auf kleinen Bahnhöfen steigen zwei Landarbeiter zu, die Bierflaschen in der Hand. Während man durch plattes Land, dann zur Höhenkette bei Seelow geschaukelt wird, die wie ein Steilufer über dem Meer aufragt, erzählen die beiden von ihrer Arbeit, man müsse sich querlegen und krummbiegen, um nur ein bißchen was in der Tasche zu haben. Bei Seelow, das weiß man, fand die Schlacht statt, die den sowjetischen Armeen 1945 den Weg nach Berlin öffnete. Man weiß, daß der Boden noch voller Metallsplitter steckt und viele Tausende starben und daß vom alten Ort Seelow nichts mehr übrigblieb und jetzt dort ein Mahnmal an das alles erinnert. Simultan zu diesen Gedanken läuft das vom Alkohol beflügelte Gespräch über die schwere Arbeit und das wenige Geld.

Irgendwann steigen die beiden aus, schwanken über den Kies des Bahnsteigs, verschwinden hinter dem Staketenzaun auf dem Feldweg, der irgendwo dahinten zu einem Dorf führen muß.

Das weite Land

Camping
Bad Saarow-Pieskow, am Westufer des Scharmützelsees
Dahmen, am Südufer des Malchiner Sees
Plau am See, am Westufer des Plauer Sees
Seehof, am Westufer des Schweriner Sees
Warnitz, am Ostufer des Ober-Uecker-Sees
Wusterhausen/Dosse, am Ostufer des Klempowsees

Unterkünfte
„Motel" in Usadel, Bezirk Neubrandenburg
„Vier Tore" in Neubrandenburg

Campingplatz am Labussee

Güstrow
Bezirk Schwerin

Informationen
Güstrow-Information
2600 Güstrow
Gleviner Str. 33
Tel. 6 10 23

Anreise
von Berlin
mit der Bahn gute Verbindung auf der Strecke nach Rostock
mit dem Auto auf der Autobahn E 55 bis Abfahrt Güstrow
von Hamburg
mit dem Auto über die Autobahn E 26 bis Wittstock, dann Autobahn E 55 bis Abfahrt Güstrow

Service
Vorverkaufskasse des Ernst-Barlach-Theaters
Markt 27/28
Tel. 6 41 02

Essen & Trinken
„Fischerklause", Lange Str. 9
„Stadt Güstrow", Markt 2-3
„Weinstuben", Markt 27/28
„Zum Kaland", Mühlenstr. 21
„Ratskeller", Markt 10
„Café Borwin", Markt 2-3
„Café Küpper", Domstr. 15

Kunst & Kultur
Museen
Schloßmuseum
zur Geschichte des Baus, der Stadt, des Jagdwesens und des Münzwesens in Mecklenburg
Franz-Parr-Platz 1
Di bis So 9.00 bis 12.00 und 13.00 bis 17.00 Uhr
Ernst-Barlach-Gedenkstätte in seinem Atelier am Heidberg – Heidberg 4
Di bis So 9.00 bis 12.00 und 13.00 bis 17.00 Uhr
Gertrudenkapelle
Ausstellung sakraler Plastiken Barlachs
Gertrudenplatz 1
Di bis So 9.00 bis 12.00 und 13.00 bis 17.00 Uhr
Stadtmuseum
zu mecklenburgischer Geschichte und Kunsthandwerk des 18./19. Jahrhunderts
Franz-Parr-Platz 7
Mo bis Fr 9.00 bis 12.00 und 13.00 bis 17.00 Uhr,
So 9.00 bis 12.00 und 14.00 bis 17.00 Uhr
Kersting-Haus
Hollstr. 6
So bis Do 9.00 bis 17.00 Uhr

Theater
Ernst-Barlach-Theater
Schauspiel, Oper, Operette, Ballett
Franz-Parr-Platz

Konzerte
im Festsaal des Schlosses und im Ernst-Barlach-Theater

Spaß & Sport
Tierpark Güstrow
Verbindungschaussee
April bis September 9.00 bis 18.00 Uhr,
Oktober bis März 9.00 bis 16.00 Uhr

Kino
„Filmtheater Schauburg", Eisenbahnstraße

Tanzvergnügen
Jugendklubhaus „Walter Griesbach", Rostocker Str. 30
„Kurhaus am Inselsee", 3 km vom Stadtzentrum entfernt
„Café Borwin", Markt 2-3

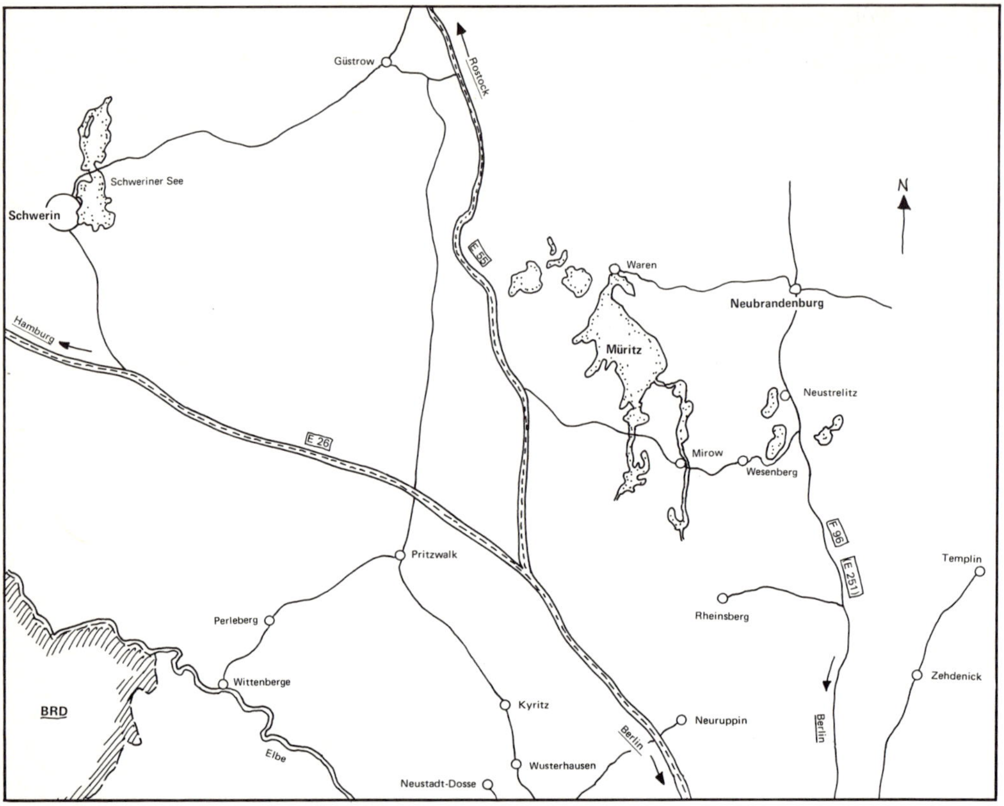

Ausflüge
Zum Naherholungsgebiet am Inselsee
dort Freibad, Bootsausleihe
Mai bis September
9.30 ibs 18.00 Uhr

Kyritz
Bezirk Potsdam

Informationen
Rat der Stadt
1910 Kyritz
Platz des Friedens 1
Tel. 20 05

Anreise
von Berlin
mit der Bahn auf der Strecke nach Schwerin bis Neustadt/Dosse, dort umsteigen nach Kyritz
mit dem Auto auf der Autobahn E 26 bis Abfahrt Herzsprung, dann Landstraße bis Kyritz
von Hamburg
mit dem Auto auf der Autobahn E 26 bis Abfahrt Herzsprung, dann Landstraße bis Kyritz

Essen & Trinken
„Zum Prignitzer“, Maxim-Gorki-Str. 47
„Deutsches Haus“, Maxim-Gorki-Str. 25
„Café Friedenseiche“, Platz des Friedens
„Pinguin-Eisbar“, Johann-Sebastian-Bach-Str. 26

Spaß & Sport
Strandbad
am Untersee
3 km vom Stadtzentrum
im Sommer Bootsausleihe

Ausflüge
nach Campehl
dort mumifizierter Ritter Kahlbutz in der Dorfkirche

Mirow
Bezirk Neubrandenburg

Informationen
Rat der Stadt
2083 Mirow
Tel. 2 21 und 2 41

Anreise
von Berlin
mit der Bahn schnelle Verbindung bis Neustrelitz auf der Strecke nach Rostock, dort Umsteigen Richtung Wittstock bis Bhf. Mirow
mit dem Auto auf der Autobahn E 55 bis Abfahrt Röbel oder Wittstock, dann Landstraße bis Mirow
von Hamburg
mit dem Auto auf der Autobahn E 26 bis Wittstock, dann Landstraße bis Mirow

Essen & Trinken
„Blaue Maus“, Karl-Marx-Str. 11
„Gaststätte Ex“, Retzower Str. 8
„Mecklenburger Hof“, Markt
„Hotel Schwarzer Adler“, Karl-Marx-Str. 5

Spaß & Sport
Strandbad
mit Strandkorb- und Liegestuhlverleih
am Mirower See

Perleberg
Bezirk Schwerin

Informationen
Rat der Stadt
2910 Perleberg
Großer Markt
Tel. 51 01

Anreise
von Berlin
mit der Bahn auf der Strecke nach Schwerin bis Wittenberge, dort umsteigen Richtung Pritzwalk oder in den Überlandbus
mit dem Auto über die Autobahn E 26 bis Abfahrt Pritzwalk, dann Landstraße bis Perleberg
von Hamburg
mit dem Auto auf der Autobahn E 26 bis Abfahrt Neustadt-Glewe, dann Landstraße über Ludwigslust nach Perleberg

Essen & Trinken
„Stadt Berlin“, Berliner Straße 1

„Alt-Perleberg“,
Ludwigsluster Str. 14
„Ratskeller“,
Großer Markt 22
„Stadtcafé“,
Wittenberger Str. 96
„Café Expresso“,
Großer Markt 18

Kunst & Kultur
Museen
Kreisheimatmuseum
Geschichte der Stadt und der Landwirtschaft im Kreis vom 13. Jahrhundert an
Mönchort 7–10
Di bis Fr 9.00 bis 12.00 und 14.00 bis 17.00 Uhr, Sa, So und an Feiertagen 9.00 bis 12.00 Uhr

Konzerte
im Kreiskulturhaus
Feldstr. 98

Spaß & Sport
Flußbadeanstalt
an der Stepenitz
nördlich vom Stadtzentrum

Kino
„Filmtheater“,
Wittenberger Str. 6

Putlitz
Bezirk Potsdam

Informationen
Rat der Stadt
1923 Putlitz
Ernst-Thälmann-Str. 33
Tel. 2 01

Anreise
von Berlin
mit der Bahn auf der Strecke nach Schwerin bis Neustadt/Dosse, umsteigen nach Pritzwalk, dort umsteigen nach Putlitz
mit dem Auto auf der Autobahn E 26 bis Abfahrt Putlitz

von Hamburg
mit dem Auto auf der Autobahn E 26 bis Abfahrt Putlitz

Essen & Trinken
„Bahnhofsgaststätte“,
im Bahnhof
„Sportklause“,
Karstädter Straße
„Café“,
Ernst-Thälmann-Str. 23

Spaß & Sport
Freibad
in der Friedrich-Ludwig-Jahn-Straße

Kinos
„Lichtspielsaal“,
Ernst-Thälmann-Str. 42
Freilichtkino,
im Sommer im Freibad

Schwerin
Bezirkshauptstadt

Informationen
Schwerin-Information
2700 Schwerin
Markt 11
Tel. 81 23 14

Anreise
von Berlin
mit der Bahn direkte Verbindungen
mit dem Auto auf der Autobahn E 26 bis Abzweig Schwerin

von Hamburg
mit dem Auto auf der Autobahn E 26 bis Abzweig Schwerin

Unterkunft
Hotel „Stadt Schwerin“
2700 Schwerin
Am Grunthalplatz 5
Tel. 52 61

Überblicke
Ausblick
vom „Turm-Café“ im 101 m hohen Fernsehturm
Leninallee
Tel. 21 30 31
Fahrt
mit der Fähre „Petermännchen“ über den Pfaffenteich
Standrundfahrt
mit dem Minibus „Petermännchen“
täglich 11.00, 13.30, 15.30 Uhr, Abfahrt am Markt
Kartenvorverkauf
Schwerin-Information
Tel. 86 45 09

Service
Gastronom-Service
Platzreservierungen
in Gaststätten
Hermann-Matern-Str. 34
Tel. 8 38 87

Essen & Trinken
„Uns Hüsung“, Bischofstr. 3
„Mecklenburger Hof“,
Severinstr. 24
„Casino“, Pfaffenstr. 3
„Stadtkrug“,
Wismarsche Str. 104
„Hotel Stadt Schwerin“,
Grunthalplatz 5
„Weinhaus Uhle“,
Schusterstr. 13/15
„Schweriner Kaffeestube“,
Buschstr. 7
„Theatercafé“,
Großer Moor 36
„Café Prag“, Schloßstraße
„Eis-Milch-Bar Pinguin“,
Wilhelm-Pieck-Str. 14
„Eiscafé Boulevard“,
Schloßstr. 30
„Eskimo“, Pankower Str. 3
„Schloßcafé“, im Schloß
„Schloßgartenpavillon“,
im Schloßgarten
„Café am Markt“, Markt 7

Kunst & Kultur
Museen
Schloßmuseum
im Schweriner Schloß
Prunkräume, Kunstsammlungen der Fest- und Hauptetage
Lennéstr. 1
Di bis So
10.00 bis 17.00 Uhr
Staatliches Museum Schwerin
Ausstellung flämische, holländische Malerei des 17. Jahrhunderts, Malerei des 18. Jahrhunderts und der Gegenwart
Galeriegebäude
Alter Garten
Mai bis Oktober Di bis So 9.00 bis 13.00 und 14.00 bis 17.00 Uhr
November bis April Di bis So 9.00 bis 16.00 Uhr
Historisches Museum Schwerin
Arbeiterbewegung und sozialistischer Aufbau in Mecklenburg
Hauptgebäude
Großer Moor 38
Di bis Fr 9.00 bis 12.00 und 13.00 bis 17.00 Uhr, Sa 9.00 bis 12.00 Uhr
Museum für Ur- und Frühgeschichte im Schloß
Lennéstr. 1
Eingang Gartenportal
Di bis So 10.00 bis 17.00 Uhr
Stadtarchiv Schwerin
Ausstellung „Schwerin – gestern, heute, morgen“
im Neuen Gebäude
Am Markt 1
Di bis Fr 9.00 bis 17.00 Uhr, Sa 9.00 bis 14.00 Uhr

Galerien
„Galerie Schwerin“
Zeitgenössische Kunst
Wilhelm-Pieck-Str. 14
Di bis Fr
10.00 bis 18.00 Uhr,
Sa 10.00 bis 13.00 Uhr,
So 13.00 bis 17.00 Uhr
„Galerie Am Dom“
Verkaufsgalerie
Am Markt 2
Mo bis Fr 9.00 bis 13.00 und 15.00 bis 18.00 Uhr

Theater
Mecklenburgisches Staatstheater
Alter Garten 2
Besucherservice Tel. 8 39 93
Puppentheater
im Schloß
Vorverkaufskasse
Alter Garten 2, Tel. 8 39 93

Konzerte
Mecklenburgische Staatskapelle
Sinfoniekonzerte im Staatstheater
Schweriner Philharmonie
im Festsaal des Schlosses
„Burggarten-Konzerte“ im Sommer vor der Orangerie
Orgelmusik-Abende
im Sommer im Dom

Spaß & Sport
Zoo Schwerin
Waldschulenweg 1
Mai bis August
8.00 bis 19.00 Uhr,
September bis April
9.00 Uhr bis Dämmerungseinbruch

Strandbäder
Zippendorf
am Schweriner See
Boots- und Strandkorbverleih, im Sommer
8.00 bis 20.00 Uhr
Insel Kaninchenwerder
im Schweriner See
Boots- und Strandkorbverleih, im Sommer
8.00 bis 20.00 Uhr
Waldbad Zippendorf
im Sommer 9.00 bis 18.00 Uhr

Kinos
„Capitol“,
Wismarsche Str. 126
„Schauburg“,
Hermann-Matern-Str. 43
„Studiofilmtheater“,
Leninplatz 2
Sommerfilmtage in der Freilichtbühne am Jägerweg

Tanzvergnügen
„Tanzbar Venus“,
Berliner Platz
„Achteck“,
Wittenburger Straße
Tanzbar „Hotel Stadt Schwerin“, Grunthalplatz 5
Nachtbar im „Café am Markt“, Markt 7
Jugendklub „Ernst Busch“,
Leninallee 132

Ausflüge
Zum Agrarhistorischen Freilichtmuseum in Schwerin-Mueß
historischer Ortskern mit niederdeutschen Gebäuden, Kräutergarten, Backofen und Binnenfischerei-Museum
Mai bis Oktober Mi bis So 9.00 bis 17.00 Uhr
mit der Weißen Flotte nach Bad Kleinen
nach Hohen Viecheln
Frühschoppen- und Kaffeefahrten
Rundfahrten über die Schweriner Seen
Vorverkauf und Information an der Anlegestelle Schloßbucht und im Weiße Flotte-Büro
Platz der Freiheit
Tel. 81 29 31

Am Schweriner See

Sternberg
Bezirk Schwerin

Informationen
Rat der Stadt
2720 Sternberg
Karl-Liebknecht-Platz 1
Tel. 23 32

Anreise
von Berlin
mit dem Auto über die Autobahn E 55 bis Abfahrt Waren, dann Landstraße über Karow, Goldberg nach Sternberg
von Hamburg
mit dem Auto über die Autobahn E 26, Abzweig Schwerin, von Schwerin Landstraße über Brüel nach Sternberg

Essen & Trinken
„Am Markt",
Karl-Liebknecht-Platz 8
„Stadtkrug",
Ernst-Thälmann-Str. 2
„Tagescafé",
Konrad-Blenkle-Str. 5

Kunst & Kultur
Museen
Heimatstube
Mühlenstr. 6
Juli und August, Mo und Fr 10.00 bis 12.00 Uhr nach vorheriger Anmeldung

Spaß & Sport
Freibad
am Sternberger See
Bootsverleih im Sommer

Templin
Bezirk Neubrandenburg

Informationen
Rat der Stadt
2090 Templin
Am Markt
Tel. 26 03

Anreise
von Berlin
mit der Bahn direkte Verbindung auf der Strecke nach Greifswald, Stralsund bis Löwenberg, dort umsteigen Richtung Prenzlau bis Bhf. Templin
mit dem Auto auf der Landstraße F 109 bis Milmersdorf, dann weiter nach Templin

Essen & Trinken
„Uckermärker Hof"
Am Markt
„Mühlentor", Mühlenstr. 15
„Stadt Templin", Mühlenstr.
„Jägerklause",
Wilhelm-Pieck-Straße
„Club Café", BeethovenPl.
„Eiscafé", Seestraße

Kunst & Kultur
Museen
Volkskundemuseum
zum Leben und Arbeiten der Bauern, Waldarbeiter, Fischer, Schiffer, Flößer und Pantinenmacher der Umgegend
im Prenzlauer Tor
Tel. 27 25

Spaß & Sport
Freibäder
Strandbad
am Stadtsee
Freibad „Schinderkuhle"
am Stadtsee
Reiten
Gestüt „Lindenhof"
Gandenitzer Landstraße
Bootsverleih
am Eichwerder
Ausflüge
mit der Weißen Flotte Rundfahrt über das Templiner Seenkreuz, Ablegestelle am Eichwerder, Seestraße

Waren
Bezirk Neubrandenburg

Informationen
Reisebüro
2060 Waren
Am Markt 18
Tel. 36 44

Anreise
von Berlin
mit der Bahn direkte Verbindung auf der Strecke nach Rostock
mit dem Auto auf der Autobahn E 55 bis Abfahrt Waren
von Hamburg
mit dem Auto auf der Autobahn E 26 bis Wittstock, dann auf der Autobahn E 55 bis Abfahrt Waren

Essen & Trinken
„Deutsches Haus",
Lange Str. 15
„Ratskeller", Neuer Markt
„Burgwall", Neuer Markt 23
„Weinberg-Keller",
Straße der Freundschaft
„Zur Sonne", Mozartstr. 17
„Café Bütow",
Beethovenstr. 3

Spaß & Sport
Freibäder
am Feißneck-See
und
an der Müritz
dort Bootsausleihe im Sommer
Reiten und Kutschfahrten
Vorbestellung und Information
Große Gasse 2
Tel. 24 01
Ausflüge
mit der Weißen Flotte
nach Röbel
nach Malchow
nach Mirow
nach Rheinsberg
Ablegestelle Kietzbrücke

Kleine Reisen in die Umgebung Berlins

Der Berliner hat sicher zwei Eigenschaften neben den anderen, die ihm noch zugeschrieben werden. Er sieht seine Stadt immer als Mittelpunkt an, mißt alles an ihrem Maß, ist von einem starken, nicht immer berechtigten Stolz auf sie erfüllt. Und er bewegt sich gern auf ausgetretenen und deshalb bequemen Pfaden, fährt dorthin, wo auch die anderen Berliner und schon immer hinfuhren, tritt dort in wahren Rudeln auf. Beide Eigenschaften haben sich bis heute erhalten, im Berliner/West und im Berliner/Ost.

Im Westen fiel das früher nicht so auf, weil der Beobachter das Gedränge im Grunewald an den Wochenenden erst einmal auf die Tatsache zurückführte, daß diese Hälfte der Stadt eben durch eine Mauer eingeschnürt war. Aber auch die Wälder rund um den Müggelsee sind am Samstag und Sonntag und in den Ferienzeiten dicht besetzt, nun gemeinsam von Ost- und West-Berlinern. Sie halten sich lieber bei Berlin auf und dann in Gegenden, die traditionell Ausflugsziele sind, in die schon um die Jahrhundertwende Sonderzüge fuhren.

Durch die politischen Verhältnisse ist nun die seltsame Situation eingetreten, daß das, was für den Berliner/Ost ausgetretene Wege und gewohnte Umgebungen sind, für den westlichen Besucher neues oder mindestens wiederzuentdeckendes Land darstellt. Sandig märkische Wälder und Felder, Seen dazwischen, die Feuchtigkeit des Spreewaldes, die runden Höhen der Märkischen Schweiz, all das ist versehen mit dem Reiz, dem Zubehör eines vergangenen, ärmlicheren Tourismus, des Ausflugsverkehrs. Für den Reisenden aus der Bundesrepublik ist es spannend, Landschaften zu durchqueren, deren Bewohner schon lange mit Berlin verbunden sind, manchmal selbst mehr oder weniger stark berlinern und dennoch auf dem Dorf leben. Dem Berliner/West wäre es sicher auch interessant, sich einmal aus der Alternative Grunewald oder Lüneburger Heide zu befreien und in die Umgebung seiner Stadt zu fahren. Aber ehe das passiert, kommt ein Münchener nach Bernau, so sind sie eben, die Berliner.

Theodor Fontane hat in seinen „Wanderungen durch die Mark Brandenburg" viele Orte und Gegenden für Ausflüge und Kurzreisen entdeckt und empfohlen. Er wird deshalb in den späteren Reiseführern immer und immer wieder bemüht, so hat Fontane es gesehen, so sieht es heute aus. Das ist verständlich, denn vieles rund um Berlin hat noch die Atmosphäre des Vergangenen, soll aber in diesem Buch nicht nun noch einmal geschehen. Es reicht, jeder muß selbst sehen, erleben, für sich entdecken. Die Tips aus dem Vorwort der „Wanderungen" aber gelten nach wie vor, heute gerade für den westlichen Besucher. Liebe zu Land und Leuten sei mitzubringen, empfiehlt Fontane, auf keinen Fall Voreingenommenheit, es sollten nicht immer nur kritische Vergleiche gezogen werden. Man solle nicht gleich einen Gletscher oder Meeressturm verlangen, wenige Gegenden in der Mark seien so arm, daß sie nicht auch ihre Schönheiten hätten. Und man dürfe nicht allzusehr durch den Komfort der großen Reisen verwöhnt sein, es werde einem zwar nur selten das Schlimmste zugemutet, aber es käme, so wie die positive Überraschung, doch vor. Soweit Fontanes Tips für die Abenteuerreise in Berlins Umgebung.

S-Bahnhof Bernau

Im Spinnennetz der S-Bahn

Der Bahnhof Bernau signalisiert diese Stadt nicht einfach nur unter ihrem Namen, sondern als „Bernau bei Berlin". Damit wird nicht etwa einer Verwechslung vorgebeugt, denn es gibt keine weiteren namhaften Bernaus; diese Bezeichnung drückt ein bestimmtes Verhältnis aus. Der Ort wäre, für sich allein genommen, unwichtig, Bedeutung erlangt er nur im Zusammenhang mit der nahen Großstadt. Das gilt nicht nur für Bernau, auch Oranienburg oder Königs Wusterhausen könnten mit dem Attribut „bei Berlin" ausgestattet werden. Schon ab 1800 ist der ganze Kranz von Dörfern und Städten rund um die Metropole in einen Sog geraten. Die Maschine der großen Industrie erfaßte sie mehr und mehr. Menschen und Produkte wurden schließlich in dichtem

Strom auf den Eisenbahnstrecken hin und her transportiert, örtliche Betriebe setzten ihre Fabrikate über Berlin ab oder hatten ihre Chefetagen dort, morgens und abends waren die Wagen voller Pendler zwischen Arbeit und Wohnung, in beiden Richtungen. Die Abstände zwischen Zügen wurden immer kürzer, die Strecken schließlich elektrifiziert, in das Netz der S-Bahn einbezogen. Einst völlig selbständige Gemeinden waren endgültig zu Vor-Orten erklärt, zu Stationen der S-Bahn, und das ist ja die Abkürzung für die Stadt-Bahn Berlins. Gegen die Eingliederung in den Industrieorganismus, die sich nach und nach vollzog, gab es schon früh Widerstände. In Werneuchen wetterte der Pfarrer Schmidt, der vor allem dadurch bekannt wurde, daß sich Goethe über seine Gedichte lustig machte, in Reimen gegen den Zug zur Großstadt. Jetzt ist Werneuchen ein Endpunkt der S-Bahn. In anderen Städten versuchten die Honoratioren mit der Gründung von Heimatvereinen die Selbständigkeit ihrer Gemeinde zu betonen, vergebens, schließlich hing sie doch im Spinnennetz.

Die DDR, die ihre Hauptstadt in allem an die erste Stelle setzt, ob nun bei der Ausstattung mit Wohnungen, Bananen oder Verwaltungszentralen, hat die Dörfer und Städte am Rande ihres Stücks Berlin noch intensiver eingebunden.

Bernau ist vollständig einbezogen in den Austausch der Großstadt. Tausende pendeln täglich zur Arbeit, viele Hauptstädter haben ihre Laube oder Datscha hier draußen. Ob einer nun Bernauer ist, der in Berlin arbeitet, oder Berliner, der, ganz oder zeitweise, in Bernau wohnt, ist nur noch eine Frage der individuellen Standortbestimmung.

Und in Königs Wusterhausen hängen gleich, wie selbstverständlich, die Veranstaltungskalender der Berliner Klubhäuser und Kinos an den Plakatwänden des Bahnhofs.

Die S-Bahn diente schon immer auch dem Ausflugsverkehr und so kann der westliche Tourist mit ihr schnell aufs Land kommen, aber auch kleine Reisen unternehmen, reine Fahrzeit bis zu zwei Stunden zum Stadt-Bahn-Tarif. Auf den Bahnhöfen ist wirkliche Reiseatmosphäre zu spüren, auf den Bahnsteigen von Ostkreuz, das sich nach dem Bau der Mauer zum Knotenpunkt des Verkehrs entwickelt hat, stehen Kindergruppen mit Rucksäcken und Rentner mit dicken Taschen und Familien mit Koffern. Und manchmal werden einen auf der S-Bahn auch die Widrigkeiten des Reisens in der DDR ereilen, der Zug steht, hängt ohne ersichtlichen Grund fest, lange und immer länger, eine Verspätung ergibt sich aus der vorhergehenden.

Kornblumen vor der Stadt – Schönfließ

Auf der Strecke nach Oranienburg, nur 36 Minuten vom Bahnhof Ostkreuz entfernt, scheint der Zug auf freier Strecke zu halten, zwei Bahnsteige, durch eine Fußgängerbrücke verbunden, die dazugehörigen Gleise, Schönfließ. In einiger Entfernung ist allerdings das spitze Dach eines Kirchturms zu sehen. An dem orientiert man sich beim Spaziergang zum Dorf auf der weit ausholenden Kurve des Feldwegs. Zwischen den Halmen des Getreides wachsen Schafgarbe, Kornblumen und viele andere Pflanzen mit bunten Blüten, die der Städter erst anhand eines Bestimmungsbuches identifizieren kann. Der Weg geht schließlich in die am Anfang immer noch ungepflasterte Dorfstraße über. Kein Schild nennt den Namen des Ortes, die wenigen, die von der Bahn kommen, wissen sowieso, wohin sie wollen. Die Häuser an der Straße sind keine Vorstadtvillen, in den Gärten wuchert Grün über Schutthaufen, watscheln Gänse durch Morast, ranken sich dichte Stränge Winden baufällige Schuppen hoch. Es hat sich ein Stück Bauerntum erhalten. Auf den Höfen auf dem Lande herrscht ja auch immer Durcheinander, bleibt liegen, was fällt, so ist es auch hier.

Auf dem Dorfanger, um den sich die Straße, nun mit Kopfsteinen versehen, gabelt, stehen die Gerüste eines Kinderspielplatzes und die Kirche aus Feldstein, im 13. Jahrhundert gebaut. Die Tür ist natürlich verschlossen. Durch einen bunten Bauerngarten läuft man zum niedrigen Haus, das im Schatten des Kirchbaus steht, läßt sich den Schlüssel aushändigen. Drinnen ist es kühl, eine klamme Kühle, wenige Stühle, in ganz unterschiedlichem Stil, wohl aus diversen Wohnzimmern gespendet, stehen etwas verloren im Raum. Nur im Sommer würde der Gottesdienst in der Dorfkirche abgehalten, sagt die Pfarrersfrau, die doch mitgekommen ist, es sei so schwierig mit der Heizung. Sie weist auf die auch in Kunstführern vermerkte Besonderheit, die mit Putten und Wappen geschmückte Loge, hin, die einen großen Teil der Grundfläche der Kirche überragt. Dort nahm früher die Gutsherrschaft hoch über der Gemeinde ihrer Untertanen Platz.

Zu einer Kirche gehört ein Dorfkrug, und der steht auch genau gegenüber und heißt auch noch Dorfkrug, ein weit ausladender Fachwerkbau. Durch eine Vorlaube betritt man enge, schon 200 Jahre alte Räume. Es ist zu spüren, daß zwischen den dikken Wänden schon lange Zeit gegessen und getrunken worden ist und hier der gesellige Mittelpunkt des Dorfes war. Alles kommt zusammen, die Sonne, Schönfließ, die Freundlichkeit der Pfarrersfrau, nun die Hausmannskost auf den kleinen Tischen.

In Sichtweite der Stadt, denn wenn man die Straße Richtung Glienicke läuft, sind über den Feldern die weißen Würfel des Märkischen Viertels, der Hochhaussiedlung im Norden West-Berlins, zu erkennen.

Straßen mit Vergangenheit – Oranienburg

Die Stadt ist nun wirklich keine Schönheit. Zwei Ensembles gibt es in jedem Ort, der S-Bahn-Endstation ist, also auch hier. Den Bahnhof mit Kiosk oder einer sonstigen Gelegenheit, sich mit Bier und doppelstöckigem Kirschschnaps sinnlos zu betrinken, ein Angebot, das zu jeder Zeit von einigen gern wahrgenommen wird. Und die Hauptgeschäftsstraße. Sie besteht aus Häusern der Jahrhundertwende, die mit wulstigem Stuck beeindrucken sollten, aber doch nur Vorstadtniveau erreichen. In Oranienburg ist diese Straße besonders mißlungen und lang, führt schließlich über eine Brücke. Der Fluß darunter ist die Havel, recht schmal und hier im Stadtzentrum reizlos, etwas außerhalb hat sie unter herabhängenden Weiden mehr Charme. Der Platz an der Brücke, über den jetzt der Verkehr rauscht, war früher der Mittelpunkt einer barocken Stadtanlage. Drei Straßen liefen radial auf ein Schloß mit Park und Vorplatz zu. Das Schloß steht nach Kriegszerstörungen wieder, ist aber nicht zu betreten, da Quartier von Grenztruppen der Nationalen Volksarmee. Die Umwidmung von Schlössern, wenn man sie nicht gleich ganz abgerissen hat, ist Tradition in der DDR, viele wurden in Schulen, Sanatorien oder eben Kasernen verwandelt. Eine der drei Straßen ist verschwunden. Die beiden anderen wirken ab-

Das Lagertor des ehemaligen KZ Sachsenhausen

geknickt, weil der Vorplatz – Autoverkehr muß fließen, dazu ist er da – verkleinert wurde. Nur noch Teile des Parks sind zugänglich. Der Dunst der LKWs und das Graugrün der Uniformen machen die Szene bedrückend. Daran ändert auch der Flohmarkt wenig, der hier in den Sommermonaten an den Wochenenden durchgeführt wird. Es ist interessant zu sehen, was von den Privatleuten an Abgelegtem und Selbstgemachtem angeboten wird. Beim Schlendern zwischen den Verkaufsständen kommt man leicht ins Gespräch. Aber nach Verlassen des Marktes kommt man wieder in die Atmosphäre des Platzes.

Es gibt dennoch einen Grund, Oranienburg aufzusuchen. Schon vor dem Bahnhof weisen Schilder die Richtung nach Sachsenhausen.

Ab 1936 wurde dort ein Konzentrationslager betrieben. Betrieben ist exakt der richtige Begriff, denn hier sind über neun Jahre hinweg Menschen verwertet worden als Arbeitssklaven, als Versuchstiere, sogar noch ihre Leichen. Betriebe mieteten sich Häftlinge für über zwölf Stunden Arbeit am Tag, bezahlten dafür der SS sechs Mark. Häftlingen wurden kriegstypische Verletzungen beigebracht, um dann den Krankheitsverlauf untersuchen zu können. Andere mußten mit unterschiedlichem Schuhwerk über eine Rundstrecke mit verschiedenen Straßenbelägen rennen, Gewichte auf dem Rükken, elf Stunden am Tag, das war die „Schuhprüfstrecke". Toten Häftlingen wurden die Goldzähne herausgebrochen.

Ihre Häute wurden zu Schrumpfköpfen, tätowierte Hautteile zu Lampenschirmen verarbeitet. Diese perversen Neigungen der SS-Leute waren nicht die Hauptsache, die bestand im Verdienst für die Betriebe, für die SS.

War so ein Mensch, ein Häftling, am Ende, durch Arbeit vernichtet, starb aber noch nicht von selbst, wurde er durch ein sinnreich konstruiertes Gebäude geschickt. An dessen Anfang stand ein Entkleidungsraum, am Ende eine Lore, die auf Schienen direkt zu den Kammern des Krematoriums lief. Dazwischen war die Gaskammer angeordnet. Das ging am laufenden Band. An jedem der Häftlinge hatte die SS dann, so hatten ihre Verwaltungsfachleute errechnet, eine durchschnittliche Lebensdauer von neun Monaten vorausgesetzt, 1.431 Mark verdient, das Zahngold nicht berück-

Straßenansicht des Bahnhofs Wandlitzsee

sichtigt. Und die Firmen hatten mit den menschlichen Arbeitstieren ihren Profit vergrößert.

100.000 Menschen starben an der Arbeit und am Hunger, durch das Gas oder in der Genickschußanlage, zu Tode experimentiert oder gequält, geschlagen. Sie wurden ermordet, weil sie politisch mißliebig oder wegen Straftaten verurteilt waren, homosexuell oder Zigeuner oder bekennende Pfarrer. Eben „undeutsch".

Ein Konzentrationslager ist kein Ausflugsziel wie ein See oder eine Burg, ist auch keine Sehenswürdigkeit. Es ist eine Mordmaschine gewesen und in Mordmaschinen außer Betrieb ist nichts zu sehen, nur Ansammlungen von Gebäuden, Steinen, Stacheldraht und heute mahnenden Tafeln und Denkmälern. So ist es auch in Sachsenhausen. Der Block für die Gefangenen, die einer besonderen Behandlung, also Quälerei, unterzogen wurden, existiert noch, es gibt die Schuhprüfstrecke, die Fundamente des Krematoriums, einige der Baracken, in denen die Häftlinge in mehreren Lagen zusammengepfercht waren, das Torgebäude. Man kann sich den Ablauf des Mordens, der Verwertung rekonstruieren, aber das Entsetzen, die Angst der Menschen, die da gemordet und „verwertet" worden sind, nicht nachempfinden.

Und die Gedanken und Gefühle der Einwohner Oranienburgs, die mitangesehen haben, wie Tausende um Tausende von Gefangenen zum Lager getrieben wurden, sind auch nicht rekonstruierbar; wie haben die sich eigentlich beruhigt? Ganze Marschkolonnen sind damals von den Wachmannschaften vom Bahnhof zum KZ geknüppelt und geschrieen worden, durch eben die Straßen, die man heute noch entlanglaufen kann. Dichter Autoverkehr.

Strandbad und Hirtenhorn – Wandlitz

Der Platz vor dem Bahnhof Wandlitzsee ist ganz funktional gestaltet. Die S-Bahn-Reisenden, die den Ausgang passieren, werden an Läden, in denen sie Proviant für den Tag einkaufen können, vorbei gleich hinunter zum Wasser geleitet. Niedrige Mauern und Reihen von Pfeilern markieren den Weg, lassen keinen Zweifel am Ziel aufkommen,

Am Ufer des Wandlitzsees

hinein ins Strandbad. Den Vormittag am Seeufer liegen, zur Mittagszeit ein warmes Gericht im Lokal gleich neben dem Kassenhäuschen einnehmen, dann wieder auf die Decke, Brause, Bier, Sonne bis zum Abendbrot, Kartoffelsalat aus dem Glas, dann der kurze Weg hoch zum Bahnhof, zurück in die Stadt, der Aufenthalt am Wandlitzsee fordert keine großen Laufleistungen.

Seit den 20er Jahren geht das schon so, da war das Dorf endgültig zum Ausflugsort der Berliner geworden, durch die Bahn bequem zu erreichen. Einige Wohlhabende hatten sich in einem Teil des Ortes ihre Villen errichtet, verbrachten den Sommer gleich ganz am Wandlitzsee. Damals wird das Restaurant am Strandbad nicht so vernachlässigt gewesen sein, mehr Ausflugslokal als leicht schmuddelige Bahnhofsgaststätte. Aber auch heute noch leben in der warmen Jahreszeit rund viermal so viele Berliner wie Wandlitzer hier draußen. Dazu kommen noch eine Menge Urlauber. Deren Spaziergänge endeten an einer grüngestrichenen Betonmauer mitten im Wald – an der Mauer der Politbürosiedlung Wandlitz. Versorgt mit Westwaren aller Art, einer eigenen Schwimmhalle und Sauna, lebten hier die Herrscher der Republik, abgeschirmt vor neugierigen Blicken und der DDR-Realität.

Etwas abseits, neben einem strohgedeckten Bauernhaus, in dem junge Menschen mit langen Haaren sich mit Schafzucht befassen, steht ein Museum, mit offiziellem Namen „Museum der agraren Produktivkräfte". Also ein Landwirtschaftsmuseum so nahe der Großstadt.

In mehreren Gebäuden – in dem einen sind hinter einer dünnen Trennwand die privaten Kühe eines LPG-Bauern untergebracht, es riecht – werden alte und modernere ländliche Gerätschaften gezeigt.

Oft kommt man erst nach längerem Nachdenken darauf, wie die einmal funktioniert haben. Klobig die Hebel und Seilzüge, die dazu dienten, Kälber in der letzten Phase der Geburt herauszuziehen, oder die einer Hängevorrichtung für kranke Kühe. Sinnreich die Anordnung der mit kaltem Wasser gefüllten Rohre der Kühlanlage, über die die Milch nach unten rann, wo sie in einem Bottich wieder aufgefangen wurde. Bei der Wurststopfmaschine wurde mit einer Kurbel die Kraft erzeugt, die die Masse durch einen Einfüllstutzen in die Därme preßte. Vertrauter sind einem da schon die

Die bekannte Bernauer Gastwirtschaft „Schwarzer Adler“

Glocken für Schafe, der Schäferstab und das Hirtenhorn. Die Schäferei war zwar um Berlin nicht so verbreitet, aber solche Requisiten machen für einen Städter Landleben aus, und deshalb hängen sie auch hier. Auf dem Dachboden einer Scheune stehen Eggen, Pflüge, Walzen, Sicheln neben „Hungerharken“, über einem Meter breit, mit denen auch das letzte noch liegengebliebene Getreide zusammengeholt werden konnte. Im Parterre geht man durch einen großen Maschinenpark, der die zunehmende Mechanisierung der Landwirtschaft zeigt. Erst übertrugen Räderwerke nur die Kraft von Pferden auf das Gestänge von Dreschmaschinen, dann wurden die Tiere durch Dampflokomobile ersetzt, am Ende stehen die großen kastenförmigen Mähdrescher, denen man auf den Landstraßen auch bei Wandlitz immer wieder begegnet.

Das freundliche Paar, das das Museum leitet, stammt aus Halle. Beide haben Agrarwissenschaft studiert, sich dann hier einsetzen lassen. Sie werden froh gewesen sein, aus der Hallenser Gegend wegzukommen, liegt doch dort der gelbe Chemiestaub aus dem Leunawerk fingerdick auf allen Pflanzen. Der Mais bei Wandlitz dagegen leuchtet grün in der Sonne.

Stadtoperation – Bernau

Die Stadt ist Ausstellungstück – Muster für eine verfehlte Städteplanung. So etwas soll in der DDR nicht wieder vorkommen, sagen heute die Planer, das hilft aber Bernau nicht mehr, von dem nur noch die äußere Hülle, die mittelalterliche Stadtbefestigung, übriggeblieben ist. Die Feldsteinmauer umschließt in einem leicht eingedellten Kreis das Terrain, das früher einmal Stadtkern war. Alles, was drinnen noch älter ist als 20 Jahre, scheint sich in ihren Schutz zu drücken, das Steintor und der Hungerturm, durch einen zweigeschossigen Wehrgang verbunden, das Henkerhaus, die spätgotische Gaststätte „Schwarzer Adler“, das Fachwerk des Kantorhauses. Nur Marienkirche und Rathaus stehen frei neben den Wohnbauten des Typs „SL 3.600“. Diese Abkürzung steht für „Segmentlänge 3.600 Millimeter“ und bedeutet, daß hier Gebäude aus Betonplatten errichtet wurden, aus vorgefertigten, in engen Kleinstädten flexibel einsetzbaren Teilen. Die konnten zu Häusern mit breiten Balkonen, abgerundeten Ecken, sogar Laubengängen zusammengefügt werden. Der alte Straßenverlauf wurde fast beibehalten und die Höhe der Fertigbauten auf nur 3 Stockwerke begrenzt. Mit bunten Blumen vor den Wohnungen, Geschäften in den überdachten Gängen, in die die Menschen zum Einkauf gehen, sieht das alles freundlich aus.

Nur wenn hin und wieder doch im Straßenverlauf ein altes Fachwerkhaus auftaucht, stellt man fest, was hier alles noch hätte erhalten werden können. Dann wird man sich des zwiespältigen Gefühls bewußt, das Bernau in seiner neuen Gestalt vermittelt. Die historischen Gebäude, in denen Heimatmuseen oder Gaststätten eingerichtet wurden, sind zur bloßen Staffage geworden, dienen als Blickfang am Ende der Straßenzüge. Sie haben in dieser Umgebung so wenig eigene Essenz wie Plastikhäuschen Marke Legoland. Gebauter alter Lebensraum wurde mutwillig im Frieden zerstört. Die Neubauten wären zwar eine Alternative zu den unsäglichen Neungeschossern der DDR-Satellitenstädte auf grüner Wiese, führen aber keine Tradition fort. Man spürt nichts mehr von der Stadt der Tuchmacher und Bierbrauer, vom Leben der Weber und Seidenwirker, der armen Leute. Die Planer, die für dieses Ende verantwortlich zu machen sind, sprachen technokratisch nicht mehr von Bäumen, sondern von „Großgrün“, das sie einsetzen, wo es paßt. Wie in Bernau konnten sie ihre Betonplatten auch im Harz oder an der Ostsee zusammenstecken, in Greifswald waren sie ja gerade dabei. Das Wort „Altstadt“ kommt ihnen nicht über die Lippen, für sie zählt allein, daß „die Besonnung über das Kinderzimmer nachgewiesen ist“.

Das alte Bernauer Steintor

Platz, Sieg, DDR-Mark – Hoppegarten

Direkt hinter der Berliner Stadtgrenze am S-Bahnhof Hoppegarten liegt das kleine Dorf Dahlwitz-Hoppegarten. Ziel eines Besuchs ist allerdings selten diese verzweigte Ansiedlung. Seit Generationen kommen die Leute nur aus einem Grund hierher: dem Pferdesport. Hoppegarten ist für die Freunde des Galopprennens eine der schönsten Bahnen in Europa. Obwohl hier nicht die großen internationalen Derbys ausgetragen werden, wird rings um das Geläuf getippt, gestritten, gewonnen und verloren. Dabei geht es nicht nur um das Vergnügen, sondern auch um ganz erhebliche Geldsummen.

Auf den Parkplätzen vor dem Haupteingang kreisen die Autos, Oberschüler, auf ein Trinkgeld hoffend, versuchen durch Einweisung das Verkehrschaos in den Griff zu bekommen. Neben dem obligatorischen Parkticket bekommen die Fahrer postwendend ein Programm für dreißig Pfennige. Anstellen muß man sich höchstens nach den Eintrittskarten, wenn mal wieder nicht alle Kassenhäuschen besetzt sind.

Eine ältere Dame, die auch in der Schlange wartet, erzählt: „Ja, wissen sie, wenn hier am Wochenende Renntag ist, dann kann man die Leute kaum ansprechen, die sind schon vorher so aufgeregt. Früher war in Hoppegarten mehr zu sehen, ich meine vor allem die Herrschaften, die immer herkamen. Aber es ist doch auch heute noch eine wunderschöne Anlage." Der Platz zwischen den Tribünen, den Wettschaltern und Sattelboxen ist von feinem Kies bedeckt, der unter den Schuhsohlen knirscht.

Rings um den Führring laufen die Rennvorbereitungen. Besonders die Kinder haben hier ihren Spaß, die Pferde sind zum Greifen nahe. Unter den hohen, schattigen Bäumen kommen sie noch nicht ins Schwitzen, kritisch werden sie von den Zuschauern betrachtet, eingeschätzt nach ihrer Tagesform. Genau geprüft wird der Blick jedes einzelnen Tieres, der Zustand des Fells, die allgemeine Verfassung, ob es vielleicht Anzeichen von Nervosität gibt.

Die Hecken und Büsche auf der Anlage sind kurz und exakt geschnitten. Die Gebäude in klassisch englischer Klinkerbauweise, die weiß gestrichenen Holzbalken, alles erinnert an ähnlich angelegte Pferderennbahnen auf der britischen Insel. Und auch die Kleidung der Besucher läßt ein wenig an Ascot denken, viele Herren im Anzug bei hochsommerlichen Temperaturen, die Damen in Kleid mit Stöckelschuhen.

Das „Derby der DDR" ist einer der Rennhöhepunkte des Jahres. Ende Juni oder Anfang Juli ausgetragen, kommen regelmäßig mehr als 15.000 Zuschauer auf das weite Gelände. Bei dem Rennen über anderthalb englische Meilen wird der beste Vollblüter unter den Dreijährigen ermittelt. Dann ist sogar die große Haupttribüne überfüllt. Pferd und Reiter werden begeistert angefeuert, in den Außenkurven und der gegenüberliegenden Geraden mit dem Fernglas verfolgt. Jeder achtet dabei auf „seine" Farben: orange, lila Gürtel, orange Kappe – der Rennstall Uckermark; blau, weiße Ärmel, rote Kappe – der Rennstall Meißen oder schwarz, gelbe Ärmel und Kappe – der sächsische Rennstall „Dresdensia".

Das Rennen ist gelaufen

Ein alter Pferdenarr erinnert sich bewegt an frühere Zeiten: „Die Waagetribüne, gleich am Ziel, war für uns damals gesperrt. Dort hatten nur Adlige und reiche Leute vom ‚Union-Club' Zugang. Gleich daneben hatten sich die Nazis noch ein eigenes Häuschen bauen lassen. Der Göring, der war bei fast jedem Rennen hier. Vor dem Krieg gab es in der Umgebung von Hoppegarten sehr viele private Ställe." Heute seien die Pferde fast alle „volkseigen", dies schade der Leistungsdichte, ein wenig Konkurrenz wäre doch schön, meint der Mann.

Auch die Prämien hält er für „zu bescheiden" – gerade fünf Prozent vom Platzgeld für den Trainer des siegreichen Pferdes, die ersten drei plazierten Jockeys erhalten insgesamt vier Prozent. Die Besucher haben dafür bessere Chancen. Der richtige Tip kann bei „Sieg" oder „Großer Einlauf" durchaus ein paar tausend Mark bringen. Und es gibt kaum einen, der keine Wette

abschließt. Der Mindesteinsatz ist gering, beträgt nur 2,50 Mark. Und wenn man genug hat von Pferdenamen und -narren, dem Geruch von Pferdeäpfeln, kann man ins Restaurant der Haupttribüne essen gehen.

Baumblüte, Havelblick – Werder

Schon lange bedeutet Werder für die Berliner Baumblüte, Obst, Gartenlokal mit Fruchtweinausschank, Rast auf dem Klappstuhl und Sonntagsruhe. Ebenso lange wird auch der Blick gerühmt, den man von der Eisenbahnbrücke über die Havel auf die Insel hat, auf der der alte Stadtkern von Werder liegt. Kurz vor der Einfahrt des Zuges kann man weit über die Wasserfläche schauen. Das spitze Dach und das Rot-Weiß der neogotischen Kirche, die Friedrich Wilhelm IV. 1857 mitten in der Altstadt errichten ließ, die alten kleinen Häuser, die sich um sie drängen, umgeben vom Grün der Bäume, dem gelberen Grün des Schilfes und vom spiegelnden Wasser des Flusses. Die Flügel der Windmühle – eine holländische Reminiszenz – sind zur Zeit abmontiert. Aber auch so lohnt sich die Anfahrt mit der Bahn schon wegen der Aussicht von der Brücke. Am Taxistand vor dem Bahnhof wird der Reisende sofort auf die „Friedrichshöhe“, das bekannteste Ausflugslokal, hingewiesen. Nach einem Aufstieg über 196 Stufen erreicht man das leicht verfallene Klinkergebäude mit Zinnen und Türmchen. Im Sommer ist Tanz auf der Terrasse, ein einsamer Hammondorgelspieler gibt den Ton an, singt die altbekannten Schlager, die alle irgendwie mit Liebe und Schmerz zu tun haben. Ein Pärchen und einige Frauen drehen sich miteinander. Den meisten anderen Anwesenden genügt es, zuzuhören, versorgt mit dem Obstwein vom nahen Kiosk. Die Tische und Stühle haben schon manche Saison mitgemacht, die ganze Szene könnte auch vor 60 Jahren spielen. Schwoof im Sommer, aber den Blick von der „Friedrichshöhe“ hinunter zum Fluß hat man ganzjährig, schaut über die Baumkronen hinweg in die Gärten, sieht Ausflugsdampfer fahren.

Unten auf der Straße vom Bahnhof zur Insel kommt es zu ortstypischen Begegnun-

Auf der Terrasse vor der „Friedrichshöhe“ in Werder

gen. Familien besuchen ihre Bekannten, die Frauen haben als Mitbringsel zur Kaffeezeit in Tücher eingeschlagene runde Formen im Arm, Kuchen mit Äpfeln oder Pflaumen, so darf man vermuten. Man trifft die Frauen vor Häusern, die mit verwitterten Inschriften anzeigen, daß dort einmal eine „Obstverwertungsindustrie, gegründet 1879“ ansässig war oder eine Firma neben dem Handel mit Holz und Kohlen auch eine Fruchtpresserei betrieb. Im jüngeren Ortskern, noch auf dem Festland, bietet die Drogerie „Piaphosken blau“, einen Dünger für Erdbeeren, Rosen, Gemüse, und „extra grün“ mit besonders viel Stickstoff auf großen Schildern an. Das Geschäft daneben stellt Gartengerät ins Schaufenster, und die Buchhandlung hat ihres mit diversen Fachbüchern über Gartenbau unter dem Schriftzug „Baumblüte“ dekoriert.

Das macht den Reiz Werders für die Großstädter aus. Hier, so scheint es ihnen, wird gearbeitet, aber in einer Form, die die Landschaft nicht in Rauch und Qualm hüllt, sondern verschönt. Der Obstanbau ist bekannt aus dem eigenen Schrebergarten oder dem von Bekannten, wie da lustvoll geerntet und angebaut wird – aus dem Garten auf den Tisch und in die Flasche. Aber das Leben der Obstbauern war schon immer anders als es sich der Städter vorstellte. Manches Jahr konnte die Ernte durch Frost in den Blüten, in einem anderen durch Dürre oder Schädlinge geschmälert werden. Das frisch geerntete Obst mußte morgens sehr früh für den Versand nach Berlin fertiggemacht werden. Erst spät in der Nacht kamen die Frauen mit leeren Kiepen vom Markt zurück. So war es früher, und heute spricht man in der DDR vom „grünen Ungeheuer“ und meint damit, daß rund um Werder riesige Monokulturpflanzungen entstanden sind, eine lange Apfelbaumreihe neben der anderen, Kilometer um Kilometer, zurechtgemacht für eine industriemäßige Bearbeitung. Daneben gibt es noch einige riesige Glashausflächen und große Felder mit Blumen, aber dann wieder Apfelbäume. Die frühere Vielfalt von Früchten und Gemüsen existiert nur noch in den privaten Gärten. Über die wird im Bus mit der Aufschrift „Blütenstadt Werder“ auch liebevoll gefachsimpelt. Die Arbeit in der Apfelindustrie aber wird als monoton empfunden. Initiativen zur Veränderung ihres Ablaufs versickern wegen der Größe des Betriebs. Die jungen Leute sind in Wohnheimen wie kaserniert, wissen nach der anstrengenden Arbeit nicht, wohin mit sich. Der Alkohol in der Stammkneipe ist für die meisten die einzige Alternative. Dort macht sich dann der Unmut Luft. Männer sitzen mit nacktem Oberkörper am Tisch, hin und wieder droht der eine dem anderen Prügel an. Der Wirt erteilt zehnmal hintereinander Lokalverbot, ohne daß sich jemand darum kümmert. Er kann es ja doch nicht durchsetzen, Arbeit zwischen den Reihen der Apfelbäume macht stark.

Dabei gibt es in diesem Lokal kurz vor der Brücke zur Altstadt guten Obstwein. Man sagt ja häufig, an diesem oder jenen Ort sei die Zeit stehengeblieben. In der DDR kann man es oft mit größerem Recht sagen, nirgendwo stimmt das völlig, aber im alten Kern Werders findet man hinter der Brücke, an der im vorigen Jahrhundert die Dampfer anlegten, die die Obstkisten nach Berlin brachten, einen solchen Ort. Durch die Torstraße kommt man auf den Markt, durch die Baderstraße dann hinunter zum Ufer an der Gaststätte „Havelblick“, neben der Stangen zum Befestigen der Fischernetze und Reusen im Boden stecken. Man passiert die Fischerstraße und den Kirchweg. Die Namen geben die alten Bestimmungen an und signalisieren gleichzeitig die Atmosphäre zwischen den niedrigen Häusern. Die Eingänge der ältesten Gebäude, Fischerstraße 105 oder Am Markt 186 d, sind noch mit Barockputten geschmückt. An der Ecke zum Markt ist das Café mit dem verwaschenen Namenszug „Wien“ zugenagelt, die Straßen sind sandig, die Apotheke zeigt einen großen Adler, zum Friedhof an der neogotischen Kirche geht eine alte Frau vor einem her. Ist die Zeit wirklich stehengeblieben? Natürlich ist sie das nicht. Auf dem Kirchhof findet man zerbrochene Grabsteine mit der Berufsbezeichnung „Weinbergbesitzer“, und heute ist alles mit industriemäßig betriebenen Apfelbaumplantagen bepflanzt. Aber das

Auf dem Fernbahnsteig Bahnhof Bernau

Leben scheint hier ruhiger zu vergehen, in den kleinen Lauben am Ufer, neben Lokal „Havelblick“ und Dampferanlegestelle spielen Frauen miteinander Karten, pressen das Blatt eng an den Körper. Doch Klappstuhl und Sonntagsruhe.

Einmal halb um die Halbstadt

Die S-Bahn kann wie eine Startrampe für Fahrradtouren, Wanderungen oder Überlandfahrten benutzt werden. In Oranienburg etwa sieht man immer wieder Radfahrer, die Bahnhof und Stadt auf der seit dem Bau der Autobahn nach Rostock ruhiger gewordenen Fernstraße F 96 verlassen, Fahrziel Mecklenburger Seenplatte. Direkt an der Bahnstation beginnen markierte Wanderwege zum Lehnitzsee und Dorf Malz. Man kommt auf ihnen zur „Schnellen Havel“ und in die Liebenwalder Heide, hält sich zwischen Dörfern wie Schmachtenhagen und Zehlendorf auf, atmet ein paar Stunden lang Landluft. Vom Vorplatz des Bernauer Bahnhofs aus fahren Busse, über viele Umwege und mit Aufenthalten in kleinen Dörfern bis nach Bad Freienwalde am Oderbruch.

Dieser Vorplatz kann Start und Ziel einer Rundreise mit dem Rad sein, man kann sich aber auch eine Strecke am S-Bahn-Netz entlang hangeln, halb um die Halbstadt Ost-Berlin.

Zu Beginn ein Bummel die Stadtmauer von Bernau entlang, dann wird das Rad auf die Straße gesetzt. Die Stadt streckt sich mit Villen und Einfamilienhäusern noch ein Stück in Richtung Werneuchen, danach be-

Die alte Hauptstraße in Seefeld

ginnt aber offenes Land, leicht wellig. Aber die Fahrt ist nicht über Gebühr anstrengend. Im Schatten der die Straße flankierenden Baumreihen geht es an Mais und Roggen vorbei. Traktoren und Mähdrescher versperren für Momente den Weg, bis sie auf die Felder abdrehen. An einem Agrarflughafen weiden Schafe.

Die Route innerhalb S-Bahn-Reichweite hat den Vorteil, daß man den Bogen um die Stadt enger oder weiter schlagen und dennoch jederzeit vom Rad in den Zug umsteigen kann. Dadurch fühlt man sich freier in seinen Entscheidungen, folgt spontanen Einfällen. Ein Wegweiser nach Wilmersdorf taucht auf, dann eben dorthin. Man kommt dort zu einer romanischen Feldkirche mit Hühnern drum herum. Oder doch lieber in die andere Richtung nach Seefeld. Dieser Ort hat den Vorteil, daß eins der zwei Restaurants auf jeden Fall ein Mittagessen anbietet. Zweimal in der Woche ist Eisbeintag – die Bedienung fragt nur noch, ob groß oder eher klein, je nach Antwort fallen dann die Portionen aus. Danach muß man sich einfach die Beine am See direkt hinter der Gaststätte vertreten. In Werneuchen auf der anderen Route kann die Auswahl nur zwischen einer oder zwei Currywürsten mit Brot erfolgen, die Landarbeiter im blauen Overall nehmen durchschnittlich drei. Ein Rundgang um die Kirche zwischen zwei Straßenreihen Backsteinhäuser, und man steigt wieder aufs Rad. In langgestreckten Kurven führt die Straße nach Strausberg durch Obstanbaugebiet. Am Rand des Weges lagern Jungen und Mädchen mit hochroten Köpfen vom Pflücken, ruhen sich aus. Am Ortsrand beginnt sofort der große Straussee, Familien liegen auf ihren Decken, Kinder hüpfen kreischend ins Wasser. Dem erhitzten Radler bietet sich Gelegenheit zu einem Bad. Hinter Seefeld dagegen kommt man ins idyllische Altlandsberg mit Stadtmauer und massiven Tortürmen, die auf ihren Steinkegeldächern Storchennester tragen.

Auf beiden Routen, ob über Strausberg am See entlang oder über Altlandsberg, gerät man schließlich wieder in das Schwerkraftfeld Berlins, kreuzt bei Petershagen ausgedehnte Laubengelände. Hier beginnt Naherholungsgebiet, das von der Stadt aus mit der Straßenbahn leicht zu erreichen ist. In Rüdersdorf kommt auf seine Kosten, wer Industriedenkmale liebt. Alte Kalköfen und Kanalanlagen, an deren Entwurf Schinkel beteiligt war, sind zu sehen, daneben Betriebe unseres Jahrhunderts. Überall liegt der dazugehörige Staub. Vor und hinter Erkner, das in seinen älteren Gebäuden schon Köpenick ähnelt, schrammt man hart am Rand der großen Stadt entlang. Überall stehen neben den ländlichen Dorfkernen die Wochenendhäuser und Villen prominenter oder auch namenloser Bürger. Segelboote kreuzen auf den Seen, Motorboote werden ausgefahren, leger gekleidete Ehepaare gehen ins Klubhaus von Neu-Zittau. Der Betrieb des Müggelsees, schon immer beliebtestes Ausflugsgebiet der Berliner, reicht bis hierhin. Aber es gibt auch etwas verstecktere Winkel, einen kleinen Badesee südlich von Erkner bei Karutzhöhe, ein Naturschutzgebiet mit Vogelkolonie nördlich von Wernsdorf. Schließlich erreicht man, unter der Autobahn nach Frankfurt/Oder hindurch Königs Wusterhausen.

Den Namen dieser Stadt muß man so getrennt schreiben. Denn das Schloß in Königs Wusterhausen war Lieblingsaufenthalt eines Königs, Friedrich Wilhelm I. Der hatte drei doch recht simple Hobbys. In Potsdam sammelte er seine „langen Kerls", riesenhafte Grenadiere, in Wusterhausen ging er der Jagd und dem Wettrauchen im „Tabakskollegium" nach, so oft, daß der Ort den besitzanzeigenden Beinamen erhielt. Das Jagdschloß steht in verwaschenem Okker so bescheiden herum, daß man es fast übersehen könnte, es ist jetzt auch Sitz des Rats des Kreises. An einer alten Schleusenanlage gleich dahinter – der Nottekanal bildet eine kleine Insel, auf dem ein Mühlenwerk und Fachwerkhäuser stehen – beginnt die Geschäftsstraße, die zum Bahnhof führt. Ein kleines Warenhaus, Technikcenter, ein Laden mit Spielzeug und einer mit Bekleidung, ein Kino, zwei Restaurants und sogar ein Hotel bilden zusammen so etwas wie ein Zentrum des Kreises, zumindest für die, die nicht gleich zu Einkauf oder Vergnügen nach Berlin fahren. Die Szene auf dem Bahnhofsvorplatz ist schon aus Oranienburg bekannt, Betrunkene stehen am Kiosk.

Man verstaut sein Fahrrad in der S-Bahn, nur 39 Minuten bis Ostkreuz.

Drei große Namen – Neuruppin

Die Stunde Null schlug hier 1787, am 26. August brannte Neuruppin fast vollständig ab. Irgendwie hängt mit diesem Brand und dem nachfolgenden Neuaufbau alles zusammen, was diese Stadt bekannt machte.

Der Architekt Brasch, zuvor nur für Scheunen und Kasernen zuständig, wurde vom König mit dem Entwurf des Wiederaufbaus beauftragt. Er plante gerade breite Straßen, so gerade, daß man in jeder von einem Ende zum anderen blicken kann. Und noch heute ist in diesen Straßen etwas zuviel Platz, so daß sich die Fußgänger und Radfahrer darin verlieren. Die Häuser, nach einigen wenigen Typengrundrissen erstellt, wurden zu etwa gleichgroßen Carrées gruppiert. Alles sollte regelmäßig und schlicht sein, auch die Fassaden, die mit nur wenigen einfachen Schmuckelementen auskommen. Zopfklassizismus nennt man diesen Stil. In die Mitte der neuen Stadt setzte Brasch nicht die Kirche, die wurde ein Quadrat weiter und erst ganz zuletzt gebaut, und auch kein Schloß. Das gibt es nicht in Neuruppin, dafür aber ein Gymnasium, und das bildet den Mittelpunkt des Stadtgrundrisses. Im Zentrum die Bildung, drum herum viel Platz für die Bürger, die ihren Geschäften in einer übersichtlichen, berechenbaren Lebensumwelt nachgehen, das ist die Idee, die sich in dieser Planung verwirklicht. Die Inschrift am Schulgebäude gibt das Motto: Den Bürgern der kommenden Zeit.

In nur sieben Jahren wurden fast 400 Häuser errichtet, überall muß eine sehr rege Bautätigkeit geherrscht haben. Genau in diese Zeit fielen die prägenden Kindheitsjahre Karl Friedrich Schinkels, der gerade sechs Jahre alt war, als die Stadt brannte, und 13, als sie wiederaufgebaut war und er nach Berlin ging. Die Familie war mit Brasch bekannt, so bekam er viel von dessen Arbeit mit. Wenn man noch hinzunimmt, daß Schinkels Vater an den Aufregungen während des Stadtbrandes gestorben sein soll, der Junge bei dem Architekten so etwas wie Vaterersatz gesucht haben mag, kann man vermuten, daß Schinkel ohne die Katastrophe nicht zum bedeutendsten preußischen Baumeister des Klassizismus geworden wäre.

Vielleicht sind psychologische Spekulationen über die inneren Antriebe berühmter Menschen unzulässig, aber sie sind auch bei Theodor Fontane möglich, der, 1819 in Neuruppin geboren, seine ersten acht Lebensjahre und dann später noch einmal einige als Schüler des Gymnasiums hier verbrachte. Er schimpfte später auf die spießige Stadt, das einzig Unregelmäßige in ihr seien die unregelmäßigen Verben gewesen, die er habe lernen müssen. Sie habe sich mit ihren breiten Straßen einen Staatsrock angelegt, in den sie nie hineinwachsen könne, einen für ihre Natur viel zu weiten Rock. Ohne diese Neuruppiner Erfahrungen, ohne die von ihm als bedrückend empfundene Atmosphäre der Stadt wäre Fontane vielleicht nicht zu seiner kritischen Haltung gegenüber dem Bürgertum und Adel seiner Zeit gekommen. Alles Schwindel, Clique, Mache, wie er in einem Brief urteilte. Er hätte vielleicht nicht so realistisch das enge Denken, den Dünkel und die Aufschneiderei in seinen Romanen abbilden können.

Was macht einer, dessen Leben geregelt ist, deshalb berechenbar und etwas langweilig? Er träumt sich hinaus in die Welt. Hat er keinen Fernseher, kein Radio, weder Kinofilme noch bunte Illustrierten, weil all das noch nicht erfunden ist, muß er mit handkolorierten Bilderbogen zufrieden sein. Die führen ihn dann hinaus ins ferne Afrika, auf Schlachtfelder, machen ihn zu Augenzeugen von Schiffskatastrophen und abenteuerlichen Expeditionen, tragen ihn zumindest für die Zeit seiner Träume heraus aus gitterförmig angelegten Straßen und schlichten Häusern. Die Bilderbogen von Gustav Kühn aus Neuruppin wurden die bekanntesten ihrer Art, weit über die Grenzen Preußens hinaus verbreitet, weil sie genau den Geschmack und die Neugierde des breiten Publikums, der Zeitgenossen in all den anderen langweiligen Städten, trafen. Ein Zufall, daß die erfolgreichsten Bilderbogen gerade aus Neuruppin stammen? Auf jeden Fall begann Gustav Kühn 1792, also mitten im Wiederaufbau der Stadt, seine Produktion, Kinder tuschten die einfarbig gedruckten Blätter aus, von denen manche Auflagen von 80.000 Stück erlebten.

Sicher kein Zufall ist es, daß das Geschäftshaus Kühns schräg gegenüber der „Löwen-Apotheke" liegt, in deren Gebäude Fontane geboren wurde, und die Apotheke wieder nur zwei Ecken von dem Haus Fischbänkenstraße 8 entfernt, in dem Schinkel lebte und dann, während der Gymnasiastenzeit, auch Fontane. Neuruppin war eben so übersichtlich und klein, ist es bis heute geblieben.

Bei einem einzigen Gang die Hauptachse der Stadt, die Karl-Marx-Straße, entlang, hat man fast alles Sehenswerte beisammen. Erst die Pfarrkirche, dann Apotheke und Kühnsches Etablissement, schließlich ein Quadrat weiter das Gymnasium. Einen Abstecher nach rechts in die Wichmannstraße muß man machen, um am Rathaus vorbei zum Heimatmuseum zu kommen, wo mit Bilderbögen, Skizzen und Schriftstücken natürlich der drei Berühmtheiten Neuruppins gedacht wird. Ein Abstecher zur anderen Seite bringt einen zum Seeufer und dort ins „Nachtjackenviertel". Das war früher ein berüchtigtes Quartier, vielleicht nicht nur, weil dort Prostituierte, Stadtstreicher und die armen Leute wohnten, sondern

Blick auf die Altstadt von Neuruppin

auch, weil in dieser Gegend die Straßen eng und winklig sind. Aber das hängt sicher zusammen.

Am Ende der Karl-Marx-Straße liegt der Thälmann-Platz, ein riesiges kahles Geviert, ehemaliges Paradegelände. Das Militär ist schon traditionell mit der Stadt verbunden, oder besser, ihr schon lange aufgezwungen. 1688 wurde Neuruppin als erste märkische Stadt Garnisonsstandort. Die Bürger mußten Räume als Soldatenquartiere bereitstellen. 1717 kamen schon 1.500 Militärs auf nur 3.500 Zivilisten. Heute ist das Verhältnis etwas „günstiger“, 5.000 russische Soldaten stehen immerhin 25.000 Einwohnern gegenüber. Der Spruch, die Russen seien Brüder, nicht Freunde, denn Freunde könne man sich schließlich aussuchen, ist oft zu hören. Und obwohl es ständig Ärger wegen des Lärms der Düsenjäger auf dem Flugplatz direkt am Stadtrand gibt, will der Bürgermeister von solchen Problemen nichts wissen. Natürlich, erklärt er im Gespräch, gebe es ein paar Konflikte, aber er setze sich dann einfach mit dem sowjetischen Kommandanten zusammen und dann fände sich schon eine Lösung, „gemäß unserer Abkommen“. So sagt Bürgermeister Harald Lemke, und die Düsenjäger lärmen weiter in der Nacht. 1717 hatten die Bewohner Neuruppins ja auch keinen Erfolg mit ihren Protesten gegen das Militär.

Zwei Schlösser – Rheinsberg

Kurt Tucholsky nannte Rheinsberg 1912 „ein Bilderbuch für Verliebte“. Zweifellos ist die Kleinstadt am Ufer des Grienericksees auch heute noch der populärste Ort in der Umgebung Berlins. Tucholskys Geschichte von Claire und Wolfang, die hierher in einen Liebessommer flüchten, hat zum Mythos um Rheinsberg beigetragen. Nach seinem Buch, so spottete der Schriftsteller später, sei generationsweise vom Blatt geliebt worden. Wichtiger aber ist wohl die Tatsache, daß im Schloß am Wasser Friedrich II., der Große, als Kronprinz lebte. In Rheinsberg entdeckte er die französischen aufklärerischen Philosophen, konnte sich dem Lesen und der Musik hingeben.

Heute, über 200 Jahre nach seinem Tod, beherbergt der frühere Landsitz des preußischen Hofes ein Diabetikerheim. Und vor den Toren des immer noch altmodischen Landstädtchens steht ein Atomkraftwerk. Der Beliebtheit Rheinsbergs hat das nicht geschadet. Folgt man den literarischen Spuren Tucholskys – vom Bahnhof kommend die Berliner Straße entlang bis zum ehemaligen Marktplatz –, so scheint sich das Innere der Stadt kaum verändert zu haben. Nur ein paar Autos rollen über das wellige Kopfsteinpflaster, Beifahrer blicken sorgenvoll auf die Straßendecke, suchen nach der günstigsten Umgehung der Hebungen und Senkungen. Mit Mist beladene Pferdefuhrwerke kreuzen den Weg, ungewohnt viele Radfahrer treten kräftig in die Pedale. Vor den Geschäften der Hauptstraße, die Straße der Jugend heißt, drängeln sich die Kunden, die Eisdiele ist überfüllt. Im Sommer sieht man Familien in Trainingsanzügen hier, die irgendwo im Neuruppin-Fürstenberger Seengebiet campen, in die Stadt zum Einkaufen kommen, auch kleinere Reisegesellschaften.

Wer nach Veränderungen der letzten Jahrzehnte Ausschau hält, entdeckt hinter den flachen Ackerbürgerhäusern die Wohnblöcke der Neuzeit. Die Namen der drei Plätze, die allesamt an der „Straße der Jugend“ liegen und Weite ins Stadtbild bringen, haben gewechselt: aus dem Marktplatz wurde der Platz der Befreiung, der ehemalige „Triangelplatz“ soll nun an Karl Liebknecht erinnern, der Platz vor der alten Feldsteinkirche an August Bebel. Der „Ratskeller“ am Triangelplatz steht seit einigen Jahren nicht mehr, er sei baufällig gewesen, wurde von offizieller Seite erklärt. Inzwischen gibt es einen neuen. Tucholskys erdachtes Liebespaar verbrachte im alten lange Nächte, Fontane nahm ein ganz reales, schmackhaftes Frühstück ein, bevor er das Schloß besuchte.

Das liegt vis-à-vis der Plätze, ist immer noch Mittelpunkt der Stadt. Die helle, schlichte Fassade fügt sich zurückhaltend in

Wasseransicht des Rheinsberger Schlosses

die Umgebung ein, keine übertriebene Verzierung, kein Pomp. Sachlich wirkt es, von unerschütterlicher Ruhe, ein Ort der Entspannung und Erholung. Rheinsberg wurde an dieser Stelle begründet. Das Schloß war zunächst eine mittelalterliche Wasserburg, noch heute ist es von einem Graben mit glattem Wasserspiegel umgeben, später Herrenhaus eines hugenottischen Emigranten. Dann kaufte es der preußische König, ließ es für seinen Sohn Friedrich umbauen.

Der hatte gerade seine Unterwerfung unter seinen Vater hinter sich nach mißglückter Flucht und der Hinrichtung seines Freundes Katte, die er hatte mitansehen müssen. Als Anzahlung auf zukünftigen Gehorsam bekam er ein Schloß geschenkt.

Im August 1736 zog Friedrich ein, sein Baumeister Georg Wenzeslaus von Knobelsdorff nahm letzte Veränderungen vor, lokkerte die Fassade des strengen Nutzbaus auf. Spätere Aufträge wie das Schloß Sanssouci in Potsdam oder die Deutsche Staatsoper Unter den Linden in Berlin machten ihn zum bedeutendsten Architekten seiner Zeit in Preußen. Friedrich blieb vier Jahre in Rheinsberg, die glücklichsten seines Lebens, wie er später notierte. Im Turmzimmer schrieb er Briefe an Voltaire, arbeitete an seinem „Antimachiavell", in dem er sich mit den Pflichten eines Monarchen gegenüber seinem Land und den notwendigen moralischen Qualitäten auseinandersetzte. Er widmete sich den schönen Künsten und bereitete gleichzeitig den Krieg vor, in friedlicher Atmosphäre. Als er 1740 als neuer König das Schloß verließ, hatte er seinen Schlachtplan zur Eroberung Schlesiens schon in der Tasche. Noch im selben Jahr setzte er ihn um.

Das Schloß ist seit 1951 Diabetikersanatorium, trägt den Namen „Helmut Lehmann". Die zum Teil noch vollständig erhaltenen historischen Räume des oberen Geschosses werden von den Patienten genutzt. In der früheren Bibliothek nehmen die Gäste statt Literatur das tägliche Frühstück ein. Der große Spiegelsaal mit den gewaltigen Deckengemälden von Antoine Pesne – „Apoll vertreibt die Finsternis" – wird regelmäßig für Konzerte und Lesungen geöffnet, ist also wenigstens während der Veranstaltungen zu besichtigen.

Es sind zumeist Intellektuelle, die hier rund vier Wochen lang behandelt werden. Man sieht sie auf dem Grienericksee rudern oder im Schloßpark spazieren. Auch der Besucher kann etwas an diesen Freuden teilhaben. Ein paar hundert Meter entfernt liegt die Seebadeanstalt, es gibt einen Bootsverleih, so daß man an der Seeseite des Schlosses vorbeirudern kann, an der Kolonnade, die die beiden runden Türme verbindet, vor der früher die Gondeln landeten. Und natürlich ist der Schloßpark für jeden geöffnet. Nach jahrelangen Rekonstruktionsarbeiten wurden wesentliche Teile wieder in den ursprünglichen Zustand versetzt. Die Anlage wirkt ganz nach Fürstengemütlichkeit – vom Billardzimmer des Schlosses führt die Billardbrücke über den Rhin auf die Hauptallee in den Französischen Garten. Wie mit einem Lineal gezogen, zweigen die Wege ab, die Hecken und Büsche sind niedrig gehalten, der Rasen des Palmengartens schachbrettmusterhaft geschnitten, überall kleine Tempel, Pyramiden, Vasen, Denkmäler, Statuen als unterhaltende Zutaten.

In der Ferne sieht man Friedrichs „Leuchtturm", der genau auf der Achse Allee und Schloß steht. Den hatte sich der Kronprinz extra erbauen lassen, um durch Feuerzeichen beim Herannahen seines kunstfeindlichen Vaters, der nicht umsonst „Soldatenkönig" genannt wurde, rechtzeitig gewarnt werden zu können. Dann legte er die Flöte beiseite. Von der Hauptallee führt in Richtung Stadt ein Seitenweg zum Grab des Prinzen Heinrich, der später lange im Schloß lebte. Er war bei seinem Bruder Friedrich in Ungnade gefallen und konnte sich, gezwungenermaßen, ganz einem privaten Wohlleben hingeben. Rauschende Feste und glanzvolle Theaterabende wurden veranstaltet, Ausflüge zu Picknicks auf die Insel Remus im Rheinsberger See unternommen. Um dies zu erleichtern, soll sogar ein Tunnel durch den Grund des Sees gegraben worden sein. Prinz Heinrich ließ auch das Naturtheater erbauen, das in der Nähe seines Grabmales liegt. Der hintere Teil des Schloßparks, der Englische Garten mit seinen Ruinenbauten und wild sich schlängelnden Wegen, geht in den Boberowwald über. Fontane nannte Rheinsberg auch ein stilles Schloß am Boberowwalde.

Für Erwin Strittmatter, einen DDR-Schriftsteller der Gegenwart, hat Rheinsberg heute noch ein weiteres Schloß – und zwar „ein weißes, ohne Fenster". Gut 10 Kilometer nordöstlich der Stadt, am Ufer des Großen Stechlin, steht seit 1966 das Rheinsberger Atomkraftwerk. Nach einer alten Sage soll auf dem Grund des Sees ein Hahn hausen, der allzu waghalsige Menschen bedrohe. Hoffentlich wird er nicht zu sehr gereizt angesichts des Reaktors, der den ganzen Stechlin um bis zu drei Grad Celsius aufheizt und dafür sorgt, daß der See auch im kältesten Winter nicht mehr zufriert. Auf jeden Fall, auch wenn der Hahn nicht kommt, also kein großer Unfall im Kernkraftwerk sich ereignet, das Wasser wird verändert. Algen ververmehren sich rapide, trüben es ein. Der mit 68 Metern tiefste See der DDR, dessen Name sich vom slawischen Wort für Glas ableitet, war vor dem Anlaufen des AKW so etwas wie ein Trinkwasserreservoir. Klar, blaugrün nur durch die Widerspiegelung des Himmels lag er inmitten von dichtem Wald, der bis ans Ufer reicht. Eine gedämpfte Stille herrschte, in die man sich jedes Geheimnis denken konnte.

Das ist noch so, obwohl immer mehr Touristen nach Neuglobsow, dem einzigen Ort am See kommen, durch die Fontanestraße ins Fontanemuseum laufen. Die vielleicht auch die 17 Kilometer rund um den Stechlin wandern, um dann wieder in ihre Ferienheime zurückzukehren. Es ist immer noch still, aber der Gedanke an das unhörbar arbeitende Werk, dessen Betonschornstein von jedem Standort aus zu sehen ist, zerstört die Idylle. Tröstlich nur, daß bereits feststeht, daß das AKW in absehbarer Zeit für immer abgeschaltet wird. Dann bleibt der Stechlin ein Glas-See, liegt klar im dichten Wald.

Die Klosteranlage Chorin

Baukunst im Nichts – Kloster Chorin

Das ist schon ein seltsamer Effekt. Bei einer Anreise auf der Straße liegt erst Eberswalde-Finow im Weg. Der Name Eberswalde ist ein Begriff für Fleischwaren, bekannt aus den Ladenregalen auch im kleinsten Dorf der DDR. Mehr ist über diese Stadt auch kaum zu sagen, außer daß sie sich ohne richtigen Anfang und richtiges Ende, ohne Form und Zentrum hinzieht, eine Industriezusammenballung. Es folgen einige recht ärmliche Dörfer, Sandkrug zum Beispiel, dessen Name schon Beschreibung ist. Dann kommt man um eine scharfe Rechtskurve, die Sicht war verdeckt durch Buchenwald, und plötzlich steht sie da, die „schönste Ruine der Deutschen Demokratischen Republik", wie Kloster Chorin tatsächlich in manchen Broschüren genannt wird. Drei, vier Häuser gibt es noch, einen großen Parkplatz, einen See. In dieser Gegend muß das Klostergebäude ein Fremdkörper sein, vermutet man mächtige gotische Bauwerke doch in reichen Handelsstädten oder Bischofssitzen und nicht mitten im Wald.

Erst einmal ist nicht zu erkennen, daß es sich hier überhaupt um eine Ruine handelt. Die Westfassade der Klosterkirche mit den drei hohen Spitzbogenfenstern, Ziergiebeln, Treppentürmen, zurückhaltend, aber wirkungsvoll eingesetzten Blenden und schmükkendem Maßwerk scheint völlig erhalten. Drinnen erst erkannt man, daß der Kirche ein Seitenschiff fehlt, so daß sie zur einen Seite geöffnet ist. Jetzt steht sie als offene Halle an der Wiese, um die der Kreuzgang läuft. Wie alle Backsteinbauten wirkt auch diese Kirche trotz ihrer Größe und Höhe, trotz ihrer Verzierungen einfach und karg. So einfach wie das Leben der Zisterzienser-mönche, die hier in zugigen Schlafsälen im Westflügel froren, im Refektorium wenig Speise vorfanden. Im Winter bot allein die Wärmestube etwas Schutz vor der Kälte. Es wurde gebetet und gearbeitet, viel gearbeitet, zumindest von den dafür vorgesehenen Mönchen. Es gab eine Zweiteilung in die, die das Wort Gottes verkündeten, und in Konversen – das sind Arbeitsmönche, ehemalige Bauernsöhne, die weder lesen noch schreiben konnten. Die betrieben die Landwirtschaft oder arbeiteten als Maurer. Chorin war die Bauhütte des Zisterzienser-Ordens, von hier aus wurde die norddeutsche Backsteingotik verbreitet. Die Konversen bauten das Kloster immer mächtiger aus, der verbliebene Rest umfaßt nur die Hälfte des ehemaligen Umfangs. 20 Dörfer gehörten dem Orden in dieser Gegend, er besaß das Monopol auf den Getreidehandel und das Mahlen des Korns. Diese Macht sollte die Fassade der Klosterkirche spiegeln, zum Lobe des Herrn, aber auch um die Bauern zu beeindrucken. Jetzt, wo das Kloster nur noch ein leerstehendes Bauwerk und nicht mehr der Sitz von Herrschaft ist, wirkt es deplaziert mitten im Wald.

Und es ist auch keine echte Ruine oder doch, Teile fehlen ja, sind herausgebrochen worden, schon im 17. Jahrhundert. Aber das Kloster ist eine Ruine wie etwa die Kaiser-Wilhelm-Gedächtniskirche in Berlin, sorgfältig geschützt durch neue Dachstühle, Fliesenbeläge, Bleiverglasungen. Es ist gut, daß dies alles geschieht. Aber was man empfindet, wenn man auf die scheinbar unversehrten Fassaden blickt, hat nichts mit Gefühlen der Romantik zu tun, die C.D. Friedrich in seine Bilder von Ruinen malte. Die Atmosphäre von Verfall und Vergänglichkeit, eine Endzeitstimmung, ist nur in manchen Ecken der Innenräume zu spüren. In einem modernen Sinne romantisch, also anheimelnd und etwas nostalgisch, sind die Konzerte, die alljährlich durchgeführt werden. Die Besucher sitzen auf mitgebrachten Stühlen oder im Gras unter freiem Himmel zwischen den alten Mauern und lauschen dem Berliner Sinfonieorchester oder der Staatskapelle Dresden. Das ist dann ein besonderes Ereignis – durch den Buchenwald auf das Kloster zuzugehen, sich zwischen Alt und Jung zu mischen, alle sind etwas aufgeregt, beschwingt, feierlich gestimmt, dann ertönen die ersten Klänge aus der offenen Seite der Kirche. Danach kann man zum Amtssee hinuntergehen, am Schilf des Seeufers unter Bäumen schlendern oder in Richtung des Dorfes Chorin durch den Wald laufen. Ein kleiner Ort ist das, der ja auch früher ganz passend Chorinchen hieß. Die Feldsteinkirche des Dorfes ist nicht lange nach dem Bau des Klosters, der 1272 begann, errichtet worden.

Schlägt man diesen Weg ein, stört es nicht weiter, daß zu den Konzerten der große Parkplatz und auch die Seiten der Straße vollgestellt sind. Immerhin 20.000 Besucher kommen pro Jahr in die Veranstaltungen des Choriner Musiksommers. Man hat vom Wasser aus noch einmal den Blick hoch zum Querschiff der Kirche, Efeu rankt die Mauern empor bis zum Dach. Das ist denn doch ein romantischer Anblick.

Fahrstuhl für Schiffe – Niederfinow

Von Eberswalde nach Niederfinow fährt man über eine kurvenreiche Straße, die sich an manchen Stellen wie im Mittelgebirge in scharfen Serpentinen Hügel hinauf und hinunter durch einen dichten Wald quält. Plötzlich bricht dieser Höhenzug, der Barnim, der von hier bis zum Prenzlauer Berg in Berlin und noch etwas weiter reicht, ab, findet ein abruptes Ende. Die vollkommen flache Ebene des Oderbruchs beginnt, man schaut weit ins Land, keine Baumgruppe, keine Anhöhe verstellen den Blick. Irgendwo dort hinten im Osten fließt der Oderstrom, von dem der Havel-Oder-Kanal abzweigt, der hier auf den Barnim stößt. Ein Höhenunterschied von 36 Metern ist zu überwinden,

Der restaurierte östliche Kreuzgang des Klosters

Der Trog des Schiffshebewerks

damit die Lastkähne auf dem Höhenzug weiterfahren können. Das erledigt reibungslos und Tag für Tag seit über 50 Jahren ein riesiger Fahrstuhl für Schiffe, das Schiffshebewerk Niederfinow. 60 Meter hoch ist das Gestell aus Stahlträgern und Betonverankerungen, ein kolossaler Metallkörper, in dem der Trog fast lautlos auf und ab fährt.

Das Spiel der Technik –
Aus östlicher Richtung nähert sich ein mit Kohle beladenes polnisches Motorschiff. Der Kahn wartet, bis die Einfahrt freigegeben ist. Dann wird er an Stahlseilen in den Trog hineingezogen. Die Tore schließen sich, das von der Masse des Schiffs verdrängte Wasser fließt ab. Man erinnert sich an Archimedes und daß das Gewicht des Schiffes gleich dem des jetzt abfließenden Wassers ist und der Trog also immer gleich schwer bleibt. Oder so. Ein Klingelzeichen ertönt, es geht los, der Trogfahrstuhl fährt.

In kurzer Zeit ist die mittlere Geschwindigkeit von zwölf Zentimetern pro Sekunde erreicht, und in fünf Minuten sind die 36 Meter Höhendifferenz überwunden. Fast oben angekommen, verlangsamt sich die Fahrt. In Höhe der oberen Haltung bleibt dieser Schiffsfahrstuhl sanft stehen. Der Andichtrahmen wird vorgeschoben, Wasser fließt in den Spalt zwischen den Toren. Dann heben sich vorsichtig die Tore, das Schiff fährt mit eigener Kraft in den Oder-Havel-Kanal ein. Noch nicht einmal zwanzig Minuten dauert der gesamte Vorgang, alles klappt wie geschmiert seit über 50 Jahren. Die Bedienung des Fahrstuhls können notfalls zwei Leute erledigen.

Das Spiel mit Zahlen –
Der Trog mit einer Länge von 85 Metern und 12 Meter Breite ist an insgesamt 256 Drahtseilen aufgehängt. Mit einem 1.000-Tonnen-Schiff beladen, wiegt er 4.300 Ton-

nen und wirkt wie ein überdimensionales Schwimmbecken. Die gespannten Seile sind mit 192 Gegengewichten aus Beton – mit Stahleinlagen beschwert – verbunden, die mit wiederum 4.300 Tonnen den Gewichtsausgleich herstellen. Gerade vier Elektromotoren mit je 75 PS Leistung sind notwendig, um diese Last heben und senken zu können. Die Motoren treiben die beiden Seilscheibenreihen im obersten Stockwerk des Hebewerks an, man hört nur ein leises Summen. Täglich passieren den Schiffsfahrstuhl rund 30 Kähne und Schubverbindungen aus der DDR, Polen und der Bundesrepublik. Überwiegend Kies, Kohle und Schrott werden transportiert. Unabhängig von Wind und Wetter fährt der Trog täglich zwischen 6 und 20 Uhr; nur bei Temperaturen unter minus zwanzig Grad läuft hier nichts mehr. Aber das liege nicht am Hebewerk, flachst der Leiter – „dann ist nämlich das Eis auf dem Kanal nicht mehr zu brechen".

Gebaut wurde dieses überragende „Wunder der Technik" zwischen 1927 und 1934. Rund 72.000 Kubikmeter Beton, 13.800 Tonnen Stahl verschlang die Anlage, die seither den Abstieg zum Oderbruch für die Schiffahrt um über anderthalb Stunden verkürzt. Die ehemalige vierstufige Schleusentreppe ist direkt neben dem Hebewerk noch in ihren Fundamenten zu erkennen. Geradezu waghalsig mutet auch die Konstruktion der 157 Meter langen Kanalbrükke an, die das Schiffshebewerk westlich mit dem Oder-Havel-Kanal verbindet. Gekostet hat die Gesamtanlage exakt 27,5 Millionen Reichsmark.

Der Stolz des Ingenieurs –

In den Maschinenräumen stößt man auf die Namen aller bekannten deutschen Industrikonzerne, stets mit dem Zusatz „D.R.P." für Deutsches Reichspatent und zahlreichen Wartungsschildern diverser volkseigener Betriebe versehen. Der Leiter des Hebewerks spricht von „perfekter deutscher Wertarbeit". An diesem Koloß gehe einfach nichts kaputt. Nur Maler wolle er hier nicht sein. Denn regelmäßig muß das Stahlgerippe von Korrosionsschäden befreit werden, dies komme „einem Lebenswerk" für einen Anstreicher gleich. Gut sieben Jahre dauert es, bis sämtliche Ecken und Kanten mit dem Pinsel erreicht sind, erzählt er.

Der Stolz der Würstchenverkäuferin –

Am Sockel des Schiffshebewerks zeigt ein großer Parkplatz, daß zumindest im Sommer mit einigem Andrang gerechnet wird. Und die Besucher kommen auch in großer Zahl und Reisebusse. Da sei es manchmal schon schwierig, alle auf einen Schlag zu bedienen mit Wurst und Bier und Kaffee, aber sie hätte es noch immer geschafft, meint die Verkäuferin im kleinen Kiosk. Nach dem Imbiß steigt man dann die Treppen am Hang empor zur oberen Plattform. Man kann um den Fahrstuhlschacht herumlaufen, zusehen, wie die Ketten und Seile sich heben und senken, von oben auf den Kahn im Trog hinunterschauen. Genießt eine prächtige Aussicht in den Oderbruch. Unten an der Basis des Hebewerks vergleicht man seinen eigenen Körperumfang mit den Betongewichten, den Stahlträgern und staunt auch über die Ruhe, in der das alles abläuft, in der so mächtige Arbeit verrichtet wird.

Schweizer Kleingebirge – Buckow

Es gibt in der DDR eine Sächsische und eine Mecklenburgische, warum sollte es nicht auch eine Märkische Schweiz geben. Nördlich Buckows erhebt sich schließlich ein Berg bis in die Höhe von 129 Metern, und 70 Meter über dem Meeresspiegel ist hier der Durchschnitt. Daß der Begriff Schweiz so inflationär gebraucht wurde, liegt an der verschwommenen romantisierenden Vorstellung, die man sich zu Zeiten, als nur Einzelne Fernreisen antraten, vom Land der Eidgenossen und ihrer Bergwelt machte. Da war man gerade dabei, die eigenen deutschen Landschaften touristisch zu entdekken, und jede Naturschönheit überraschte und entzückte so, daß zu den gewagtesten Vergleichen gegriffen wurde.

Mit den Augen des heutigen Weitgereisten ist allenfalls ein Anklang an Mittelge-

Im alten Buckow

birge festzustellen. Die Märkische Schweiz ist eine wellige, hügelige Hochebene, von Schluchten, hier Kehlen genannt, durchzogen, auf deren Grund Bäche, manchmal nur Rinnsale fließen. Viele gekennzeichnete und ausgebaute Wanderwege führen durch das kleine, nur 8 mal 5 Kilometer große Gebiet, in größeren und kleineren Runden durch den Laubwald, an Tannenforsten vorbei. Alles scheint so geordnet und milde, daß man meint, sich eher in einem etwas verwilderten Schloßpark zu befinden. Und wie in einem Naturpark gibt es dann einzelne Sehenswürdigkeiten. Die Seen gehören dazu, der Schermützelsee bei Buckow und der Große Döbersee bei Waldsieversdorf, den beiden Hauptorten dieser Schweiz, oder der Klobichsee, der etwas abseits liegt. Typisch märkische Seen sind das mit Schilf, Schwänen, Haubentauchern, der Wald reicht steile Abhänge hinunter bis dicht ans Ufer. Die „Silberkehle“ ist bekannt, weil dort in die Schlucht gestürzte Bäume einfach liegen gelassen werden, etwas von Urwald vermitteln. Die „Wurzelfichte“, die durch das Sophienfließ so unterspült ist, daß ihr Wurzelnetz, daher der Name, zur Hälfte ins Freie ragt, die „Blutbuche“, die „Wolfsschlucht“, es wurden immer möglichst abenteuerlich klingende Bezeichnungen gewählt, wie es dem wilden Charakter einer Schweiz ja auch angemessen ist.

Name verpflichtet. Deshalb sind viele der alten Villen und Pensionen, die seit dem Aufkommen des Tourismus Mitte des letzten Jahrhunderts entstanden, in einem sogenannten Heimatstil gehalten. Sie haben tief herabgezogene, holzverzierte Giebel, große Balkone, geschnitzte Fensterläden, sind ganz helvetisch. Die Ferienheime in Buckow heißen immer noch „Waldfrieden“ oder, da hat man sich im Land vergriffen, „Haus Tirol“. Sie stehen an Straßen, die sich dem Verlauf der Hügel und den Ufern der drei Seen anpassen, zwischen denen der Urlaubsort liegt. Sie verlaufen also auf und

Anlegestelle am Schermützelsee

ab und ständig in Kurven. Man gewinnt keinen rechten Überblick über Buckow. Mal hat man die Sicht auf den Buckowsee oder den Griepensee. Dann schaut man einmal mehr von oben, dann wieder von unten auf den dreieckigen Marktplatz mit Stadtkirche und altem Brunnen. Schließlich ist man wieder an der Uferlinie des Schermützelsees. Das ist aber auch das einzige Ungeordnete hier. Der Ferienbetrieb, obwohl er beträchtlich zugenommen hat, verläuft in vorgegebenen Bahnen wie in einer Familienpension. Strandbad, Kino mit täglich wechselnden Programmen, Kahnverleih, eine Dampferlinie über den Schermützel, Ausflugslokale, an denen die kleinen Schiffe halten, „Buchenfried" und „Fischerkehle" genannt, der tägliche Spaziergang, das füllt die Tage.

Bertolt Brecht und Helene Weigel sind 1952 hier heraus gezogen, weil es, wie Brecht schrieb, ruhig und langweilig genug für die Arbeit sei. Ihre Häuser stehen noch am Schermützelsee. Eines wird nach wie vor vom, wie man in spöttischen Kreisen der DDR sagt, „Weigel-Clan" bewohnt, das andere, direkt daneben, wurde dem Staat von der Familie für eine Gedenkstätte überlassen. Das Gebäude ist in reinstem Heimatstil gehalten wie viele der Sommervillen hier am See, die auf Privatgrundstücken liegen und – Betreten verboten! – eine Wanderung direkt am Ufer unmöglich machen. Drinnen zeigt ein hoher, lichtdurchfluteter Saal die Einrichtung so, wie die beiden sie hinterließen, ein riesiger Tisch, rustikale Stühle, Wandteppiche, ein Interieur nach Gutsherrenart. In einem ehemaligen Bootsschuppen steht der schwere Karren, den die Weigel als Mutter Courage über die Bühne zog, hängen die sackleinenen Kleider, die sie dabei trug. Sechs Zentner Karren, viel Arbeit für so eine kleine Frau, sagt die Dame, die durch das Anwesen führt. Ja sicher, und dann tritt man wieder auf die Kieswege, blickt an Statuen vorbei auf den See und kann sich das wohlige Gefühl vorstellen, das Brecht in diesem Garten beim Schreiben der Zeilen hatte: „Heißer Tag. Auf den Knien die Schreibmappe, sitze ich im Pavillon.“

Gurken und Reiher – Spreewald

Vollbesetzte Kähne, die dicht hintereinander durch enge Wasserwege gleiten, ebenso volle Lokale, in denen die Gäste zumeist vergeblich auf Aal grün und andere Fischgerichte hoffen, Andenkenstände, die Puppen in Tracht und Haube verkaufen, das steht einem sofort vor Augen, wenn man an den Spreewald denkt. Das traditionelle Ausflugsgebiet, in dem sich früher nur die Berliner amüsierten, ist inzwischen zum Tummelplatz von Touristen aus der Bundesrepublik, den USA und ganzer Belegschaften aus allen Teilen der DDR geworden. An der Kahnablegestelle in Lübbenau stauen sich die Menschen zu Schlangen, der Hafen ähnelt im Sommer einem Bahnhof. Ständig ruft eine Lautsprecherstimme aus dem verglasten Abfertigungskiosk die Fährleute, teilt sie den verschiedenen Touren zu, „Richter, Werner, an Abfahrtstelle 2 c, nach Lehde“ oder „Köhler, Jochen, reserviert VEB Fernsehtechnik“. Sind die Warteschlangen besonders lang, werden aus den Familienverbänden einzelne zum Essenfassen und Bierholen an die Kioske delegiert. Resignierte Stimmen ertönen, man sei es ja gewöhnt, überall zu warten, nun eben auch hier. Wenn man dann endlich an der Reihe ist, sich auf eine der Viererbänke im flachen Kahn zu setzen, bessert sich die Stimmung schlagartig. Auch in die tiefste Stille der Spreearme hinein erschallen launige Scherze oder aber neidvolle Bemerkungen, hier wüchsen ja Tomaten einfach so im Garten. Sächsisch in allen Graden der Weichheit erklingt. An den Ufern sind auf Hochsitzen Fotografen postiert, deren Schnappschüsse man sich nach der Fahrt abholen kann. In Kähnen stehen junge Frauen, die aus großen Fässern eingelegte Gurken angeln und den Touristen auf Anforderung herüberreichen. Manche

Kahnfahren im Spreewald

bestellen gleich 20 Stück auf einmal und verstauen sie in eigens mitgebrachten Plastiktüten. Was man hat, das hat man. Der „Fröhliche Hecht“ war die erste Gaststätte des Spreewalds, die sich auf Touristen einstellte. Vor etwa hundert Jahren waren das nur wenige und vor allem Kunstmaler. Heute muß man in dem beängstigenden Gedränge vor dem Lokal acht geben, nicht ins Wasser gestoßen zu werden. Das alte Gebäude ist inzwischen abgerissen und mit erweiterter, aber immer noch unzureichender Kapazität neu errichtet worden. Auch im Museumsdorf Lehde, gleich gegenüber, findet man nur wenig Platz. Man muß sich in eine nie abreißende Schlange einreihen. Schiebt sich durch die alten, für den Spreewald typischen rohrgedeckten Blockhäuser. Man steht in niedrigen Schlafstuben mit Kastenbetten im Stau, am Bootsschuppen mit grob behauenem Einbaum, in der Küche, die völlig schwarz vom Qualm ist.

Es ist also zu empfehlen, nicht gerade in den Ferienzeiten in den Spreewald zu fahren. An einem sonnigen Septembertag wird man andere Erlebnisse haben können.

Viele der über 300 Fährleute, die in einer Genossenschaft zusammengeschlossen sind und auf eigene Rechnung arbeiten, fahren bis in den Oktober hinein, manche sogar im Winter. Dann hat man auch Zeit, sich etwas zu unterhalten, vielleicht auch mit einem der über 70jährigen, die immer noch rüstig staken und sich nur manchmal von ihren Enkeln helfen lassen. Zu einer solchen Jahreszeit verliert die Fahrt durch die vielen kleinen Spreearme und Fließe, Kanäle und Gräben den Charakter einer Juxtour durch eine Laubenkolonie, wird zu einer kleinen Expedition auf dem Wasser im Rhythmus des Stakens des Fährmanns.

In den Orten bewundert man den Erfindungsreichtum der Menschen, die durch Jahrhunderte sich eine doch eher feindliche Umwelt so eingerichtet haben, daß in ihr Leben möglich wurde. Hochwassser vernichtete ihre Heuernten, verschlammte die Äcker. Zu niedriger Wasserstand wieder behinderte den Transport, der nur per Kahn erfolgen konnte, unterband manchmal jeden Verkehr. Die Katastrophe konnte sowohl aus dem Zuviel als auch aus dem Zuwenig kommen, beidem waren die Spreewälder auf ihren sumpfigen Inseln schutzlos ausgeliefert. Ihre Lage hatte aber den Vorteil, sie vor Zugriffen von außen zu bewahren. Erst vor Eroberungszügen, dann lange Zeit vor dem kulturellen Zugriff der Deutschen. So konnte sich ein Stück slawischer, sorbischer Eigenart erhalten, die sich heute aber nur in einigen wenigen Bräuchen und der Tatsache ausdrückt, daß es eine sorbische Fischereigenossenschaft gibt. In letzter Zeit sollen wieder mehr junge Leute die alte Sprache lernen.

Die sumpfigen Inseln sind nun in Felder und Gärten verwandelt, hohe Holzbrücken, so hoch, daß auch die Heukähne sie unterfahren konnten, sind entstanden. Es gibt immer noch die Spreewaldhäuser, ohne jeden Nagel nur aus den Materialien der Gegend, Holz und Rohr, zusammengefügt. Die Menschen haben sich eingerichtet, an den Brücken, die nur zu einem einzelnen Anwesen führen, sind Knöpfe für die Klingel und die Wegbeleuchtung angebracht, Einfahrten zum Parken der Kähne geschaffen. Fischkästen hängen halb im Wasser, Zwiebelbünde in den Bäumen. Man kommt an allem dicht vorbei, in ruhigem Gleiten, an Gänseherden, Wiesen mit den landesüblichen igluförmigen Heuhaufen, kleinen Gurkeneinlegereien, die wohl schon vor 100 Jahren so standen, als die Bauern ihr Gemüse noch nachts mit dem Zug nach Berlin zum Verkauf fuhren. Man kann sich ein wenig vorstellen, wie das früher hier gewesen sein muß, als die Kühe noch einzeln im Kahn zur Weide und die Kinder in einem beheizbaren Boot zur Schule gefahren werden mußten. Als in den Gehöften Leinen gewoben wurde, abends und in der dunklen Jahreszeit. Die Höfe waren wie die Dörfer durch das Wasser gleichermaßen voneinander getrennt und miteinander verbunden.

Bis weit in unser Jahrhundert hinein konnten ganze Orte wie Leipe bei Lübbenau und auch beliebte Ausflugsgaststätten nicht einmal zu Fuß erreicht werden. Lieferungen in das Insellokal „Wotschofska“ mußten bis in die 80er Jahre per Kahn erfolgen.

Indem die Menschen sich einrichteten, veränderten sie die Natur, drängten sie zurück. Vom Urwald zwischen den Spreearmen ist nichts mehr übriggeblieben, und nur noch in wenigen Naturschutzgebieten gibt es so etwas wie Reste der früheren dichten Wälder von Erlen und Eschen. Dort stört man dann hin und wieder einen Schwarzstorch oder einige Graureiher auf, auch eine Ringelnatter schlängelt durch das Wasser, die Fischotter, die hier noch leben sollen, haben sich wohl in völlig ungestörte Gegenden zurückgezogen. Man weiß um diese Veränderungen, hat die Zahl im Kopf, daß nur noch 15 Prozent der Fläche des Spreewaldes mit Bäumen bestanden ist. Der Rest ist längst zu Wiesen und Weideland kultiviert. Und dennoch – zwischen den Bäumen und Büschen fühlt man sich auf dem Wasser wie ein Expeditionsreisender. Läßt man sich nicht im Kahn fahren, sondern leiht in Lübbenau ein Paddelboot, macht sich also selbständig, so wird die Tour durch das Gewirr der schmalen Flußarme vollends zur Entdeckungsfahrt.

Man ist gespannt darauf, was sich hinter der nächsten Krümmung des Fließes zeigen wird.

Die Änderungen, die sich in den letzten Jahrzehnten anbahnten, können für den Spreewald allerdings das endgültige Aus bedeuten. Südlich von Lübbenau qualmen bedrohlich die Schlote eines Kraftwerks. Es verbrennt Braunkohle, die in den Tagebauen gewonnen wird, die von Süden her immer dichter an die Stadt heranrücken. Das Elektrizitätswerk benutzt das Spreewasser zur Kühlung, bläst Unmengen von Abgasen in die Luft. Fische und Bäume werden so geschädigt. Gleichzeitig werden immer größere Flächen eingedeicht und zu zusammenhängenden Weiden gemacht, um Futter für immer größere Herden von Jungrindern zu gewinnen, die in Mastbetrieben gehalten werden. Gülle und Dünger fließen ins Wasser, nähren die Algen. Und jährlich kommen über eine Million Touristen allein über Lübbenau in den Spreewald. Die füllen nicht allein die Kanäle, sondern auch die Stadt. Vor der Kirche jagen sich Kindergruppen in polnischen oder deutschen Pionieruniformen. Auf der Hauptstraße herrscht ständig rush-hour, dort konzentriert sich alles, eilt in die Andenkenläden und in die Fotogeschäfte, um die Schnappschüsse der Fotografen auf den Hochsitzen abzuholen.

Aber nur ein kleines Stück im Abseits trifft man noch auf eine kopfsteingepflasterte Gasse, die dann in eine Holzbrücke übergeht. Daneben liegen ein paar morsche Kähne, schon halbversunken, vergessen im Wasser. Wer eine solche Stille länger genießen will, kann in eine andere Gegend ausweichen. Nur wenige nehmen ja wahr, daß es nicht nur den Oberspreewald, den im Sommer von Touristen überlaufenen Teil, daß es auch einen Unterspreewald gibt. Der ist zwar nicht so malerisch von vielen kleinen Fließen und Kanälen durchzogen. Die Boote verkehren dort nur auf einigen breiten Wasserstraßen. Dafür werden Dörfer mit je einem Lokal und mit Storchennestern geboten, lange Wanderungen zwischen Buchen und Erlen, Forste, in denen man sich verlaufen kann, über Wege auf Deichen, in Schilf und sumpfigen Niederungen. Das Platschen von springenden Karpfen in den Fischteichen und das Rauschen der Pappeln und der Flügel von Reiherschwärmen sind in der Stille noch zu hören. In Schlepzig (Fachwerkhäuser, Schwäne, Lokal „Zum grünen Strand der Spree“) kann man eine Kahnfahrt zum Naturschutzgebiet Buchenhain antreten, in einen halbwegs naturbelassenen Urwald.

Kleine Reisen in die Umgebung Berlins

Für West-Berliner ist es keine Frage, sie leben ja einfach hier.
Aber auch für West-Deutsche wird der Weg in die Mark oft über Berlin führen, über Berlin/West oder den anderen Teil der Stadt, Berlin/DDR.

Anreise
in der Berliner Umland entweder über die innerstädtischen Grenzübergänge (siehe: Berlin/DDR) und dann weiter auf's Land
oder
über die Übergänge
Heiligensee
Falkenseer Chaussee
Heerstraße (Staaken)
Glienicker Brücke
Ostpreußendamm
Kirchhainer Damm
Waltersdorfer Chaussee.

BVG-Busse verkehren
vom U-Bhf. Tegel
nach Hennigsdorf und Oranienburg
vom U-Bhf. Rathaus Spandau
nach Nauen und Falkensee
vom S-Bhf. Wannsee
nach Potsdam
vom U-Bhf. Rudow
nach Schönefeld
vom S-Bhf. Lichtenrade
nach Mahlow
von Lichterfelde, Lindenstraße nach Stahnsdorf

Die Übergänge und BVG-Buslinien können nicht von fest in der BRD lebenden oder als Touristen reisende Ausländer benutzt werden.

Camping
Lübbenau, am Schloßpark
Werder/Havel, Riegelspitze

In Altlandsberg

Bernau
Bezirk Frankfurt/Oder

Informationen
Rat der Stadt
1280 Bernau
Rathaus
Tel. 7 91 (über Fernamt)

Anreise
von Berlin/DDR
mit der S-Bahn
ab Bhf. Ostkreuz
43 Minuten
mit dem Auto
auf der Autobahn E 28 bis Abfahrt Bernau oder auf der F 2
mit dem Ausflugsbus
von der Haltestelle Ostseestraße/Prenzlauer Promenade
Mai bis August stündlich von 7.00 bis 9.00 Uhr, alle 3/4 Stunde von 9.00 bis 10.30 Uhr und alle Stunde 10.30 bis 19.30 Uhr
April bis September stündlich 8.00 bis 10.00 Uhr, alle 3/4 Stunde von 10.00 bis 11.30 Uhr und alle Stunde von 11.30 bis 18.30 Uhr
Fahrzeit 33 Minuten

Essen & Trinken
Hotel „Schwarzer Adler“, Berliner Str. 33
„Am Steintor“, Berliner Str.
„Wallkasino“,
Berliner Straße 54

Kunst & Kultur
Heimatmuseum im Steintor
Mittelalterliche Waffen, Geschichte der Arbeiterbewegung
Di–So 9.00 bis 12.00 und 14.00 bis 17.00 Uhr
Heimatmuseum im Henkerhaus
Di–So 9.00 bis 12.00 und 14.00 bis 17.00 Uhr
Kirche St. Marien
in den Sommermonaten ab 14.00 Uhr zu besichtigen

Buckow/ Märkische Schweiz
Bezirk Frankfurt/Oder

Informationen
Zweckverband Erholungswesen Märkische Schweiz
1276 Buckow
Clara-Zetkin-Str. 1
Tel. 2 56

Anreise
von Berlin/DDR
mit der Eisenbahn
von S-Bahnhof Lichtenberg Richtung Kietz bis Müncheberg, Fahrzeit etwa 70 Minuten, umsteigen nach Buckow, 10 Minuten
mit dem Bus
nach S-Bahnfahrt von Bhf. Ostkreuz bis Bhf. Strausberg von Bhf. Ostkreuz, 48 Minuten, weiter vom Bahnhofsvorplatz mit dem Bus Linie E 1, 50 Minuten
mit dem Ausflugsbus
von Treptow, Puschkinallee Sa vom 17. September bis 8. Oktober um 8.15 Uhr
Sa, So vom 2. April bis 11. September
zusätzlich Do vom 9. Juni bis 18. August
Abfahrt 2. April bis 11. September 8.15 Uhr, 17. September bis 8. Oktober um 9.00 Uhr
Fahrzeit 90 Minuten
mit dem Auto
auf der F 1 bis Müncheberg, dann Richtung Buckow

Essen & Trinken
„Lindenhotel", Am Markt 5
„Strandcafé",
Ernst-Thälmann-Straße
„Haus Buchenfried",
Bollersdorfer Höhe
„Fischerkehle",
am Fischerberg

Kunst & Kultur
Gedenksättte
Brecht-Weigel-Haus
Bertolt-Brecht-Straße 29
Mai bis September Di, Do, Fr, So 10.00 bis 12.00 Uhr und 13.00 bis 15.30 Uhr, in den anderen Monaten Mo, Do, Fr zu diesen Zeiten

Spaß & Sport
Kino
Parklichtspiele
Ernst-Thälmann-Straße 1
Fahrradverleih
Ausgabe 8.30 bis 11.00 Uhr
Annahme 16.00 bis 17.00 Uhr
Seebadeanstalt
am Schermützelsee
dort auch Bootsausleihe
Ausflüge
Weiße Flotte fährt vom 1. Mai bis 7. Oktober täglich außer Mo fast stündlich von 10.15 bis 16.30 Uhr ab Badeanstalt am Schermützelsee zu den empfehlenswerten Gaststätten „Buchenfried" und „Fischerkehle"

Eberswalde/Finow
Bezirk Frankfurt/Oder

Informationen
Eberswalde-Finow-Information
1300 Eberswalde-Finow
Wilhelm-Pieck-Str. 26
Tel. 41 82

Anreise
von Berlin/DDR
mit der Eisenbahn
von Bhf. Lichtenberg (Anschluß U- und S-Bahn) Richtung Stralsund bis Eberswalde Hbf., Fahrzeit etwa 45 Minuten
mit dem Auto
auf der F 2 bis Eberswalde

Essen & Trinken
„Hotel Eberswalde",
Wilhelm-Pieck-Str. 62
„Ratskeller",
Straße der Jugend 43/44
„Weidmannsheil",
Wilhelm-Pieck-Str. 80
„Zum Schlachthof",
Straße der Jugend 108

Kunst & Kultur
Heimatmuseum,
Platz der Freundschaft.
Zur Geschichte der Stadt, der Metallverarbeitung und Industrieentwicklung, zur Arbeiterbewegung im „roten Finowtal".

Erkner
Bezirk Frankfurt/Oder

Informationen
Rat der Gemeinde
1250 Erkner
Karl-Marx-Str. 25
Tel. 37 82

Anreise
von Berlin/DDR
mit der S-Bahn
von Bhf. Ostkreuz,
Fahrzeit 31 Minuten
mit dem Auto
ist nicht zu empfehlen

Essen & Trinken
„Löcknitz-Terrassen",
Fangschleuser Straße
Klubgaststätte, Uferstraße
„Parkcafé", Karl-Marx-Str. 1

Kunst & Kultur
Museen
Gerhart-Hauptmann-Gedenkstätte,
Gerhart-Hauptmann-Str. 1/2
Hauptmann wohnte hier 4 Jahre von 1885 an, Dokumente zum Leben und Werk
Mi bis So
14.00 bis 17.00 Uhr
Heimatgeschichtliche Sammlung,
Heinrich-Heine-Str. 17/18
Sammlungen zur Ortsgeschichte

Spaß & Sport
Badestelle am Falkensee
Bootsverleih am
Dämeritzsee

Hoppegarten
Bezirk Frankfurt/Oder

Anreise
von Berlin/DDR
mit der S-Bahn
von Bhf. Ostkreuz Richtung Strausberg, bis Hoppegarten Fahrzeit 22 Minuten
mit dem Auto auf der Landstraße F 1

Essen & Trinken
Gaststätte auf der Rennbahn

Spaß & Sport
Pferderennen fast jeden So, auch an einigen Sa,
Einlaß ab 12.00 Uhr,
Starts ab 13.00 Uhr

Kloster Chorin
Bezirk Frankfurt/Oder

Anreise
von Berlin/DDR
mit der Eisenbahn
ist nicht zu empfehlen
mit dem Ausflugsbus
von Treptow, Puschkinallee über Schiffshebewerk Niederfinow Sa, So vom 30. April bis 11. September
zusätzlich Mi vom 15. Juni bis 17. August
Abfahrt 7.15 Uhr
mit dem Auto auf der F 2 über Eberswalde-Finow, das Kloster liegt am Straßenrand

Essen & Trinken
„Neue Klosterschänke"
am Amtssee
„Alte Klosterschänke"
am Kloster
„Waldschänke" in Sandkrug

Kunst & Kultur
Auskünfte über die Konzerte
„Choriner Musiksommer"
Eberswalde-Finow-Information
1300 Eberswalde-Finow
Wilhelm-Pieck-Str. 26
Tel. 41 82

Königs Wusterhausen
Bezirk Potsdam

Informationen
Rat der Stadt
1600 Königs Wusterhausen

Anreise
von Berlin/DDR
mit der S-Bahn
von Bhf. Warschauer Straße bis Bhf. Königs Wusterhausen 40 Minuten
von Berlin/West
mit dem Auto über Übergangsstelle Waltersdorfer Chaussee, dann über die F 179 bis K.W.

Essen & Trinken
„Bahnhofshotel"
am S-Bahnhof
„Stadtcafé", Bahnhofstraße
„Deutsches Haus",
Luckenwalder Straße
„Hotel Bärenquell",
Kirchplatz

Spaß & Sport
Ausflüge
Weiße Flotte
Fahrten nach Berlin-Friedrichshagen am Großen Müggelsee ab Anlegestelle an der Schleuse Neue Mühle
Auskunft
VE Kombinat Berliner Verkehrsbetriebe
Rosa-Luxemburg-Straße 2
1026 Berlin
Tel. 2 71 20

Lübben/ Unterspreewald
Bezirk Cottbus

Informationen
Rat der Stadt
7550 Lübben

Anreise
von Berlin/DDR
mit der Eisenbahn
von Bhf. Lichtenberg (U- und S-Bahn-Anschluß) oder Hauptbahnhof (S-Bahn-Anschluß) Richtung Görlitz, bis Lübben Hbf., Fahrzeit gut 60 oder etwa 100 Minuten, je nach Zugart
von Berlin/West
mit dem Auto über Übergangsstelle Waltersdorfer Chaussee, auf der Autobahn E 36 bis Abfahrt Lübben

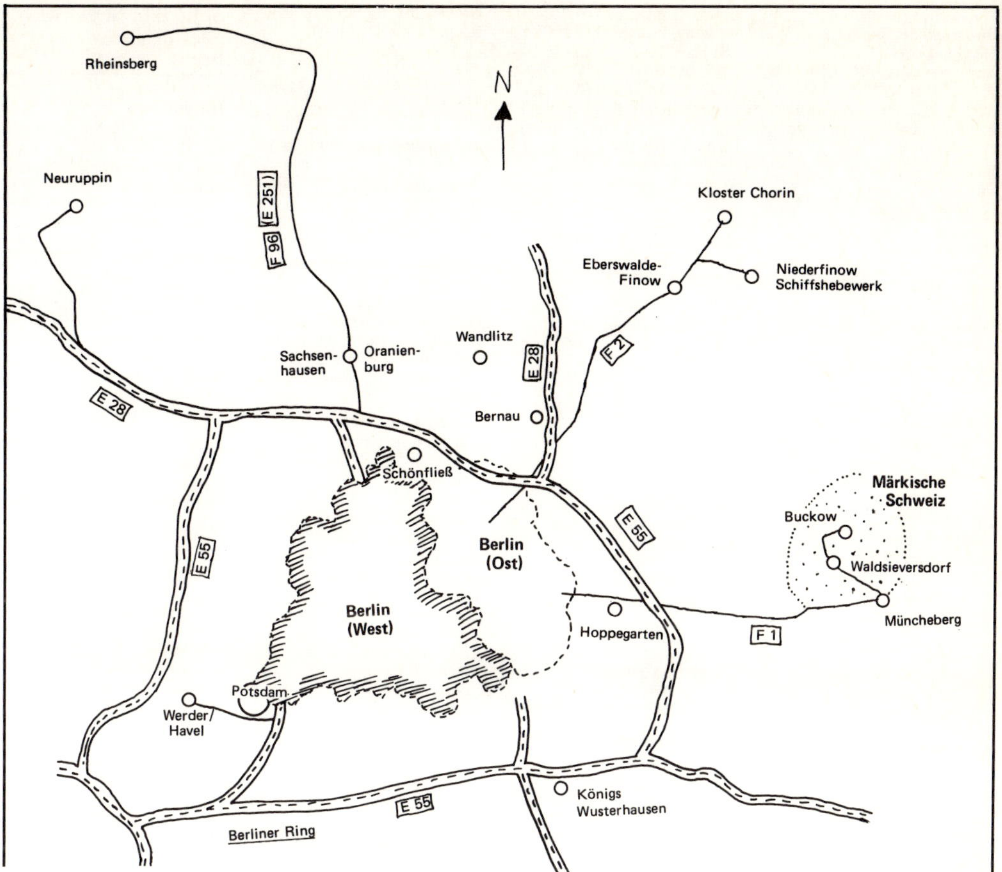

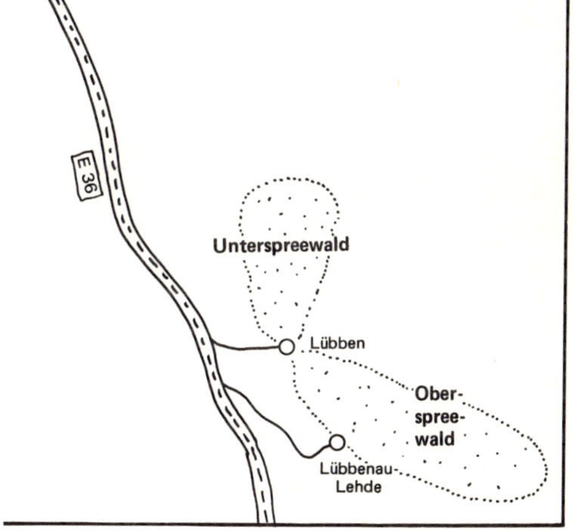

Essen & Trinken
„Am Hain", Bahnhofstr. 35
„Spreeblick",
Gubener Str. 53
„Steinkirchner Hof",
Cottbuser Str. 16

Kunst & Kultur
Heimatmuseum im Schloß
Zur Geschichte der Stadt und des Spreewalds

Spaß & Sport
Bootsverleih
Im Freibad Philipp Müller, Am Burglehn

Kino
Spreewald-Lichtspiele
Poststr. 11

Ausflüge
Kahnfahrten
Fahrten nach Schlepzig, Lübbenau und Burg ab Bootsstation am „Strand-café"
Auskunft
Genossenschaft der Kahnfährmänner
Tel. 25 90

Lübbenau/ Oberspreewald
Bezirk Cottbus

Informationen
Rat der Stadt
7543 Lübbenau

Anreise
von Berlin/DDR
mit der Eisenbahn von Bhf. Lichtenberg (U- und S-Bahn-Anschluß) oder Hauptbahnhof (S-Bahn-Anschluß) Richtung Görlitz, bis Lübbenau, Fahrzeit zwischen 70 und etwa 110 Minuten, je nach Zugart
von Berlin/West
mit dem Auto über Übergangsstelle Waltersdorfer Chaussee, auf der Autobahn E 36 bis Abfahrt Lübbenau

Essen & Trinken
„Deutsches Haus",
Hauptstr. 38/39
„Zum Grünen Strand der Spree", Maxim-Gorki-Straße
„Stadtcafé",
Ernst-Thälmann-Straße

Kunst & Kultur
Spreewald-Museum
Trachten, sorbische Lebensweise
Park des Volkes
Geöffnet Mai bis Oktober täglich außer Di

Spaß & Sport
Bootsverleih
Bootshaus Kaupen,

am Fußweg nach Leipe
Bootsverleih Franke, Maxim-Gorki-Str. 73
Geöffnet ab 8.00 Uhr, zu dieser Zeit sollte man sich auch einfinden, um bei der Bootsvergabe nicht leer auszugehen

Kino
Spreewald-Lichtspiele Hauptstr. 38/39

Ausflüge
Kahnrundfahrten
Abfahrt „Hafen der Freundschaft" nach Lehde, Freilandmuseum, Dauer 2 Stunden
zur Insel und Gaststätte „Wotschofska", Dauer 4 bis 5 Stunden,
Leipe-Rundfahrt über „Wotschofska" nach Leipe, Dauer 5 bis 7 Stunden, Pause für Frühstück und Mittagessen
Hochwald-Rundfahrt über „Wotschofska", Gaststätte „Eiche", durch den Erlenwald, nach Leipe, schließlich Lübbenau, Dauer 8 bis 10 Stunden, Pausen für Frühstück, Mittagessen und Kaffee

Auskunft
Genossenschaft der Kahnfährmänner
7543 Lübbenau
Postfach 49
Tel. 22 25

Neuruppin
Bezirk Potsdam

Informationen
Rat der Stadt
1950 Neuruppin
Wichmannstr. 8
Tel. 26 31

Anreise
von Berlin/DDR
mit der Eisenbahn
ist nicht empfehlenswert
mit dem Ausflugsbus
von Treptow, Puschkinallee nach Neuruppin und in seine Umgebung
So vom 15. Mai bis 28. August; Abfahrt 7.00 Uhr

von Berlin/West
mit dem Auto über den Kontrollpunkt Falkenseer Chaussee auf der Autobahn E 55, dann E 26 bis Abfahrt Neuruppin

Essen & Trinken
„Hotel Stadt Neuruppin", Karl-Marx-Str. 90
„Schlachteplatte", Friedrich-Engels-Str. 44
„Ratskeller", Schinkelstr. 3
„Berliner Hof", Karl-Marx-Str. 96
„Café Tempelgarten", Wilhelm-Pieck-Str. 64
„Kleines Café", Karl-Marx-Str. 56
„Café Waldfrieden" an der Badestelle am Ruppiner See

Kunst & Kultur
Heimatmuseum, August-Bebel-Str. 14

Spaß & Sport
Seebadeanstalt, Straße der Weltjugend
Badestellen am Ruppiner See

Bootsausleihe an der Schiffsanlegestelle am Bollwerk

Kino
Märksiche Lichtspiele Karl-Marx-Str. 51/52

Ausflüge
Weiße Flotte
Fahrten über den Ruppiner See nach Altruppin und zur Kolonie Wuthenow
Auskunft
Seeufer 9
Tel. 24 43
Anlegestelle am Seeufer

Oranienburg
Bezirk Potsdam

Informationen
Rat der Stadt
1400 Oranienburg
Tel. 50 71 (über Fernamt)

Anreise
von Berlin/DDR
mit der S-Bahn
von Bhf. Schönhauser Allee (Anschluß von U-Bahn-Linie Otto-Grotewohl-Straße/Pankow) 43 Minuten

von Berlin/West
mit dem BVG-Bus von U-Bhf. Tegel bis Oranienburg, Busbahnhof
mit dem Auto
über Kontrollpunkt Heiligensee, auf der Autobahn E 55 bis zur Abfahrt Birkenwerder

Essen & Trinken
„Oraienburger Hof", Straße des Friedens
„Stadtcafé", Straße des Friedens
„Schlachteplatte", August-Bebel-Straße

Kunst & Kultur
Kreismuseum
Breite Straße 1
Geschichte der Stadt und der Reformkolonie Eden, des Schlosses und Kreises, Veltener Porzellan
Di–Do 10.00 bis 16.00 Uhr, Sa 13.00 bis 17.00 Uhr, So 8.00 bis 12.00 Uhr.

Rheinsberg
Bezirk Potsdam

Informationen
Rat der Stadt
1955 Rheinsberg
Seestr. 21
Tel. 20 88

Anreise
von Berlin/DDR
mit der Eisenbahn
ist nicht zu empfehlen
mit dem Auto
auf der F 96 (E 251) bis Dannenwalde, dann nach Rheinsberg

von Berlin/West
mit dem Auto
wie nach Oranienburg, dann weiter F 96

Essen & Trinken
„Brandenburger Hof", Mühlenstr. 5
„Deutsches Haus", Seestraße 13
„Goldener Stern", Mühlenstr. 4
„Rheinsberger Hof", Straße der Jugend 11
„Schloßkonditorei", Mühlenstr. 12
„Café Seepavillon", Seestraße

Kunst & Kultur
Konzerte im Spiegelsaal des Schlosses während der „Reinsberger Musiktage" zu Pfingsten

Spaß & Sport
Seebadeanstalt
am Grienericksee, dort auch Bootsverleih
Badestelle am Großen Linowsee

Sachsenhausen, Nationale Mahn- und Gedenkstätte
Bezirk Potsdam

Anreise
über Oranienburg
Straße des Friedens, dann Straße der Nationen

Das Mahnmal
ist zur Besichtigung geöffnet Di bis So 8.00 bis 17.30 Uhr

Die Museen des antifaschistischen Freiheitskampfes der europäischen Völker und zur Geschichte des KZ Sachsenhausen
Di bis So 9.00 bis 16.00 Uhr

Schiffshebewerk Niederfinow
Bezirk Frankfurt/Oder

Anreise
von Berlin/DDR
mit der Eisenbahn
über Eberswalde Hbf., dort umsteigen Richtung Frankfurt/Oder bis Bhf. Niederfinow, Fahrzeit noch einmal 12 Minuten, kurzer Fußweg
mit dem Ausflugsbus
von Treptow, Puschkinallee
Fahrt und Fahrzeiten wie Kloster Chorin

Essen & Trinken
„Zur Schleuse", A.-Kuhnert-Str. 1

Strausberg
Bezirk Frankfurt/Oder

Informationen
Rat der Stadt
1260 Strausberg
Leninplatz
Tel. 5 40

Anreise
von Berlin/DDR
mit der S-Bahn
von Bhf. Ostkreuz bis Strausberg-Stadt, Fahrzeit 47 Minuten, bis Strausberg-Nord 50 Minuten
mit dem Auto
ist nur wegen des Weges durch Altlandsberg zu empfehlen

Essen & Trinken
„Klub am See", Wriezener Straße
„Speisehaus an der Fähre"

Kunst & Kultur
Kreisheimatmuseum
Geschichte des Kreises und der Arbeiterbewegung
August-Bebel-Str. 33

Wandlitz
Bezirk Frankfurt/Oder

Informationen
Rat der Gemeinde
1292 Wandlitz
Prenzlauer Chaussee 77
Tel. 2 94 (über Fernamt)

Anreise
von Berlin/DDR
mit der S-Bahn von Bhf. Ostkreuz Richtung Bernau bis Bhf. Berlin-Karow, Fahrzeit 28 Minuten, umsteigen Richtung Basdorf, Weiterfahrt bis Bhf. Wandlitz oder Bhf. Wandlitzsee
mit dem Auto auf der F 109

Essen & Trinken
„Hotel Terrassen am See“
„Versunkene Glocke“,
an den Pfühlen

Kunst & Kultur
Museen
Museum der agraren Produktivkräfte; Landwirtschaftliche Arbeitsgeräte, bäuerliches Inventar, ehemals privates Heimatmuseum
Breitscheidstr. 8
geöffnet Di bis Sa 9.00 bis 12.00 und 13.30 bis 16.30 Uhr, So 9.00 bis 12.00 Uhr
Ernst Thälmann-Gedenkstätte
Von 1930–1933 hielten sich hier Mitglieder des ZK der KPD illegal auf.
Karl-Marx-Str. 37

Werder/Havel
Bezirk Potsdam

Informationen
Rat der Stadt
1512 Werder/Havel
Tel. 23 31

Anreise
von Berlin/DDR
mit der S-Bahn von Bhf. Ostkreuz Richtung Erkner bis Bhf. Karlshorst 8 Minuten, von Bhf. Karlshorst 70 Minuten
von Berlin/West
wie nach Potsdam
von Potsdam
mit dem Bus Abfahrt am Busbahnhof am Bassinplatz
mit dem Schiff Abfahrt Anlegestelle der Weißen Flotte vor dem Interhotel „Potsdam“

Essen & Trinken
„Friedrichshöhe“,
Hoher Weg
„Rauenstein“, Hoher Weg
„Stadt-Café“,
Karl-Marx-Platz 1
„Havelblick“,
Fischerstraße 48 b

Spaß und Sport
Freibad am Glindowsee
Ausflüge
Weiße Flotte
Fahrten vom 2. Mai bis 25. September nach Caputh, Templin, Potsdam
Auskunft
Weiße Flotte Potsdam
1591 Potsdam
Johannsenstr. 12–17
Tel. 2 10 90
Anlegestelle an der Gaststätte „Havelblick“

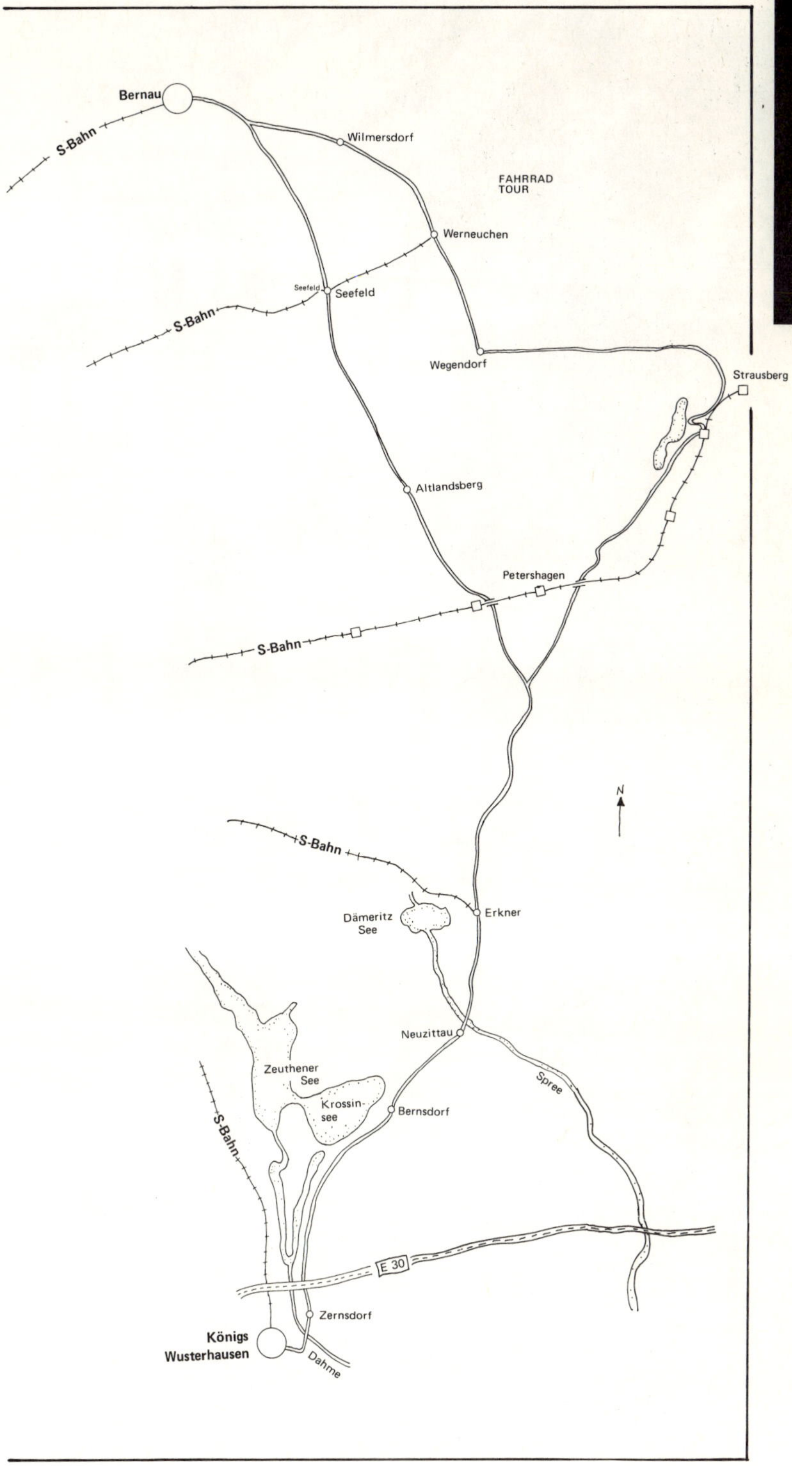

Potsdam – DDR Preußisch

Einfach nur eine Stadt am Wasser, auf sumpfigem Gelände, rund 1.000 Jahre alt, das ist Potsdam, und gleichzeitig Inbegriff des Preußentums. Alles, was den preußischen Staat mächtig machte, findet sich noch heute im Bild der alten Residenzstadt wieder.

Nirgendwo sonst sind auf so engem Raum so viele Gebäude, Orte, die einmal dem Militär gedient haben, Kasernen, Ställe, Exerzierfelder.

Um die Wirtschaft des unterentwickelten Landes zu stärken, wurden ausländische Handwerker ins Land gezogen, bekamen Emigranten Asyl gewährt. Ganze Stadtviertel Potsdams sind für diese Fremden errichtet worden.

Sparsamkeit gilt als preußische Tugend. An der schlichten Gestaltung vieler Häuser ist sie abzulesen, mit möglichst einfachen Mitteln wurde die Stadt Schritt für Schritt erweitert. Weit weniger sparsam waren die Könige, wenn es galt, mit Schlössern und Parks die Macht des Staates zu demonstrieren, das Neue Palais im Park Sanssouci ist dafür nur ein Beispiel. Auch manche der prächtigeren Fassaden in den Potsdamer Straßen dienten der Repräsentation, waren aber auf die Bequemlichkeit der hinter ihnen lebenden Bürger nicht berechnet. Die Fenster waren zwar eindrucksvoll, aber so ungünstig angeordnet, daß die Bewohner

Am Potsdamer Alten Markt

sich auf den Bauch legen oder eine Leiter stellen mußten, um mal auf die Straße schauen zu können.

Genügsamkeit war eben gefordert und auch Disziplin. Der waren selbst die Akteure des Schloßtheaters unterworfen, in der Posthofstraße steht heute noch die ehemalige Schauspielerkaserne. Schauspieler kaserniert wie auch die Soldaten, militärische Zucht hatte zu herrschen in diesem Staat, der unentwegt Kriege führte. Das Militärwaisenhaus ist denn auch eines der größten Gebäude in der Innenstadt.

Dem preußischen Vaterlande dienen, war die Devise, und das Vaterland, das war der Staat. Die Könige, Friedrich der Große als erster, waren aufgeklärte Monarchen, die sich als Diener des Staates sahen, wenn auch als privilegierte. Als Monarchen wußten sie am besten, was dem Staat und Potsdam guttat. Sie bestimmten, vom Stadtgrundriß bis zum einzelnen Haus, wie ihre Residenz auszusehen habe.

So ist Potsdam preußisch bis auf den heutigen Tag – schlicht, geradlinig, etwas grau, hat nur ein paar Schnörkel im Zopfstil.

Am Alten Markt

Von West-Berlin her wird der Autofahrer auf breiter Straße direkt zum historischen Kern Potsdams, den Alten Markt, geleitet. Er kommt über die Lange Brücke, die aus Stahlbeton gefertigte späte Nachfolgerin der hölzernen Konstruktion, die schon um 1317 an dieser Stelle die Havel überspannte. In der Nähe muß vor rund 1.000 Jahren ein Fischerdorf am Fluß existiert haben, es wird jedenfalls in einer Urkunde von 993 als Poztupimi erwähnt. Später kamen Ansiedlungen im Schutz einer Burg an Fähre und Brücke hinzu. Aus der Burg wurde über verschiedene Umbauten und Erweiterungen das Stadtschloß, das, ab 1664 zweite Residenz erst des Großen Kurfürsten, dann der Könige in und von Preußen, schließlich dreier deutscher Kaiser, den Alten Markt beherrschte. Der wirkt heute eher wie die Randzone, nicht das Zentrum einer Stadt. Der Raum vor Stadtschloß und Brücke war auch schon früher durch einen Lustgarten, der mehr ein Paradefeld war, zur Havel hin geöffnet. Nun aber, da der 1945 zerbombte, 1959 abgetragene Palast fehlt, stehen die noch erhaltenen historischen Gebäude ungeschützt im Freien. An Stelle von Schloß und Lustgarten breiten sich die mit dem niedrigen Grün bedeckten Anlagen und eine weite Straßenkreuzung aus. Das Interhotel „Potsdam" zwischen Straße und Fluß, wie üblich aus Betonplatten gefertigt, und das Fußballstadion dahinter füllen das entstandene Vakuum nicht. Von diesem kahlen Raum führt die Lange Brücke weg ins Irgendwo. Der Alte Markt ist aus der Fassung geraten. Dabei ist durchaus vorstellbar, daß dieser Platz einmal so etwas wie italienischen Charme gehabt hat. Die domartige Kuppel der Nikolaikirche, so hoch, daß man sie bei klarem Wetter von Westberliner Gebiet aus sehen kann, der Obelisk davor, an der Seite das Rathaus, nach einem Plan für einen Palazzo in Vicenza errichtet, einen vergoldeten Atlas auf dem Turm, und das Knobelsdorffhaus daneben haben nun aber kein Gegenüber mehr. Die Parkplätze betonen nur die Leere.

Um sich davon zu erholen, kann man rasch die Friedrich-Ebert-Straße überqueren, durch die schmale Schwerdtfegerstraße zum Neuen Markt laufen, dort verschnaufen. Hier hat sich noch eine geschlossene Platzanlage erhalten. Ein Stall für die Kutschpferde Friedrichs II. ist das auffälligste Gebäude. Einige alte Häuser mit Balkonen und ausgetretenen Treppen stehen eng um das kopfsteingepflasterte Viereck des Platzes und in dessen Mitte die Ratswaage. Drei schmale Straßen laufen unregelmäßig und schräg auf den Neuen Markt zu. Hier war im Mittelalter die Stadt zu Ende, und obwohl die ältesten Gebäude aus dem 18. Jahrhundert stammen, scheint sich doch ein Stück der damaligen Marktatmosphäre in den Ecken erhalten zu haben. Dieser Eindruck wird vielleicht auch dadurch bestärkt, daß der Kutschstall heute von der Handelsgesellschaft Obst, Gemüse, Speisekartoffeln genutzt wird; durch die blinden Fenster sind Obstkisten und Gemüsehorden zu sehen.

Nur ein kurzer Gang und man ist beim Marstall, tritt dort wieder ins Freie der Stadtrandatmosphäre an der vierspurigen Wilhelm-Külz-Straße. Als „Pomeranzenhaus", also Orangerie erbaut, bekam der Marstall 1746 die heutige Gestalt, änderte seine Funktion, und seine Portale sind seitdem mit Statuen von Rössern geschmückt. Nach dem Ersten Weltkrieg waren in den Boxen der Pferde Erinnerungsstücke an die Potsdamer Garnison untergebracht. Heute ist das Innere vollständig umgestaltet zum Filmmuseum der DDR. Plakate und Szenenfotos internationaler Produktionen wie Chaplins „The Kid", zu Streifen der UFA und ihrer Nachfolgerin nach 1945, der DEFA, sind ausgestellt. Die Deutsche Film AG hat ihr riesiges Areal im Potsdamer Stadtteil Babelsberg. Hinter der Mauer, die das Gelände umgibt, kann man dort Teile der Kulissenstädte, auf der Straße hin und wie-

Das Portal des Langen Stalls

der kostümierte Komparsen sehen. Die Ausstellung hier im Marstall ist doch mehr eine Papierschau, wird aber dort interessant, wo Requisiten gezeigt werden oder der Besucher alte Bildfolgegeräte selbst bedienen kann. Im Museumskino werden nur selten historische Lichtspiele aufgeführt, zumeist nur Filme, die auch in den anderen Häusern der Republik zur gleichen Zeit laufen.

Der Marstall war, als das Schloß noch stand, mit dem Palast durch eine Kolonnade verbunden. Dort verläuft nun die Friedrich-Ebert-Straße, und die korinthischen Säulen der Kolonnade sind vor die Wasserfront des Interhotels versetzt worden, an die Anlegestelle der Weißen Flotte.

Am Havelufer

Die Schiffe legen zu Fahrten bis hin nach Brandenburg ab, in der anderen Richtung bis nach Wannsee, inzwischen wieder. Aus dem Schatten der Langen Brücke kann man auch nach Werder starten, im Frühjahr zur Baumblüte. Flottillen von Ruderbooten umrunden die Freundschaftsinsel auf der anderen Seite der Brücke. Schwemmsand, den die Nuthe an ihrer Mündung in die Havel anspülte, bildete den Grundstock, später wurde die Insel durch Aufschüttungen weiter vergrößert. Von 1718 bis zum Anfang des 19. Jahrhunderts stand auf ihrem Grund ein Palisadenzaun, der die Desertation von Soldaten der Garnison verhindern sollte. Die waren oft so verzweifelt, daß sie sogar Selbstmord durch Ertrinken dem weiteren Militärdienst vorzogen. Heute ist die Freundschaftsinsel ein Freizeitpark mit Gaststätten, Spielplätzen für Kinder und Erwachsene, einer Freilichtbühne, verschiedenen Gärten, deren Blütenstauden, Rosen, Wasserpflanzen Augen und Nasen erfreuen. Am Gondelteich können die Ruderboote ausgeliehen werden, die auf dem Wasser herumschwirren. Von einer Bank am Rande der Gärten betrachtet, wirken der Alte Markt und die Neubauzeilen auf dem anderen Ufer gleich wesentlich freundlicher. Dort drüben, auf dem Gelände an der Burgstraße, haben also die ersten Siedler Potsdams gehaust.

Ein Stück flußabwärts, an der Einmündung zur Neustädter Havelbucht, stand noch ein zweites Fischerdorf, slawisch Kiez genannt. Noch bis in die Mitte des vorigen Jahrhunderts lehnten die Fischkäscher an niedrigen Häusern und verrieten den Beruf der Bewohner. Die Namen der Straßen, Kiezstraße und Wall am Kiez, erinnern an das Dorf und daran, daß Soldaten auch an dieser Stelle durch eine Befestigung von der Flucht abgehalten werden sollten. An der Havelbucht wohnen die Potsdamer nun in siebzehngeschossigen Bauten, nur in der Kiezstraße sind alte Häuser rekonstruiert worden, keine Fischerkaten, sondern Gebäude des Rokoko. Manchmal findet man an den Wolkenkratzern die Eingangstür offenstehen, kann dann aus einem Flurfenster im obersten Stockwerk weit über den Fluß blicken. Danach läuft man am Ufer der Bucht an den Schwänen vorbei zum Pumpwerk für die Fontänen des Parks Sanssouci, das durch seine außergewöhnliche Form bekanntgeworden ist. Der Schornstein der Dampfmaschine wurde als Minarett, das Dach als Moscheekuppel gestaltet, die Fassaden sind mit glasierten Ziegeln in weiß und den heiligen Farben des Islam, grün und blau, geschmückt. Die Maschinen im Inneren, die eisernen Gestänge, Widerlager und Kessel, imitieren hölzerne Balken und Säulen, deren Ornamente der Mezquita von Cordoba nachempfunden wurden. Die ersten Versuche, mit der Kraft von Windmühlen durch Holzrohre Wasser aus der Neustädter Bucht auf den Ruinenberg und von dort in die Fontänen zu leiten, mißlangen. Nur kurz konnte sich Friedrich der Große an einem funktionierenden Springbrunnen freuen. Bis 1894 arbeitete dann die von Borsig gebaute Dampfmaschine. Heute haben Elektromotoren die Aufgabe, Wasser auf den Berg zu drücken und auch die Antriebskraft bei der Vorführung der alten Maschine zu liefern. Dann bewegen sich die Kolben im Licht der Buntglasfenster.

Vor der Dampfmoscheee blickt man auf die Külz-Straße in Richtung Alter Markt. Hinter und zwischen modernen Bauten ragen Giebel und Portale, goldener Dachzierrat hervor. Da ist ein Obelisk, ein Rest des ehemaligen Neustädter Tores, das die Grenze Potsdams zur Vorstadt Kiez markierte.

Das Museum der Stadt ist in zwei Gebäuden links und rechts der Külz-Straße untergebracht, das eine davon, Nr. 11, war früher das Ständehaus des havelländisch-zauchischen Kreises. Im Militärwaisenhaus, an der Ecke zur Dortustraße, wurden hinter reich geschmückten Einfahrten und einer großen Kuppel die zahlreichen hinterbliebenen Kriegswaisen verwahrt. Auch die unehelichen Sprößlinge der in der Stadt lebenden Soldaten fanden Unterkunft, aber nicht ohne Gegenleistung. Die Kinder wurden als billige Arbeitskräfte an Manufakturen vermietet. Zwei Bürgerhäuser, von Knobelsdorff gebaut, flankieren die Külz-Straße kurz vor dem Marstall.

Im letzten Kriegsjahr zerstört und 1968 abgetragen, also nicht mehr zu sehen, ist die Garnisonskirche mit ihrem 88 Meter hohen Turm. Es werden wie beim Stadtschloß ideologische Gründe gewesen sein, die zu ihrem Abriß führten. Kirche wie Schloß waren ja besondere Symbole der Hohenzollernherrschaft. Die Garnisonskirche hat darüber hinaus noch als Schauplatz für das 1933 von den Nazis inszenierte feierliche Zusammentreten des frischgewählten Reichstags gedient. Der neue Kanzler Hitler hielt eine Laudatio auf den Reichsmarschall Hindenburg, Nationalsozialisten standen unter Tannengrün neben Adeligen, SA-Leute neben Reichswehroffizieren, Monokel blitzten, preußische Traditionen wurden beschworen. Die ersten KZs waren schon eingerichtet, da erklang über dem Ganzen das berühmte Glockenspiel der Garnisonskirche „Üb immer Treu und Redlichkeit“. An der Stelle der Garnisonskirche steht heute ein Rechenzentrum, ein kantiger Betonbau mit der Aufschrift „Elektronische Datenverarbeitung, schnell, sicher, zuverlässig“. Gleich daneben erinnert ein merkwürdiges Relikt an den „Langen Stall“, das Eingangsportal ist übriggeblieben, etwa einen halben Meter dick, aber viele Meter hoch, eine Fassade wie aus einem Bühnenbild. Dahinter nichts. Der Stall war tatsächlich lang, reichte das ganze Stück bis zur nächsten Querstraße, diente aber nie zur Unterbringung von Tieren. Die Garde von „Riesen“, die sich Friedrich Wilhelm I., der Vater Friedrich des Großen, hielt, exerzierte hier, paradierte, stand stramm. Der Begriff Stall ist nicht ganz so verkehrt, wurden doch die „langen Kerls“ gekauft und geschachert wie Vieh. Und die Soldaten wurden auch so behandelt, beim Spießrutenlaufen mußten die Delinquenten eine Doppelreihe mit Stöcken bewaffneter Grenadiere durchlaufen, die vom Langen Stall bis zum Marstall reichte, immer die heutige Külz-Straße entlang.

Am Holländischen Viertel

Am Bassinplatz

Dieser Ort hatte früher wie ganz Potsdam viel mit Wasser zu tun. Jetzt sieht man davon nichts mehr. Ein Omnibusbahnhof mit überdachten Bahnsteigen und Imbißstand ist in bläuliche Dieselschwaden gehüllt. Daneben soll ein Friedhof die beim Kampf um die Stadt gefallenen sowjetischen Soldaten ehren. Die hölzernen Stände eines Wochenmarktes sind an der Seite der katholischen Kirche St. Peter und Paul aufgebaut. Ein Kiosk, in dem ab dem frühen Morgen Quarkkeulchen angeboten werden, steht direkt neben dem Hauptportal. Maria, Petrus und Paulus wachen unter dem einem Campanile nachempfundenen 60 Meter hohen Turm über den Verkehr am Imbiß. Eine für die hugenottische Gemeinde errichtete Französische Kirche nimmt direkt vor dem riesigen Komplex des Bezirkskrankenhauses eine Ecke ein. Schräg gegenüber bunt die erste Häuserreihe des Holländischen Viertels.

Diese Häuser und die Französische Kirche spiegelten sich bis zum Beginn des 19. Jahrhunderts im Wasser eines, man ahnt es schon beim Namen des Platzes, großen Bassins. Das ganze Durcheinander in der Mitte von Ehrenfriedhof und Markt und St. Peter und Paul gab es nicht. Das Becken hatte einen offenen Abfluß zum Heiligen See und einen unterirdischen hin zum Stadtkanal. Es wurde erst verkleinert, dann 1871 endgültig zugeschüttet. Auch den Stadtkanal, der auf der Linie der jetzigen Heinrich-Rau-Allee, Yorckstraße, Dortustraße verlief und den Kern des alten Potsdam zu einer Insel machte, gibt es nicht mehr. Aber man stelle sich eine Gracht vor, eingefaßt mit schmiedeeisernen Geländern und Baumreihen, mitten in der Stadt.

Am Bassinplatz war das holländische Ambiente fast perfekt. Vier Karrees aus 134 Backsteinhäusern waren hier ab 1734 errichtet worden. Roter Backstein, weiße Fenstereinrahmungen und Fensterläden, das Grün der Vorgärten, das alles sollte die Einwanderer aus Holland, die Friedrich Wilhelm I. als Facharbeiter erwartete, heimatlich einstimmen. Nur wenige Familien kamen, die Vorgärten verschwanden, die Häuser sind inzwischen baufällig, aber immer noch hat man bei einem Gang durch die Mittelstraße den Eindruck, daß statt des Kopfsteinpflasters auch ein ruhiger Wasserlauf zwischen den Gebäudezeilen liegen könnte. Dieses Viertel wird nach und nach rekonstruiert, die Fenster erhalten wieder ihre unterteilten Scheiben, die Fassaden und verzierten Giebel werden erneuert. Im Holländischen Viertel wohnten früher Handwerker und ihre Gesellen, einige Künstler, Kneipiers, Plätterinnen, Witwen, kleine Leute. In die Häuser, die bisher wiederhergestellt worden sind, zogen Maler, ein Kupferschmied, ein Antiquariat.

Es wird hier sehr heimelig werden, so gemütlich wie im Café Heider am Nauener Tor gleich um die Ecke. Dessen guter Kuchen zieht die halbe Stadt an, in seiner altertümelnden Einrichtung fühlen sich selbst die Potsdamer Punks wohl.

Fußgängerzone Brandenburger Straße

Der Broadway

So nennen die Potsdamer, man weiß nicht, ob eher liebevoll oder sarkastisch, die Brandenburger Straße, die Hauptgeschäftsstraße, die am Bassinplatz beginnt. Dabei ist sie nicht breiter als andere Straßen, eher lang. Die Läden versuchen aber mit besonders repräsentativen Auslagen, Namen wie „Bonbonniere" oder „Patisserie" und verschnörkelten Innungszeichen so etwas wie ein Glitzern zu verbreiten. Einige Lokale und Cafés sorgen dafür, daß selbst am späten Sonntagnachmittag Fußgänger in der Straße flanieren.

Die Mehrzahl der Häuser stammt aus der Zeit vor 1750, hat nicht mehr als zwei Stockwerke. In den Giebelstuben mußten die Bürger damals Grenadiere der Garnison aufnehmen, und die Soldaten hatten jeden Abend sich solange ans Fenster zu stellen, bis die Aufseher sich vergewissert hatten,

daß keiner fehle. Auch die Gebäude paradierten in Reih und Glied, ein königlicher Baumeister verglich die Dacherker mit den Mützen Spalier stehender Grenadiere. Und es ist heute immer noch in dieser Straße wie in anderen Vierteln der Stadt ein besonderes Gefühl, an einer fast geschlossenen Bebauung des 18. Jahrhunderts vorbeizugehen, die nach kostensparenden Einheitsgrundrissen errichtet wurde. Reihenhaussiedlungen, aber über 200 Jahre alt, ständig tauchen dieselben Formen auf, nur durch kleine Details verändert.

Die alten Gebäude der Brandenburger Straße sind sorgfältig restauriert, in den Seitenstraßen, in denen Lokale wie „Hirthes Bierstübl" oder „Zur Schlachteplatte" hinter verwitterten Fassaden liegen, sieht es schon anders aus. Und in der Gutenbergstraße, die parallel zur Fußgängerzone verläuft, waren schon die Weichen auf Abriß gestellt, eine Vielzahl von Wohnungen steht leer. Nun setzen sich Bürgerinitiativen für den Erhalt der Barockhäuser ein. Spenden werden gesammelt, Wohnungen besetzt. Und die „Klement-Gottwald-Straße" hat ihren alten Namen, Brandenburger Straße, zurückbekommen. Die Hauptstraße wirkt jetzt schon repräsentativ, nicht nur wegen der bereits rekonstruierten Häuser, sie ist mit Sichtpunkten förmlich umstellt. Der Turm von St. Peter und Paul, den man direkt im Gewimmel von Wochenmarkt und Busbahnhof nicht recht wahrnimmt, wirkt von hier aus gesehen recht stolz.

Blicke in Seitenstraßen zeigen das Nauener Tor mit zwei neugotischen ockergelben Türmen und das Jägertor. Die Tore dienten nie der Verteidigung, waren Bestandteile der Zollmauer rund um Potsdam und Schmuck. Am Platz der Nationen schließlich dient ein Triumphbogen, das Brandenburger Tor mit preußischer Königskrone, als point de vue.

Nur ein paar Meter noch und hinter dem grünen Gitter beginnt Park Sanssouci.

Sanssouci

Friedrich der Große schwärmte in einem Gedicht, natürlich auf französisch, von seinem Schloß Sanssouci, es liege auf des Hügels luftiger Spitze, gebe dem Auge freie Sichten. Sanfte Terrassen, so wendet er sich an die Leser, ließen sie ins hundertfältige Grün entfliehen. Diese Beschreibung stimmt, so kann man sich heute überzeugen, zu seiner Zeit durften allerdings nur Auserwählte diesen Blick mit dem Fürsten teilen. Bis zur Novemberrevolution 1918, bis zur Enteignung der Familie Hohenzollern war das ganze Areal Privatbesitz.

Friedrich erfüllte sich mit der Sommerresidenz, genannt „ohne Sorge", ein Stück des Jugendtraums, den er in Rheinsberg als Kronprinz erlebt hatte. Nur vier Jahre nachdem er 1740 die Idylle am See als König verlassen mußte, begannen die Bauarbeiten für das leichte, bescheidene, nicht einmal hundert Meter lange eingeschossige Schloß auf dem Weinberg. Knobelsdorff lieferte den Entwurf dazu, derselbe Architekt, der auch schon das Rheinsberger Schloß umgestaltet hatte. Wieder gab es Kolonnaden, wieder eine weite Sicht, in Potsdam nicht wie in Rheinsberg direkt auf das Wasser, dafür aber über das Grün der Bäume hinweg zur Havel. Friedrich genoß und

Schloß Sanssouci

fühlte sich an die Jahre erinnert, die er als die glücklichsten seines Lebens empfand. Was nun fangen die Bürger der Republik, denen Schloß und Park jetzt gehören, damit an, was genießen sie, was ist ihre Lust in den Lustgärten Sanssoucis?

Mit vielen anderen gewöhnlichen Bürgern anderer Staaten schieben sie sich in Trauben durch die Innenräume, die einst Friedrich gehörten, versuchen so, einen Blick in ein fürstliches Leben zu tun. Sie passieren korinthische Säulen aus Stuckmarmor im Vestibül, römische Statuen in den Nischen der Kleinen Galerie, die Bücherregale und braunen Wandvertäfelungen der runden Bibliothek. Dann kommt der erste Höhepunkt, das Zimmer, in dem der König arbeitete und schlief und schließlich auch starb. Es ist noch in seinem Todesjahr 1786 in klassizistischem Stil umgebaut worden. Nur der Kamin blieb erhalten, vor dem der Sessel stand, in dem Friedrich seine letzten Tage verbrachte. Der Lehnstuhl ist in den Alkoven gerückt worden, an dieser Stelle starb er also nicht. Hinter dem Sessel ist ein Gemälde angebracht, das die Szene der Sterbestunde zeigt. Schlaff hängen die Arme des Königs auf den Seitenlehnen, der Kopf, die bekannte scharfe Nase ist im Profil zu sehen, ist nach hinten auf die Schräge des Rückenteils gesunken. Nun steht dieser Sessel leer vor den Blicken der Touristen.

Die wenden sich ab, dem nächsten Höhepunkt zu, dem Konzertzimmer. Dort, zwischen den Gemälden des Hofmalers Pesne, die Diana, Pan, Bacchus, verschiedene Nymphen zeigen, zwischen den Spiegeln, unter der puttenverzierten Decke, dort fanden die berühmten Flötenkonzerte statt. Man kennt sie von den Gemälden Adolph Menzels, der König als Musikant im warmen Licht der Kerzen, den Oberkörper im Schwung der Sonaten gedreht, die er selbst komponierte. Auch der elliptische große

Marmorsaal, der gleich nach dem Empfangszimmer folgt, ist durch Menzelsche Bilder bekannt, die eine Tischgesellschaft in angeregtem Gespräch zeigen, die Tafelrunde von Sanssouci eben, zu der Friedrich Philosophen, Naturwissenschaftler, Schriftsteller lud. Voltaire war hier zu Gast, schlief aber nur selten in dem nach ihm benannten Gästezimmer auf der anderen Seite des Saales, meist hielt er sich im Potsdamer Stadtschloß auf, litt dort unter dem Lärm der militärischen Kommandorufe. Hier im damals lichtdurchfluteten Marmorsaal war nur das geistvolle Gespräch der Gelehrtenrunde zu hören. Heute ist der Raum abgedunkelt. Und außer der Stimme des Fremdenführers sind das respektvolle Murmeln der Besucher und das Rutschen von Filzpantoffeln auf dem farbig eingelegten Fußboden zu vernehmen.

Neugierig, aber auch ehrfürchtig gleiten die Touristen durch die königlichen Gemächer. Sie sind fasziniert davon, an einem so berühmten Ort sein zu dürfen, in Räumen, die einmal von einem Mann bewohnt waren, der Macht mit Philosophie und Musik zumindest dilettierend vereinte. Die Bürger genießen die imaginäre Anwesenheit des gekrönten Hauptes.

Draußen im Park versuchen sie, im Eilschritt fast, möglichst alles zu sehen, hasten von Standbild zu Standbild, Schloß zu Schloß, bis sie irgendwann die Kraft verläßt. Alles ist so weitläufig, die Adligen ließen sich ja damals auch oft in der Kutsche durch den Park fahren. Schließlich müssen sich die Besucher beschränken, besichtigen noch rasch das Neue Palais am Ende der Hauptallee.

Dieser Palast sollte beeindrucken. Er bekam deshalb eine mächtige Kuppel, die dem Bau wie ein schwarz-grüner Militärhelm aufsitzt. 292 Sandsteinfiguren und 196 Putten wurden auf das Dach und an die Fassaden gesetzt. Das Neue Palais geriet mehr als zweimal so lang und hoch wie Schloß Sanssouci. Und als würde das alles nicht genügen, ist es noch auf ein Stufenpodest gestellt, mit Lorbeerkränzen und einer goldenen Krone geschmückt. Steif steht es da, nicht leichtes Rokoko, sondern pompö-

Laubengang am Schloß

ser Rückgriff aufs Barock in frühem Klassizismus erstarrt. Eine „Fanfaronnade" nannte Friedrich seinen Bau, eine Prahlerei, mit der er wohl zeigen wollte, wozu Preußen 1764 nach dem Siebenjährigen Krieg noch fähig war, den es nur mit viel Glück und Durchhalteparolen überstanden hatte. Es ist nicht gerade ein Kompliment für das Neue Palais, daß ausgerechnet der großmäulige, eben prahlerische Kaiser Wilhelm II. ihn zu seinem Lieblingsaufenthalt in Potsdam machte, dafür aber Garantie, daß die heutigen Bürger in der Pracht seines Inneren ins Staunen geraten werden. Wenn sie durch einige der über 200 Räume geführt werden, passieren sie den Grottensaal, dessen Wände mit kostbaren Steinen und mit Fossilien bedeckt sind, sie kommen durch die Marmorgalerie mit Wandbekleidung und Fußboden aus rotem Jaspis und weißem Carraragestein, durch Gemäldesäle, wieder in einen Marmorsaal, schließlich in das Schloßtheater. Das hier ist wirklich beeindruckende Prachtentfaltung. Selbst die Dienstboten waren in reich geschmückten Häusern kaserniert. Die beiden „communs" genannten Gebäude hinter dem Neuen Palais, durch einen Triumphbogen miteinander verbunden, mit Kuppeln verziert, nahmen die zahlreichen Bediensteten der Fürsten auf.

Von Palast zu Palast zu hetzen, das ist sicher kein Genuß. Es gäbe da eine andere Möglichkeit. Man läßt sich Zeit, versucht erst gar nicht, alles zu sehen, sondern lustwandelt, genießt, ganz im Sinn des Rokoko, die unterschiedlichen Sichten, die der Lustgarten bietet.

Der bekannte Blick.

Hinter der Hauptfontäne und dem Kreis von Statuen, die sie umgeben, stufen sich die sechs Terrassen, an denen Weinlaub rankt. Man steht zwischen künstlichen Bächen, die plätschernd aus Wasserspeiern gefüllt werden, und schaut die zentrale Treppe empor, die auf die Kuppel zielt, unter der der Marmorsaal liegt. Da das Schloß etwas vom Rand des Berghanges abgerückt ist, wirkt es fast wie eine siebente Terrasse, die großen Fenster brechen die Fassade auf. Links und rechts von ihm erheben sich die Kuppelhelme der Neuen Kammern und der Bildergalerie aus den Baumwipfeln.

Der Seitenblick.

Nur eine Kopfdrehung genügt an dieser Stelle, und man könnte meinen, weit im Süden zu sein. Der Glockenturm und die Basilika der Friedenskirche wurden ja auch nach römischen Vorbildern errichtet, der Bauherr, Friedrich Wilhelm IV., war Italien-Fan. Romantisch soll er gefühlt haben. Vielleicht hat er sich etwas von der rauhen Wirklichkeit zurückgezogen, schließlich war er der König, gegen den die Berliner 1848 rebellierten. Da war die Kirche noch nicht fertig. Während am stillen Kreuzgang gearbeitet wurde, kartätschte der Kronprinz, der spätere erste Kaiser, Wilhelm I., das Volk auf den Barrikaden nieder.

Der Wechselblick.

Von der jetzt grasbewachsenen Wagenauffahrt zwischen den Bögen der Kolonnaden des Schlosses Sanssouci sieht man auf den Ruinenberg, auf dem efeuüberwucherte Eichen, Birken, Ahorn wachsen. Ein Trampelpfad führt über eine Schneise zu den Kulissenbauten auf dem Gipfel, einer Gruppe grauschwarzer Säulen, an die sich eine umgestürzte dickere lehnt, Turm und Zinnen einer mittelalterlichen Burg mit offenen Fensterhöhlen, dem Unterbau eines antiken Tempels. Steht man vor dem runden Wasserbecken, das von den nachgebauten Ruinen verdeckt wird und die Fontänen des Parks speist, schaut den Weg zurück, so scheint Sanssouci wie ein kleines Jagdschloß ganz in dichtem Wald verborgen. Es riecht dumpf und feucht, vielleicht eine gute Pilzgegend.

Blick ins Helle, Blick ins Dunkle.

Im Sizilianischen Garten verdecken erst Laubengänge die Sicht, hinter einer Wegbiegung stehen dann Bänke, umgeben von

Parkallee zum Neuen Palais

Agaven, Zypressen, Palmen und Statuen, an einem geschwungenen Bassin. Scheint die Sonne, so füllt sie mit ihrer Wärme den kleinen Platz, läßt das Wasser glitzern, das Grün der Blätter aufleuchten. Die Gänge zwischen dem Nadelgehölz des Nordischen Gartens auf der anderen Seite der Maulbeerallee liegen immer im Schatten, im undurchdringlichen Dunkel germanischer Wälder.

Blick über sieben Ebenen.

Da steht eine Reiterstatue Friedrichs des Großen auf dem Rasen vor einer ersten Terrasse, über der ein Wasserbecken angeordnet ist. Über dem Becken das Niveau der Maulbeerallee. Eine weitere Terrasse ist von der Straße über weitere Treppen zu erreichen. Von dieser Terrasse aus kann man die Orangerie betreten, in der dann eine schmiedeeiserne Wendeltreppe auf die nächste Ebene, die Höhe des Daches, und dann weiter hoch zum Verbindungsgang zwischen den beiden Türmen des Gebäudes führt. Von der Hauptallee gesehen, ordnen sich so sieben Ebenen übereinander, auf denen überall Spaziergänger unterwegs sind, recht groß noch neben dem Standbild des Königs, nur noch schwer zu erkennen oben auf der Aussichtsplattform. Und jedes Niveau ist unterschiedlich geschmückt, mit Grotten, mit großen Vasen, Palmen oder Weinranken, Wasser oder Statuen. Zusammen mit den Formen der Putzflächen und dem freiliegenden Backstein an der Fassade der Orangerie ist das alles ein großes, aber gegliedertes und streng geplantes Durcheinander.

Der Landschaftsblick.

Auf dem Weg vom Neuen Palais zum Schloß Charlottenhof verändert sich der Park, wird zu einer Landschaft mit weiten Wiesen und Baumgruppen, hinter denen im Verlauf des Spaziergangs mal dies, mal das zu sehen ist. Erst die Kuppel des Freundschaftstempels, dann die Fasanerie, die wie alle Bauten in diesem Teil des Gartens die Form römischer Villen erhalten hat. Ein Laubengang des Dichterhains stößt an den Weg, schließlich wird das Schloß sichtbar. Ein Blick zurück über die Wiesen auf den Helm des Neuen Palais, ein Blick nach vorn, die Ziegeldächer der Römischen Bäder zwischen den Kronen der Bäume. Charlottenhof ist mehr ein Landhaus als ein Schloß, alles ist schlicht und recht klein, der Eingang, der Hausgarten, der aber dennoch alles enthält, um sich wohl fühlen zu können. Die Wasserfläche mit Springbrunnen, die Girlanden von Pflanzen an der Pergola, die kurzen Wege, niedrigen Treppen schaffen den Übergang vom Inneren in die Landschaft des Parks.

Schloß Babelsberg

Der intime Blick.

Vom Weg abgeschirmt durch eine große mit Wein bewachsene Laube, einen niedrigen Tordurchgang, hinter dem Turm der Römischen Bäder, steht ein runder Marmortisch unter dem Dach einer Arkadenhalle. Aus dem Schatten der Arkaden schaut man in einen kleinen Hof, gegenüber liegt ein Teepavillon, eine kleine Treppe zwischen hohen Hecken geht zu einem Wasserlauf hin-

unter. Hier werden Gondeln zu kurzen Fahrten abgelegt haben. Neben dem Tisch ist die Wand durchbrochen, die Sicht ins Bad ist frei – eine aus Stein gehauene Wanne auf Füßen aus weißgesprenkeltem Marmor, ein Badebassin, halb in den Boden eingelassen. Intimes ist jetzt öffentlich geworden.

Überblick.

Noch so vieles wäre zu sehen. Man steht mit dem Rücken zum Obelisken und damit zum großen „Intershop" an der Schopenhauerstraße und schaut durch den Eingang die Hauptallee hinunter zur großen Fontäne vor dem Schloß und zum glatten Teich an der Friedenskirche.

Am Drachenhaus legt man den Kopf in den Nacken, um die vergoldeten Drachen an den Dachenden der Pagode zu sehen, vor dem Schloß Sanssouci senkt man ihn etwas, um über die Terrassen hinweg in Richtung Havel zu schauen.

Aber keine Hetze, genau die Anzahl von Eindrücken, die auf einem geruhsamen Spaziergang zu sammeln sind, ist die richtige Menge. Und im Lauf dieses Bummels gäbe es noch andere Möglichkeiten, den Lustgarten für sich, den einfachen Bürger, nicht nur mit dem Auge in Besitz zu nehmen. In die Abgeschiedenheit der Laubengänge könnte man sich allein oder auch zu zweit zurückziehen, am Chinesischen Teehaus den lebensgroßen Figuren der Asiaten, von denen einige merkwürdigerweise Kaffee trinken, mit einer eigenen Tasse zuprosten. Ob ein Sektfrühstück auf dem Marmortisch in den Römischen Bädern von der Parkaufsicht gestattet wird, wäre auszuprobieren. Schön wäre es jedenfalls und, wenn dort nicht erlaubt, in den Sizilianischen Garten zu verlegen, in die Sonne, zwischen Palmen.

An der Grenze – Cecilienhof und Babelsberg

Eine fast snobistische Haltung wäre, sich ganz Sanssouci ab und einem der beiden anderen großen Parks Potsdams zuzuwenden. Aber wer hat schon die Zeit, alles zu sehen, dazu sind wohl mehr als drei Tage notwendig, und man will ja das Bekannteste auf jeden Fall besichtigt haben.

Doch Schloß und Park Babelsberg zu besuchen ist schon ein besonderes Erlebnis. Für den kleineren Neuen Garten rund um Marmorpalais und Cecilienhof gilt das allerdings weniger. Man kann vor dem Marmorpalais einen Blick über den Heiligen See werfen, auf gewundenen Pfaden durch den Landschaftspark spazieren, kommt an Obelisk, Orangerie, einer Pyramide und einem im Ufer versinkenden antiken Tempel vorbei. Die Pyramide diente einem ganz praktischen Zweck als Eiskeller, und der Tempel war die Küche des Palais, die Sphinx an der Orangerie ist natürlich auch nicht echt, es entsprach eben dem Zeitgeschmack, die profanen Bauten zu tarnen und dem Garten so romantische Ansichten einzufügen. Das alles ist interessant, aber die Wege am Marmorpalais sind im Sommer fast überfüllt. Zum Cecilienhof führt sogar eine Autostraße durch den Park. Laufunwillige sind also in der Lage, ihren Wagen direkt beim Schloß abzustellen. Und die Gäste des Interhotels, das große Teile des für den Kronprinzen Wilhelm errichteten Gebäudes nutzt, haben es nicht so weit in die mit rustikalen Möbeln ausgestatteten Räume.

Mitten im 1. Weltkrieg ist dieser letzte Schloßbau der Hohenzollern mit großem Aufwand hochgezogen worden. Im Äußeren durch Fachwerk, steile Ziegeldächer und Schornsteine ein überdimensioniertes englisches Landhaus, bietet Cecilienhof innen eine luxuriöse Atmosphäre, die 1945 auch den Rahmen für die Konferenz der drei großen Siegermächte der Anti-Hitler-Koalition abgab. Die Tagungsräume, der große runde Tisch, an dem die ersten Weichenstellungen für das Nachkriegsdeutschland verhandelt wurden, können besichtigt werden. Dabei sieht man aus den Fenstern der Gedenkstätte auf die indirekten Folgen des damals erzielten „Potsdamer Abkommens", auf die nun nicht mehr todbringenden Sperranlagen an der Havel in Richtung West-Berlin.

Der Babelsberger Park, weit weniger besucht als der Neue Garten, strahlt einen morbiden Reiz aus. Wählt man die Anfahrt mit der Potsdamer Stadtbahn, fühlt man sich nahe der Station erst einmal in eine Kleinstadt versetzt. Die eingeschossigen Häuser des alten Nowawes stehen um die einfache Friedrichskirche. Tschechische Spinner und Weber siedelten sich ab 1750 hier an, gaben der Gemeinde in ihrer Sprache den Namen Neuendorf, Nowawes, später kamen noch Häuser für die Bauleute, die am Neuen Palais in Sanssouci arbeiteten, dazu. Die Nazis tilgten den slawischen Namen, indem sie die Villensiedlung Neu-Babelsberg mit Nowawes vereinigten und das Ganze dann Babelsberg nannten. Die niedrigen Häuser aber stehen noch.

Der Park wurde erst von Lenné, dann, nach 1843, von Fürst Pückler-Muskau gestaltet. Lenné hatte darauf geachtet, Ausblicke auf Potsdam und die Havel, Blicke über weite Wiesen, auf schattige Plätze zu schaffen. Pückler folgte seiner Utopie einer abgeschirmten, von der Hand des Menschen überformten, natürlich gestalteten Landschaft, geplante Romantik gegen die industrielle Moderne zu setzen. Diese Gartenkunst verbindet sich heute mit dem sachten Verfall der Gebäude und des Parks, der so lange Zeit abgeschieden an der Grenze, im toten Winkel lag. Vielleicht ist der Herbst die beste Jahreszeit für einen Besuch. Das Laub der Eichen und Rotbuchen, deren Kronen an manchen Stellen ein durchgehendes Dach bilden, hat sich verfärbt, fällt auch schon herab ins Gras. Feuchte Luft, manchmal Nebel, liegt zwischen den Bauten des Parks. Ein Torturm steht, als Wasserburg in ein Bassin gesetzt, etwa in der Mitte des unregelmäßigen Maschennetzes der Wege. In der Nähe dieses Flatowturms ist die Berliner Gerichtslaube, die dem Bau des Roten Rathauses weichen mußte, aufgestellt. Das Damenhaus an der Havel, der Marstall, das Wohnhaus des Matrosen, der die Segelschiffe und Gondeln wartete, das Küchengebäude wurden so wie das Schloß Babelsberg mittelalterlichen Bauformen nachgebildet.

Türme, Zinnen, Erker werden von Baumgruppen verdeckt oder der Sicht freigegeben. Und über das Wasser hinweg ist die Glienicker Brücke zu sehen, die zum westlichen Pendant, zum Schloßpark Glienicke führt. Lange Zeit nur benutzt für den Austausch von Agenten, verbindet sie jetzt wieder die Ufer.

Potsdam – DDR Preußisch

Informationen
Potsdam-Information
1500 Potsdam
Friedrich-Ebert-Str. 5
Tel. 2 11 00

Anreise
von Berlin/West
mit dem BVG-Bus 6
von S-Bhf. Wannsee bis Glienicker Brücke
mit dem BVG-Bus 99
von S-Bhf. Wannsee über Kontrollpunkt Dreilinden bis Potsdam, Bassinplatz
mit dem Auto
über Kontrollpunkt Dreilinden über die Autobahnabfahrt Babelsberg bis in die Innenstadt
mit der Eisenbahn von S-Bhf. Wannsee, stündlich

Unterkunft
Interhotel „Potsdam"
Lange Brücke
Tel. 46 31

Hotel „Cecilienhof"
Neuer Garten
Tel. 2 31 41

Hotel „Am Jägertor"
1500 Potsdam
Hegelallee 11

Überblick
Stadtrundfahrt
von Mai bis Oktober Sa und So 9.30 und 10.40 Uhr ab Hauptbahnhof
Stadtrundfahrten für Gruppen
über Potsdam-Information
Tel. 2 31 88

Im Innenhof von Schloß Cecilienhof

Essen & Trinken
in Potsdam-Stadt
Restaurants im Interhotel „Potsdam", Lange Brücke
Café „Bellevue-Bar" im 17. Stockwerk des Interhotel „Potsdam"
Restaurant und Bar
im „Haus des Handwerks", Wilhelm-Pieck-Str. 34–36
Restaurant und Nachtbar „Klosterkeller", Friedrich-Ebert-Str. 94
Restaurant und Nachtbar im Kulturhaus „Hans Marchwitza", Am Alten Markt
„Minsk", Am Brauhausberg
„Gastmahl des Meeres", Brandenburger Straße 72
„Am Stadttor", Brandenburger Straße 1
„Stadtcafé", Brandenburger Straße 15
„Café am Stadttor", Brandenburger Straße 2
„Café Heider", Friedrich-Ebert-Str. 28–29
„Milchbar", Heinrich-Rau-Allee 54
„Café Babette", Brandenburger Straße 72

in Potsdam-Babelsberg
„Milchbar", Karl-Liebknecht-Straße
„Altes Jagdschloß" Am Stern
im Park Sanssouci
„Historische Mühle" am Schloß Sanssouci
„Drachenhaus" an der Maulbeerallee
im Schloßpark Babelsberg
„Kleines Schloß"
im Neuen Garten
Restaurants im Interhotel „Cecilienhof"
in Kleinmachnow
„Schloß Hakenburg"

Schlösser & Gärten
Schloß Sanssouci
täglich geöffnet, außer jeden 1. Mo im Monat von März bis September ab 9.00 und letzte Führung 17.15 Uhr

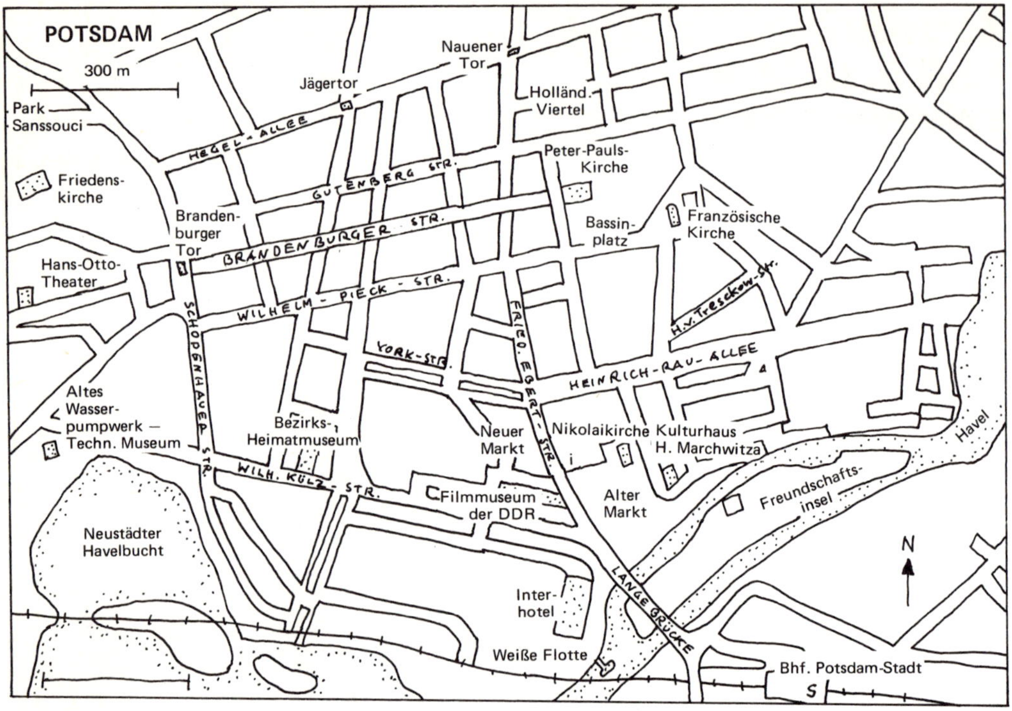

von Februar und Oktober 9.00 und 16.00 Uhr
von November bis Januar 9.00 und 15.00 Uhr
Man sollte sich frühzeitig einfinden, da nur eine begrenzte Teilnehmerzahl zugelassen wird
Damenflügel des Schlosses Sanssouci geöffnet von Mai bis Oktober Di bis So 9.00 bis 17.15 Uhr

Neues Palais
Regelungen wie Schloß Sanssouci, außer, daß es jeden 2. Mo im Monat geschlossen ist

Orangerie
geöffnet von Mai bis Oktober täglich 9 bis 17.15 Uhr

Bildgalerie
Chinesisches Teehaus
geöffnet von Mai bis Oktober täglich 9 bis 17.15 Uhr

Römische Bäder
geöffnet von Mai bis Oktober täglich 9 bis 17.15 Uhr

Schloß Charlottenhof
geöffnet täglich von Mai bis Oktober ab 9.00 und letzte Führung 17.15 Uhr

Cecilienhof
im Neuen Garten
Gedenkstätte zur Potsdamer Konferenz
täglich geöffnet
April bis Oktober
8.00 bis 17.30 Uhr
November bis März
8.00 bis 16.30 Uhr

Marmorpalais
im Neuen Garten
Armeemuseum Potsdam
geöffnet täglich außer Mo von 9.00 bis 17.00 Uhr

Schloß Babelsberg
Museum für Ur- und Frühgeschichte
nur Mai bis Oktober
Mi 13.00 bis 17.00 Uhr,
Do bis So 9.00 bis 17 Uhr

Kunst & Kultur

Museen
Film-Museum der DDR
im Marstall
Di bis Fr 10.00 bis 17 Uhr,
Sa und So 11.00 bis 17 Uhr
Potsdam-Museum
Bezirksmuseum
Wilhelm-Külz-Str. 13
ständige Ausstellungen
Natur und Umwelt im Havelland
Fische der Havelgewässer
Zur Geschichte Potsdams von 933–1900
Wilhelm-Külz-Str. 8–12
ständige Ausstllung
Zur Geschichte Potsdams von 1900–1945
Di bis Fr 10.00 bis 17 Uhr,
Sa und So 11.00 bis 17 Uhr

Galerien
Kleine Galerie im Keller
Karl-Liebknecht-Str. 8, Babelsberg
Mo bis Do 9.00 bis 13.00 und 14.00 bis 18.00 Uhr, Fr 9.00 bis 13.00 und 14.00 bis 19.00 Uhr
Galerie am Tor
Brandenburger Straße 66
Mo bis Do 9.00 bis 13.00 und 14.00 bis 18.00 Uhr, Fr 9.00 bis 13.00 und 14.00 bis 19.00 Uhr
Staudenhofgalerie
Am Alten Markt 10
Mo bis Do 9.00 bis 18 Uhr,
Fr 9.00 bis 19.00 Uhr
Galerie
der sozialistischen Kunst des Potsdam-Museums
Hegelallee 38
Di bis Fr 10.00 bis 17 Uhr,
Sa und So 11.00 bis 17 Uhr

Theater
Hans-Otto-Theater
Zimmerstr. 10
Tel. 46 41
Kleines Theater
im Kulturhaus
„Hans Marchwitza“
Am Alten Markt
Schloßtheater
im Neuen Palais
Vorverkaufskasse
Brandenburger Straße
Tel. 2 36 75
Kabarett „Am Obelisk“
Schopenhauer Str. 27
Karten über Potsdam-Information
Tel. 32 92 38

Konzerte
Schloßtheater
im Neuen Palais
in den Sommermonaten in der Bildergalerie im Park Sanssouci
Karten über
Potsdam-Information
Tel. 2 32 77

Spaß & Sport

Botanischer Garten
Maulbeerallee
Gewächshaus Mo bis Fr 10.00 bis 12.15 und 13.00 bis 16.00 Uhr, So 10.00 bis 16.00 Uhr
Freilandanlagen Mai bis Oktober von 10.00 bis 16 Uhr

Freibad
Park Babelsberg

Bootsausleihe
auf der Freundschaftsinsel an der Langen Brücke

Kinos
Filmtheater „DEFA 70“
August-Bebel-Straße im DEFA-Gelände, Babelsberg
Karten über „Thalia“ oder Potsdam-Information
Tel. 2 31 88

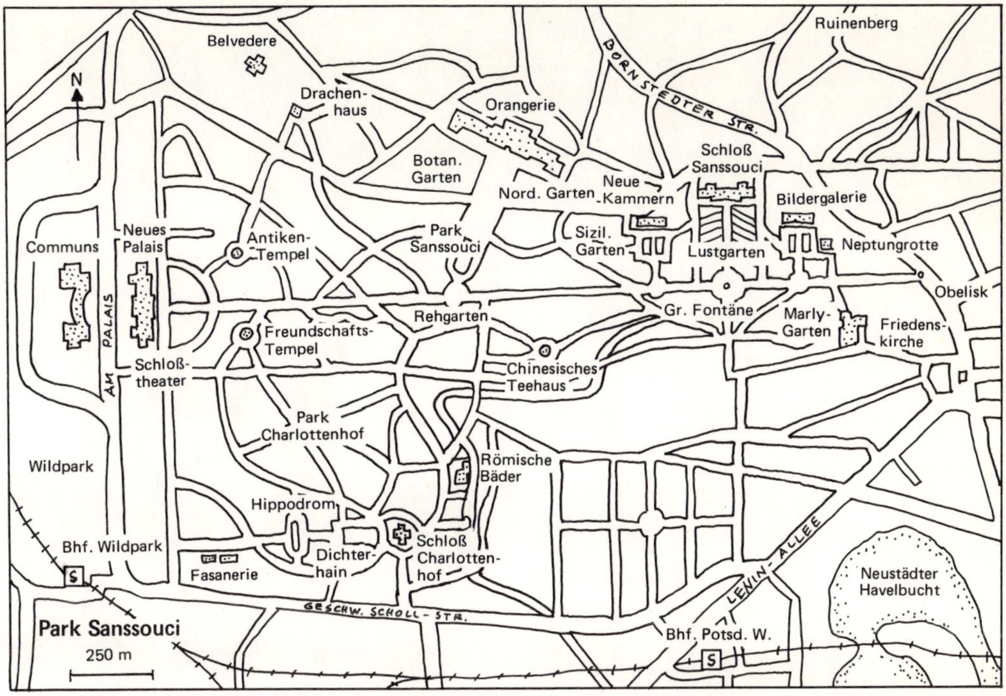

„Thalia“
Rudolf-Breitscheidt-Str. 50/51, Babelsberg
„Charlott-Lichtspiele“
Leninallee 37
„Melodie“
Friedrich-Ebert-Str. 12

Tanzvergnügen
Disco im
„Haus des Handwerks“, Wilhelm-Pieck-Str. 34–36
Bar im Kulturhaus
„Hans Marchwitza“,
Am Alten Markt
Nachtbar in den
„Weinbergterrassen“,
Gregor-Mendel-Straße
Konzertcafé „Rendesvous“, Friedrich-Ebert-Str. 114

Ausflüge
Strandbad am Templiner See
mit der Weißen Flotte und dann mit Bus Richtung Caputh
Strandbad Schwielowsee
mit der Weißen Flotte oder mit dem Bus bis Caputh
Werder/Havel
mit der Weißen Flotte, mit der S-Bahn bis Bhf. Werder oder mit dem Bus über Geltow

Alle Busse, auch die Fernbusse nach Neuruppin, haben am Bassinplatz Station. Information Tel. 2 29 66 oder 2 41 56.

Alle Schiffe der Weißen Flotte, sowohl der Liniendienst nach Werder und der nach Ferch am Schwielowsee ala auch die Tagesfahrten nach Paretz, Brandenburg und Plauer See, legen vor dem Interhotel „Potsdam“ an der Langen Brücke ab. Information und Vorbestellungen Tel. 2 10 90.

Berlin-DDR

Daß der Ost-Teil Berlins in einem Kapitel eines DDR-Reisebuchs beschrieben wird, ist ein Fehler. Ost-Berlin ist ebensowenig wie West-Berlin Teil irgendeines deutschen Staates. Es ist der Sektor Groß-Berlins, der unter der Souveränität der sowjetischen Siegermacht steht, so wie es auch in West-Berlin einen amerikanischen, englischen, französischen Sektor gibt. So ist es auf dem Papier des „Potsdamer Abkommens" von 1945 festgeschrieben. Die Realität sieht anders aus.

Alle Ministerien der DDR, außer dem für Verteidigung, die Zentralen aller Parteien und Verbände und vieler Großbetriebe haben ihren Sitz in „Berlin/Hauptstadt der DDR". Und die Botschaften der westlichen Staaten stehen auch hier, mit der papiernen Entschuldigung, sie seien nur „bei" und nicht „in" der DDR angesiedelt.

Also, der Teil Berlins da drüben ist unstreitig Zentrum des Staates, eben Hauptstadt. Eben Berlin/DDR.

Und gleichzeitig immer noch Teil eines Groß-Berlin. Das wurde sogar auf den Landkarten der Republik deutlich, die neben einem Gebiet, das als „Berlin" gekennzeichnet war, eines zeigten, das „Westberlin" hieß. Ein sprachlicher Unsinn.

Die Bewohner jenes Territoriums „Berlin" fühlen genauso zwiespältig. Sie stehen dem Westen der Stadt näher als manchem

Ort in der DDR-Provinz, sind eben Ost-Berliner. Und gerade weil sie Berliner sind, die sich ja schon immer als etwas Besonderes fühlen, sind sie ganz „Hauptstädter". Manche fühlen sich inzwischen auch schon als Bewohner der Kapitale eines wiedervereinigten Deutschland.

Ost-Berliner führen ein anderes Leben als die Berliner im Westteil, natürlich. Aber sie haben auch einen anderen Alltag als die anderen Bürger der Republik. Sie genießen die Vorteile der einzigen Millionenstadt der DDR und, soweit das Geld reicht, die der Nähe West-Berlins. Nirgendwo ist die Versorgung mit Lebensmitteln so gut, die Hauptstadt wird eben bevorzugt. Nirgendwo gibt es aber auch eine solche Versorgung mit Vergnügen: 22 Kinos, elf Theater, Kabaretts, Puppenbühnen, zwei Opern, vier große Orchester. Gleich drei Vergnügungspaläste stehen in Berlin/DDR, der „Palast der Republik", der „Friedrichstadtpalast" und das „Sport- und Erholungszentrum". Die Polizeistunde schlägt an Werktagen eine, an den Wochenenden gar vier Stunden später als anderswo, und das in einer Anzahl von Gaststätten und Kneipen, von der man in der Provinz nur träumen kann. Alle großen und schnellen Eisenbahnlinien und die Autobahnen sind auf Berlin/DDR gerichtet, man kommt also rasch ins Grüne und zu Freunden.

Das alles ist nicht nur Folge des Hauptstadtstatus, ist auch Reflex auf die Vergangenheit als Zentrum des deutschen Reiches. So spiegelt sich im Alltagsleben die Vergangenheit. Auch im Negativen. Berlin/DDR hat kaum großzügig gebaute bürgerliche Wohnviertel. Schon Mitte des letzten Jahrhunderts setzte ein Zug der Wohlhabenden in den Westen der Stadt ein, da war die Luft besser, die Industrieabgase wurden meist in den Osten getrieben. Das proletarische Aussehen so vieler Stadtteile in Berlin/DDR kann also nicht nur der realsozialistischen Politik angelastet werden.

Der Boden in Berlin/DDR ist historisch stark befrachtet. Als die dritte Erweiterung des alten Berlin um 1720 den ersten Zipfel heutigen West-Berliner Gebiets, südlich des Checkpoint Charlie, erreichte, herrschte in der Innenstadt schon drangvolle Enge. Dort

Die „Linden" mit dem Reiterstandbild Friedrichs

an der Spree war Berlin begründet worden, wurden das Kurfürstentum Brandenburg, das Königreich Preußen, das Kaiserreich regiert. Rund um das Schloß, am Lustgarten, wurden Revolten und Revolutionen begonnen. In Berlin-Stadtmitte, am Pariser Platz und in der Wilhelmstraße, heute Otto-Grotewohl-Straße, lagen aber auch Machtzentren der Nazis. Von all dem ist heute nur noch wenig zu sehen, Berlin wurde ja mindestens dreimal zerstört. Durch den Bauboom der Gründerzeit nach 1871, die Bomben im 2. Weltkrieg und, was noch übriggeblieben war, durch „Aufbauprogramme" in den 50er Jahren. Für das alte Zentrum, in dem es die älteste, also auch zerschlissenste Bebauung gegeben hatte, gilt das besonders. So sind auch hier zumeist die Repräsentationsbauten vergangener Zeiten erhalten geblieben, davon aber immerhin weit mehr als in West-Berlin.

Auf diesem Boden lebt eine sehr junge Bevölkerung, besonders jung allerdings in

den riesigen Satellitenstädten, die am Stadtrand auf der grünen Wiese entstanden sind. In Marzahn, Hellersdorf und Hohenschönhausen, die in den letzten Jahren die Zahl der Stadtbezirke auf elf erhöht haben, ist fast jeder vierte Einwohner unter 15 Jahre alt. Berlin/DDR zieht immer mehr Menschen an, nur daß diese heute nicht aus den deutschen Ostgebieten, aus Pommern und Schlesien, sondern aus Thüringen und der Lausitz kommen.

Unter den Linden

Der Pariser Platz vor dem Brandenburger Tor, der 28 Jahre stillgelegen hatte, ist heute wieder belebt. Vor 1945 waren es die Staatskarossen und Autos der Ministerien an der Wilhelmstraße, die den Platz füllten. Jetzt strömen die Besucher aus dem Westen durch das Tor, um Unter den Linden entlangzuspazieren. Daß die „Linden" einmal die Prachtstraße Berlins waren, sieht man noch an ihrer Breite von 60 Metern, an manchen pompösen Bauten, das Flair des Weltboulevards liegt aber nicht mehr in der Luft. Auf dem Straßenstück zwischen Brandenburger Tor und Friedrichstraße stehen eher schmucklose Bauten der 60er Jahre. Allenfalls die repräsentative Botschaft der UdSSR, noch vor Stalins Tod beendet, fällt da ein wenig aus dem Rahmen. Geschäfte gibt es kaum. Selbst an lauen Sommerabenden ist dies keine Gegend, in die es Ost-Berliner zum Flanieren treibt. Nur vor dem Französischen Kulturzentrum, dem einzigen westlichen Kulturinstitut in der DDR-Hauptstadt, kommt es hin und wieder zu Menschentrauben bei Ausstellungseröffnungen oder Filmvorführungen im Kinosaal.

Erst an der Ecke zur Friedrichstraße wird es dann interessanter. Vor dem Krieg war dieser zentrale Schnittpunkt die verkehrsreichste Kreuzung der Stadt; mit den hier versammelten Cafés Kranzler, Bauer und Victoria ein pulsierender Mittelpunkt des bürgerlichen Lebens. Ein erster Wiederbelebungsversuch nach den Zerstörungen des Krieges war das Lindencorso, eine ungemütliche Mehrzweckgaststätte mit Café und Bar und insgesamt fast 1.000 Plätzen, 1965 an der Stelle erbaut, wo das Café Bauer einst stand. Das befindet sich nun schräg gegenüber in der arkadengeschmückten Passage der Nobelherberge Grand Hotel. Viel Plüsch, Stehgeiger und Pianistin sowie eine intime Atmosphäre sollen hier an frühere Zeiten erinnern.

Ein paar Schritte weiter östlich beginnen die wiederaufgebauten alten „Linden", die gesamte Kette der alten preußischen Repräsentationsbauten, geprägt von den barocken und klassizistischen Stilen der bekannten Meister und Bildhauer: Schinkel und Schlüter, Knobelsdorff und Langhans sowie Rauch und Schadow. Dem Riesenbarockbau der Deutschen Staatsbibliothek folgt die Humboldt-Universität, dann die Neue Wache, das heutige Mahnmal für die Opfer des Faschismus und Militarismus. Jeden Mittwochnachmittag findet vor dem schlichten Gebäude der Große Wachaufzug statt. Ganz

preußisch mit Marschmusik, Stechschritt, Schmuckuniform und Regimentsfahne wird hier zu Ehren des unbekannten Widerstandskämpfers und unbekannten Soldaten das Gewehr präsentiert. Friedrich II., der in der DDR heute auch wieder der Große genannt werden darf, hätte seine Freude daran.

Seit 1980 reitet er wieder auf seinem angestammten Platz inmitten der „Linden" gen Osten. Das Reiterstandbild, das 1950 abgetragen wurde und über ein Jahrzehnt in Einzelteilen verstreut im Park von Sanssouci lag, erklärt vielleicht am besten den einstigen Charakter der Linden. Der Landesvater Preußens nicht als König, sondern als Soldat dargestellt, das Relief am Sockel wird dominiert von Generälen und Feldherren, Lessing und Kant müssen sich mit einem Platz an der Rückseite begnügen. Auf der südlichen Seite des Forum Fridericianum gruppieren sich um den heutigen Bebelplatz das Alte Palais, die Alte Bibliothek, die St.-Hedwigs-Kathedrale und die erst vor wenigen Jahren vollständig restaurierte Deutsche Staatsoper. Keine Frage, Preußens Erben haben hier das Bild geradezu vorbildlich bewahrt.

Begonnen hatte die repräsentative Bebauung der „Linden" mit dem, wenn man vom Brandenburger Tor kommt, letzten Haus. Der Grundstein für das Preußische Zeughaus wurde 1695 gelegt. Das Gebäude diente als Waffenkammer der brandenburgisch-preußischen Armee. Daneben entstanden Artilleriehäuser und Wohngebäude für Offiziere. Zu dieser Zeit war die Straße einfach nur ein staubiger, mit Linden bepflanzter Reitweg, der vom Schloß in den Tiergarten führte. Erst ab 1798 wurden die Linden als Verbindung zum Charlottenburger Schloß befestigt und als Chaussee ausgebaut. Im geschichtsträchtigen Zeughaus ist das Museum für Deutsche Geschichte untergebracht. Den Abschluß der „Linden" bildet heute die Marx-Engels-Brücke, die früher Schloß- und Hundebrücke hieß. Heinrich Heine, der eine Zeitlang Unter den Linden 24 wohnte, beschreibt den Blick auf die 1.390 Meter lange Straße: „Wirklich, ich kenne keinen imposanteren Anblick, als vor der Hundebrücke stehend nach den Linden hinaufzusehen. Rechts das hohe, prächtige Zeughaus, das neue Wachhaus, die Universität und Akademie. Links das Palais, das Opernhaus, die Bibliothek. Hier drängt sich Prachtgebäude an Prachtgebäude . . .". Immerhin, der Blick, der Heine so imponiert hat, ist bis heute geblieben.

Die Spreeinsel

Die meisten Besucher nehmen zur Museumsinsel in der Spree den pompösen Weg die „Linden" entlang. Zu empfehlen ist dagegen der Gang am Fluß vom Bahnhof Friedrichstraße aus.

Die Adler an der Weidendammer Brücke, schwarz mit goldenen Krönchen, stimmen einen schon auf preußische Geschichte ein, und man sieht bereits an der Spitze der Museumsinsel die Kuppel des Bode-Museums. Das Ufer „Am Weidendamm" führt an der Kaserne des Wachbataillons Berlin vorbei. Aus dieser „Friedrich-Engels-Kaserne" kommen die Soldaten, die Unter den Linden an der Neuen Wache den Stechschritt, den preußischen, vorführen, der recht betrachtet unsagbar albern ist.

Das Bode-Museum, 1903 eröffnet, hat das Äußere eines Domes. Das ist auch kein Zufall. Durch die Bauten auf der Museumsinsel, so wollten es die Hohenzollern, sollten die Massen, die Arbeiter, an Kunst und Kultur herangeführt werden. Nebenbei konnten prächtige Gebäude und reiche Sammlungen den Glanz ihrer Herrschaft nur verstärken. Die Eisenbahnverwaltung dachte da anders, praktischer. Noch während das Bode-Museum im Bau war, schlug sie die jetzige S-Bahn-Trasse über die Insel. So kommt es, daß man die Museen nicht gemessen entlang der Insel abschreiten kann, sondern über kleine Brücken erreichen muß. Auf der Fahrt vom Bahnhof Friedrichstraße zur Station Marx-Engels-Platz

Palast der Republik und Dom

Das Bodemuseum auf der Spreeinsel

hat man dafür das Erlebnis, aus dem Zugfenster in die Antikensammlung des Pergamonmuseums zu blicken.

Das Pergamonmuseum erinnert mit seiner Fassade an altägyptische Tempelbauten, ist aber das jüngste mit der längsten Bauzeit. Schon 1901 wurde eine provisorische Halle für den Pergamonaltar errichtet, 8 Jahre später dann mit den Arbeiten für das heutige Gebäude begonnen. An dieser Stelle liegt ein 50 Meter breites und 200 Meter langes Schlammloch, die ganze Spreeinsel ist unter den Schichten von Stein ja immer noch sumpfiges Gelände. Die Arbeiten am Fundament zogen sich hin, Krieg und Revolution kamen dazwischen, erst 1930 konnte die Einweihung gefeiert werden. Die Eingangshalle wurde sogar erst im Fünf-Jahr-Plan seit 1976 fertig.

Auf der Uferstraße „Am Kupfergraben“ vor den Museen ist man der Friedrichstraße und den „Linden“ sehr nahe. Dennoch ist die Gegend abgelegen, steht man wie auf dem Hinterhof der breiten Straßen. Die Geräusche, die die Besucher des Pergamonmuseums verursachen, klingen gedämpft, verlieren sich über dem Wasser der Spree. Barockhäuser, Am Kupfergraben Nummer 5 und 7, deren Abriß schon oft geplant war, haben überdauert.

Die Ruine, die sich dem Pergamonmuseum anschließt, ist die des Neuen Museums. Bomben und Luftminen des 2. Weltkrieges haben ihm das Innere herausgeschlagen. Nur die Giebel und vergoldeten Greife auf den Dachsimsen stehen noch so, wie sie ab 1843 aufgebaut wurden. Jahrzehntelang wuchsen Gestrüpp und Bäume zwischen den geborstenen Mauern. Nach der Wiederherstellung, die jetzt begonnen hat, soll die ägyptische Sammlung aus dem Bode-Museum hierher verlagert werden.

An der Bodestraße, die an der Vorderfront der Ruine über die Insel führt, steht auch die Nationalgalerie. Die wuchtige Tempelanlage, auf die oben noch ein Reiterstandbild plaziert wurde, ist wirklich beeindruckend. Überraschend nur, daß man zum Eingang nicht die Stufen hochgeht, sondern das Haus ebenerdig durch eine recht bescheidene Tür betritt. Aber auf praktische Erwägungen ist es beim Bau der Galerie auch nicht angekommen. Wichtig war, daß die Hauptstadt Preußens mit einer nationalen Gemäldesammlung den Anspruch auf die Führung der deutschen Nation bekräftigte. 1867 begannen die Arbeiten, fast parallel die Feindseligkeiten im Krieg gegen Österreich, den Konkurrenten um die Macht in einem möglichen neuen deutschen Reich. So ist es denn doch nicht verwunderlich, daß die Treppe so groß geriet, daß sie ebensoviel Raum einnimmt wie die Ausstellungssäle im Inneren der Nationalgalerie. Sie wurde 1876 zur Geburtstagsfeier des 1871 gekrönten neuen deutschen Kaisers eröffnet. Das Ziel war also zwischenzeitlich erreicht, Kaiser ein Hohenzoller.

An den Flanken des Alten Museums vorbei betritt man den weiten Platz zwischen Museum, Dom und „Palast der Republik".

Das „Alte Museum" ist einer der ersten reinen Museumszweckbauten, die in deutschen Landen errichtet wurden, entstand zwischen 1824 und 1830. Mit ihm schuf sein Architekt Schinkel ein besonderes Kunststück. Ein Repräsentationsbau zur Aufnahme der Königlichen Kunstsammlungen war von ihm gefordert. Er lieferte ihn, aber auf seine Weise, mit einer 87 Meter langen Fassade, aber dennoch zurückhaltend, antik schlicht. Eine große Treppenanlage baute auch er, verbarg sie aber zur Hälfte hinter der Reihe von 18 ionischen Säulen, die die Vorhalle tragen. So dominiert nicht ein pompöser Eingang wie bei der Nationalgalerie das Gebäude, sondern ein Tempel der Kunst den Platz davor.

Der Dom dagegen ist Ausdruck eines ganz anderen Baugedankens. Er entstand ab 1894, also unter Kaiser Wilhelm II., nach dem Vorbild der römischen Peterskirche. Die Domkirche, die vorher auf dem Platz gestanden hatte, war dem Kaiser zu schlicht, etwas Größeres mußte her. Eine Zentralkuppel, vier kleinere, das war mehr als die eine Kuppel und zwei Türme des alten Baus, der einfach, so drückte es Wilhelm aus, den Anforderungen der neuen Zeit nicht mehr entsprochen habe. Im Inneren wurde mit Gold und Marmor nicht gegeizt, so kann man sich auch heute überzeugen, nachdem der Altarraum rekonstruiert wurde. Bald wird auch die Hohenzollerngruft im Dom wieder zu besichtigen sein.

Auf dem Platz vor Museum und Dom steht man auf dem Gelände des ehemaligen „Lustgartens". Zu einem Lustgarten gehört ein Schloß. Der „Palast der Republik" steht jetzt etwa an der Stelle, an der es sich befand. Das Stadtschloß der Hohenzollern war nur viel ausladender, nahm fast die gesamte Breite der Insel ein, ein riesiger Komplex. Das große Eingangsportal, von Eosander entworfen, und die Kuppel der Schloßkapelle darüber erhoben sich mitten auf dem heutigen Parkplatz.

Die erste Burg an dieser Stelle war von Kurfürst Friedrich II. 1451 bezogen wor-

Das Staatsratsgebäude

den. Im 16. und 17. Jahrhundert wurde das Schloß erweitert, später immer wieder umgebaut, mit weiteren Säulen, Brunnen, Statuen versehen. 1945 war es eine halbe Ruine. 1946 fand dort aber noch die Ausstellung „Berlin baut auf!" statt. Schon 1950 wurde das Schloß dann gesprengt.

Der „Lustgarten" war unter den ersten Kurfürsten Kräutergarten für die Schloßküche gewesen, dann erst fürstliche, später öffentliche Grünanlage. In unserem Jahrhundert wurde er mehr und mehr Ort politischer Großdemonstrationen. Die Nazis beseitigten das Grün und pflasterten ihn für ihre Paraden. Nachdem das Schloß beseitigt worden war, wurde die leergeräumte Fläche als Aufmarschgelände für 1. Mai-Demonstrationen und ähnliche Anlässe dem „Lustgarten" zugeschlagen, das Ganze Marx-Engels-Platz genannt. Museum und Dom standen zerbombt an seinem Rande. 1962 bis '64 entstand als erstes neues Gebäude am Platz das des Staatsrats der DDR am südlichen Ende der Fläche. In seine Fassade wurde ein Stück Schloß integriert, ein Portal, das auf den „Lustgarten" führte. Von seinem Balkon aus hatte Karl Liebknecht im November 1918 die dort versammelten Demonstranten zum Aufbau einer sozialistischen Republik der Arbeiter und Soldaten aufgerufen. Die Menge war begeistert. Der Balkon, auf dem Kaiser Wilhelm II. vier Jahre zuvor einer ebenso berauschten Masse die Kriegserklärung an Rußland verlesen hatte, ist weggesprengt. 1976 wurde an seinem Ort der „Palast der Republik" eröffnet. In mehreren Etagen großzügig verteilt gibt es das Theater „tip", einen 5.000 Menschen fassenden Saal für Rock-Konzerte, mehrere Restaurants und Cafés, zwei Diskotheken, ein kahles Foyer mit rechtwinklig angelegten Blumendekorationen – im Mittelpunkt gekrönt von einer stilisierten Glasblume – und überall weiche Sesselbänke zum Platznehmen. Alles ist miteinander verbunden durch weiträumige teppichbelegte Gänge, deren Wände teilweise monströse Gemälde des „sozialistischen Realismus" zieren, marmorne Treppenaufgänge und für bereits Erlahmte Rolltreppen. Alles fürs Volk, was da seine Feste feiern kann und soll. Die Atmosphäre bei Großveranstaltungen bleibt meist etwas beklemmend und steril, wird geregelt von uniformiertem Ordnungspersonal. Außerdem tagt hier noch die Volkskammer, bis zur demokratischen Umwälzung im Oktober 1989 nur Parlamentsimitation. Die Macht wurde im roten Backsteingebäude des Zentralkomitees der SED ganz in der Nähe verwaltet. Jetzt ist die alte Dreiheit von Museum, Dom und „Palast" rund um den ehemaligen „Lustgarten" wieder so etwas wie Zentrum von Herrschaft.

Hinter dem Staatsratsgebäude beginnt der Boden, auf dem einer der beiden Gründungskerne Berlins, die Kaufmannssiedlung Cölln, ab Ende des 12. Jahrhunderts entstanden ist. Um sich das vorstellen zu können, muß man seine Phantasie schon sehr stark bemühen. Auf dem Gelände bis zur Gertraudenstraße ziehen sich heute entlang der alten Straßen Hochhauszeilen hin, und dahinter, auf der Fischerinsel, ist die historische Struktur vollständig in eine Bebauung mit Punkthochhäusern aufgelöst. Die ältesten noch erhaltenen Bauwerke auf diesem Teil der Spreeinsel stammen aus viel näherliegenden Zeiten. Der Alte Marstall des Schlosses, Breitestraße 36/37 wurde 1669, die Jungfernbrücke am ZK-Gebäude 1789 gebaut, und dann stehen noch vier Barockhäuser in der Scharrenstraße und der Gertraudenstraße. Der Petriplatz, heute völlig leergeräumt, bildete als Fischmarkt mit der um 1200 gebauten ersten Petrikirche das Zentrum Cöllns. Die Stadtmauer umschloß ein Gebiet von etwa 800 Metern Länge und 370 Metern Breite. Sie folgte um 1300 im Norden der Linie der Fassade des Staatsratsgebäudes. Marx-Engels-Platz, Lustgarten und Museumsinsel blieben als unbrauchbares, von Wasserläufen durchzogenes Gelände vor den Toren. Hinter der Mauer, auf einer Fläche, die etwa dreimal so groß ist wie ein neuzeitliches Fußballstadion, drängten sich kleine Lehmbauten. Natürlich kann man sich keine Vorstellung davon machen. Es ist dennoch ein seltsames Gefühl, auf der Fischerinsel am Ufer der Spree, also auf dem Grund des südlichen Teils der Stadtmauer, zu schlendern. Wo jetzt die Grünanlagen sind, an Hochhäusern,

Blick auf das Nikolaiviertel

die jedes um die 300 Wohnungen enthalten, gab es einmal Leben in Hütten an schlammigen Wegen, in Krankheit und Schmutz und Gottesfurcht. Große Brände kamen über die Menschen. 1380 wurde alles vernichtet, danach mit gebrannten Mauersteinen wieder aufgebaut. Aber auch die Häuser der reichen Kaufleute direkt am Markt waren niedrig, der einzige hohe Bau blieb noch lange Zeit die Petrikirche.

Vom Fischmarkt in Cölln führte ein Damm aus Knüppelholz und Erde, der Mühlendamm, über den Fluß und direkt zum Kern der Nachbarstadt Berlin, zum Molkenmarkt. Berlin war immer etwas größer als Cölln. Seine Stadtmauern kann man sich als Halbkreis von der Bodestraße zur Littenstraße vorstellen, als Bogen parallel zur S-Bahn-Strecke zwischen den Bahnhöfen Marx-Engels-Platz und Jannowitzbrücke. Berlin hatte immerhin zwei Kirchen und zwei Märkte. Am Molkenmarkt St. Nikolai, einige Jahre nach der Cöllner Petrikirche errichtet. Und die Marienkirche, etwa 1270 gebaut, am Neuen Markt. Um diese Zeit hatte London schon 150.000 Einwohner und Paris bereits die kunstvolle Notre Dame. Dagegen waren Berlin und Cölln Dörfer, blieben es auch, nachdem sie sich 1432 zu einer Stadt vereint hatten. Die war auch nicht mehr als ein Flecken in märkischem Sand.

Heute führt immer noch ein Mühlendamm von der Spreeinsel auf das Festland, allerdings auf einer Brücke aus Stahlbeton. Eine Petrikirche gibt es seit dem letzten Krieg nicht mehr, der Molkenmarkt ist eine Kreuzung breiter Straßen, mehr nicht. Zwischen Littenstraße und Waisenstraße gibt es noch ein kleines Stück Stadtmauer zu sehen, die Marienkirche mit dem Turmaufsatz von 1789 ist nach Kriegszerstörungen wieder aufgebaut. Und die Nikolaikirche auf dem ältesten Stück Berliner Bodens ragt mit ihren allerdings neogotischen Türmen über einem neuen Stück Altstadt empor.

Im Nikolaiviertel

Zur 750-Jahr-Feier 1987 wurde Berlin/DDR das neue Nikolaiviertel beschert, außer der Nikolaikirche ist hier nur wenig wirklich original. Das Haus „Zum Nußbaum“ etwa ist aus dem Fotoalbum nachgebaut worden. In dieser Alt-Berliner Kneipe saßen einst Heinrich Zille und Otto Nagel, nur stand sie auf der Fischerinsel und wurde zerbombt. Die Nachbildung ist aber so täuschend gelungen, daß man meint, die Frau, die man von der historischen Fotografie her kennt, müsse jeden Moment ihren Kopf aus dem Fenster strecken. In der Poststraße ist die mittelalterliche Gerichtslaube ein zweites Mal auferstanden. Sie war Teil des Amtshauses, das für den Bau des Roten Rathauses 1861 abgerissen wurde. Der gotische Bogengang wurde dann in den Schloßpark zu Babelsberg versetzt. Eine Kopie ist nun im Nikolaiviertel errichtet. Das Ephraim-Palais an der Ecke zum Mühlendamm ist zwar keine Kopie, seine Steine sind über 200 Jahre alt, nur lagen sie bis 1983 säuberlich numeriert in West-Berlin. Das Palais, ein Geschenk Friedrichs II. an seinen jüdischen Hofbankier Ephraim, hatte 1935 der Verbreiterung der Mühlendammbrücke weichen müssen. Jetzt ist es mitsamt seinem Säulenportal, der schmuckvollen Rokokofassade eben ein paar Meter weitergewandert, dient in mehreren Etagen wechselnden Kunstausstellungen. In einem rokokobeschwingten Café im Erdgeschoß kann man nach dem Rundgang einkehren.

Das Knoblauch-Haus in der Poststraße war das einzige weltliche Gebäude im Nikolaiviertel, das nach dem Zweiten Weltkrieg erhalten blieb. Über 150 Jahre hatte der Salon des Seidenfabrikanten Knoblauch und seiner Familie als geistiges Zentrum Berlins gegolten. Lessing, Mendelssohn, die Gebrüder Humboldt, Tieck und Begas verkehrten im Hause. Heute ist das restaurierte Gebäude ein Museum zur Berliner Aufklärung.

Die Nikolai-Kirche im Mittelpunkt des Viertels ist in ihrer Grundsubstanz das älteste Bauwerk Berlins. 1244 wurde sie erstmals urkundlich erwähnt. Der Stadtbrand

Im Nikolaiviertel

1380 vernichtete auch die frühgotische Kirche, auf ihren Fundamenten wurde danach wieder aufgebaut. Zwei Türme waren geplant, nur einer wurde vollendet. Das heutige Turmpaar entstand erst 1877. Über das Kopfsteinpflaster um den Backsteinbau schlendern Besuchers aus Ost und West. Die schmalen Gassen werden von historisierenden Neubauten aus Betonplatten und Betonformen in immerhin 320 Varianten gebildet. Arkaden, Kapitelle und Giebel aus Waschbeton. Die Planer haben sich Mühe gegeben, jede Monotonie zu vermeiden. Schmiedeeiserne Briefkästen, Straßenpumpen, Blumenkästen in den Formen der Jahrhundertwende wurden als Zutat verwandt. Vor den Türen der zahlreichen Cafés, Biergärten und Restaurants stehen Tische und Stühle. Die Schaufenster der kleinen Geschäfte zeigen Mode, Kunsthandwerk, Porzellane, antiquarische Notenhefte. Es wirkt alles doch ein wenig wie ein Alt-Berlin-Disneyland, obwohl hier in fast 800 Wohnungen auch gelebt wird. Den Nachbau im Rücken schaut man etwas irritiert auf die

wirklich alten, so grau und vernarbt wirkenden Rückfronten von Altem Marstall und Dom über der Spree.

In der Friedrichstraße

Die Friedrichstraße war nie ein Broadway, vielleicht war sie eher mit der alten Reeperbahn in Hamburg zu vergleichen. Schon vor der Jahrhundertwende galt die „Sirene Vergnügen", wie Robert Walser sie 1909 nannte, als ein Ort, an dem das Leben nie aufhörte zu leben. Vor lauter Schaufensterauslagen, Werbeflächen, Lichtreklamen, Schlagzeilen, ausgestellten Varieté-Fotos, Bettlern am Straßenrand und bunten Menschenhaufen nahm man den Himmel kaum war. Es gab hier mehr kleine Tanzlokale, Kneipen, Restaurants und Cafés mit Separées als Häuser. „Ein anständiges Mädchen geht nicht auf der Friedrichstraße", so wurden damals die jungen Frauen aus besserem Hause von Eltern und Lehrern gewarnt.

Zwischen Wintergarten und Apollo-Theater funkelten die Lichter, im alten Chansonettenviertel um das Oranienburger Tor lockte neben der Sinnlichkeit auch der Geist. Tucholsky und Mehring wurden gesungen, Claire Waldoff fand hier ihr Milljöh und ihr Publikum. Rechts und links der Kreuzung Unter den Linden konzentrierten sich die größten Bankhäuser und Versicherungen, Hotels und Restaurants, Cafés und vornehme Geschäfte – der pulsierende Mittelpunkt des bürgerlichen Großstadtlebens.

An der Friedrichstraße hatten seriöse Unternehmen, aber auch all die Geschäftszweige, die gerade einen wenn auch nur kurzfristigen Boom erlebten, ihren Sitz. Hunderte von Büros kleiner Filmfirmen gab es, als die „laufenden Bilder" eine Sensation waren und guten Profit versprachen. Die Eisenbahnkönige unterhielten ganze Geschäftsetagen, die Grundstücksspekulationsgesellschaften residierten in der Friedrichstraße zumindest so lange, bis ihre Firmenimperien krachend zusammenfielen. Das Gründerzeit-Fieber grassierte hier besonders heftig. In den zwanziger Jahren übernahm die Leipziger Straße die Rolle als prächtige Geschäftsstraße, das Vergnügen verlagerte sich mehr und mehr zum Kurfürstendamm. Dennoch blieb die Friedrichstra-

Weidendammer Brücke

Zwischen Unter den Linden und Bahnhof Friedrichstraße

ße ein Zentrum von Geschäft und Unterhaltung.

Das alles hatte unter Friedrich III. ab 1688 sehr nüchtern begonnen. Der spätere König in Preußen ließ zur Erweiterung seiner Residenz eine neue Stadt mit schnurgeraden Straßen und exakten Häuserblökken errichten. Nach dem König wurden sowohl die Stadt als auch ihre Hauptstraße benannt. Um 1750 hatte die Friedrichstadt 1.700 Häuser mit 35.000 Einwohnern und war ein langweiliges Häusermeer ohne jede Abwechslung für das Auge. Um wenigstens einen baulichen Akzent zu setzen, wurde der Gendarmenmarkt neu gestaltet. Die alten schlichten Predigthäuser, die Französische und die Neue Deutsche Kirche, wurden um 1780 durch aufwendige Kuppelbauten aufgewertet. Die Stallungen des Regiments Gens d'armes, die der Einfachheit halber an die Kirchen angebaut worden waren, wurden abgerissen. Ein Komödienhaus war schon 1774 auf dem Platz errichtet, später zu einem Deutschen Nationaltheater erweitert worden. Als es 1817 abbrannte, erbaute Schinkel auf seinen Fundamenten ein neues klassizistisches Schauspielhaus.

Einer der schönsten Plätze der Stadt sei entstanden, urteilten viele, andere Zeitgenossen erregten sich über den Zuckerbäckerstil der beiden Dome. Auf jeden Fall war und blieb die Friedrichstraße mit 3.300 Metern zwischen Halleschem und Oranienburger Tor unbestreitbar die längste Innenstadtstraße.

Die „sündigste Meile der Stadt" überstand den Bombenkrieg nicht, sie wurde vernichtend getroffen. Auch die Zwillingsdome und das Schauspielhaus am Gendarmenmarkt lagen in Trümmern.

Durch die Spaltung Berlins und den Mauerbau verlor die Friedrichstraße ihre Funktion als Nord-Süd-Verbindung, wurde selbst in zwei Teile zerschnitten. Das kurze Stück vom Halleschen Tor zum Kontrollpunkt Checkpoint Charlie gehört zum Westen, das längere zum Osten. Über lange Jahre wurde die Straße in West wie in Ost sich selbst überlassen. Ein letztes großes Relikt der Vergangenheit war der alte Friedrichstadtpalast. Von 1867 bis zu seinem Abriß 1985 stand er an der kleinen Straße „Am Zirkus" auf dem Spreeufer gegenüber dem Bahnhof Friedrichstraße. In diesen 118 Jahren wechselte seine Funktion oft. Als Markthalle erbaut, diente er ab 1873 erst dem Zirkus Salamonsky, dann dem Zirkus Renz als Manege, faßte zu den Vorstellungen immerhin 4.500 Zuschauer. Später zog das „Neue Olympia-Riesen-Theater" ein, das sich dadurch auszeichnete, daß in den Stücken bis zu 1.000 Darsteller mitwirkten. Danach gab es bis zum 1. Weltkrieg wieder Zirkus, diesmal Zirkus Schumann. 1919 folgte die Wiedereröffnung als „Großes Schauspielhaus" Max Reinhardts. Der Architekt Hans Poelzig hatte im Innern des Gebäudes eine riesige runde Halle geschaffen, von deren Kuppel unzählige Zapfen wie Stalaktiten in einer Tropfsteinhöhle hingen. Durch die Zapfen wurde der Raum beleuchtet, sie sorgten gleichzeitig für eine so gute Akustik, daß jeder der 5.000 Zuschauer den Vorstellungen auf der als Arena gestalteten Bühne folgen konnte. Reinhardt gab hier seinen Shakespeare-Zyklus. Dem Theater folgten ab 1924 Revuen und Operetten, „Das Weiße Rößl" wurde über 400mal vor ausverkauftem Haus aufgeführt. Die Nazis machten den Friedrichstadtpalast zu einem „Theater des Volkes", das neue „deutsche" Dramen aufführen sollte. Die Zuschauer blieben aus, es wurden wieder Operetten angesetzt. Schon 1945 ging es zwischen den Trümmern gleich weiter mit Varieté. Republikweit bekannt wurde der Friedrichstadtpalast durch die im DDR-Fernsehen übertragene Unterhaltungsshow „Ein Kessel Buntes". Seichte Witze und Klamauk, Tanzeinlagen und Gesang wurden wirklich wie in einem Waschkessel durcheinandergerührt. 1982 erfolgte die Schließung des alten, 1984 die Eröffnung des neuen Friedrichstadtpalastes.

In den Jahren zuvor hatte, erst noch zaghaft, der Wiederaufbau des Ost-Berliner Teils der Friedrichstraße begonnen. Erste repräsentative Neubauten waren entstanden, das Interhotel „Metropol" zwischen Mittelstraße und Clara-Zetkin-Straße und ihm gegenüber das hochaufgeschossene Internationale Handelszentrum, das man bereits von West-Berlin aus sehen kann. Auf der anderen Seite des Bahnhofs, hinter der Weidendammer Brücke, wurde der neue Friedrichstadtpalast gebaut und ganz am anderen Ende der Friedrichstraße, schon fast am Checkpoint, das seit Gorbatschow stark frequentierte Haus der sowjetischen Wissenschaft und Kultur. Schon beim Neubau des Friedrichstadtpalasts war das Bemühen deutlich geworden, den Baustoff Beton zu veredeln. Naturstein, Glasmosaiken wurden eingesetzt. Die geraden Linien sind vielfach gebrochen.

Dieses Gesicht tragen auch die neuen Gebäude, die seither entstanden sind, deren Bau angefangen hat oder erst noch projektiert ist. Das „Grand Hotel", das die gesamte westliche Straßenseite zwischen Behrenstraße und „Unter den Linden" einnimmt, greift die alte Form der Arkadenhäuser an der Friedrichstraße wieder auf. Sein Haupteingang ist auf die Ecke gesetzt, einzelne Teile der Fassade springen vor oder zurück. Außen zurückhaltend sandfarben, ist seine Empfangshalle mit Stuck, Marmor, roten Teppichen geschmückt. Sie führt über alle sechs Stockwerke 30 Meter in die Höhe zu einer in farbigem Glas ausgeführten Kuppel. Die 600 Zimmer und großen Suiten sind mit allem neuzeitlichen Komfort ausgestattet, liegen aber an Gängen, die dem Chic der Jahrhundertwende entsprechen. Eine der 12 gastronomischen Einrichtungen trägt denn auch den Namen eines der traditionsreichsten Cafés der „Linden", „Café Bauer". Das war neben dem „Café Kranzler" das erste Kaffeehaus am Platze.

Ebenso luxuriös wie das „Grand Hotel" ist das Ambiente des neuerrichteten Konzertsaals im Schinkelschen „Schauspielhaus" am Gendarmenmarkt, dem heutigen Platz der Akademie. Unter riesigen Kronleuchtern finden 1.650 Besucher Platz. Wände und Decke sind mit Stuck bedeckt, an den Wänden als Säulen aus Stuckmarmor, an der Decke als Stuckmalereien, die menschengroße Figuren aus der griechischen Mythologie zeigen. In den Wandelgängen vor dem Konzertsaal und dem Kammermusiksaal mit 450 Plätzen sind neben den Wandmalereien die fast lebensgroßen Büsten bedeutender Komponisten aufgestellt. Rote Läufer führen zu den Kassen und ins Innere des Gebäudes.

Nicht so aufwendig, aber immer noch aufwendig genug ist der Französische Dom restauriert worden. Man läuft eine rustikal aus nacktem Backstein gefügte Wendeltreppe zu „Hugenottenmuseum" und Gaststätte empor. Überall spürt man die Mühe der Rekonstruktion, die Sorge um die behagliche Gemütlichkeit der Gäste. Der Deutsche Dom wird bald ebenso neu wiedererstanden sein.

Solange die Friedrichstraße noch eine große Baustelle ist, wird ihr Charakter durch den Bahnhof und sein Getriebe geprägt. Menschengruppen eilen von den Haltestellen der Straßenbahn und der Busse durch die graue Schalterhalle die Treppen hinauf zur S-Bahn. Die Treppenstufen sind ausgetreten von den Füßen all der Reisenden, die in den Jahrzehnten hier schon hochgestiegen sind. Hinweise an die Fahrgäste werden mit Kreide auf Schiefertafeln geschrieben. Die Aufgänge sind mit den typischen alten S-Bahn-Kacheln versehen. Noch zeigt der Bahnhof ungeschminkt seine Vergangenheit und die der Teilung der Stadt. Der verglaste Pavillon neben dem Bahnhof hieß im Jargon der Hauptstadt früher „Tränenbunker". Hier wurden West-Besucher von ihren Ost-Berliner Freunden und Verwandten oft wirklich tränenreich verabschiedet, gingen DDR-Bürger, denen die Ausreise gestattet worden war, für immer weg. Das darf nicht vergessen werden, auch wenn die Grenzbeamten plötzlich so freundlich sind und alles so „normal" geworden ist.

Rund 160 Geschäfte, über 60 Gaststätten und mehrere große Passagenkomplexe sollen bis Anfang der 90er Jahre an der Friedrichstraße entstehen. Einiges davon ist in der Randbebauung des Platzes der Akademie, im Komplex gegenüber dem Friedrichstadtpalast und am Haus der sowjetischen Wissenschaft bereits zu erkennen. Es ist schon seltsam zu sehen, wie die durchaus

Kreuzung Friedrichstraße mit Unter den Linden

postmodern zu nennenden Häuser auf den Checkpoint Charlie zu wachsen. Und auf der westlichen Seite stehen die ebenso postmodernen Gebäude der Internationalen Bauausstellung dicht an der Mauer. Zumindest von der Architektur her scheint sich eine Lücke zu schließen, wird die Friedrichstraße wieder zu einem Ganzen.

Am Alex

Man braucht nur einmal um 23 Uhr über den Alexanderplatz zu gehen, dann weiß man, was dieses große Stück Betonboden heute noch ist. Kehrmaschinen der Stadt-

reinigung fahren Streifen für Streifen ab. Müllmänner befördern mit Schwung die senfbeschmierten Pappteller aus den Abfallbehältern der Imbißbuden auf den Kehrichtwagen. Auf Passanten brauchen sie dabei keine Rücksicht zu nehmen, der Platz ist bis auf einzelne eilige Schatten menschenleer. Aber auch am Tage ist hier Leerraum, Windschneise. Da können noch so viele Menschen zu den Eingängen des Bahnhofs oder des Kaufhauses „Centrum" eilen, noch so viele Touristen aus West und Ost rundlaufen, vor der Essensausgabe des Schnellrestaurants, neben dem Interhotel „Stadt Berlin" oder an der Tür der Buchhandlung sich Schlangen bilden. Dieser Platz produziert Leere: In den Augen der Jungen und Mädchen, die um den Springbrunnen herumsitzen und darauf warten, daß etwas passiert. Im Kopf der Schüler aus der BRD, die in Gruppen herumstreichen, um eine Gelegenheit zu finden, die geschmuggelten DDR-Mark auszugeben. In den Herzen der Rentner, die den ganzen Tag in der Großgaststätte verbringen, Wurst, Bier und Schnaps hinter ihre schlechten Zähne tun. Nur wer ein konkretes Kaufinteresse im „Centrum" befriedigen kann, wird am Alexanderplatz gut bedient.

„Hier haben wir alle Platz" war der Titel einer Reihe von Festen auf dem „Alex", die zur 750-Jahr-Feier Berlins veranstaltet wurden. Das stimmt, die zu diesem Anlaß versprochene Fröhlichkeit kam allerdings nicht auf.

Daß sich hier Tag für Tag doch so viele Menschen einfinden, kann nicht nur an der zentralen Lage des Platzes liegen. Es kann auch nicht darin begründet sein, daß er durch den Fernsehturm in der Nähe so bekannt ist. Die wirklich beeindruckende Sicht von der Panorama-Etage des Turms, die fast auf gleicher Höhe mit den nach Tegel einschwebenden Flugzeugen zu liegen scheint, genießen ja nur vergleichsweise wenige. Es

Blick vom Alex zum Roten Rathaus

Berlin Alexanderplatz

muß so sein, daß sich der Nimbus „Alex“ über die Jahrzehnte erhalten hat.

Am „Alex“ traf der Verkehr aus dem Osten Berlins auf das Zentrum, der Geschäftsmann auf den kleinen Ganoven, der Liebhaber seine Geliebte. Eleganz hatte der Platz nie, es gab nur eher schlichte Vergnügungslokale, Geschäftshäuser, ein Polizeipräsidium. Schön war der Ort auch nicht, eben die Kreuzung vieler Straßen, die in den 30er Jahren dann auch noch um ein häßliches ovales Rasenstück führten. Aber am „Alex“ trafen Welten und Leute, Autos und Straßenbahnlinien aufeinander. Nach 1945 ist der Platz, der schon immer riesige Dimensionen hatte, noch auf die vierfache Größe gebracht worden. Die Geschichte des „Alex“ aber wurde in merkwürdig verdrehter Form wieder aufgenommen. Schon früher gab es ein Kaufhaus am Alexanderplatz, das Warenhaus „Tietz“, etwa an der Stelle, wo heute der Springbrunnen sprudelt. Vor der Front war die „Berolina“ auf einen hohen Sockel gestellt. Die vollbusige Statue sollte Berlin symbolisieren und diente als Treffpunkt. Nur wenige Meter von ihrem damaligen Standort entfernt dreht sich jetzt die Weltzeituhr, die hin und wieder auch zum Ort von Verabredungen wird. Ein „Vereinshaus der Lehrer“ und eine „Centralmarkthalle“ standen in der Nähe des „Alex“. Die gibt es heute wieder, an etwa denselben Stellen.

Aber die Viertel, die dem Alexanderplatz sein Leben, seine Kraft gaben, sind durch den Krieg und nach dem Krieg endgültig beseitigt worden.

Die gotische Marienkirche und das Rote Rathaus sind die einzigen historischen Gebäude, die zwischen dem S-Bahnhof Alexanderplatz und der Spree stehengeblieben sind. Der Fernsehturm, 1965 bis 69 errichtet, erhebt sich 365 Meter hoch über einer fast freien Fläche. An der Spree nennt man dieses Brachland Marx-Engels-Forum, weil ein Standbild der beiden Denker des wissenschaftlichen Sozialismus in eine Grünanlage gesetzt ist. Die Marienkirche, die das Terrain um den Fernsehturm schmückt, überragte einst einen der drei Märkte der mittelalterlichen Doppelstadt Berlin/Cölln, den Neuen Markt. Sie war einbezogen in ein Gewirr von Gassen und auch später, als in der Gründerzeit größere Straßendurchbrüche vorgenommen wurden, immer noch eng von kleinen Geschäftsstraßen umgeben. Das Rathaus, das fünfte an dieser Stelle, wurde 1869 eingeweiht. Es bekam seinen Beinamen wegen seiner Farbe und nicht wegen politischer Inhalte. An ihm vorbei drängten Kutschen, Automobile, Omnibusse und Straßenbahnen durch eine recht enge Straße auf den Alexanderplatz. Kleine und große, mehr oder weniger luxuriöse Läden priesen ihre Waren mit großen Buchstaben an. Darüber dampften die Lokomotiven durch den Bahnhof und über die Brücke. Heute sind in den Rathauspassagen einige Restaurants und Geschäfte angesiedelt. Schmuck, Delikat-Lebensmittel und tschechoslowakische Spezialitäten werden angeboten. Aber es gibt keinen Verkehr mehr, dem Rathaus fehlt das Gegenüber.

Die engen Wohnhöfe zwischen Karl-Marx-Allee, Frankfurter Allee und der S-Bahn sind durch Hochhauszeilen und weite Parkplätze ersetzt worden. Dort ist es nur zweimal im Jahr belebt, zum Blumenmarkt im Frühjahr und zum Weihnachtsmarkt. Im vorigen Jahrhundert hatte sich hier, wie auch im „Scheunenviertel" nördlich des Alexanderplatzes, die Stadtarmut konzentriert. Gegen drohende Exmittierungen kam es zu kleinen Aufständen, regelrechten Barrikadenkämpfen. Armut, Aufmüpfigkeit und das Ganoventum gingen eine enge Verbindung ein. Als „Stalinallee" wurde der breite Straßenzug Karl-Marx-Allee–Frankfurter Allee zu Beginn der 50er Jahre im zum damaligen Namen passenden Imponierstil bebaut. Die Arbeiter dieses ersten sozialistischen Aufbauprojekts gaben den Anstoß zu den Unruhen des 17. Juni 1953. Der Aufstand wurde niedergeschlagen. Die „Stalinallee" hat ihre alten Namen der 20er Jahre wieder. Die Zuckerbäckerhäuser sind inzwischen baufällig.

Im Scheunenviertel

Dieses Viertel am „Alex" gibt es nicht mehr. Das Quartier rund um die heutige Almstadtstraße und den Luxemburgplatz war bis in die 30er Jahre ein Mittelding zwischen Alt-Berlin und Dorf. War heruntergekommener Teil der Stadt und zugleich Ganovenviertel und Zentrum tiefer jüdischer Religiosität. Zuwanderer vom Lande hatten sich ab 1800 vor den Stadttoren Berlins, zwischen den Schuppen und eben den Scheunen angesiedelt. Arme Leute waren das, die auch arm blieben, die härteste und niedrigste Arbeit verrichten mußten. Sie lebten noch wie in den ostdeutschen Gebieten, aus denen sie zumeist kamen, zusammengepfercht in engen Räumen, in denselben hygienischen Verhältnissen, mit Kuh und Ziege im Hinterhof. Auswege aus diesem Leben boten Alkohol und kleine Gaunereien und Nebengeschäfte. Das Scheunenviertel war Auffangstation für alle, die noch nicht in Berlin Fuß gefaßt hatten, es vielleicht auch nie schaffen würden. So war es nur natürlich, daß die Juden, die nach 1905 verstärkt vor den Pogromen in Polen und Rußland flohen, hier Unterschlupf fanden. In der Almstadtstraße, damals Grenadierstraße, entstand so etwas wie ein „Stetl", ein Ghetto mit Betstuben, Fleischereien, die nur Koscheres und Buchhandlungen, die Bücher in hebräischer Schrift anboten. Fotografien aus dieser Zeit zeigen das Nebeneinander von Männern mit Stirnlocken und langem Gehrock, der den Kaftan ersetzte, und Prostituierten mit Bubikopf. Da ist der Schwarzhandel an der Münzstraße, Ecke Grenadier zu sehen, der Kleintiermarkt in der Hirtenstraße, die Ställe auf den Hinterhöfen der Mulackstraße.

Diese Mischung bot häufig Anlaß und Vorwand für Antisemitismus aus jeder Richtung. Sogenannte nationale Verbände hetzten gegen die „typisch jüdische Unterwelt". Arbeitslose zerschlugen und plünderten 1923 die Geschäfte in der Grenadierstraße, weil „die Juden" die Auszahlung der Arbeitslosenunterstützung hintertrieben hätten. Polizei sperrte schon 1922 polnische

Die Alte Schönhauser Straße im Scheunenviertel

und russische Juden, die sie bei Razzien ohne gültige Papiere erwischte, in „Konzentrationslager". Die Nazis veranstalteten gleich April 33 große Hetzjagden, die live im Radio übertragen wurden.

Schon 1906 wurden ganze Blocks des Scheunenviertels abgerissen, der heutige Rosa-Luexmburg-Platz mit dem Theater der Volksbühne entstand. Später wurde noch einiges zerstört. In den letzten Jahren aber arbeitet die Maschinerie der Sanierung auf vollen Touren. In die Mulackstraße sind große Lücken geschlagen. Die Häuser mit zwei und drei Stockwerken, die in der Dunkelheit und der spärlichen Straßenbeleuchtung sehr an dunkles altes Berlin erinnern, stehen ohne Läden da. Manche sind zugemauert. In der Almstadtstraße sind eine Reihe neuer Häuser entstanden, nur etwa ein Drittel der alten Gebäude wird rekonstruiert. So sind auch die alten hebräischen Inschriften verschwunden, die noch lange nach dem Krieg zu sehen waren. Ein kleines Eckhaus ist bis jetzt stehengeblieben. Die Kneipe darin ist allerdings geschlossen. Der Wirt verkaufte immer Bier in kleinen Fässern für die Feiern in der Betstube im Haus gegenüber. Dieses Gebäude existiert nicht mehr. Die Menschen, die in ihm feierten, genausowenig. Um hebräische Inschriften zu sehen, muß man auf den Friedhof in Weißensee oder den in der Schönhauser Allee am Prenzlauer Berg gehen.

Die Kneipe in der Mulackstraße
Das 1770 erbaute Gebäude, in dem sich das Restaurant früher befand, stand in Berlins einstmals ärmster und finsterster Gegend überhaupt, dem alten Berliner Scheunenviertel, in der Mulackstraße Nummero 15, genannt ‚die Mulackritze'. Von 1770 bis 1952 ununterbrochen Gastwirtschaft, wurde das Haus dann im Dezember 1963 abgerissen. Als Heinrich Zille dort einst sein Berliner Milljöh zeichnete, war das Lokal

Blick in die Mulackstraße

ein sogenannter ‚doller Laden', in dem hauptsächlich schwere Jungs und leichte Mädchen ihr Domizil hatten. Unter anderem verkehrten dort auch Berlins berühmt-berüchtigte Verbrechervereine, einmal der Berliner Spar- und Ringverein ‚Immertreu' und dann noch der Spar- und Ringverein ‚Felsenfest'. Im Lokal gab es zwar eine Verbotstafel, die der Wirt selber aus Pappe gemacht hatte, auf der, allerdings in fehlerhafter Schreibe stand – ‚Protestuierten ist der Eintritt in dieses Lokal verboten'. Aber darunter stand der Nachsatz, absichtlich in Blau geschrieben, ‚laut Polizeiverordnung'. Und das war natürlich der Witz der Tafel, dadurch wußten die acht Mädchen, die sowieso immer für den Laden gelaufen sind, und die, die von der Straße noch dazukamen, aha, sehr gut, der Wirt hat nichts dagegen. Nur wenn drunter gestanden hätte, ‚der Wirt', dann hätten sie gewußt, aha, essen und trinken ja, aber sonst gar nichts, dann durften sie nicht mit den Augen kullern. In den zwanziger Jahren aber hatte sich das Milieu in der Mulackritze, so nach und nach natürlich, schon grundlegend gewandelt. Das heißt, die Berliner Verbrechervereine, die Ring- und Sparvereine, verzogen sich in die Gegend des Schlesischen Bahnhofs, heute ‚Hauptbahnhof' oder Ostbahnhof genannt, wo sie dann in der Breslauer Straße, heute Straße Am Ostbahnhof, ihr Vereinslokal hatten. Die Mulackritze wurde dann eine ziemlich bekannte und auch beliebte Berliner Künstlerkneipe, in der teilweise sogar recht berühmte Leute verkehrten. Henny Porten und Fritzi Massary, Claire Waldoff und Marlene Dietrich, Max Pallenberg, Bert Brecht, Hubert von Meyerinck, Gustav Gründgens, Paul Wegener und viele andere.

Das Restaurant hatte von den Besitzern her eine tragische Geschichte. Von 1925 bis 1945 gehörte das Lokal dem Gastwirt Fritz Brandt, und seine Verwandte Minna Mahlich, eine geborene Lewinthal, war in dem

Lokal tätig. Sie durfte dann nach der ‚Kristallnacht' nicht mehr mitarbeiten, war Jüdin, Minna Mahlich geborene Lewinthal. Nur durch den Mut ihres Mannes, der als sogenannter Arier ihr die Treue gehalten hat und sich trotz der ständigen Schikanen der nationalsozialistischen Behörden, der Gestapo, nicht hat von seiner Frau scheiden lassen, das hat ihr das Leben gerettet. Im Jahre 1939, bei Kriegsausbruch, hat man dann unliebsame Leute wie Herrn Mahlich in die sogenannten Himmelfahrtskommandos gesteckt. Man schickte auch ihn an die Front in der Hoffnung natürlich, der Mann würde recht bald fallen. Wäre er im Krieg geblieben, dann hätte man die arme Frau auch sofort und gnadenlos abgeholt, in irgendeinem Vernichtungslager ums Leben gebracht. Alfred Mahlich kam doch gesund wieder. Seine Frau aber mußte in den Kriegsjahren hier in Berlin schwere Zwangsarbeit leisten.

Die Mahlichs übernahmen dann die Mulackritze nach 1945, das Lokal war dann noch Treff eines bunten Publikums, Transvestiten, Künstler und so weiter. Minna Mahlich starb 1974, ihr Mann 1966, sie liegen nun beiden zusammen auf dem jüdischen Friedhof Berlin-Weißensee.

L.B., Mahlsdorf, Berlin/DDR

In der Sophienstraße

Auf einem kurzen Stück Straße reihen sich eine Werkstatt für Blasinstrumentenbau, eine Weberei, der Laden eines Goldschmiedes, der eines Holzbildhauers und das Stadtbezirksgeschichtliche Kabinett Mitte, also ein Heimatmuseum, aneinander. Eine Boutique gibt es auch und auf der anderen Straßenseite das „Sophieneck" mit Marmortischen und dezenter Discomusik. Im Sommer kann man in einem kleinen Garten direkt an der Sophienkirche sein Eis verzehren, die Bäume des Kirchhofs geben den nötigen Schatten. Die Spandauer Vorstadt, in der die Straße liegt, entstand seit dem Ende des 17. Jahrhunderts vor dem Spandauer Tor der Berliner Stadtbefestigung, das sich etwa am heutigen S-Bahnhof Marx-Engels-Platz befand. Es war ein bescheidenes Wohnquartier mit kleinen Handwerksbetrieben, in vielem vergleichbar mit dem Scheunenviertel.

Hier aber wurde rekonstruiert. Türen, Klinken, Lampen, Zunftzeichen wurden sorgsam instandgesetzt oder neu beschafft. Höfe werden begrünt, ganze Fassaden sollen mit Efeu bewachsen werden. In der Hinterhofidylle findet dann auch ein „Tröpfelbrunnen" seinen Platz. Der Architekt spricht von einer Art Freiluftmuseum, in dem man die Entwicklung einer Vorstadt zum Berliner Innenstadtbereich nachvollziehen könne.

Um die Ecke in der Großen Hamburger Straße wird eine ähnliche Entwicklung eingeleitet. Eine Gitarrenbauwerkstatt wirbt bereits mit einem Zunftzeichen. Auf dem Grundstück Nr. 11, nicht weit davon, stand seit 1850 eine Synagoge, 20% der Einwohner der Spandauer Vorstadt waren Juden. In der Großen Hamburger Straße lag der erste Jüdische Friedhof Berlins, 1672 gegründet, 3.000 Begräbnisse bis 1827. Dann wurde der Friedhof geschlossen, die Beerdigungen fanden auf dem neuen Friedhof an der Schönhauser Allee statt. In der Großen Hamburger Straße wurde Moses Mendelssohn, Vordenker der Emanzipation der Juden, begraben. Die Nazis haben den Friedhof zerstört, im Jüdischen Altersheim ein Sammellager für die Transporte nach Auschwitz und Theresienstadt eingerichtet. 50.000 Menschen wurden von hier aus deportiert.

Die Gefühle sind hier zwiespältig: Es ist angenehm, daß die Sophienstraße und bald auch die Große Hamburger so sorgsam restauriert werden. Es ist angenehm, vor dem „Sophieneck" in der Sonne zu sitzen. In einem Freiluftmuseum. Und doch fühlt man sich unwohl, weil vier Gedenktafeln in ei-

Sophienstraße mit Turm der Sophienkirche

In der Sophienstraße

ner Mauer das einzige sind, was von einem großen Teil der Bewohner dieser Straßen blieb.

Prenzlauer Berg – Berlin bunt

Das Restaurant liegt hinter den dicken gelben Klinkermauern einer ehemaligen Brauerei. Über lange Treppen und durch Gänge, deren Wände mit graugrüner Ölfarbe gestrichen sind, ist es zu erreichen. Das Lokal ist groß und kahl, die Tische sind mit karierten Tüchern gedeckt. Obwohl es nicht unter der Erde liegt, hat man doch den Eindruck, ein Kellergewölbe zu betreten. Ein paar Grünpflanzen fungieren im Neonlicht als Raumteiler. Nichts Besonderes, dieses Bahnhofslokal ohne Bahnhof. Oder doch, jedenfalls für den westlichen Besucher, der von der seltsamen Mischung der Gäste überrascht wird.

An einigen der Tische sitzen junge Männer in schwarzen Lederjacken, die Haare nach Brechtscher Manier kurz geschnitten. Daneben Bärtige mit Zopf und Latzhosen und ausgetretenen bequemen Schuhen, wieder andere tragen Cordjeans, groß und bunt karierte Hemden und Hosenträger. Die Frauen dagegen sind nicht so eindeutig einer Szene zuzuordnen. Um andere Tische gruppieren sich Männerrunden in Jacket und offenem Sporthemd, die ihre Haare normal gescheitelt oder einfach nach hinten gekämmt tragen, so daß die großen Geheimratsecken freiliegen. Einige spielen Karten. Eine Gruppe, mit Trainingsanzügen bekleidet, ist wohl von der Bowlingbahn herübergekommen, die auch im Brauereikomplex untergebracht ist. Die Bedienung ist zu jedem gleich hemdsärmelig freundlich. Sie zeigt Berliner Ruppigkeit und kumpeliges Schulterklopfen, die bei Sonderwünschen in Unfreundlichkeit umschlagen können. Es gibt Schnitzel mit Kartoffelsalat und einheitlich große Biere.

Schönhauser Allee Ecke Stargarder Straße

Das ist Prenzlauer Berg-Mischung.

Es ist nicht auszuschließen, daß jede der in diesem Restaurant vertretenen Gruppen, die Alternativen, die harten Aktionskünstler, die weicheren Maler, die „Normalbürger“ und die Sportler, daß jede lieber in ihrer je eigenen Stammkneipe säße. Es gibt ja auch solche Treffs. Das Lokal „1900“ in der Husemannstraße für die eher arrivierten Künstler oder auch das „Wiener Café“ in der Schönhauser Allee, die Kneipe „Wasserturm“ in der Knaackstraße für das stark alkoholisierte Proletariat. Aber hier am Prenzlauer Berg ist das Miteinander der Szenen eher die Regel als im West-Berliner Kreuzberg, das mit dem „Prenzelberg“ ja oft verglichen wird. Man sitzt bei allen vorhandenen Vorurteilen friedlich beieinander, zumeist jedenfalls.

In Kreuzberg wie im Prenzlauer Berg wurde lange Zeit nach dem Krieg nichts getan. Dem Bröckeln preisgegeben, zogen beide Stadtteile junge Leute an, die anders als in den genormten Bahnen leben wollen. In beiden Bezirken wurde ja nach der Regel gebaut, daß jeder Quadratmeter Boden einen maximalen Profit abzuwerfen habe. Die Grundstücke wurden um die Jahrhundertwende mit dunklen muffigen Kleinwohnungen vollgestopft. Nur die Verordnung, daß die Höfe mindestens 5,34 Meter im Quadrat zu messen hatten, damit die Feuerspritzen eine Möglichkeit zum Wenden fanden, brachte so etwas wie freien Raum in die Mietskasernen. Mehr als 300.000 Menschen waren in den 20er Jahren rund um den Prenzlauer Berg gestapelt. Noch heute ist er mit nur noch 173.000 Einwohnern der am dichtesten besiedelte Stadtbezirk der Hauptstadt. Und nach wie vor der mit dem schlechtesten Standard: 11.000 Wohnungen haben keine Innentoilette, 22.000 sind ohne Bad und Dusche. Das sind immerhin 12% beziehungsweise 26% des überhaupt vorhandenen Bestandes im Stadtbezirk. Erst in den letzten Jahren hat so etwas wie Sanierung, in der DDR Rekonstruktion genannt, begonnen. Die jahrzehntelange Vernachlässigung hat den Schwamm in die Wände und Risse in den Putz gebracht. Balkone sind nicht selten nur noch dann zu betreten, wenn man sich traut.

Viele Bewohner der alten Häuser sind deshalb froh, wenn sie in eines der Neubaugebiete umziehen können. Andere fühlen sich hier gerade wohl, brauchen sie doch weder bei Mietschulden noch bei Klagen über ungewöhnlichen Lebenswandel einen Hinauswurf zu befürchten. Eine schlechtere Wohnung kann man ihnen nicht zuweisen. Die Kommunale Wohnungsverwaltung ist so stark damit beschäftigt, den schlimmsten Verfall aufzuhalten, daß sie sich um das Leben zwischen den vier Wänden nicht auch noch kümmern kann. Schwarzwohner bemächtigen sich leerstehender Wohnungen und legalisieren sich mit ein paar Mietzahlungen. Mehrere Kleinwohnungen werden ohne große Absprachen mit Behörden zusammengelegt. Maler und Fotografen kommen billig zu Ateliers. Pärchen können getrennt in zwei Wohnungen und dennoch zusammen in einem Haus wohnen. Freizügigkeit durch Verfall.

In der Eberswalder Straße

Neue Lebensformen sind möglich an mit Schutt bedeckten Hinterhöfen, die auch privaten Werkstätten und volkseigenen kleinen Fabrikationen Platz bieten. Die Rentnerin vom Vorderhaus trifft beim Runtertragen der Mülleimer auf die junge Frau, die sich die grüne Kleidung, die so gut mit ihren knallroten Haaren kontrastiert, stets selbst schneidert. Beide kreuzen den Weg des Handwerksmeisters und der, in der DDR einzigen, Tai-Chi-Gruppe. Peter Alexander tönt aus offenen Fenstern in Straßen, in denen auch die Mitglieder der avantgardistischen Rockgruppe „Expander des Fortschritts“ wohnen. Hausgemeinschaften bekommen Unterstützung bei der Hofbegrünung, eine baute sich ein eigenes kleines Amphitheater, Kastanienallee 12.

Der Verfall hat natürlich seine dunkle Seite. Am Kollwitzplatz wurde monatelang auf den kleinen Tischen für Skatspieler hart gezockt, Bündel von Hundertern wanderten offen über den Tisch. Die Kriminalitätsrate ist höher als in anderen Teilen der Hauptstadt, die Scheidungsrate auch, und beide sind in Berlin/Ost schon die höchsten in der ganzen DDR. Wenn Fernsehübertragungen von Länderspielen der bundesdeutschen Fußballnationalmannschaft zu Ende gegangen sind, kann es passieren, daß „Deutschland, Deutschland“ durch die dunklen Straßen schallt – Skin-heads skandieren schon mal „Heil Hitler“.

Auf der Anhöhe, die dem Bezirk Prenzlauer Berg seinen Namen gab, stehen zwei Wassertürme. Der schlanke ist der ältere, schon 1852 als erster Turm zur Wasserversorgung Berlins gebaut. Der dicke, kleinere kam erst 1875 dazu. Sein Wasserreservoir bekam eine Hülle aus Beamtenwohnungen, in drei Etagen je zwei, Wohnungen wie Tortenstükke, die heute noch genutzt werden. Etwas südlich der Grünanlage, die jetzt im Geviert zwischen Diedenhofer und Knaackstraße, Metzer und Kolmarer Straße die Türme umgibt, standen einst Mühlen. Sie nutzten ab 1748 die Winde, die über den Rand der

Hochebene des Barnim wehen. Wenn man vom Alexanderplatz kommend die Prenzlauer Allee entlang radelt, spürt man in den Waden, daß es wirklich bergauf geht. 1865 brannten die letzten Windmühlen ab. Da war das Terrain noch so gut wie unbebaut, dafür gab es Felder und viele Gräber. Aus der engen Stadt waren einige Friedhöfe nach Norden vor die Tore verlegt worden, auch der jüdische, den man heute noch durch den Eingang an der Schönhauser Allee betreten kann.

Anders als auf christlichen Begräbnisstätten werden auf den jüdischen die Toten wirklich zur ewigen Ruhe gebettet, dürfen ihre Gebeine nicht mehr der Erde entnommen werden, nur um den Raum noch weitere Male nutzen zu können. So sind auf diesem zweitältesten Friedhof der Berliner Juden in den Jahren seit der ersten Bestattung 1827 an vielen Stellen Verstorbene übereinander beerdigt worden. Die Nostalgie, die einen vor efeuüberwucherten alten Grabsteinen unter Bäumen befallen könnte, wird gleich mehrfach gestört. Der Verfall der Grabstätten beruht auf der Tatsache, daß es keine Angehörigen mehr gibt, die sie pflegen könnten. Man kommt an einem schmalen Schacht vorbei, in dem sich 1945 Deserteure verborgen hielten. SS entdeckte sie und mordete noch einmal, kurz vor Schluß. Und die Stelle, an der einmal die Feierhalle des Friedhofs stand, ist nur noch durch eine Mahntafel bezeichnet. Max Liebermann ist hier begraben, der 1933 nach dem Anblick der durch das Brandenburger Tor paradierenden Nazis sagte, er könne gar nicht so viel essen, wie er kotzen möchte. Liebermann hatte natürlich Recht.

Vom Friedhof schaut man auf die Hinterhäuser der Kollwitzstraße und des Kollwitzplatzes. Das Haus, in dem die Künstlerin wohnte, Nummer 27, steht nicht mehr, wurde zerbombt. In ihren Tagebüchern

U-Bahnhof Dimitroffstraße

zeichnete sie das Leben am Prenzlauer Berg. Ihre Eintragung vom 11. September 1909 schildert die Kinder am Wörther Platz, der heute ihren Namen trägt. Welk seien sie, traurige Kinder. Die, die heute um das Denkmal der Käthe Kollwitz herumturnen, machen nicht mehr diesen Eindruck, berlinern aber in einer Sprache, die durch kein Hochdeutsch verfälscht ist. Wie damals, und wie es heute nur noch in Ost-Berlin zu finden ist. Im Westteil der Stadt berlinern richtig nur noch die Türken.

Um den Spielplatz kurven oft Reisebusse. Diese Straße ist zu einer Attraktion für Touristen und hohe Gäste aufgeputzt worden. Gleich an der Ecke zum Kollwitzplatz ist das Lokal „1900" in schickem Schwarz-Weiß und dem Namen entsprechendem Interieur ausgestattet. An der nächsten Querstraße bietet eine Altberliner Bierstube „Budike" bewußt deftige Speisen und Atmosphäre. Gegenüber ein Café mit großen Spiegeln an der Wand und kleinen Marmortischen, vor dem eine veritable Pferdekutsche ihren Haltepunkt hat. Für 20 Mark kann man die mieten und sich eine Stunde lang durch die Gegend schaukeln lassen. Zwischen Lokalen und Café ein Friseurgeschäft, das mit alten Handwerkszeugen zu einem kleinen Museum geworden ist, ein Papierladen, in dem man sich Visitenkarten machen lassen kann, eine Instrumentenschleiferei, ein Schaufenster mit venezianischen Masken. Selbst der Zigarettenladen ist ausgestattet, als hätten gerade die Möbelträger des Jahres 1900 die Einrichtung hereingetragen. Die Fassaden der Häuser sind mit ihren Gesimsen, verschnörkelten Balkongittern und Stuckverzierungen eine wahre Pracht. Natürlich gibt es Kritik an einer solchen nostalgischen Mache. So würde das Elend der Arbeiterexistenz verharmlost, der mit der Ausstellung „Berliner Arbeiterleben um 1900" in der Husemannstraße sogar ein eigenes Museum gewidmet ist. Aber die Lokale werden doch als Bereicherung des heutigen Alltagslebens empfunden, vorm Café direkt am Kollwitzplatz sitzen Mütter und Väter in der Sonne und schauen ihren spielenden Kindern zu.

Ganz in der Nähe füllt die alte Schultheiss-Brauerei, von der schon die Rede war, das ganze Karree zwischen Knaackstraße, Sredzkistraße und Schönhauser Allee. Auf der Höhe Sredzkistraße tritt die U-Bahn-Linie nach Pankow aus der Erde, wird zur Hochbahn, die mit ihren massiven Stahlpfeilern und den Schatten, die sie wirft, der Schönhauser die Atmosphäre gibt. Eine grüne Allee ist sie schon lange nicht mehr, dafür mit fast genau 150 kleinen und größeren Läden die Einkaufsstraße und Flanierstrecke des Bezirks. Modelleisenbahner finden hier ihr Fachgeschäft. Bücher kann man kaufen, Brot und Wurst, im An/Verkauf gebrauchte Sakkos und in der Boutique auch Pullover für 300 Mark. Das „Kaufhaus Fix" bietet all die kleinen Teile aus Plaste und Elaste. Essen und trinken kann man in Cafés, Restaurants und Kneipen, drinnen und draußen auf den breiten Bürgersteigen. Direkt am Strom der Fußgänger und Lärm der Doppelreihen der Autos. In der Schönhauser beginnt das Leben früh und endet spät. Aus 32 Nebenstraßen kommen morgens, wenn die ersten Bahnen fahren, die, die zur Arbeit fahren. Treffen bei „Konnopke" auf die Nachtschwärmer an der Bude am Bahnhof Dimitroffstraße, wo es die besten Currywürste der Hauptstadt geben soll. Ein erstes Frühstück oder einen Imbiß nach durchzechter Nacht. Später tauchen die Schulkinder und die Angestellten der Geschäfte auf. Bis 18.30 Uhr dann Einkaufsbetrieb. Und abends ins Lichtspiel, ins „Colosseum", ein Uraufführungskino. Oder in den „Prater", das Kreiskulturhaus an der Ecke Kastanienallee und Schönhauser, zum Fest einer Hausgemeinschaft, zum Auftritt einer Band oder Theatertruppe aus dem Bezirk. Die Gruppe „Zinnober" kann mit ihren Theaterstücken und Puppenspielen betrachtet werden oder auch, öfter, das Pantomimentheater, das seine Probenräume Schönhauser Allee 73 auf dem Hinterhof hat. Danach ins „Wiener Café" oder ins „Tanzcafé Nord" vielleicht. Polizeistunde ist hier spät.

Leben am Prenzlauer Berg zu erleben, das ist keine Angelegenheit der Besichtigung von „Sehenswürdigkeiten". Das ist ein Gang durch die Kaufhalle am Teutoburger

Die ehemalige Schultheiß-Brauerei in der Sredzkistraße

Platz, ein Einkauf im privaten Bäckerladen in der Schwedter Straße. Das ist eine Krusta, die Mischung zwischen Pizza und Zwiebelkuchen, in den „Krustastuben" in der Stargarder Straße. Und eben die Schönhauser. Ein Bier im Garten des „Prater", wo einst Ernst Busch sang und jetzt ein Alleinunterhalter auf seiner elektronischen Orgel zum Tanz aufspielt. Man sitzt unter hohen Bäumen auf dem Gartenstuhl, eingezwängt zwischen den Hinterhäusern und doch im Freien.

Prenzlauer Berg-Mischung.

Zwischen dem Jüdischen Friedhof und den rückwärtigen Gebäuden der Kollwitzstraße liegt ein Streifen unbebauten Landes. Den Juden war im 19. Jahrhundert untersagt, ihre Leichenzüge durch die Schönhauser Allee zu führen. Sie mußten hinten herum, eben auf diesem Streifen Land, damals „Judengang" genannt. Er gehört heute noch der Jüdischen Gemeinde, ist jetzt an die Hausgemeinschaften der Kollwitzstraße vergeben, mit Gras besät. Hin und wieder finden dort die Feste der Hausbewohner statt. Gruppen von Bezopften, Lederbekleideten, Bärtigen stehen dann mit Weingläsern in der Hand. Schauen die nackten Brandmauern der Hinterhäuser empor. Hinter der Friedhofsmauer Liebermann, nach vorne raus der Platz, wo Käthe Kollwitz lebte. Dazwischen Punk.

Pankow – Berlin bürgerlich

Auf Luftbildern ist die Bezirksgrenze zwischen Prenzlauer Berg und Pankow deutlich zu erkennen. Im Süden die großen Vierecke der Mietskasernen, zwischen denen nur die Straßenzüge sich als dunkle Linien abbilden. Dann nördlich davon, in krassem Unterschied, die mehr unregelmäßige Bebauung

des bürgerlichen Pankow, Lücken zwischen den Häusern, große Höfe, die Schatten von Bäumen darin.

Noch bis in die 20er Jahre blieb Pankow mit seinem Freibad an der Panke Ausflugsziel und Erholungsgebiet der Berliner. Im ehemaligen Dorf ließen sich gutsituierte Bürger komfortable Villen und Etagenhäuser mit hohen stuckverzierten Räumen und großen Balkons bauen. In der Nähe des großen Bürgerparks und des Schloßparks Niederschönhausen konnte man gut leben, auch als das Flüßchen zum Baden bereits nicht mehr recht geeignet war. So zog es auch die Regierenden der neuen deutschen Arbeiter- und Bauernrepublik hier heraus. Otto Grotewohl, ihr erster Ministerpräsident, Wilhelm Pieck, der erste Präsident, und der Kulturminister und Dichter Johannes R. Becher wohnten in der Majakowskistraße. Auch Walter Ulbricht ließ sich im Prominentenquartier nieder. Im Schloß Niederschönhausen hatte die Frau Friedrichs des Großen, Elisabeth Christine, 50 Jahre lang fern von ihrem Mann in Verbannung leben müssen. 1949 wurde es Amtssitz des ersten Präsidenten der DDR, jetzt ist es nur noch das Gästehaus der Regierung. Die Führungskräfte von Partei und Staat zogen erst in das gut bewachte „Städtchen“ bei Wandlitz weiter, manche dann ins Gefängnis.

Geblieben sind die komfortablen Häuser, die stillen Nebenstraßen mit alten hohen Bäumen. In den Bürgerpark führt immer noch das hohe, mit Putten versehene Tor, das sich die wohlhabenden Pankower zum Schmuck ihrer Grünanlage erbauen ließen. Man kommt nach wie vor auf verschlungenen Parkwegen an verwitterten Volièren und Gehegen für allerlei Getier vorbei. Die Botschaften, die sich in der Wohngegend der Staatsführung etabliert hatten, werden weiterhin von Volkspolizisten bewacht, die zu zweit in kioskähnlichen Häuschen stehen. In diesen Straßen fühlt man sich rundum beschützt. Und der ehemalige Dorfanger wurde nach dem Kultusminister Johannes-R.-Becher benannt. Dort findet, fast unbeeinflußt von jedem Wandel, zweimal in der Woche Markt statt. Schon 1857 kamen die ersten Händler, damals vor allem Bauern aus der Mark, nach Pankow. Da war gerade Baubeginn für die Erweiterung der kleinen Dorfkirche zu heutiger Größe. Ganz in ihrer Nähe präsentieren nun staatliche und private Anbieter nebeneinander ihre Waren auf den mit Markisen überdachten Ständen. Gemüse und Obst, Kräuter und Kurzwaren, Haushaltsartikel aller Art und Kunstgewerbe. Vieles davon bekommt man auch in der Kaufhalle oder den Geschäften der Gegend. Aber dort muß man die verfaulten Radieschen mitbezahlen, der Kleingärtner verkauft nur frische selbstgezogene Ware. Anderes, die Stoffreste aus Thüringer Schneidereibetrieben etwa oder die selbstgefertigten Gürtel, kann man nur hier erstehen. Und das in typischer Marktatmosphäre, mit einem kleinen Schwatz am Rande, einem Scherz mit dem Händler und Fachsimpeln über die beste Methode zur Aufzucht der Tomaten.

Hauptstadt – Berlin bei Nacht

So wenig wie der Alltag in Berlin/DDR nur grau ist, so wenig sind die Abende und Nächte dort eintönig. Die Möglichkeiten, sich zu vergnügen, sind zahlreich, es können nur immer einige Beispiele gegeben werden. Viele Orte der Unterhaltung liegen ein wenig versteckt, manche geradezu konspirativ. Es ist also wichtig, sich vorher zu informieren. Mehr noch, um lange Wartezeiten oder das Scheitern an Schildern „Ausverkauft“ und „Reserviert“ zu vermeiden, ist zu empfehlen, sich rechtzeitig um eine Theaterkarte oder einen Tisch im Restaurant zu bemühen. Daneben gibt es aber durchaus die Möglichkeit, sich treiben zu lassen, zumindest dann, wenn man eine Abweisung an der Tür eines Lokals wegstecken kann, ohne die gute Laune zu verlieren. Wenn man

An der Panke

nicht nur auf das Luxuslokal aus, sondern auch einmal mit der Eckkneipe am Prenzlauer Berg zufrieden ist.

Möglichkeit Nummer 1: Das Ballhaus

Einst gehörten sie zu jedem Kiez der Stadt: Die großen Vergnügungssäle auf den Hinterhöfen, in denen jedes Wochenende „die Post abging". Bei Tanz und Schwoof vergaßen die sogenannten kleinen Leute schnell die Sorgen und Nöte. Das Zusammengehörigkeitsgefühl, auch politische Nähe und die unmittelbare Umgebung bestimmten das Publikum. Bei Schieber und Walzer, bei Molle und Korn kamen sich die Geschlechter näher, wurde so manche Verlobung gefeiert. Von den noch in den fünfziger Jahren zahlreichen Ballhäusern, meist mitten in den Mietskasernen gelegen, sind auch in Ost-Berlin nur noch wenige lebendig. Das „Ballhaus Berlin" hat zwar Tischtelefone, mit deren Hilfe Dienstreisende aus allen Teilen der DDR Kontakt zu Damen ihrer Wahl suchen und zumeist auch finden, ist aber etwas spießig. Im „Alt-Berliner Ballhaus" geht es dafür zu hoch her, Schlägereien sind an der Tagesordnung. „Clärchens Ballhaus" im Parterre eines Quergebäudes, dessen Vorderhaus seit dem Krieg fehlt, liegt dazwischen, bietet Leben, ohne daß man um sein eigenes fürchten muß. Und das seit 1908 und immer in privatem Besitz.

Schwere Parfums und die Musik der Hauskapelle vermischen sich zu einer Wolke, die durch den Rauch von Zigaretten und Zigarillos noch angereichert wird. Blikke schweifen von Tisch zum Nachbartisch, es wird fixiert und weggeschaut, ehe es zur Aufforderung zum Tanz kommt. Das Paar verschwindet auf der Tanzfläche, auf der schon all die anderen Paare wogen. Man drückt und wird gedrückt, Hände legen sich elegant oder fordernd um Taillen, kraulen im Haar. Es wird auf die Form geachtet. Die Damen pudern regelmäßig die Nasen, die Herren ziehen sich den Scheitel nach, Visitenkarten dienen der etwas langfristigeren Kontaktaufnahme. Krawatte muß nicht sein, aber Sandalen an nackten Füßen sind auf keinen Fall erwünscht, Stoffhose und

Blick von der Schönhauser in die Kastanienallee

Oberhemd üblich. Die so gekleideten Herren treffen auf Damen, die nicht zu modern, auf jeden Fall aber festlich gekleidet sind. Natürlich geht doch irgendwann im Laufe des Abends die „contenance" verloren, schließlich hat man sich ja einige Gläser Wein oder Sekt, einige Gläser Bier, hier „Töpfe" genannt, geleistet. Wenn es soweit ist, wird durcheinander getrunken und durcheinander getanzt. Dann kann es schon einmal zu Rempeleien kommen. Aber die Stimmung steigt, es darf mitgesungen werden.

Möglichkeit Nummer 2: Show und Plüsch

Im Friedrichstadtpalast bleibt der Besucher hingegen stets nur Zuschauer. Aber hier kann er eine Show erleben, die im Westen kaum noch finanzierbar wäre oder eben kaum zu bezahlen. Europas größtes, modernstes und technisch aufwendigstes Revuetheater bietet seichte Unterhaltungskunst auf Weltniveau. Vom Eistanz bis zu

bar Stammgäste sind, ziemlich unter sich. Dafür sorgen schon allein die saftigen Preise. Wegen des tollen Ausblicks auf Berlin bei Nacht sollte man allerdings unbedingt die Panoramabar im 37. Stock des Hotels „Stadt Berlin“ besuchen. Zwar bestimmen hier coole Chrom- und Rauchglasverkleidungen das ein wenig aufgesetzt erscheinende Ambiente, kostet der Campari Orange 15,35 Mark, doch die Aussicht entschädigt für alles. Man gewinnt nicht nur einen Überblick über den Ostteil, sondern kann auch aufgrund des stärker beleuchteten Westteils der Stadt den Verlauf der Mauer kilometerlang verfolgen. Neben lauten Disko-Rhythmen sorgen hier Tänzer und Tänzerinnen – aus dem „Friedrichstadtpalast“ ausgeliehen – für die erwünschte Erotik und Exotik.

Möglichkeit Nummer 3: Die Disko
Schon lange sind die Zeiten vorbei, als in der Republik nicht „auseinandergetanzt“

Unterwasserspielen mit Zehnmeterfontäne (und das nacheinander in einer Show) ist so ziemlich alles möglich. Die Bühne der „Großen Revue“ ist hollywoodmäßig ausgestattet und riesig, internationale Stars des Gesangs, der Artistik, des Zirkus und des Balletts haben hier ihre regelmäßigen Auftritte. Genauso wie das hauseigene sechzigköpfige Ballett und Girltanzgruppen, wie man sie sonst nur noch in Filmen sieht. „Hoch das Bein“ heißt es auch beim Cancan in der „Kleinen Revue“, die im Keller des großen Hauses an der Friedrichstraße untergebracht ist. Auf der plüschig rot ausgestatteten Bühne geht es dann erotischer zu, die Atmosphäre ist hier ohnehin intimer.

Nachtbars findet man in allen Interhotels. Am bekanntesten ist die Sinus-Bar des „Palasthotels“, laut Prospekt „die exklusive Nachtbar . . . internationale Drinks und heiße Rhythmen nonstop“. Doch hier bleiben Touristen, hemdsärmelige Geschäftsleute sowie ein paar Ost-Berlinerinnen, die offen-

Tanz in Clärchens Ballhaus

werden durfte und Funktionäre gegen das „Johlen von Noten und die dekadente Pseudokunst des Hüftewackelns" zu Felde zogen. Diskos gibt es zwar noch immer nicht genug, aber dennoch mittlerweile in allen Stadtbezirken. An vielen größeren Gaststätten, Cafés und Jugendklubs verrät allerdings zumeist nur ein kleines Schild, daß sich dort an Wochenenden die alltägliche Einrichtung plötzlich in einen Tanzschuppen verwandelt. Im „Palast der Republik" findet man die größte Disko der Halbstadt direkt neben den Kegelbahnen. Westliche Rock- und Popmusik, grell-bunte Lichteffekte und gelegentlich auch Videos gehören heute selbstverständlich dazu. Ein wenig erinnert die Stimmung im „Palazzo Prozzi" an Jugendtanzabende in den späten siebziger Jahren.

Anders das „Tanzcafé Nord" in der Schönhauser Allee, die schrillste Disko der Halbstadt. Der Laden hat fünf Tage in der Woche bis fünf Uhr geöffnet. Schon am frühen Abend, so um den Geschäftsschluß herum, bilden sich die ersten Schlangen, insbesondere am Dienstag, denn dann ist „Ball verkehrt" angesagt, Frauen und Mädchen haben freien Eintritt. Ungewöhnlich auch, daß das „Nord" erst um 21 Uhr öffnet. Das Warten gehört hier wie auch vor vielen anderen Schuppen dazu, da wird nicht gemurrt, sondern geschwatzt, gekichert und getuschelt. Die Schlange, die schon gegen 20 Uhr bis um die Ecke in die Seitenstraße reicht, sollte man wie eine Informationsbörse betrachten – reger Austausch und erste Annäherungen. Wer ein paar Leute kennt, ist am schnellsten in der Disko. Denn hier funktioniert das Seilschaftsprinzip perfekt: Eine Taxe stoppt, vier junge Leute steigen aus, einer sieht vorn an der Tür einen, den er kennt, und schon sind sie alle nach gut 15 Minuten im Innern verschwunden. Auch im „Tanzcafé Nord" gibt es einen Türsteher, der auch mal den Personalausweis verlangt, Langhaarige oder mit Flickenjeans Bekleidete abweist. Man achtet hier aufs modische Outfit, ein wenig Extravaganz ist nicht nur erlaubt, sondern erwünscht. Gut die Hälfte des Publikums, im Schnitt zwischen 20 und 35 Jahre alt, ist dann auch mehr oder weniger gestylt wie Madonna oder Prince. Die Disko ist weitläufig, wirkt sehr offen. Man kann um die Tanzfläche herumgehen, an verschiedenen Bars sitzen, sich in den ruhigeren Ecken 'rumdrücken, an Tischen sitzen und bekommt auch noch nach Mitternacht ein kleines Steak serviert. Auch um vier Uhr morgens ist hier mitten im Prenzlauer Berg noch Hochbetrieb, Künstler und Literaten sowie Leute, die sich dafür halten, tauchen sowieso erst gegen ein oder zwei Uhr hier auf. Die Atmosphäre ist wesentlich gelassener, auch kommunikativer als in vergleichbaren westlichen Läden. Und wenn in anderen Schuppen der Barmann die letzten Gäste vergrault, bringen im „Nord" freundliche Kellner noch eine Flasche Sekt an den Tisch.

Möglichkeit Nummer 4: Kino wie in den 50er Jahren

In den Kinos der Hauptstadt gibt es vor dem Film keine Werbung und im Foyer weder Sekt noch Eis noch Studentenfutter. Dafür zergehen einem die Namen der Lichtspielhäuser auf der Zunge – Rio, Blauer Stern, Venus, Toni oder Sojus heißen sie – die Namen verraten allerdings wenig über das Programm. Die wichtigsten und größten sind das International und das Kosmos in der Karl-Marx-Allee, das Babylon in der Rosa-Luxemburg-Straße und das Colosseum in der Schönhauser Allee. Außer den beiden Uraufführungskinos in der früheren Stalinallee verstecken sich die meisten Lichtspieltheater hinter alten, angegrauten Fassaden von Mietshäusern. Statt faden Neonschriften verkünden hier großflächige, gemalte Plakate das jeweilige Programm. Historisch muten diese Orte an, die im Westen längst von Supermarktketten verdrängt wurden. Zum Äußeren paßt auch das nostalgische Interieur: angestaubte dunkelrote oder ockerfarbene Samtvorhänge vor der Leinwand, zumeist große Säle mit harter Bestuhlung, schummrig beleuchtet von kleinen Wandlampen im Stil der fünfziger Jahre. Bunte Werbeergüsse wird man vermissen, dafür aber gibt es oft kurze Vorfilme. Bemerkenswert sind in allen Kinos die

Das Maxim Gorki Theater

regelmäßigen Kinder- und Jugendvorstellungen, die neben Winnetou und Asterix jede Menge Märchen-, Abenteuer- und Zeichentrickfilme zeigen. Die neuesten DEFA-Streifen haben in den beiden Palästen International und Kosmos Premiere.

Das einzige Ost-Berliner Programmkino heißt Babylon. Und so verheißungsvoll der Name klingt, so anspruchsvoll ist auch das Programm. Hier erleben die Streifen der UFA und DEFA im „Studioprogramm" ihre Wiederaufführung; genrespezifische Reihen, Retrospektiven oder einfach Filmreihen aus den USA, aus Indien oder Hamburg werden vom Staatlichen Filmarchiv der DDR zu „Camera-Programmen" zusammengestellt. Zumeist einmal im Monat macht das Babylon seinen Besuchern ein „Angebot": Die neuesten Dokumentarfilme der DEFA werden dem Publikum vorgestellt.

Möglichkeit Nummer 5: Und abends ins Theater

Noch immer pilgern die Brechtianer aus allen Ländern ins Berliner Ensemble, das bis heute vom Ruhm seines Begründers und Leiters zehrt. Brechts Modellinszenierungen machten in den fünfziger Jahren den schmucklosen, gründerzeitlichen Theaterbau am

Schiffbauerdamm weltberühmt. Seitdem hat jeodch die Experimentierfreude erheblich nachgelassen, moderne Inszenierungen der „Dreigroschenoper" wie die von Dario Fo, der den Stoff im Drogenmilieu ansiedelte, haben hier (noch) keine Chance. Neben Brechts Dauerrennern stehen mittlerweile aber auch Stücke von zeitgenössischen DDR-Autoren und Klassiker von Goethe bis Sternheim auf dem Spielplan.

Als die Pflegestätte deutscher Klassik auf höchstem Niveau gilt das Deutsche Theater mit seinen beiden Bühnen, zugleich das älteste noch erhaltene Berliner Schauspielhaus. Der Hort traditionsreicher deutscher Schauspielkunst, verbunden mit den Namen Otto Brahm und Max Reinhardt, ist für die DDR das Nationaltheater schlechthin und die „führende Spielplanbühne" des Landes. Nach der gründlichen Rekonstruktion zum 100jährigen Jubiläum im Jahre 1983 strahlt der Bau wieder in frischer spätklassizistischer Pracht. Ein wahrer Tempel mit viel rotem Samt, vor dem sich östliches und westliches Stammpublikum in Jeans oder Abendkleid versammelt. 27 Jahre lang leitete Walter Felsenstein die Komische Oper, setzte hier seine Vorstellungen von realistischem Musiktheater um. Nicht Gesangssolisten im kostümierten Konzert, sondern Gesangsdarsteller erreichten die von Felsenstein angestrebte Nähe zum Werk. Heute wahrt Chefregisseur Harry Kupfer den Weltruhm des Hauses, setzt zugleich neue Akzente. In Inszenierungen wie „Die Banditen" von Jacques Offenbach suchte Kupfer schon früh nach Gegenwartsbezügen. Von Felsenstein, der 1974 starb, stehen weiterhin so erfolgreiche Inszenierungen wie „Ritter Blaubart" auf dem Programm, klassische Operetten also – von Offenbach bis Strauß –, ungewöhnlich und oft spannend präsentiert.

Möglichkeit Nummer 6:
Das edle Lokal

Nach den Vorstellungen treffen sich Theaterbesucher im „Trichter" am Schiffbauerdamm, wo schon Bert Brecht seine dicken Zigarren rauchte. Andere zieht es ins nicht weit entfernte „Wein ABC", wo man gemütlich um große Tische sitzt, bei dezenter Heurigen-Musik den Wein schlürft. Auch das berühmteste Ost-Berliner Theater-Restaurant, das „Ganymed", liegt gleich um die Ecke vom Berliner Ensemble. Ein wahrer Speisentempel, dessen Chefkoch gar mit dem Vaterländischen Verdienstorden ausgezeichnet wurde, als diese Medaille noch als ehrenhaft galt. Im „Ganymed" diniert man in erlesener Atmosphäre, wird dabei unaufdringlich von Pianist oder Stehgeiger begleitet. Etwas weiter von den Musentempeln des Zentrums entfernt, mitten im Kiez, liegt das wunderschöne Restaurant „Offenbach-Stuben". Die verführerisch kleinen Räume sind mit Requisiten und Musikinstrumenten der Komischen Oper ausgestattet. Stilvoll auch die Speisekarte, beispielsweise Schweinesteak „Orpheus in der Unterwelt".

Im „Café Nord"

Das „fioretto" in der Köpenicker Oberspreestraße serviert die pasta so wohlschmeckend, daß es für 1989 in einem fran-

zösischen Gourmet-Führer als ausgezeichnet ausgewiesen wird. Da es nur 35 Plätze gibt, wird man besser vorbestellen, ehe man den weiten Weg nach Köpenick antritt. Ähnlich gut ist die Küche im „Ermeler-Haus". Man sitzt dort vor Seidentapeten, Spiegeln mit Goldrahmen und auf Intarsienparkett in einem Gebäude, das einst dem Tabakhändler Ermeler gehörte. 1740 an der Breiten Straße gebaut, ist es jetzt an das Märkische Ufer verpflanzt worden. Man hat also beim Essen den Blick auf die Spree und die Fischerinsel. Nebenan steht das Otto-Nagel-Haus, das proletarisch-revolutionäre Malerei zeigt, und das in Gebäuden, die um 1730 und 1790 entstanden sind. Ganz in der Nähe befindet sich das Stammhaus des Märkischen Museums mit seinem Backsteinturm und einer Fassade, in der die unterschiedlichsten märkischen Bauten kopiert sind.

Natürlich gibt es auch in Berlin/DDR Restaurants, die sich edel geben, ohne es zu sein, die gutes Essen durch Empfangschefs mit strengen Mienen und perlendes Klavierspiel in plüschigen Sälen ersetzen. Ein solcher Fall ist das „Moskau", das zwar immer wieder empfohlen wird, in dem es einem aber passieren kann, daß die Speisen schon kalt auf den Tisch kommen. Bestenfalls ist hier gute Hausmannskost zu erwarten. Dagegen gibt sich das Weinrestaurant im „Ratskeller" des Roten Rathauses so bodenständig wie das Essen, das es bietet. Befriedigend und nicht einmal halb so teuer wie im „Moskau".

Das „Yucca" am Prenzlauer Berg, eine Disko, in der man auch essen kann, ist etwas für Yuppies/Ost und Yuppies/West, dann lieber Eckkneipe.

Möglichkeit Nummer 7:
Die kleine Kneipe

Berlin war ja einmal bekannt dafür, daß es in den Arbeitervierteln an jeder Ecke eine

Das Bistro „1900"

Kneipe gab. Das hat sich in West-Berlin auch geändert, in Berlin/DDR aber noch stärker. Dort sieht man an vielen Eckhäusern oft noch die typischen Eingänge, die aber in Blumenfenster oder Auslagen von Geschäften verwandelt sind. In den letzten Jahren haben Bemühungen eingesetzt, durch die Vergabe von Lokalen an Privatleute die Zahl der Kneipen wieder zu erhöhen. Im Augenblick entspricht die „Kneipen-Dichte“ etwa der in West-Berliner Außenbezirken.

Man kann also beim Schlendern durch die Straßen Pech oder Glück haben. Pech, wenn gerade keine Kneipe in der Nähe geöffnet hat oder wenn die einzige, in die man einkehren kann, von unfreundlichen Wirtsleuten betrieben wird. Zum Beispiel in der Choriner Straße am Prenzlauer Berg. Das Lokal an der Ecke zur Zionskirchstraße ist zwar oft und bis 24 Uhr geöffnet, hat aber eine ungemütliche Atmosphäre. In der „Schildkröte“, nur ein kleines Stück die Straße hinauf an der Ecke zur Schönhauser, geht es locker zu, sind die Leute aufgeschlossen. Man sitzt da lange und angenehm. Zumindest, wenn man darf, die Ruhetage sind zahlreich.

Alles aber ist besser als die Art von Berlintümelei, wie sie in der „Letzten Instanz“ in der Waisenstraße betrieben wird. Das soll Berlins ältestes Lokal sein, gleich daneben steht ein kleiner Rest der Stadtmauer. Auf der Getränkekarte wird „Vatern“ Schnaps und Bier angeboten, „Für Muttern“ gibt es mildere Sachen, zum Beispiel „Wat Heeset, Tasse Kaffe mit allet“. Das ist eine Sprache, die bei Glasbrenner Mitte des 19. Jahrhunderts noch lebendig war. Der heutige Berliner berlinert „Wat Heißet, Tasse Kaffe mit allm“. Für das schlecht nachgemachte Alt-Berlin muß man dann den vierfachen Preis für sein Bier zahlen.

Übrigens herrscht auf den Straßen von Berlin/DDR absolutes Alkoholverbot für Autofahrer. Dafür gibt es Nachtlinien der Straßenbahn und zahlreiche Nachtbusverbindungen. Ein reguläres, zumeist mausgraues „Wolga“-Taxi zu erwischen, ist reine Glückssache. Aber daneben gibt es ja auch noch „Schwarztaxis“.

Museumsstadt

Das Pergamonmuseum ist wohl jedem westlichen Touristen ein Begriff. Es wird jedenfalls fast im 5-Minuten-Takt von Rundfahrtbussen angesteuert. Das Konzept dieses ersten Architekturmuseums der Welt mit seinen bis zu 16 Meter hohen Ausstellungshallen ist ja auch bestechend. Der Besucher passiert das Tor von Milet, über 1.800 Jahre alt, wird durch die Prozessionsstraße von Babylon geleitet, die noch rund 700 Jahre früher erbaut wurde, blickt die Stufen zum Pergamonaltar empor, der den Tempelberg von Bergama schon 160 Jahre vor unserer Zeitrechnung schmückte. Hier wird in Jahrtausenden gerechnet, und man kann sich einbilden, die Säulen, Mosaiken, Figurenfriese so zu sehen, wie die damaligen Menschen sie schon bestaunten. In ihren riesigen Dimensionen nach dem Transport aus Vorderasien nun hier mitten in Berlin an der Spree wieder aufgerichtet. Dieser Eindruck ist perfekt, wenn man auf die in den Sockel des Markttores geritzten Inschriften blickt, deren Übersetzung lautet, „Standplatz des Attalos aus Ephesos mit Genehmigung der Herren Mileter“ oder „Gutes Gelingen einem verehrten Rat und einer verehrten Seefahrt. Standplatz des Barbieres Achilleus“. Das sind Botschaften aus dem Alltagsleben vergangener Zeit, mit den Händen zu greifen, hätte nicht die Aufsicht etwas dagegen. Dennoch ist alles nur Illusion. Die blauen Kacheln, die gelben Löwen und Greifen der Prozessionsstraße sind zum größten Teil Produkte des 20. Jahrhunderts. Niemand weiß, ob es wirklich die Zinnen als Abschluß der Straßenmauern gab, zu denen man im Museum den Kopf verrenkend hochschaut. Das Tor von Milet hat nur eine Dimension, ist aus Bruchstücken der Vorderseite und der Rückfront zu einer Fassade zusammengesetzt. Der Pergamonaltar besteht allein aus der verkürzten Westseite des einstigen 30 Meter Seitenlänge messenden Quadrats. Aber die Phantasie wird angeregt, auch in den Teilen des Pergamonmuseums, in die nur wenige Besucher kommen. Ganz Unterschiedliches ist hier ver-

Vor dem Pergamonmuseum

sammelt. Die Karte arabischer Seeleute im Islamischen Museum, die etwas von der Weltvorstellung vor rund 1.000 Jahren vermittelt, die feingliederigen und die mächtigen Götterstatuen der Skulpturensammlung, vor denen man mit Bewunderung oder auch einem kleinen Schaudern steht, und, nur ein paar Treppenstufen entfernt, Alltagsgegenstände aus dem grauen Leben der einfachen Leute unseres Jahrhunderts im Volkskundemuseum. Das alles unter einem Dach.

Und die ganze Insel zwischen den Armen der Spree weist kaum einen Quadratmeter Boden auf, der nicht mit Museumsbauten bedeckt ist. Für die Werbebroschüren der Berlin-Information wurde einmal ausgerechnet, wieviel Weg man zurücklegen müßte und wieviel Zeit in den Museen verbringen, um alles gesehen zu haben. Tausende Meter, dutzende von Tagen.

Nach der Spaltung Deutschlands kam der Hauptteil der ehemals Preußischen Sammlungen aus den Bergwerken und Bunkern, in die sie im Krieg ausgelagert gewesen waren, nach Berlin/Ost. Die Museen im Westen, in Dahlem und Charlottenburg, mußten sich mit dem kleineren Rest begnügen, die „Schatzkammer“ blieb die Museumsinsel.

Wer etwa über die Kunstfertigkeit und den Reichtum der alten ägyptischen Kultur staunen will, muß dort ins Bode-Museum gehen. Düstere Grabkammern: Opfersteine sind neben Mumien von Tieren und Menschen und detaillierten Porträts der Mumifizierten aufgestellt. Und gleich nebenan sind die filigranen Steinmetzarbeiten byzantinischer Kunsthandwerker zu bewundern. In einer Galerie kleiner Kammern hängen neben zeitgenössischen Möbeln und Portalen die Gemälde altdeutscher, flämischer, italienischer Maler vom Mittelalter bis zum Spätbarock. Im Parterre enthalten Kapellen imitierende Säle spätgotische deutsche Plastiken und Skulpturen italienischer Renaissance. Unter dem Dach sind die Münzsamm-

Die Nationalgalerie

lungen und im Museum für Ur- und Frühgeschichte Bodenfunde aus ganz Europa untergebracht. Holländische Stilleben, Brunnen aus florentinischen Gärten und Schliemanns Funde aus Troja – und mehr; auch hier wandert man von Land zu Land und von Zeit zu Zeit.

In der Nationalgalerie durchschreitet man zu Beginn des Rundgangs eine Halle mit schwarzen Marmorsäulen, deren Kapitelle vor Deckenmalereien und marmorierten Wänden golden leuchten. Wird so eingestimmt auf die Werke der klassizistischen Berliner Bildhauer und ihrer Lehrer, Schadow und Rauch. Die Sockel anderer Skulpturen tragen die Namen Begas, Rodin, Degas, und die neben den Gemälden sind nicht weniger prominent, reichen von Goya bis Menzel, Liebermann bis Dix. Bilder der „Brücke" hängen neben denen des „Blauen Reiter".

Als Folge der demokratischen Wende müssen viele Ausstellungen neu geordnet werden. Die von Kunst der DDR im Alten Museum gehört sicher dazu. Da rührt nur weniges an, obwohl vieles heroischen Themen der Kämpfe der Klassen und der Arbeit gewidmet ist. Die hier offiziell gezeigte Malerei und Bildhauerei scheint irgendwo an den Anfängen des Expressionismus stehengeblieben zu sein mit einigen Beimischungen des Kritischen Realismus.

Auf jeden Fall wird man im Kupferstichkabinett und in der Sammlung der Zeichnungen, die im Sockel des Alten Museums untergebracht sind, ein Gefühl der Ehrfurcht vor dem Kostbaren haben. Anhand von Katalogen können die alten Papiere angefordert werden, man wartet, bekommt sie dann in großen Mappen vorgelegt, betrachtet Stück für Stück.

Das wird auch so bleiben. Das Museum für deutsche Geschichte aber, im Zeughaus nahe der Museumsinsel, wird sich radikal verändern. Es war eine mit modernen Ausstellungstechniken gestaltete Illustrie-

Zeughaus (Museum für deutsche Geschichte)

rung der inzwischen veralteten gängigen DDR-Geschichtsbücher. Auf Feudalismus folgt der Kapitalismus, der den Faschismus gebiert. Die Arbeiterklasse kämpft und lernt, ihre Kraft in der Einheit zu finden, und bekommt dafür ihren eigenen deutschen Staat, „Sozialistisches Vaterland DDR". So der Titel der inzwischen bereits geschlossenen Sonderschau, die sich mit den letzten 40 Jahren beschäftigte und zeigte, wie aus der harten Arbeit der immer größere Wohlstand kommt, bis zur genormten Wohnstubeneinrichtung in einer Normstubendekoration. Und so weiter, aber viele der Exponate waren interessant.

Skurril dagegen am Stadtrand das einzige Hundemuseum der Welt. Dort wird vom Vierbeiner auf dem Geldschein über die Futtermittelkarte von 1949 hin zu weit mehr als 100 Plüschhunden alles gezeigt, was mit den „treuesten Freunden des Menschen" oder den „Kläffern", je nach Standpunkt, nur irgendwie zusammenhängt. Streng wissenschaftlich wird natürlich im Museum für Naturkunde mit Tieren umgegangen. Verblüffend das Skelett eines Brachiosaurus, 11,87 Meter hoch und 22,87 Meter von der Schnauzenspitze bis zum Schwanzende. Versteinerungen lebendgebärender, delphinähnlicher Saurier und des Pteredactylus kochi, des Flugsauriers, sind zu sehen. Ein kleiner Zoo aus lebendige Säugetiere täuschend nachahmenden Plastiken ist in anderen Sälen aufgebaut, Nashorn neben Gorilla und Elefant. Tierkinder sind auch darunter zum Entzükken der Menschenkinder. Etwas eklig die stark vergrößerten Modelle von Insekten und, eher eine Attraktion für Sammler, die Mineralienausstellung.

Philatelisten kommen selbstverständlich im Postmuseum der DDR und dessen Briefmarkensammlung auf ihre Kosten. Berlinliebhaber dagegen in den diversen Niederlassungen des Märkischen Museums. Im Stammhaus am Märkischen Ufer stehen der Nachbau eines rund 1.000 Jahre alten Webstuhls neben dem Modell einer typischen Mietskaserne, wie sie im Prenzlauer Berg zu finden ist. Man schaut über ein Tischmodell „Berlin um 1440“ und auf mittelalterliche Folterinstrumente in der Nähe von Schlagwerkzeugen der SA und von Fotos der Verwüstungen des Bombenkrieges. An viele der gezeigten Stücke kann man aber seine Fantasie heften und zurück in Berliner Geschichte gehen. Die war allerdings selten so gemütvoll wie die Lieder aus den mechanischen Musikinstrumenten, die in großer Zahl im Obergeschoß gezeigt und vorgeführt werden. Und die Gemälde und Zeichnungen Berliner Maler, Zille ist natürlich dabei, auch Baluschek, zeigen das wirkliche alte Berlin, das elend war und nicht idyllisch.

Das Märkische Museum hat sich in den letzten Jahren immer neue Filialen geschaffen. Im Nikolai-Viertel im Knoblauch-Haus ein Museum zur preußischen Aufklärung und in der Nikolai-Kirche zur mittelalterlichen Vergangenheit der Stadt. In der Husemannstraße im Prenzlauer Berg eines über „Berliner Arbeiterleben um 1900“.

Badevergnügen am Kleinen Müggelsee

Im Hundemuseum von Berlin-Blankenburg

Man kann davon ausgehen, daß, wo auch immer man sich in Ost-Berlin aufhält, ein Museum nicht weit ist. Da gibt es Heimatgeschichtliche Kabinette oder Stadtbezirkschroniken in den einzelnen Bezirken, ob nun in Mitte, Pankow oder Köpenick. Da sind Gedenkstätten eingerichtet in den, wenn auch nur vorübergehenden, Aufenthaltsorten von Lenin bis Zetkin, Brecht bis Thälmann. Und mehr oder weniger bekannte Spezialsammlungen, ob nun zum Lebenswerk von Robert Koch oder Rudolf Virchow, zur proletarisch-revolutionären Malerei oder eben zur Geschichte der Plüschhunde, sind zur Besichtigung frei. In Karlshorst kann man die Räume sehen, in denen die bedingungslose Kapitulation der Wehrmacht des „Dritten Reichs“ unterschrieben wurde, und in Mahlsdorf die Möbel, zwischen denen einst eine Fleischersgattin lebte. Für jeden Geschmack etwas.

des. Die anderen Siedlungen des Bezirks, Friedrichshagen, Rahnsdorf, Schmöckwitz, Grünau, sind durch Wasser, Flußläufe, Landschaftsschutzgebiete von der Insel und voneinander getrennt. Soviel zur Ortsbestimmung.

Hier liegen die traditionellen Strände der Berliner. Schon um 1900 hatte die Polizei viel Arbeit damit, Verwarnungen wegen öffentlichen Badens auszusprechen, und konnte dennoch dem Treiben kein Ende machen. In den 20er Jahren suchten die Proletarierfamilien am Wasser etwas Erholung von den engen, grauen Hinterhöfen ihrer Quartiere, Zeltplätze der Armen wie „Kuhle Wampe", bekannt durch den Film, an dem Brecht mitarbeitete, entstanden. Und heute wird noch genauso gebadet und am Ufer gelegen, aber man sieht nicht nur Paddelboote und Ausflugsdampfer, sondern auch Windsurfer und Yachten auf den Wellen.

Rund um den Müggelsee – Berlin grün

Das Gebiet des Stadtbezirks Köpenick ist weitläufig, umfaßt es doch immerhin ein Drittel der Fläche von Berlin/DDR. Da ist es gut, sich etwas Übersicht zu verschaffen.

Ein erheblicher Teil des Bezirks besteht aus Wäldern oder Seen. Flüsse machen ein ausgedehntes Stück Köpenick zur Insel. Im Norden dieses Eilands fließt die Spree, im Süden die Dahme. Beide verbreitern sich zu großen Wasserflächen, zum Kleinen und Großen Müggelsee, zum Zeuthener und Langen See. Im Osten trennt der Gosener Kanal, der Spree und Dahme durch den Seddinsee hindurch verbindet, die Insel vom Festland. An deren Spitze, dort, wo die Flüsse zusammenkommen, liegt der alte Kern der Stadt Köpenick. In ihrer Mitte erheben sich, gleich neben dem Ort Müggelheim, die Müggelberge immerhin 115 Meter hoch aus dem Grün des Berliner Stadtwal-

Abstecher eins: Großer und Kleiner Müggelsee

Wie schon in den 20er Jahren ist es am bequemsten, mit der S-Bahn das Grün am Müggelsee anzusteuern. In den 37 Minuten Fahrt kommt man an den Industriebauten Treptows in der Nähe des Bahnhofs Ostkreuz und an der Ost-Berliner Trabrennbahn direkt bei der Station Karlshorst vorbei. Man durchquert einen weiteren grünen Flecken Berlins, die Wuhlheide, in der das Stadion des 1. FC Union und ein Pionierpark liegen. Die S-Bahn-Wagen können also mit lautstarken Fußballfans auf dem Weg zum Spiel oder mit Kindern gefüllt sein, die zum Pionierpalast mit seinen Computerspielen wollen. Am S-Bahnhof Friedrichshagen heißt es dann umsteigen. Die Straßenbahn quietscht und rumpelt durch die freundliche Bölschestraße in Richtung Seeufer. Eine vorstädtische Freizeit- und Bummelmeile ist diese Bölschestraße mit heute leicht angegrautem Charme. Die Häuser sind recht niedrig mit verkramten Gärten nach hinten, viele kleine Geschäfte haben immer noch ihr gründerzeitliches Aussehen bewahrt. Ungewöhnlich vielfältig ist hier auch das Angebot an Cafés und Gaststät-

Zum Maulbeerbaum

ten, empfehlenswert der „Friedrichshof“, „Zur Spindel“ sowie „Zum Maulbeerbaum“. Dies gilt ebenso für die „Friedrichshagener Bilderkneipe“ mit wechselnden Ausstellungen, die ganz am Ende der Straße an der Ecke zum Müggelseedamm liegt. Vis-à-vis das gewaltige Backsteingebäude der ehemaligen „Lindenbrauerei“, heute „Berliner Bürger Bräu“. Hier legt sich die Straßenbahn in eine scharfe Linkskurve, an der Haltestelle danach ist Endstation für Ausflügler. Das Brauhaus entstand wie das Seebad Friedrichshagen und der Müggelpark, wie viele Häuser der Bölschestraße ab 1850, nachdem der Ort Haltepunkt der Niederschlesisch-märkischen Eisenbahn und Kurort geworden war. Durch verwinkelte Gassen und schließlich den Müggelpark erreicht man das Wasser, einen Tunnel, der unter ihm durch führt. Steile Treppen geht es abwärts in eine neonbeleuchtete, hellgrün gekachelte Röhre, in der die Stimmen der Passanten widerhallen. Die Wände sind feucht, man hofft, daß der Druck der Spree nicht auf einmal größer wird – aber schließlich hält der Tunnel schon seit 1926.

Nach dem Aufstieg aus der Tiefe hat man den ersten weiten Blick über den See, es beginnt auch gleich märkischer Wald, die Kämmereiheide. Der Uferweg führt an einige Bootshäuser, dann durch den Mostpfuhl. Es riecht etwas vermodert aus dem Schilfgürtel heraus, der hin und wieder von Liegewiesen und Badestellen unterbrochen wird. So geht es eine Weile, der Blick geht über den See und dunkles Unterholz, dann taucht die erste der Gaststätten auf, „Rübezahl“ genannt, die 1.500 Gästen gleichzeitig Platz auf der Terrasse bietet. Noch größer dimensioniert ist die „Müggelseeperle“ nur ein kleines Stück weiter, die einige Leckerbissen bereithält, auf Anfrage Müggelseezander oder Flußkrebs. Auf dem Uferweg passiert man jetzt die Bürgerheide, ein Waldgebiet, unter dessen Kiefern richtig märkischer Streusand aufleuchtet, kommt schließlich an den Rand des Kleinen Müggelsees. Von der Halbinsel Müggelhort verkehrt eine motorbetriebene Fähre nach Rahnsdorf. Bei den Spreewiesen hinter dem See aber könnte man sich für einen Groschen hinüberrudern lassen.

Es ist aber schöner, ein paar Stunden am ruhigen Südufer des Kleinen Müggelsees zu verbringen. Schwärme von Jungfischen tummeln sich im flachen Wasser. Muscheln stecken halb im Seeboden. Das Wasser ist zwar trübe, aber, da die Spree ihren Weg durch Berlin erst noch vor sich hat, sauber genug für ein Bad am weißen breiten Sandstrand neben dem Bootsverleih. „Neu-Helgoland“, das Restaurant am östlichen Ende des Kleinen Müggelsees, ist eins der ältesten Ausflugslokale Köpenicks. Seit 1924 serviert die Familie Tabbert, nun schon in der dritten Generation, im Fachwerkhaus und im Garten unter Birken Eisbein und Forelle, Bier und Weiße mit Schuß. Am alten Holzsteg vor dem Lokal legen die Schiffe ab, die die Verbindung nach Friedrichshagen herstellen, man kann nach dem Bad und Essen also mühelos quer über den Großen Müggelsee zum Ausgangspunkt zurückkehren. Oder man schlägt den Weg über Müggelheim, am Naturschutzgebiet Krumme Lake vorbei, zum Bus nach Köpenick ein.

Abstecher zwei: Köpenick und Müggelberge

Im Sommer ist die Bahnhofstraße, die von der S-Bahnstation Köpenick in die Altstadt führt, die belebte Einkaufspromenade der Tausende von Campern und Besitzer von Wochenendhäusern der Gegend. Ähnlich lebhaft geht es zwischen den als Blockhäuser getarnten Imbißständen des „Mecklenburger Dorfs“ zu, dort, wo die Alte Spree die Baumgarteninsel umspült. Der Nebenarm hat an dieser Stelle etwas von den Wasserläufen des Spreewaldes. Stege führen aus Obstgärten heraus ins Wasser, Schwäne warten auf Futter. Hier beginnt die Brücke, die zum Köpenicker Kietz, zur Insel zwischen Dahme und Spree, hinüberführt.

Gastwirtschaft in der Bölschestraße

Im Köpenicker Kiez

Als Fischersiedlung wurde der Ort 1209, also immerhin 28 Jahre früher als Berlin/Cölln, das erste Mal in einer Urkunde erwähnt, bekam dann fast zeitgleich mit den beiden Nachbarn 1232 das Stadtrecht. Wie Spandau auf der anderen Seite blieb Köpenick bis zur Eingemeindung in Groß-Berlin 1920 sehr selbständig und war stolz darauf. Das merkt man auch beim Gang durch die Straßen rund um Laurentiuskirche und Rathaus. In der „Freiheit", im „Katzengraben", am Schüßlerplatz, in der Böttcher- und der Rosenstraße findet man noch eine über zwei Jahrhunderte gewachsene Mischung von Fachwerk, Klassizismus und Neorenaissance. Köpenick ist die einzige Ackerbürgerstadt auf dem Gebiet Berlin/DDR. In den letzten Jahren ist einiges rekonstruiert, aber auch abgerissen worden. Auch im alten Fischerquartier, dem Kietz, kam es zur Betonneubebauung. Aber es stehen im Dreieck zwischen Gartenstraße und Kietzstraße noch einige der einstöckigen Fischerhäuser. Giebel sind mit Zunftzeichen und Jahreszahlen versehen, die ältesten Häuser sind im 17. Jahrhundert errichtet worden. Die Grundlage der Eigenständigkeit Köpenicks war, anders als in Spandau mit seinen Waffenfabriken, eine recht friedliche Industrie. Ab 1873 betrieb ein Herr Spindler, dessen Name noch im Stadtteil Spindlersfeld überdauert hat, die erste chemische Reinigung Deutschlands, die sich bald zu einer großen Fabrik auswuchs, heute vom VEB Rewatex weitergeführt. Zuvor hatten hunderte Köpenicker Frauen die Berliner Wäsche gewaschen, in großen Kiepen abgeholt und wieder ins Haus gebracht, allerdings ganz natürlich mit Spreewasser gereinigt.

Zwischen dem Kietz und Spindlersfeld, zwischen den Armen der Dahme, liegt die Schloßinsel, die einst Burgen und Wehrbauten, jetzt ein Barockschloß von 1681 und eine barocke Kapelle von 1685 trägt und darin das Kunstgewerbemuseum. Silbergefäße und silberne Tafelaufsätze glitzern, in verschiedenen Brauntönen glänzen die Intarsienarbeiten an wertvollen Möbeln, Goldschmuck aus dem 11. Jahrhundert ist zu sehen. Nach einem Besuch im Museum konnte man vom nahegelegenen Luisenhain eine Dampferfahrt antreten.

Nun zum Schuster Voigt, dem falschen Hauptmann, der im Zusammenhang mit Köpenick ja immer erwähnt wird. Man stelle sich in die Straße Alt-Köpenick schräg gegenüber des hohen neugotischen Rathausturms. Durch das Portal, das jetzt die Hochzeitspaare zum Standesamt passieren, schritt am 16. Oktober 1906 der Voigt. An ihm war nichts Ehrfurchtgebietendes, außer der Uniform, die er bei einem Trödler gekauft hatte. Durch sie war es ihm gelungen, sich in Plötzensee ein Kommando Soldaten zu unterstellen. Dem Stadtkämmerer wurde in Köpenick befohlen, Kassenrevision durchzuführen. Der Bürgermeister unter Arrest gestellt, später mit Frau unter Bewachung zum Polizeipräsidium am Alexanderplatz geschickt, wo aber niemand etwas mit ihm anzufangen wußte. Der Schuster hatte sich inzwischen schon mit dem Inhalt der Stadtkasse davongemacht, mit der S-Bahn. Nie-

mand aus der vielhundertköpfigen Menschenmenge, die sich gaffend vorm Rathausturm eingefunden hatte, stellte die Autorität von Soldaten und Uniformen in Frage. Der Bürgermeister trat zwar zurück, wurde dann aber von der Stadtverordnetenversammlung aufgefordert, sein Amt wieder zu übernehmen. Schließlich habe er nur seine Pflicht als kaisertreuer Beamter getan. Das könne ja wohl keine Schande sein.

Vielleicht sollte man im „Ratskeller“, der im 1. Stock des Rathauses liegt, zu Mittag essen, um etwas von der Atmosphäre deutscher Amtsstuben aufzufangen. Die Servietten werden jedenfalls sehr ordentlich aufgestellt.

Direkt vorm Rathaus hält der Bus, der Richtung Müggelberge fährt. Je nachdem, wie groß die Strecke sein soll, die man zu Fuß über die Waldwege des Landschaftsschutzgebiets zurücklegen will, steigt man an irgendeiner Haltestelle am breiten Müggelheimer Damm aus oder läßt sich bis fast an den Hang der Berge, den Haltepunkt „Rübezahl“, bringen. So oder so kommt man bald an den Wiesen beim Teufelssee vorbei, ersteigt dann vielleicht erst den Großen Müggelberg mit 115 oder gleich den Kleinen mit nur 82 Metern Höhe über die steile Treppe, die zum Aussichtsturm emporführt. Auf der Plattform steht man dann doch fast so hoch wie auf dem Westberliner Funkturm, hat freien Blick über den Müggelsee, die Seenkette im Süden, hat also die ganze große Insel zu Füßen.

Man muß nur etwas Glück haben, Müggelsee soll ja von Mögelsee kommen, und das heißt Nebelsee.

Abstecher drei: quer über die Seen

Eine Rundfahrt mit dem Dampfer oder besser Motorschiff könnte schon in Treptow, dem Nachbarbezirk Köpenicks, beginnen. Die Anlegestelle ist nicht weit von der S-

Das „Mecklenburgische Dorf“ in Köpenick

Mit der „Weißen Flotte“ unterwegs

Bahn-Station Treptower Park entfernt. Ein Grund, sich bereits hier, im „Hauptbahnhof“ der Berliner Weißen Flotte und nicht erst am Luisenhain vorm Köpenicker Rathaus einzuschiffen, wäre, daß so sicherer ein Platz zu ergattern ist, gerade zu Ferienzeiten ist das nicht so einfach. Man sollte sich schon etwa eine halbe Stunde vor Abfahrt in die Schlange am Kartenhäuschen einreihen. Ein zweiter Grund, nur für Frühaufsteher zu realisieren, weil das Schiff schon um 9.00 Uhr ablegt, ist ein kurzer Blick in den nahegelegenen Park mit dem Ehrenmal für die im Kampf um Berlin gefallenen sowjetischen Soldaten. Der Respekt vor den Zehntausenden von Toten verbietet es, etwas über den Stil des Denkmals zu sagen. Ein riesiger Soldat beschützt ein Kind, unter seinen Füßen als Sockel das Mausoleum auf einem den Heldengräbern der Donebene nachgebildeten Hügel. Der zentrale Blick auf dieses Monument fällt zwischen stilisierte Banner und knieende Krieger aus Bronze und eine Reihe von Sarkophagen. 5.000 Tote sind hier begraben.

Und es gibt noch einen dritten Grund für eine Abfahrt in Treptow. Die größte Ballung von Fabriken der Hauptstadt, die über ein Viertel der Industrieproduktion ausstößt, gleitet dann auf der ersten Etappe des Weges ins Grüne an einem vorbei. Zuerst einmal aber geht es am Treptower Park entlang, taucht vor dem Schiffsbug das Riesenrad des Kulturparks Berlin auf, aus dem schon früh die typische leicht verzerrte Rummelmusik tönt. Rechts Bäume, die des Plänterwalds, links Bäume vor der Dorfkirche Stralau auf der Halbinsel. Der Turm mit Kegeldach ist etwas schief, das kann man vom Wasser aus nicht erkennen, dafür sieht man die beiden riesigen Schornsteine des Kraftwerks Klingenberg auf dem Industrieufer dahinter um so deutlicher. Die Fabriken, Verladehäfen, Werften sind zu einem guten Teil Industriedenkmale, scheinen seit über einem halben Jahrhundert

Ausflugsgaststätte „Neu-Helgoland"

oder länger unverändert. Die Werksanlagen stehen voller Kräne und Gestänge, ineinander verschachtelter Betriebsteile. Kabelrollen und Haufen irgendwelcher Grundstoffe liegen herum. Darüber schwebt eine Glokke von Arbeitsgeräuschen und Abgasen. Das dort drüben ist Oberschöneweide, schon ein Ortsteil Köpenicks, der Bezirk besteht also nicht nur aus Wald und Wasser. Das rechte Spreeufer bleibt noch bis zur Eisenbahnbrücke vor Spindlersfeld Treptow.

Der Zusammenfluß von Dahme und Spree ist erreicht und der erste Halt am Luisenhain vor dem Rathaus Köpenick. Ab hier geht es im Uhrzeigersinn über die Seen. Man wird also erst ein Stück an der Wasserseite der Altstadt vorbeigetragen, dann an Friedrichshagen. Beim massigen Gebäude der „Berliner Bürger Brauerei" weiß man, daß irgendwo unter dem Kiel des Schiffes Fußgänger durch den Tunnel laufen. Der Dampfer hat nun 4 Kilometer über den Müggelsee zurückzulegen, die Entfernung zu den Ufern beträgt bis zu einem Kilometer. Rechts der Müggelturm, links als weißer Strich das Strandbad. Dort kann man, mit Strandkorb und Sonnenschirm, Würstchenstand und Eisbude ein Stück des alten Müggelseer Badelebens mitmachen, nur daß es heute auch ein FKK-Revier und einen Surfbrett-Ausleih gibt. Bei Rahnsdorf, am Eingang zum Kleinen Müggelsee, wird die weite Wasserfläche wieder verlassen.

Das ehemalige Fischerdorf, die Einwohner verdienten sich ihr Brot später auch mit Besenbinden, ist jetzt Erholungsort. Die dichten Wälder von Erlen und Weiden, Birken und Kiefern am Kleinen Müggelsee bieten sich dafür an. Die Kleingärtner setzen dieser ungeordneten Natur ihre Zäune, Rasenflächen und Ziersträucher entgegen. „Klein-Venedig" heißt eine der Rahnsdorfer Laubenkolonien. Schmale Wasserläufe, über die die Obstbäume ihre Zweige hängen lassen, durchziehen ihr Terrain, bringen mit ihren Windungen dann doch wieder etwas natürliches Durcheinander. An all dem, Bäumen und Farnen, Lauben und Rasen, Bootshäusern und Stegen, fährt man bis zur Kurve in den schmalen Gosener Kanal dicht vorbei. Seerosen auf dem Seddinsee, Zeltstädte, an die 9.000 Camper können gleichzeitig auf den Campingplätzen Köpenicks unterkommen, schließlich die Villen von Schmöckwitz tauchen auf. Das Schiff schaukelt schon auf dem Wasser der Dahme. Der Lange See ist noch halb zu durchfahren, dann endet die Tour nach 3 1/2 Stunden vorläufig an der Ausflugsgaststätte „Marienlust" in den Müggelbergen, ein kurzer Spaziergang führt zum Turm.

Wer keine Lust auf die Rückfahrt an Köpenick vorbei bis nach Treptow hat, kann sich mit der Fähre nach Grünau übersetzen lassen. Mit ihr durchquert man die andere Hälfte des Langen Sees, läßt auch die Regattastrecke, die 1.000 Meter der Ruderwettbewerbe der Olympiade 1936, hinter sich. Nur noch 10 Minuten bis zum S-Bahnhof. Oder noch einige Stunden im Biergarten des Lokals „Riviera".

Abstecher vier: Sommerabendtraum

Glucksendes Wasser in der Dunkelheit, Mondschein über den Bäumen, die „Müggelseeperle" lädt zu Sommernachtsball und Modenschauen. Bei rechtzeitiger Tischreservierung kann man seine Krebse nach einem Spaziergang durch den finsteren Wald zu sich nehmen. Der über weite Strecken asphaltierte Uferweg macht möglich, daß es ohne Stolpern geht. Am Kleinen Müggelsee treffen sich an lauen Sommerabenden junge Leute zu Partys im Sand, Tanzbegeisterte drehen ihre Kreise direkt an der Uferlinie, Grillfeuer flackern auf. Im Nachtclub des „Riviera" in Grünau sitzt man in plüschiger Baratmosphäre bis 4 Uhr früh, wenn man nicht doch die Grenze eher überschreiten will.

Abstecher fünf: Wintermärchen

Bei Schnee und Frost hat sich der Müggelsee in eine glatte, von Eisschollen unterbrochene Spiegelfläche verwandelt. Eissegler gleiten über den See um die Wette. Man stapft am Ufer entlang, draußen auf dem See haben sich Angler Löcher geschlagen, sitzen auf ihren Hockern, dick gepolstert durch mehrere Lagen wärmender Kleidung, warten auf das Zucken des Fangs am Haken. Die Zweige der Bäume sind zu weißen Strichen, bizarren Gebilden erstarrt. An den Hängen der Müggelberge, hinunter zum Teufelssee, rasen Schlitten die Rodelbahnen hinab, im Gänsemarsch werden sie dann wieder hochgeschleppt. Skiläufer spuren im Langlauf, nutzen die Abhänge zur Abfahrt. Auf den Terrassen von „Rübezahl" und „Müggelseeperle" werden Grog und heiße Zitrone verkauft, Köpenick hat sich auf Wintersport umgestellt.

Berlin/DDR

Informationen
Berlin-Information
dort auch Anmeldung für Stadtführungen
am Fernsehturm
Alexanderplatz
Mo 13.00 bis 18.00, Di bis Fr 9.00–18.00, Sa und So 10.00 bis 18.00 Uhr
Tel. 2 12 46 75

Reisebüro-Hochhaus
dort auch Karten für Theater u. Veranstaltungen, Rundfahrten
Alexanderplatz 5
Tel. 2 15 44 10 oder 12
Mo, Di, Do, Fr
8.30 bis 19.00 Uhr,
Mi 10.00 bis 19.00 Uhr,
Sa 10.00 bis 14.00 Uhr

Telefondienste
Bühnenspielplan 12 40
Kultur- und Sportveranstaltungen 1 67
Zugauskunft 4 95 31
Dampferfahten
Weiße Flotte 12 56
Rufnummern A–K 180
Rufnummern L–Z 182

Bei vielem ist es wichtig, Buchungen, Reservierungen schon von West-Berlin aus vorzunehmen, Informationen nicht erst in Berlin/DDR einzuholen. Die angegebenen Telefonnummern müssen dann mit der Vorwahl 0372 versehen werden. Bei Telefonaten aus Städten der BRD ist die dort gültige Vorwahl zu verwenden.

Sandstrand am Kleinen Müggelsee

Anreise
Alle Verkehrsmittel der DDR sind auf die „Hauptstadt" ausgerichtet, alle Autobahnen führen nach Berlin.

Innerstädtische Grenzübergänge
– für West-Berliner, West-Deutsche und in West-Berlin ansässige Ausländer mit Senatsbescheinigung zu Fuß oder mit dem Auto
Sonnenallee
Schlesische Straße
Oberbaumbrücke
Prinzenstraße
Invalidenstraße
Chausseestraße
Bornholmer Straße
Wollankstraße
Potsdamer Platz
und nurzu Fuß
Stubenrauchstraße
Bhf. Jannowitzbrücke
Bhf. Rosenthalerplatz
Bhf. Friedrichstraße
Bernauer Straße
Brandenburger Tor

– für Ausländer mit festem Wohnsitz in der BRD und ausländische Touristen
zu Fuß oder mit dem Auto
Checkpoint Charlie/Friedrichstraße
und nur zu Fuß
Bhf. Friedrichstraße

Unterkunft
„Hotel Metropol"
1080 Berlin
Friedrichstraße 150–153
Tel. 2 20 40

„Palasthotel
1020 Berlin
Karl-Liebknecht-Straße 5
Tel. 24 10

„Grand Hotel"
Friedrichstr. 158–164
Tel. 2 09 20

„Unter den Linden"
1080 Berlin
Unter den Linden 14
Tel. 2 20 03 11

„Müggelsee"
1170 Berlin
Am Großen Müggelsee

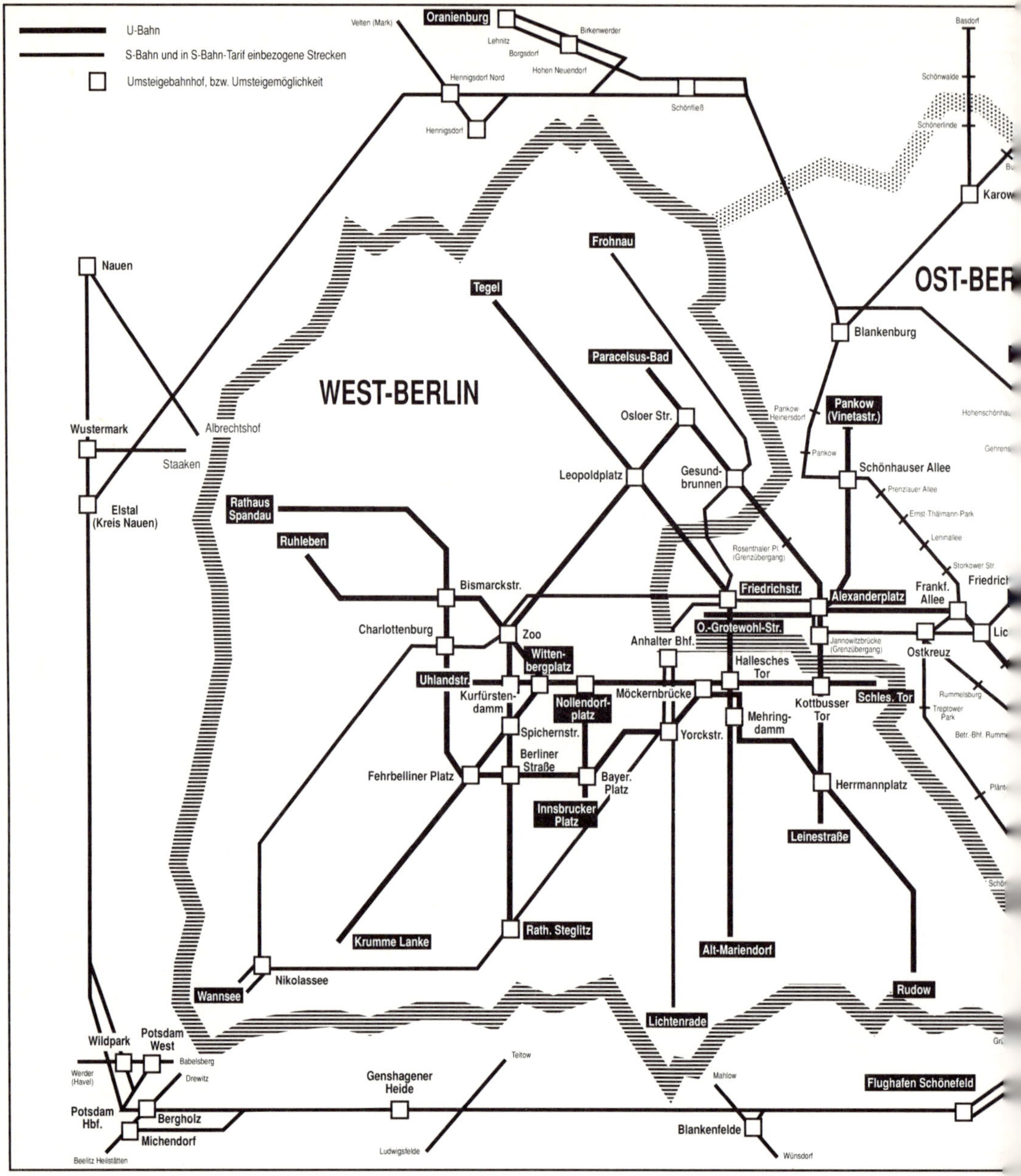

Camping
Intercampingplatz am Krossinsee
1186 Berlin
Wernsdorfer Landstraße
Tel. 6 85 86 87

Service
in West-Berlin
Theaterkasse Zehlendorf
Karten für Theater, Konzerte, Veranstaltungen in Berlin/DDR
Teltower Damm
Tel. 801 16 52

vor der Grenzkontrolle
Servicebüro des Reisebüros der DDR
Karten für Theater, Konzerte, Veranstaltungen außer Schauspielhaus, „Diestel" und Friedrichstadtpalast im Zwischengeschoß des S-Bahnhof Friedrichstraße
Tel. 2 29 26 95

in Berlin/DDR
Theaterkassen im „Palasthotel", Eingang in der Spandauer Straße, dort Karten für Theater, Konzerte, Veranstaltungen aller Art

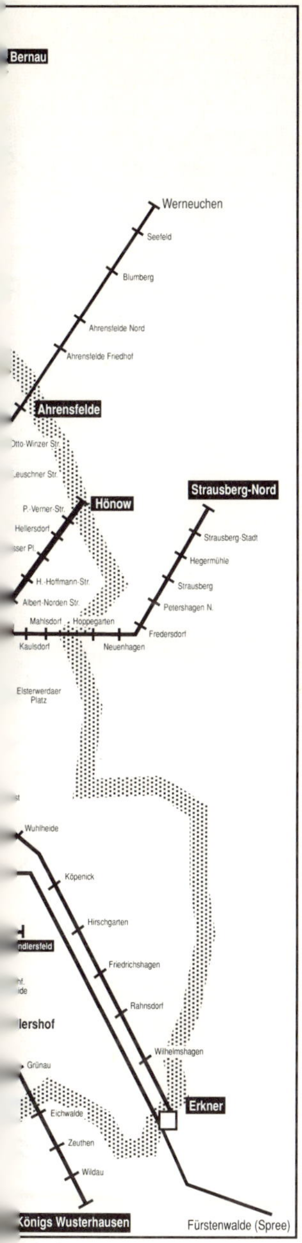

Mo 13.00 bis 19.00 Uhr, Di bis Fr 10.00 bis 13.00 und 14.00 bis 19.00 Uhr, Sa 10.00 bis 13.00 Uhr
Tel. 2 12 52 58 oder 2 12 59 02
Service Städtischer Nahverkehr
dort Karten für Dampferfahrten der Weißen Flotte, Touristenfahrkarten, Buchungen von Taxi-Stadtrundfahrten
im S-Bahnhof Alexanderplatz, Tel. 2 46 22 55
Mo bis Fr 9.00 bis 17.00 Uhr, Sa 9.00 bis 13.00 Uhr
Zentraler Gaststättenservice
dort Tischreservierungen in Gaststätten, Vorverkauf von Karten für Tanzveranstaltungen
Tel. 2 12 31 69
Mo bis Fr 10.00 bis 19.00 Uhr, Sa 9.00 bis 13.00 Uhr

Überblicke
Stadtrundfahrten
mit dem Bus
möglich sind 12 unterschiedliche Routen, die alle durch das Stadtzentrum führen und darüber hinaus unterschiedliche weitere Stationen enthalten, etwa das Pergamonmuseum, den „Palast der Republik", das Sowjetische Ehrenmal Treptow, die Satellitenstadt Marzahn, den Müggelturm oder Schmöckwitz am Großen Müggelsee
mit dem Taxi
bis zu vier Personen können eine von 5 Routen fahren, die ähnlich wie die Busrundfahrten gestaltet sind
Auskunft und Buchungen der Bus- und Taxirundfahrten im Reisebüro-Hochhaus am Alexanderplatz oder im Service Städtischer Nahverkehr

Innenstadt

Essen & Trinken
„Le Grand Restaurant Silhouette", „Goldene Gans" und „Konzertcafé Bauer"
im „Grand Hotel"
Friedrichstr. 158–162
Tel. 2 09 20
„Trichter"
Schiffbauer Damm 6
„Alt-Cöllner Schankstuben"
Friedrichsgracht 50
Tel. 2 12 59 72
Hotelbar „Stadt Berlin"
Alexanderplatz, Tel. 21 90
„Bötzow Privat"
Tucholskystr. 47
„Espresso"
Holzmarktstr. 75
Tel. 2 79 35 91
„Die Möwe", Zentraler Klub der Gewerkschaft Kunst
Hermann-Matern-Str. 18
Tel. 2 82 57 41
„La Habana"
im „Hotel Metropol"
Karl-Liebknecht-Straße 150–153, Tel. 2 20 40
Chinesisches Restaurant „Jade" im „Palasthotel"
Karl-Liebknecht-Str. 5
Tel. 24 10
„Bierschänke" in der „Gerichtsklause"
Poststr. 28
„Ermeler Haus"
Am Märkischen Ufer
Tel. 2 75 51 03
„Feinkost"
im „Feinkosthaus"
Leipziger Str. 42
Tel. 2 20 29 41
„Märkisches Restaurant"
im „Palast Hotel"
Karl-Liebknecht-Str. 5
Tel. 24 10
„Moskau"
Karl-Marx-Allee 34
Tel. 2 79 28 69
„Wolga"
im Haus der Sowjetischen Wissenschaft und Kultur
Friedrichstr. 176–179
„Operncafé"
Unter den Linden 5
Tel. 2 00 02 56
„Ratskeller"
im Roten Rathaus
Rathausstr. 14
Tel. 2 12 53 01
„Arkade"
Französische Str. 25
Tel. 2 08 02 73
„Ganymed"
Schiffbauerdamm 5
Tel. 2 82 95 40

Kunst & Kultur
Museen

Bodemuseum
darin das Ägyptische Museum, die Frühchristlich-byzantinische Sammlung, die Skulpturensammlung, die Gemäldegalerie, das Münzkabinett, das Museum für Ur- und Frühgeschichte
Museumsinsel,
Eingang am Kupfergraben
Mi bis So 10.00 bis 18 Uhr

Pergamonmuseum
darin die Antikensammlung, das Vorderasiatische Museum, das Islamische Museum, die Ostasiatische Sammlung, das Museum für Volkskunde
Museumsinsel,
Eingang am Kupfergraben
täglich 10.00 bis 18.00 Uhr, Mo und Di allerdings nur die Architektursäle des Vorderasiatischen Museums und der Antikensammlung und, Mo erst ab 13.00 Uhr, das Museum für Volkskunde

Nationalgalerie
darin Abteilung 19. Jahrhundert und ein Teil der Abteilung 20. Jahrhundert
Museumsinsel, Eingang von der Bodestraße hinter dem Neuen Museum
Mi bs So 10.00 bis 18 Uhr

Altes Museum
darin ein Teil der Abteilung 20. Jahrhundert der Nationalgalerie, auch die Ausstellung zur Kunst der Nachkriegszeit und der DDR, das Kupferstichkabinett, die Sammlung der Zeichnungen
Museumsinsel, Eingang vom Lustgarten/Marx-Engels-Pl.
Mi bis So 10.00 bis 18 Uhr, die Studiensäle des Kupferstichkabinetts und der Sammlung der Zeichnungen
Mo bis Fr 10.00 bis 18 Uhr

Museum für Deutsche Geschichte
Unter den Linden 2
Mo bis Do 9.00 bis 18 Uhr, Sa und So 9.00 bis 16 Uhr

Lenin-Gedenkstätte
neben dem Hauptportal des Museums für Deutsche Geschichte
Dokumentation der Aufenthalte Lenins in Berlin
Mo bis Do 9.00 bis 18 Uhr, Sa und So 9.00 bis 16 Uhr

Dombaumuseum
im Dom am Lustgarten
Mo bis Sa 10.00 bis 12 Uhr und 13.00 bis 17.00 Uhr, So 12.00 bis 17.00 Uhr

Schinkelmuseum in der Friedrichswerderschen Kirche
Werderstraße
Mi bis So 10.00 bis 18 Uhr

Otto-Nagel-Haus
Ausstellung zur proletarisch-revolutionären Malerei
Märkisches Ufer 16–18
So, Mo, Do
10.00 bis 18.00 Uhr, Di und Mi 10.00 bis 20.00 Uhr

Märkisches Museum
Am Köllnischen Park 5
Mi bis Fr 10.00 bis 18 Uhr, Sa, So 10.00 bis 17.00 Uhr

Berliner Handwerksmuseum
Berliner Handwerk vom Mittelalter bis zum 19. Jahrhundert
Mühlendamm 5
Di bis So 10.00 bis 19 Uhr

Ephraimpalais
Berlin in Gemälden und Grafiken
Poststr. 16
Di bis So 10.00 bis 19 Uhr

Knoblauch-Haus
Poststr. 23
täglich außer Mo von 11.30 bis 15.30 Uhr, Kartenverkauf im Ephraim-Palais, Führung jede halbe Stunde

Nikolaikirche
Ausstellung mittelalterliche Handelsstädte Berlin/Cölln
Di bis So 10.00 bis 19 Uhr

Postmuseum der DDR
Leipziger Straße,

Ecke Mauerstraße
Di bis Fr 10.00 bis 18 Uhr,
Sa 10.00 bis 17.00 Uhr

Museum für Naturkunde
Invalidenstr. 43
Di bis So 9.30 bis 17 Uhr

Hugenottenmuseum
im Französischen Dom,
Platz der Akademie
Di, Mi, Sa 10.00 bis 17 Uhr,
Do 10.00 bis 18.00 Uhr,
Sa 11.30 bis 17.00 Uhr

Heimatgeschichtliches
Kabinett Berlin-Mitte
Sopienstr. 23
Mo 9.00 bis 17.00 Uhr,
Mi 10.00 bis 19.00 Uhr,
So 9.30 bis 13.00 Uhr

Brecht-Haus
Chausseestr. 125
Wohnhaus Brechts,
Manuskripte, Dokumente

Rudolf-Virchow-Sammlung
im Pathologischen Institut
der Charité
Schumannstr. 20–21

Pathologische
Lehrsammlung
Besichtigung nach vorheriger Anmeldung, Di und Do
14.00 bis 16.00 Uhr

Wilhelm-Pieck-Gedenkstätte, Wilhelm-Pieck-Str. 1
im Gebäude, das 1946–56
Sitz des ZK der SED war,
Arbeitszimmer im Originalzustand
Besichtigung nach vorheriger Anmeldung im Institut
für Marxismus-Leninismus,
Wilhelm-Pieck-Str. 1

Robert-Koch-Museum
Clara-Zetkin-Str. 96
Mo bis Fr 9.00 bis 16 Uhr

Galerien

Volkskunstgalerie Mitte
Weinmeisterstr. 8
Mo bis Fr 14.00 bis 18 Uhr,
jeden 4. Sa 14 bis 17 Uhr

Ausstellungszentrum
am Fernsehturm
täglich 10.00 bis 19.00 Uhr

Ruine der Franziskaner-Klosterkirche
Klosterstraße
täglich 10.00 bis 18.00 Uhr

Neue Berliner Galerie
im Alten Museum
Bodestr. 1–5
Mi, Do, Sa, So 9.00 bis
18.00 Uhr,
Fr 10.00 bis 18.00 Uhr

Galerie am Weidendamm
Friedrichstr. 103 an der
Weidendammer Brücke
Mo bis Fr 10.00 bis 18.00,
Di 10.00 bis 20.00 Uhr

Galerie im Turm
Frankfurter Tor 1
Tel. 5 88 04 00
Di bis So 11.00 bis 19 Uhr

Galerie Sophienstraße
Sophienstr. 8
Di bis Fr 11.00 bis 19 Uhr,
Sa 10.00 bis 13.00 Uhr

Galerie Weißer Elefant
Almstadtstr. 11
Di bis Do 11.00 bis 19 Uhr,
Fr 11.00 bis 22.00 Uhr,
Sa 15.00 bis 18.00 Uhr

Galerie Mitte
Reinhardtstr. 10
Mo bis Fr 10.00 bis 18 Uhr

Fotogalerie
Helsingforser Platz 1
Di bis Fr 11.00 bis 19 Uhr,
Sa 10.00 bis 13.00 Uhr

Neuer Marstall
Ausstellungen
der Akademie der Künste
Marx-Engels-Platz 7
Tel. 2 48 33 11
Mi bis Sa 10.00 bis 18 Uhr

Kulturzentren

Haus der Sowjetischen
Wissenschaft und Kultur
Friedrichstr. 176–179
Mo, Fr, 10.00 bis 18 Uhr,
Di bis Do 10.00 bis 20 Uhr,
Sa 12.00 bis 18.00 Uhr

Französisches Kulturzentrum
Unter den Linden 37
Mo bis Fr 10.00 bis 18 Uhr

Polnisches Kulturzentrum
Karl-Liebknecht-Str. 7
Mo bis Fr 10.00 bis 18 Uhr

Bulgarisches Kultur- und
Informationszentrum
Unter den Linden 10
Mo bis Fr 10.00 bis 18 Uhr

Haus der ungarischen Kultur
Karl-Liebknecht-Str. 9
Mo bis Fr. 10.00 bis 19 Uhr

Kultur- und Informationszentrum der CSSR
Leipziger Str. 60
Mo bis Fr 10.00 bis 12 Uhr
und 12.45 bis 18.00 Uhr

Konzerte

Schauspielhaus
Platz der Akademie
Großer Konzertsaal
Tel. 2 27 21 29
Kammermusiksaal
Tel. 2 27 21 22

Staatskapelle Berlin
in der Deutschen
Staatsoper Berlin
Unter den Linden 7

„Stunde der Musik“
im Maxim Gorki Theater
Unter den Linden,
Am Kastanienwäldchen

„Serenaden im Schlüterhof“
des Berliner Sinfonieorchesters im Zeughaus/Museum
für Deutsche Geschichte
Unter den Linden 2

Orchester der Komischen
Oper
Behrenstr. 55–57

Theater

Deutsche Staatsoper Berlin
Unter den Linden 7
Tel. 2 05 45 56

Komische Oper
Behrenstr. 55–57
Tel. 2 29 25 55

Metropol-Theater
Friedrichstr. 101/102
Tel. 2 07 17 39

Deutsches Theater
Kammerspiele
Kleine Komödie
Schumannstr. 13 a
Tel. 2 87 12 25

Berliner Ensemble
Am Bertolt-Brecht-Platz
Tel. 2 82 31 60

Maxim-Gorki-Theater
Unter den Linden
Am Kastanienwäldchen
Tel. 2 07 17 90

Volksbühne
Rosa-Luxemburg-Platz
Tel. 2 62 89 78

Kabarett „Die Distel“
im Admiralspalast,
Friedrichstr. 101
Tel. 2 07 12 91

„Das Ei“
im Friedrichstadtpalast
Friedrichstr. 107
Tel. 2 83 64 36

„Große Revue“ und
„Kleine Revue“
im Friedrichstadtpalast
Friedrichstr. 107
Tel. 2 83 64 74

Theater im Palast „Tip“
im „Palast der Republik“
Marx-Engels-Platz
Tel. 2 38 23 54

Spaß & Sport

Großer Wachaufzug
an der Neuen Wache/Mahnmal für die Opfer des Faschismus und Militarismus
Unter den Linden
jeden Mi um 14.30 Uhr

Fernblick vom Fernsehturm
Alexanderplatz
Aussichtsgeschoß geöffnet
Mai bis September 8.00 bis
22.30, Oktober bis April
9.00 bis 22.30 Uhr (letzter
Einlaß)
Telecafé (mit Rundsicht)
geöffnet Mai bis September
8.00 bis 23.00 Uhr, Oktober
bis April 9.00 bis 23.00 Uhr
(letzter Einlaß jeweils 21.45
Uhr); jeden 2. und 4. Di im
Monat bleibt der Turm geschlossen.

Ausblick von der Balustrade
des Französischen Doms
Platz der Akademie
täglich 10.00 bis 18.00 Uhr

Ausblick vom Turm des
Roten Rathauses
Rathausstraße
Nähe Alexanderplatz
Sa 11.00 bis 13.00 Uhr

Kinos
„International“,
Karl-Marx-Allee
„Babylon“,
Rosa-Luxemburg-Straße 40
„Kosmos“,
Karl-Marx-Allee 131 a
„Intimes Lichtspiel“,
Niederbarnimstraße 15

Tanzvergnügen
„Ballhaus Berlin“
Chausseestr. 102
Tel. 2 82 75 75
„Clärchens Ballhaus“
Auguststr. 24/25
Tel. 2 82 92 95
„Altdeutsches Ballhaus“
Auguststr. 144
Tel. 2 82 68 19
Disko im
„Palast der Republik“
Marx-Engels-Platz
Tel. 2 38 23 65
„Operncafé“
Unter den Linden 5
Tel. 2 07 16 61
„Lindenkorso“
Unter den Linden 17
Tel. 2 20 24 61

Prenzlauer Berg

Essen & Trinken

„Papillon“,
Greifenhagener Str. 16
Tel. 4 48 34 35
„Mosaik“, Prenzlauer Allee/
Ecke Hiddenseer Straße
„Aphrodite“,
Schönhauser Allee 61
Tel. 4 48 17 07
„Restauration 1900“,
Husemannstr. 1
Tel. 4 49 40 52
„Schoppen-Stube“,
Schönhauser Allee 44
„Lotos-Bar“,
Schönhauser Allee 46 a
„Wiener Café“,
Schönhauser Allee 68
Tel. 4 48 57 22
„Milchmixer“,
Schönhauser Allee 72 a
„Saalbau Friedrichshain“
Am Friedrichshain 18
„Offenbach-Stuben“,
Stubbenkammerstr. 8
„Casino des Handwerks“,
Pappelallee 15
„Reblaus“, Am Falkplatz 1
Tel. 4 49 36 43
„Zum Anker“,
Greifenhagener Str. 17
Tel. 4 48 45 70

Kunst & Kultur

Museen
Museum Berliner Arbeiterleben um 1900
Husemannstr. 12
Di und Do bis Sa 11.00 bis
18.00 Uhr, Mi 11.00 bis
20.00 Uhr

An der Pankower Johannes-R.-Becher-Straße

Friseurmuseum
Husemannstr. 8
Di 10.00 bis 17.00 Uhr,
Mi 10.00 bis 18.00 Uhr
Traditionskabinett Antifaschistischer Widerstand im Ernst-Thälmann-Park
Dimitroffstr. 101
Mo, Mi, Do 8.00 bis 17 Uhr,
Di 8.00 bis 19.00 Uhr,
So 13.30 bis 17.30 Uhr
Heimatgeschichtliches Kabinett
Prenzlauer Allee 64
Tel. 4 30 09 11
App. 55 45 56

Galerien
Kulturhaus im Thälmann-Park
Dimitroffstr. 101
täglich 12.00 bis 20.00 Uhr
„Am Prater"
Kastanienallee 100
Di bis Fr 13.00 bis 19 Uhr,
Sa 11.00 bis 16.00 Uhr

Theater
„bat", Studiotheater des Instituts für Schauspielregie
Belforter Str. 15
Puppentheater Berlin
Greifswalder Str. 81–84

Spaß & Sport
Zeiss-Großplanetarium Berlin im Thälmann-Park
Prenzlauer Allee 80
Di bis So 13.00 bis 20 Uhr
„Ball im Prater", Musik im Biergarten des Kreiskulturhauses „Prater"
Kastanienallee 7–9

Kinos
„Colosseum",
Schönhauser Allee 123
„Filmtheater am Friedrichshain"
Bötzowstr. 1–5

Tanzvergnügen
„Lolott-Tanzbar",
Schönhauser Allee 56
„Yucca", Neumannstr. 136
Tel. 4 72 88 80
„Café Nord"
Schönhauser Allee
Tel. 4 48 26 83
„Alibi", Saarbrücker Str. 14
Tel. 2 81 18 07
„Mocca-Eck",
Hans-Beimler-Str. 70/72
Tel. 2 12 57 63

Pankow

Essen & Trinken
„Café zur Post",
Berliner Str. 13
„Grillbar Vineta",
Berliner Str. 49
„Kleines Café am Rathaus",
Johannes-R.-Becher-Str. 23
„Ratskeller Pankow",
im Rathaus, Johannes-R.-Becher-Str. 24a–26
„Bürgerpark", im Park

Kunst & Kultur
Museen
Stadtbezirkschronik Pankow
Heynstr. 8
Di 9.00 bis 12.00 Uhr und 15.00 bis 18.00 Uhr,
So 9.00 bis 13.00 Uhr
Kabinett des antifaschistischen Widerstandskampfes
Johannes-R.-Becher-Str. 8
Di und Do 15.00 bis 18 Uhr,
Sa 9.00 bis 13.00 Uhr
Ernst-Busch-Gedenkstätte
Leonhard-Frank-Str. 11
Wohnhaus des Sängers und Schauspielers, papierne und tönende Dokumente
Di und Fr 14.00 bis 19 Uhr,
Do 8.00 bis 13.00 Uhr
Johannes-R.-Becher-Haus
Wohnhaus des Dichters und DDR-Kulturministers, Arbeitszimmer im Originalzustand, Dokumente
Majakowskiring 34
Di bis Fr 14.00 bis 19 Uhr,
Do 8.00 bis 13.00 Uhr

Galerien
Kleine Galerie Pankow
Berliner Str. 130
Di bis Fr 13.00 bis 19 Uhr,
Sa 10.00 bis 17.00 Uhr

Konzerte
„Rathauskonzerte"
im Rathaus, Johannes-R.-Becher-Str. 24a–26
„Serenaden im Bürgerpark"
Mannholzer Straße

Spaß & Sport
Wochenmarkt
Johannes-R.-Becher-Straße zwischen Rathaus u. Kirche
Di und Fr 7.00 bis 12 Uhr,
Mi 14.00 bis 18.00 Uhr und jeden 4. Sa im Monat von 7.00 bis 11.30 Uhr

Freibad Pankow
Wolfshagener Straße
vom U-Bhf. Vinetastraße mit Straßenbahn 49

Kinos
„Blauer Stern",
Kurt-Fischer-Str. 11
„Lunik", Hauptstr. 40
„Tivoli", Berliner Str. 27

Tanzvergnügen
„Tanzcafé Esplanade",
Berliner Str. 54
„Café Binz", Berliner Str. 103
„Café Hawaii",
Kurt-Fischer-Str. 20
„Tanzcafé Intermezzo",
Mühlenstr. 71

Köpenick

Essen & Trinken
„Ratskeller“,
Alt-Köpenick 21
„Schloßcafé“
auf der Schloßinsel
„Fioretto“
Oberspreestr. 176
Tel. 6 57 26 05
„Die Spindel“, Bölschestr. 51,
Friedrichshagen
Tel. 6 45 29 37
„Zum Maulbeerbaum“
Bölschestraße
Friedrichshagen
Tel. 6 45 28 38
„Friedrichshof“
Bölschestr. 56,
Friedrichshagen
Tel. 6 45 50 74

Kunst & Kultur
Museen
Kunstgewerbemuseum
im Schloß Köpenick
Mi bis Sa 9.00 bis 17 Uhr
Heimatgeschichtliches
Kabinett Köpenick
Elcknerplatz 8
Di 9.00 bis 18.00 Uhr
Ernst-Thälmann-Gedenkstätte in Ziegenhals am Großen Zug, Köpenick
Ort der letzten großen Rede Thälmanns vor dem ZK der KPD 1933
Di bis So 10.00 bis 16 Uhr

Galerien
Galerie Grünstraße
Grünstr. 16
Mo bis Fr 13.00 bis 19.00, Di bis Do auch 10.00 bis 12.30 Uhr, jeden 4. Sa im Monat 9.00 bis 13.00 Uhr

Konzerte
„Kammermusik im Schloß Köpenick“
auf der Schloßinsel

Spaß & Sport
Wochenmarkt in der
Bölschestraße
Friedrichshagen
bis Mitte Oktober
Mo 14.00 bis 18.00 Uhr,
Mi 9.00 bis 13.00 Uhr,
Do 14.00 bis 18.00 Uhr,
jeden 4. Sa 8.00 bis 12 Uhr

Freibäder
Seebad Wendenschloß
Am Langen See gegenüber Grünau
vom S-Bhf. Grünau Fußweg 5 Minuten zur Führe nach Wendenschloß
Seebad Friedrichshagen
am Großen Müggelsee
vom S-Bhf. Friedrichshagen mit Straßenbahn 25 oder 84
Flußbad Gartenstraße
an der Dahme in Köpenick
Bootsverleih
vom S-Bhf. Köpenick mit Straßenbahn 83 oder 95
Strandbad Grünau
am Langen See
vom S-Bhf. Grünau mit Straßenbahn 86
Strandbad Müggelsee
am Großen Müggelsee
Bootsverleih
vom S-Bhf. Rahnsdorf
Fußweg 15 Minuten

Kinos
„Forum“, Parrisiusstr. 12-14
„Union“, Bölschestr. 69
„UT“, Wilhelminenhofstr. 34

Tanzvergnügen
„Friedrichshof“
Bölschestraße 56
Tel. 6 45 50 74

Ausflüge
„Café Liebig“
Regattastr. 158, Grünau
Tel. 6 81 68 69
„Gesellschaftshaus Grünau“,
Regattastr. 167
„Müggelseeperle“
Am Großen Müggelsee
Tel. 6 52 10
„Müggelseeklause“
Müggelseedamm 263
Tel. 6 45 54 22
„Neu-Helgoland“
Odernheimer Straße
Tel. 6 56 82 47
„Gesellschaftshaus Riviera“
Regattastr. 167, Grünau
Tel. 6 81 45 45
„Müggelturm“
in den Müggelbergen
Tel. 6 81 47 92
„Teufelssee“
in den Müggelbergen
Tel. 6 57 28 32
Dampferfahrten mit der Weißen Flotte von Treptow nach Köpenick/Luisenhain und über die Seen, rund um die Müggelberge
Abfahrtsstelle nahe S-Bhf. Treptow – Ankunft unter Tel. 2 71 23 27 (von 8.00 bis 11.30 Uhr) und 2 71 23 28 (von 12.30 bis 16.00 Uhr)

Und im Rest der Hauptstadt . . . .

Essen & Trinken
„Haus Stilbruch“
Bahnhofstr. 1,
Karow/Weißensee
Tel. 349 00 66

Kunst & Kultur
Museen
Heimatgeschichtliches
Kabinett Friedrichshain
Bersarinstr. 68
Tel. 5 88 57 16

Gedenkstätte
Berlin-Karlshorst
Ort der Kapitulation der Deutschen Wehrmacht 1945, Fritz-Schmenkel-Straße, Lichtenberg
Dokumente zum Kampf der Roten Armee
Di bis Fr 9.00 bis 13 Uhr und 15.00 bis 18.00 Uhr, Sa 9.00 bis 14.00 Uhr und So 9.00 bis 16.00 Uhr, an jedem letzten Sa im Monat geschlossen

Heimatgeschichtliches
Kabinett Weißensee
Klement-Gottwald-Allee 125; Tel. 3 65 01 35

Hundemuseum
Alt-Blankenburg 33,
Weißensee
Di, Do, Da von 15.00 bis 18.00 Uhr, So von 11.00 bis 17.00 Uhr
Gründerzeit-Museum
Mahlsdorf
Möbel und Gerätschaften aus der Gründerzeit in einem Barockgutshaus
Hultschiner Damm 333,
Hellersdorf; Tel. 5 27 83 29
So 11.00 und 12.00 Uhr jeweils Führungen

Arboretum des Museums für Naturkunde
Botanischer Garten
Späthstr. 80/81, Treptow
Mai bis Oktober Mi 13.00 bis 17.00 Uhr, Sa und So und an Feiertagen 9.00 bis 17.00 Uhr

Heimatgeschichtliches
Kabinett Treptow
Puderstr. 21

Kutschensammlung
Fuhrbetrieb Otto Pohl
Jagdwagen und Fiaker, Postkutschen und Landauer
Kreuziger Str. 24/27,
Friedrichshain
Tel. 5 89 23 75
Do, Fr 14.00 bis 18.00 Uhr bis Ende August

Galerien

Kleine Galerie Weißensee
Klement-Gottwald-Allee 90
Di bis Fr und jeden 1. und 3. So von 15.00 bis 18 Uhr

Kreiskulturhaus
„Peter Edel“
Klement-Gottwald-Al. 125,
Weißensee
Di 9.00 bis 18.00 Uhr,
Do 9.00 bis 17.00 Uhr

Galerei im Kreiskulturhaus
Treptow, Puschkinallee 5
Mo bis Fr 10.00 bis 20 Uhr

Studio Bildende Kunst
Baumschulenstr. 78,
Treptow
Di bis Fr 14.00 bis 19 Uhr

Studio Bildende Kunst
John-Sieg-Str. 13
Lichtenberg
Mi bis Sa 14.00 bis 18 Uhr

Galerie 100
Konrad-Wolf-Str. 100
Hohenschönhausen
Di bis Fr 13.00 bis 19 Uhr,
Sa 10.00 bis 12.00 Uhr

Galerie M
Marzahner Promenade 44
Marzahn
Di bis Fr 13.00 bis 19 Uhr,
Sa 9.00 bis11.00 Uhr

Galerie Passage
Frankfurter Allee 94 a
Friedrichshain
Di bis Fr 13.00 bis 21 Uhr, Sa 9.00 bis 13.00, So 14.00 bis 18.00 Uhr

Kleine Volkskunstgalerie
„Otto Nagel“
Grünberger Str. 60
Friedrichshain
Mo bis Fr 14.00 bis 18 Uhr

Theater

Kabarett „Die Distel“
Degnerstr. 9
Hohenschönhausen

Theater der Freundschaft
Parkaue 25, Lichtenberg

Spaß & Sport
Tierpark Berlin
1136 Berlin
Am Tierpark 125,
Lichtenberg
U-Bhf. Tierpark
April bis September
7.00 bis 20.00 Uhr,
Oktober bis März 8.00 Uhr bis zum Beginn der Dunkelheit

Kulturpark Berlin
am Plänterwald, Treptow
Nähe S-Bhf. Plänterwald
April bis Juni täglich außer Fr 13.00 bis 20.00 Uhr,
Juli, August täglich 13.00 bis 21.00 Uhr,
September bis Mitte Oktober täglich außer Fr 13.00 bis 20.00 Uhr

Archenhold-Sternwarte
Alt-Treptow 1, Tel. 2 72 83 71
Besichtigungen täglich
14.00 bis 17.30 Uhr
Beobachtungen am Fernrohr
Mi um 18.00 und 20.00 Uhr,
Sa um 16.00 und 18.00 Uhr
und So um 16.00 Uhr

Freibäder
Freibad Orankesee
Gertrudstraße
Hohenschönhausen
vom U-Bhf. Dimitroffstraße
mit Straßenbahn 25
Seebad am Weißensee
Klement-Gottwald-Allee
Weißensee
vom U-Bhf. Luxemburgplatz mit Straßenbahn 72 oder 74

Kinos
„Volkshaus“,
Straße der Befreiung 3,
Lichtenberg
„Vorwärts“,
Hermann-Duncker-Str. 115
Lichtenberg

„Rio“, Prenzlauer Promenade 6–9, Weißensee
„Toni“, Am Antonplatz Weißensee
„Venus“, Degnerstr. 9 Hohenschönhausen
„Astra“, Sterndamm 69 Treptow
„Capitol“, Dörpfeldstr. 29 Treptow
„Kino in der Sternwarte“, Alt-Treptow 1
„Sojus“, Helene-Weigel-Platz 12, Marzahn
„Bio“, Prignitzstr. 100 Marzahn

Sport zentral

Fußball
Friedrich-Ludwig-Jahn-Sportplatz
U-Bhf. Dimitroffstraße
Heimspiele des BFC Dynamo Berlin
Sportplatz an der Alten Försterei S-Bhf. Wuhlheide
Heimspiele des 1. FC Union Berlin
Stadion der Weltjugend
Chausseestr. 95–98
DDR-Pokalendspiele, Länderspiele, Lokalderbys zwischen Union und Dynamo
S-Bhf. Friedrichstraße

Hallenhandball, Radrennen, Eishockey, Eiskunstlauf
Werner-Seelenbinder-Halle
S-Bhf. Leninallee

Schwimmwettkämpfe
Karl-Friedrich-Friesen-Schwimmhalle
Am Friedrichshain

Leichtathletik, Volleyball
Pionierpark „Ernst Thälmann“ im Volkspark Wuhlheide
S-Bhf. Wuhlheide

Trabrennen
Trabrennbahn Karlshorst
Hermann-Duncker-Str. 129
Tel. 5 09 08 91; Rennen fast jeden Mi 14.00 Uhr und Sa oder So 15.00 Uhr

Sport- u. Erholungszentrum
1017 Berlin, Leninallee 77
Schwimmhalle mit Wellenbecken, Sauna, Konditionsräume (Fitness-Studio), Solarium, Bowling, Eishalle, Rollschuhbahn
Veranstaltungen in Theatersaal und Freizeitgalerie
Restaurants
Sportbereich geöffnet Mo bis Fr 10.00 bis 21.00 Uhr, Sa, So 8.00 bis 18.00 Uhr
Kulturbereich geöffnet Mo bis Fr 14.00 bis 21.00 Uhr, Sa, So 8.00 bis 18.00 Uhr

An Oder und Neiße –

Grenzland zwischen Frankfurt und Görlitz

Der Oderbruch, der weite Landstrich zwischen dem Städtchen Oderberg und der Stadt Frankfurt, ist etwas für Genießer. Der frühere „Berliner Küchengarten" liegt einsam und still an der Grenze zu Polen. Kaum mal ein größerer Ort, eher kleine Dörfer und freistehende Gehöfte. Dazwischen Felder, Wiesen, Sumpf und Moore – eine üppig grüne, zum Teil verwilderte Vegetation. Man sieht hier sogar Kraniche, Brachvögel, Schwarzstörche und schwarze Milane. Die „Friedensgrenze", wie die Grenzlinie in der Mitte der Oder offiziell bezeichnet wird, macht wirklich einen sehr friedlichen Eindruck. Ab und an stehen am Ufer die Schilder „Halt – Staatsgrenze! – Baden verboten!", doch an vielen Stellen kann man ungehindert entlang des Flusses spazierengehen. Immer wieder stößt der Besucher hier auf die Überreste der ehemaligen Oderübergänge. In dem verwinkelten Nest Lebus beispielsweise endet die Hauptstraße des Dorfes direkt im Fluß, auf der polnischen Seite taucht sie genauso verlassen wieder auf. Auf Touristen ist der Oderbruch nicht eingestellt, Gaststätten, Imbißstände und Kioske sind ausgesprochen rar, ebenso die Bus- und Bahnlinien.

Dies ändert sich erst in der Bezirkshauptstadt Frankfurt. Ihr Entstehen ist unmittelbar mit Lebus verknüpft. Denn kurz nachdem der alte Oderübergang an den Oderpaß

GALERIE
JUNGE
KUNST

bei „Vrankenforde" verlagert wurde, wuchs die Siedlung an und erhielt bereits 1253 das Stadtrecht. Rasch entwickelte sich Frankfurt zu einer reichen Handelsstadt und war seit 1368 Mitglied der Hanse. Daran erinnert heute vor allem das spätgotische backsteinerne Rathaus, das ebenso in einer norddeutschen Küstenstadt stehen könnte. Frankfurt wurde im Krieg sehr schwer zerstört, danach geteilt – viele Narben blieben. Die Altstadt auf der DDR-Seite ist erst in den letzten Jahren umgestaltet worden, eine langgestreckte Einkaufszone ist neu entstanden mit ein wenig Kunst an den Fassaden, die ehemalige Garnisonsschule wurde restauriert, ist seit einiger Zeit Kleist-Gedenkstätte für den Dichter, der hier 1777 geboren ist. Dennoch bestimmen breite Straßenzüge und leere weite Plätze das Bild, alles wirkt ein bißchen zu groß in dieser Stadt. Auch die mächtige Oderbrücke, Grenzübergangsstelle ins gegenüberliegende Slubice und in die Republik Polen. Seit Anfang der achtziger Jahre die DDR aus Angst vor der Gewerkschaft Solidarnosc die Grenzen schloß, bleiben die mehrspurigen Fahrbahnen zumeist leer. Nur vor und nach den Wochenenden ändert sich das Bild, wenn Tausende polnischer Händler in West-Berlin und anderswo ihren Geschäften nachgehen. Aus dem Stadtbild von Frankfurt sind die polnischen Nachbarn ansonsten verschwunden. Man sieht sie allerdings auf der anderen Seite des Oderufers beim Schwänefüttern oder kann auch vom Hochhauscafé am Platz der Republik einen Blick in die östlichen Stadtviertel werfen. Frankfurt und Slubice sind vor allem die vielen Neubauten in Innenstadt und Außenbezirken gemein.

Eisenhüttenstadt, rund 25 Kilometer südlich von Frankfurt, macht auch nicht gerade einen anheimelnden Eindruck. Hochöfen und Kühltürme, qualmende Schlote und Gasometer bilden das Industriepanorama dieser „ersten sozialistischen Stadt" auf deutschem Boden. Alles ist hier nicht älter als 40 Jahre, sieht man vom Stadtteil Fürstenberg ab. Sehenswert ist hier allenfalls der Kern: Häuserblocks mit Simsen, Erkern und allerlei Zierat, in gleicher Bauweise wie die Ost-Berliner Karl-Marx-Allee errichtet, die wie auch Eisenhüttenstadt in den fünfziger Jahren nach Stalin benannt wurde. Gegenüber den später, überwiegend in Plattenbauweise entstandenen Wohnkomplexen erscheinen die Zuckerbäckerbauten im früheren Stalinstadt durchaus als denkmalschutzwürdig.

Wilhelm-Pieck-Stadt Guben ist hingegen ein alter Ort an der Neiße, die sehr viel schmaler als die Oder ist. Wie Frankfurt eine geteilte Stadt, deren früheres Zentrum auf der anderen Seite im polnischen Gubin liegt. Guben macht einen recht zerrissenen Eindruck, bedingt durch die Umsiedlung nach 1945 sind recht wahllos neue Siedlungsgebiete, Neubauviertel und Industriekomplexe entstanden, die bis heute nicht so recht zusammenpassen wollen. Sehr schön ist allerdings ein Spaziergang im auf DDR-Seite verbliebenen Altstadtgebiet. Entlang der Cyrankiewiczstraße am Westufer der Neiße stehen noch etliche Fabrikantenvillen sowie die dazugehörigen Gründerzeitfabriken der Woll- und Haarhutindustrie. Gubin erscheint hier zum Greifen nahe. Polnische Angler sitzen auf den Spitzen der Landzungen, die in die Neiße hineinragen, vielleicht ganze zehn Meter vom Westufer entfernt. Rings um die Stadt, die 1961 nach dem hier geborenen Wilhelm Pieck benannt wurde, liegen ausgedehnte Waldgebiete mit einigen angenehmen Badeseen, die jedoch zumeist nur mit dem Fahrrad oder Auto erreicht werden können.

Cottbus an der Spree gilt als das Eingangstor zur Lausitz. Wie Guben war die Stadt einst Zentrum des Textilgewerbes, vor allem der Tuchmacher. Wolle und Felle lieferten die Schäfer der Lausitz. In Spreenähe sind noch einige der alten Gerberkaten stehengeblieben. Heute wird Cottbus geprägt von der Energie- und Kohlewirtschaft. Die thermischen Kraftwerke der Umgebung produzieren rund 75 Prozent des DDR-Stroms und genügend Dreck, um die ganze

Rathaus Frankfurt/Oder

Blick von Frankfurt über die Oder nach Slubice

Gegend mit einer gelben Dunstglocke zu überziehen. So ist Cottbus eine graue Stadt mit einem sehr ansehnlichen Altmarkt, der sorgfältig restauriert ist, und einem zweiten, neuen Zentrum in typischer Sechziger-Jahre-Architektur. Auf dem Schillerplatz steht das wirklich sehenswerte Theater, 1908 erbaut, das architektonisch einmalig den Übergang vom Jugendstil zum neuklassizistischen Kubismus zeigt. Ein anderes Schmuckstück ist der Branitzer Park mit dem gleichnamigen Schloß im Südosten der Stadt. Den früheren Barockbau ließ Fürst Hermann von Pückler-Muskau 1850 vom renommierten Baumeister Gottfried Semper umgestalten. Eindrücke aus Afrika und Vorderasien, die der Fürst von seinen langen Reisen mitbrachte, flossen in die Gestaltung ein. Das Schloß ist heute tadellos renoviert und in ziemlich unverändertem Zustand, wird bereits seit 1974 als Museum sowie Veranstaltungsort für Ausstellungen und Konzerte genutzt. Hier hängen einige der wichtigsten Bilder des Malers Karl Blechen. Noch stärker prägte der Fürst, ein eigenwilliger Mensch, den Park. Aus einer „flachen Sandwüste" (von Pückler-Muskau) schuf der Lebemann, Reisende und schriftstellernde Gartenkünstler ein kleines Wunderwerk. Nicht Repräsentation war seine Devise, sondern innigste Naturverbundenheit. Dem Park fehlen die starren Formen, alles – die Baumgruppen, Wege und Stege, die Wasseradern, Licht und Schatten – fügt sich harmonisch ineinander. Immer wieder öffnen sich dem Auge faszinierende Durchblicke auf Rasenflächen, Hügel und arrangierte Baumreihen. Schmale zierliche Holzstege überspannen die Wasserläufe, der große See mit der Wasserpyramide in der Mitte ist bedeckt von Seerosen, ihr gegenüber auf dem Land steht eine zweite stufenförmige Pyra-

Wasserpyramide im Branitzer Park

Industriepanorama von Eisenhüttenstadt

mide. Als von Pückler-Muskau 1871 starb, war er noch nicht ganz fertig. Eine weitere Erhebung, der Hermannsberg, war vermutlich als dritte Pyramide gedacht. So verschroben sein Leben war, so ist auch des Fürsten letzte Ruhestätte: In der Wasserpyramide des Parks ist er beigesetzt worden.

Im Gegensatz zum Branitzer Park gleicht die bei Cottbus beginnende Niederlausitz heute vielerorts einer Mondlandschaft. Der Braunkohletagebau, den die rohstoff- und devisenarme DDR nach dem Krieg gewaltig forcierte, hinterläßt große ausgekohlte Landstriche, ohne jeglichen oder mit nur geringem Pflanzenwuchs. Riesige Stahldrachen fressen sich hier in das Land, nehmen auch auf Dörfer keine Rücksicht. Bis zum Jahr 2.040 – so sehen es jedenfalls die noch aktuellen Pläne vor – wird über ein Fünftel des südlichen Teils des Bezirks Cottbus in den Kohlenbergbau einbezogen. Dabei sollen weitere 120 Orte im gesamten Cottbuser Raum dem Tagebau weichen, über 45.000 Menschen müssen dann ihren bisherigen Lebensraum aufgeben. Über die Veränderungen berichtet ein Niederlausitzer:

Was so in Heimatkundebüchern beschrieben
steht, das ist ja oft gar nicht mehr da
Unsere Kneipe liegt in der Rutschzone, ist also auch gefährdet, dahinter in der Schutzzone, da darf nicht mehr gebaut werden. Da gibt's nicht mal eine Genehmigung für 'ne Garage. Wenn man trotzdem baut, dann auf eigene Kappe, wenn's dann soweit ist, abgerissen wird, dann kriegt man nichts dafür. Wenn der Wind von der Seite rüberkommt, dann hört man schon auf die Nacht die Bagger klappern und quietschen. Das is' schon böse, wenn man das überlegt, da ist das Haus 1874 gebaut, man hat 'ne Menge umgebaut, da sind schon drei, vier Generationen oder fünf drin gewesen und uff eenmal muß das weg.

Um die Kohle trocken zu kriegen, die abgebaut werden soll, wird schon zwei Jahre vorher das Wasser drunter weggenommen,

Durch den Tagebau verschwinden immer mehr Dörfer

das Wasser der Gegend drumherum geht natürlich mit weg, so daß die Dörfer drum herum an das Fernwasser angeschlossen werden müssen, die Brunnen auf den Höfen funktionieren nicht mehr. Bei uns im vorigen Jahr ging das schlagartig, einer nach dem anderen fing an zu schreien, keen Wasser, keen Wasser. Dann sind Wasserautos gekommen, jeden zweeten Tag, und haben Fässer auf dem Hof vollgemacht. Dann erst sind Leitungen vom Wasserwerk bei Cottbus gelegt worden.

Strausdorf ist schon weggerissen. Da sind in Spremberg 'n paar neue Blöcke entstanden, da wohnt dann 'n Dorf drin, in einem Block. Bauern, wenn die wieder 'nen Hof haben wollen, den müssen sie sich alleine besorgen, ansonsten bekommen sie nur 'ne Wohnung angeboten in so 'nem Block. Die meisten Bauern verziehen sich lieber in so 'ne Wohnung und suchen sich 'ne andere Arbeit, als daß sie auf 'ne andere LPG gehen und dort weiterarbeiten. Das sind ganz wenige, die weitermachen an 'ner anderen Stelle. Die meisten sind ja sowieso älter, gehen auf die Rente zu und haben sowieso nicht mehr den Mut, sich woanders was Neues aufzubauen.

Das is' schlimm, wenn man so sieht, wie so'n Dorf weggerissen wird, das is' schlimmer wie wenn der Krieg haust. Schon vorher kommen Leute von außerhalb, die das, was noch brauchbar ist an den Häusern einfach abmontieren und mitnehmen, Fenster, Türen, Dachträger. Da gibt's genug, die das machen. Den Friedhof von Groß-Döbern haben sie auch abgeräumt, da sind se wohl nur verpflichtet, die Schädel und die Oberarme oder Oberschenkelknochen in die Tüte reinzupacken, die Angehörigen können dann bestimmen, wo sie's hinhaben wollen. Früher haben 'se immer noch mit Sackleinewand so abgesperrt, daß man nicht gukken konnte, heutzutage machen se das schon gar nicht mehr, da fahren se denn mit'm Bagger ran und reißen Grab für Grab auf. Und jedes Dorf hat ja 'n Friedhof.

Der Cottbuser Altmarkt

Leuthen wird verschwinden, deshalb steht jetzt auf der Karte schon Leuthener Kohlefeld, da wird die Straße verlegt, die Eisenbahn wird verlegt. Jetzt wird sie elektrifiziert, die Strecke Cottbus – Senftenberg, und die Elektrifizierung wird nur ausgelegt auf 25 Jahre, dann ist sie amortisiert, kann wieder wegkommen, weggerissen werden. Bei Jänschwalde haben se ja wohl so 'n Aufstand gemacht, als der Axen da war, haben se schwarze Fahnen gehißt. Da wurde der Ratsvorsitzende gleich abgesetzt. Nun haben se zugesichert gekriegt, jeder kriegt wieder 'n Eigenheim uffgestellt. Da hat dann jeder nur so 'n Flachbau und 500 Quadratmeter und denn soll so'n Ding 160.000 Mark kosten.

Wenn rekultiviert wird, die Kohle weg ist, dann geht's so – heute ist man ja schon so schlau und tut den Mutterboden wegnehmen beim Grubenaufschluß, kommt auf 'ne Extra-Halde – und wenn se rekultivieren, der Sand platt gemacht ist, kommt der Mutterboden wieder drüber. Die LPG Schwarze Pumpe, die arbeitet schon zu 'nem Drittel auf solchen rekultivierten Flächen. Durch das Abkratzen des Mutterbodens kommt natürlich doch alles durcheinander, und so entstehen leichte, sandige Böden, andere als drumherum. Kleines Getreide wächst da, während das andere drum herum hoch geht. Auf den rekultivierten Böden müssen überhaupt erst Bakterien, Leben im Boden wieder entwickelt werden, da kommt erst mal Asche hin, Kalk, dann werden Gräser angepflanzt, die den Boden festhalten und durch die Wurzeln schon mal wieder ein bißchen Lebewesen entwickeln. Dann nach zwei, drei Jahren wird umgepflügt und dann kommt die nächste Ansaat, dann versuchen

In der Lausitz ist jedes Schild zweisprachig

HOSĆENC GASTSTÄTTE

Gubener Wollfabrik am Neißeufer

sie's schon mit Luzerne und wenn das durch ist, dann geht's los, dann wird erst einmal Getreide angebaut, Kartoffeln, dann wieder Wiese. Da werden schon unheimliche Gelder ausgegeben für die Rekultivierung. Aber Dörfer kommen da nicht noch mal hin. Die Älteren haben aufgehört und die Jüngeren sind schon überallhin verstreut, ist ja niemand mehr da.

Das größte Ding ist ja, was sie mit dem Senftenberger See gemacht haben, der ist ja nun aus einem ausgekohlten Tagebau entstanden, nich', der hat ja heute eine Wasserfläche, die ist größer als der Müggelsee, jetzt ist da ein Strand entstanden, gibt's zwei Dampferlinien, ein' Segelhafen. Und ich bin da noch rumgefahren, da, wo jetzt die Insel mitten im See ist und in den Dörfern, die dann verschwunden sind, mit'm Laster. Wenn man sich die Karte ansieht, sieht man richtig 'n Gebiet, das sich von der polnischen Grenze über Weißwasser, dann bis Spremberg hinzieht, da sind jetzt ja keine Orte mehr, da ist also überall Braunkohletagebau gewesen.

J.K., Niederlausitz

Mitten zwischen Cottbus und Görlitz an der Neiße beginnt das Oberlausitzer Kernland. Hier fällt noch mehr auf, was sich in der Niederlausitz bereits andeutet: Jedes Straßenschild ist zweisprachig, jedes Geschäft und auch jede Ortstafel. Wegkreuze und Bildertafeln stehen auf den Kuppen der hügeligen Landschaft. Marienstatuen schmücken so manche Fassade in den Dörfern, von den Grabinschriften auf den Friedhöfen versteht man kaum ein Wort, nur soviel, daß hier Menschen mit polnisch oder tschechisch klingenden Namen begraben

Blick von der Altstadt Görlitz ins Neubaugebiet von Zgorzelec

In Görlitz teilt die Neiße-„Friedensgrenze" die Stadt

liegen. Einige Dörfer bilden die letzten Hochburgen des kleinen Volkes der Sorben, die ihre kulturelle Eigenständigkeit weitgehend erhalten haben. Rund 50.000 Menschen sprechen hier noch mehr oder weniger fließend sorbisch. Neben den zweisprachigen Schildern sieht man in jenen Dörfern auch noch ältere Frauen, die nie etwas anderes getragen haben als ihre traditionelle Tracht. Von den sorbischen Bräuchen, die in der Lausitz noch gepflegt werden, zieht insbesondere das traditionelle Osterreiten alljährlich Tausende von Besuchern an. Hunderte schwarz befrackter Sorben mit Zylinder und weißen Handschuhen, die Pfarrer in weißen Gewändern, sind dann auf ihren liebevoll herausgeputzten Pferden unterwegs. Die Osterreiter treffen sich am Ostersonntag auf den Kirchplätzen der katholischen Pfarrgemeinden, reiten prozessionsartig unter Osterkreuz und Kirchenfahnen zur Partnergemeinde und verkünden Christi Auferstehung. Berühmt ist der Osterritt zwischen Wittichenau im Kreis Hoyerswerda und Ralbitz im Kreis Kamenz.

Die größte Stadt in der Oberlausitz ist Görlitz. Sie ist zugleich die östlichste Großstadt, die heute noch von Deutschen bewohnt wird. Noch weitaus stärker als in Frankfurt oder Guben spürt man hier die Grenzlage. Auch Görlitz ist durch die Neiße geteilt, der östliche Teil unter dem Namen Zgorzelec ist eine eigenständige polnische Stadt. Doch die Stadt, deren Einwohnerzahl von knapp 90.000 Mitte der sechziger Jahre auf heute gerade 79.000 sank, ist geographisch wie politisch ins Abseits geraten. Die wunderschöne Altstadt, die vom Bombenkrieg verschont blieb, steht zwar unter Denkmalschutz, doch man gewinnt bei einem Rundgang den Eindruck, daß die

Görlitzer Rathaustreppe mit Justitiasäule

Sorbische Rentnerinnen

Sanierung dem Verfall kaum hinterherkommt. In der Hotherstraße am Neißeufer sind die meisten Häuser nicht mehr bewohnt, selbst ein Baum wächst schon aus einer eingestürzten Decke. Anders sieht es am Untermarkt aus, wo sich einst der Tuchhandel konzentrierte. Die alten Kaufmannshäuser mit Barock- und Renaissancefassaden sind restauriert wie auch die Ratsapotheke von 1550 mit der doppelten Sonnenuhr, die über lange Zeit als „Normaluhr" der Stadt galt und Görlitz in aller Welt berühmt machte. Denn durch die Stadt verläuft der 15. Längengrad, jener Meridian, auf den die Mitteleuropäische Zeit bezogen ist. International heißt die MEZ auch „Görlitz time". Geht man durch die kopfsteingepflasterten Gassen, die vielfach und charakteristisch überbaut sind, hat man das Gefühl, daß in Görlitz die Zeit stehengeblieben ist. Die vielen prächtigen Fassaden des Spätmittelalters und des Jugendstils in der Altstadt oder auch die Rathaustreppe mit der hier 1591 aufgestellten Justitiasäule zeugen davon, daß Görlitz einst zu den reichsten deutschen Städten gehörte. Es gibt keine andere Stadt in der DDR, in der noch so reichhaltig historische Bausubstanz erhalten geblieben ist. Doch heute liegt Görlitz am Rand, droht in einen Tiefschlaf zu versinken. Man sollte also bald hinfahren.

An Oder und Neiße – Grenzland zwischen Frankfurt und Görlitz

Camping
Finkenherd, am Nordufer des Helenensees
Groß-Särchen, am Südufer des Knappensees

Unterkünfte
„Gästehaus" in Hoyerswerda, Bezirk Cottbus
„Lubin" in Bautzen, Bezirk Dresden
„Sängerstadt" in Finsterwalde, Bezirk Cottbus
„Volkshaus" in Zittau, Bezirk Dresden

Cottbus/Chosebuz
Bezirkshauptstadt

Informationen
Cottbus-Informationen
7500 Cottbus
Am Altmarkt
Tel. 2 42 54
Reisebüro
Karl-Liebknecht-Str. 9

Anreise
von Berlin/DDR
mit der Eisenbahn günstige direkte Verbindung
Fahrzeit ca. 110 Minuten
mit dem Auto über die Autobahn E 36

Unterkunft
Hotel „Lausitz"
7500 Cottbus
Berliner Platz

Essen & Trinken
„Hotel Schwan", Bahnhofstr. 57
„Stadt Cottbus", Spremberger Str. 29
„Am Stadttor", Stadtpromenade 9
Bulgarische Weinstube „Targowischte", Altmarkt 22
„Café am Turm", Spremberger Str. 17
Milchbar „Kosmos", Stadtpromenade 13
„Café am Altmarkt", Altmarkt

Strand am Spremberger See

Kunst & Kultur
Stadttheater
Karl-Liebknecht-Straße

Galerie „Staatliche Kunstsammlungen Cottbus"
Spremberger Str. 1

Spaß & Sport
Volksbelustigung
im Bezirk Cottbus finden alljährlich in sorbischem Brauchtum wurzelnde Umzüge zu Pferde statt,
„Osterritt"
am Ostersonntag sind Reitergruppen in Tracht unterwegs, um ihre jeweilige katholische Partnergemeinde aufzusuchen, zwischen Wittichenau und Ralbitz
Nebelschütz und Ostro, Crostwitz und Panschwitz, Storcha und Radibor
„Johannisreiten"
am Sonntag nach Johannis, 24. Juni, holen die „Burschen" der Gemeinde Casel die mit Feldblumen geschmückten „Mädchen" zu Pferde ein

Tanzvergnügen
Nachtbar „Clou", Oberkirchplatz

Ausflüge
zum Branitzer Park, nicht weit an der Kiekebuscher Straße,
Schloß Branitz und von Pückler-Muskau gestalteter Landschaftspark, in dem auch sein Grab liegt,
im Dorf Branitz Gaststätte „Zur Friedenseiche" im Kavaliershaus des Parks
Jagdgaststätte,
Schloß geöffnet Di bis Fr 10.00 bis 16.00 Uhr,
Sa, So 10.00 bis 18.00 Uhr

dem Eingang zum Park gegenüber liegt der Tierpark mit Pioniereisenbahn
in der Hauptsaison 8.00 bis 18.00 Uhr, sonst 8.00 bis 17.00 Uhr

zum Schloß und Park Muskau, einem ebenfalls von Pückler-Muskau gestalteter

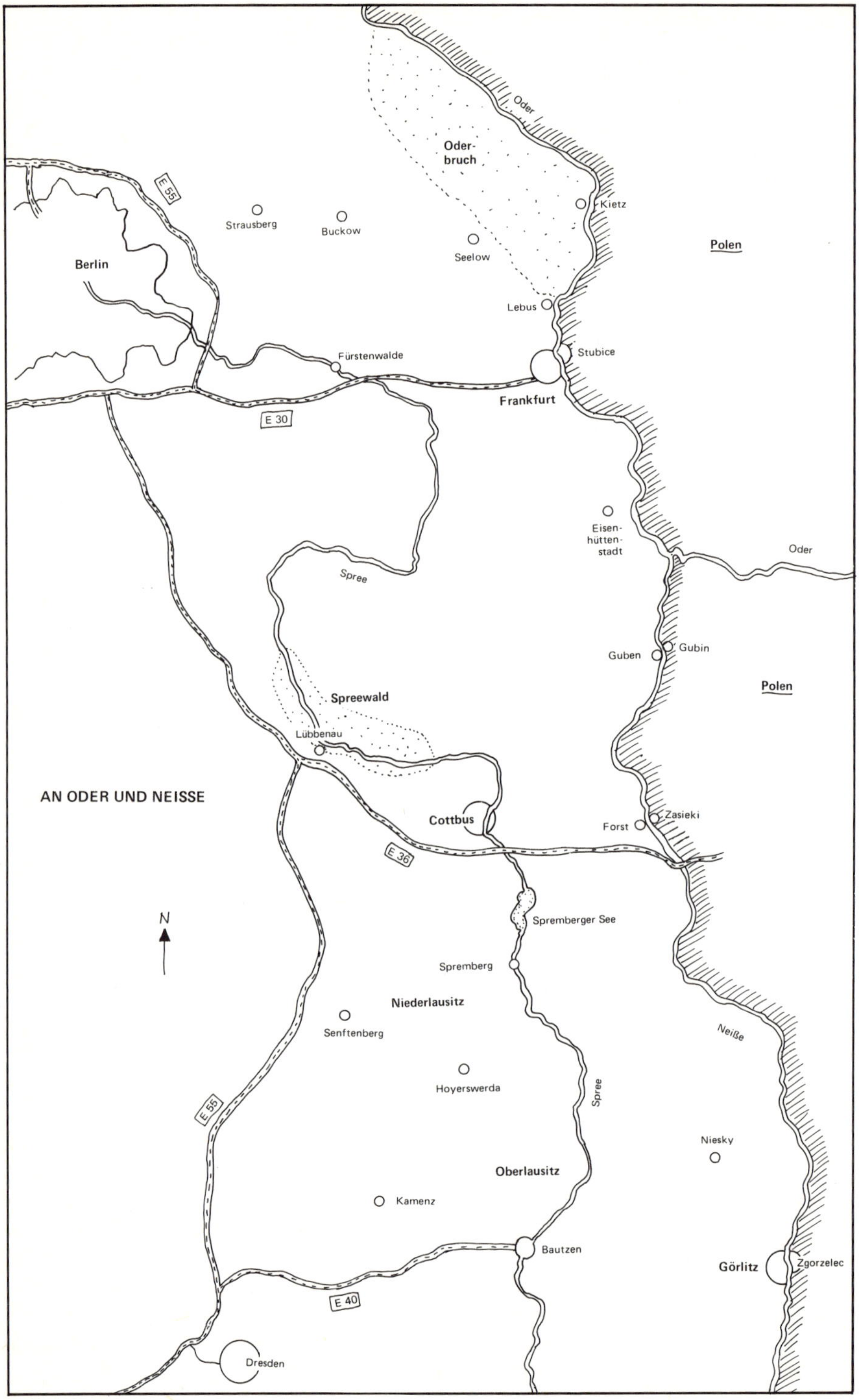
AN ODER UND NEISSE
Oder
Oder-
bruch
E 55
Strausberg
Buckow
Kietz
Seelow
Polen
Berlin
Lebus
Stubice
Fürstenwalde
Frankfurt
E 30
Eisen-
hütten-
stadt
Oder
Spree
Gubin
Guben
Polen
Spreewald
Lübbenau
Cottbus
Zasieki
Forst
E 36
N
Spremberger See
Spremberg
Niederlausitz
Senftenberg
Neiße
Hoyerswerda
Spree
E 55
Niesky
Oberlausitz
Kamenz
Bautzen
Görlitz
Zgorzelec
E 40
Dresden

Landschaftspark, in Bad Muskau
39 km auf der Landstraße F 115
Museum, Konzertsaal und Weinrestaurant im Alten Schloß

Eisenhüttenstadt
Bezirk Frankfurt/Oder

Informationen
Eisenhüttenstadt-Information
1220 Eisenhüttenstadt
Pionierweg
Tel. 36 18
Reisebüro
Leninallee 18

Anreise
von Berlin/DDR
mit der Eisenbahn über Frankfurt/Oder
mit dem Auto auf der Autobahn E 30 nach Frankfurt/Oder, dann Landstraße
von Dresden
direkt mit dem Zug nach Frankfurt/Oder

Unterkunft
Hotel „Lunik"
1220 Eisenhüttenstadt
Straße der Republik

Essen & Trinken
„Aktivist",
Karl-Marx-Straße
„Kosmos", Fröbelring
„Diehloer Höhe",
Diehloer Straße
„Aufbau", Bahnhofstr. 100
„Unterschleuse",
An der Unterschleuse

Spaß & Sport
Ausflüge
mit der Weißen Flotte nach Frankfurt/Oder, Lebus, Ratzdorf von der Ablegestelle Bollwerk nach Fürstenwalde und nach Beeskow mit Resten mittelalterlicher Stadtbefestigung von der Ablegestelle Dock
mit der Buslinie 170 oder dem Auto nach Neuzelle, 9 km, zur barocken Kirche des ehemaligen Zisterzienser-Klosters

Frankfurt/Oder
Bezirkshauptstadt

Informationen
Frankfurt-Information
1200 Frankfurt/Oder
Karl-Marx-Str. 8 a
Tel. 2 44 77
Reisebüro
Platz der Republik

Anreise
von Berlin/DDR
mit der Eisenbahn günstige direkte Verbindung
mit dem Auto über die Autobahn E 30
von Dresden Eisenbahnverbindung ebenfalls direkt

Unterkunft
Hotel „Stadt Frankfurt"
1200 Frankfurt/Oder
Karl-Marx-Str. 193

Essen & Trinken
„Witebsk",
Karl-Marx-Str. 169
„Polonia",
Wilhelm-Pieck-Str. 296
„Wintergarten am alten Wasserturm", Mühlenweg
„Haus des Handwerks",
Bahnhofstr. 13
„Historischer Ratsweinkeller", im Rathaus am ehemaligen Markt an der Großen Scharrnstraße
„Stadtwappen",
Ernst-Thälmann-Str. 32
„Café am Kleistpark"

Kunst & Kultur
Museen
Bezirksmuseum „Viadrina"
Barockes ehemaliges Wohnhaus der Universitätsprofessoren, Ausstellungen zur Geschichte der Stadt und des Oderbezirks, Sammlung historischer Musikinstrumente
Carl-Philipp-Emanuel Bach-Str. 11
Kleist-Gedenk- und Forschungsstätte nahe bei seinem Geburtshaus
Faberstr. 7
Mo 10.00 bis 12.00 Uhr, Di 14.00 bis 18.00 Uhr, Mi bis Fr 14.00 bis 16 Uhr und Sa, So 14.00 bis 17 Uhr
Konzerte
Konzerthalle „Carl Philipp Emanuel Bach" in der frühgotischen ehemaligen Franziskaner-Klosterkirche

Spaß & Sport
Kino
„Filmtheater der Jugend" am Zehmeplatz
Ausflüge
mit der Weißen Flotte auf der Oder nach Lebus, Eisenhüttenstadt und auf dem Oder/Havel-Kanal nach Niederfinow
Abfahrt Oderpromenade an der Friedensglocke
mit dem Bus Linie 151 nach Seelow, dort Denkmal für die sowjetischen Soldaten, die beim Übergang über die Oder und Durchbruch nach Berlin 1945 fielen
Linien 151, 152, 153 nach Lebus, alter Oderübergang

Görlitz/Zhorjelc
Bezirk Dresden

Informationen
Görlitz-Information
8900 Görlitz
Leninplatz 29
Tel. 53 91
Service-Büro
Emmerichstr. 78

Anreise
von Dresden, Berlin/DDR und Leipzig
mit der Bahn
mit dem Auto Autobahnen über Dresden nach Bautzen, dann die E 40 nach Görlitz

Unterkunft
Hotel „Monopol"
8900 Görlitz
Platz der Befreiung 9

Essen & Trinken
„Taverne",
Platz der Befreiung
„Goldener Baum",
Untermarkt 4/5
„Weinberghaus",
An der Landeskronbrauerei
„Landeskronbierstuben",
Berliner Str. 50
„Café Schwibbogen",
Brüderstr. 17
„Stadtcafé" Elisabethstr. 9

Kunst & Kultur
Museen
Kaisertrutz
Stadtgeschichte, Gemäldegalerie des 19. und 20. Jahrhunderts
April bis Oktober Mo, Di, Fr 10.00 bis 13.00 und 14.00 bis 18.00 Uhr, So 9.00 bis 12.00 u. 13.00 bis 15.00 Uhr
Reichenbacher Turm
Ausstellung zu den alten Anlagen der Stadtverteidigung
geöffnet wie Kaisertrutz
Museum Neißstraße 30
Kunst und Kunsthandwerk, Volkskunst und Volkskunde der Oberlausitz
Ur- und Frühgeschichte
April bis Oktober Mo bis Do 10.00 bis 13.00 und 14.00 bis 18.00 Uhr, So 10.00 bis 15.00 Uhr
November bis März Mo bis Sa 10.00 bis 17.00 Uhr, So 9.00 bis 12.00 und 13.00 bis 15.00 Uhr
Staatliches Museum für Naturkunde
neben anderem Ausstellung zur Umweltgestaltung um Görlitz Marienplatz
Di bis Fr 9.00 bis 12.00 und 13.00 bis 17.00 Uhr,
So 10.00 bis 12.00 und 13.00 bis 17.00 Uhr,
Oktober bis März schon ab 16.00 Uhr geschlossen
Theater
Gerhart-Hauptmann-Theater
Demianiplatz,
Görlitz Zittau
Karten über Besucherabteilung Steinstr. 13

Spaß & Sport
Kino
„Palast-Theater",
Jakob/Ecke Bahnhofstraße
Ausflüge
zur Landeskrone, Naturschutzgebiet und 420 Meter hoher Aussichtspunkt mit Turm und Berggaststätte „Landeskrone",
Görlitz-Biesnitz, Straßenbahn Linie 2 und Fußweg
nach Bautzen/Budysin
ins Museum für Geschichte und Kultur der Sorben
Ortenburg 5
Mai bis September 8.00 bis 18.00 Uhr, Oktober bis April 9.00 bis 17.00 Uhr
ins Deutsch-Sorbische Volkstheater
Seminarstr. 12
oder ins Puppentheater des Deutsch-Sorbischen Volkstheaters
Lauengraben 12
Auskünfte über
Bautzen-Information
8600 Bautzen
Hauptmarkt 5
Tel. 6 42 42

Guben/Gubin
Bezirk Cottbus

Informationen
Kultur- und Sportzentrum
7560 Guben
Wilhelm-Pieck-Str. 39
Tel. 26 94

Anreise
mit der Eisenbahn über Cottbus
von Berlin DDR
mit dem Auto über die E 30 bis Frankfurt/Oder oder über die E 36 bis Cottbus, dann nach Guben

Essen & Trinken
„Freundschaft", Leninallee
„HO Universum",
Erich-Weinert-Straße

Kunst & Kultur
Museen
Wilhelm-Pieck-Gedenkstätte im Hof der Wilhelm-Pieck-Oberschule
Kreismuseum
Mühlenstr. 5

Der Traum von Dresden

„Die Stadt Dresden scheint gleichsam nur ein bloßes Lustgebäude zu sein, worin alle Erfindungen der Baukünste angenehm miteinander vermischen, doch besonders betrachten lassen. Es ist keine Kunst in der Welt zu finden, davon man hier nicht ausnehmende Meisterstücke sieht.“
„Die Wollust macht die Einwohner in diesem Lande sinnreich, angenehm, höflich und schmeichlerisch, aber zugleich auch wankelmütig, weichlich, plauderhaft, schwelgerisch. Weil die Sachsen mit einer so glücklichen Erfindungsgabe begabt sind, so findet man unter ihnen die meisten Poeten und Romanschreiber. Putz, Üppigkeit und Schwelgerei führt die Sachsen dem Soldatenstand zu, im übrigen sind sie zu diesem Handwerk wenig tauglich.“

Der Adlige M. von Loen aus Preußen, über seinen Besuch 1718.

Mit dem Namen Dresden verbindet sich ein Traum – von einer Residenz, die weniger der Macht als der Kultur, weniger dem Militär als der Kunst verbunden ist, von Menschen, die, weil sie das Leben genießen wollen, zum Soldaten nicht taugen. Dieser Traum hat sich über Jahrhunderte hinweg entwickelt und erhalten. Natürlich war er nie realistisch – die sächsischen Fürsten strebten nach Macht, in Polen und anderswo, auch die Sachsen hatten ein großes

Heer, führten Kriege, wenn auch nie so recht erfolgreich. Und weiter: Die Bauarbeiter, die den Zwinger erstellten, wurden miserabel bezahlt und, als sie dagegen streikten, drakonisch bestraft. Während Gemälde angeschafft und Opern zelebriert wurden, herrschten Dürre und Hunger im Land, die Steuerschraube drehte sich unaufhörlich.

Aber der Traum von Dresden war schön, und es gab Gründe für ihn. Mit den Kunsterwerbungen der Galerien wurden erstmals italienische Malerei und Plastik des 16. und 17. Jahrhunderts nach Norden geholt, dadurch sei Dresden ein „deutsches Florenz“, also ein Bildungserlebnis geworden, urteilte Herder. August der Starke hatte vor seiner Regentschaft Architekturstudien betrieben, weil sein Vater Wert auf seine Fertigkeiten als Kunsthandwerker legte. Die Sachsen hatten also Fürsten, die in der Lage waren, ihre Residenz besonders auszugestalten. Hier gab es eines der ersten ständigen Theater in Deutschland, an die Oper wurden Komponisten als Musikdirektoren und die besten Sänger engagiert, Dresden war Heimat berühmter Chöre und Orchester, und für die Malerei gab es früh eine Akademie. Und dann noch das Gewölbe im Schloß mit den Juwelen, die Raritätenkabinette, das Porzellan und die weite Elbelandschaft.

Aus einem solchen Traum gerissen zu werden ist schrecklich. Langsam hätte das Erwachen kommen müssen in den Jahren der NS-Herrschaft, als bekannte Künstler aus der Kunstakademie und der Oper plötzlich verschwanden, dafür sich jedoch KZs und Gefängnisse auch in Dresden füllten. Aber für die meisten Deutschen kam das Erwachen schlagartig, erst mit der brutalen Zerstörung, als die historische Stadt ausradiert wurde. Am 13. und 14. Februar 1945 geschah das, durch Tausende englischer und amerikanischer Bombemflugzeuge in drei Angriffswellen. Dresden brannte 7 Tage und 8 Nächte lang. Danach existierte es nicht mehr. Ein Schock – Gerhart Hauptmann, der die Angriffe von den Elbbergen außerhalb der Stadt sah: „Wer das Weinen verlernt hat, der lernt es wieder beim Untergang Dresdens.“

Der Stallhof des Dresdner Schlosses

Nach dem Krieg stritt man einige Zeit, ob man überhaupt den Versuch unternehmen sollte, „wiederaufzubauen“, sich an den alten Stadtstrukturen zu orientieren, oder lieber gleich eine völlig neue Stadt auf den alten Grund zu stellen. Man entschied sich für Wiederaufbau. Rettete den Zwinger, baute aber auch neue alte Plätze und Straßen – umgab das ehemalige historische Zentrum der Stadt, den Altmarkt, mit Häusern, die an Barock erinnern sollen, versuchte, die Prager Straße wieder zum Ort des Einkaufens und Bummelns zu machen. Schließlich kam der Wiederaufbau der Semperoper dazu und irgendwann wird auch das Schloß neu dastehen. Aber – das alte Dresden ist unwiederbringlich verloren. Die einzigartige Stadtkultur aus Mittelalter, Barock und Gründerzeit ist wie die in die Gebäude und Straßen geflossenen Gefühle und Anstrengungen der Menschen nicht rekonstruierbar.

Und heute?

Ist Dresden die drittgrößte Industriestadt der DDR. Hat sie fast ebensoviele Einwohner wie zu Beginn des 2. Weltkriegs, stehen die Elbbrücken wieder. Gibt es immer noch oder erneut die Dresdner Staatskapelle und die Philharmoniker, den Kreuzchor und die Kunstakademie, sogar zwei der elf Kunsthochschulen der DDR und insgesamt 27 Museen. Die „Sixtinische Madonna" ist wieder in der Stadt, und alle 5 Jahre werden die Kunstausstellungen der DDR hier veranstaltet. Über 5 Millionen Touristen kommen jährlich in die Stadt. Und doch: Den alten Traum werden sie nicht mehr finden können.

Die Schrecken und Spuren des Krieges

Zwei Wege gibt es zur Altstadt. Einen direkten zu Zwinger, Schloß und Semperoper, rasch zu Fuß vom Hauptbahnhof her oder mit dem PKW über die Autobahn-Abfahrt Nord zu den weiten Parkplätzen rund um die bekannten Bauten. Und einen Um-Weg, der zeitraubender, aber weit genußvoller ist.

Wer doch den kürzeren Weg zu den „Sehenswürdigkeiten" wählen will oder muß, dem fallen erst einmal die freien Flächen und die breiten Straßenschneisen durch die Stadt auf. Kommt man mit der Eisenbahn, so tritt man aus den Hallen des Hauptbahnhofs auf den Leninplatz, eine platte Rasenfläche von den Dimensionen eines Fußballplatzes. Dahinter irgendwo beginnt eine Doppelreihe von Hochhäusern, dazwischen verlaufen sich Fußgänger in der ihnen gewidmeten Zone. Das ist die Prager Straße heute. Früher war sie, glaubt man einem Reiseführer von 1914, die verkehrsreichste Straße und „zugleich die glanzvollste. Hier flaniert zu jeder Tageszeit die elegante Welt Dresdens, hier beschaut man die Auslagen der Luxusgeschäfte, hier läßt man das einheimische wie das fremde Publikum Revue passieren." Dieser vergangenen Pracht versuchte man, durch den Bau von repräsentativen Hochhäusern im charakteristischen Stil der 60er Jahre irgendwie nahezukommen. Das war sicher nicht möglich. Aber was dabei herausgekommen ist, eine leere Zone, die schon ab 21.00 Uhr nahezu verwaist liegt, sterile Restaurants, Hotels mit Fassaden, die an Badeanstalten erinnern, das hätte wohl denn doch nicht sein müssen.

Man läßt die Prager Straße schnell hinter sich, überschreitet zwei Straßen mit den Ausmaßen von Autorennstrecken und kommt schließlich auf den Altmarkt. Nach dem Krieg hat man ihn fast auf die dreifache Fläche gebracht, 34.000 Quadratmeter mißt er jetzt. Keine Erinnerung ist da mehr an die Intimität des alten Marktplatzes, dafür aber viel Parkraum. Man steht jetzt schon mitten im historischen Stadtkern, der etwa durch den Verlauf von Leningrader Straße, Dr.-Külz-Ring, Wallstraße umrissen ist. Aber man merkt es kaum, Leere überall, wo früher dichtes Leben und ein Häusergewirr, noch früher die Enge einer

Am Nymphenbad des Zwinger

Stadt hinter Festungswerken und Wassergräben waren. Trotz der Fußgängergruppen Kälte, windige Ecken. Zur Elbe hin sind schon die Türme des Schlosses zu sehen, die Wände geschwärzt, die Dachträger ragen nackt in den Himmel. Davor ist der neue Kulturpalast hingestellt, ein Quader von 103 Metern Länge und 74 Metern Breite, ein Stahlbetonskelettbau, der Hauptsaal mit einem 2.400-Zuschauer-Fassungsvermögen. Hier sollen nun also die Dresdner Philharmoniker spielen. Beziehungslos stehen die Großbauten beieinander. Man irrt am Kulturpalast vorbei. Links geht es zum Zwinger, die Hochhauspassagen der Thälmannstraße entlang. An der Ecke zum Postplatz die „Großgaststätte Am Zwinger", in der die organisierten Besucherströme nach Schloß und Gemäldegalerie gleich ans kalte Büffet weitergeleitet werden.

Rechts um den Kulturpalast herum, da liegt der Neumarkt mit der Ruine der Frauenkirche, deren Reste als Mahnmal gegen den Krieg, „gegen imperialistische Barbarei", „für Glück und Frieden der Menschheit" liegen gelassen werden. Steinmassen, von Erde und Gestrüpp halb zugedeckt. Mauerreste, die zu der Kirche gehören, die einmal als eine der bedeutendsten Bauten des Protestantismus galt. Daneben ist der Boden wieder aufgewühlt für den Neubau des Interhotels „Dresdner Hof", der die Ruine des Mahnens hoch überragt. Und man munkelt in der Stadt, daß die Frauenkirche wieder errichtet werden wird, schließlich wäre dann der Ausblick aus den Fenstern für die Gäste angenehmer. Zerstört oder rekonstruiert, die Frauenkirche wirkt am Neumarkt ebenso zufällig hingestreut wie die neuen Bauten.

Vielleicht ist das alles auch gut so. Nimmt man sich für die heutige Dresdner Innenstadt Zeit, läßt sich nicht vom Tempo von „Großgaststätten" und Führungen durch Museen gefangennehmen, dann ist die Unwirtlichkeit der alles bestimmende Eindruck. Aber vielleicht erkennt man so mehr als durch Mahnmale die Schrecken der Zerstörung früheren Lebens und menschlicher Beziehungen durch den modernen Krieg.

Umweg – vom Fluß zur Stadt

Diesen Weg beschreitet man von außerhalb auf dem rechten Ufer der Elbe entlang. Wer gut zu Fuß ist, beginnt ihn schon in Loschwitz, dem erst spät eingemeindeten Villenvorort, zu erreichen mit der Straßenbahnlinie 15 vom Hauptbahnhof. Am Körnerplatz oberhalb des „Blauen Wunders", der Stahlträgerbrücke, die gerade wieder frisch in dieser Farbe glänzt, geht es erst an einigen Backsteingebäuden vorbei. Bald aber schon durchs Grüne, den Elbhang hinunter an den Fluß. Am Ufer grasen Schafe und Kühe, der

Blick auf die Brühlschen Terrassen

Die Altstadtpromenade

breite Strom und die Elbwiesen geben ein Gefühl der Weite. Nur langsam fließt hier die Elbe, man läuft mit ihren Wellen nach rechts hin zum Stadtkern. Schiffen, auch Raddampfern begegnet man, Möwen, aber wenig Fußgängern. Angesichts der baumbestandenen Hänge kann man sich vorstellen, daß noch bis in die 60er Jahre des vorigen Jahrhunderts Weinbau betrieben wurde. Als Zugabe kommt man auch an drei Elbschlössern aus dieser Zeit vorbei, an „Albrechtsburg", dem heutigen Pionierpalast „Walter Ulbricht", Lingner-Schloß, jetzt „Klub der Intelligenz" und Schloß Eckberg, das als Studentenheim der TU genutzt wird. Sandsteinfarben mit Türmen und Zinnen stehen sie im Grün, Parkanlagen, Terrassen und Säulengänge ziehen sich den Hang hoch. Mit dem Fluß läuft man eine S-Kurve hin zum Zentrum. Dort, wo der untere Bogen des S beginnt, am Gartenlokal „Drachenschänke", pendelt eine Fähre zwischen den Ufern. Auf dem anderen steht eine Anzahl von Hochhäusern, die auch hier so aussehen wie überall in der Republik. Man kann die kleine Fähre also für 10 Pfennig zu einem Ausflug über den Fluß benutzen, der an dieser Stelle etwa 200 Meter breit ist, den Strom auf und ab schauen. Aber man sollte zurückkehren zur „Drachenschänke".

Von dort geht es nun weiter, man passiert einen Park, den Rosengarten, in dem man sich in einem Café niederlassen kann, eine wirkliche Alternative zu den überlaufenen Lokalen der Innenstadt. Nun hat man lange Zeit den Blick frei auf die Türme der Altstadt und schließlich auch auf die Georgij-Dimitroff-Brücke, die ehemalige Augustusbrücke. Jetzt sollte man sich auf eine Bank setzen und schauen. Dieser Blick ist häufig gemalt worden, nicht ganz so häufig wie der von der anderen Seite der Brücke, aber dort ist man heutzutage viel dichter am Gedränge mit Fußgängerzone und Interhotel „Bellevue". Man empfindet auch hier die Einheit von ruhig dahinströmendem Fluß, langgestreckter Brücke, die direkt auf den Platz vorm Schloß weist, schlanken Türmen der Hofkirche und des Schlosses, massigen Umrissen der Semperoper rechts und der Brühlschen Terrasse links davon. Die Kuppel des Albertinums ganz links, von den Dresdnern „Zitronenpresse" genannt, ist erst Ende des letzten Jahrhunderts dazugekommen.

Eine Stadt am Fluß, von alters her – Dresden verdankt seine Entstehung dem Elbübergang einer wichtigen Handelsstraße, schon seit über 700 Jahren gibt es an dieser Stelle eine Brücke. Und die harmonische Verbindung von Fluß und Stadt ist auch ganz bewußt angelegt worden. August der Starke ließ alle Bauvorhaben in den 37 Jahren seiner Regierung bis zu seinem Tod 1733 so anlegen, daß sie zum Strom hin eine eindrucksvolle Silhouette abgaben. In seiner Jugend war er in Venedig gewesen, die Eindrücke von der Stadt am Wasser, dem von prächtigen Gebäuden eingerahmten Canale Grande, versuchte er im Bau seiner Residenz umzusetzen. Er hatte sogar geplant, Dresden mit Kanälen zu durchziehen. Das ist denn doch nicht geschehen, und natürlich ist der Blick heute auch nicht mehr wie zu seiner Zeit. Die Elbe ist inzwischen ausgebaggert worden, ihre Wellen schlagen nicht mehr direkt an die Fundamente der Bauten, so daß man ihre Spiegelung im Wasser nur noch von bestimmten Standorten aus sieht. Der Gondelhafen, der links neben der Brühlschen Terrasse lag, ist verschwunden. Auch die Augustus-Brücke ist nicht mehr die alte, damals mit 25 Bögen eine der längsten in deutschen Ländern, ein Wunderwerk. Die man jetzt sehen kann, hat nur 9 Bögen, behindert dafür den Schiffsverkehr nicht mehr. Es hat sich also einiges verändert. Der lebhafte Verkehr kleiner Barken und hölzerner Fähren, die über den Fluß wimmelten, fehlt, dafür legen Ausflugsdampfer neben der Brücke an. Es gibt kaum noch Fische in der Elbe, und man sollte auch nicht mehr baden. Das Schloß ist ausgebombt und der Turm der Frauenkirche verschwunden. Das alles ist zu bedenken, aber dennoch: Von hier sollte man auf Dresden schauen, um eine Ahnung von der historischen Stadt zu bekommen.

Dann kann man weitergehen, schließlich die Stufen zur Georgij-Dimitroff-Brücke hoch. Man kann nun noch einmal auf die andere Seite, auf den Uferstreifen vorm Interhotel wechseln, den Blick nachzuvollziehen, den Canaletto 1747 malte, als die Hofkirche noch im Bau war. Das Bild kann man dann später in der Gemäldegalerie im Zwinger betrachten. Und nun über die Brükke auf das Schloß und das Georgentor zu. Man reiht sich am Schloßplatz, heute Dimitroffplatz, ein in den ewigen Rundlauf des Besucherstroms.

3 Plätze, 1 Terrasse – der Rundgang

Das Georgentor ist eines der wenigen Teile des Schlosses, die bisher rekonstruiert wurden, dabei eines der jüngsten. Erst 1901 wurde es fertig, wie ein Schmuckstück wurde ihm das kleinere alte Renaissance-Tor damals in die Westseite eingefügt. Hinter den Bauzäunen, die wohl noch lange den Durchgang zur Schloßstraße sperren werden, ist der kupfergedeckte Übergang vom Schloß zur katholischen Hofkirche zu sehen, die auch erst um die Jahrhundertwende entstanden ist. Denn so repräsentativ hätte zur Zeit des Baus dieser Kirche der Weg der sächsischen Herrscher zum katholischen Gottesdienst nicht ausfallen dürfen. Aus politischen Gründen, um die polnische Königskrone übernehmen zu können, hatte August der Starke seinen Übertritt zum Katholizismus vollzogen. Hatte dabei zugleich versichern müssen, daß er den lutheranischen Glauben im sächsischen Land nicht einschränken würde. Und so wurde auch der Gottesdienst nach dem neuen alten Ritus nicht in der alten Hofkirche, sondern etwas verborgen, im Obergeschoß des Schlosses abgehalten. Erst unter seinem Sohn, Friedrich August II., wurde der Plan

Blick über die Augustusbrücke zur Hofkirche und Semperoper

für eine prächtige neue Hofkirche als Begräbnisort für die nun katholischen Herrscher entwickelt und bei großer Geheimhaltung 1739 der Grundstein „für einen gewissen Bau nahe der Festung" gelegt. Es durfte nicht einmal bekannt werden, was dort gebaut werden sollte. Es entstand ein wirklich prächtiges Gebäude aus Sandstein, mit 78 Heiligen-Statuen, die sich auf Balustraden um seine Fronten ziehen. Aber auch nach Fertigstellung 1755 durften außerhalb der Kirche keine Prozessionen stattfinden, deshalb hatte man innen einen umlaufenden Gang geschaffen, so daß sie unter Ausschluß der Öffentlichkeit durchgeführt werden konnten. Und erst 52 Jahre nach Ende der Bauarbeiten bekam dieses so prächtige Gebäude überhaupt eine Glocke, bis dahin blieb die Kirche ohne Stimme. Aber ein Herz birgt sie, das des August, das in einem Gefäß auf einer Konsole in der Gruft aufbewahrt wird, während sein Leib in der Domgruft des polnischen Krakòw liegt. Den Entwurf der Hofkirche entwickelte Gaetano Chiaveri, der sich für den Bau seine eigenen Spezialisten aus Italien mitbrachte. Er und seine Leute sprachen kein Deutsch, brauchten also Übersetzer. Die Arbeiter hatten auch ihre eigenen Häuser und Werkstätten, ganz für sich gegenüber dem Bauplatz am Ufer der Elbe. Genannt das „Italienische Dörfchen", eine Ansammlung dürftiger Häuschen. Heute steht an der Stelle ein Restaurant gleichen Namens, weit weniger dürftig ab 1911 entstanden, mit Terrassen und einer breiten geschwungenen Treppe hinunter zum Fluß. Daneben gleich noch eine Weinstube „Basteischlößchen". Der Name verweist darauf, daß das Gelände des Theaterplatzes, das man jetzt betritt, in einer Ecke der Dresdner Festungsanlagen lag, auf militärischem Gelände, bevor es immer mehr der Kultur und der Pracht gewidmet wurde und damit zur Verteidigung der Stadt nicht mehr taugte.

Der Platz wird von der „Semperoper" beherrscht. Wohin man hier auch schaut, in jeder der Richtungen haben schon einmal

Prager Straße, vom Hauptbahnhof zum Altmarkt

Theatergebäude gestanden. Über einen Zeitraum von fast 400 Jahren wurden sie gebaut, abgerissen, absichtlich angezündet oder brannten zufällig ab, dann wieder andere errichtet. Auch am Ort der Semperoper liegen mehrere historische Schichten von Theatern übereinander. Erst ein unscheinbares „Kleines Hoftheater“, dann der erste Opernbau Gottfried Sempers, 1869 durch Brand zerstört. Danach etwas abseits ein provisorisches Haus, die „Bretterbude“, damit der Spielbetrieb weitergehen konnte, bis 1878 der zweite Bau, nach Sempers Plänen von Sohn Manfred ausgeführt, fertig war. Dieser wurde 1945 ausgebombt und 40 Jahre später wiedererrichtet. Mit Nachschöpfungen der alten Malereien und des Schmuckvorhangs, originalgetreu nachgebautem Kronleuchter, für den der VEB Leuchtenbau Wurzen allein ein Jahr brauchte. Die Königsloge fiel zwar weg, aber dafür ist auf dem Vorhang das Wappen des sächsischen Herrscherhauses zu sehen, und der fünfte Rang, auch „Trampelloge“ genannt, wo es früher Stehplätze „für 'nen Fuffziger“ gegeben hatte, entfiel ja schließlich auch. Es hat sich alles nivelliert auf eine einheitlich hohe Preislage, möglichst viele der Plätze sollen auch West-Devisen bringen. Aber den Dresdnern ist ihre Oper wichtig, in den 50er Jahren wurden allein 2 Millionen Mark Spenden gesammelt, damit die Ruine vor weiterem Verfall geschützt werden konnte. Ihre Wiedereröffnung 1985 war ein Stück Auferstehung des alten Dresden mit seiner langen Operntradition. Hier schrieb Heinrich Schütz das erste deutsche Opernstück „Dafne“, arbeiteten Carl Maria von Weber und später Richard Wagner einige Jahre. Uraufführungen vom „Fliegenden Holländer“ über Werke von Richard Strauss bis Weill, Hindemith, Orff fanden statt. Eine lange Tradition, die jetzt wieder aufgenommen werden soll. Die Front der Oper betrachtet man am besten vom Reiterstandbild König Johanns aus, eines, wie könnte es an dieser Stelle und in Dresden anders sein, sehr kunstsinnigen Monarchen, der selbst publizierte. Rechts an der nach Entwürfen Schinkels errichteten Hauptwache vorbei, jetzt Zentrale Theaterkasse, geht es in die Gemäldegalerie des Zwingers.

Der Zwinger ist wohl das bekannteste Bauwerk Dresdens, vielleicht sogar der DDR. In wesentlichen Teilen erbaut von Matthias Pöppelmann, Architekt, und Balthasar Permoser, Bildhauer, in den Jahren 1719–1729. Die vierte Seite, die Gemäldegalerie, die ihn zur Elbe hin abschließt, erbaute erst 1847–1855 Gottfried Semper. Der Zwinger sollte niemals praktischen Zwecken dienen, etwa dem Wohnen. Er wurde als Rahmen für die Feste des Hofes geschaffen, als Endpunkt der prunkvollen Umzüge durch die Stadt, an denen die Fürsten als Gott, Heerführer oder auch Schankwirt verkleidet teilnahmen. Noch während der Bauzeit wurde hier schon Karneval gefeiert, Buden standen da, sollten einen Jahrmarkt darstellen, auf dem die Produkte des Landes feilgeboten wurden. Gespielt, getanzt, getrunken wurde, nicht nur vom Adel, auch die Bürger waren dabei. 1722 zogen im Zwinger Ritter mit ihren Damen in kunstvollen Reitfiguren auf. Man kann sich den Zwinger überhaupt nur richtig vorstellen, wenn man ihn sich belebt durch die Bewegungen von Roßbaletten denkt, mit dem Gedränge zwischen Zelten, dem Kampfgetümmel von Schauturnieren. Angefüllt mit Musik und Farben. Statt des heutigen Dunkelgrau der Wände – Fahnen, Wappen, farbige Perücken der Pferde und Kostüme von Citrongelb über Hochrot bis Zimtbraun.

So legten die Feste mit den Grund für den Dresdner Traum. Ein Zeitgenosse: „Dieses Leben ist ein Schauspiel, die Welt ist die Bühne und ein jeder Mensch ein gewandter Komödiant! Kein Ort auf der Welt sieht einer solchen Schaubühne ähnlicher als Dresden. Hier gibt es immer Maskeraden, Abenteuer, Jagden, Schützenfeste, Schäferspiele, Kriegs- und Friedensaufzüge, Zeremonien, kurz alles was spielet. Man sieht zu, man spielet mit, es wird uns selber mitgespielet." Die Gestaltung des Zwingers ist selbst schon so ein Fest. Man sollte genau hinschauen – da gibt es etwa am Wallpavillon an den Kapitellen grinsende Faunsgesichter, fröhliche und zugleich höhnische, über einem Schmuck aus Weinreben, Panflöten und Bockshörnern. Das ist die Stimmung der Feste. Reich überquellend an den Galerien Konsolen, Atlanten, Brunnenbekken, darüber herabfallende Schnüre und Blattknospen. Darüber wieder Muscheln, Palmenzweige und Satyrn und groteske Köpfe, die dann noch Orangenbäume tragen. Die Fassaden schwingen vor und zurück, alles scheint in Bewegung. Ein Barockfest aus Sandstein. In das Innere des Zwingers wurden, damit er auch dort Pracht und Augenlust bieten konnte, nach und nach die Sammlungen des sächsischen Fürstenhauses verlegt.

Die Elbe vor dem „Rosengarten"

Der heutige Mathematisch-physikalische Salon geht zurück auf die „Kunst- und Naturalienkammer", in der Erdgloben und solche des Himmels, Uhren aller Art, Datumszeiger, Schrittzähler und andere Meßgeräte zu sehen waren. Ein anderer Teil des fürstlichen „Kuriositätenkabinettes", die

ausgestopften Tiere, Skelette und Geweihe, bildete den Anfang des Museums für Tierkunde. Das Historische Museum mit seiner Prunkwaffensammlung greift auf die Bestände der „Rüst- und Harnischkammer" zurück. Die Porzellansammlung wurde 1717 von August dem Starken mit Stücken aus der eigenen Manufaktur, aber auch älteren Raritäten aus Ostasien angelegt. August und vor allem sein Sohn waren es auch, die mit ihren Bilderkäufen den Grundstock der Gemäldesammlung schufen, die heute in der Sempergalerie des Zwingers gezeigt wird. Schon vor etwa 250 Jahren wurden Bilder Tizians, Velasquez', van Dycks, da Vincis, Tintorettos und Raffaels gesammelt. Einige, der „Zinsgroschen" von Tizian oder die „Sixtinische Madonna" von Raffael, sind heute noch zu sehen. Aber so bewundernswert vieles in den Ausstellungen auch ist, für den Zwinger selbst sind sie nur nebensächlich, Zutat. Nicht sein praktischer Wert war und ist entscheidend, sondern seine Funktion als Schmuck. Und so sollte man ihn auch betrachten, als zu besichtigendes Schmuckstück. Sollte, wo es irgend geht, von den Terrassen herabblicken, etwa auf dem Weg vom ersten zum zweiten Geschoß des Mathematisch-physikalischen Salons, auch das Nymphenbad, den künstlichen Wasserfall, aufsuchen, der etwas versteckt liegt. Schließlich aus dem Hof hinaus vor das Kronentor gegenüber der Gemäldegalerie treten. Man stellt sich am besten direkt vor das Haus des Staatstheaters auf der anderen Seite der Straße. Ein wenig schöner Bau von 1913, dem man getrost den Rücken kehren kann, um am Zwinger entlang zu blicken. Hinter dem Zwingergraben, der die Linie der Wassergräben um die Befestigungen markiert, erstrecken sich die Langgalerien, und darüber erhebt sich die zwiebelförmige Kuppel des Tores, auf der vier vergoldete polnische Adler die Krone des Königs tragen.

Danach ist es besser, wieder durch den Zwinger zurückzugehen, dann an der Schloßseite des Theaterplatzes entlang zum Georgentor zurück, statt den Rundgang über die 60 Meter breite Schneise der Thälmann-Straße fortzusetzen.

Dann passiert man die ausgebrannte Fassade des Taschenbergpalais. Hier ungefähr, auf dem überschwemmungsfreien Taschenberg, wurde um 1200 die markgräfliche Burg erbaut zum Schutz des Handelsweges über die Elbe. Die Burg, die Brücke und der Altmarkt blieben für lange Zeit Kern des Städtchens. Erst im 16. Jahrhundert – Dresden war inzwischen ständige Residenz des einen Zweigs der Sächsischen Herrscherfamilie, der Wettiner, geworden – wurde in großem Stil ausgebaut, das Schloß natürlich eher als die Stadt. Nach und nach entstanden verschiedene Schloßhöfe, Türme, Seitenflügel. Mittelalterliche Reste wurden in die Erweiterungen der Renaissance einbezogen. Die Fürsten legten dann aber, verglichen mit ihren anderen großen Bauten in der Stadt und außerhalb Dresdens, nicht so viel Wert auf ihr Residenzschloß. Als es 1701 abbrannte, wurden die umfassenden Neubaupläne nie verwirklicht, man baute nur wieder auf. Statt dessen wurde der

Zwinger als Prachtgebäude errichtet. Und das Taschenbergpalais im Anschluß an das Schloß. Die Formen und genauen Umrisse von Palais und Schloß wird man erst entdecken können, wenn der Wiederaufbau abgeschlossen ist.

In der Augustusstraße am Schloß fällt der Blick auf das Wandgemälde, das sich die ganze rechte Straßenseite hinzieht: der „Fürstenzug" an der Fassade des „Langen Gangs". Alle 35 Wettinischen Herrscher sind da abgebildet, dazu noch allerlei Fußvolk, natürlich auch der Maler mit seinen Gehilfen. Schon Ende des 16. Jahrhunderts gab es an diesem Teil des Schlosses schmückende Kalkfarbenmalereien, wenn der Hof seine Feste feierte. Das jetzige Bild wurde ab 1870 in derselben Technik ausgeführt, später dauerhafter auf Meißner Kacheln. Der Lange Gang, immerhin 102 Meter lang, hat ein doppeltes Gesicht. Die glatte Außenmauer mit dem Gemälde und dann die Innenseite reich mit Wappen, Tiergehörn und Ornamenten geschmückt, mit Rundbogen, die die Flucht des 1. Stocks tragen. Die Arkaden bilden eine Begrenzung des „Stallhofs", in dem höfische Spiele wie Ringestechen und Turniere veranstaltet wurden. Bad und Schwemme für die Pferde sind zu sehen, die abgeteilten Wettkampfbahnen. Zwei Bronzesäulen, von denen die Ringe herunterzustechen waren, stammen tatsächlich noch von 1601. Daneben der Marstall mit einem kleinen Wendeltreppenturm.

Der Zugang zum Stallhof befindet sich am Ende des Langen Gangs, am Übergang zum Johanneum. Das war ganz am Anfang ein Stallgebäude, errichtet, als die ritterlichen Wettkämpfe im Hof ausgetragen wurden. Für die Sammlung der Fürsten wurde das Johanneum später zur Gemäldegalerie ausgebaut, im Parterre standen einige Zeit aber immer noch die Pferde. Nach weiteren Umbauten und Rekonstruktionen befindet sich jetzt das Verkehrsmuseum hier, besonders interessant für Freunde von Dampflokomotiven, da es auf die Bestände des ehemaligen Sächsischen Eisenbahnmuseums zurückgeht. Das Johanneum ist das einzige Gebäude am Neumarkt, das nach 1945 wieder aufgebaut wurde. Ihm gegenüber steht die Ruine der Frauenkirche.

An ihr vorbei geht es zum Albertinum und zur Brühlschen Terrasse. Das Albertinum wurde 1884 auf den Grundmauern des alten Zeughauses errichtet. In ihm befinden sich gleich mehrere Ausstellungen, die ausgesuchte Sammlungsgegenstände vereinen. Da ist die Gemäldegalerie Neue Meister mit deutscher Malerei des 19. und 20. Jahrhunderts: Friedrich und Richter, Spitzweg, Böcklin und Feuerbach, Liebermann und Corinth, Nolde und Schmidt-Rottluff, Kollwitz und Dix. Dann französische Impressionisten und Nach-Impressionisten wie Manet, Monet, Renoir. Da gibt es das „Grüne Gewölbe", in dem man das Glitzern und Gleißen von Goldschmiedearbeiten und Juwelenstücken aus drei Jahrhunderten bewundern, sich einfach dem versammelten Reichtum überlassen kann. Das goldene Kaffeegeschirr August des Starken ist aufgebaut und der „Hofstaat von Delhi am Geburtstag des Großmoguls", ein Tafelschmuck mit 137 Figuren, in dem 3.000 Diamanten, Rubine und andere Edelsteine verarbeitet worden sind. Allein dieser Schmuck kostete mehr als der Rohbau des Schlosses Moritzburg. Dann gibt es im Albertinum noch die Skulpturensammlung, Plastiken von altägyptischen Meistern bis zu Werken des 20. Jahrhunderts. Und dann kann man sich das Münzkabinett ansehen.

Vom Albertinum sind es nur ein paar Schritte bis zur Brühlschen Terrasse. Die Terrasse war früher Teil der Dresdner Befestigung, die die Stadt gegen Angriffe vom Fluß her schützen sollte, „Jungfernbastei" und Festungswall. Tief in ihrem Inneren befinden sich immer noch Kasematten und ein eingemauertes Stadttor. Sie war Unterkunft für Soldaten, aber auch ein sicherer Ort der Aufbewahrung wichtiger Gefangener. Dort unten erfand Böttger unter scharfer Bewachung das europäische Hartporzellan, das fast soviel wert war wie die

Mahnmal „von unten" in der Bautzener Straße in Dresden-Neustadt

Februar
1945

Die Fußgängerzone Straße der Befreiung

Goldmacherei, die er eigentlich betreiben sollte. Als durch den Fortschritt der Kriegstechnik solche Festungsanlagen überholt waren, wurden sie auch in Dresden für Bauten freigegeben. Brühl, Premierminister von Friedrich August II., erhielt die Bastei. Er war bekannt für seine Verschwendungssucht, gab jedes Jahr für seinen Luxus Millionen aus, Geld, das dem Lande an allen Ecken fehlte. Hier auf die Terrasse stellte Brühl neben ein Palais noch seine ganz private Bibliothek und einen Galeriebau. Nichts blieb von den „Brühlschen Herrlichkeiten", wie diese Bauten gleich benannt wurden, erhalten. Sie wurden durch Gebäude der Jahrhundertwende ersetzt, die Akademie der Künste, jetzt Hochschule, ein Haus für den Landtag, heute genutzt für Archive, und das Museum für Mineralogie und Geologie. Und schließlich die Sekundogenitur, das Wohnhaus für den jeweils zweitgeborenen Sohn der Fürsten, nun ein Restaurant und Café. Schon zur Zeit ihrer Entstehung waren diese Gebäude als zu massig und eher häßlich kritisiert worden, und die Kritiker hatten wohl recht.

Aber der Blick von der Terrasse die Elbe entlang entschädigt. Unten der Strom, auf der anderen Seite das grüne Ufer, links blickt man auf die Brücke und den Turm der Hofkirche. Nach 1800 war die Terrasse mit zwei Cafés, vor denen man im Freien sitzen und promenieren konnte, der Treffpunkt aller Fremden und ihrer einheimischen Freunde. „Balkon Europas" wurde sie damals genannt. Heute legen unterhalb der Terrasse die Raddampfer der Weißen Flotte in Richtung Sächsische Schweiz und Meißen ab. An Wochentagen bummeln die Studenten der Kunsthochschule, die als eine der innovativsten der DDR gilt, hier entlang und natürlich viele Touristen. Aber an den Wochenenden und bei Sonnenschein ist die Terrasse immer noch Treffpunkt, Balkon zumindest der Dresdner. Man geht wieder auf und ab, schlendert ohne Ziel die

Normalstraße Dresden-Neustadt

Treppe zum Schloßplatz hinunter, sieht und wird gesehen.

Dresden-Neustadt

Die Dresdener nennen den Stadtteil der Kürze halber „die Neustadt". Das ist nicht etwa abwertend gemeint, so wie manche Rheinländer für die Ortsteile am weniger noblen Ufer des Rheins recht böse Worte haben. Dabei war die Neustadt bis zur Bombardierung Dresdens der weitaus ärmere, schlechtere Teil der Stadt, aber zugleich der ältere. Nach dem großen Brand von 1685 wurde das damalige Städtchen am Nordufer der Elbe neu aufgebaut. Aus „Altendresden" wurde „Neue Stadt bey Dresden", was die spätere Bezeichnung Dresden-Neustadt und dem früheren Neu-Dresden den Namen Dresden-Altstadt gab. Der Rollentausch läßt sich ohne weiteres fortsetzen: Während die hochnäsigen Altstädter auf der Neustädter Seite nur die klobigen Gebäude der ehemaligen sächsischen Ministerien und seit ein paar Jahren das Interhotel „Bellevue" sehen können, bleibt das Canaletto-Panorama dem rechten Elbufer vorbehalten. Und nach 1945 flossen Geld, Material und handwerkliches Können in den Wiederaufbau der Altstadt, die Neustadt blieb jahrzehntelang nahezu sich selbst überlassen. So halten manche Dresdener heute die Neustadt für die eigentliche Altstadt.

Das liegt auch an den Menschen, die hier leben, sich eingerichtet haben und die oft individuelle und dichte Atmosphäre prägen. Private Handwerker, die in Hinterhöfen ihre Werkstätten betreiben, Fotografen, die in ehemaligen Läden entwickeln und vergrößern, manche Künstler, die ganze Villenetagen in Ateliers verwandelt haben, junge Literaten, die in großen Wohnungen nächtelang bei Rotwein und „Karo"-Zigaretten diskutieren. Daneben Schichtarbeiter, die wie Studenten auch mal den Tag verschlafen, und Groß-Familien, deren Kinder in den Höfen, Gassen und Vorgärten herumtoben. Ein lebendiges Viertel, das durch viele private Kontakte wie ein Netz zusammengehalten wird.

Von all dem spürt man zunächst nichts, wenn man die Georgij-Dimitroff-Brücke überschritten hat. Auf dem Neustädtischen Markt steht verlassen der „Goldene Reiter", der so vielen Dresden-Büchern den Titel geschenkt hat. Das Denkmal Augusts des Starken, seit 1965 neu vergoldet, weist den Weg in die Neustadt, die hier mit der Fußgängerzone „Straße der Befreiung" beginnt. Ein breiter Boulevard mit einigen barocken Bürgerhäusern wie das „Kügelgen-Haus", in dem es sich ganz ordentlich speisen läßt, Geschäften, wie dem Tabakladen „mit der größten Auswahl an Rauchwaren in der ganzen Republik", wie ein Berliner weiß, einer versteckten Markthalle, die „Arbeitskräfte aus der nichtberufstätigen Bevölkerung" sucht. Zwischen Springbrunnen und Grünanlagen ruhen sich Hausfrauen und Rentner vom Einkaufen aus.

Die „Straße der Befreiung" mündet in einen riesigen, gesichtslosen Platz, der immer noch den ihm nach 1945 verliehenen Namen „Platz der Einheit" trägt. Laut ist es hier, ein Verkehrsknotenpunkt, wie Stadtplaner sagen würden. Menschenströme hasten von einer Straßenbahnhaltestelle zur anderen, Autoabgase liegen in der Luft. Nordöstlich vom Platz, links der Bautzener Straße, taucht man ein in das „andere Dresden". Schmale Gassen und Straßen mit Gründerzeithäusern, kleineren Villen mit Gärtchen, Mietskasernen und Stadthäusern. An etlichen Fassaden blättert der Putz, Sanierung ist hier schon lange ein Fremdwort.

Doch „frei atmen" kann man in diesem Viertel zwischen Alaun- und Forststraße, wie eine Dresdener Malerin erzählt. Sie, wie viele andere auch, suchen hier unbeirrt nach dem alten Traum, halten sich mit Hilfsarbeiten über Wasser um der Kunst willen, die sich hinter den grauen Häuserfronten versteckt.

In der Neustadt harren viele Menschen aus. So wie die Häuser, von denen der in der Neustadt aufgewachsene Erich Kästner einst schrieb, daß sie so „traurig und krank" seien – und dennoch etwas von dem südländischen Charme spüren lassen, den die Dresdner in der Prager Straße oder am Altmarkt nicht mehr finden. Auf holzgedrechselten Balkonen hängt die Wäsche zum Trocknen, in den gepflasterten Gassen spielen Jugendliche mit einem Kinderball Fußball, auf dem Martin-Luther-Platz tummeln sich vor dem Gotteshaus laut kreischend die Kinder. Zinnen, Türmchen sowie Stuckreste zieren die Bürgerhäuser.

Abends dringen aus offenen Fenstern der Geruch und die Geräusche des Alltags, Bratfett und Rockmusik, seltener die Stimmen der Fernsehleute, denn in Dresden kann man kein Westfernsehen empfangen. Die meisten Straßen wirken wie leergefegt, angenehme Kneipen findet man nur noch in der Alaunstraße, das „Goldene Hufeisen" beispielsweise, wo dann das halbe Viertel hineindrängt: Tätowierte, Punks, Künstler, Arbeiter, Studenten neben gut bürgerlich Gekleideten. Andere Kneipen haben in den letzten Jahren dichtgemacht, die meisten Pächter zogen es vor, das Sanierungsgebiet zu verlassen. Wer nach 22 Uhr noch großen Durst verspürt – und das sind in der Neustadt nicht wenige –, dem bleibt nur der „Spätverkauf" im Hotel „Stadt Rendsburg" in der Kamenzer Straße. Auch hier trifft man sich – die ganze Nacht ein Kommen und Gehen: Fußgänger mit Netzbeuteln, Fahrradfahrer mit Pappkartons auf dem Gepäckständer, Autos, die mit quietschenden Bremsen vorfahren. Da wird Nachschub geholt für die Zocker- und Diskussionsrunden, für den Eigenbedarf und für die Fete. Im funzligen Straßenlicht ist es schwer, die Gesichter zu erkennen, nur an der Schrittfolge, die in den engen Gassen hallt, läßt sich erahnen, ob es vielleicht

Blick in Dresden-Blasewitz auf das „Blaue Wunder"

Im „Schillergarten" in Dresden-Blasewitz

schon der dritte Gang ins „Rendsburg" an diesem Abend ist.

Dresden-Weißer Hirsch und Dresden-Loschwitz

Die Dresdener Vororte Weißer Hirsch und Loschwitz, wie die Neustadt am rechten Elbufer gelegen, gehören zu den angenehmsten und reizvollsten Teilen der Stadt. Wie geschaffen für beschauliche, geruhsame Stunden geht man hier den Vergnügungen nach. Das gilt für die, die an den Hängen des ehemaligen Weinberges wohnen, ihre Villen, Einfamilienhäuser und Gärten pflegen, genauso wie für die Besucher. Man genießt die Speisen in den Lokalen, die Aussicht, den Blick ins weite Elbetal, auf die Stadt, die quasi vor den Füßen liegt. Man kann sich leicht vorstellen, wie hilflos Gerhart Hauptmann gerade von hier oben aus die Bombenangriffe auf Dresden 1945 erlebte, sein Schock angesichts der brennenden Stadt wird verständlich.

Die rot-beige-farbenen Tatra-Züge der Straßenbahnlinie 11 in Richtung Bühlau rumpeln und schaukeln quer durch die halbe Stadt. Man kann am Hauptbahnhof einsteigen, am Bahnhof Dresden-Neustadt oder am Platz der Einheit. Von dort aus fährt die Bahn immer geradeaus die Bautzener Straße entlang. Langsam steigt die Straße an, vor Anstrengung vibriert die ganze Inneneinrichtung im Wagen. Doch die Prager, die diese Züge bauen, kennen natürlich auch ihre kleinen Schwächen. Die jüngeren Modelle sind mit zusätzlichen Hal-

Die Standseilbahn zwischen Dresden-Weißer Hirsch und Loschwitz

testangen und -griffen ausgestattet; so wird man nicht zu sehr durchgeschüttelt. Vor den „Park-Lichtspielen“ und dem „Parkhotel“ im Stadtteil Weißer Hirsch hält die Straßenbahn. Die Luft ist hier besser als unten in der Innenstadt, keine Frage. Weitläufige Grundstücke mit alten Fabrikantenvillen und neueren Häusern betonen den Charakter dieses Stadtteils. Längst nicht alle Klingeln sind mit einem Namensschild versehen. Der Erfinder Manfred von Ardenne mit seinem bekannten Forschungsinstitut braucht sich hier nicht zu verstecken, auch sonst geht man eher bürgerlich-sorgfältig mit diesem „Erbe“ um. Auch das „Parkhotel“ an der Bautzener Landstraße ist gerade frisch geweißt. Früher ein Sanatorium für Wohlhabende, heute Gaststätte mit ansehnlicher Speisekarte, in der allabendlich „Tanz mit Disco“ angekündigt ist.

Von der Bautzener Landstraße führt die Straße Plattleite zum „Luisenhof“, einem Restaurant, das völlig zu Recht als „Balkon Dresdens“ bezeichnet wird. Das Haus mit seinem hohen Turm ist zum Elbetal hin umgeben von mehreren Terrassen, die den Blick über die Stadt auch bei diesiger Wetterlage garantieren. Vor dem „Luisenhof“ hält ein Taxi, eine Familie aus Washington steigt aus, der Mann mit einem Bündel Dollarnoten in der Hand – so findet sich hier leicht ein Platz, ansonsten aber ist es empfehlenswert, einen Tisch vorzubestellen.

Gleich gegenüber liegt der obere Bahnhof der alten Standseilbahn. Das Schild am Eingang verspricht: „Die billigste Drahtseilbahn der Welt.“ 10 Pfennige kostet die Fahrt, mit einem Hauch von Nostalgie. Seit 1895 legen die beiden Wagen die gut 500 Meter lange Fahrstrecke mit einem Höhenunterschied von 99 Metern in knapp 5 Minuten zurück. Die Fahrerin der Dresdener Verkehrsbetriebe ist Touristen gewöhnt, läßt sich auch von den Amerikanern lächelnd ablichten. Dann setzt sich der Wagen langsam in Bewegung, das Holz-Chassis knarrt, man gleitet durch Nachbars Garten, vorbei an mit Efeu umrankten Häusern, mit dem Gefühl, sicher unten anzukommen.

Unten – das ist der Körnerplatz, das Herz von Loschwitz. Die Wohngebäude sind hier wieder städtischer, mit kleinen Läden im Erdgeschoß. Nur ein paar Schritte sind es noch bis zum Elbufer und zum „Blauen Wunder“. Rechts und links des Stroms an den saftigen Wiesen liegen die traditionellen Biergärten, der „Körnergarten“ und der „Schillergarten“. Bei Bier und Bockwurst sieht man die Brücke, weidende Pferde und Schafe, den Elbeschiffen hinterher. Erst gegen 23 Uhr schließen die Verkaufsbuden, mit einer Flasche Wein kann man noch länger hier verweilen, den Blick genießen, dem ruhig dahinfließenden Wasser lauschen.

Friedrich Schiller war häufig an der Elbe, in den zwei Jahren, die er bei seinem Freund und Gönner Christian Gottfried Körner in Loschwitz verbrachte. Gewohnt hat er bis 1787 in Körners Gartenhaus, mitten in seinem Weinberg. Das kleine Häuschen in der heutigen Schillerstraße 19, die vom Körnerplatz abzweigt, ist längst Gedenkstätte. Schiller suchte hier Abstand von seiner unglücklichen Zeit als Mannheimer Theaterdichter. Von den Dresdnern hat man den Eindruck, sie könnten für ewig hier unter den Linden und Kastanien sitzen – um bloß nicht in die unwirtliche Stadt zurückkehren zu müssen.

Der Traum von Dresden

Informationen
Dresden-Information
8010 Dresden
Prager Str. 1

Anreise
von Berlin
mit der Bahn direkte, günstige Verbindung in etwa 140 Minuten
mit dem Auto über die Autobahn E 55 nach Dresden
von Nürnberg
über die Autobahn E 51 in Richtung Leipzig bis Hermsdorfer Kreuz, dann die Autobahn E 40 bis Dresden
von Frankfurt/Main
über die Autobahn E 40 bis Dresden
von Hamburg
mit dem Flugzeug

Unterkunft
Hotel „Bellevue"
8060 Dresden
Köpckestr. 15
Tel. 5 66 20
Hotel „Newa"
8010 Dresden
Leningrader Str. 43
Tel. 49 62 71
Hotel „Königstein"
8010 Dresden
Prager Straße
Tel. 4 85 60
Hotel „Lilienstein"
8010 Dresden
Prager Straße
Tel. 4 85 60
Hotel „Astoria"
8020 Dresden
Ernst-Thälmann-Platz
Tel. 4 41 71
Motel Dresden
8020 Dresden
Münzmeisterstraße
Tel. 4 48 51
Hotel „Dresdner Hof"
8010 Dresden
An der Frauenkirche 5
Tel. 4 84 10

Camping
Dresden-Mockritz
8020 Dresden
Am Freibad Mockritz

Alaunstraße in Dresden-Neustadt

Service
Kartenvorbestellungen für Semperoper und die Theater Dresdens
über Besucherdienst der Staatsoper
Zentrale Vorverkaufskasse Schinkelwache am Theaterplatz
Tel. 4 84 23 33 und
4 84 24 44
schriftliche Vorbestellung
8012 Dresden
Postfach 8

Überblicke
Stadtrundgänge
Dresden-Information
Prager Str. 1
Dauer etwa 90 Minuten, Beginn vor dem Büro der Dresden-Information
Stadtrundfahrten
mit der Straßenbahn
Di bis So 9.00, 11.00 und 13.30 Uhr ab Postplatz
mit dem Autobus
Di, Mi, Do 11.00 Uhr
ab Dr.-Külz-Ring, Altmarkt Südseite
Blick von der 86 Meter hohen Aussichtsplattform des Rathauses
Dr.-Külz-Ring 19
April bis Oktober täglich 9.00 bis 12.30 und 13.30

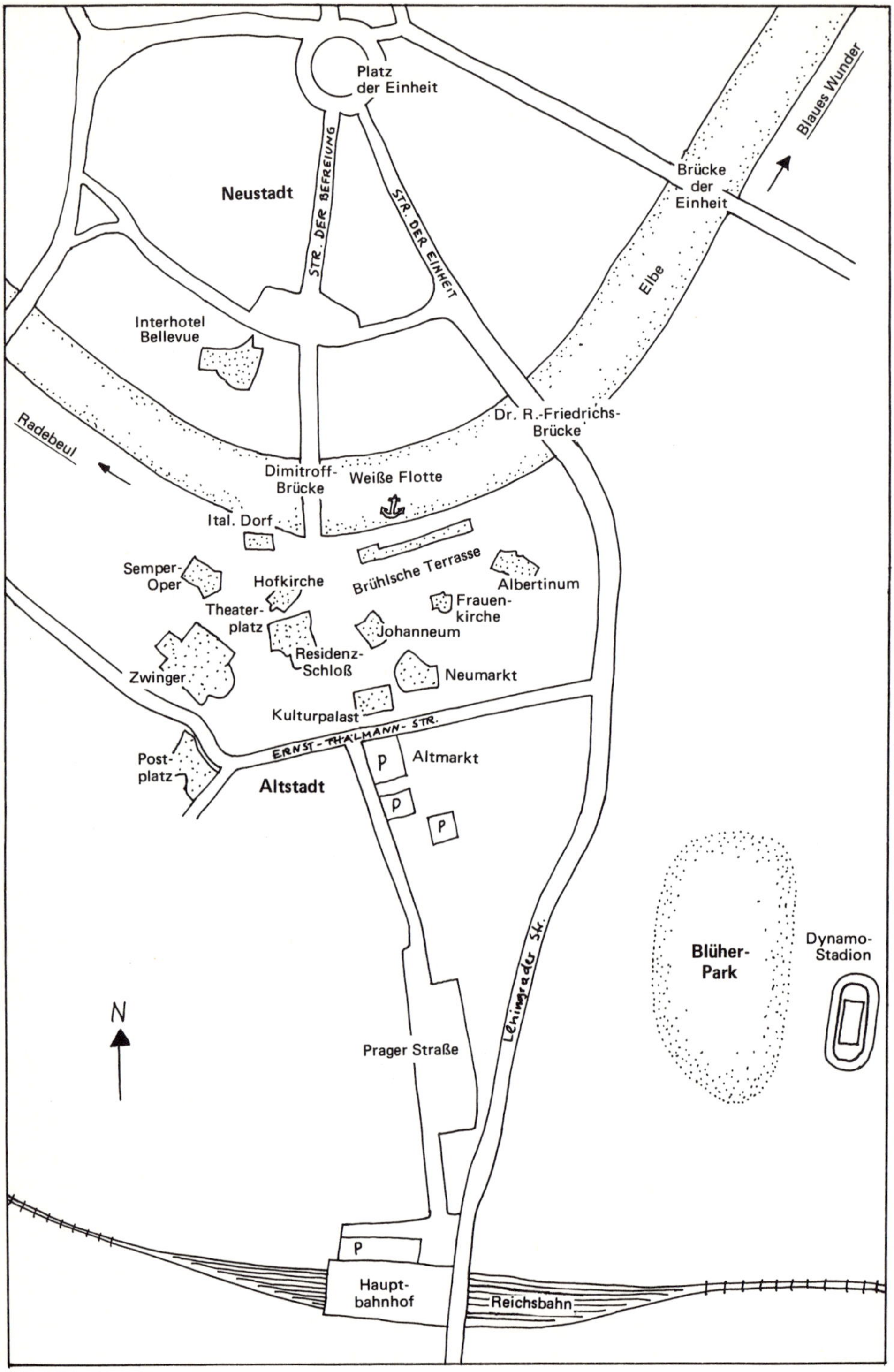
Platz
der Einheit
Neustadt
STR. DER BEFREIUNG
STR. DER EINHEIT
Brücke
der
Einheit
Blaues Wunder
Elbe
Interhotel
Bellevue
Radebeul
Dr. R.-Friedrichs-
Brücke
Dimitroff-
Brücke
Weiße Flotte
Ital. Dorf
Semper-
Oper
Hofkirche
Brühlsche Terrasse
Albertinum
Frauen-
kirche
Theater-
platz
Johanneum
Residenz-
Schloß
Zwinger
Neumarkt
Kulturpalast
ERNST-THÄLMANN-STR.
Altmarkt
Post-
platz
Altstadt
P
Leningrader Str.
Blüher-
Park
Dynamo-
Stadion
N
Prager Straße
Haupt-
bahnhof
Reichsbahn

bis 17.30 Uhr, letzter Einlaß 12.00 und 17.00 Uhr
Blick von der Aussichtsplattform des Fernsehturms Dresden Wachwitz aus 148 Meter Höhe, Fernsicht bis Meißen, in die Sächsische Schweiz und bis zum Osterzgebirge
Mai bis Oktober 10.00 bis 18.00 Uhr, letzter Einlaß 17.00 Uhr
November bis April 10.00 bis 17.00 Uhr, letzter Einlaß 16.00 Uhr

Essen & Trinken
„Altmarktkeller", Am Altmarkt
„Drachenschänke", Bautzener Str. 72
„Goldenes Lamm", Leipziger Str. 220
„Kügelgenhaus", Straße der Befreiung 13
„Lößnitzperle", Straße der Befreiung 11
„Luisenhof", Bergmannstr. 8
„Restaurant Wroclaw", Prager Straße
„Restaurant Ostrava", Fetscher Str. 30
„Basteischlößchen", Packhofstraße
„Meißner Weinkeller", Straße der Befreiung 1b
„Weinrestaurant Bacchus", Clara-Zetkin-Str. 15
„Rosengarten", Reichpietschufer 11
„Stadt Rendsburg", Kamenzer Str. 1
„Trompeter", Bautzener Landstraße 83
„Schillergarten", Schillerplatz 8
„Elbterrasse", Altwachwitz 14
„Café Prag", Am Altmarkt
„Italienisches Dörfchen", Am Theaterplatz
„Sekundogenitur", Brühlsche Terrasse
„Café Heiderand", Siegfried-Rädel-Platz
„Café Winterberg", Winterbergstraße
„Café am Palaisteich" Großer Garten
„Mokkastube", Am Altmarkt

Kunst & Kultur
Museen

Im Zwinger
Gemädegalerie Alte Meister
Di bis So 9.00 bis 18.00 Uhr
Mathematisch-Physikalischer Salon
Fr bis Mi 9.00 bis 16.00 Uhr
Historisches Museum
im Sommerhalbjahr
Do bis Di 9.00 bis 17.00 Uhr
im Winterhalbjahr
Di bis So 9.00 bis 18.00 Uhr
Porzellansammlung
Mo bis Do 9.30 bis 16 Uhr, Sa, So 9.00 bis 16.00 Uhr
Museum für Tierkunde
Sa bis Mi 9.00 bis 16.00 Uhr

Im Albertinum
Gemädegalerie Neue Meister
Grünes Gewölbe
Münzkabinett
Skulpturensammlung
Brühlsche Terrasse
Fr bis Mi 9.00 bis 18 Uhr

Deutsches Hygiene-Museum
Lingner Platz 1
Sa bis Do 9.00 bis 18 Uhr

Technisches Museum
Friedrich-Engels-Str. 15
Mo, Di, Mi, Fr 9.00 bis 16.00 Uhr,
Do 9.00 bis 18.00 Uhr

Museum für Stadtgeschichte
im Landhaus
Ernst-Thälmann-Str. 2
Mo bis Do und Sa 10.00 bis 18.00 Uhr,
So 10.00 bis 16.00 Uhr

Museum für Völkerkunde
im Japanischen Palais
Karl-Marx-Platz
Mo bis Do 9.00 bis 17 Uhr,
Fr 9.00 bis 16.00 Uhr,
So 10.00 bis 16.00 Uhr

Verkehrsmuseum
im Johanneum
Auguststr. 1
April bis September
Di bis So 9.00 bis 17 Uhr
Oktober bis März
Di bis So 10.00 bis 17 Uhr

Kupferstichkabinett
in der Hochschule für Bildende Künste
Güntzstr. 34
Mo, Mi 9.00 bis 16.00 Uhr,
Di, Do 9.00 bis 18.00 Uhr

Akademie der Bildenden Künste
wechselnde Ausstellungen von Absolventen der Hochschule
Brühlscher Garten 2b
Mo bis Fr 10.00 bis 17 Uhr

Schillergedenkstätte
im Gartenhaus des Weingutes der Körners
Schillerstraße

Galerien

Neue Dresdner Galerie
Verkaufsausstellungen
Ernst-Thälmann-Str. 12

Galerie „Kunst der Zeit"
Ernst-Thälmann-Str. 7
„Galerie"
Bränitzgasse 8

„Galerie Ost"
Grundstr. 26

Galerie des Kupferstichkabinetts
Güntzstr. 34

Theater

Staatsschauspiel Dresden
Großes Haus
Julian-Grimau-Allee 27

Staatsschauspiel Dresden
Kleines Haus
Togliattistr. 28

Semperoper
Theaterplatz 2

Puppentheater
Leipziger Str. 220

Kabarett
„Die Herkuleskeule"
Hans-Beimler-Platz

Konzerte

Staatskapelle Dresden
in der Semperoper und im Festsaal des Kulturpalastes am Altmarkt

Vesper mit dem Kreuzchor
Sa nachmittag
und Kirchenmusik in der Kreuzkirche am Altmarkt

Dresdner Philharmonie
Festsaal des Kulturpalastes am Altmarkt

Kirchenmusik
in der Hofkirche
Theaterplatz

Klassische Musik
in der Hochschule für Musik „Carl Maria von Weber"
Blochmannstr. 2

Jazz in der „Tonne"
im Kurländer Palais
Tzschirner Platz 3

Freilichtkonzerte
im Zwingerhof

Spaß & Sport
Großer Garten
mit Botanischem Garten
im Sommer täglich
8.00 bis 18.00 Uhr
Gewächshäuser
im Sommer Mi, Sa, So
10.00 bis 18.00 Uhr

Zoologischer Garten
Tiergartenstraße
im Sommer 8.00 bis 19 Uhr
im Winter 9.00 Uhr bis Anbruch der Dämmerung

Dynamostadion
Spielstätte des mehrmaligen DDR-Fußballmeisters Dynamo Dresden
Bürgerwiese

Kinos
„Filmtheater", Prager Straße
„Schauburg", Otto-Buchwitz-Str. 55
„Faunpalast", Leipziger Str. 76
„Park-Lichtspiele", Bautzener Landstraße 6

Tanzvergnügen
„Jupiterbar" im Hotel „Bellevue", Köpckestr. 50
Nachtbar im „Café Prag", Am Altmarkt
„Gondelbar" in der „Sekundogenitur", Brühlsche Terrasse
Nachtbar im „Luisenhof", Bergstr. 8
Jugendklubhaus „Rudi Arndt", Fechnerstr. 20
Disko im „Parkhotel", Bautzener Landstraße 7

Ausflüge
Fahrten mit der Weißen Flotte über Pillnitz, Stadt Wehlen, Kurort Rathen, Königstein, Bad Schandau nach Schmilka, Gesamtdauer gut 6 Stunden hin, gut 4 Stunden zurück
über Radebeul, Meißen, Fahrtdauer 2 Stunden hin, 3 Stunden zurück,
nach Riesa, Fahrtdauer 4 Stunden hin, gut 6 Stunden zurück
Information, Vorverkauf und Ablegestelle unterhalb der Brühlschen Terrasse
Terrassenufer 2
Tel. 8 72 41
Spaziergänge durch die Dresdner Heide vom S-Bhf. Dresden-Klotzsche
Fahrt mit der Straßenbahn Linie 4 oder 5 nach Radebeul, dort Karl-May-Museum
Fahrt mit der Standseilbahn von Dresden-Loschwitz, Körnerplatz, nach Dresden-Weißer Hirsch, Luisenhof
Fahrt mit der Schwebebahn von Dresden-Loschwitz, Pillnitzer Straße, zum Aussichtspunkt Loschwitzhöhe

SCHULE
SPIELZEUGLAND

Erzgebirge – Bergbau, Fabriken, Spielzeug

Anfangs hat man gar nicht das Gefühl, vor einem Gebirge zu stehen. Hinter Karl-Marx-Stadt, dem „Tor zum Erzgebirge", beginnt ein sanfter Anstieg, der kaum zu spüren ist. Die Täler wirken eher wie breite Einschnitte, wellige, landwirtschaftlich genutzte Flächen, begleiten Straße und Eisenbahnstrecken im unteren Erzgebirge. Ganz gemächlich falten sich die Täler dann immer enger zusammen, durchströmt von Bächen und kleinen Flüssen. Am Fichtelberg, mit 1.214 Metern der höchste Gipfel der DDR, ist dann doch der Kamm erreicht, die Grenze zur CSSR, ein jahrhundertealter Grenzverlauf zwischen Sachsen und Böhmen. Der Bergbau, dem das Gebirge seinen Namen verdankt, prägt das Schicksal von Mensch und Natur bis zum heutigen Tag. Als vor rund 800 Jahren erste reiche Silbererzvorkommen bei Freiberg entdeckt wurden, gab es in diesem einst dünn besiedelten und mit dichtem Mischwald überzogenen Gebirge tiefgreifende Veränderungen. Der rasche Aufschwung ging einher mit weitflächigem Kahlschlag von den Tälern bis in die höheren Lagen. Mit dem Abbau von Zinn-, Silber- und Eisenerzen veränderte sich auch die Siedlungsstruktur. Neue Bergstädte, in unmittelbarer Nähe der Schürfgebiete, wurden auf den Hochflächen angelegt. In den Tälern verblieben weit auseinandergezogene Dörfer mit charakteristischem Baustil der

Häuser: zumeist schiefergedeckte Umgebindebauten. Hinzu kamen weitere Bauerndörfer zur Versorgung der Bergleute. Ortsnamen wie Holzhau deuten an, daß es Forstleute waren, die die neuen Siedlungen unterhalb der Bergstädte gründeten.

Während der zweiten Welle des Bergbaubooms im 15. Jahrhundert glich der erzgebirgische Wald bereits einem Flickenteppich, für den Stollenbau und die wachsenden Städte mit ihrer langsam aufblühenden Industrie wurde immer mehr Holz benötigt. Die abgeholzten Wälder wurden – wenn überhaupt – mit Fichtenmonokulturen wieder aufgeforstet. Die Ausbeutung der Erzlagerstätten machte die Bergstädte reich. Großzügige Stadtgrundrisse mit repräsentativen Bauwerken entstanden, die bis heute das Bild prägen: In Freiberg sieht man das beispielsweise an der kunstvollen und prächtigen Goldenen Pforte des Doms am Untermarkt. Drinnen steht die größte erhaltene Silbermann-Orgel, die nicht nur von Organisten viel bestaunt wird. In der Stadt, in der einst die sächsischen Silbermünzen geprägt wurden, wurde auch die erste Bergbauhochschule der Welt gegründet, an der schon Novalis und Alexander von Humboldt studierten. Im heutigen Annaberg-Buchholz, der etwas jüngeren, jedoch schöneren Bergbaustadt, wurde in der Blütezeit die herausragende Sankt-Annen-Kirche errichtet. Doch mit dem Erlöschen des Bergsegens wurde der vorübergehende Reichtum wieder von Armut verdrängt. In Heimarbeit, an der die gesamte Familie einschließlich Kleinkinder beteiligt war, wurde anfangs insbesondere Holz bearbeitet, mit Schnitzmesser wie auch an der Drehbank. Aus der Herstellung von Gebrauchsgegenständen wie Kochlöffel entwickelte sich die Spielzeugherstellung, insbesondere in den weniger erzreichen Gebieten wie rund um den Schwartenberg, wo die Not am größten war.

Der romantische Ort Seiffen, unterhalb des Schwartenberges, ist das Zentrum der heute als künstlerisch eingestuften sächsischen Spielzeugindustrie. Dieser Winkel im oberen Osterzgebirge gilt zu Recht als das deutsche Weihnachtswunderland. Eine ähnliche Bedeutung wie die Holzbe- und -verarbeitung hat die Textilindustrie, die ebenso aus der Armut geboren wurde. Mit zunehmender Industrialisierung im 19. Jahrhundert drangen die Fabriken bis tief ins Gebirge ein, neben Spinnereien, Webereien und Wirkereien kamen Metallverarbeitung und Maschinenbau sowie Holzwaren- und Papierherstellung dazu. Bis heute zählt das Erzgebirge zu den industriereichsten Gebirgslandschaften in Mitteleuropa. Ein regelrechtes Ballungsgebiet hat sich zwischen Karl-Marx-Stadt, Aue und Zschopau herausgebildet. Immer wieder trifft man hier auf rußig-graue industrielle Komplexe wie die Motorradwerke in Zschopau, die ihre „MZ"-Maschinen auch in der Bundesrepublik verkaufen. Das Werksgelände schmiegt sich hier ins Tal des Flüßchens Zschopau.

Einen letzten Bergbauboom erlebte das Erzgebirge unmittelbar nach dem Zweiten Weltkrieg. Im atomaren Rüstungswettlauf mit den USA arbeiteten über hunderttausend Menschen für die Sowjetisch-deutsche AG Wismut im Uranbergbau. Wiederum veränderte der Abbau ganze Landstriche, ließ kleinere Orte blitzschnell zu Städten werden, wie das erste Zentrum der Wismut nach 1945 in Johanngeorgenstadt. Die strahlenden Spuren sind mittlerweile überwiegend verwischt, dennoch vorhanden. Johanngeorgenstadt ist nun Wintersportzentrum, hinter Oberwiesenthal das bedeutendste des Erzgebirges. Als einer der ersten Touristen kam Sachsens August I. im 16. Jahrhundert hierher und ließ sich auf dem Schellenberg, zwischen Flöha und Zschopau, ein wuchtiges, quadratisches Lustschloß bauen. In der vielbesuchten Augustusburg befindet sich nun ein Zweitakt-Motorrad- sowie ein Kutschenmuseum.

Erzgebirgsbesuchern dieser Tage kann die Freude an der Natur schnell vergehen, in manchen Regionen müssen sie sich auf geradezu Katastrophales gefaßt machen. Von ausgedehnten Wanderungen, insbesondere in den Kammlagen, kann nur abgeraten werden, es sei denn, man hat keine Vorstellung davon, was Waldsterben bedeutet. In der Umgebung von Zinnwald im oberen Osterzgebirge gleichen die Kammlagen einer

gespenstischen Mondlandschaft. Vereinzelt stehen noch Fichtengerippe herum, die meisten Flächen sind bereits abgeholzt worden. Auch weiter westlich, um Rittersgrün oder oberhalb vom Kurort Oberwiesenthal sieht es kaum besser aus. „Bis zum Gipfel bewaldet", wird der Fichtelberg bei Oberwiesenthal in Reiseführern beschrieben, die gerade vor einem Jahrzehnt erschienen sind. Inzwischen gibt es hier um Aussichtsturm und Berghotel herum keinen Wald mehr. Vom Aussichtsturm aus kann man in jede Richtung schauen, der Blick fällt auf ruinierten kaputten Fichtenwald. Gerade weil dem Bergbau vergangener Jahrhunderte viele Waldflächen zum Opfer fielen, andere dann durch reine Fichtenbestände aufgeforstet wurden, treten die rauchgeschädigten Hänge wie kaum woanders in Europa so deutlich hervor. In einem gesunden Zustand ist die hochstämmige Fichte erstmals in der Geschichte des Erzgebirges selten geworden. Spielzeugmacher können „rauchgeschädigtes Fichtenholz" nicht bearbeiten; seit einigen Jahren wird ein Teil des Fichtenholzbedarfs für die sächsische Spielzeugindustrie aus der UdSSR und Polen importiert. Über lange Zeit dementierte die DDR-Regierung eifrig westliche Berichte, wonach das Waldsterben in Europa im anderen deutschen Staat am weitesten vorangeschritten sei. Man sprach von „reinen Erfindungen" und Panikmache. Stets sollte der Anschein gewahrt bleiben, daß der fürsorgliche sozialistische Staat doch längst die Lage im Griff habe und alle notwendigen Vorkehrungen treffe. Die Menschen im Erzgebirge nahmen derartige Propaganda mit einer Mischung aus Sarkasmus und Zorn auf, waren enttäuscht, daß nichts geschah. Heute ist das ganze Ausmaß des Waldsterbens auch der Öffentlichkeit bekannt. Nur einzelne Begriffe, wie „rauchharte" und „rauchtolerante" Bäume, die in extrem belasteten Gebieten gepflanzt wurden, erinnern an die früheren Verharmlosungen. Oder auch

„forstsanitäre Maßnahmen“, in erster Linie Magnesium-Kalk-Düngungen, die mit Agrarflugzeugen jetzt verstärkt vorgenommen werden. Eine rasche Lösung ist ohnehin nicht in Sicht: In den nächsten dreißig Jahren soll das Gebiet um den Fichtelberg mit „widerstandsfähigen Baumarten“ bepflanzt werden, die höchste Erhebung der DDR „mit einer neuen grünen Haube versehen“ werden.

Karl-Marx-Stadt – Industriezentrum

Ältere Karl-Marx-Städter haben ihre Stadt ohnehin immer Chemnitz genannt. Mit der Umbenennung im Mai 1953, kurz nach dem 135. Geburtstag von Karl Marx, konnten sie sich nie so richtig anfreunden. Um diesen Namen durchzusetzen, ließ die „Deutsche Post“ der DDR noch in den sechziger Jahren Briefe aus dem Westen mit der Adresse Chemnitz als „unzustellbar“ zurückgehen. Die alte Industriestadt am Rand des Erzgebirges hatte immer viele Namen, keiner klang besonders freundlich: Das „sächsische Manchester“ oder das „Armenhaus von Sachsen“ wurde sie genannt im Vergleich zur Handelsmetropole Leipzig oder dem einst so prachtvollen Dresden. Andere sprachen von „Ruß-Chemnitz“ mit seinen rund 300 Fabrikschloten oder vom „roten Chemnitz“, denn hier besitzt die frühe Arbeiterbewegung und später die KPD tatsächlich die Tradition, die in der mehrfach umgeschriebenen Geschichte von Städten und Gemeinden der DDR in vielen Fällen nur behauptet wird.

Karl-Marx-Stadt wird diesen unterschiedlichen Charakterisierungen durchaus gerecht. Die Stadt war schon immer häßlich, und sie wird wohl nie eine Schönheit werden. Besonders ungemütlich ist es im Zentrum, rings um den Karl-Marx-Platz. Vom „Begründer des wissenschaftlichen Sozialismus“, der allerdings nie in seinem Leben in Chemnitz war, wird man geradezu erschlagen, nicht etwa begrüßt. Dem Über-Vater ist hier ein monumentales Denkmal gesetzt worden, das an schlimmsten stalinistischen Personenkult erinnert. Dahinter streckt sich, sicherlich nicht etwa zufällig hier plaziert, das „Haus der Partei- und Staatsorgane“. Davor reckt sich, nur getrennt durch die breite Karl-Marx-Allee, das Interhotel „Kongreß“ – ein früher Versuch, im DDR-Hotelgewerbe Weltniveau zu erreichen. 26 Etagen sind dabei zusammengekommen, verteilt auf 93 Meter Höhe mit über 350 Zimmern. Wenn die Fahrstühle funktionieren – einer ist fast immer defekt –, fühlt man sich unter dem Dach wie auf einem sehr hohen Turm. Man steht über den Dingen, eben auch über diesem kalten, zugigen Zentrum. Zu Füßen des Hotels liegt die Stadthalle, wahrlich auch keine Augenweide, doch der wichtigste Ort für kulturelle Veranstaltungen und Versammlungen. Neben diesem Flachbetonbau steht der alte „rote Turm“, der im Karl-Marx-Städter Zentrum ganz verloren wirkt. Vor vielen Jahrzehnten Ort des Gerichts, ist der Turm der letzte Rest der mittelalterlichen Stadtbefestigung in der Innenstadt sowie einzig verbliebener Hinweis auf die über 800jährige Geschichte der Stadt.

Das frühere Zentrum wurde in den letzten Wochen des Zweiten Weltkriegs zu 90% zerstört. Die Bomben hinterließen eine Ödfläche von sechs Quadratkilometern, auf der dann Jahre später Architektenkollektive ihre Vorstellungen von einer vermeintlich sozialistischen Stadt verwirklichten. Ein typisches Produkt der stalinistischen Aufbaujahre ist entstanden, über das niemand mehr glücklich ist. Neben Interhotel und Stadthalle wurden wie auf einem Schachbrett achtgeschossige Wohnquader in Reihen, rechtwinklig zueinander, hochgezogen. Dazwischen mehrspurige Straßen, überdimensionale Bürgersteige, ein wenig Grün, weite Parkplätze und etliche Geschäfte in den Erdgeschoßzonen. Man kann sich auch heute noch gut vorstellen, wie

Rathaus von Karl-Marx-Stadt/Chemnitz

SCHMALZBÄCKEREI
Galerie geöffnet

hier Heerscharen Uniformierter, Junger Pioniere und FDJler in einheitlichen Blauhemden über die Magistralen marschierten, vor dem Marx-Monument Aufstellung nahmen – doch der einzelne wird in dieser Umgebung verschluckt, wird, egal ob von oben oder unten betrachtet, zu einem kleinen Punkt.

Eine Wende in der Stadtplanung hat es in Karl-Marx-Stadt Mitte der siebziger Jahre gegeben: Die an das Nachkriegszentrum angrenzenden Arbeiterquartiere, Mietskasernen ähnlich wie in Berlin, werden seitdem saniert, insbesondere die Stadtteile Sonnenberg und Schloßvorstadt. Zugleich entstand im Westen der Stadt, überwiegend auf dem ehemaligen Flughafengelände, die Trabantenstadt „Fritz Heckert", benannt nach dem Mitgründer der Chemnitzer Ortsgruppe der KPD und späteren Komintern-Funktionär. Vom Flughafen ist nur noch das kleine Empfangsgebäude stehengeblieben, das, nun als Busbahnhof genutzt, von den umliegenden Wohnsilos regelrecht umzingelt wird. In diesem neuen Proletarierviertel leben mittlerweile über 120.000 Menschen.

Mit dem Bombenhagel von 1945 verschwanden viele der rauchenden Schlote aus der Innenstadt; doch nicht die Industrie an sich. Die Stadt, in der bereits Lokomotiven (von Hartmann) gebaut wurden, bevor es einen Gleisanschluß der „Sächsischen Staatsbahn" gab, ist heute DDR-Zentrum des Maschinen- und Werkzeugbaus, wie schon vor hundert Jahren. Damals zählte Chemnitz schon über 100.000 Einwohner, trat seine industrielle Vormachtstellung erst nach der Jahrhundertwende an Berlin ab. Seit der Gründung der DDR wurde die Geschichte wieder umgekehrt: Hier in Karl-Marx-Stadt ziehen werktags Zigtausende von Arbeitern in die Fabriken, die nun am Stadtrand liegen. In das Werkzeugmaschinenkombinat „Fritz Heckert" oder in die ehemaligen Auto-Union-Werke, in denen heute VW-Golf-Motoren in Lizenz für den Wartburg produziert werden. Der andere wichtige Industriezweig, die Textil- und Textilmaschinenherstellung, besitzt eine noch längere Tradition. Schon im Mittelalter erhielt die Stadt vom Landesherrn das

Der versteinerte Wald am Theaterplatz in Karl-Marx

Bleichprivileg. Aus Webereien, Strumpfwirkereien und Baumwolldruckereien wurde eine exportfähige Textilindustrie, deren Produkte sich vielfach in den Katalogen der westdeutschen Versandhäuser wiederfinden, was genauso für Werkzeuge sowie Näh- und Strickmaschinen („Malimo") gilt. Das Leben in Karl-Marx-Stadt ist dann auch ganz dem industriellen Arbeitsrhythmus angepaßt. Nach Geschäftsschluß sind die breiten Straßen menschenleer, kaum eine Kneipe hat länger als bis 22 Uhr geöffnet, Kultur findet vor dem Fernseher statt. Doch es gibt auch die „Galerie oben", zu deren Ausstellungseröffnungen selbst Besucher aus Berlin angereist kommen, und es gibt die Städtische Kunstsammlung, mit den stark farbigen Gemälden und kräftigen Holzschnitten des Expressionisten und „Brücke"-Mitglieds Karl Schmidt-Rottluff. Dem in Chemnitz geborenen Künstler war sein Schmidt so banal, daß er den Namen des Stadtviertels Rottluff im Westen der Stadt anhängte.

adt

Doch nicht Schmidt-Rottluff, der sich in seinen Werken wohltuend vom tristen Grau der Stadt abhebt, ist in der Arbeiterstadt ein Begriff, sondern eine junge Frau, die auf Schlittschuhen aus dem Schatten der Industrie ins Rampenlicht der Weltöffentlichkeit trat: Katarina Witt.

Annaberg-Buchholz – Stadt auf dem Berg

An und auf den Talhängen des Flüßchens Sehma, zwischen Schatten- und Pöhlberg, liegt die Stadt, die in ihrer Blütezeit im 16. Jahrhundert zu den größten in Deutschland zählte. Hier in den Straßen spürt man das wellige Erzgebirge, es geht immer mal wieder bergauf und -ab. Der frühere Reichtum durch bedeutende Silbererzfunde – bis 1530 waren fast 400 Zechen in Betrieb – schlug sich auch im Stadtbild nieder. Ausgesprochen großzügig wurde Annaberg angelegt, mit einem großen, rechteckigen Marktplatz sowie einer regelmäßigen Straßenanlage in der Altstdt.

Vom Marktplatz steigen steil die Große und die Kleine Kirchgasse hinauf zur St. Annenkirche, der größten Hallenkirche in ganz Sachsen. Eine riesige Gebirgskirche, aus Bruchsteinen der Umgebung, überwiegend grauer und roter Gneis, in über zwei Jahrzehnten gebaut, die sich wuchtig und harmonisch zugleich dem Stadtbild und Klima anzupassen scheint. Das Westportal sieht wie ein meisterhaft gemauerter Stolleneingang aus. Im Innern wirkt das Gotteshaus noch größer als von außen, denn die Seitenschiffe haben die gleiche Höhe wie das Mittelschiff. Die eng verschlungenen Rippen des Deckengewölbes, aber auch Wände, Pfeiler sowie Gewölbekappen sind in den letzten Jahren farbintensiv nach der ursprüng-

Fußgängerzone vor Weihnachten in Karl-Marx-Stadt

Frohnauer Hammer

lichen spätgotischen Ausmalung neu gestaltet worden. Dabei ist man so behutsam vorgegangen, eben ohne zu patinieren, was ja andernorts häufig den Besucher erdrückt.

Durch die Höhenunterschiede ist die Stadt leicht überschaubar, verlaufen kann man sich hier kaum. In den Gassen weht regelmäßig ein kühler Luftzug, kein Wunder, bei einer Höhenlage von 500 bis 700 Metern über dem Meeresspiegel. Im alten Annaberg, das so mathematisch-regelmäßig erbaut wurde, lebte der Rechenmeister Adam Riese. Er war hier Bergschreiber und verfaßte nebenbei seine Rechenbücher. Sein Wohnhaus steht in der Johannisgasse, die parallel zur restaurierten Ernst-Thälmann-Straße, der früheren Buchholzer Straße, verläuft. Zwischen Buchholzer Tor und Marktplatz ist die Ernst-Thälmann-Straße Einkaufszentrum. Ein äußerst bescheidenes. Nicht viel anders steht es um die Versorgung. Von den rund 40 Restaurants, Cafés und Weinstuben, die ein Erzgebirgsführer vor 60 Jahren hier ausmachte, sind nicht mehr viele übriggeblieben.

In einer halben Stunde Fußweg – von Kirch- über Marktplatz, durch Frohnauer Gasse und Tor, am Unteren Bahnhof vorbei – erreicht man den Frohnauer Hammer. Der Hammer ist das eigentliche Touristenzentrum von Annaberg-Buchholz. Hier halten all die Reisebusse, die auf Erzgebirgstour sind. Gruppenweise werden die in- und ausländischen Reisegesellschaften in das frühere Kupfer- und Eisenhammerwerk geführt. Draußen rauscht das Wasser der Sehma, das die drei noch in Gang setzbaren Hämmer über ein Wasserrad antreibt. Bei den Besichtigungen wird dann auch Feuer gemacht, unter ohrenbetäubendem Lärm der zentnerschweren Hämmer und der Belüftungsstränge gezeigt, wie das Metall immerhin bis 1904 hier mit viel Kraft bearbeitet wurde. Man bekommt auch eine Ahnung, wie unangenehm, ungesund und anstrengend diese Arbeit gewesen sein muß. Es

Die Spitzenklöpplerin im Heimatmuseum bei Annaberg-Buchholz

ist fast stockfinster, wahnsinnig laut, eine Mischung aus Eisen- und Holzkohlegerüchen liegt in der dünnen Luft.

Auch das Hammerherrenhaus steht noch, jetzt Gaststätte, und daneben ein kleines Heimatmuseum, in das man durch einen Schwibbogen „Das Gute erhalten – Das Neue gestalten" hineinkommt. Hier zeigen Klöpplerinnen ihr Handwerk, das sich von Annaberg aus einst über das gesamte Erzgebirge verbreitete. Als der zurückgehende Bergbau viele Familien arbeits- und brotlos machte, begannen hier die Frauen Borten, Litzen, Fransen und Decken sowie Gardinen in Heimarbeit zu fertigen. Die Annabergerin Barbara Uttmann, sie war mit einem Bergherren verheiratet, hatte die Klöppelkunst von schottischen Bortenhändlern gelernt und führte hier 1561 die Spitzenklöppelei ein. Aus der Lehrerin wurde eine reiche Verlegerin, für die Frauen in Heimarbeit tätig waren. Ein bißchen bieder sehen die Produkte aus, so ganz nach Omas Wohnstube. In Annaberg-Buchholz und Umgebung sieht man an Hauseingängen immer wieder kleine Schilder, die auf kleine hochspezialisierte Betriebsteile des heutigen VEB Obererzgebirgische Posamten- und Effektenwerke, kurz „OPEW" hinweisen, aber erfahrene DDR-Besucher ahnen es schon, hier besondere Spitze oder Borte kaufen zu wollen, ist ziemlich aussichtslos – aber dies findet nun wirklich nicht jedermann bedauernswert.

Seiffen – im deutschen Weihnachtswunderland

In Seiffen werden Kindheitsträume wach, in der Vorweihnachtszeit, wenn der erste Schnee fällt. Kaum ein Fenster in dem beschaulichen Ort, das nicht festlich geschmückt ist mit Schwibbögen, Kerzen,

Bergmännern und Lichterketten. Kaum ein Vorgarten, in dem sich nicht kunstvoll gedrechselte und bunt bemalte Pyramiden drehen. Der erzgebirgische Schmuck, der im Norden der Republik zuweilen kitschig erscheint, gehört hier wie selbstverständlich dazu. Viele gepflegte einstöckige Häuschen mit weit herabhängenden Schindeldächern ziehen sich wie aufgereiht im Seiffener Winkel entlang, drängen sich schutzsuchend an die Berghänge. Irgendwo hier muß wohl das Christkind zu Hause sein. Jedes Jahr am vorletzten Novembertag beginnen die Seiffener, ihr langgestrecktes Örtchen zu schmücken. Da werden die Nußknacker, Engel, Räuchermännchen, Sterne, Krippen und Pyramiden vom Boden geholt, entstaubt und ausgebessert. Die Wohnstube, selbst die Küche, wird herausgeputzt und weihnachtlich dekoriert. Kerzen brennen.

Fast unter jedem Dach hier im Herzen der sächsischen Spielzeugindustrie ist seit Generationen gesägt, gehobelt, gefräst, geschnitzt und bemalt worden, ist über 200 Jahre alte Volkskunst lebendig wie eh und je. Auf einer kleinen Anhöhe in der Ortsmitte steht die weltberühmte Seiffener Kirche. Doch wohl kaum ein Mensch in Berlin, Hamburg oder New York weiß, daß dieses 1779 geweihte Gotteshaus mit seinem runden Glockenturm tatsächlich existiert. Die kleine Kirche gehört zum Seiffener Weihnachtsberg, der zu Hunderttausenden als Holzmodell in der Weihnachtszeit auf Tischen und Regalen in den Wohnzimmern aller möglichen Länder aufgebaut wird. Es ist ein christlicher Berg: Vor der Kirche steigt ein Hochzeitspaar in die bereitstehende Kutsche, im Bergstollen wird Christus geboren; zur Idylle gesellen sich kleine Holzhäuschen, gedrechselte Bäumchen und Tiere.

Über hundert private Spielzeugmacher gibt es heute wieder in Seiffen. Während in den reicheren Orten des Silberbergbaus im westlichen Erzgebirge eher die Feierabendschnitzerei der Bergleute typisch war, ist für das Seiffener Gebiet die Holzdrechselei und Spielzeugherstellung schon lange charakteristisch. Hier im Osten wurde vor allem Zinn „geseift" (ausgewaschen) und abgebaut, doch nur in geringen Fördermengen. Deshalb war Holzbearbeitung hier schon früh Neben- oder sogar Hauptbeschäftigung, um das tägliche Brot zu verdienen. Der Übergang vom Zinnbergbau zur Holzdrechselei vollzog sich Mitte des 18. Jahrhunderts, bereits einhundert Jahre, bevor die letzten Männer ins Bergwerk gingen.

Seiffener Spezialität ist das auf der Welt einmalige Reifendrehen: Auf einer anfangs mit Wasserkraft, heute mit Strom angetriebenen Drehbank wird eine nasse Fichtenstammscheibe in eine rotierende Drehbewegung versetzt. Mit verschieden starken Dreheisen wird der Holzring so profiliert, daß sein Querschnitt die Grundform eines Tieres hat. Danach wird der fertige Ring wie ein Kuchen in 40 bis 60 „Tortenstücke" aufgespalten, Schafe, Kühe und Pferde werden schließlich mit dem Schnitzmesser noch kurz bearbeitet und dann getaucht und übermalt. Am Ende des Seiffener Winkels, im Erzgebirgs-Freilichtmuseum, steht noch so ein altes Wasserkraft-Drehwerk, in dem Seiffener Reifendreher ihre Kunst zeigen.

Zur Geschichte Seiffens gehört auch, daß Johann Friedrich Hiemann 1699 als erster mit einem Schubkarren voller „Seiffener Ware" zur Leipziger Messe gefahren ist. Das Handelszentrum Nürnberg folgte, noch im 18. Jahrhundert begann der Überseehandel. Doch wenn die Einheimischen von früheren Zeiten erzählen, ist das keine verklärte Vergangenheit. Ganze fünf Pfennig hat ein Spielzeugmacher noch vor dem Ersten Weltkrieg für ein Schock (60) dieser Reifentiere, „Pfengvieh" genannt, bekommen. Für das Überleben mußten selbst Vierjährige mitarbeiten. Einen Krieg später wurden unter den grauen Dächern Seiffens Handgranatenstiele und hölzerne Halbkugeln für die „Wunderwaffe" V2 gedreht, wurde mit dem Drechseln von Abzeichen und kleinen Fliegerbomben als Schmuck sowie hölzernen Geduldsspielen („Deutsch-

Schauwerkstatt in Seiffen

land erwache") zum Abbau der Arbeitslosigkeit beigetragen. Damals hatte der „Erzgebirgische Generalanzeiger" berichtet: „Aus allen Augen leuchtet Zufriedenheit über diese Art der Arbeitsbeschaffung. (...) Tragt alle die schmucken kleinen Bomben." 1945 hatten von den einst 300 Reifendrehern nur fünf überlebt. Das Elend war groß, die Spielzeugproduktion lag darnieder.

Das ist längst vorbei. Heute dürften gut dreißig Millionen Jahresumsatz eine realistische Schätzung sein. Jedenfalls „reicht bei weitem nicht aus, was wir produzieren", sagt Hellmut Bilz, Direktor des wunderschönen wie einzigartigen Erzgebirgischen Spielzeugmuseums in Seiffen. Inzwischen gibt es auch wieder zwölf Reifendreher, einen hat das Museum selbst ausgebildet. Hier in dem Museum kann man dann auch sehen, daß die „Seiffener Ware" in ihren besten Zeiten fast zweitausend verschiedene Artikel umfaßte, jeder einzelne zumeist von einem Holzkünstler gefertigt. Noch heute kommen die Einkäufer aus der Bundesrepublik und dem Ausland oft direkt zu den Spielzeugmachern, bestellen aus den individuellen Sortimenten.

Am Rande des kleinen sächsischen Luftkurorts gibt es noch eine Schauwerkstatt. Hier können Besucher den Spielzeugmachern über die Schulter gucken, können Schnitzern und den Gesichtermalern bei ihren geduldigen Pinselstrichen zusehen oder aber auch die serienmäßige Montage der Nußknacker-Paraden verfolgen. Fragt man allerdings die Schnitzkünstler nach Einkaufsmöglichkeiten in Seiffen, kommt bloß ein verlegenes „viel Erfolg". Schilder an den Häuschen mit der Aufschrift „Kein Einzelhandel – Nachfragen zwecklos" signalisieren auch nicht gerade Hoffnung. Und im „Heimatkunstgeschäft" oder im Verkaufsraum des Spielzeugmuseums ist das Angebot mehr als bescheiden. Nahezu jede Holzpyramide, jeder Nußknacker, jede Spielzeug-Schäferei – was so die Handwerker im vorweihnachtlich geschmückten Seiffen das ganze Jahr über hergestellt haben, scheint in den Export gegangen zu sein. Lediglich ein paar sowjetische Panzermodelle, Blechautos und allerlei Plastikkram hüten die Läden. So werden die Besucher doch wieder daran erinnert, daß auch in der DDR nicht nur erzgebirgische Volkskunst gefertigt wird.

Seiffener Reifendreher

Johanngeorgenstadt – strahlende Vergangenheit

Der kleine Ort war einst Sachsens jüngste Bergstadt, zugleich Grenzstadt zu Böhmen, heute zur CSSR, die hier hinter harmlos aussehenden Schildern „Halt Staatsgrenze! Passieren verboten" herüberwinkt. Der Erzgebirgskamm ist in Johanngeorgenstadt ganz nahe, die Berge in der Umgebung messen zwischen 800 und 1.000 Meter. Beste Voraussetzungen für Wanderungen und Wintersport. So ist es hier im Sommer wie Winter recht belebt, vor allem rund um den die Stadt überragenden Auersberg. Auch in Johanngeorgenstadt gab es reichlich Zinn-, Eisen- und

Silbergruben, die der Siedlung zum Aufschwung verhalfen. 1789 wurde hier Uranerz entdeckt, was sich in diesem Jahrhundert folgenschwer für den Ort auswirkte. In den fünfziger Jahren wurde der größte Teil der Altstadt abgeräumt, die Neustadt und weitere Viertel entstanden. Viele graue, glatt geputzte Häuser erinnern heute an die Zeit einer zweifelhaften Blüte der Stadt, die der Uranbergbau gleich nach dem Kriegsende bis 1957 Johanngeorgenstadt bescherte.

Zuerst kamen sowjetische Geologen und erforschten die Lagerstätten, später kamen Freiwillige und wegen „sozialer Auffälligkeiten“ Zwangsverpflichtete, Händler und Prostituierte. Es war wie „im wilden Westen“, wird berichtet. Johanngeorgenstadt wurde auf den Kopf gestellt, gewaltige Bergwerksanlagen, neue Wohnsiedlungen entstanden. Vorübergehend stieg die Einwohnerzahl auf 45.000 Menschen an. Einen realitätsnahen Einblick in Umfeld, Umgang sowie Härte des Uranbergbaus gibt der DEFA-Spielfilm „Sonnensucher“ von Konrad Wolf, der trotz seines sozialistischen Pathos' über Jahre nicht in der DDR gezeigt werden durfte. In gewaltigem Tempo wurden die Stadt und ihre Umgebung regelrecht umgegraben, die Uranerze ermöglichten der Sowjetunion, im beginnenden atomaren Rüstungswettlauf mit den USA gleichzuziehen, die ersten Atombomben herzustellen. Den Abbau organisierte die bis heute sagenumwobene SDAG Wismut, die Sowjetisch-Deutsche Aktiengesellschaft, ein Reparationsbetrieb, der wie viele große Industriebetriebe unmittelbar nach dem Krieg für die Sowjetunion arbeitete. Nur daß die Wismut nicht wie die anderen SAG-Werke Anfang der fünfziger Jahre in Volkseigene Betriebe (VEB) umgewandelt wurde. Sie blieb überwiegend in sowjetischer Hand, folglich muß die DDR die Brennelemente zum Betreiben ihrer Kernkraftwerke aus der UdSSR zurückkaufen.

Seiffener Schnitzwerkstatt

Von der Demokratisierung und den Umgestaltungsbemühungen ist die Wismut, wohl aufgrund der sowjetischen Beteiligung, bislang unberührt geblieben: Bis heute ist sie ein „Staat im Staate" mit eigenen Kontrollinstanzen, eigenen Krankenhäusern, eigenen Verkehrsunternehmen und eben auch eigenen Unterkünften und Heimen. Staatliche Betriebe, die mit der „Wismut" in Kontakt treten wollen, benötigen nach wie vor eine Sondergenehmigung. Die Arbeiter werden zu strenger Geheimhaltung verpflichtet, mit materiellen Vergünstigungen entschädigt. Vor allem in der unmittelbaren Nachkriegszeit lag ihr Durchschnittslohn weit über dem eines normalen DDR-Arbeiters, was den Boom begünstigte und viele Menschen anlockte. Das Uranerz heißt im Erzgebirge seit jeher Pechblende, nicht nur wegen seiner schwarzen Farbe, sondern auch, weil es den Bergleuten Pech brachte, denn das ursprünglich nutzlose Material lagerte zumeist da, wo die bereits ausgebeuteten Silbererzgänge zu Ende waren. Erst nach 1820 begann in den Bergbaurevieren die Gewinnung und Verwertung von Pechblende zur Herstellung von gelbem Glas, für Leuchtfarben und zur Radiumgewinnung. Im großen Stil wurde die Pechblende erst durch die Wismut abgebaut.

Neben Johanngeorgenstadt entstanden Bergbaubetriebe in Schneeberg, Aue, Schwarzenberg und Marienberg. Die meisten der Erzgebirgischen Schächte waren Anfang der siebziger Jahre erschöpft. Heute arbeiten nur noch die Schächte Schlema und Hartenstein bei Aue. Geblieben sind riesige Halden und stillgelegte Schächte, so im Johanngeorgenstädter Schwarzwassertal zwischen Erla und Antonsthal; uranhaltige Erzabfälle strahlen in Fundamenten und Fußböden und wurden auch für den Bau von Straßen und Plätzen verwandt. Die Gegend um Johanngeorgenstadt ist für ihren Reichtum an Pilzen und Heidelbeeren seit langem bekannt, die auf den mittlerweile mit Erdschichten bedeckten Abfallhalden hier besonders gut gedeihen.

Eine Studie des kirchlichen Forschungsheims Wittenberg an der Elbe berichtet von „erhöhter Beunruhigung der Bevölkerung" wegen der Spätfolgen des Uranbergbaus. Aufgeführt werden überdurchschnittlich viele Krebstodesfälle bei Erwachsenen, zeitweilige Impotenz und Haarausfall bei Bergarbeitern und der übrigen Bevölkerung, bei Frauen Fehlgeburten und angeborene geistige Behinderung bei Kindern von Bergarbeiterfamilien. Der Bericht weist darauf hin, daß in Krankenhäusern vorhandene statistische Unterlagen über diese typischen Krankheiten in Uranbergbaugebieten „streng geheim" gehalten werden. In Erlabrunn, kurz vor den Toren Johanngeorgenstadts, steht so ein Bergarbeiterkrankenhaus der Wismut.

Ansonsten wurden um die heute zerrissen wirkende Stadt rund 300 Hektar Ödland aufgeforstet, sind die ehemaligen Bergarbeiterunterkünfte längst in Kinder- und Betriebsferienheime umgewandelt worden. Im DDR-Reiseführer steht zu Johanngeorgenstadt, daß der „sichtbarste Beweis" der neuen Entwicklung nach dem Ende des Uranbergbaus „die Anerkennung als staatlich anerkannter Erholungsort" war. Strahlen kann man ja auch nicht sehen.

Erzgebirge – Bergbau, Fabriken, Spielzeug

Anreise
von Leipzig und von Dresden
mit der Eisenbahn günstige Verbindungen nach Karl-Marx-Stadt
von Berlin und Nürnberg
mit dem Auto
Karl-Marx-Stadt ist direkt an Autobahn E 40 angebunden, von dort weiter führen Landstraßen in Richtung Gebirge

Camping
Ehrenfriedersdorf,
Greifenbach-Stauweiher
Höfchen-Waldheim,
an der Talsperre Triebstein
Pualsdorf, an der Talsperre Malter

In Oberwiesenthal

Annaberg-Buchholz
Bezirk Karl-Marx-Stadt

Informationen
Reisebüro
9300 Annaberg-Buchholz
Ernst-Thälmann-Str. 34

Essen & Trinken
„Wilder Mann", Markt 13
„Goldene Sonne", Adam-Riese-Str. 11
„Erzhammer", Ernst-Thälmann-Str. 2
„Ratskeller", Markt 1
„Stadtcafé", August-Bebel-Str. 23
„Café Zentral", Museumsgasse 1

Spaß & Sport
Ausflüge
Zum Technikmuseum „Frohnauer Hammer" mit drei noch gangbaren Hämmern zur Kupferbearbeitung, daneben
Museum zur Erzgebirgischen Volkskunst und Restaurant „Frohnauer Hammer"

Freiberg
Bezirk Karl-Marx-Stadt

Informationen
Freiberg-Information
9200 Freiberg
Weingasse 9
Tel. 36 02

Essen & Trinken
„Freiberger Hof„, Am Bahnhof
„Ratskeller", Obermarkt
„Glück auf", Poststr. 13
„Sächsischer Hof", Berthelsdorfer Str. 23
„Stadtcafé", Körnerstr. 21
„Café Erbisches Tor", Karl-Marx-Str. 16–18

Kunst & Kultur
Mineraliensammlung der Bergakademie
Brennhausgasse 14
Naturkundemuseum
Ausstellung zur Veränderung der Landschaft durch den Bergbau
Waisenhausstr. 10

Karl-Marx-Stadt
Bezirkshauptstadt

Informationen
Karl-Marx-Stadt-Information
9000 Karl-Marx-Stadt
Straße der Nationen 3
Tel. 6 20 51

Unterkunft
Interhotel „Kongreß"
Karl-Marx-Platz

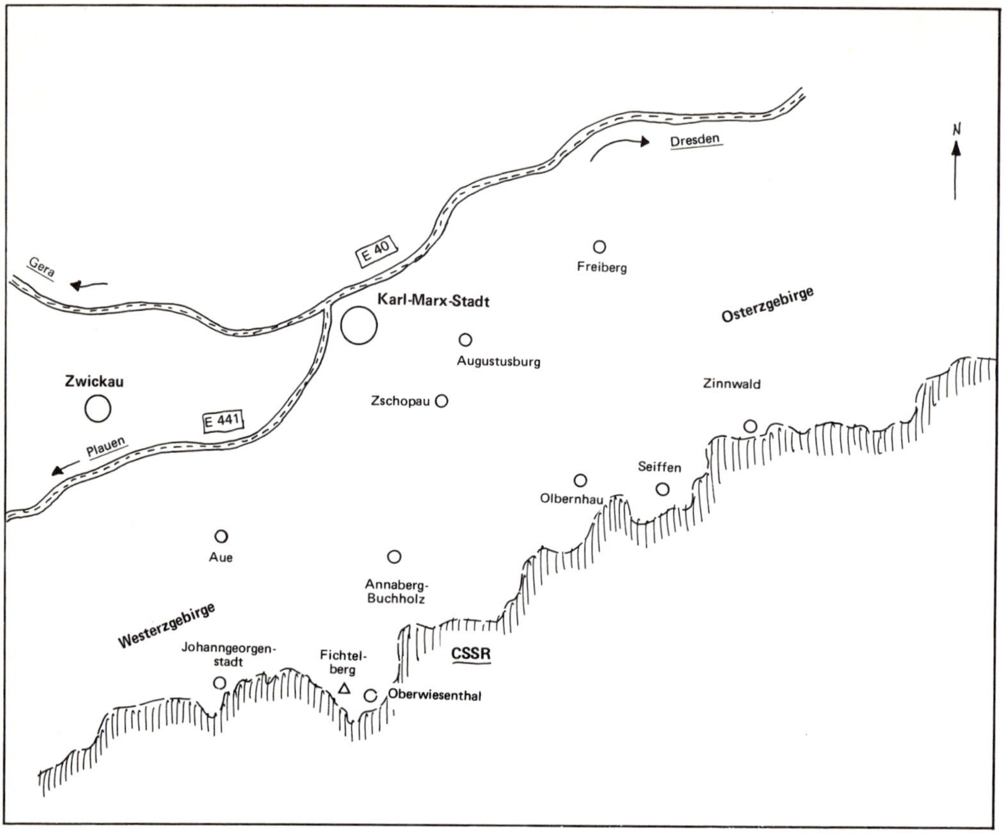

Interhotel
„Chemnitzer Hof"
Theaterplatz

Überblicke

Stadtrundfahrt mit dem Bus
Abfahrt von der Karl-Marx-Stadt-Information
Straße der Nationen 3
Mi bis Fr 10.00, 11.15, 13.00, 14.15, 15.30 Uhr,
Sa 9.30, 10.45, 11.50 Uhr
So 13.00, 14.15, 15.30 Uhr
Ständige Ausstellung „Karl-Marx-Stadt stellt sich vor" in der Karl-Marx-Stadt-Information
Mo bis Fr 9 bis 17.30 Uhr,
Sa 9.00 bis 12.00 Uhr,
So 10.00 bis 12.00 und 14.00 bis 17.00 Uhr

Essen & Trinken

„Gastronom",
Hans-Ziegler-Str. 3
„Ratskeller", Markt 1
„Theater-Restaurant",
Theaterplatz 2
„Forsthaus",
Annaberger Str. 110 a
„Zum Güldenen Bock",
Rosenhof 2
„Irkutsk", Karl-Marx-Allee
Weinstube „Bodega",
Straße der Nationen 12
„Café Schloßberg",
Schloßberg 16

Kunst & Kultur

Museen
Textil- und Kunstgewerbesammlung
Theaterplatz 1
täglich außer Fr
9.00 bis 18.00 Uhr
Städtische Kunstsammlung von der deutschen Romantik bis Expressionismus und proletarisch-revolutionärer Malerei, Sammlung von Druckgrafik
Theaterplatz 1
täglich außer Fr.
9.00 bis 18.00 Uhr
Das Grafikkabinett
Di 10.00 bis 12.00 und 14.00 bis 16.00 Uhr
Museum für Naturkunde
Theaterplatz 1
täglich außer Fr
9.00 bis 18.00 Uhr
Schloßbergmuseum
Stadtgeschichte
Schloßberg 12
täglich außer Fr.
9.00 bis 16.00 Uhr

Galerien
Galerie am Brühl
Brühl 30
täglich außer Fr
9.00 bis 16.00 Uhr
Galerie „oben"
Klosterstr. 1

Theater
Städtisches Theater
Theaterplatz 2
Karten über Theaterservice,
Karl-Marx-Allee 12
Tel. 6 21 77 und 6 14 15
Städtisches Puppentheater
Straße der Nationen 33

Konzerte
in der Stadthalle
Karl-Marx-Stadt
Straße der Nationen
Karten Tel. 68 36 96/97

Spaß & Sport

Eissportkomplex
mit Eissporthalle
„VIII. Parlament"
Heimatstadion
von Katarina Witt
an der Leipziger Straße
Bus 21

Kinos
„Luxor-Palast",
Helmut-Just-Str. 11
„Europa 70", Hainstr. 36
„Metropol-Lichtspiele",
Zwickauer Str. 11
„Capitol-Lichtspiele",
Zwickauer Str. 425
„Welt-Echo",
Augustenburger Str. 167
„Lichtspiele Glösa",
Ammernstr. 43

Tanzvergnügen
„Tanzcafé Roter Turm",
Straße der Nationen 5
„Nachtbar Jalta"
des Interhotels „Kongreß",
Karl-Marx-Allee

Ausflüge
zur Augustusburg
in Landschaftsschutzgebiet

mit der Eisenbahn nach Flöha oder Erdmannsdorf, mit dem Bus weiter, dann Fahrt mit der Drahtseilbahn
mit dem Auto über Erdmannsdorf
Zweitakt-Motorrad-Museum und Kutschensammlung
täglich von 8.00 bis 12.00 und 13.00 bis 16.30 Uhr, bei Bedarf Führungen

Oberwiesenthal
Bezirk Karl-Marx-Stadt

Fichtelbergbahn
Talstation 5 Minuten Fußweg vom Bahnhof Oberwiesenthal entfernt
Schwebebahn überwindet mit Gondeln für bis zu 40 Personen einen Hohenunterschied von 303 Metern von der Spitze des Fichtelbergs aus Aussicht auf die Bergkuppen in der CSSR

Seiffen
Bezirk Karl-Marx-Stadt

Informationen
Reisebüro Olbernhau
9335 Seiffen
Kurverwaltung

Essen & Trinken
„Buntes Haus", Ernst-Thälmann-Str. 94
„Dorfheimat", Karl-Liebknecht-Str. 32
„Saxonia", Ernst-Thälmann-Str. 190

Kunst & Kultur
Museen
Erzgebirgs-Freilichtmuseum
Arbeits- und Lebensbedingungen der Spielzeugmacher, altes Wasserkraft-Drehwerk
Ernst-Thälmann-Str. 203
Erzgebirgisches Spielzeugmuseum
Entwicklung des Spielzeugs
Ernst-Thälmann-Str. 73
Schauwerkstatt
Reifendrechsler und Schnitzer sind bei der Arbeit zu sehen
Bahnhofstr. 12

Ausflüge
Wanderung zum Schwartenberg, dort Aussicht bis zum Fichtelberg und Lokal „Glashütte"
mit Bus oder Auto nach Olbernhau, 10 km westlich, dort „Haus der Heimat", Ausstellung zur Spielwarenindustrie und Saigerhütte, ein altes Kupferhammerwerk
nach Pockau, westlich von Olbernhau, zur wasserkraftgetriebenen Ölmühle von 1783

Leipzig – Messe, Mode, Demos

Viele Wege führen nach Leipzig – durch die Dahlener oder Dübener Heide zu Fuß, im Paddelboot auf einem der Flüßchen Pleiße, Parthe oder Weiße Elster, im Auto oder Flugzeug. Am schönsten ist es jedoch, mit dem Zug in der Messestadt anzukommen, denn dann steigt man auf dem größten Kopfbahnhof Europas aus. Rund 150.000 Reisende, und das täglich, veranstalten ein Getriebe, ob nun Messe herrscht oder nicht, das nur dank der enormen Ausmaße der Hallen und Gänge nicht zum weltstädtischen Gedrängel wird. Aus dem Zug steigen, zu dem breiten Querbahnsteig laufen, einen Blick zurück auf die 26 von großzügigen Stahl-Glas-Konstruktionen überdachten Gleise werfen und ein Gefühl der Reiseromantik empfinden ist eins.

Dieser Bahnhof hat alles gleich doppelt, zwei Treppen in zwei Hallen, zwei Aufgänge in die zwei riesigen, mit dunklem Holz getäfelten Restaurants. Zwei Gepäckaufbewahrungen, zwei Fahrkartenschalter und so weiter. Dabei würde die Hälfte schon fast ausreichen, um den Mailänder Bahnhof in den Schatten zu stellen. Aber die Doppelung war notwendig. Als der Bahnhof entstand, gab es die Preußische und die Sächsische Staatsbahn, die Leipzig anfuhren, und so bekam jede ihre eigene vollständige Hälfte. Es genügt, sich in eines der Restaurants zu setzen, man wird nachempfinden, wie komfortabel man im Bahnhof speisen konnte, und das jetzt noch. Das „Zeitkino", in dem Kurzfilme zur Überbrückung der Wartezeit gespielt werden, gibt es erst seit einigen Jahren und deshalb nur einmal.

Auf dem Bahnhofsvorplatz tauchen die Fußgänger durch Unterführungen unter dem fließenden Autoverkehr hinweg in Richtung Altstadt. Schon 1015 wurde Leipzig erstmals schriftlich erwähnt als „urbs lipzi" (vermutlich „Lindenort"). Gut anderthalb Jahrhunderte später erhob Markgraf Otto der Reiche die Ansiedlung zur Stadt, womit das Recht einherging, zweimal jährlich Markt abzuhalten. Der Ort wuchs nicht konzentrisch, sondern wurde eher schachbrettartig um den rechteckigen Markt herum ausgebaut, auf dem sich zwei der wichtigsten internationalen Handelsstraßen kreuzten. Sowohl die „Via Regia", die Königsstraße von Frankfurt am Main über Thüringen bis nach Polen und Rußland, als auch die „Via Imperii", von den Hansestädten über Nürnberg bis nach Italien, führten über Leipzig. Diese günstige geographische Lage in Verbindung mit voller Niederlassungsfreiheit für fremde Kaufleute und niedrigen Zollsätzen beschleunigten die wirtschaftliche Entwicklung zur Messemetropole. Schon ab 1497 fanden hier Reichsmessen statt, im 18. Jahrhundert wurde Leipzig zum Ort der größten deutschen Warenmesse. Heute gibt es nur noch Mustermessen in der Stadt, es wird also nicht an Ort und Stelle verkauft und gekauft, die Muster von Industriegütern und Konsumwaren werden begutachtet, Kontakte geschlossen.

Die von der Westhalle des Hauptbahnhofs kommende Unterführung entläßt die Passanten am Eingang der Nikolaistraße wieder in das Tageslicht. Ein Blick zurück auf die über 300 Meter lange Sandsteinfassade des Bahnhofs – innen ist er doch schöner. Einige neue Hotelkästen stehen an der autobahnähnlichen Ringstraße, die den alten Stadtkern umrundet. Für die weltberühmten Montags-Demonstrationen, die Leipzig als „Hauptstadt der friedlichen Revolution" bekannt machten, war die Breite des Ringes gerade ausreichend. Am Eingang zur Nikolaistraße aber schaut man in Empfangshallen mit zerschlissenem Mobiliar und abgeschabten Rezeptionen, diese Hotels haben schon viele Jahre Messe auf dem Buckel. Wenige Schritte weiter kreuzt der Brühl, Zentrum des Leipziger Rauchwarenhandels und der Pelzveredelung. Die im zweiten Weltkrieg schwer zerstörte Straße wird jetzt beherrscht von „moderner" Architektur: Wohnblöcke, VEB-Brühlpelz-Hochhaus, Konsument-Warenhaus. Mit einem Gang über den geschäftigen Brühl hätte man auch schon fast die gesamte Breite des Altstadtkerns abgeschritten. Besser ist, man bleibt auf der Nikolaistraße, geht in einen der Hinterhöfe, hinter dessen gekachelten Fronten Etage über Etage kleine Gewerbebetriebe angesiedelt sind. Oder schaut in die Passage, die das Häuserrechteck zur Ritterstraße hin durchstößt.

Am Naschmarkt

Leipzig hat Passagen. Man kennt die Schilderungen der Passagen in Paris, der Passagen in Florenz, auch die Beschreibungen der vergleichsweise schäbigen, die es einmal

nehm, werden Keramik, Schmuck, Kleidung teuer angeboten. Vor den Läden warten Frauen, offensichtlich verabredet, extra zurechtgemacht. Vor Milchbars treffen sich jugendliche Paare. In den Leipziger Passagen kann man einen halben Tag verbringen, wird nur dadurch gestört, daß man hin und wieder doch ins Helle muß, auf die freie unbedachte Straße, um von einer zur anderen zu gelangen. In einer der Buchhandlungen beschafft man sich Lesestoff, setzt sich ins Café oder Restaurant, schlendert dann wieder ein Stück, schaut in eine Boutique oder ein Geschäft mit Keramik. Es ist selten in der DDR, daß man so völlig unbeschwert genießen kann.

Die Passagen führen einen kreuz und quer, irgendwann ist man dann am Markt. Früher fanden dort große Wochenmärkte und Volksfeste statt. Karussels und Schiffsschaukeln waren aufgebaut, Schaubuden zeigten erregende Inhalte, die der Leipziger

an der Friedrichstraße in Berlin gab. Berichte, die voller farbiger Details sind. In den Passagen ist Geheimnis, das erforscht werden muß, gibt es Hell und Dunkel, Ecken, hinter die man schauen, und Aufgänge, die man emporsteigen kann. Sie überraschen den Passanten, weil sie ihn an Stellen entlassen, die er nicht vorhergesehen hat, sie hüllen ihn ein, weil er in Straßen läuft und dennoch unter einem Dach. Paris und Florenz, die Passagen in Leipzig sind ähnlich aufregend. Wände und Böden sind gefliest oder mit Stein belegt, mit Bögen, Säulen, Plastiken geschmückt, Mosaiken zeigen Szenen aus der Geschichte der Messen. Durch Oberlichter fällt schummrige Beleuchtung. Blicke in die Küchenräume von Cafés, in die Lager von Läden sind möglich. Man hört Geschirrklappern und leises Ventilatorengebrumm, Stimmen, die durch enge Höfe schallen. Es riecht nach frisch gerösteten Kaffee. Vor Lastenaufzügen sind Waren sorgsam gestapelt. Auf der Schauseite der Geschäfte ist dann wieder alles vor-

Die Hainstraße in der Leipziger Innenstadt

Ringelnatz so schilderte: „Hiner einem Gitter sah man einen Gefangenen in Ketten, der unermüdlich eine Tretmühle bewegte. Unter einem zähnefletschenden Bären hob und senkte sich der zerfleischte Busen einer Frau. Eine Portion Eis mit Pappteller und Blechlöffel kostete fünf Pfennige. Türkischer Honig war noch billiger." Ihren Hang zum Besonderen pflegen die Leipziger von heute im Gewürzbasar, einem der Läden im Laubengang des Alten Rathauses. Geduldig stehen sie hier Schlange, um die heimische Küche mit Safran, Chili oder Kardamom zu verfeinern. Das langgestreckte Rathaus wäre auch ohne solch aufwendig gestaltete Geschäfte der Blickfang des Marktes. Bei Sonnenlicht scheint das gelblich getünchte Renaissance-Gebäude mit den vielen Fenstern und Giebeln regelrecht zu strahlen. Kaum vorstellbar, daß sich hier einmal die Schaulustigen zu Vorstellungen ganz eigener Art um die besten Plätze gedrängelt haben. Blut war zu sehen bei den öffentlichen Hinrichtungen vor dem Rathaus. Auf dem Markt wurde auch der Woyzeck ums Leben gebracht, der durch Büchners Drama bekannt ist.

Über den Platz schlendern heute diejenigen, die im Zentrum ihren Einkäufen und Besorgungen nachgehen. Dabei laufen die Passanten über die weltweit einzige „Messeuntergrundhalle", deren Zugang aussieht wie ein U-Bahneingang. Das Untergrundmessehaus wurde Mitte der zwanziger Jahre errichtet, weil sich die peniblen Leipziger an den provisorischen Messebaracken aus Holz auf dem Marktplatz allzusehr störten. Unter den vielen mit Taschen und Tüten bepackten, die es sichtlich eilig haben, fallen andere auf, die ganz gemächlich einen Bummel durch die Altstadt machen. Besonders die Leipziger Damen scheinen großen Gefallen am Flanieren in bester und ausgesuchter Garderobe zu haben, dazu wieder Ringelnatz: „Fast alle Sachsen sind sächsisch. Sie zeigen sogar, daß die Pariser und die Londoner Mode vor zwei Jahren eigentlich auch sächsisch war." Hätten die Straßen und Gehsteige noch ihr ursprüngliches Kopfsteinpflaster, gäbe es vielleicht an jeder Ecke einen Absatz-Reparaturdienst mit überwiegend weiblicher Kundschaft. Viele Frauen treten in hochhackiger, aber unaufdringlicher Eleganz, mit Freundin und Hund, dabei sind Pudel bevorzugt, auf. Vielleicht hat diese Leipziger Vorliebe für gelockte Vierbeiner Goethe, der in seinem „Faust" ja auch dem nahegelegenen „Auerbachs Keller" ein Denkmal setzte, dazu inspiriert, den Mephisto gerade in Gestalt eines Pudels die Schwelle zum Studierzimmer des Helden überschreiten zu lassen.

Zwischen Katharinenstraße und Hainstraße, an der Nordseite des Platzes, steht die rekonstruierte Alte Waage. Dieses Haus erfüllte in drei Jahrhunderten Stadtgeschichte ganz unterschiedliche Funktionen. Die fremden Kaufleute mußten hier ihre Waren wiegen lassen und verzollen, während in der Ratsweinschänke im Keller Trinksprüche die Runde machten. Später beherbergte das Gebäude die Post und das Messeamt, jetzt wirbt das Reisebüro der DDR für Flüge nach Kiew und Budapest und Busfahrten in die BRD.

Vom Marktplatz ist es nicht weit zur Thomaskirche, in der Johann Sebastian Bach die letzten 27 Jahre seines Lebens als Kantor angestellt war. Während dieser Jahre schrieb er unzählige Orgelwerke, Motetten und Kantaten, verhalf dem Thomanerchor zu überregionaler, heutzutage sogar internationaler Berühmtheit. Zwischen den Tourneen ist der Chor aber zu bestimmten Gelegenheiten auch in Leipzig zu hören. Das Weiß der Wände und Säulen im Innern der Kirche wird nur an der Decke von rotbraunen Gewölberippen durchbrochen, so daß der gotische, also schlichte Raum lichtdurchflutet und freundlich ist. Anläßlich des Übergangs Leipzigs zum reformierten Glauben hielt Luther selbst die Pfingstpredigt 1539 in der Kirche. Den Chor dominiert die metallene Grabplatte Bachs. 1750 hatte man ihn noch ohne jeglichen Aufwand begraben. Erst 200 Jahre später wurden Gebeine, die man für die seinen hielt,

An Auerbachs Keller

MÄDLER
Auerbachs Keller
Auerbachs Keller
Modische Wäsche

An der Mädlerpassage, Blick zum Markt

hierher überführt, um ihm die zu Lebzeiten versagte Achtung zu erweisen. Nun gibt es auch ein großes Bronzedenkmal, das den Meister ernsten Blickes und zur Orgel hinter sich greifend darstellt. Es steht auf dem liebevoll restaurierten Thomaskirchhof, neben dem man nach einem Gang durch das Bach-Musuem in einem der drei Cafés – Auge in Auge mit dem Standbild – bei Coffein und Kalorien den Kontakt zum Hier und Jetzt wieder aufnehmen kann.

Wenige Meter weiter wird zeitgenössische Kultur großgeschrieben. Im Kino Capitol in der Burgstraße findet seit 1955 alljährlich die „Internationale Dokumentar- und Kurzfilmwoche" statt. Ausnahmsweise wird dann die Stadt nicht von Messebesuchern überschwemmt, sondern von Filminteressierten und Filmemachern, die sich einen Überblick über aktuelle Produktionen verschaffen wollen.

Der Karl-Marx-Platz, auf der entgegengesetzten Seite des Altstadtkerns, ist ein Beispiel für repräsentativ gemeinte, aber mißlungene Stadterneuerung. Er wäre nicht weiter erwähnenswert, gäbe es nicht an seinen Rändern das Opernhaus Leipzigs, dann das Neue Gewandhaus, in dem das berühmte Orchester auftritt, und den alles überragenden Hochhausturm der Karl-Marx-Universität. Und hätte es nicht auf diesem Platz die Kundgebungen der Gruppen und Parteien, deren Redner vom Balkon des Leipziger Opernhauses sprachen und schrien, von Hunderttausenden engagierter Menschen gegeben – jeden Montag gegen 18 Uhr. Die Parolen änderten sich rasch: Aus „Wir sind das Volk" wurde „Wir sind ein Volk", aus Solidarität Aller gegen das alte SED-System „Rote aus der Demo raus".

Direkt neben dem Uniturm stößt man wieder auf Geschichte. Hier haben Studenten die Moritzbastei, die im 16. Jahrhundert zur Stadtbefestigung gehörte, teilweise freigelegt und als Kneipe und Kulturzentrum umgebaut. Altes Gemäuer, behutsam er-

Leipziger Hauptbahnhof

gänzt, Bögen und Winkel, in die Tiefe führende Stufen. Das verzweigte, mittelalterlich anmutende Gewölbe begünstigt eine Atmosphäre, die weit entfernt ist von der üblichen HO-Gaststätten-„Gemütlichkeit". Statt Plaste und Elaste nur unverputzte Steine und Holz, soweit das Auge durch den rauchgeschwängerten und obergärigen Untergrund reicht.

Das Café oben im Hochhausturm bietet dagegen Plüsch, auf den man verzichten kann, daneben aber die Aussicht auf das Völkerschlachtdenkmal und den Bayerischen Bahnhof.

Der liegt etwas südlich vom Stadtkern, aber durch die Windmühlenstraße kann man ihn gut zu Fuß erreichen. Bayerischer Bahnhof, der Name sagt es schon, war die Ausgangsstation für die Züge nach Süddeutschland. Von dem ehemals imposanten langgestreckten Gebäude mit seinen Arkadengängen steht nur noch das Portal; es ist das älteste erhalten gebliebene in Deutschland. Auf dem Fahrplan sucht man noch vergeblich nach Reisezielen wie Nürnberg oder München. Die Züge fahren nicht weit: Nach Espenhain und Bornau, höchstens nach Karl-Marx-Stadt. Obwohl dieser Bahnhof „auf der Denkmalliste der DDR einen bevorzugten Platz innehat", fällt es niemandem ein, zumindest das langsam abbröckelnde Portal auszubessern. Dennoch kommt man in der menschenleeren Wartehalle in eine anrührende Atmosphäre. Da steht eine einsame Fassade mit vier Bogenöffnungen, unter denen verrostete Schienen hindurchführen, die nach einigen toten Metern im Gestrüpp enden. Ein verwittertes Schild warnt noch vor dem Überqueren der Gleise, obwohl die Züge der Reichsbahn heute viel weiter vorne abfahren. Auf einer der Bänke sitzen, Augen und Ohren halb schließen. Mit etwas Phantasie sieht man dann statt der Mietskasernen gegenüber ein Getümmel von Reisenden, große Hüte und größere Kleiderkisten, winkende Taschentücher; hört man statt des Straßenverkehrs schnaubende und zischende Lokomotiven, zum Einsteigen mahnende Schaffner, gute Ratschläge besorgter Eltern.

Zum Völkerschlachtdenkmal fährt man vom Bayerischen Bahnhof mit der Straßenbahn Linie 21 Richtung Probstheida. Wenn die Wagen voll besetzt sind, bestätigt sich wieder, was jedem in Leipzig auffallen wird, der zwischen Barockhäusern und Denkmälern auch auf die Menschen achtet: Hier herrscht ein überwiegend freundlicher Umgangston, von sächsischer Gemütlichkeit und einem gewissen Charme geprägt. Verkäuferinnen und Kellner wirken hier weniger mürrisch als anderswo in der Republik. Der Mann am Sparkassenschalter tauscht den zerrissenen Zwanzigmarkschein um in einen druckfrischen, statt ihn tadelnden Blickes zu kleben. In der vollen Straßenbahn wird man nicht angerempelt, und alten Leuten wird ein Sitzplatz freigemacht. Rumpelnd geht es los.

Man wird an einem riesigen, konkav geschwungenen Gebäude vorbeigefahren, der Deutschen Bücherei, der Zentralbücherei der DDR. Dann auch am Messegelände mit seinen an Flugzeughangars erinnernden Hallen. Auf diesem Terrain wird es nur in einigen Wochen im Jahr lebendig, ist es dann hier so voll wie in der ganzen Innenstadt. Messen bestehen ja nur zu einem kleinen Teil aus dem Geschehen an den Ausstellungsständen, schon bald greift unter den Ausstellern die Langeweile um sich. Leipzig bietet Ablenkungsmöglichkeiten, ist für viele Besucher exotischer als das für den Handel wichtigere Hannover. In den Devisenbars suchen Frauen Westbekanntschaften, für eine Nacht oder mehrere. Das ist in den Hotels Teil des Messeservices wie die Höflichkeit des Portiers und der Pagen, die jeden mit „Herr Direktor“ titulieren, oder die Luxuslimousine, die zwischen Flughafen und Zentrum pendelt. Die Stadt scheint den Messebesuchern zu gehören, die Preise in den Restaurants und Cafés sind auf das Dreifache gestiegen. Für die Leipziger fällt bei dem ganzen Betrieb eine für diese Zeit deutlich verbesserte Versorgung ab, dafür fühlen sie sich in ihrer eigenen Stadt nicht ganz zu Hause. Die Straßenbahn fährt nach den Messehallen noch zwei Stationen bis zum Völkerschlachtdenkmal.

Über eine streng symmetrische Anlage mit großem Bassin geht man dem glockenförmigen, kolossal wirkenden Betonbau entgegen. Die dunkle Verkleidung aus Granitporphyr verstärkt den bedrohlichen Eindruck noch. Ist man am Sockel angekommen, wird man durch ein Schlachten-Relief über die Bedeutung des Denkmals aufgeklärt. Während der Befreiungskriege stellten die Verbündeten nach fruchtlosen Friedensverhandlungen drei Heere gegen die vom Rußlandfeldzug zurückkehrenden Truppen Napoleons auf. Drei Tage lang tobten im Oktober 1813 in und bei Leipzig blutige Kämpfe, die schließlich den Rückzug der Franzosen erzwangen. Alle europäischen Völker waren an dieser bis dahin größten Massenschlacht beteiligt, in der mehr als 100.000 Soldaten starben. Leipzig, im Anschluß daran erst von russischen und später von preußischen Truppen besetzt, hatte gerade so viele Einwohner, wie es Verwundete aufnehmen mußte. Die ganze Stadt wurde zum Notlazarett, Seuchen grassierten bald auch unter der Bevölkerung. Angesichts dieser Ausmaße forderte Ernst Moritz Arndt: „... ein kleines unscheinbares Denkmal tut es nicht, ... es muß groß und herrlich seyn, wie ein Koloß, eine Pyramide, ein Dom in Köln.“ Und so kam es. Zur Erinnerung an die Völkerschlacht wurde genau 100 Jahre später das größte deutsche Denk- und Mahnmal eingeweiht.

Der Bau birgt in sich eine Krypta. In Stein gehauene Krieger halten Wache neben ebensolchen Schicksalsmasken. Fast sechzig Meter höher spannt sich eine Kuppel, auf der siegreiche Soldaten im Kreis reiten. Trotz einiger Fenster im Mittelbau ist es hier unten düster und kalt. Nur wenn eine Taube sich durch die oberen Luftschächte verirrt, ist ein wenig Leben zu spüren. Das alles ist so bedrückend, daß man sich bald entschließt, die 500 Stufen bis zur Aussichtsplattform zu erklimmen, um wieder unter freiem Himmel zu stehen. Schweiß und Schwindelgefühle werden dann auch mit einem weiten Blick vergolten, der allerdings oft durch eine fast undurchdringliche Dunstglocke buchstäblich getrübt ist.

Hauptverursacher der Luftverschmutzung ist das „Braunkohleveredelungswerk Espenhain“ mit den beiden Betriebsteilen Böhlen und Espenhain, deren qualmende Schornsteine unweit von Markkleeberg, dem südlichsten Stadtteil Leipzigs, aufragen. Die Kraftwerksanlagen, im Rahmen des nationalsozialistischen Autarkieprogramms errichtet, gingen 1939/40 in Betrieb und arbeiten seitdem immer noch, sollen nun aber bald stillgelegt werden. Bis Markkleeberg haben sich mittlerweile auch die gewaltigen Stahldrachen herangenagt, haben Kleingartenkolonien und alte Dörfer verschwinden lassen. Infolge der Grundwasserabsenkung durch den Braunkohletagebau müssen in den nächsten Jahren weitere Ortschaften und Stadtviertel weitgehend abgerissen werden. Nicht nur über Alt-Connewitz liegt ein Leichengeruch: Der Feucht-Biotop um die Pleiße, eines der schönsten Naherholungsgebiete in der Stadt, ist kaum noch zu retten.

Dennoch, von hier oben sind die Auwälder, Reste des einstigen Sumpfgebietes, gut zu sehen, die als grünes Band die Stadt diagonal durchziehen. Das Zentrum wirkt winzig im Vergleich zur gesamten Ausdehnung Leipzigs mit all seinen eingemeindeten Vororten. Klar voneinander abgegrenzt liegen einem Siedlungen aus verschiedenen Epochen zu Füßen. Die meisten Wohnhäuser der alten Stadtteile stammen vom Ende des letzten Jahrhunderts, als im Zuge der Industrialisierung innerhalb weniger Jahrzehnte die Bevölkerung sich versechsfachte. Aus dieser Entfernung machen sie einen gemütlichen Eindruck, im Gegensatz zu den sterilen Neubauvierteln, deren größtes das im Westen gelegene Grünau ist: Dort wohnt heute jeder sechste Leipziger.

Das Völkerschlachtdenkmal ist ein beliebtes Ausflugsziel weniger wegen der Erinnerung an den Sieg über Napoleon als vielmehr wegen dieser einmaligen Aussicht. Neben einem ertönt der Ausruf „Gugg mol Gomorgschdodd!“ Der ausgestreckte Finger einer jungen Frau zeigt nach Süden. Und tatsächlich, ganz weit hinten ist Karl-Marx-Stadt zu erkennen. Dahinter irgendwo liegen die Höhenzüge des Erzgebirges.

Informationsteil zu Leipzig siehe S. 285 ff.

Halle –
Stadt und Staub

Halle war, obwohl alte Universitätsstadt, immer der mehr proletarische Konkurrent Leipzigs. Während die Leipziger auf Eleganz achteten, ihre Stadt für ein „Klein-Paris" hielten, wurde in Halle gearbeitet, hart gearbeitet. Das zahlte sich nicht aus. Die Stadt gilt heute als Muster für Verfall und Umweltzerstörung.

Steckbrief Halle: etwa 240.000 Einwohner, schon 1.025 Jahre alt, liegt an der Saale. Zentrum der bedeutendsten Chemieregion der DDR. Die Buna-Werke sind nicht weit. In diesen riesigen Werkskomplexen werden Grundstoffe für die chemische Industrie, für die Herstellung von Kunststoffen und von Kosmetika etwa, produziert. Die Anlagen sind stark überaltert, da zu Teilen schon vor 60, 70 Jahren entstanden. Entsprechend groß ist die Belastung der Umwelt, nicht nur in den Werken bedeckt grau-gelber Staub die Erde. Die Saale verbreitet einen penetrant süßlichen Geruch, an der Wasseroberfläche zerplatzen immer wieder kleine Blasen im Ölfilm.

Halle-Neustadt hat mittlerweile über 100.000 Einwohner. Für den Bau dieser Trabantenstadt, in der viele Chemiearbeiter wohnen, wurde die Bewahrung der historischen Substanz Halles vernachlässigt. In den letzten Jahren ist man zu großflächigem Abriß im Stadtkern übergegangen. Das alte Straßennetz und 40% der alten Häuser sollen erhalten bleiben. Inzwischen ist aber so viel zerstört, daß nicht mehr das Fachwerkhaus, sondern der Betonneubau das Bild der Altstadt bestimmt.

Wer nach Halle verschlagen wird, kann aber noch einige historisch gewachsene Orte aufsuchen.

Den Stadtgottesacker am Rande der Altstadt. Die vielen kleinen Skulpturen über den Gruften und Grabmalen tragen die Spuren vieler Jahre. Pflanzen wuchern neben Steinbögen der Renaissance. Alles wirkt geheimnisvoll, das Geheimnis des Verfalls, des Todes.

Marktplatz mit Rotem Turm und Marktkirche St. Marien. Der Turm, im 15. Jahrhundert erbaut, ist ein Zeichen des Selbstbewußtseins der Bürger, 84 Meter hoch, mitten auf den Platz gestellt. An seinem Fuß steht der Roland. Halle war Mitglied der Hanse, handelte mit dem Salz, das die Salinenarbeiter, die Halloren, gewannen. Salz brachte im Mittelalter Reichtum. Und die reichen Bürger versuchten immer wieder, die Herrschaft der Magdeburger Bischöfe abzuschütteln. Die Marienkirche, ein gotischer Bau, trägt vier Türme, von denen überragt aber keiner den massigen Roten.

Das Händelhaus. Das Geburtshaus des Komponisten liegt zwischen Markt und Dom, an dem Händel 1702 als Organist tätig war. Das Glockenspiel (klingt wie Big Ben) im Roten Turm erinnert daran, daß Händel, ein Erfolgskomponist seiner Zeit, für viel Geld in England Auftragswerke verfaßte und dort auch starb.

Dom und Moritzburg. Als Erzbischof Ernst von Magdeburg Halle 1478 erobert hatte, ließ er eine Zwingburg über der Stadt errichten. Starke Bastionen und tiefe Gräben schützten die Besatzung, die dafür sorgen sollte, daß die aufmüpfigen Hallenser niedergehalten werden. Der Dom wurde im 16. Jahrhundert reich ausgestattet, stellte so ein Gegengewicht zum lutherischen Wittenberg dar. Als auch in Halle die Reformation einzog, wurden die Kunstwerke weggeschafft. Die Burg brannte in den Kämpfen des 30jährigen Krieges aus. Die Zeichen der Macht der Erzbischöfe waren beseitigt. Heute, die Ruinen der Moritzburg wurden im

Das Händelhaus

19. Jahrhundert ausgebaut und als Museum hergerichtet, betritt man über eine Zugbrücke den kopfsteingepflasterten Innenhof. Die „Staatliche Galerie Moritzburg" ist bekannt für ihre Sammlung deutscher Expressionisten. Vor den Bildern und Plastiken, im schönen Hof und im Keller des Studentenclubs kann man einige Zeit angenehm verbringen.

Aber vor dem Schloßberg erheben sich die Betonbauten, der Roland auf dem Marktplatz ist stark von der Chemieluft angegriffen, der Rote Turm ist schmutzigschwarz. Die Gegenwart holt einen immer wieder ein.

Halle ist eine abscheuliche Stadt

Wer das Gegenteil behauptet, hat nie dort gelebt oder ist nie dort weggekommen. Wer in Halle gelebt hat und weggekommen ist, kommt nie mehr los von der Gewohnheit, alles unerträgliche Sein mit Hallescher Gleichmut zu beschreiben. Die Steigerungs-

Halle-Neustadt zu wohnen galt anfangs als erstrebenswert, ist heute das kleinere Übel. Denn der soziale, räumliche und kulturelle Standard wurde in späteren Neubaugebieten nie erreicht. Trotz gigantischer Fehlplanung, von vier Kindertagesstätten stehen drei inzwischen leer, funktioniert HA-NEU doch als Stadt mit eigener Infrastruktur. Nur der Fremde hat Schwierigkeiten, sich zurechtzufinden. Straßennamen gibt es kaum, Adressen lauten Block 620/5 W 38 im WBK 9.

Die stadtbekannte Adresse für die Hallenser Studenten der „Burg", Hochschule für Formgestaltung, in den 70er Jahren war die Fleischerstraße. In halbverfallenen Katen, wo einst die Gerber ihre Felle in der Saale wuschen, hausten wir in Kommune. Als der Begriff „Hausbesetzerszene" politisch noch nicht besetzt war, gab es in Halle schon Szenen wie in der Hafenstraße zu Hamburg, Zwangsräumung, Festnahmen,

form des Hiergeborenseins heißt – Hallenser, Halloren, Halunken. Einer, der zwar hier nicht geboren, aber vom Jüngling zum Manne wurde, Curt Goetz, behauptete, daß der schönste Ort in Halle der Hauptbahnhof sei, von dem man in alle Richtungen davonfahren kann.

Eine höhere Meinung von der tausendjährigen Stadt hatte Felix Graf von Luckner. Ihm soll es zu verdanken sein, daß Halle nicht wie die anderen Industriemetropolen Chemnitz und Magdeburg dem Erdboden gleichgemacht wurde. So blieb durch die kampflose Übergabe an die Amerikaner der Stadtkern mit seinen mittelalterlichen Fachwerkhäusern fast vollständig erhalten.

Das Fazit nach 45 Jahren Frieden aber – mehr als im Krieg ging zu Bruch, weil Altstadtsanierung in der DDR erst zur nationalen Aufgabe erklärt wurde, als das Bauen auf der grünen Wiese sich als doch unrentabel erwies. Mitte der 60er Jahre entstand jenseits der Saale hellem Strande die erste sozialistische Stadt in Plattenbauweise. In

Der Gottesacker

ständige Bespitzelung. Als das nichts half, kamen die Bulldozer. Auch das Haus meiner Urgroßeltern auf dem Domplatz fiel dem Flächenabriß zum Opfer.

Mein Urgroßvater war nach dem Krieg ein stadtbekanntes Original. Als vermögender Lumpenhändler und Buntmetallsammler wurde er das Opfer eines Raubmordes. Meine Urgroßmutter endete in der „Klappsmühle" in Alt-Scherwitz bei Halle. Etliche meiner Kommune-Freunde landeten im Knast wegen Mißbrauchs von DORMOTIL, ein handelsübliches Schlafmittel, das mit Alkohol zur Droge wurde. Andere, weil sie versucht hatten, das Bildungssystem der DDR durch eigene Vorschläge zu reformieren. Fast alle durften zur Strafe in den Westen ausreisen. Wer blieb, emigrierte entweder in die Hauptstadt oder verschwand im Niemandsland der Jedermannsgesellschaft.

„In Halle werden die Dummen nicht alle", sagt ein Sprichwort. Wenn man sieht, wie jetzt das letzte bißchen Schönheit der Altstadt wegsaniert wird, ist man geneigt, menschliche Dummheit nicht mehr mit Hallescher Nachsicht zu betrachten. Sogar der Ex-Parteichef des Bezirks, Horst Sindermann, soll jüngst bei einer Visite die Hände über dem Kopf zusammengeschlagen haben. Alle Versuche, etwas mehr Schönheit und Farbe in das triste Stadtbild zu bringen, scheitern an der aggressiven Luft im Chemiebezirk. Die Spitzenerzeugnisse PLASTE & ELASTE aus BUNA bedeuten auch Weltniveau an Umweltverschmutzung. Hundert Gramm Flugasche pro m^2 *gehen auf die Hybrid-Stadt nieder. Mitte der 60er Jahre erklärte Walter Ulbricht, daß er in zehn Jahren in der Saale baden wolle. Inzwischen sind beide tot, der Fluß und der Parteichef, der immer mehr versprach, als er hielt.*

Die Stadt zwischen Leuna und Bitterfeld, die früher vom Salz und heute von Zucker und Malzkaffee lebt, stand immer im Schatten von Leipzig. Zu Unrecht, denn Halle hat mindestens soviel Halbwelt, Universitäten, schöne Mädchen wie dieses Möchtegern-Paris von nebenan. Die Hallenser sind weniger blasiert, haben statt nur Westgeld lieber überhaupt nichts im Kopf und sprechen ein weniger penetrantes Sächsisch. Leipzig ist stolz auf seinen Handel, Halle auf Händel. Weil der große Sohn der Stadt in London begraben ist, ertönt jede volle Stunde am Markt das Glockenspiel von Big Ben. Ich wollte nie in Halle begraben sein, deshalb zog ich beizeiten fort und komme nur ab und an hierher zurück. Manche Städte der Welt, die ich bereiste, erinnerten mich an Halle, Belfast zum Beispiel und Liverpool. Fast immer, wenn ich ehemaligen Hallensern begegne, herrscht stilles Einvernehmen. Wie zwischen Verwandten, die das Familientreffen vorzeitig verließen. Lieb war mir von all meiner Hallenser Verwandtschaft nur Tante Lotti. Sie starb als alte Jungfer, obwohl es hieß, sie habe vorm Krieg ein gut gehendes Freudenhaus besessen. Wenn ich heute an meine wilden Jahre in BROHMERs Eisdiele und im SARG-DECKEL, der Stammkneipe für Theaterleute, denke, ist das wie aus einem anderen Leben. Nichts zieht mich heute mehr an diese Orte. Denn die Zeit ist vorbei. Wenn eines Tages meine Eltern nicht mehr sind, wird auch Halle für mich gestorben sein. Nur noch Erinnerung. Einiges vom Besten meines Lebens.

Thomas Knauf, Berlin/DDR

Leipzig – Messe, Mode, Demos

Halle – Stadt und Staub

LEIPZIG
Bezirkshauptstadt

Informationen
Leipzig-Information
7010 Leipzig
Sachsenplatz 1
Tel. 7 95 90
Mo bis Fr 9.00 bis 19 Uhr,
Sa 9.30 bis 14.00 Uhr
Leipziger Messeamt
Markt 11/15

Anreise
von Berlin/DDR und Dresden
gute Zugverbindungen mit der Eisenbahn
mit dem Auto über die Autobahn E 49 von Süden und E 51 von Norden bis Abfahrt Leipzig
von Frankfurt/Main, Düsseldorf und Hamburg
mit dem Flugzeug (Linienflugverkehr); zu Messezeiten auch von weiteren westdeutschen Städten zum Flughafen Leipzig-Schkeuditz

Überblicke
Stadtrundfahrten mit dem Bus
Frühjahr bis Herbst täglich 10.00, 13.30, 16.00 Uhr
Abfahrt von der Leipzig-Information vom „Panorama-Café" im Universitätshochhaus und vom Völkerschlacht-Denkmal

Unterkunft
Interhotel „Merkur"
Gerberstraße
Tel. 79 90
Interhotel „Astoria"
Platz der Republik 2
Tel. 7 17 10
Interhotel „International"
Tröndlinring 8
Tel. 7 18 80

Camping
Intercamping
Am Auensee
7026 Leipzig-Nord
Tel. 5 26 48

Essen & Trinken
„Auerbachs Keller",
Grimmaische Str. 2/4
„Paulaner", Klostergasse 3
„Kaffebaum",
Kleine Fleischergasse 4
„Barthels Hof", Markt 8
„Weinrestaurant Falstaff",
Georgiring 9
„Thüringer Hof",
Burgstr. 19/23
„Vietnamesisches Restaurant",
Große Fleischergasse 3
„Burgkeller",
Naschmarkt 1/3
„Corso-Kaffeehaus",
Neumarkt 2
„Café Concerto",
Thomaskirchhof
„Teestube",
Thomaskirchhof 11
„Panorama-Café"
im Universitätshochhaus

Kunst & Kultur
Museen
Johann-Sebastian-Bach-Museum
im Bosehaus
Thomaskirchhof 16
Di bis So 9.00 bis 17.00 Uhr

Museum der Bildenden Künste
Gemäldegalerie 15. Jahrhundert bis Gegenwart,
Grafische Sammlung,
Skulpturensammlung 19./20. Jahrhundert
Georgij-Dimitroff-Platz 1
Di bis Fr 9.00 bis 18.00,
Sa 9.00 bis 17.00,
So 9.00 bis 13.00 Uhr
Grafiksammlung nur mit Voranmeldung zugänglich

Georgij-Dimitroff-Museum
Geschichte der Arbeiterbewegung; Dokumente zum Reichstagsbrandprozeß, der im Gebäude des Museums, im ehemaligen Reichsgericht, 1933 stattfand
Georgij-Dimitroff-Platz 1

Di bis Fr 8.00 bis 17.00,
Sa, So 8.00 bis 14.00 Uhr

Museum des Kunsthandwerks
Keramiken, Porzellane, Glas aus 2 Jahrtausenden, Goldschmiedekunst
Johannisplatz 5/11
Di bis Fr 9.30 bis 18.00,
Sa 10.00 bis 16.00,
So 9.00 bis 13.00 Uhr

Museum für Völkerkunde
größtes völkerkundliches Museum der DDR
Joahnnisplatz
Di bis Fr 9.30 bis 18.00,
Sa 10.00 bis 16.00,
So 9.00 bis 13.00 Uhr

Musikinstrumente-Museum
Instrumente vom 16. bis Anfang des 19. Jahrhunderts, Ausstellung zum frühen Leipziger Klavierbau
Täubchenweg 2 c–e
Di bis Do 14.00 bis 17.00,
Fr 10.00 bis 13.00,
Sa 10.00 bis 15.00,
So 10.00 bis 13.00 Uhr

Naturwissenschaftliches Museum
Großtierdermoplastiken, Tierwelt des Leipziger Raums
Lortzingstr. 3
Di 9.00 bis 19.00,
Mi bis Fr 9.00 bis 18.00,
Sa 9.00 bis 17.00 Uhr

Deutsches Buch- und Schriftmuseum
der Deutschen Bücherei
von Handschriften über alte Drucke und Exlibris zu Wasserzeichensammlung

Ägyptisches Museum
Schillerstr. 6
Di bis Fr 14.00 bis 18.00,
So 10.00 bis 13.00 Uhr

Schillerhaus
informiert über Schillers Aufenthalt 1785 in Leipzig
Menckestr. 42
Di, Mi, Fr und Sa
11.00 bis 17.00 Uhr

Sportmuseum
Sportgeschichte Leipzigs von 1840 an
Friedrich-Ebert-Str. 105
Di bis Sa 9.00 bis 17.00,
So 9.00 bis 16.00 Uhr

Museum für Geschichte im Alten Rathaus
Ausstellung zur Geschichte der Stadt in historischen Räumen
Markt 1
Di bis So 9.00 bis 17.00 Uhr

Galerien
des Staatlichen Kunsthandels der DDR
Verkaufsausstellungen

„Galerie am Sachsenplatz"
Katharinenstr. 11
Künstler der DDR
Di bis So 11.00 bis 18 Uhr

„Galerie P"
einzige Postergalerie der DDR
Erich-Ferl-Str. 13
Mo bis Fr 10.00–13.00 und 14.00 bis 18.00 Uhr

„Galerie am Thomaskirchhof"
Burgstr. 1–5
Leipziger Künstler
Mo bis Fr 10.00 bis 18 Uhr

„Galerie Theaterpassage“
Unikate aus Glas, Porzellan, Kermaik und Holz
Goethestr. 2
Mo bis Fr 10.00 bis 13.00 und 14.00 bis 18.00 Uhr

„Eigen-Art“
Produzentengalerie, Graphik, Malerei, Objekte sowie Fotografie der Gegenwart
Fritz-Austel-Str. 31

Theater
Telefonischer Theaterservice 29 10 36
Mo bis Fr 8.00 bis 18.00, Sa 10.00 bis 12.00 Uhr

Schauspielhaus, Bosestr. 1

Musikalische Komödie
Dreilindenstr. 30

Opernhaus
Karl-Marx-Platz 12

Kellertheater im Opernhaus am Karl-Marx-Platz

Theater der Jungen Welt
Dr.-Kurt-Fischer-Str. 29

Neue Szene
Gottschedstr. 16

Kabarett
„Leipziger Pfeffermühle“ im Bosehaus
Thomaskirchhof 16

Kabarett „academixer“ im academixer-Keller
Kupfergasse

Achim Krauses Kabsurdes Abarett
wechselnde Spielstätten in der ganzen DDR

Konzerte

Gewandhaus zu Leipzig
dort Gewandhauskapelle und Rundfunk-Sinfonie-Orchester Leipzig, „Sonntagskonzerte“ des Großen Rundfunkorchesters
Karl-Marx-Platz 8
Information im Hauptfoyer
Karten in der Leipzig-Information oder in der Musikalienhandlung Oelsner
Schillerstr. 3

Leipziger Synagogalchor
synagogale Musik und jiddische Folklore

Thomanerchor Leipzig
Sonabend-Vespern in der Thomaskirche

Spaß & Sport

Zoologischer Garten
Dr.-Kurt-Fischer-Straße
täglich 7.00 Uhr bis zur Dunkelheit

Botanischer Garten
Linnéstr. 1
Freiland Mai bis September
Mo bis Fr 9.00 bis 19.00, So 9.00 bis 17.00 Uhr, Oktober bis April täglich 9.00 bis 17.00 Uhr
Gewächshäuser Mai bis September Mi 15.00 bis 18.00, So 10.00 bis 12.00 und 13.00 bis 17.00 Uhr, Oktober bis Apri So 10.00 bis 12.00 und 13.00 bis 16.00 Uhr

Kinos
„Filmbühne Capitol“, Petersstr. 20
„Studiokino Capitol“, Burgstr. 7
„Filmtheater Freundschaft“, Hainstr. 17/19
„Filmkunsttheater Casino“, Neumarkt 21–27
„Zeitkino“, Hauptbahnhof Osthalle
„Schauburg“, Antonienstr. 21
„Wintergarten“, Ernst-Thälmann-Str. 56
„Regina-Palast“, Straße der Befreiung 8
„Lindenfels“, Karl-Heine-Str. 50
„Palast-Theater“, Oberndorfstr. 22

Tanzvergnügen
„Disco Esplanade“, Richard-Wagner-Str. 10
„Gutenbergkeller“, Gutenbergplatz 3/7
„Disco Zentrum“, Petersstr. 32
„Toskana“, Käthe-Kollwitz-Str. 103

Nachtbars
„Club Merkur“ im „Hotel Merkur“, Gerberstraße
„Intermezzo“, Dittrichring 1
„Treff 71“, Elsbethstr. 17
Nachtbar im „Panorama-Café“ im Universitätshochhaus

Ausflüge
zum Gustav-Adolf-Denkmal in Lützen, das von Schinkel etwa über der Stelle errichtet wurde, an der 1632, im 30jährigen Krieg, der schwedische König Gustav Adolf in der Schlacht gegen Wallenstein fiel
mit dem Auto auf der F 87 zu erreichen

Wanderungen durch den Leipziger Auwald, der sich 25 km von Markkleeberg nach Schkeuditz erstreckt, wird durch Braunkohleabbau reduziert, dennoch der größte Auwald der DDR

mit der Straßenbahn zum Völkerschlachtdenkmal, Leninstraße, täglich 9.00 bis 16.00 Uhr geöffnet, daneben der Ausstellungspavillon „Geschichte der Völkerschlacht 1813 – Waffenbrüderschaft einst und jetzt“, Di bis So 9.00 bis 16 Uhr geöffnet, dort ein Großdiorama mit 25 qm Fläche über den Verlauf der Schlacht

Halle – Stadt und Staub

HALLE
Bezirkshauptstadt

Informationen
Halle-Information
4010 Halle
Kleinschmieden 6
Tel. 2 33 40
Reisebüro
Klement-Gottwald-Str. 6

Anreise
von Leipzig
mit der Eisenbahn günstige Verbindungen
mit dem Auto auf der Autobahn E 51 oder der E 40 und E 49 bis Abfahrt Halle

Unterkunft
Interhotel „Stadt Halle“
4000 Halle
Thälmannplatz 17
Hotel „Rotes Roß“
4000 Halle
Klement-Gottwald-Str. 76

Essen & Trinken
„Ratsgaststätte“, Marktplatz
„Alchemistenklause“, Reilstr. 47
„Reileck“, Reilstr. 132
„Krug zum Grünen Kranze“, Talstr. 37
„Moritzburg-Weinkeller“, Friedemann-Bach-Platz 5
„Tusculum-Bar“, Franckestr. 1
„Freyburger Weinstuben“, Rathausstr. 7

Kunst & Kultur
Museen
Staatliche Galerie Moritzburg
deutsche Malerei des 19. und 20. Jahrhunderts
Friedemann-Bach-Platz 5
täglich außer Mo 10.00 bis 18.00 Uhr
Händel-Haus
Große Nicolaistr. 5
täglich außer Mo 10.00 bis 18.00 Uhr
Architekturmuseum im Schloß Giebichenstein
Halloren- und Salinenmuseum an der Mansfelder Straße

Konzerte
Händelfestspiele im Juni

Ausflüge
zu Fuß durch die Stadt zum Stadtgottesacker an der Wilhelm-Külz-Straße
mit der Weißen Flotte saaleabwärts in Richtung Trotha, Wettin, der Stammburg des sächsischen Herrschergeschlechts der Wettiner, und Bernburg
Ablegestelle am Ufer unterhalb der Burg Giebichenstein (dort auch Hochschule für Formgestaltung)

OH 75-73

Thüringen – Deutsche Klassik, Wanderwege

Thüringen – bei diesem Stichwort fallen DDR-Bürgern laut einer Umfrage „Klöße“, „Wald“ und „Rostbratwurst“ ein, in dieser Reihenfolge. Die geistige Kultur hinkt ein wenig hinterher. Doch an der liegt es wohl vor allem, daß der Begriff Thüringen sich dermaßen gehalten hat. Denn im Laufe der Geschichte war das Gebiet überwiegend zersplittert in einzelne Staaten. In diesem Jahrhundert gab es nur in der Zeit der Weimarer Republik und des Nationalsozialismus das Land Thüringen, das 1952, als die DDR ihr Territorium neu gliederte, aufgelöst wurde. Doch die Herstellung der alten Ländergrenzen ist jetzt wieder im Gespräch.

Zwischen den Flüssen Saale und Werra liegt das Filetstück des Landstrichs, der Thüringer Wald. Die dichtbewaldeten dunklen Höhenzüge erreichen um die 900 Meter, darin eingebettet findet man liebliche Täler, muntere Bäche und Wasserspiele wie den Trusetaler Wasserfall. Es gibt noch idyllische Dörfer und die größeren und bekannten Erholungsorte wie Friedrichroda und Oberhof, das in den letzten Jahrzehnten zum Wintersportzentrum ausgebaut wurde und jetzt nicht anders aussieht als so manches zubetonierte Alpendorf. Vor dem Wald im Norden sind wie an einer Kette die Städte Eisenach, Gotha, Erfurt, Weimar sowie die Universitäts- und Industriestadt Jena aufgereiht. Am Rande des ausgespro-

Thüringer Becken

chen fruchtbaren Thüringer Vorlandes liegt auch noch die alte Domstadt Naumburg. Neben der Eisenbahn verbinden hüglige Landstraßen und mit Obstbäumen gesäumte Alleen die Städte, in denen einst Goethe, Luther und Bach wirkten. Wo sie einst lebten oder verweilten, zeigt die DDR, wie und mit welch großer Sorgfalt man mit dem nationalen Erbe umgehen kann. Auf den Hinterhöfen mancher Orte sieht es hingegen anders aus: In den Altstädten wird viel abgerissen, statt Fachwerk bestimmt mehr und mehr moderne Monotonie das Stadtbild. Die „echten" Klöße und die Rostbratwurst bekommt man immerhin noch ab und an, von Gaststätte zu Gaststätte nach anderem Rezept. Auch gute Restaurants mit würziger deutscher Küche sind in Thüringen häufiger, als anderswo in der DDR zu finden. Der Gemütlichkeit, dem bürgerlichen Freigeist, der landschaftlichen Idylle stehen Nationalismus, Mief und Enge gegenüber, die vor 60 Jahren Thüringen zur ersten braunen Hochburg Deutschlands machten.

Naumburg – Domstadt

Naumburg ist die berühmteste Domstadt der DDR und zudem ausgesprochen besucherfreundlich. Ganz leicht erhält man einen ersten Eindruck von Anlage und mittelalterlichem Kern der Stadt bei einer Fahrt mit der einzigen Straßenbahnlinie. Sie umrundet die schmalen Gassen, alten Gemäuer, die Reste der ehemaligen Stadtbefestigung wie das Marientor und Teile der Stadtmauer,

Blick zum Naumburger Dom

beginnt und endet am Hauptbahnhof Naumburgs. Man kann an jeder Station aussteigen und hineinlaufen in die Altstadt, garantiert gelangt der Besucher zu einem der beiden Plätze, den Zentren der über 960 Jahre alten Stadt. Der Marktplatz heißt heute Wilhelm-Pieck-Platz, doch für den Volksmund weiterhin Markt. Großräumig angelegt, umgeben von restaurierten Bürger- und Kaufmannshäusern mit Marktbrunnen und spätgotischem Rathaus, war er das weltliche Zentrum. Überschattet wird der Markt vom hoch aufragenden Turm der Stadtkirche St. Wenzel, in der schon Johann Sebastian Bach die Orgelpfeifen erklingen ließ. Der imposante und vor allem auch außen reich verzierte Kirchenbau zeigt die geistliche Bedeutung der Stadt, die bereits 1028 Bischofssitz wurde. Der frühe Aufstieg ist beim Blick auf die Karte der Umgebung leicht zu erklären: Die Verkehrslage ist am Rand des Thüringer Beckens günstig, Naumburg schmiegt sich regelrecht in einen weiten Bogen der Saale, südlich der Unstrutmündung.

Rathaus am Markt in Naumburg

Von der Stadtkirche zum eigentlichen geistlichen Zentrum, dem Domplatz mit St. Peter und Paul, sind es nur ein paar Schritte. Man kreuzt den Lindenring, die einzige Querverbindung für den motorisierten Verkehr durch die Altstadt. Hier liegt dann gleich das Eiscafé, im Sommer stets von einheimischen Jugendlichen und auswärtigen Besuchern mit Rucksack oder Kamera umlagert. Durch eine kleine Luke gibt es die Kugeln auch in der Tüte. Hinter dem Lindenring beginnt dann die einstige bischöfliche Residenz, die andere Seite der Altstadt. Erst 1832 wurden weltliches und geistliches Zentrum der Stadt verwaltungsmäßig zusammengelegt, vorher existierten „Ratsstadt“ und „Domfreiheit“ vollkommen selbständig als zwei Stadtteile nebeneinander. Der Dom mit seinen vier Türmen ist mehr als nur Wahrzeichen der Stadt, außen wie innen ein Kunstwerk. Da sind die lebensgroßen, erstmalig im Mittelalter individualisierten Statuen der Stifter, der Markgrafen und ihrer Frauen, die das Geld zum Dombau gaben, die am Westchor lehnen. Man achte auf die Unterschiede, insbesondere zwischen den Paaren Ekkehard und Uta sowie Hermann und Reglindis in Haltung und Gesichtsausdruck. Heute würde man wohl von Charakterköpfen sprechen. Ins Innere des Doms kommt man leider nur mit Gruppenführungen, muß auch mal mit längeren Wartezeiten rechnen. Aber es lohnt sich, denn ein solches Langhaus, das im Osten und Westen durch Lettner begrenzt ist, gilt als wirklich außergewöhnlich. Deutlicher als mit dem prachtvollen reliefgeschmückten Westlettner konnte die Geistlichkeit ihre Macht gegenüber den Laien kaum versinnbildlichen.

Über die Naumburger Ortsteile Henne und Blütengrund sind die Ufer von Saale und Unstrut rasch erreicht. Sie laden zu ausgedehnten Spaziergängen geradezu ein. Man passiert beschauliche Weinberge, kommt an noblen wie auch halb zerfallenen Land- und Weinbauernhäusern vorbei. Dazwischen wildbelassene, üppige Natur.

Weimar – Goethe und Langeweile

Weimar heute: Da sind Architekturstudenten, die auf die Semesterferien warten, weil man in dem Städtchen einschlafe, Praktikanten des DDR-Staatsarchivs, die es sich in der Pause auf der Terrasse des Café „Resi" am Grünen Markt gemütlich machen, Chormitglieder der Weimarer Staatskapelle, die während der Heizperiode kaum Luft bekommen, sowjetische „Libellen", die auch mal nachts über der Stadt ihre Rotoren dröhnen lassen, Einheimische, die am liebsten alle Fremdenführer geworden wären, Kricketspieler im Goethe-Park, Fußballspieler auf dem Beethovenplatz. Und jährlich über drei Millionen Besucher, die in die Stadt kommen und dabei unterschiedlichste Assoziationen mitbringen, die vom vielfach beschworenen „Geist" über „Klassik" bis zur „Republik" reichen. Weimar mit seinen musealen Produktions- und Ruhestätten des „Kombinats Goethe und Schiller", wie DDR-Bürger spotten, wird den hohen Erwartungen zumeist gerecht. Man findet in der angegrauten Kleinstadt kaum einen Ort, der nicht mit einem berühmten Menschen verbunden ist. An den Fassaden der Häuser hängen unzählige Gedenktafeln und -schilder aus Marmor, Metall oder Holz, die alle mit „In diesem Haus wohnte . . ." beginnen. Wer will, kann sie zählen und überlegen, wer sich eigentlich nicht in Weimar aufhielt. Zugleich wird man feststellen, daß diese typisch deutsche Beamtenstadt noch immer von der Vergangenheit lebt und von den geistigen Größen des 19. Jahrhunderts zehrt.

Zum vielzitierten Erbe gehört auch das Traditionshotel „Elephant", direkt am Marktplatz, mitten im Stadtzentrum gelegen. Hier wartete die Lotte aus Thomas Manns Roman „Lotte in Weimar" auf Herrn G., stie-

Caféterrassen am Grünen Markt in Weimar

In der Weimarer Altstadt

gen seit Goethes Zeiten all seine Bewunderer und Verehrer ab, aber auch diejenigen, die mit dem deutschen Humanismus auf Kriegsfuß standen. Die Gästeliste reicht von Franz Liszt und Richard Wagner über Adolf Hitler bis zu Anna Seghers. Obwohl mehrfach umgebaut und auf „modern" getrimmt, ist das Interhotel „Elephant" mit Abstand das angenehmste in der DDR und der beste Ausgangspunkt für eine Stadtbesichtigung. Allerdings wird man noch bis in die neunziger Jahre hinein mit einigem Baulärm vor dem Hotel rechnen müssen, denn die in den letzten Kriegstagen bei einem Bombenangriff zerstörte Nordseite des Marktplatzes wird mit einer historisierenden Häuserzeile nachgebildet. Bauzäune und Ausschachtungen bestimmen vorläufig das Bild.

Weimar, das ist auch eine Stadt der kurzen Wege. Nur ein paar Schritte vom Markt durch die Frauentorstraße, und schon steht man vor dem langgestreckten Wohnhaus Goethes. 47 Jahre hat er in diesem Bürgerhaus gelebt, sich eine heile Welt geschaffen und wie ein beflissener Kunstsammler Originale und Kopien auf Treppenhaus, Stuben, Zimmer und Säle penibel verteilt. Dabei ist er nicht anders vorgegangen als ein betuchter Tourist unserer Tage: Von seiner Italienreise hat er sowohl Gipsabgüsse antiker Kunstwerke mit nach Hause genommen als auch rund 100 Teller mediterraner Majoliken. In Frau Christianes Wohnzimmer hängen Stiche der Badeorte, die sie gemeinsam mit Johann Wolfgang besucht hat. Alle Wohn- und Gesellschaftsräume sind prall, jedoch ordentlich gefüllt mit den vielen Sammlungen, die Mineralien, Gläser, Gemälde, Zeichnungen, Plastiken, Münzen und Teppiche umfassen. Schon zu Goethes Lebzeiten muß es im Haus am Frauenplan wie in einem Museum gewesen sein. Ganz im Gegensatz dazu stehen die ein wenig düsteren Räume des Hinterhauses, vor allem das geradezu spartanisch eingerichtete Arbeitszimmer, in dem der „Faust" entstand und

Vor dem Goethemuseum

Goethe mit Sekretär Eckermann seine Gedanken auf den Punkt brachte. Gleich um die Ecke in der Brauhausgasse, nur einmal schräg über den Frauenplan, steht das Wohnhaus Eckermanns. Um die andere Ecke, am Ende der Seifengasse, wohnte fünfzig Jahr lang Frau von Stein, wo sie einsam und verlassen vom großen Meister auch starb.

Ein ebenso kurzer Weg ist es von Goethe zu Schiller, der direkt neben seinem Wohnhaus in der heutigen Fußgängerzone ein neues Museum erhalten hat. Die Lebens- und Wohnverhältnisse der Schillers waren bescheiden und fast ärmlich, für große Kunstsammlungen fehlte das Geld. Vereint trifft man die beiden Klassiker auf dem nahen Theaterplatz wieder. Jugendliche lümmeln um den Denkmalssockel herum vor den neoklassizistischen Fassaden des 1948 wiederaufgebauten Nationaltheaters. 26 Jahre lang war Goethe der Chef des Hauses, hier wurden Stücke wie „Tasso", „Tell" und „Wallenstein" uraufgeführt, später unter Liszt Wagners „Lohengrin" und kurz vor der Jahrhundertwende wirkte der noch junge Richard Strauss hier als Kapellmeister. 1919 tagte an gleicher Stelle die Weimarer Nationalversammlung, wurde die Weimarer Republik samt Verfassung aus der Taufe gehoben.

An ihrem Untergang hatten allerdings gerade die Einwohner der Humanisten-Stadt ihren Anteil: Sie machten Weimar in den zwanziger Jahren zu einer der „braunsten" Hochburgen in Deutschland. Hitler hielt hier 1926 seinen ersten Reichsparteitag ab, 1932 gab es hier schon eine rein nationalsozialistische Thüringer Landesregierung. Und als die US-Amerikaner 1945 die Weimarer Bevölkerung zum Ettersberg hinauf schickten, um das KZ Buchenwald zu besichtigen, empfanden Bürger und Beamte dies als unerträgliche Zumutung. Noch heute geht kaum ein Weimarer hoch „auf den Berg", ist eher imstande, die Inventarliste des Gothehauses herunterzubeten, oder erzählt lieber von den Frauengeschichten des Dichters.

Gegenüber dem Nationaltheater liegen neue Kunsthalle und das ebenso alte wie prächtige Wittumspalais der Herzogin Anna Amalie mit dem Wielandmuseum. Durch die Rittergasse hat man rasch den Herderplatz mit der spätgotischen Stadtkirche St. Peter und Paul erreicht, berühmt durch ihren Oberpfarrer und Kanzelredner Herder und das große Altarbild von Lucas Cranach d.Ä. Die Vorwerksgasse verbindet Herder- mit Burgplatz vor dem Stadtschloß, das eine der wertvollsten Kunstsammlungen der DDR beherbergt, die allerdings zur Zeit nicht vollständig zu besichtigen ist. Wie auch Teile der Altstadt ist das Schloß mit seiner alten Bausubstanz jahrzehntelang vernachlässigt worden. Nässeschäden, Schwammbefall und sogar Deckeneinbrüche bedrohen etliche Sammlungen, die Abteilungen „Weimarer Malerschule" und „Bauhaus" sind für Besucher auf unabsehbare Zeit gesperrt.

Hinter dem mächtigen Schloßbau taucht man dann hinter der Sternbrücke in eine der schönsten deutschen Parkanlagen ein. Nackte Kinder toben um die Sphinxgrotte, die sanft dahinfließende Ilm wird gesäumt von hohen alten Bäumen, auf den weiten Wiesen entspannen sich Weimarer wie Besucher. In Abständen stehen antikisierende Figuren, Denkmale, künstliche Ruinen und Quellen, in der Mitte des Parks Goethes Gartenhaus mit dem berühmten Reitsitz-Hocker vor dem Schreibpult. In den Morgenstunden ist dieser Landschaftspark noch ganz in Nebel eingehüllt, der sich nur ganz allmählich aus dem Ilmtal erhebt. Im Süden des Parks liegen der neuangelegte sowjetische Ehrenfriedhof, dahinter das klassizistische „Römische Haus", einst Sommerwohnung von Goethes Gönner Herzog Carl August, sowie schon fast wieder in der Stadt die Hochschule für Architektur und Bauwesen und der Van-de-Velde-Bau, die frühere Kunstgewerbeschule. Hier nahm das Staatliche Bauhaus unter Walter Gropius nach dem ersten Weltkrieg seinen Anfang, bis es knapp sechs Jahre später von den reaktionären Kreisen Weimars und Thüringens mit Schimpf samt Meistern und Schülern nach Dessau verjagt wurde. Gut zehn Jahre später trafen im nationalsozialistischen Konzentrationslager Buchenwald die ersten Häftlinge ein.

Weimar-Buchenwald – Erinnerungen

Auf dem Großen Ettersberg, genauer am Berg, liegen Dorf und Schloß Ettersburg. Hier pflegte man – einige Kilometer nördlich von Weimar – bei Fackelschein auf der Naturbühne im Schloßpark Theater zu spielen. Man, das waren die Weimarer Herzöge und natürlich Goethe. Seine „Iphigenie" wurde hier inszeniert, wobei der Dichter den Part des Orestes mimte. Hier arbeitete Goethe am „Tasso" und vollendete Schiller seine „Maria Stuart". Von hier oben hat man einen wunderschönen und weiten Rundblick über das Thüringer Land bis zum Kyffhäuser hinüber. Was mag wohl die Nazis dazu bewogen haben, ausgerechnet auf diesem stillen, friedlichen Berg ein Konzentrationslager zu errichten? Die heutige „Mahn- und Gedenkstätte Buchenwald" gibt darauf keine Antwort. Vielleicht gibt es keine.

Am Kiosk werden Ansichtskarten verkauft, vom Mahnmalturm, den Lagerbaracken und Gedenktafeln. Im Buchenwald-Kino läuft gerade die Vorführung in russischer Sprache, Weimar von Goethe über Hitler bis zum grausamen Lageralltag. Die Lageruhr steht auf 15 Uhr 15, dem Zeitpunkt, an dem sich die Häftlinge am 11. April 1945 selbst von ihren Peinigern befreiten. Hinter dem alten schmiedeeisernen Lagertor mit der zynischen Aufschrift „Jedem das Seine" breitet sich die sanft abfallende Hangfläche aus, in der Ferne flimmern hell Getreidefelder und Waldflächen.

Eingang zum Weimarer Schloß

Auf der Erde sind mit Steinen und Nummern die Grundrisse der Blocks nachgezeichnet, die sich um den Appellplatz gruppierten. Gedenksteine markieren Sonderlager für Juden, Polen, sowjetische Kriegsgefangene und den Quarantäneblock. Dann das Krematorium, die Desinfektion und das Lagermuseum. Dazwischen stumme Besuchergruppen, Jugendliche und uniformierte sowjetische Soldaten, bunt zusammengewürfelte Reisegesellschaften und offizielle Delegationen mit großen Kränzen und Blumen. Der ständige Wind weht die Röcke um die Beine der Frauen, läßt die Schleifen an den Gebinden auffliegen. Das Mahnmal mit dem weithin sichtbaren, über 50 Meter hohen Glockenturm und der bekannten Plastikgruppe des Bildhauers Fritz Cremer liegt direkt am Nordhang. Relief-Stelen entlang des Weges zur Straße der Nationen, die drei gewaltige Ringgräber miteinander verbindet, zeigen stilisierte Bilder aus dem Lager: Schwerbewaffnete SS-Leute, schuftende Häftlinge, Wachhunde, Aufseher und Flüchtende. Auf der Straße – der Weg ist in der Tat dermaßen breit – stehen massive Pylonen mit Flammenschalen und mit den Namen europäischer Staaten, auch „Deutschland“ ist hier zu lesen, nicht DDR oder BRD. Die Aufarbeitung der Vergangenheit endet in Buchenwald mit der Selbstbefreiung der Häftlinge 1945, das Lagerleben allerdings erst einige Jahre später. Denn Buchenwald diente den sowjetischen Sicherheitsorganen nach Kriegsende als sogenanntes Internierungslager.

Einer der Überlebenden beider Lager ist der Berliner Robert Zeiler. Ins KZ Buchenwald wurde er als junger Sozialdemokrat von den Nazis deportiert, ins „Internierungslager“ der Sowjets kam der heutige Vorsitzende der „Arbeitsgemeinschaft der verfolgten Sozialdemokraten in Berlin“ als angeblicher Spion kurz nach Kriegsende. Seine Erinnerungen sind bruchstückhaft, einzelne Bilder blieben: Die Enge, der Gestank aber auch die Solidarität im KZ, die Quälereien, die Morde, Erpressungen und Bedrohungen durch die SS. Das Gefühl der zurückgewonnenen Freiheit nach der Selbstbefreiung, noch bevor die amerikanischen Truppen im Lager eingetroffen waren, Freude, Tränen, dann die Fahrt nach Berlin, die kurz vor der Glienicker Brücke von einer sowjetischen Militärstreife gestoppt wurde. Selbst die Entlassungspapiere aus dem KZ wurden dabei eingezogen. Fassungslos kam Zeiler ein zweites Mal nach Buchenwald, für drei Jahre. Auch ohne Folter starben tausende Internierte an Tbc und anderen Lagerkrankheiten. Später, als das Internierungslager längst aufgelöst war, sprachen die Verantwortlichen von einem tragischen Irrtum.

Tor zum ehemaligen KZ Buchenwald

Hohenfelden/Kranichfeld – Freizeit aufgestaut

Das „Erholungszentrum“ Stausee Hohenfelden liegt gut 20 Kilometer von Weimar entfernt, ebenso weit ist es nach Erfurt und Rudolstadt. Der Name deutete bereits an, daß hier etwas künstlich angelegt wurde. Doch Hohenfelden ist schöner als man vielleicht vermutet. In den sechziger Jahren wurde die einst verlandete und vertorfte Fläche überstaut. Ein hoch aufragendes spitzwinkliges Selbstbedienungsrestaurant und -café in typischer Fernsehturm-Architektur wurde errichtet, die Ufer des Stausees sorgfältig

Straße der Nationen in der Gedenkstätte Buchenwald

in Badestrand mit Seebrücke und Rettungsturm, Anglerufer und Vogelbrutgebiet eingeteilt. Am Südufer liegen dann noch ein großer Campingplatz, eine Waldgaststätte und der Bootsverleih. Ein richtiger Freizeitpark ist entstanden, urlaubergerecht und mit „Erlebnischarakter", wie es die Planer vorsahen.

Auf dem Parkplatz wird man nicht von einem Automaten bedient, sondern ein freundlicher Wächter kassiert vor einer alten Holzschranke, er weiß, wo noch eine Stellfläche unbelegt ist. Am Haupteingang gibt es neben Rätselheften, Karten der Umgebung auch Tageszeitungen. Am Sandstrand stehen Strandkörbe bereit, die man tageweise mieten kann, es gibt Volleyballplätze und kinderfreundliche Spielgeräte genauso wie Großfeldschach auf zweifarbigen Betonplattenfeldern. Die Atmosphäre rund um den See ist ungewöhnlich tolerant, selbst wenn hier tausende den Sommerfreuden nachgehen. Kinder toben herum, Jugendliche hören lautstark Rockmusik, Männergruppen spielen im Schatten Skat, im hinteren Teil der Anlage dominieren die Nackten. Zwischendurch erfrischt man sich gruppen- oder familienweise im Wasser, behutsam am Sandstrand oder im Fluge vom Sprungbrett der Seebrücke. Wenn der Wind sachte über das Wasser weht, bekommt man hier ein Ostseegefühl inmitten dieser so waldreichen Landschaft. Wer sich aufmacht, die nähere See-Umgebung zu erkunden, findet nach Bade- und Liegeflächen schnell eine Ruhe vor, in der sich auch zahlreiche Kiebitze, Haubentaucher, Entenvögel und Regenpfeifer wohl fühlen. In Ufernähe kann man Alpenmolche entdecken mit ihren orangegelb leuchtenden Bäuchen, am Himmel kreisen Mäusebussarde und auch Rote Milane. Und im Wald begegnet man ab und an sogar einem Mufflon, jener scheuen mediterranen Wildschafart, die hier vor Jahren eingebürgert wurde. Ganz in der Nähe liegt das schöne Fachwerkstädtchen Kranichfeld,

Stausee Hohenfelden

schon im Ilmtal, mit dem Renaissance-Oberschloß, das leider noch nicht geschlossen restauriert ist. Doch man kann sich ihm nähern und wird von den reizvollen architektonischen Brüchen zwischen Burg- und Schloßteilen überrascht sein.

Erfurt – Handel und Einkauf

„Guten Tag, wir sind aus Japan", mit Worten in gebrochenem Deutsch spricht eine sonnenbeschirmte Dame aus dem fernen Inselreich zwei Dombesucher an, die sich auf der breiten Freitreppe ausruhen. Die Touristin, die gemeinsam mit ihrer Reisegruppe das gewaltige mittelalterliche Kirchenensemble von Dom und Severikirche besichtigt, hat den langen Weg nicht umsonst gemacht: Schon bei der Besichtigung des über 800 Jahre alten Doms wird nicht mit Superlativen gespart. Als „Meisterwerk deutscher Gotik" wird der Chorneubau gepriesen, die Glocke „Maria gloriosa" im mittleren der drei Türme ist mit über 200 Zentnern eine der schwersten und größten der Welt. Ihr tiefer Ton ist sogar noch am Stadtrand zu vernehmen. Die fünfschiffige Severikirche kann da nicht ganz mithalten, bemerkenswert ist hier der 15 Meter hohe Taufstein. Von beiden Gotteshäusern aus führen die „Graden", die 70 Stufen zählende breite Freitreppe hinunter auf den weiten Domplatz, einem der ganz wenigen großen Plätze der DDR, der nicht von gähnender Leere und Kälte geprägt ist. An überdachten Ständen blüht der Handel, vor allem der private. Getöpfertes, Strohblumen, Schlümpfe in verschiedenen Größen, Rock- und Popplatten sowie Jeans und andere Kleinigkeiten finden rasch kauflustige Kunden. Einmal im Jahr ist die Fläche sogar noch fast zu klein, wenn sich hier am Martinstag, dem 10. November, Zehntausende von Menschen

Die Krämerbrücke in Erfurt

zu einem ökumenischen Gottesdienst unter freiem Himmel versammeln.

Doch auch sonst ist Erfurt nicht nur die größte, sondern zugleich auch lebendigste Stadt im Thüringer Raum. Man erinnere sich an die schon historischen Fernsehbilder aus dem Jahre 1970: Gegenüber dem Hauptbahnhof, in dem sehr angenehmen Interhotel „Erfurter Hof" kam es zur ersten deutsch-deutschen Annäherung zwischen den beiden Willy(i)s aus West und Ost. Brandt und Stoph erhielten nicht nur „standing ovations" von Tausenden von Erfurtern, sie machten die Stadt mit einem Schlag auch weltbekannt. Seit jenem Treffen, das die Entspannungspolitik mit ankurbelte, ist hier auf dem Gebiet der Stadterneuerung viel geschehen. Im Gegensatz zu den meisten thüringischen Städten beschränken sich Instandsetzung und Restaurierung nicht nur auf einen repräsentativen Kernbereich. Man bemüht sich um ein geschlossenes Innenstadtbild, versucht die alte Bausubstanz zu erhalten. Der Anger, die belebteste Straße Erfurts und reich gesäumt mit etlichen Geschäften in herausgeputzten, alten Bürgerhäusern mit Renaissanceportalen, gilt selbst unter den verwöhnten „Hauptstädtern" als Einkaufstip. Links und rechts der Straßenbahnschienen auf den zahlreichen Bänken sitzen in kleinen Gruppen schwarze Gastarbeiter und etliche Besucher, die das am Anger Erworbene aus- und umpacken, in Taschen und Beutel verstauen. Auf der Terrasse des Cafés „Anger-Eck" hat man nicht nur einen guten Blick auf das geschäftige Treiben, immer mal wieder unterbrochen von den quietschenden Bremsen der Straßenbahnen, man kann zugleich Erfahrungen mit der DDR-Gastronomie sammeln. Ausgesprochen gemischte. Zunächst einmal ist es schwierig, hier im Freien überhaupt einen Platz zu ergattern. Doch die Aussicht verlockt zum Warten. Und trotz dreier Schwarzbefrackter kann es eine halbe Stunde dauern, bis überhaupt die Bestellung aufgenommen wird. Wenn man sich dann noch an einen anderen Tisch wegen des noch besseren Ausblicks setzt, scheinen die Kellner völlig überfordert. Doch wer durchhält, wird beispielsweise mit einem ungewöhnlich leckeren Kirsch-Sahne-Eclair belohnt, kann geschwätzigen Hausfrauen beim Kaffeetrinken zuhören, die den hier typischen thüringischen Singsang in Wellenbewegungen perfekt beherrschen, ohne Pause und vor allem ohne die andere ausreden zu lassen.

Der Fischmarkt in Erfurt

Einstiger Handelsmittelpunkt Erfurts, das in seiner Blütezeit im Mittelalter zu den größten deutschen Städten gehörte, war die Krämerbrücke. Sie überspannt an einer alten Furt die Gera, die die Stadt im weiten Bogen durchfließt, wo früher sich die Handelszüge zwischen West- und Osteuropa trafen. Die Krämerbrücke ist eine florentinische Ponte vecchio des Nordens, die einzige beiderseits mit Häusern überbaute Brücke diesseits der Alpen. Dicht aneinandergedrängt finden auf ihr 32 Fachwerkhäuser Platz, in vergangenen Zeiten waren es sogar 62, in denen Krämer Gewürze wie Pfeffer, Zucker, Safran aber auch Seife, Papier, Seide, Schmuck sowie Gold- und Silberwaren verkauften. Heute werden die Antiquitäten- und Kunsthandwerksläden der Krämerbrükke vor allem von neureichen DDR-Bürgern und Touristen besucht. Besonders beeindruckend ist der Zugang vom Wenigemarkt, wo ein Schiff der Ägidienkirche den Tor-, in diesem Fall Eingangsbogen zur uralten Brücke bildet. Gegenüber dem Gotteshaus, wo das Flüßchen unter der Krämerbrücke hervortritt, begleiten malerisch verfallene Häuser mit vorgelagerten blumengeschmückten Stegen die Gera. Auf der anderen Seite, in Richtung des Augustinerklosters, in dem Luther seine Priesterweihe erhielt, ist es ebenso still und farbenfroh. Hier treffen sich am Ufer ein paar Punks mit bunten Haaren, kann man sich auf Bänken und Rasenflächen ausruhen oder seinen Spaziergang in der Nähe des ruhig dahinfließenden Gewässers fortsetzen. Von Mief und Enge ist in Erfurt nicht so viel zu spüren.

Am Erfurter Domplatz

Gotha – Eingangstor zum Thüringer Wald

In Gotha braucht man keinen Stadtplan. Wie ein Magnet zieht einen das wuchtige Schloß Friedenstein nach oben auf den Hügel inmitten der Stadt. Man kann durch die Altstadt schlendern oder den Weg durch die weite Parkanlage nehmen. Friedenstein ist das erste deutsche Barockschloß, das nach dem 30jährigen Krieg entstand als Residenz der Herzöge von Sachsen-Coburg-Gotha. Der Bau hat so viele Fenster wie das Jahr Tage zählt, das wird bei jeder Schloßführung hervorgehoben. Besonders beeindruckend ist der riesige, nahezu quadratische Innenhof, der gleich mehrere Fußballmannschaften zum Spielen einzuladen scheint. Ebenso mächtig wirken die beiden hohen und breiten Ecktürme an der Südseite, die die Umgebung absolut beherrschen. In der geschlossenen Dreiflügelanlage sind gleich drei Museen und das älteste erhaltene Barocktheater Europas, das 1683 gegründete „Ekhof-Theater" untergebracht. Dabei ragt das Schloßmuseum mit seiner Gemäldegalerie bekannter Meister wie Cranach d.Ä., Rubens und Hals heraus. Die Sammlung ist nach Dresden, Berlin und Potsdam eine der wichtigsten der DDR. Als durchaus stilgerecht sind die Kunstwerke in den historischen Wohnräumen und Festsälen zu betrachten.

Von dem mit Blumenbeeten geschmückten Müntzerplatz vor dem rechteckigen Schloßbau blickt man hinunter in die über 1.200jährige Stadt. Vor den Füßen liegt der Hauptmarkt mit dem so zierlich wie reich gegliederten Rathaus, umgeben von aufwendig restaurierten Bürger- und Fachwerkhäusern aus dem vergangenen Jahrhundert. Hinter der Wasserkunst, an den ersten Häusern der seitlich einmündenden Straßen scheint den Baubrigaden allerdings das Material, die Farbe, die Lust oder das Geld ausgegangen zu sein. Einige der krummen Gassen mit ihren zwei- und dreistöckigen Häusern wirken sehr verwahrlost. Die alten Gebäude werden regelrecht abgewohnt, Fenster sind schon zugenagelt, Putz bröckelt, selbst Dachstühle fallen langsam aber sicher zusammen. „Sie können hier zehnmal fotografieren, ohne daß sich etwas ändert", kommentiert ein älterer Herr die Arbeit eines Fotografen. Weite Teile der Altstadt sind mittlerweile „Umgestaltungsgebiet", anhand der vorliegenden Pläne läßt sich absehen, daß frühere Charakterisierungen Gothas – in älteren Reiseführern werden stets Worte wie „romantisch" und „lieblich" bevorzugt – nur noch bedingt dem derzeitigen Bild entsprechen. Diese jüngste Geschichte Gothas ist zugleich auch die der meisten alten Städte Thüringens. Nach der „Umgestaltung" soll eine ansehnlich restaurierte Fußgängerzone zwischen Erfurter Straße, dem Neumarkt mit der Margareten-Kirche, dem ältesten Gebäude der Stadt, dem Hauptmarkt sowie einigen als Sehenswürdigkeiten eingestuften und unter Denkmalschutz stehenden Häusern an die früher geschlossene Altstadt erinnern. Dann lieber wieder nach oben zum eindrucksvollen Friedenstein oder gleich zum Hauptbahnhof, von dem aus die Thüringerwaldbahn die Be-

Blick auf den Gothaer Hauptmarkt

sucher bis an den Rand des Großen Inselbergs bringt. Denn die einstige Tuch- und Getreidehandelsstadt ist heute mehr denn je Durchgangsstation, das Eingangstor zum Thüringer Wald.

Mit der Straßenbahn in den Wald

Die Thüringerwaldbahn ist verkehrstechnisch gesehen ein echtes Kuriosum: Seit 1929 verbindet diese Überlandstraßenbahn Gotha mit den Ferienorten Friedrichroda und Tabarz. Noch im Stadtgebiet von Gotha wird die Bahn als Linie 4 geführt, ist jedoch aufgrund ihrer Bedeutung für den Fremdenverkehr sogar im Kursbuch der Deutschen Reichsbahn verzeichnet. Aber Eisenbahnfahrkarten, etwa ausgestellt bis Friedrichroda, werden von der Waldbahn-Schaffnerin energisch zurückgewiesen. Die 21,7 Kilometer lange Strecke beginnt am Vorplatz des Gothaer Hauptbahnhofs, eine gute Stunde dauert die geruhsam-nostalgische Fahrt hinein in den Thüringer Wald nach Tabarz.

Um die Altstadt macht die Bahn allerdings einen weiten Bogen, fährt dicht an vielen wenig attraktiven Neubaublökken vorbei. Hinter der Stadtgrenze wird die Reichsbahnstrecke Erfurt–Eisenach gekreuzt, danach windet sich die Bahn durch viele Kurven hinauf zum Boxberg. Hier sollten Pferdenarren aussteigen. Nahe der Haltestelle Boxberg liegen das Vollblutgestüt und eine der schönsten deutschen Galopprennbahnen dicht beieinander. Die traditionsreiche Anlage, auf der seit 1842 Pferderennen stattfinden, ist heute etwas in Vergessen-

Das Rathaus in Gotha

heit geraten. Nur noch drei- bis viermal im Jahr werden hier Rennen gelaufen. Doch der Ausblick vom Boxberg ist allemal beachtlich: Der Große Inselsberg ist schon gut zu sehen, bei klarer Sicht auch die Hörselberge und sogar die Wartburg. Nachdem die Autobahn unterquert ist, läßt die Bahn bald die weiten Felder hinter sich und erreicht bei dem ruhigen kleinen Ferienort Schnepfenthal tatsächlich den Thüringer Wald.

Zwei Stationen weiter, bereits unmittelbar vor Friedrichroda, liegt dann das vielbesuchte Schloß Reinhardsbrunn am Rand der Strecke. Ein recht stattlicher Bau mit neogotischen Fassadenspielereien. Reinhardsbrunn ist heute so etwas wie ein Sammelpunkt der Feriengäste aus der näheren Umgebung. Mit Vorliebe gehen hier fein gemachte Rentnerinnen Kaffee trinken, besorgen Väter süße Leckereien für die Familie im angrenzenden Intershop. Vor den Schloßparkwiesen parken zumeist gleich mehrere Busse, die die Reisenden zur Schloßbesichtigung, zur Versorgung und zum Spaziergang entlassen. Wunderschön ist der weite Landschaftspark. Überall stehen bequeme weiße Bänke herum, im Sommer riecht es nach frisch gemähtem Gras, wie gemalt liegt der Mühlteich da, früher für sein glasklares Wasser bekannt, heute allerdings mit einer gelblichen Algendecke überzogen. Im Schloßpark läßt es sich angenehm entspannen, in Ruhe ein Buch lesen. Die vielen Reinhardsbrunn-Besucher sitzen eher im Restaurant, kaufen am umlagerten Souvenirstand Poster von Park und Schloß oder pressen neugierig ihre Nasen an die Fensterscheiben des vorderen Schloßflügels. Dieser Teil ist heute Urlauberquartier, vor allem reserviert für devisenbringende Gäste. War noch vor sechzig Jahren die Besichtigung „während der Anwesenheit des Herzogs nicht gestattet", so drückt die Rezeption des Reisebüros der DDR schon mal ein Auge zu, wenn man in den Hotelflügel hineinschauen will. Die heutige Schloßanlage wurde vor gut 150 Jahren auf den Grundmauern des einstigen Hausklosters der thüringischen Landgrafen errichtet und war Jagdschloß und Sommersitz der Gothaer Herzöge. Zur Geschichte gehört auch, daß Martin Luther hier 1521 auf dem Weg zum Reichstag in Worms Station gemacht hat.

Vom ehemaligen Kloster ist es dann nur noch ein Katzensprung bis nach Friedrichroda. Die Stadt ist mittlerweile eine der thüringischen Touristenhochburgen, gekrönt vom ebenso riesigen wie klobigen FDGB-Ferienheim „August Bebel" auf dem Reinhardsberg oberhalb Friedrichrodas. Doch unten in der Stadt gibt es noch viele alte lauschige Ferienheime und ruhige Ekken. Die Thüringerwaldbahn läßt Friedrichroda allerdings links liegen, hält danach in Nähe der ganzjährig für Besucher geöffneten Marienglashöhle. Sie ist Teil eines alten Gipsbergwerks, die Höhlenwände sind für ihre durchsichtigen und langgestreckten Gipskristalle berühmt. Früher wurde Marienglaskristall zum Schutz und Schmuck von Marienbildern verwendet. In Tabarz, einem angenehmen Ferienort mit etlichen Fachwerkhäusern, endet die Fahrt mit der Thüringerwaldbahn.

Der große Inselsberg – Treffpunkt für alle

Zumindest aus der Entferung ist der Große Inselsberg fast jedem bekannt. Man sieht ihn von der Transitautobahn, vom Thüringer Vorland und von vielen Punkten des Thüringer Waldes. Dabei ist er an seiner Antennenkrone auch noch leicht zu erkennen. Es sind eine Vielzahl von technischen Installationen, die im Laufe der Zeit immer höher gewachsen sind: Ein kleinerer UKW-Turm, wegen seiner Form von Einheimischen „Thermosflasche" genannt, ein großer Fernsehturm sowie eine meteorologische Station. Jene typische Bebauung also, die man auch auf dem Ochsenkopf im Fichtelgebirge oder dem Großen Feldberg im Taunus wiederfindet. Der Höhe nach steht der Große Inselsberg erst an dreizehnter Stelle unter den Bergen im Thüringer Wald, doch er ist bei weitem der bekannteste und natürlich auch der am meisten besuchte.

In Friedrichroda

Hier trifft sich täglich die (Touristen-) Welt: Nordkoreanische, russische und bulgarische Reisegesellschaften werden in Bussen die Stichstraße hinaufgefahren, wer schlecht zu Fuß ist, läuft ohnehin den Asphalt hoch. Wanderer und rüstige Rentner bevorzugen allerdings einen der vielen schattigen, zum Teil steilen Waldwege, die wirklich zu empfehlen sind. Nur ganz wenige erreichen über den Rennsteig die Anhöhe, auf der zwei Gaststätten liegen, die sogar ihre Schließzeiten aufeinander abgestimmt haben, so daß zumindest eine von beiden geöffnet hat. Auch im Winter macht der traditionelle Inselsberg-Tourismus keine Pause. Auf dem Nordhang surrt ein Schlepplift, und das Fußbolk hangelt sich am Geländer der häufig schwer vereisten Stichstraße nach oben. Kamen bereits Ende der zwanziger Jahre über 100.000 Menschen jährlich auf den Gipfel, so wird heute die Zahl um mindestens das Zehnfache gestiegen sein. Denn der Reiz des Großen Inselsberg als bester Aussichtspunkt im Thüringer Wald besteht unverändert.

Man kann also ohne weiteres den Hinweis eines Reiseführers von 1929 übernehmen, daß sich für die einmalige Rundsicht die Nachmittagsstunden am besten eignen, „wo in der Regel der Horizont am klarsten ist". Ein klarer Sonnenaufgang ist hingegen selten, „weil die Morgennebel oft so stark sind, daß sie der Kraft der Sonnenstrahlen bis acht oder neun Uhr widerstehen". Doch zu welcher Tageszeit man auch immer den Gipfel erreicht, einsam wird man jedenfalls hier nicht sein. Zu jeder Familie gehört ein Fernglas und mindestens eine Kamera, Kniebundhosen und Wanderstiefel sind eher die Ausnahme. Fast alle haben hier oben ihr Wiedererkennungserlebnis: „Das ist doch der Schornstein von Ohrdruf", „sieh mal, die Wartburg, da waren wir doch erst gestern", „da hinten liegt Erfurt". Ganz im Norden ist sogar der 105 Kilometer entfernte Harzer Brocken zu sehen, etwas weiter östlich der Kyffhäuser, dann der Ettersberg oberhalb von Weimar, südöstlich der Schneekopf bei Oberhof und südwestlich die Wasserkuppe der Rhön, schon in der BRD.

Vom großen Inselsberg über den Rennsteig zur Wartburg

Frühmorgens ist der riesige Parkplatz unterhalb des Großen Inselsbergs noch ziemlich leer. Auf dem Gipfel angekommen, sind die ersten Besucher auf der Terrasse des „Berggasthofs Stöhr" bereits beim Kaffeetrinken. Unübersehbar weist ein großes „R" an der Schindelwand der Gaststätte den Rennsteigwanderern die Richtung des alten grünen Pfades, der hier einen seiner höchsten Punkte erreicht. Der Rennsteig, einstige Landesscheide zwischen Thüringen und Franken, ist ein 168,3 Kilometer langer Kammweg, der von Hörschel an der Werra bis nach Blankenstein an der Saale führt. Schon im frühen Mittelalter als „Rennweg" bekannt, war er Kurierpfad zwischen wichtigen strategischen Punkten, Burgen und Schlössern. Mit der Gründung des Rennsteigvereins 1896 entwickelte er sich zu einer der beliebtesten Fernwanderrouten in Europa.

Die innerdeutsche Grenze stoppte den Wanderschritt 28 Jahre lang. Doch immer konnten mehr als drei Viertel der eigentlichen Strecke begangen werden, rund 13 Kilometer führen durch den bundesdeutschen Frankenwald. Schon gleich nach dem Großen Inselsberg, auf den ersten Rennsteigkilometern, wenn man gerade so richtig sich eingelaufen hat, heißt es Abschied zu nehmen von den üblichen Klischees, die über den berühmten Wanderweg verbreitet werden. Denn niemand ist an einem schönen Sommertag zwischen Brotterode und Ruhla auf dem Rennsteig unterwegs, abgesehen von einigen Forstarbeitern, die auf Baumstümpfen Pause machen. Und der Weg ist weder wildromantisch noch besonders spannend, doch sehr angenehm zu laufen, auch für ungeübte Wanderer. Mit den weißen „Rs", die wirklich unübersehbar an Bäumen, Pfählen und Steinen die Strecke markieren, wechselt immer mal wieder der Untergrund: Waldboden, festes Geröll, Fahrstraße, tief eingespurter Holzabfuhrweg und auch asphaltierte Autostraße. Festes schweres Schuhwerk ist für den Rennsteig überflüssig, Turnschuhe hingegen geeignet.

Während des Laufens kann man sich wunderbar unterhalten, sollte allerdings auf jeden Fall etwas zu Trinken dabeihaben, denn mit Gaststätten ist dieser Abschnitt des Rennsteigs nur bescheiden ausgestattet. Ausblicke gibt es entlang des Weges hingegen viele, mal in stille Täler und Schluchten, mal in die Hinterhöfe des Industrieortes Ruhla und ins eher verträumte Etterwinden. Bis zum Gasthof „Hohe Sonne", wo der Rennsteig auf die Landstraße von Eisenach nach Bad Salzungen trifft, sind es neben einem Pkw nur wenige Menschen, die auf diesem Höhenwanderweg unterwegs sind. Davon zwei Frauen, mit Ruck- und Schlafsack, die sich mit strammem Schritt offenbar einiges vorgenommen haben. In früheren Zeiten starteten „Renner" in Hörschel oder Blankenstein, und wer die gesamte Kammstrecke in weniger als fünf Tagen schaffte, wurde als Spitzenläufer mit der „Rennsteigbowle" aus Milch, Sekt und Rum geehrt.

Heute muß man sich beeilen, daß man rechtzeitig zur „Hohen Sonne" kommt, denn nach 18 Uhr gibt es am Imbißstand weder Brause noch Bockwurst. Doch wer sich am Morgen am Großen Inselsberg in Trab setzt, erreicht die große Kreuzung nach gut vier Stunden, kann sich dann viel Zeit und Ruhe für die Drachenschlucht nehmen. Und es lohnt sich.

Hinter Rast- und Parkplatz „Hohe Sonne" geht es einige Treppen hinunter ins feuchte und dunkle Steinbachtal. Schlagartig wird es kühl, kaum noch ein Sonnenstrahl dringt in die immer schmaler werdende Schlucht. Der Weg verengt sich zum Pfad, aufragende Felsen rücken dichter zusammen. Der Weg verläuft neben dem Bach, wechselt ständig die Uferseite, bis er dann auf urigen Holzstegen den schmalen Wasserlauf überdeckt. An einigen Stellen hat sich der Bach nur einen halben Meter breiten

Auf dem Großen Inselsberg

Spalt in die hohen steilen Felsen eingenagt. Hier wird der Pfad zum kleinen Urwaldabenteuer: Moose, Flechten und Algen, Farne und Schattenkräuter bedecken die senkrechten triefenden Wände der kalten Drachenschlucht. An diesen Stellen, wo die Durchgänge gerade Menschenbreite aufweisen, wo einige Rundhölzer der Stege fehlen, andere durch die andauernde Feuchtigkeit faul und morsch geworden sind, fühlt man sich wie in einem engen, finsteren Verließ. Für Momente scheint kein Ausweg in Sicht, doch nach der nächsten engen Kurve wird der Weg wieder breiter und heller, bis man dann nach gut einer Stunde an einigen Teichen die Schlucht endgültig hinter sich gelassen hat. Danach geht es aufwärts zur Sängerwiese, dann an der Eliashöhle inmitten überhängender Felskulissen vorbei und durch dichten Hochwald hinauf zum Burgberg, wo der Weg in die asphaltierte Zufahrtsstraße zum Wartburg-Parkplatz übergeht.

Die Wartburg – Symbol

Vom Gasthaus „Hohe Sonne“ hat man den schönsten Blick auf den deutschesten Wallfahrtsort der DDR: Aus dichtem Wald ragt der Wartberg hervor, darauf die vertraute Silhouette der Wartburg. Auf dem hohen Turm glitzert ein vergoldetes Kreuz in der Sonne, daneben flattert die Staatsflagge im Wind. Aus der Entfernung wirkt die Burg abgeschieden, vollkommen in die Landschaft eingebettet. Unterhalb der Feste, an der Wartburgschleife mit den zwei langen Parkreihen am Ende, geht es hingegen zu wie auf einem Touristenbasar.

Betriebsgruppen aus Sachsen und Mecklenburg, große Reisegesellschaften aus allen möglichen Ländern, etliche Einzelbesucher, Familien aus Deutschland-Ost und -West verbreiten Unruhe, die Menschenhaufen haben Mühe, unter sich zu bleiben. Ein ständiges Hin und Her: Fotoapparat oder Fernglas

In der Wartburg

sind in Pkw oder Bus liegengeblieben, Besucher müssen sich für einen der vielen Wege nach oben entscheiden, Kinder versuchen, ihre Eltern an der Eselstation für einen Ritt auf die Wartburg zu begeistern. So mancher ist dann enttäuscht, daß die zotteligen Vierbeiner nur Touristen bis 60 Kilogramm auf den Berg hinauftragen. Dem privaten Chef der Eseltreiber ist's egal, er soll dank seiner Idee, alte Traditionen wiederzubeleben, mittlerweile einer der reichsten Leute Thüringens sein. Oben, wo die Wege zusammenführen, wird das deutsche Stimmengemurmel von afrikanischen Rhythmen übertönt. Schwarze, die in der DDR studieren, machen Musik, tanzen zwischen den Tischen des Freiluftcafés. Sie sind offenbar ganz froh, Führung und Erklärungen hinter sich gebracht zu haben.

Das ist verständlich, denn ein Wartburgaufenthalt zu normaler Tageszeit kann ziemlich anstrengend sein. Das Anstehen nach Eintrittskarten, Souvenirs und Restaurantplatz dauert oftmals länger als der eigentliche Rundgang. Wer allerdings bereit ist, in der Frühe auf den Wartberg zu steigen, wenn die Reisebusse gerade erst irgendwo abfahren, die Touristen in den thüringischen Tälern noch beim Frühstück sitzen, der wird entspannt die Burg besichtigen können. Die Denkmalpflege hat hier gezeigt, was sie leisten kann. Doch vor allem bei ein wenig Ruhe kommt man der Historie schnell auf die Spur: Die Anlage wirkt wie eine richtige Ritterburg, wehrhaft und abgeschlossen, mit einer Zugbrücke als einzigem Zugang. Eng und muffig ist es, mitunter auch kühl. Der richtige Ort, um einen

Menschen zu verstecken, der dazu noch ungestört arbeiten kann. Luthers Tintenklecks fehlte schon in den zwanziger Jahren, doch seine Stube hat dennoch etwas von einem typischen Arbeitsraum. Auch die Heilige Elisabeth, die als ungarische Prinzessin vierjährig auf die Wartburg kam und als Landgräfin Eisenachs erstes Armenhaus gründete, hat eigentlich nicht mehr als ihre Legende hinterlassen. Erst dem Wilhelminismus paßte die Geschichte der warmherzigen und sozial engagierten Adligen ins Konzept. Wilhelm zwei veranlaßte, daß die Elisabeth-Kemenate mit historisierenden Glasmosaiken im Stil des 13. Jahrhunderts mit Szenen aus der Legende ausgeschmückt wurde. Im Landgrafenhaus findet man den „Palas", ältester Teil der gesamten Anlage aus dem 12. Jahrhundert, den schlichten Speisesaal, wo man sich noch am ehesten ausmalen kann, wie die Rittersleut um den großen Kamin herum gesessen haben. Rittersaal, Sängersaal und Landgrafenzimmer sind hingegen stark von der Mittelalter-Verklärung des 19. Jahrhunderts geprägt. Daß sich ausgerechnet auf der Wartburg die Studenten deutscher Burschenschaften trafen, hier Freiheit und nationale Einheit forderten, kann man sich an diesem geschichts- und symbolträchtigen Ort schon wegen der romantischen Lage leicht vorstellen. Ähnlich wie die Touristen tagsüber müssen sie in Scharen die Wege hochgepilgert sein.

Heutige gesamtdeutsche Treffen finden vor allem im angrenzenden Hotel und Restaurant statt. Und am Abend ist es auch nicht allzu schwierig, einen der begehrten Aussichtsplätze zu ergattern.

Die Wartburg mit ihren Museen hat dann längst geschlossen, ganz in Ruhe liegt der Berg da, von der in die Landschaft hinausragenden Terrasse des Restaurants sieht man den Sonnenuntergang, blickt in den dichten Wald bis nach Hessen hinein.

Drunten sind nur gelegentlich Lichter der Diesellokomotiven zu erkennen, die mit angestrengt-dröhnendem Motorengeräusch die Züge über Gerstungen in die BRD führen oder aus dem Westen kommen.

Eisenach – versunkene Stadt

Die Stadt unterhalb vom Wartberg, am Zusammenfluß von Hörsel und Nesse, ist heute eine ziemlich heruntergekommene Industiestadt. Ihre kulturelle wie politische Bedeutung hatte sie nach der deutschen Teilung schnell eingebüßt. Einst Schnittpunkt der Königsstraße von Spanien, Frankreich über Frankfurt/Main, dann Leipzig bis nach Krakau sowie wichtiger Handelsstraßen nach Norden, liegt sie heute ganz am Rand der Republik. Geblieben sind malerische Ecken in den alten Villen- und Pensionsvierteln an den Berghängen, die dichten Wälder, die bis in die Stadt hineinreichen. Im mächtigen Bahnhof spiegelt sich noch die frühere Größe, man achte nur auf die reichen Mosaike in der Empfangshalle. Am Ende der Bahnhofsstraße beginnt hinter dem wuchtigen Nikolaitor aus dem Jahr 1200, dem ältesten Stadttor Thüringens, die Innenstadt. An vielen Fachwerkhäusern nagt der Zahn der Zeit und der Vernachlässigung. Auch hier wurde radikal umgestaltet, dem Abriß folgten innerstädtische Neubaugebiete, nur einige Viertel wurden restauriert.

Viele Busse mit Touristen, die den Wartburg-Aufenthalt buchstäblich durchgestanden haben, zwängen sich durch die hügligen Straßen, halten nur vor den Museen, die an die große Vergangenheit der Stadt erinnern: Im Bachhaus hat zwar Johann Sebastian nie gelebt – sein Geburtshaus stand in der Nähe – doch alte Musikinstrumente, Bilder und Dokumente lassen ihn und sein Werk hier nicht in Vergessenheit geraten. Im Lutherhaus am Lutherplatz hat der junge Lateinschüler tatsächlich gebüffelt und geschlafen. Unterhalten wird das Lutherhaus von der evangelischen Landeskirche Thüringens, die in Eisenach auch ihren Bischofssitz hat. Die dritte Station ist eine richtige Villa, in die sich der niederdeutsche Dichter Fritz Reuter während seiner letzten Lebensjahre zurückgezogen hatte. Sein Arbeitszimmer und die Nähstube seiner Frau blieben unverändert. Außerdem beherbergt das Fritz-Reuter- und Richard-Wagner-Museum eine umfangreiche Wagner-

In der Eisenacher Altstadt

Bibliothek, die größte nach Bayreuth. Bei der Führung wird nicht vergessen, daß Wagner die Stadt nie gesehen hat.

Ein weiterer Halt ist die Gedenkstätte „Eisenacher Parteitag 1869" im früheren Hotel „Goldener Löwe", jener Tagungsstätte, in der die Gründung der sozialdemokratischen Arbeiterpartei beschlossen wurde. Seltener angepeilt wird hingegen der Ausstellungspavillon der heutigen VEB Automobilwerke Eisenach, weitaus größter Arbeitgeber der Stadt. Mit dem allerersten „Wartburg-Wagen" von 1898 begann die Geschichte der Fahrzeugfabrik Eisenach. Das Vehikel mit Ballhupe, Azetylenlampen, geflochtener Seitenverkleidung, Klappverdeck und Lederpolsterung ist eines der Schmuckstücke aus der Pionierzeit. Dazu zählt auch ein ebenso handgefertigter Dixi R8 mit 14 PS aus dem Jahr 1908. Bis Ende der zwanziger Jahre galt „Dixi" als eine der führenden Automobilfabriken Europas. 1929 übernahmen die Bayerischen Motorenwerke, die vorher nur Motorräder und Flugzeuge bauten, die Eisenacher Produktionsstätten. Im Ausstellungspavillon ist eines der formschönen Sechszylindermodelle blank poliert zu bestaunen, der schnittige Sportwagen 327. Britisch-amerikanische Luftangriffe beendeten die Rüstungsproduktion in den Automobilwerken während des Zweiten Weltkriegs. Als die sowjetischen Truppen in Eisenach einmarschierten, gingen die BMW-Direktoren nach München. Doch gebaut wurden weiterhin Personenkraftwagen und Motorräder, nun EMW genannt. Sogar repräsentative Staatskarossen vom Typ 340-2, mit denen Ulbricht durchs Land gefahren wurde. Seit 1953 produziert man in Eisenach Zweitakter: zuerst den „IFA F 9", der den DKW-Modellen im Westen Deutschlands bis aufs Haar glich. Und danach bis heute den biederen Serien-Pkw Wartburg 311, später 353, der nun mit einer leicht veränderten Karosserie und VW-Golf-Motor als 1,3 im Handel ist. Schulterzuckend stehen die Besucher um die aufwendige Drehbühne herum, auf der ein fabrikneues Wartburg-Modell den Oldtimern in keiner Hinsicht die Show zu stehlen vermag, trotz der rund 12 Jahre Wartezeit, die die DDR-Bürger für den „neuen“ Viertakter mindestens in Kauf nehmen müssen. Noch erstaunlicher ist allerdings in diesem kleinen verglasten Pavillon, was die Eisenacher Motorenwerke in der unmittelbaren Nachkriegszeit an Design und Leistung, vor allem aber Qualität, produzierten. Man denke nur an Ulbrichts Parole „Überholen ohne einzuholen“.

Doch eben nicht nur die Automobilindustrie ist in Eisenach längst in einen tiefen Winterschlaf versunken, sondern die ganze Stadt. Dies wird sich nach dem Einstieg des VW-Konzerns in die DDR-Autoindustrie allerdings schon bald ändern. Das traditionsreiche und größte Thüringer Volksfest, der „Sommergewinn“ sicherlich nicht. Alljährlich am letzten Sonnabend im März, früher drei Wochen vor Ostern, wird der Winter von den Eisenachern mit einem riesigen bunten Umzug ausgetrieben. Eine Strohpuppe, der Winter, wird verbrannt, der Lenz mit seinen Begleitern – menschengroße Vögel und Tiere – empfängt lautstark „Frau Sunna“, den Sommer. Es gibt Eier und Brezeln als Symbole der Fruchtbarkeit.

Blick zur Meininger Stadtkirche

Die Hörselberge – in der Sagenwelt

Dieser kleine Flecken, ein gerade sieben Kilometer langer Muschelkalkzug östlich von Eisenach, ist einer der landschaftlichen Höhepunkte Thüringens. Eine sagenumwobene Gegend mit zwei Klufthöhlen am großen Hörselberg, der Venus- und der Tannhäuserhöhle – Namen die für sich sprechen, auch wenn man die Wagner-Oper nicht genau kennt. Und natürlich soll seit urgermanischer Zeit in dem Bergzug der Teufel hausen, soll zuweilen jämmerliches Heulen und Schreien erschallen, das Teufel und arme Seelen ausstoßen. Wunderschön ist sein vermeintliches Zuhause und ausgesprochen friedlich.

Nach einer Sage nähert man sich den Hörselbergen am besten über Sättelstädt, einem kleinen Ort am Flüßchen Hörsel, der von der Autobahn zwischen Eisenach und Gotha überquert wird. An der Hörselbrücke geht es unter der Eisenbahn hindurch zur Kirche, die einst eine Kapelle gewesen sein könnte. Die soll einmal eine Königin von England gebaut haben, da ihr Mann sein Fegefeuer zu Thüringen im Hörselberg gehabt hätte. Doch erschienen ihr hier böse Geister, und sie nannte den Ort Satansstedt, woraus sich nach und nach Sättelstädt entwickelt habe. Kurz hinter dieser Kirche zweigt der Weg rechts ab, unterquert die Autobahn, führt dann als Gratweg zum Teil recht steil nach oben. Ein Pfad ins Paradies mit Kirschbäumen, Haselnußsträuchern, Himbeer- und Brombeerschlingen, Schlehdorn und am Boden Walderdbeeren. Eine Blindschleiche, die den Weg kreuzt, erstarrt, läßt ihr im

Licht bronzefarbenes Schuppenkleid berühren, verabschiedet sich dann nach einer Weile ziemlich ruckartig und verschwindet im Unterholz. Rechts vom Pfad führt ein kurzer Abstecher in ein weites Tal mit einer hier völlig unerwarteten Heidelandschaft: Zwischen großen, silbernen Disteln hütet ein Schäfer seine Herde. Ein paar Schritte und man ist wieder zurückgekehrt auf den Gratweg.

Allmählich mit zunehmender Höhe ändert sich die Vegetation, der Mischwald wird lichter, nimmt steppenartige Züge an. Immer stärker tritt das nackte Kalkgestein mit Flechten und Moosen hervor. Oben auf dem Kamm in gut 480 Meter Höhe steht zuerst einer der häßlichen Feuer-Beobachtungstürme, denen man häufig in größeren Waldgebieten der DDR begegnet. Immerhin haben sie bei Bränden wenigstens einen Sinn. Kurz dahinter liegt dann das ehemalige Schutzhaus, ein Natursteinbau mit verputzter Westseite, wie er auch in den norditalienischen Alpen stehen könnte. Hier bekommt man von einem früheren Offizier der Volksarmee sogar einen Imbiß serviert, kann Getränke auch mit nach draußen nehmen, wenn man verspricht, die Flaschen wieder zurückzubringen. Vor dem massiven Haus, das so ziemlich auf dem höchsten Punkt des Großen Hörselbergs inmitten der kargen Steppe steht, kann man dann hinunterschauen, hat eine Sicht wie auf eine Modelleisenbahnanlage. Im Zeitraffer sieht man die Überholmanöver der Lkws auf der unterhalb des Höhenzugs ansteigenden Autobahn sowie die Reichsbahn- und Transitzüge, die wie an einer Schnur gezogen entlang der Hörsel langsam vorbeifahren. Weiter in der Ferne liegen Eisenach und die Bergkuppen des Thüringer Waldes. Man hat hier oben den richtigen Abstand zu den Wäldern und Tälern, kann in dieser Weite so richtig tief durchatmen in frischer Höhenluft. Über dem Kamm in Richtung Kleiner Hörselberg nutzen Bussarde die Aufwinde, starten in das breite Hörseltal. Ein wenig abseits, doch nicht weit vom Gasthaus entfernt, liegt die Venushöhle und am Ende einer Schlucht das Jesusbrünnlein. Eine Quelle oder auch der Born der Frau Holle, die, als Venus verwandelt, Tannhäuser in ihre Höhle lockte. Vom Jesusbrünnlein führt der Zapfengrund unter der Autobahn hindurch wieder hinaus aus der germanischen Sagenwelt. Bei Schönau erreicht man die Hörsel, Bahnstrecke und Autostraße zurück nach Sättelstädt.

Wasungen/Meiningen – am Rand des Waldes

Beide Orte liegen jenseits des dichten Thüringer Waldes mit seinen engen Tälern. Vom breiten Werratal sind die Bergkuppen der Rhön nicht mehr weit entfernt.

Wasungen ist eine kleine, verträumte Fachwerkstadt. Sie wirkt wie ausgestorben, in den Gärten sieht man gerade ein paar Leute Holz hacken, viele der Läden sind leer, die Besitzer verstorben oder weggezogen. Es gibt noch alte Strommasten und einen recht ansehnlichen Fachwerkkern. Die Werra erscheint hier halbwegs klar, das Stadtbild wirkt gepflegt, man scheint auf Sauberkeit ausgesprochen Wert zu legen. Im Hof des Gasthauses „Zum Bären“ bekommt man im Schatten alter Fassaden und quer gespannter Wäscheleinen Eis mit Früchten. Einmal im Jahr ist jedoch in Wasungen tatsächlich der Bär los. Wenn der Prinz des Wasunger Carnevalsclubs „WCC“ das Zepter schwingt, mausert sich das Nest zur Karnevalshochburg der DDR. Über 20.000 Menschen pilgern in das kleine Städtchen. Zur Sommerzeit kann man sich das wirklich nicht vorstellen: Während der tollen Tage fließt nicht nur das Bier in Strömen, sind die Verkehrskontrollen der Volkspolizei besonders streng, es werden auch „Lügenorden“ vergeben und lockere Büttenreden gehalten. So ganz wie auf der westlichen Seite der Rhön, denn Mundart und Brauchtum haben Wasungen wie auch Meiningen mehr mit dem hessisch-fränkischen Raum als mit Thüringen gemein.

Meiningen, die größere und eigentlich bekanntere Stadt, ist ebenfalls in Vergessenheit versunken. Hier wurde einst Theatergeschichte geschrieben. In der früheren Residenzstadt förderte „Theater“-Herzog Georg II. die realistische Schauspielkunst der „Meininger“, die sich zum berühmtesten Theaterensemble Europas entwickelten. Selbst Max Reinhardt war später von den Massenszenen auf der Bühne beeindruckt. Heute ist das gewaltige ehemalige Landestheater an der August-Bebel-Straße für Stadt und Umgebung zu groß. So werden nicht nur Schauspiele, sondern auch Opern, Operetten, Ballette und Konzerte veranstaltet. Hinter dem Theater beginnt der sehr angenehme Englische Garten, Goethe-Park genannt, mit schattigen Spazierwegen, künstlicher Ruine und einer Riesenfontäne mitten im Karpfenteich. Neben ausgesprochen fetten Schuppentieren schwimmt hier sogar ein schwarzer Schwan. Die Altstadt ist sehr übersichtlich in rechteckige Karrees gegliedert. Rings um die grazile Stadtkirche gruppieren sich in regelmäßiger Anlage restaurierte Bürger- und Beamtenhäuser, zum Teil in knalligen Farbtönen angestrichen, so daß einem schwindlig werden kann. Vor dem Gotteshaus breitet sich der Marktplatz aus. Hier zieht ein winziger Jahrmarkt ein paar Mütter mit ihren Kindern an. Einsam dreht sich ein Kettenkarussell. Neben Taubengurren ist nur das leise Rasseln der Metallglieder zu hören. Ansonsten Stille.

Vor der Jahrhundertwende zählte die Residenzstadt ganze 234 Industriearbeiter, daher findet man in der Altstadt zwischen Bahndamm und Werra kaum Proletarier-Bauten. Hinter Stadtkirche und Platz der Republik beginnt das Handwerkerviertel, das heute so langsam in sich zusammenfällt: Viele kleine Fachwerkbauten mit langgestreckten Höfen und Schuppen sowie Werkstätten, von denen wohl nur wenige erhalten bleiben werden.

Am Rand der Altstadt wird das wuchtige Schloß, bis 1918 Sitz der Herzöge des Freistaats Meiningen, mit seinem reizvollen Park von der Werra begrenzt. Nicht weit von der Schloßanlage entfernt, steht das Baumbachhaus und erinnert an den Dichter Rudolf Baumbach, dem auch der Walter Scheel-Ohrwurm „Hoch auf dem gelben Wagen“ zu verdanken ist. Meiningen ist heute immer noch eine schöne, jedoch leere Stadt. Von der Großzügigkeit, mit der der Ort einst wuchs, sind nur noch die Grundrisse geblieben. Straßen und Plätze liegen wie unberührt da. Es fehlen die Menschen, die nach der Öffnung der Grenzen zumindest als Besucher bald wieder die Stadt mehr beleben werden.

Thüringen – Deutsche Klassik, Wanderwege

Anreise
von Berlin
mit der Eisenbahn über Leipzig/Halle nach Weimar, Erfurt, Gotha, Eisenach
mit dem Auto über die Autobahn E 6 bis Hermsdorfer Kreuz, auf der E 63 über Jena, Weimar, Erfurt, Gotha nach Eisenach
von Frankfurt/Main und Kassel
mit der Eisenbahn über Grenzübergang Gerstungen nach Eisenach, Gotha, Erfurt, Weimar
mit dem Auto über die Autobahn A 4 über Grenzübergang Herleshausen nach Eisenach

Unterkünfte
„Clubgaststätte Erholung" in Berga, Bezirk Gera
Interhotel „Gera" in Gera
„Stadt Gera" in Gera
„Stadt Mühlhausen" in Mühlhausen, Bezirk Erfurt
„Stadt Suhl" in Suhl
Interhotel „Thüringentourist" in Suhl

Camping
Bad Bibra, am Waldschwimmbad
Großbreitenbach, am Schwimmbad
Manebach, im Meyersgrund
Weißensee, am Terrassenbad

Eisenach
Bezirk Erfurt

Informationen
Eisenach-Information
5900 Eisenach
Bahnhofstr. 3–5
Tel. 61 61 und 48 95

Unterkunft
Hotel „Stadt Eisenach"
5900 Eisenach
Luisenstr. 11–13
„Parkhotel"
5900 Eisenach
Wartburgallee 2
„Thüringer Hof"
5900 Eisenach
Platz der DSF 11

Essen & Trinken
„Hotel Berghof", Göpelskuppe (hinter dem Burschenschaftsdenkmal)
Hotel „Auf der Wartburg"
„Zur Phantasie", Mariental 33
„Stadt Leipzig", Puschkinstr. 50
„Thüringer Hof", Platz der DSF 11
„Café-Terrasse", Sophienaue
„Süße Ecke", Engelsstraße
„Konditorei Schramm", Engelsstraße

Kunst & Kultur
Museen

Wartburg
spätromanischer Palas, Landgrafenzimmer, Sängersaal, Festsaal
Februar bis April täglich 8.30 bis 16.00 Uhr,
Mai bis 15. September 8.30 bis 16.30 Uhr,
16. September bis Oktober 9.00 bis 16.00 Uhr
November bis Januar 9.00 bis 15.30 Uhr

Bachhaus
Frauenplan 21
Bilder, Dokumente, Instrumente
Mo bis Sa 9 bis 12.30 Uhr und 14.00 bis 17 Uhr, von Mai bis September auch an Feiertagen 9 bis 12.30 Uhr

Lutherhaus
Lutherplatz 8
Wohnung des jungen Luther als er noch Lateinschüler war
täglich 9.00 bis 13.00 Uhr und 14.00 bis 17.00 Uhr

Fritz-Reuter-und-Richard-Wagner-Museum
Reuterweg 2
Arbeitszimmer Fritz Reuters im Originalzustand und größte Wagner-Bibliothek nach Bayreuth
Di bis So 9.00 bis 12.00 und 14.00 bis 17.00 Uhr

Sankt-Georgen-Kirche
Grabplatten der Thüringischen Landgrafen

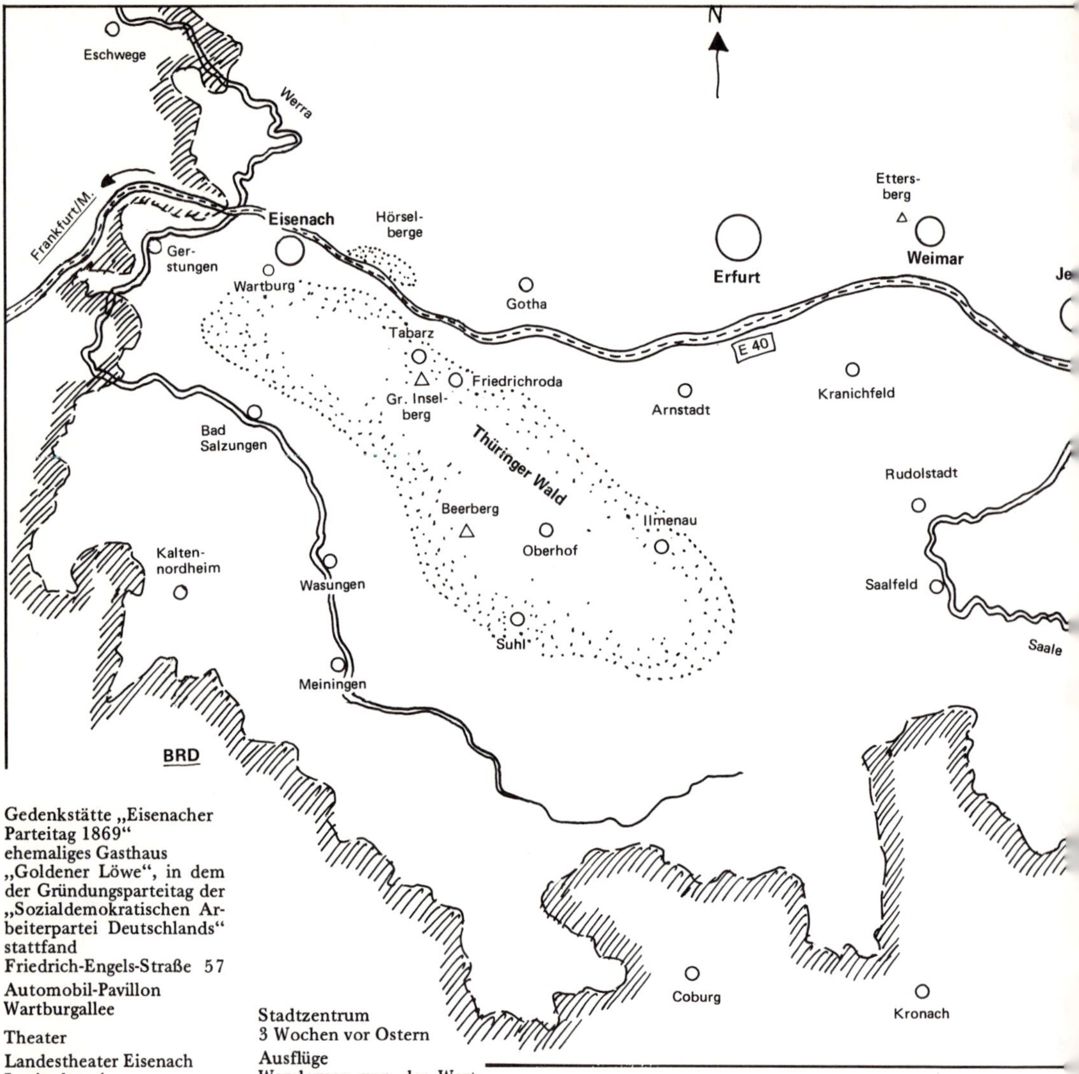

Gedenkstätte „Eisenacher Parteitag 1869“
ehemaliges Gasthaus „Goldener Löwe“, in dem der Gründungsparteitag der „Sozialdemokratischen Arbeiterpartei Deutschlands“ stattfand
Friedrich-Engels-Straße 57

Automobil-Pavillon
Wartburgallee

Theater

Landestheater Eisenach
Leninplatz 4

Konzerte

Burgkonzerte
auf der Wartburg
von „Stimme der DDR“
im Sommerhalbjahr

Thüringer Bachtage
im März und April
Konzerte auf historischen Instrumenten im Bachhaus

Spaß & Sport
Kinos
„Capitol“,
Alexander-Puschkin-Str. 12
„Titania“, Georgenstr. 5

Volksvergnügen
Fest „Eisenacher Sommergewinn“ mit Festumzug im Stadtzentrum
3 Wochen vor Ostern

Ausflüge
Wanderung von der Wartburg durch die Drachenschlucht zum Gasthaus „Hohe Sonne“ am Rennsteig
Zu den sagenumwobenen Hörselbergen mit der Bahn bis Sättelstädt-Mechterstädt oder mit dem Auto über die Landstraße

Erfurt
Bezirkshauptstadt

Informationen
Erfurt-Information
5020 Erfurt
Bahnhofstr. 37
Tel. 62 62 67

Unterkunft
Hotel „Erfurter Hof“
5010 Erfurt
Am Bahnhofsplatz
Tel. 5 11 51
Interhotel „Kosmos“
5000 Erfurt
Juri-Gagarin-Ring

Service
Platzreservierung
und Tischbestellungen in Restaurants und Unterhaltungsgaststätten
Tel. 2 33 55

Essen & Trinken
„Restaurant Hohe Lilie“, Domplatz, Tel. 2 25 78
„Alter Schwan“, Gotthardtstr. 27, Tel. 2 91 16
„Hotel Erfurter Hof“, Am Bahnhofsvorplatz, Tel. 5 11 51
„Gildehaus“, Fischmarkt 13/16, Tel. 2 32 73
„Posthalterei“, Anger 9
„Stadt Moskau“, Moskauer Platz, Tel. 77 31 18
„Ratskeller“, Fischmarkt
„Gärtnerklause“, Hermann-Jahn-Str. 8, Tel. 2 28 23
„Café am Anger“, Anger
„Café Györ“, Anger 61
„Café Kleiner Herrenberg“, Scharnhorststraße

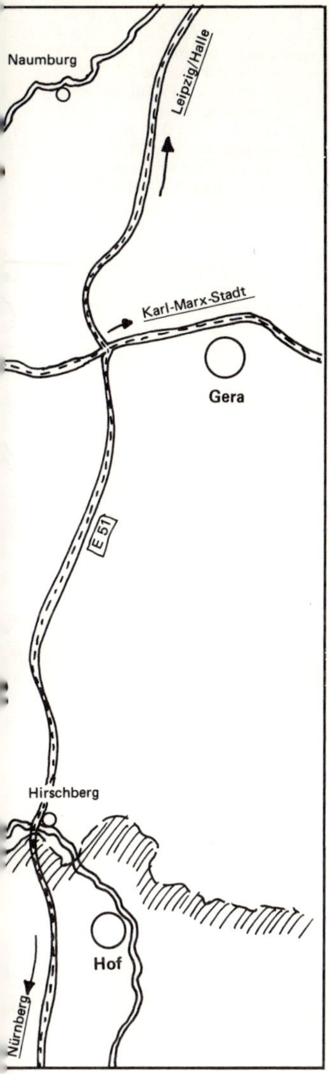

Kunst & Kultur
Museen
Angermuseum
im ehemaligen „Kurmainzischen Pack- und Waagehof"
mittelalterliches Kunsthandwerk Erfurts und Thüringens
Anger 18
Mi bis So 10.00 bis 18 Uhr
Gedenkstätte
„Erfurter Parteitag 1891"
das Erfurter Programm der deutschen Sozialdemokratie wurde hier beschlossen
Dokumente, Fotos
Futterstr. 15/16
Tel. 2 91 04
Mo bis Fr 10.00 bis 18 Uhr
Naturkundemuseum
Hospitalplatz 15
Tel. 2 18 82
Mi bis So 10.00 bis 18 Uhr
Gartenbaumuseum
auf dem Gelände der Internationalen Gartenbauausstellung IGA
Galerien
Galerie am Fischmarkt im „Haus zum Roten Ochsen"
Fischmarkt 7
Mi bis So 10.00 bis 18 Uhr
Galerie Erph
Krämerbrücke 33
Mo bis Fr 10.00 bis 13 Uhr und 14.00 bis 18.00 Uhr
Konzerte
Orgelkonzerte
jeden So. im Angermuseum
Anger 18
Erfurter Glockenspiel
am Anger im „Bartholomäusturm"
Anger 53
jeden Mi und So um 18 Uhr
Thüringer Bachtage
alljährlich im März und April
Kultur u. Freizeitzentrum
Musik, Literatur, Tanz- und Theaterveranstaltungen
Moskauer Platz

Spaß & Sport
Internationale Gartenbauausstellung
alljährlich auf dem Gelände der ehemaligen „Cyriaksburg"
Leistungsschau des Gartenbaus der DDR
Thüringer Zoopark
Am Zoopark 8–10
täglich 7.30 bis 17.00 Uhr
Volkssternwarte
Festungsturm der „Cyriaksburg" auf dem IGA-Gelände
Mi bis So 10.00 bis 17 Uhr
Erholungszentrum
„Nordstrand", Badestrand mit FKK-Bereich
Bootsstation
Kegelbahn, Minigolf, Tischtennis, Großfeldschach
in den Sommermonaten
täglich 10.00 bis 20.00 Uhr
Kinos
„Panorama-Palast-Theater", Bahnhofstr. 31–43
„Filmtheater am Anger", Anger 57
„Alhambra-Theater", Leninstr. 164
Tanzvergnügen
Diskothek „Freundschaft"
Neuwerkstr. 50
Di bis So ab 19.30 Uhr
Tanz mit Kapelle in der „Ringbar"
Juri-Gagarin-Ring
Mi bis So 20.30 bis 3.00 Uhr
Disko in der Jugendgaststätte „Stadt Moskau"
Moskauer Platz
Mi bis Sa ab 19.00 Uhr
Disko im Jugendklubhaus „Hermann Jahn"
Reichartstr. 13
Fr ab 19.00 Uhr
Schwimmbäder
Schwimmhalle Rieth
Straße der Völkerfreundschaft 39, Tel. 72 13 95
Hallenbad Mitte
Hermannsplatz
Tel. 2 27 87
Schwimmhalle Johannesplatz
Friedrich-Engels-Str. 50
Tel. 71 32 29
Ausflüge
zum legendären Burgensemble „Drei Gleichen"
Anreise mit dem Auto Richtung Eisenach auf der Autobahn bis Abfahrt Wandersleben Burg Gleichen
Ausstellung zur Geschichte des Baus
Blick vom Burgturm
täglich 10.00 bis 17.00 Uhr geöffnet
Wachsenburg
Auslflugsgaststätte, Bedienung in mittelalterlichen Kostümen
Tel. 59 27 und 59 28
Ortsnetz Arnstadt
Mühlburg
nur noch Ruine
nach Arnstadt Bezirk Erfurt
Anreise mit der Bahn oder mit dem Auto über die Landstraße
Informationen über Arnstadt-Information
5210 Arnstadt
Erfurter Straße
Tel. 20 49
älteste Stadt der DDR
dort Schloßmuseum mit barockem Porzellankabinett, Brüsseler Gobelins, Puppenstadt „mon plaisir" und der „Alte Friedhof" mit Ruhestätten von 25 Mitgliedern der Familie Bach

Gotha
Bezirk Erfurt

Informationen
Gotha-Information
5800 Gotha
Hauptmarkt 2
Tel. 40 36

Unterkunft
Hotel „Waldbahn"
5800 Gotha
Bahnhofstr. 16

Essen & Trinken
„Hotel Zum Mohren", Morenstr. 18 a
„Hotel Stadt Gotha", Huttenstr. 9
„Ratskeller" Hauptmarkt
„Orangeriecafé", Karl-Marx-Str. 8
„Café Busch", Jüdenstr. 26

Kunst & Kultur
Museen
Schloß Friedenstein
darin
Schloßmuseum
mit Gemäldesammlung
Tel. 30 56
Di bis So 8.00 bis 12 Uhr und 12.30 bis 17.00 Uhr, Sa und So nur 13.00 bis 17.00 Uhr und
Museum für Regionalgeschichte und Volkskunde mit Ekhoftheater
Tel. 31 67
Mo bis Sa 8.00 bis 17 Uhr
Gedenkstätte
„Gothaer Parteitag 1875"
zum Vereinigungsparteitag der Lassalleaner und Eisenacher zur SPD
Straße der Pariser Kommune 10
Mo bis Fr. 8.00 bis 17 Uhr
Tel. 23 14
Konzerte
Thüringer Musiktage
im April
Konzerte im Ekhoftheater von Mai bis September

Spaß & Sport
Tiergarten Gotha
an der F 247, 2 km von Gotha
9.00 bis 18.00 Uhr,
im Winter bis Einbruch der Dunkelheit
Freibad
„Westbad"
Reinhardsbrunner Straße
geöffnet Mai bis August
Ausflüge
zum Boxberg
mit der Straßenbahn
alljährlich im Mai, Juli und August Pferderennen
nach Reinhardsbrunn
mit der Thüringer-Wald-Bahn – Dort neugotisches Schloß, heute Hotel, mit Landschaftspark und Gondelteich, Ruderbootverleih im Sommer täglich von 9.00 bis 17.30 Uhr
nach Friedrichroda
mit der Thüringer-Wald-Bahn
Dort die Marienglashöhle in einem alten Gipsbergwerk geöffnet Fr bis Di 14. April bis 30. September 9.00 bis 17.00 Uhr, 1. Oktober bis 13. April 9.00 bis 16.00 Uhr
Sport im Freibad
in den Sommermonaten
9.00 bis 19.00 Uhr
nach Tabarz
mit der Thüringer-Wald-Bahn

Freibad
in den Sommermonaten täglich von 9.00 bis 12.00 und 13.00 bis 18.00 Uhr
Wanderungen zum Großen Inselsberg und auf dem Rennsteig Richtung Wartburg oder Oberhof
Anreise über Tabarz

Meiningen
Bezirk Suhl

Informationen
Reisebüro
Georgstr. 22

Essen & Trinken
„Schloß Landsberg", auf dem Landsberg
„Meininger Hof", Georgstr. 3
„Müntzer-Keller", im Schloßhof
„Schlundhaus", Schlundgasse 4
„Drei Rosen", Leipziger Str. 47
„Goldener Pflug", Georgstr. 19
„Café", Georgstr. 37

Kunst & Kultur
Museen
Schloß Elisabethenburg darin Kunstsammlung Musikhistorische Sammlung und Theatermuseum zur Entwicklung der Meininger Theaterreform
Baumbach-Haus
Gedenkräume für Meininger Bürger, darunter den Dichter Baumbach
Burggasse 22
Theater
Meininger Theater
Schauspiel, Oper, Operette, Ballett, Konzert
August-Bebel-Straße
Konzerte
regelmäßig im Marmoorsaal des Schlosses

Spaß & Sport
Goethepark
Englischer Garten mit künstlichem See an der August-Bebel-Straße
Freibad
mit großer Liegeweise an der „Rohrer Stirn"
Kino
„Volkslichtspiele", Ernst-Thälmann-Straße
Tanzvergnügen
im „Sächsischen Hof", Georgstr. 1
Volksvergnügen
Meininger Parkfestspiele alljährlich im Juli Karneval im nahen Wasungen mit Festumzug
Ausflüge
zur Ruine Habichtsburg frühere Raubritterburg nahe dem „Finsteren Graben"
zur Johanniterburg
Anreise mit dem Auto über Kühndorf
nach Walldorf nordwestlich von Meiningen
Dort größte Wehrkirche an der Werra, 15. Jahrhundert

Naumburg
Bezirk Halle

Informationen
Naumburg-Information
4800 Naumburg
Lindenring 38
Tel. 25 14

Überblicke
Turm der Stadtkirche „St. Wenzel"
Ausblick auf die Stadt
Wilhelm-Pieck-Platz

Essen & Trinken
„Hotel Jakobstor", Straße der DSF
„Stadt Naumburg", Maxim-Gorki-Ring
„Ratskeller", Wilhelm-Pieck-Platz
„Bauernstube Lämmerschwänzchen", Lindenring
„Stadtcafé", Wilhelm-Pieck-Platz
„Café Krokop", Marienstraße
„Café am Lindenring", Lindenring

Kunst & Kultur
Peter und Pauls-Dom
November bis Januar
Mo bis Sa 9.00 bis 16 Uhr, So 12.00 bis 16.00 Uhr,
März und Oktober Mo bis Sa 9.00 bis 17.00 Uhr, So 12.00 bis 17.00 Uhr,
April bis September Mo bis Sa 8.00 bis 18.00 Uhr, So 12.00 bis 18.00 Uhr
Führungen durch den Dom zu jeder vollen Stunde in deutscher Sprache, zu jeder halben Stunde fremdsprachig, letzte Führung eine halbe Stunde vor Schließung
Museum
zur Stadtgeschichte
Grochlitzer Str. 49–51

Spaß & Sport
Ausflüge
nach Laucha
15 Kilometer nordwestlich Naumburgs
Dort Glockengießerei-Werkstatt und Rathaus aus 16. Jahrhundert
mit dem Schiff auf der Saale zu den Burgruinen Rudelsburg und Saaleck, 12.–13. Jahrhundert
Ablegestelle in Bad Kösen, 7 Kilometer westlich Naumburgs
nach Großjena
4 Kilometer nördlich Naumburgs
Dort ehemaliges Sommerhaus des Jugendstilmalers Max Klinger im Unstruttal mit Gedenkstätte

Oberhof
Bezirk Suhl

Informationen
Oberhof-Information
6055 Oberhof
Kurverwaltung im „Haus der Freundschaft"
Tel. 3 97

Unterkunft
Hotel „Panorama"
Theodor-Neubauer-Straße
Tel. 5 01

Service
Oberhof-Service
6055 Oberhof
Zellaer Str. 10
Tel. 2 04

Essen & Trinken
„Oberer Hof", Crawinkler Str. 1
„Hotel Panorama", Theodor-Neubauer-Straße
„Hotel Ernst Thälmann", Alte Suhler Str. 2
„Thüringer Bauernstube", Poststraße
„Café Luisensitz", Theodor-Neubauer-Straße
„Café Eitner", Crawinkler Straße

Kunst & Kultur
Museen
Ski-Museum
in der Thüringen-Schanze
Konzerte
im Kurpark
in den Sommermonaten

Spaß & Sport
Rennsteiggarten
Botanischer Garten für Hochgebirgsflora
Mai bis Oktober
8.30 bis 17.00 Uhr
Kino
„Filmtheater", Jägerstraße
Freibad
Waldbad
25 Minuten Fußweg vom Ort entfernt
Tennisplätze
und Volleyballplatz
Sommersportgeräte-Ausleihe am „Haus der Freundschaft"
Wintersport
Sprungschanzen
Kunsteisbahnen
Rennschlittenbahnen
Rodelwiese am Pionierheim „Bruno Kühn"
Eislauffläche mit Schlittschuhausleihe hinter dem „Haus der Freundschaft"
Zentrale Skiausleihstation, Jägerstraße
Ausflüge
Fahrt mit dem Sessellift zur Schanze am Rennsteig,
Wanderungen den Rennsteig entlang
zur „Schanzenbaude", Am Grenzadler
zur „Waldgaststätte Wegscheide", Kanzlersgrund
zur Gaststätte „Obere Schweizerhütte" an der Rennschlittenbahn, zum „Forsthaus Sattelbach"
zum Ohra-Stausee, dort Ruderbootverleih, in den Sommermonaten täglich 9.00 bis 17.00 Uhr
zur Lütsche-Talsperre dort Ruderbootverleih, täglich 10.00 bis 18.00 Uhr
nach Suhl
Informationen über Suhl-Information
6000 Suhl
Steinweg 1
Tel. 2 00 52
dort Waffenmuseum, große Waffensammlungen ab 14. Jahrhundert bis heute
Wilhelm-Pieck-Str. 19
Tel. 70 98
Mi bis Sa 9.00 bis 16 Uhr, So 13.00 bis 16.00 Uhr

Weimar
Bezirk Erfurt

Informationen
Weimar-Information
5300 Weimar
Marktstr. 4
Tel. 21 73

Unterkünfte
„Hotel Elephant"
Markt 19
Tel. 6 14 71
Hotel „International"
5300 Weimar
Leninstr. 17
Hotel „Einheit"
5300 Weimar
Brennerstr. 42

Service
Zentralkasse für alle Museen und Gedenkstätten
Frauentorstr. 4
Tel. 24 72
Di bis Fr 8.30 bis 12.45 Uhr und 13.30 bis 16.30 Uhr
Sa, So und an Feiertagen 8.30 bis 12.45 Uhr und

13.45 bis 16.30 Uhr
Mo geschlossen

Essen & Trinken

„Schwarzer Bär", Markt
„Ratskeller", Markt
„Theater-Casino", Theaterplatz
„Weißer Schwan", Frauentorstraße 23
„Hotel Elephant", Markt 19
„Café am Goetheplatz", Friedensstr. 2
„Café Resi", Grüner Markt
„Café Thilo", am Hauptbahnhof

Kunst & Kultur

Museen

Goethe-Nationalmuseum
Am Frauenplan
Tel. 24 72
April bis September
9.00 bis 13.00 Uhr und
14.00 bis 17.00 Uhr
Oktober bis März
9.00 bis 13.00 Uhr und
14.00 bis 16.00 Uhr
Mo geschlossen

Schillerhaus
mit Schiller-Museum
Schillerstraße
April bis September
9.00 bis 13.00 Uhr und
14.00 bis 17.00 Uhr
Oktober bis März
9.00 bis 13.00 Uhr und
14.00 bis 16.00 Uhr
Di geschlossen

Wittumspalais
mit Wieland-Museum
Theaterplatz
April bis September
9.00 bis 12.00 Uhr und
13.00 bis 17.00 Uhr
Oktober bis März
9.00 bis 12.00 Uhr und
13.00 bis 16.00 Uhr
Mo und Di geschlossen

Kirms-Krackow-Haus
mit Herder -Museum
Jakobstr. 10
April bis September
9.00 bis 12.00 Uhr und
13.00 bis 17.00 Uhr
Oktober bis März
9.00 bis 12.00 Uhr und
13.00 bis 16.00 Uhr
Mo und Di geschlossen

Goethe- und Schillergruft
Historischer Friedhof
April bis September
9.00 bis 13.00 Uhr und
14.00 bis 17.00 Uhr
Oktober bis März
9.00 bis 13.00 Uhr und
14.00 bis 16.00 Uhr
Mo geschlossen

Schloßmuseum
mit Kunstsammlungen
Burgplatz 4
Di bis So 9.00 bis 13.00 Uhr und 14.00 bis 17.00 Uhr, Fr ab 10 Uhr

Museum
für Ur- und Frühgeschichte Thüringens
Amalienstr. 6
Di bis Fr 8.00 bis 17 Uhr, Sa und So 10.00 bis 13 Uhr und 14.00 bis 17.00 Uhr

Nationale Mahn- und Gedenkstätte Buchenwald
Tel. 6 74 81
Führungen April bis September Di bis So 8.00 bis 15.00 Uhr, Oktober bis März 8.00 bis 14.30 Uhr und Lagermuseen
April bis September Di bis So 8.00 bis 17.30 Uhr, Oktober bis März 8.00 bis 16.30 Uhr
Mahnmal und Glockenturm können täglich bis zum Einbruch der Dunkelheit besichtigt werden

Galerien

Kunsthalle am Theaterplatz
wechselnde Ausstellungen, vorwiegend Kunst der Gegenwart
Dezember bis März 9.00 bis 13.00 Uhr und 14.00 bis 18.00 Uhr
April bis November
9.00 bis 13.00 Uhr und
14.00 bis 17.00 Uhr
Mo geschlossen

Galerie im Cranachhaus
wechselnde Ausstellungen
Markt
Mo bis Fr 10.00 bis 18 Uhr

Galerie im Schloß
Sonderausstellungen Alter und Neuer Meister
Di bis So 9.00 bis 13 Uhr und 14.00 bis 17.00 Uhr, Fr ab 10.00 Uhr

Theater

Deutsches Nationaltheater Weimar
Theaterplatz
Tageskasse Di bis Sa
10.00 bis 13.00 Uhr und
16.00 bis 18.00 Uhr
So und an Feiertagen
10.00 bis 12.00 Uhr

Konzerte

Sinfoniekonzerte der Weimarer Staatskapelle im Deutschen Nationaltheater

Thüringer Musiktage
im Mai

Thüringer Bachtage
im März

„Stunde der Orgelmusik" in der Herderkirche
Juni bis September
So 18.00 Uhr

Kultur- und Kontreßzentrum
„Weimarhalle"
Karl-Liebknecht-Straße 3

Spaß & Sport

Kino
„Theater des Friedens", Hummelstr. 2 a

Volksvergnügen
Feierlichkeiten zu Goethes Geburtstag um den 28. August im Haus und Garten am Frauenplan
Feierlichkeiten zu Schillers Geburtstag um den 10. November „Weimarer Zwiebelmarkt" im Oktober

Tanzvergnügen
Bar im „Schwanenseebad"
Herbststr. 2
Tel. 28 74
Di bis Sa 20 bis 1.00 Uhr
Klubhaus der Jugend „Walter Ulbricht"
Goetheplatz 11
Jugendklub „Nordlicht"
Richard-Müller-Straße

Freibad
„Schwanseebad"
Herbststr. 2

Ausflüge

zum Schloß Tiefurt
dort Sommerschloß und Lustgarten der Herzogin Anna Amalia
Weimar-Tiefurt
Tel. 30 38
April bis September
Di bis So 9.00 bis 13 Uhr und 14.00 bis 17.00 Uhr
Oktober bis März
Di bis So 9.00 bis 13 Uhr und 14.00 bis 16.00 Uhr

Zur Wieland-Gedenkstätte „Gut Oßmannstedt"
mit der Bahn Richtung Apolda bis Oßmannstedt oder mit dem Auto auf der Landstraße Richtung Jena dort Wohn- und Arbeitszimmer Wielands und Grab des Dichters am Ufer der Ilm
Mi bis So 10.00 bis 16 Uhr

zur Wasserburg Kapellendorf
mit dem Auto über die Landstraße Richtung Jena dort Burgmuseum zur Geschichte der mittelalterlichen Wehranlage
Mi bis So 10.00 bis 17 Uhr

zum Erholungszentrum Hohenfelden
mit dem Auto Landstraße Richtung Ilmenau, im Sommerhalbjahr auch mit Bahn und Bus von Weimar aus möglich
dort Badestrand mit FKK-Bereich, Bootsstation, Sportgeräte-Ausleihe, im Sommer 9.00 bis 19.00 Uhr
in der Nähe Ausflugsgaststätte „Stiefelburg" und Thüringer Freilichtmuseum Hohenfelden mit bäuerlichen Gehöften, 18. Jahrhundert, und Ausstellung über Bienenzucht
im Sommer Sa und So 10.00 bis 12.00 Uhr und 13.00 bis 17.00 Uhr

nach Jena
direkte Verbindung mit der Bahn, mit dem Auto 21 km über die Landstraße
Informationen über Jena-Information
6900 Jena
Neugasse 7
Tel. 2 46 71
dort Goethe-Gedenkstätte im „Inspektorhaus", Goetheallee 26
April bis Oktober Di bis So 10.00 bis 14.00 Uhr und „Romantikerhaus" mit Gedenkstätte Deutsche Frühromantik und Kunstsammlung der Stadt Jena
Unterm Markt 12 a
Di bis Sa 10.00 bis 13 Uhr und 14.00 bis 17.00 Uhr und Botanisher Garten der Friedrich-Schiller-Universität
Goetheallee
April bis Oktober Di bis So 9.00 bis 17.00 Uhr
Gewächshäuser 10.00 bis 16.00 Uhr, Sa und So bis 17.00 Uhr und
Zeiss-Planetarium
Am Planetarium 5
Führungen Mo bis Fr
8.00 bis 12.00 Uhr und
13.00 bis 16.00 Uhr
Vorführungen Tel. 2 73 15

Harz – von Hexen, Naturwundern und Fachwerk

Der Harz ist das nördlichste unter den großen deutschen Mittelgebirgen. Und er ist der Schauplatz deutscher Sagenseligkeit. An jedem Souvenirstand werden Brockenhexen verkauft, nicht nur zur Walpurgisnacht. Die Granitkuppel des „Blocksberg", der mit 1.141 Metern höchsten Erhebung des Harzes, ist nach 28jähriger Sperre nun wieder für alle zugänglich. Die Naturschützer der Umgebung betrachten den neuen Brocken-Massentourismus allerdings mit großer Sorge: Neben den ohnehin schon vorhandenen Umweltbelastungen gefährden die Bergwanderer aus Ost und West die einzigartigen Hochmoore und alpinen Reservate. Aber schon immer gab es ja den zweiten Hexentanzplatz bei Thale im Bodetal. Und der hatte mit der deutschen Teilung, die auch den Harz teilte, eine neue Bedeutung erhalten. Verwunschene Orte gibt es viele. Denn das Millionen von Jahren alte Gebirge hat sich über lange Zeit eine Eigenständigkeit erhalten, bedingt auch durch die Abgeschiedenheit und Bodenständigkeit seiner Bewohner. So konnte der Aberglaube, verbunden mit einer tiefen Religiosität sowie Unwissen, immer neue Blüten treiben. Teufel und Hexen, Mönche, Ritter, Könige und Königstöchter sind die Figuren, die in den Sagen weiterleben. Selbst ein Mauerbau, um sein Harzreich vor der übrigen Welt abzugrenzen, wird dem Teufel zugeschrieben.

Über Kilometer ragen steilgestellte Sandsteinquader aus der noch flachen Harzvorlandschaft zwischen Quedlinburg und Thale heraus: die Teufelsmauer.

Andere sagenumwitterte Naturwunder haben seit dem Dritten Reich der Nationalsozialisten ihr Fabeldasein verloren. Da ist die „Heimkehle", nahe dem romantischen Fachwerkstädtchen Stolberg zu nennen, die größte deutsche Gipssteinhöhle. Einst Wohnraum frühgeschichtlicher Menschen, war sie im Zweiten Weltkrieg Rüstungsproduktionsstätte für Häftlinge aus dem Konzentrationslager Buchenwald.

So verschlossen wie zu Goethes und Heines Zeiten gibt sich der Harz längst nicht mehr. Gerade die Berliner waren es, die noch vor der Jahrhundertwende den Unterharz auf dem Gebiet der heutigen DDR für sich erschlossen. Die Wohlhabenden, sei angemerkt. Der Tourismus wurde zu einem Faktor, der neben der Forstwirtschaft und dem Abbau von Bodenschätzen wie Eisenerz und Kalk die Wirtschaft, die Lebens- und Arbeitsumstände immer mehr bestimmte. Die steigenden Besucherzahlen trugen dazu bei, daß auf die Pflege der Stadtbilder, heute würde man Denkmalschutz sagen, außerordentlich geachtet wurde. Das hat sich auch seit der Staatsgründung der DDR fortgesetzt. Schließlich ist der Harz eines der Hauptferiengebiete, vor allem ein richtiges „Gebirge", für die Menschen des anderen deutschen Staates. Über 4,5 Millionen Touristen im Jahr zählt allein der Kreis Wernigerode.

Wo der Wald das Landschaftsbild bestimmt, wurde der Fachwerkbau seit dem früheren Mittelalter zur typischen Bauweise. Im Harz herrscht die niedersächsische Bauart vor, mit klar gegliederten Balken und Streben, die durch eine strenge Ordnung auffallen. Aber an den gewaltig-imposanten Kirchenbauten wie an der Stiftskirche in Gernrode oder dem „Dom" in Quedlinburg läßt sich unschwer erkennen, daß Harz und Vorland zum alten deutschen Kernland zählen. Dies alles zusammen – Naturwunder, Burgen, Fachwerkarchitektur, der dichte Wald, Flüsse und Talsperren, die traditionsreiche Geschichte, verbunden mit den alten Sagen – macht den halben Harz zu einem Urlaubsgebiet mit Abenteuercharakter.

Quedlinburg – ein altdeutsches Freiluftmuseum

Endlich einmal eine Stadt ohne rechte Winkel! Wie in einem altdeutschen Bilderbuch schmiegen sich dicht an dicht Fachwerkhäuser mit windschiefen Fassaden und noch viel windschieferen Dächern. Schmale, gekrümmte Gassen, in denen gerade ein Trabant halbwegs Platz findet, durchziehen die Altstadt. Grobes, holpriges Kopfsteinpflaster, so weit man geht, leicht ansteigend in Richtung des Schloß- und Münzenbergs, der zwei Hügel, vor denen sich die Stadt ausbreitet. Darüber thront die gewaltige Stiftskirche mit dem Grab Heinrichs I. samt Burg. Drunten, zwischen den Häuserschluchten, schlängelt sich ein Bodearm dicht vorbei am Markt mit Rathaus und dem kleinsten Roland aller ehemaligen Hansestädte.

Quedlinburg ist eine alte Stadt und eine der schönsten der DDR. Man wohnt hier hinter Fachwerkfronten des 16., 17. oder 18. Jahrhunderts, wenig scheint sich verändert zu haben. Die Stadt ist von der Industrialisierung überwiegend unberührt geblieben wie auch von Bränden in vergangener Zeit. Viele der alten Straßenbezeichnungen blieben erhalten, fielen nicht wie andernorts der sozialistischen Umbenennungswut zum Opfer. Sehr bodenständig klingen die Namen in der Altstadt: Wer lebt schon in der Hölle, im Mummental, der Zwergkuhle oder gar Zwischen den Städten. Der Gang über das Pflaster bekommt in Quedlinburg schnell etwas Sagenhaftes. Autos beliefern hier höchstens die Geschäfte, man ist mit sich allein, bleibt verschont von Krach und Abgasen. Das einzig passende Geräusch sind die metallen-hallenden Hufe der Pferde, die so manches Fuhrwerk durch die Gassen ziehen. Besucher können ihr Auto auf dem ausgeschilderten Parkplatz „Stadtmitte" abstellen, wie man in einem Restaurant seinen Mantel an der Garderobe abgibt – das

Quedlinburger Altstadt am Nebenarm der Bode

scheint hier angemessen. Schloßberg und Altstadt sind bequem zu Fuß erreichbar.

Der alte Marktplatz mit dem grün umrankten Rathaus hat dann schon etwas mehr von der Jetztzeit abbekommen. Häßliche, mehrarmige „Blasenglaskugellampen“ und etliche mit Blumen geschmückte Betonkübel stören im Grunde genommen mehr als der schmale Werbezug am Kaufhaus Magnet: „Leistung zieht an.“ Überhaupt das Rathaus, es muß wohl Pate gestanden haben für so viele kleine Nachbildungen auf Modelleisenbahnanlagen. Über dem Eingangsportal prangt – wie sollte es in einer derartigen Bilderbuchstadt auch anders sein – der alte deutsche Reichsadler, Wappentier Quedlinburgs. Auf der Brust trägt der schwarz-rote Vogel einen von Türmen flankierten Torbogen, in dem ein Hund wacht – das Stadtwappen. Der kleine Roland links daneben ist bei Kindern besonders beliebt. Damit er nicht ständig berührt wird, ist er schmiedeeisern umzäunt. Nur selten, so während des Quedlinburger Blumenfestes oder bei den sogenannten gesellschaftlichen Veranstaltungen, ist der Marktplatz wirklich voller Menschen. Ansonsten macht die Altstadt eher einen verschlossenen Eindruck, scheint sich nur widerwillig den Besuchern preiszugeben. Cafés gibt es nicht allzu viele, die meisten haben dann auch noch am Wochenende geschlossen. Doch Quedlinburg hat reichlich mit sich selbst zu tun.

Kaum ein niedersächsischer oder norddeutscher Fachwerkbau, der nicht das blauweiße Siegel „Denkmal“ trägt. Ein akribischer Gast hat einmal 333 denkmalgeschützte Fachwerkhäuser gezählt. Daneben fällt häufig noch ein zweites Schild ins Auge: „Reko-Objekt“: die gesamte Altstadt wird nach und nach – wie es eben die materielle und Arbeitskräfte-Situation erlaubt – rekonstruiert. Ein Jahrzehnte dauerndes Projekt. Irgendwann in den neunziger Jahren sollen von den knapp 2.000 Fachwerkhäusern rund 600 restauriert worden sein. Schon Mitte der siebziger Jahre wurden Polen aus Toruń in die deutsche Stadt geholt. Richtige Spezialisten für die denkmalgerechte Rekonstruktion, die es in der DDR kaum noch gibt und die nun mühsam ausgebildet werden müssen. Die Facharbeiter der „Staatlichen Werkstätten für Denkmalpflege PKZ Toruń“ bauen gründlich und leise, fallen im Stadtbild nicht weiter auf. Denn die Arbeit an einem größeren niedersächsischen Fachwerkhaus geht nur sehr langsam voran, kann bis zu drei Jahren dauern. Sehr schnell ist dagegen ein Kran aufgestellt und Platten gesetzt, auch diese dann halbwegs angepaßten Neubauten sind in Quedlinburgs Altstadt vorgedrungen, doch können sie als Ausnahmen das geschlossene Bild nicht beeinträchtigen. Damit dies auch so bleibt, hat sich der Rat der Stadt entschlossen, Häuser zu privatisieren. Schon für 2.000 Mark ist ein altes, jedoch heruntergekommenes Fachwerkhaus von der Stadt zu haben. Junge Ehepaare – verheiratet muß man sein – werden bevorzugt, günstige Kredite stellt der Staat zur Verfügung. Ausbau und Rekonstruktion erfolgen in Zusammenarbeit mit Denkmalpflegern. Nur viel Zeit und Geduld sind Voraussetzung.

Auf diese Art konnten einige Häuschen auf dem idyllischen Münzenberg, die im 16. Jahrhundert aus den Überresten des ehemaligen Marienklosters entstanden, erhalten werden. 99 Stufen führen hinunter von diesem Hügel, und dann steht man schon fast am Finkenherd, vor einem ausgesprochen schmalen Häuschen. Hier an diesem Ort, soll der Sage nach der Sachsenherzog Heinrich, während er beim Vogelfang war, die Kunde von seiner Wahl zum König empfangen haben. Gekrönt wurde er 919 auf dem Reichstag zu Fritzlar als Heinrich I., später Gründer des ersten deutschen Reiches. „Heinrich der Vogler“ machte während seiner Herrschaft die kleine unscheinbare Siedlung zur Königspfalz.

Eine Burg entstand oberhalb vom Finkenherd, die der Quitilinge. Heinrich starb 936 und wurde hier begraben; seine Frau Mathilde erhielt die Stadt sowie umliegende Anwesen gewissermaßen als Witwenrente. Sie war wohl nicht nur streng gläubig, sondern auch ausgesprochen geschäftstüchtig: Mathilde gründete das freiweltliche Frauenstift Quedlinburg für die Töchter des Hochadels auf dem Schloßberg. Von hier aus diktierten die fürstlichen Damen annähernd 500 Jahre das Geschehen in der Stadt, kassierten Steuern und Akzisen von den Bürgern. Erst mit der Reichsfreiheit und dem Anschluß an den Hansebund gelang es denen drunten, sich eine gewisse Unabhängigkeit zu sicher. Für die Stadt bedeutete das Stift aber auch Ruhm und Aufstieg, selbst von handfesten Streitigkeiten zwischen den Fürstenhäusern blieb Quedlinburg verschont, denn die deutschen Könige und Kaiser kamen vor allem zur Erholung auf die Pfalz. Zudem hatte die Äbtissin stets Sitz und Stimme im deutschen Reichstag, sie war fast immer mit den Regenten des Reiches verwandt.

Eintausend Jahre nach Heinrichs Tod vereinnahmte das 1.000jährige Reich das verwaiste Stift. Die Nazis zerstörten den Altar der Stiftskirche St. Servatii, verbrannten das Kirchengestühl. Die entweihte Kirche mit der Krypta des Gründers des ersten deutschen Reiches wurde zur „Weihestätte“ der SS des Dritten Reiches. Ein riesiges Hakenkreuz wurde an der Wand montiert – ausgetauschte neue Steine und abgeklopfter Putz markieren heute die Stelle. Außer den Gräbern des ersten Königspaares stehen in den Bögen der Krypta wunderschöne einfache Grabplatten der ersten Quedlinburger Äbtissinnen. Das ehemalige Stiftsschloß neben der Kirche ist schon lange Heimatmuseum. Bewundert wird immer wieder ein fast quadratischer Holzkasten mit Luftschlitz, Luke und unzähligen Eisenbeschlägen versehen, der aussieht wie eine zu groß geratene Hundehütte. 1337 bauten Quedlinburger Bürger dieses Mini-Gefängnis für den Grafen von Regenstein, der bei einem der seltenen Versuche, die Stadt zu überfallen, gefangengenommen wurde. Auf den Resten der Burganlage ruht auch die

Blick zur Quedlinburger Stiftskirche

Schloßgaststätte, der „Schloßkrug am Dom", denn die „ollen Quellnborjer" sprechen stets vom „Dom", wenn sie die Stiftskirche meinen. Von der Terrasse, aber auch vom Innern der leider sehr dunkel gehaltenen Gaststätte streift der Blick im Nahbereich die vielen Fachwerkschluchten, führt dann weiter westlich bis in die bläuliche Kulisse der Harzberge hinein. Mit romantischem Sonnenuntergang. In solchen Momenten kann man dann schon verstehen, wenn DDR-Bürger den Harz als „Gebirge" bezeichnen.

Am Finkenherd

Unterhalb des Schloßbergs, nach Durchschreiten des steil abfallenden steinernen Zwingers, steht man wieder am Finkenherd. Ein wenig versteckt liegt hier die Galerie, die den Namen eines von den Nazis als „entartet" ausgestoßenen Künstlers trägt: Lyonel Feininger, erster Bauhaus-Meister. Der Quedlinburger Sammler Hermann Klumpp hat während der Nazi-Zeit einen beträchtlichen Teil der Aquarelle, Holzschnitte und Lithographien Feiningers vor der Vernichtung bewahrt, die seit 1985 in der Galerie zu sehen sind. Nicht weit davon entfernt steht das Geburtshaus des Dichters Friedrich Gottlieb Klopstock, ein schmuck restaurierter, ziemlich stattlicher Bau. Im heutigen Klopstock-Museum sind vor allem Handschriften und Sammlungen, dic üblichen Ausgaben-Reihen der Werke des 1724 hier geborenen Dichters ausgestellt. Den Rundgang durch diese altdeutsche Bilderbuchstadt, die ihre 1.000-Jahr-Feier längst hinter sich hat, schließt man am besten in der Wordgasse ab, das ist dann gleich in der Nähe des Parkplatzes „Stadtmitte". Wordgasse Nummer drei ist die korrekte Adresse des ältesten Hauses Quedlinburgs. Ein Hochständerbau, sogar der älteste in beiden deutschen Staaten, der durch seine rundliche Form und die ausgesprochen kleinen Fenster sofort auffällt. Die hölzernen Pfeiler oder Ständer stützen das Haus durchgängig von der Grundschwelle bis zum Dach. In dem noch vor 1350 errichteten Haus ist ein kleines, geradezu intimes Fachwerkmuseum untergebracht. Im Grunde genommen ist es überflüssig, jedenfalls wenn die polnischen Facharbeiter den Wettlauf mit der Verfallszeit halbwegs für sich entscheiden können. Denn die Stadt mit ihrer Ruhe und architektonischen Geschlossenheit ist ohnehin so etwas wie ein großes Freiluftmuseum.

Im Bodetal – üppige Natur, Sagen und Industrie

Der wundersame, sagenhafte Harz beginnt in der kleinen Hüttenstadt Thale, wo die

Sessellift zum Berghotel in Thale

Bode aus dem Gebirge stürmisch zu Tale braust. Die Züge der Deutschen Reichsbahn, die auch von Berlin den Weg hierher finden, spucken die Reisenden unmittelbar vor den steil aufragenden Felsen von Roßtrappe und Hexenplatz aus. Würden am Ende der Schienen nicht die Prellböcke für den allerletzten Halt sorgen, könnte man sich vorstellen, daß der Lokführer die Wagen direkt ins Bodetal steuert. Auf dem Bahnhof geht es recht rege zu, Güterwagen werden hin und her geschoben, Industriegeräusche betäuben die Ohren, Eisengeruch liegt in der Luft. Gleich gegenüber des Bahnhofsgebäudes beginnt das Gelände des VEB Eisen- und Hüttenwerke, in dem viele Einwohner der Kleinstadt ihre Schichten fahren. Die Lage des „Dorp to dem Dale" drängt sich als Industriestandort geradezu auf: Schon im Jahre 1445 stand am Eingang des Bodetals die erste Eisenhütte, später eine Hammerschmiede – mit dem leicht abzubauenden Erz des Tiefenbachtals, dem Holz für die Holzkohle und der enormen Wasserkraft der Bode waren die Voraussetzungen optimal. Während der Weltkriege dieses Jahrhunderts, aus der Hütte war längst ein Großbetrieb geworden, wurden Kaiserliches Heer und Wehrmacht mit Kochgeschirren, Stahlhelmen und Torpedohüllen aus Thale beliefert.

Nur ein paar Schritte von den Bahnanlagen entfernt, wird der deutsche Militarismus von der Natur verdrängt. Zwischen hohen Felsblöcken tritt die Bode, die mit ihren Zuflüssen aus weiten Teilen der Harzhochfläche gespeist wird, aus dem Gebirge hervor. Schattig und bequem ist der Weg am Flußbett hinein ins hier noch recht breite Tal. An Granitquadern und Felsbrocken vorbei rauscht und sprudelt das Wasser, die Luft ist feucht, nahezu klamm, es riecht ein wenig vermodert. Auf der linken Seite zweigt dann die Hexenstiege ab, ein steiler Zickzack-Weg hinauf zur Walpurgishalle, zum Hexentanzplatz und zum alten Harzer

Bergtheater. Kurz darauf überquert die Personenschwebebahn, von Thale kommend, das Bodetal, die bequemere Variante für den Aufstieg.

Hinter dem Café Waldkater rücken die Felsblöcke enger zusammen, als wenn sie sich berühren wollten, unter den hohen Laubbäumen wird es düsterer, die Geröllmassen an den Hängen und im Flußbett werden gröber und gewaltiger. Immer wieder geht der Blick nach oben, ob da nicht vielleicht ein Riese oder Zwerg stehen könnte, jemand mit übernatürlichen Kräften, der sogleich einen dieser Steinbrocken hinunterbefördert. Die Jungfernbrücke führt auf die andere Uferseite und zu einer Gaststätte. Vom Roßtrappefelsen ist von unten nicht viel zu sehen. Dicht an der Felswand geht der Weg weiter flußaufwärts, doch man kann sich an dieser Stelle bildhaft ausmalen, wie plötzlich ein Roß mit Reiterin weit oben über das zerklüftete Tal saust – und das kann dann dem Steckbrief der Sage nach nur die Königstochter Brunhilde sein, die mit diesem Riesensatz von der Roßtrappe auf die andere Seite der Bode ihren hartnäckigen Verfolger, den Ritter Bodo, endgültig abschüttelt. Und der soll ja nun als Hund hier im Wasser Brunhildes Krone bewachen, die sie bei ihrem Wahnsinnsritt verlor. Hoch auf den Roßtrappefelsen mit dem vielbestaunten überdimensionalen Hufmal von Brunhildes Pferd gelangt man über die Schnurre, einen früheren Jägerpfad, der sich serpentinenhaft durch die Geröllfelder steil nach oben windet. Ein Weg zum Abschwitzen für Stadtmenschen. Von Brunhildes Absprungstelle blickt man zum Hexentanzplatz, einige Schritte weiter, von der Terrasse des Berghotels auf die Stadt Thale mit dem großen Hüttenwerk, entdeckt in der Ferne die Türme von Quedlinburg und Halberstadt. Ein Sessellift bringt von hier aus die Fußmüden wieder nach unten und natürlich auch hoch.

Hinter dem Abzweig zur Schnurre liegt die Teufelsbrücke; der Bodekessel, der Grand Canyon der DDR, ist ganz nah. Wieder auf der anderen Bodeuferseite angekommen, geht es jetzt in engen Kurven aufwärts. Von oben blickt der Teufel von seiner Kanzel

Blauer See bei Rübeland

herab, in Stein geformt in Jahrtausenden, in denen sich der Fluß seinen Weg durch das Gebirge gesucht hat. Auf der rechten Seite erheben sich säulenartig die Felsen des Mönchs. Sehr einsam und mindestens genauso ehrfürchtig wie abergläubig müssen die Menschen hier gewesen sein, die Holzfäller, Forstarbeiter, Jäger und Bergleute, die diese Wege gingen und zu Hause der Familie von dieser Teufelsschlucht berichteten. Gut 200 Meter recken sich die steilen unheimlichen Granitfelswände hier gen Himmel, das Flußbett ist so eng geworden, daß das Wasser brodelt, die Luft mit unter die Oberfläche zieht und so zu schäumen beginnt. Der Weg hat das Ufer längst verlassen müssen, es gibt keinen Fußbreit Platz mehr neben dem reißenden Wasser. Vom Kesselrücken blickt man nun hinunter in die Fluten, durch eine üppige Vegetation auf die ausgespülten Höhlungen und hervorragenden Klippen, die gelegentlich von Sonnenstrahlen getroffen werden. Zurück geht

der Blick zum Roßtrappefelsen, der später dann nicht mehr zu sehen ist. Nach einer weiten Linkskurve, der Lange Hals, ein Bergvorsprung, wird halb umrundet, ist die Bode noch immer nicht zur Ruhe gekommen. Erst ein ganzes Stück weiter gleicht sich der Weg wieder dem Flußbett an, unter hohen alten Bäumen gelangt man in insgesamt knapp drei Stunden nach Treseburg, wo die Bode dann breit und sanft daliegt, fast wie ein See, mit nur leichter Strömung. Im Wasser spiegeln sich romantisch einige Fachwerkhäuser des kleinen Ferienortes. Von Treseburg besteht eine Busverbindung zurück in die Hüttenstadt Thale.

Rübeland und die drei „Wunder“

Eigentlich muß Rübeland eine in Kalk getunkte Bergarbeiterstadt sein. Die genaue Wanderkarte verzeichnet für die nähere Umgebung einen „geologischen Aufschluß“ nach dem anderen. Links und rechts der sich durch das Tal schlängelnden und hier brausenden Bode werden Devonkalk, Kalkstein, Schwefelkies und Kalk abgebaut, wichtige Grundstoffe für die chemische und die Baustoffindustrie der gesamten DDR. Doch der Ort, langgestreckt und eingebettet in die karstige und wellige Landschaft, läßt sich nichts von seinem porösen Untergrund anmerken. Frisch getünchte kleine, schiefergedeckte Häuser am Straßenrand, sauber, schon fast wie geleckt die Vorgärten. Kreisrunde Zielscheiben über Hauseingängen weisen auf die besten Schützen/innen von Rübeland hin, das Ballern hat hier Tradition – früher die Jagd, heute Schützenfeste im Juni und im Oktober. Ungewöhnlich für ein derartiges Nest erscheinen jedoch die großen Parkplätze und nicht minder überraschend eine Reihe von Gaststätten und Ferienheimen. Selbst das „Mitropa“-Restaurant am Bahnhof ist noch lebendig, und die alte Schrift auf der Natursteinfassade führt den erklärenden Zusatz „Bahnhof Tropfsteinhöhlen“.

Tatsächlich sind die beiden Kalksteinhöhlen leicht zu übersehen, zumindest für Autofahrer, die einfach mal so durch den Ort fahren. Direkt an der Durchgangsstraße, inmitten von Wohnhäusern, grüßt vom Dach des Eingangs zur „Baumannshöhle“ ein aufrechtstehender Bär die Gäste. Kinder haben ihn schnell, natürlich als „Teddy“ erkannt. Ungewöhnliches auch hier: ein regelrechtes Empfangsgebäude vor dem Abstieg ins Erdreich. Doch Tourismus hat in Rübeland gewissermaßen Tradition. Goethe hat schon die Baumannshöhle besucht, später auch Heine. Lange bevor der Mensch begann, Gewässer wie die Bode zu stauen, muß das Flüßchen einst das ganze Tal beherrscht, nach und nach den Kalkstein ausgespült haben. So ist unterhalb der Erde eine richtige Gebirgslandschaft entstanden mit bizarren Tropfsteinen und verwinkelten Schluchten, Spalten und Grotten. Unter der elektrischen Beleuchtung und bei ständiger Feuchtigkeit gedeihen Moose und Farne prächtig, vergleichsweise langsam wachsen die Stalaktiten von der Decke, die Stalagmiten vom Boden aus. Mit reichlich Phantasie bestaunen die Höhlenbesucher, zumeist in lauten Scharen, die Schildkrötenschlucht, den Bärenfriedhof, die Säulenhalle oder die Schwemmhöhle während der Führung. Der Hinweis, daß man die Tropfsteine nicht unbedingt anfassen sollte, wird in derartigen Gruppensituationen glatt überhört. Doch wenn der Höhlenfotograf in Erscheinung tritt, herrscht auf einmal absolute Stille und Disziplin. Der kleine ältere Herr gruppiert die Besucher um die Treppe, gibt Anweisungen, wer sich wo und wie hinstellen soll. Dann verschwindet er hinter seinem schwarzen Kasten mit langem Drahtauslöser, der aussicht wie selbstgebaut. Eine ganze Sekunde lang bleibt die Gruppe ganz konzentriert stehen – soviel „Höhlenlicht" ist für die Belichtung der Platte vonnöten. Am Ausgang der Höhle notiert der Fotograf die Adressen, Kontaktabzug oder Vergrößerung werden zugeschickt. Ein beinahe schon unangenehmes kollektives „Aha" des Wiedererkennens geht beim Eintritt in den Goethesaal durch die Menge. Denn den kennen die meisten, werden doch in dem größten Höhlenraum den Sommer über Inszenierungen wie „Des Teufels goldene Haare" vom Theater Quedlinburg aufgeführt und vom Fernsehen übertragen. Einzigartig in der DDR. Die Führung ist keineswegs langweilig, sehr detailliert werden die Strukturen der Tropfsteine erklärt, werden die Leute mit mehr oder weniger geheimnisvollen Interpretationen bedient – so können die Besucher zugleich ihre eigene Phantasie testen. Vorstellungskraft sollte man schon mitbringen, um sich ausmalen zu können, daß, wenn es draußen regnet, das Wasser drei Wochen benötigt, bis es durch die Kalksteinschichten die Höhle erreicht hat. Wirklich unheimlich wird einem hier an keiner Stelle. Nur ab und an huscht mal eine Fledermaus durch die Luft, doch richtige Bären, nach denen sich die Kinder ständig bei ihren Eltern erkundigen, lugen dann doch nicht aus dem nächsten Spalt hervor.

In der größeren Hermannshöhle auf der anderen Seite der Bode und nur ein paar Schritte vom Bahnübergang entfernt, sind hingegen Skelettreste von Höhlenbären entdeckt worden. Sie ist erheblich verwunschener, viel höhlenartiger, aber vor allem auch nicht so ausgelatscht. Vielleicht um die Besuchermassen halbwegs gerecht zu verteilen – jährlich dringen über 400.000 Besucher in die Märchenwelten ein – hat man bei Hermanns als Attraktivität Grottenolme aus dem jugoslawischen Karst schon 1932 in den Höhlensee gesetzt. Aber es gibt auch noch die Kristallkammer mit farbenreichen Oxydationen der im Kalkstein gelösten Metallelemente. Leider endet der offizielle Führungsweg noch vor dem „Ende der Welt", dem so ziemlich hintersten Winkel der Hermannshöhle.

Am Halberstädter Fischmarkt

Neben dem Wunder unter Tage liegt rund einen Kilometer hinter dem Ortsausgang in Richtung Hüttenrode, links von Bahnstrekke und Straße, der Blaue See. Ein Schauspiel besonderer Art: auch hier ein großer

Parkplatz und rings um den früheren Kalksteinbruch Schilder mit dem deutlichen Hinweis, daß Baden und Zelten verboten ist. Doch der See lädt zum Baden regelrecht ein, und niemand schert sich um das Verbot. Von den steilen Felsklippen aus betrachtet, leuchtet tatsächlich ein Stück Karibik – reinstes Azurblau – dem Betrachter entgegen. Am Ufer ist das Wasser kristallklar. Der Blaue See ist vor allem gegen Nachmittag ein Treffpunkt für die Jugendlichen aus der Umgebung. Man kann sich hier mit oder auch ohne Badeklamotten sonnen, von Erwachsenen unkontrolliert flirten oder sich dem Alkohol hingeben.

Gelegentlich sitzen aber auch ein paar ältere Spanner mit Fernglas oben am Rand des ehemaligen Steinbruchs. Doch früh am Tage und wenn nicht gerade Schulferien sind, kann der Reisende sich ganz dem wundervollen Blau, umsäumt vom Grün der Bäume, hingeben und träumen.

Halberstadt – ausradiert

Zu Halberstadt fallen DDR-Bürgern zu allererst die knackigen Würstchen ein, die besten des Landes, so wird fast schwärmerisch berichtet. Sie schmecken aromatischer, sind vor allem nicht so fett. Die Fleisch- und Wurtstkonserven, die in Kaufhallen und Konsum die Regale füllen, werden seltener erwähnt. Nur wenige wissen, daß in der Stadt Alexander Kluge, Rechtsanwalt und Filmemacher, geboren wurde, daß seine hier gemachten Erlebnisse Grundlage fast aller späteren Arbeiten sind. Vorbei- und durchgefahren sei man da mal, und die Stadt liege doch ganz nett, wird auf Fragen nach Halberstadt gern geantwortet. Und dabei kommt kaum ein Gebirgsurlauber an diesem „Tor zum Harz" vorbei. Beschwerlich war dieser Weg in eine der ältesten Städte am Harzrand nie.

Halberstadt liegt in einer ausgedehnten fruchtbaren Senke, ringsherum Viehweiden und Ackerbau. Zwei ungleich hohe Türme, durch einen schwebenden Gang verbunden, weisen den Weg in den Kern. Von wo man sich auch immer nähert, es geht ein wenig abwärts, mit dem Auto kommt man schnell voran und auch zügig durch, wenn man will, denn die Straßen sind breit, wie Schneisen angelegt. Trostlose glatt verputzte Fassaden aus den fünfziger Jahren rauschen vorbei, auf den Bürgersteigen spielt der Wind mit ein paar Abfällen, die neben den blau-metallenen Papierkörben liegen. Vereinzelt sind Frauen mit Kinderwagen unterwegs. Es ist wie in einer Vorstadt, obwohl die beiden Türme der Stadtkirche St. Martini schon zum Greifen nahe sind, „Fischmarkt" heißt die riesige freie Fläche rings um das alte Gotteshaus – immer noch. Der weitläufige Platz gleicht einer Betonwüste, doch nur auf den ersten Blick. Wenn man ihn genauer betrachtet, erkennt man altes Pflaster, lange Kantensteine, die einmal Bordsteine markierten, letztlich den ursprünglichen Straßengrundriß am Fischmarkt.

Die Menschen, an einem Stehimbiß Bier trinkend und Halberstädter Würstchen im eingeschnittenen Brötchen essend, wirken hier verloren. An ein paar überdachten Ständen wird Obst und Gemüse verkauft, auch Süßkirschen gibt es, Polen bieten Jeans aus dem Westen feil. Gegenüber den Ständen wartet ein unglaublich verwahrlostes Haus, genannt „Kaufhaus", auf seine Restaurierung – zumindest die Holzgerüste stehen schon. Davor ein Brunnen, ein paar Bänke und die Fußgängerzone mit etlichen Geschäften. Wie aus weiter Ferne erreichen Geräusche von Straßenbahn und Autos das Ohr. Hier im Zentrum Halberstadts paßt nichts zusammen, die Straßenmöbel nicht zu den Bauten und die Menschen nicht in die Ödnis der Stadt. An einem Kiosk gibt es reproduzierte alte Ansichten der Stadt zu kaufen, auch eine vom „Fischmarkt", mit bunten Fachwerkhäusern und dem Rathaus. Auf der Rückseite ist zu lesen: „Am 8. April 1945 zerstört." In der Stille des heutigen Fischmarkts liest sich das Wort Zerstörung wie eine Verharmlosung der Realität. Die Sonne steht im Zenit, und man wünscht sich nichts weiter, als einen schattigen Ort. Ein bedrückendes Gefühl schleicht sich ein, die Bomber könnten jeden Augenblick wiederkehren. Ein britischer Brigadegeneral antwortete während des Angriffs auf Halberstadt auf die Reporterfrage „Bombardieren Sie aus Moral oder bombardieren Sie die Moral?": „Wir bombardieren die Moral. Der Widerstandsgeist muß aus der gegebenen Bevölkerung durch Zerstörung der Stadt entfernt werden." Anderthalb Monate nach dem Angriff besuchte eine Gruppe amerikanischer Stabsoffiziere die Stadt, um Material für eine grundlegende psychologische Studie über bombardierte Städte zu sammeln. Vielleicht sollten sie heute noch einmal Halberstadt besuchen.

Rekordverdächtige 82 Prozent der Stadt wurden kurz vor Kriegsende sinnlos ausradiert – jede noch so gut gemeinte Lösung für den „Wiederaufbau" der Stadt war wohl zum Scheitern verurteilt. Improvisiert wurde viel, soweit es überhaupt noch möglich war: Der alte steinerne Roland lehnt heute an der St. Martini-Kirche, die unter erheblichem Aufwand restauriert wurde und mittlerweile auch für Kunstausstellungen genutzt wird. Gegenüber der Stadtkirche liegt auf einer Anhöhe der Dom, auch der wiederhergerichtet. Davor drängen sich Besuchergruppen, die ohne zu murren auch eine Stunde Wartezeit in Kauf nehmen, bevor die nächste Führung beginnt. Im oberen Kreuzgang wird die Ausdauer mit dem Blick auf alte wertvolle Teppiche, sakrale Gewänder, römische Elfenbeinschnitzereien sowie Altäre, Möbel und Tafelbilder aus dem Mittelalter belohnt. Auf der anderen Seite des kulturhistorisch bedeutendsten Bauwerks im Harzland kann man den Steinmetzen des VEB Denkmalpflege in einem schmalen Hof über die Schulter blicken. Jeder für sich sitzt in einem kleinen Hüttchen im Freien, pusselt an einem Zierstück des im rein gotischen Stil errichteten Gebäudes herum. Immer wieder muß an der Fassade etwas ausgewechselt werden, poröses Gestein durch neu bearbeitetes ersetzt werden. Nicht anders als beim Kölner Dom verlangen die heutigen Umweltschäden nach Ausbesserung.

Rings um den gewaltigen Dom fühlt man sich wie in einer anderen Stadt, zum Teil auch wie in einer anderen Zeit. Ein kleiner Flecken, der am 8. April 1945 nicht ausradiert wurde, der, wie es scheint, nun besonders sorgsam gehütet und gepflegt wird. In der ehemaligen Domkurie ist das Städtische Museum mit seinen Sammlungen zur Ur- und Frühgeschichte untergebracht. Selbst ein Saurierfund aus der Nähe von Halberstadt ist dort zu sehen. Die freundlichen Mitarbeiter des Museums zeigen den Gästen am liebsten die Stadt im Mittelalter, in voller Blüte. Broschüren und Ansichtskarten verzichten auf heutige Motive. Zur Vergangenheit gehört auch der „Halberstädter Dichterkreis", den einst Johann Wilhelm Ludwig Gleim ins Leben rief und zu dem Lessing, Herder, Wieland und Jean Paul zählten. Im Gleimhaus, einem alten Fachwerkhaus aus dem 16. Jahrhundert, in das der frühere Domsekretär 1747 einzog, sind unter anderem zahlreiche Korrespondenzen zwischen den Literaten ausgestellt. Hinter dem Dom erstreckt sich bis zur Liebfrauenkirche der Domplatz, umsäumt von hohen Bäumen und Kopfsteinpflaster. Rechts und

Das Wernigeroder Rathaus

links von diesem ruhigen Ort haben sich wichtige Institutionen von Staat und Kirche in die erhaltenen, zum Teil mittelalterlichen Fachwerkhäuser zurückgezogen. Seit 1827 ist Halberstadt schon Bischofssitz. Das gesamte Ensemble rings um den Domplatz wirkt wie eine Oase inmitten der sie umgebenden Betonwüste, und wo, wenn nicht von hier, einer leichten Anhöhe aus, läßt sich die heute wieder 28.000 Menschen zählende Stadt am ehesten ertragen.

Wernigerode – tourismusgerecht

Über Wernigerode läßt sich vortrefflich streiten: Die einen meinen, die Stadt sei das geblieben, was sie bereits um die Jahrhundertwende war – ein Touristenzentrum vor allem der Berliner. Andere behaupten, ihre heutige magnethafte Anziehungskraft auf Urlauber hätte sie in erster Linie dem Sozialismus zu verdanken. Und beides ist irgendwie richtig. Fest steht, daß über 150.000 Menschen jedes Jahr in Hotels und Ferienheimen übernachten. Die Zahl derjenigen, die sich durch die verkehrsberuhigte Altstadt drängeln, jedoch abends wieder weiterfahren, wird auf jährlich knapp zwei Millionen geschätzt. Den Gästen stehen ganze 35.000 Einheimische gegenüber. Fest steht auch, daß viele der heutigen Hotels und Ferienheime schon weit vor dem Zweiten Weltkrieg Villen, Pensionen und Kurhotels waren, für die „Reichen und Begüterten" wird in Wernigerode offiziell hinzugefügt. Dem ist nicht zu widersprechen – denn abgehalfterte hochrangige Militärs, Kommerzienräte und Advokaten ließen sich im Alter mit Vorliebe in der Stadt nieder, die in Berlin auch unter „Pensionopolis" bekannt war. Und der Harz jenseits der Grenze führt diese Art Rentner-Tradition bis heute fort. Der Stadtführer Wernigerode warnt hingegen schon auf den ersten Seiten die Gäste, daß die Hotels „der starken Nachfrage nach Übernachtungen kaum gerecht werden" können. Übersetzt bedeutet dies, daß man sich am besten rechtzeitig vorher anmelden oder aber bereits in der Umgebung der Stadt auf kleine Schilder in Fenstern und „Zimmer frei"-Fahnen besonders achten sollte.

Wernigerode ist in der Tat eine touristengerechte Stadt, das ist noch nicht einmal negativ gemeint. Sehr sauber und sehr breit öffnet sich die Altstadt den Gästen. Aufwendig restaurierte Fachwerkbauten aus fünf Jahrhunderten säumen die Straßen hier, nobel sieht das aus und ein wenig kulissenhaft. Keineswegs typisch DDR. Man sucht nach Vergleichen, und eigentlich kommt nur Goslar auf der anderen Seite des Harzes in Frage. Der Stadtkern Wernigerodes, zu dem die Altstadt und die frühe Neustadt zählen, ist überschaubar, zugleich weitläufig. Das hat den Vorteil, daß die vielen Menschen sich verteilen. Und man findet sogar Ruhepunkte wie unter den schattigen alten Bäumen am Oberpfarr-Kirchhof. Eher voll ist es hingegen rings um den alten Marktplatz mit dem ausgesprochen gluckenhaften Rathaus. Ein prächtigverspielter spätgotischer Fachwerkbau, in dem früher Gauklerspiele („Spelhus") und Hochzeiten gefeiert wurden. Verschmitzt grinsende Balkenköpfe blicken auf den Besucher herab, und man kann sich so richtig vorstellen, wie die Bürger der Stadt im „Spelhus" fünfe gerade sein ließen. Überliefert ist noch eine Anweisung des Grafen von Wernigerode, wonach die Zahl der Gäste auf 120 zu beschränken sei, sowie, daß die Hochzeitsfeiern, die am Sonnabend begannen, am Montagabend beendet sein müssen.

Die Grafen zu Wernigerode, später zu Stolberg-Wernigerode, haben über lange Zeit die Stadt beherrscht, natürlich von oben. Sie waren mächtig, im wilhelminischen deutschen Kaiserreich die drittgrößten Großgrundbesitzer. Erst mit der großen Weltwirtschaftskrise während der Weimarer Republik kam für das Fürstenhaus die große Pleite – 1929 mußten sie dann auch das Wernigeroder Schloß aufgeben, die frühere Burganlage auf dem Agnesberg oberhalb der Stadt. Die DDR hat daraus ein „Feudalmuseum" gemacht, ein mehr interessantes als belehrendes. Die geschichtsträchtigen Sammlungen des Museums zeigen Glanz und Elend nicht nur in dieser Zeit, sie gehen auch weit über die Stadtgrenzen Wernigerodes hinaus. Die ganze Entwicklung des Feudalismus im Harzraum wird hier anhand von allen möglichen Alltagsgegenständen, komplett eingerichteten Stilzimmern, Waffen- und Jagdtrophäensammlungen gezeigt. Ein wenig Geschichte zum Anfassen im einstigen Schloß. Bei guter Sicht kann man von den Schloßterrassen bis zum Brocken schauen und am Rande der Stadt, winzig klein und dampfend, vielleicht auch die Harzquerbahn, eine weitere Touristenattraktion Wernigerodes, erspähen.

Die Harzquerbahn – Fahrt von Wernigerode nach Nordhausen

Die Fahrt mit der Harzquerbahn war über mehr als 28 Jahre für DDR-Bürger und auch Reisende aus dem Westen etwas ganz besonderes, führte die Strecke doch unmittelbar durch das Grenzgebiet. Natürlich sind alle im ehemaligen Sperrgebiet liegenden Orte wie Schierke, Elend und Sorge längst aus dem Dornröschenschlaf geschreckt. Seit Öffnung der Grenze droht vor allem Elend an Wochenenden das Chaos, seit hier ein Übergang nach Braunlage besteht. Auch in den anderen kleinen Orten ist es nun „mit der Ruhe im Urlaub endgültig vorbei", wie Einheimische und langjährige Gäste stöhnen. Wir haben uns entschlossen, die

Reportage über die Reise mit der kleinen Bahn nicht zu aktualisieren, denn diese Fahrt „hart an der Grenze" war intensivstes Erlebnis Hunderttausender Urlauber:

Die Bahnsteige an der Normalspur der Deutschen Reichsbahn, wie die Eisenbahn im anderen deutschen Staat immer noch heißt, und der Schmalspur liegen in Wernigerode nebeneinander. Es gibt sogar noch ein Dreischienengleis für Wagen und Lokomotiven beider Spurweiten, denn hin und wieder transportiert die kleine Bahn auch Güter. Doch vor allem sind es Touristen, Harzurlauber in Jeans und Turnschuhen, Faltenröcken und Rüschenblusen sowie in Trainingsanzügen. Die drängeln sich bereits weit vor der Abfahrt des rot-weißen Zuges auf dem Bahnsteig. Natürlich vor allem Väter mit ihren Söhnen, männliche Gespanne mit Fotoapparat und Schmalfilmkamera bewappnet, zwischen vier und siebzig Jahre alt. Die Mütter mit umgehängter Handtasche stehen zumeist ein wenig abseits, warten geduldig auf die Männer oder finden sich in kleinen Grüppchen zusammen, da sie sich ohnehin aus den Ferien-Heimen schon von den regelmäßigen gemeinsamen Mahlzeiten her kennen. Als Alleinstehender bekommt man rasch das Gefühl, hier ist eine große Familie unterwegs, sozusagen auf Kaffeefahrt.

Diese gab es tatsächlich, als die „Bunte Stadt am Harz" in der Reichshauptstadt Berlin ein Begriff war. Um die Jahrhundertwende dampften reichlich Sonderzüge, um den betuchten Herren von auswärts mit ihren Damen das Besondere zu bieten. Fahrten ins Gebirge nach Schierke und Elend, wo die Herrschaften dann zu Abend aßen oder auch einer Wildfütterung an beleuchteter Krippe zusehen konnten. Noch eine Spur exotischer die Fahrten mit bunt geschmückten Wagen jeweils am 30. April, „Walpurgiszüge" genannt, die den Streckenabschnitt hoch zum „Blocksberg" hinaufschnauften.

Die Männer zieht es zu den Zugpferden der Harzquerbahn, die vom Alter her der Generation der Groß- und Urgroßväter zuzurechnen sind. Schnaufende, zischende schwarze Ungetüme mit roten Blechen und blankem sowie öligem Gestänge. Eher schüchtern wird der Dialog mit dem Lokführer gesucht. Die Reichsbahner sind dagegen geradezu routiniert, kennen die Fragen und wissen, was sie zu antworten haben. So ist jede Seite zufrieden, und nach ein paar Wortwechseln mit richtigen Fachkräften fällt es dann natürlich viel leichter, einzusteigen.

Langsam, mit leichtem Anrucken setzt sich der Zug in Bewegung. Die meisten stehen noch, doch die Sitzordnung ist längst festgelegt: Entweder wachen die Frauen über die begehrten Fensterplätze, oder es werden die Verpflegungsbeutel unübersehbar auf den Bänken verteilt. Empfehlenswert ist natürlich ein Platz am Fenster ganz hinten links, doch der Tip hat sich längst herumgesprochen. Die Kleinbahn umfährt Wernigerode in einem Bogen, vorbei an Holzlagerstätten und -verarbeitenden Betrieben, den früher typischen Harz-Gewerben. Schon nach rund einem Kilometer ist die Station Westerntor erreicht, ein besonderer Leckerbissen für Eisenbahnliebhaber.

In Wernigerode

Westerntor ist das Depot, besser gesagt das Bahnbetriebs- und Ausbesserungswerk der Harzquerbahn. Hier stehen alle möglichen Loks und Wagen herum, auch Dieselloks und sogar ein Feuerlöschzug. Natürlich reicht der kurze Halt nicht aus, um all die historischen Kostbarkeiten zu bestaunen.

Danach schlängelt sich die Bahn durch die Straßen von Wernigerode, ein Straßenbahngefühl, die Fassaden sind zum Greifen nahe, der Dampf und Qualm legt sich bei entsprechenden Windverhältnissen zwischen Wagen und Häuser. Nach den Haltepunkten Kirchstraße und Hasserode verläßt die Harzquerbahn jetzt endgültig Wernigerode. Der Heizer feuert nun kräftig an, die alte Lok macht Dampf, entlang des Flüßchens Holtemme führt die Strecke aufwärts. Die Urlauber haben sich auf ihre Plätze zurückgezogen, die Blicke nach draußen gelten in den engen Kurven immer wieder der schnaufenden Lok. Im Bahnhof Steinerne Renne legt der Zug noch einmal eine kurze Verschnaufpause ein, denn bis zur nächsten Station ist ein Höhenunterschied von 234 Metern zu überwinden. Kurz hinter der kleinen Station kann man noch einmal nach Wernigerode zurückblicken, hat eine gute Sicht auf die Stadt.

Immer wieder durchfährt der Zug enge Kurven – ein lauter Pfiff kündigt dann den einzigen Tunnel der Strecke an, gut 70 Meter lang. Ein Raunen geht durch die Wagen. Rechts und links der Trasse werden die Fichtenwälder nun dichter, nur gelegentlich ergeben sich weite Ausblicke. Dies ändert sich erst, wenn die Bahn die Hochfläche erreicht hat, dann taucht auf der rechten Seite ziemlich schnell ein Gasthaus auf – Zeichen menschlicher Zivilisation –, der Bahnhof Drei Annen Hohne, 540 Meter über dem Meeresspiegel, ist erreicht. Hier wird auf den Gegenzug aus Nordhausen gewartet, die Lok hat ohnehin ihre Wasservorräte bei der anstrengenden Gebirgsfahrt nahezu aufgebraucht, muß also Wasser fassen. Für die Reisenden eine willkommene Gelegenheit, um die Vorräte auszupacken. Kronkorken von Bier- und Limoflaschen trudeln durch die Wagen, Stullenpapier wird zusammengeknüllt, „Der Cottbusser", ein trocke-

Vor Abfahrt der Harzquerbahn

ner Keks für unterwegs, macht die Runde. Mit leichter Verspätung rollt der Gegenzug, gezogen von einer Mallet-Dampflok, ein, die noch ein Jahr älter als die 1899 eröffnete Harzquerbahn ist. Die Jüngsten unter den Fahrgästen sind schon leicht ungeduldig geworden, aber nun geht's weiter. Die Mütter können erleichtert aufatmen.

Kurz nach Drei Annen Hohne ist auf der rechten Seite der Abzweig zum Brocken, der noch bis Schierke befahren wird, deutlich zu erkennen. Doch hier kommt längst nicht mehr jeder hin. Im DDR-Reiseführer heißt es dazu: Da die Strecke „in das Gebiet der Staatsgrenze zur BRD führt, ist der Abschnitt für den allgemeinen Touristenverkehr gesperrt. Urlauber, die in Schierke wohnen, müssen einen Passierschein beantragen." Diese besondere Situation ist auch beim Blick aus dem Fenster zu spüren: Die Landstraße nach Schierke, die lange Zeit parallel zu den schmalen Gleisen verläuft, ist kaum befahren, nur selten tuckert mal

ein Zweitakter am Zug vorbei. Die Harzquerbahn durchfährt nun dichte Fichtenwälder, scheinbar vom Waldsterben noch unberührt. Nach dem Passieren des Wormketales läuft der Zug in den Ferienort Elend ein. Früher pilgerten die Mönche über Elend nach Rom, heute darf man ohne Sondergenehmigung noch nicht einmal den Wagen verlassen. Und die zuständigen staatlichen Organe sind wie gewohnt wachsam, denn Elend liegt mitten in der „Sperrzone an der Staatsgrenze West". Der Reiz dieses Örtchens ist allerdings ohnehin fragwürdig, zumindest vom Wagenfenster aus betrachtet. Nach dem Bahnhof wird Elend in einem großen Bogen umfahren. Riesige FDGB- und Betriebsferienheime erdrücken die auf einer Wiese stehende kleine Holzkirche. Kurz danach ist die Plattform des letzten Wagens gerammelt voll. Die Blicke sind auf die technisch-militärischen Anlagen des Brockens, des zweithöchsten Bergs der DDR, gerichtet. Für einen Moment taucht der sagenumwobene Berg, wie aus der Tiefe kommend, auf und verschwindet wieder.

Nun liegt die Strecke ganz dicht an der innerdeutschen Grenze, hat hier zugleich ihren mit 557 Metern höchsten Punkt erreicht. Ein tiefes Schweigen breitet sich im Wagen aus. Nur die Kinder schauen wie gebannt nach rechts, fragen nach den Türmen, die sich in unregelmäßigen Abständen an der Grenze entlangziehen. Die Antworten kommen verhalten und flüsternd – lieber nicht so genau hinsehen, auf „unserer Seite" ist es doch viel schöner. Am Haltepunkt Sorge ist der Spuk dann außer Sichtweite. Auch hier ist das Aussteigen ohne Passierschein verboten. Nun wird das Tal der Warmen Bode überquert, links vom Wagen liegt Sorge, im Mittelpunkt des Örtchens das überragende FDGB Erholungsheim „Sorgenfrei".

Durch ausgedehnte Fichtenwälder erreicht die Bahn jetzt Benneckenstein, die Hälfte der Strecke ist geschafft, viele der Reisenden sind es auch. Denn die wenigsten haben sich die Fahrt mit der Harzquerbahn dermaßen anstrengend vorgestellt. Die Gesichter wirken müde, und so mancher überlegt sich hier, ob man nicht in den nächsten Gegenzug umsteigen sollte. Und das ist wirklich zu empfehlen. Bis zur Industriestadt Nordhausen sind es schließlich noch 30 Kilometer bei einer Durchschnittsgeschwindigkeit von 25 Stundenkilometern. Auf den Plattformen und Gängen steht nun kaum einer mehr, die Unterhaltungen drehen sich vor allem um das abendliche Fernsehprogramm, oder es wird über das zu erwartende fettige Essen im Ferienheim gemeckert. Ohnehin verläßt die Harzquerbahn nach weiteren zehn Kilometern die reizvolle Landschaft, nach Ilfeld dann endgültig das Gebirge.

Im Winter fährt die Harzquerbahn auch, ein anderer Schlag Menschen ist unterwegs mit Ski und Rodel in mehr oder weniger sportlichen Anzügen. Sie lassen sich hochfahren vom Touristenzentrum Wernigerode aus, kehren bei Anbruch der Dunkelheit wieder zurück. Allzuviel ist bei dieser Jahreszeit dann nicht zu sehen, denn die Scheiben sind beschlagen und die Reisenden eher

Auf der Lokomotive der Schmalspurbahn

mit sich, ihrer Ausrüstung und der inneren Wärme beschäftigt. Erholt sehen die Urlauber aus, Farbe im Gesicht. Vor allem aber kann man sich darauf verlassen, daß jeder einzelne der Wagen auch tatsächlich mit einem kleinen Ofen geheizt ist, was die Deutsche Reichsbahn auf ihrer Normalspur mit elektrischen Heizungen nicht immer fertigbringt.

Bad Frankenhausen/Kyffhäuser – Monumente der Macht

Die Stadt im südlichen Harzvorland beeindruckt nicht sonderlich. Sie liegt in einem sehr fruchtbaren Landstrich, der „Diamantenen Aue", auch Frankenhäuser Tal genannt. Kinder aus der gesamten DDR werden hierher zur Kur geschickt, bei Haltungsschäden sowie Erkrankungen der Atmungsorgane. Frankenhausen ist „Volkssolbad" mit Soleschwimmbad und -bassins sowie dem genesungsfördernden dichten Laubwald des Kyffhäusergebirges, der an die Stadt grenzt. Nachgewiesen ist, daß immerhin schon vor rund 3.000 Jahren hier Kochsalz gewonnen wurde. Doch außer den jungen und alten Kurgästen, die in Bad Frankenhausen und Umgebung Erholung suchen, kommt man hier höchstens vorbei, um die Bauernkriegsgedenkstätte auf dem Schlachtberg, einer Anhöhe vor der Stadt, zu besuchen. Sie wurde zum 500. Geburtstag Thomas Müntzers eröffnet, der hier auf dem Hügel gemeinsam mit den aufständischen süd- und mitteldeutschen Bauern gegen die fürstlichen Söldner die letzte Schlacht verlor. Es

Blick zur Bauernkriegsgedenkstätte auf dem Schlachtberg bei Frankenhausen

war die entscheidende, die die deutsche Revolution von unten verhinderte. Der in Stolberg im Harz geborene Theologe („Die Herren machen das selber, daß ihnen der arme Mann feind wird") konnte wie wenige andere noch fliehen, wurde jedoch später gefaßt und geköpft. Über 5.000 Bauern wurden von den Feudaltruppen auf dem Schlachtberg niedergemetzelt, ein Blutbad im Mai 1525. Knapp 450 Jahre danach faßten die Herren der einst „führenden" Partei der DDR den Entschluß, hier eine Gedenkstätte einzurichten. Denn man fühle sich als „rechtmäßige Erben" der aufständischen Bauern, wie der frühere SED-Generalsekretär Erich Honecker formulierte. Entstanden ist mittlerweile ein grober Klotz aus Beton, Spitzname: „Elefantenklo", der außen schon wieder verrottet. In dem bunkerartigen Rundbau ist ein 123 Meter breites und 14 Meter hohes Monumentalgemälde untergebracht und fast wie ein Kreis aufgehängt. „Frühbürgerliche Revolution in Deutschland" nennt der Leipziger Maler Werner Tübke sein Werk, man kann wohl sagen Lebenswerk, an dem er fast 13 Jahre gearbeitet hat. Die Szenen aus dem mittelalterlichen Leben der Bauern sind gemischt mit Phantastischem, doch bleiben sie überwiegend realistisch. Ein Journalist: „Beeindruckt, staunend, bewundernd steht man davor. Man hat die Landschaft draußen im Sinn. Man findet sie im Bilde wieder." Doch Tübke habe den Bogen wohl überspannt, sein Rundbild sei, genau besehen, „ein postkartenbuntes, kunsthistorisch außerdem überwürztes Frikassee".

Vor knapp einhundert Jahren entstand auf den Ruinenresten der Burg Kyffhausen, zwischen Bad Frankenhausen und Kelbra, schon einmal ein Monumentaldenkmal. Freilich unter anderen Vorzeichen und mit einer ganz anderen Ausstrahlung: Das nationalistische Kyffhäuserdenkmal, auch in immerhin sechs Jahren mitten in diesem verkleinerten Abbild des Harzgebirges erschaffen, ist eher ein wilhelminischer Alptraum, basiert andererseits auf einer alten Sage: Im Kyffhäusergebirge soll in einem unterirdischen Schloß der Kaiser Barbarossa schlafen und auf die deutsche Einigkeit warten. Vielleicht wird ja sein Traum bald erfüllt. Errichtet wurde der 81 Meter hohe Koloß gut zwei Jahrzehnte nach der deutschen Reichsgründung von 1871, nach dem Entwurf des Architekten Bruno Schmitz, der auch das noch gewaltigere Leipziger Völkerschlachtdenkmal entworfen hat. Man kann sich auch heute noch voller Grusel ausmalen, wie die zahlreichen uniformierten und dekorierten Mitglieder der Kriegervereine unter Trommelwirbel vor dem Reiterstandbild Wilhelms I. Aufstellung nahmen und die konstruierte Verbindung zwischen Staufern und Hohenzollern beschworen. Und die Nazis setzten dieses makabre Schauspiel selbstverständlich fort. Zugleich ordneten sie die Ausgrabung der gewaltigen Burgruine an, die in ihrer Blütezeit wohl mit die größte deutsche Burg war. Die Anlage zum Schutz der einstigen Kaiserpfalz Tilleda gliedert sich in Oberburg mit dem Denkmal sowie Mittel- und Unterburg, erstreckt sich über einen halben Kilometer. Vom mittleren Teil der Reichsburg steht allerdings kaum noch etwas. Hunderte von Jahren diente er als Selbstbedienungsladen für Mühlsteine. Das Kyffhäuserdenkmal auf der Oberburg sollte man als Aussichtsturm betrachten und die Geschichte für eine kurze Zeit beiseite legen. Dann ist der Aufstieg durch die Turmhalle die kleine Mühe wert. Von oben hat man nicht nur den besten Blick auf die Burganlage, sondern kann sich auch so richtig freuen über den wahnsinnigen Rundblick, der aus einigem Abstand den Harz samt Brocken miteinbezieht.

Harz – von Hexen, Naturwundern und Fachwerk

Anreise
von Halle oder Magdeburg
mit der Eisenbahn günstig, sonst umständlich
mit dem Auto
von Frankfurt/Main
auf der E 40 bis Abfahrt Gotha oder Erfurt
von Hannover
mit dem Auto über Autobahn E 45 und Landstraße bis Bad Harzburg, dort Grenzübergang direkt in den Ostteil des Harz
von Berlin
auf der E 30 bis Abfahrt Magdeburg
auf der E 51 bis Abfahrt Dessau

Camping
Kelbra/Kyffhäuser, Talsperre Kelbra
Seeburg, am Nordstrand des Süßen Sees
Neudorf, am Birnbaumteich

Unterkünfte
„Gaststätte Walkmühle" in Sangerhausen, Bezirk Halle
„Kurhotel" in Blankenburg, Bezirk Magdeburg
„Tourist" in Kelbra, Bezirk Halle

Blick auf die Kyffhäuser Unterburg

Benneckenstein
Bezirk Halle

Informationen
Kurverwaltung
3702 Benneckenstein
Tel. 3 21

Essen & Trinken
„Berghotel", Friedrich-Ebert-Platz 24
„Klubhaus", Bahnhofstr. 11
„Tannenwald", Wernigeroder Str. 1
„Zur Stampe", Ernst-Thälmann-Str. 15

Spaß & Sport
Kutschfahrten
Einstieg in der Wernigeroder Str. 4
Tel. 3 49

Skiausleihstation in der Kurverwaltung

Volksvergnügen
am 2. Pfingstfeiertag „Finkenmanöver", Gesangswettstreit hunderter von Finken nahe der Waldbühne

Bodetal
Bezirk Halle

Altenbrak

Informationen
Kurverwaltung
3721 Altenbrak
Tel. 2 05

Essen & Trinken
„Brauner Hirsch"
„Haus des Handwerks"
„Hotel Bodeheim"
„Café Reulecke"

Spaß & Sport
Waldbühne

Kinohalle Bodewiese

Volksvergnügen
der „Harzer Jodlerwettstreit" findet am 1. Sonntag

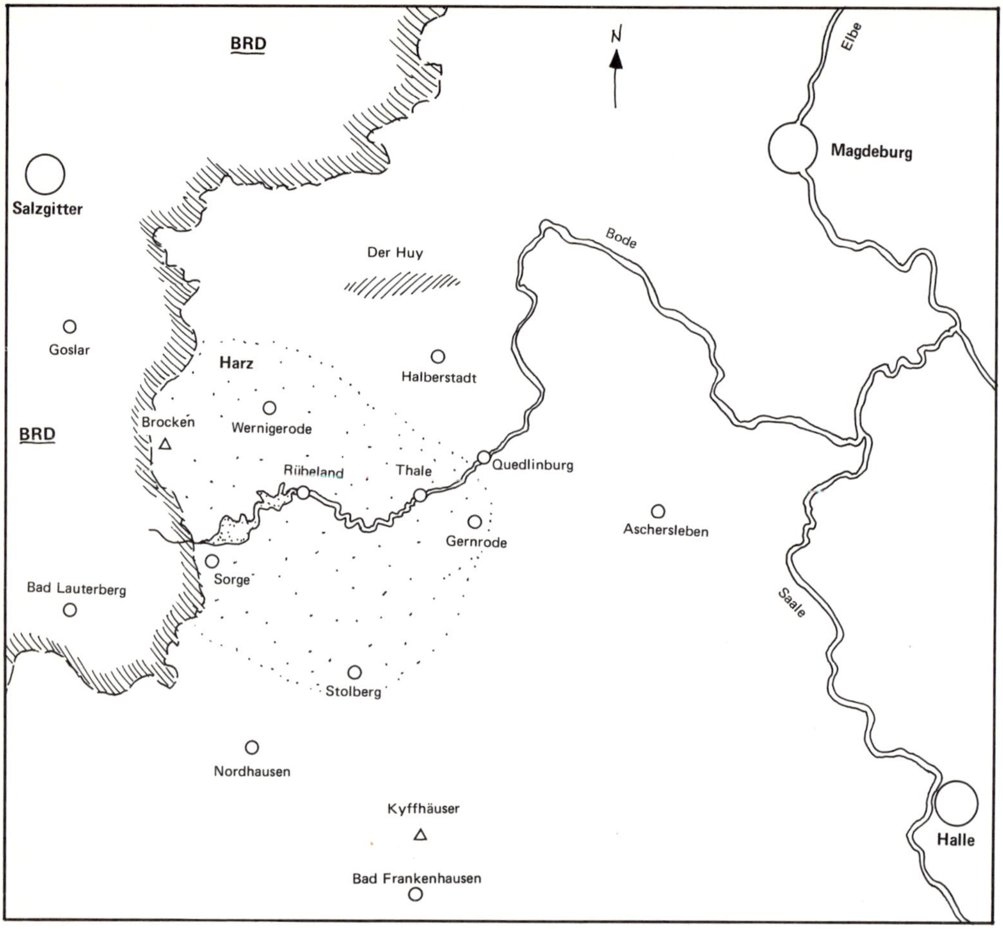

im September in der Waldbühne statt

Ausflüge
Wanderung an der Bode nach Wendefurth, 5 km

Treseburg

Informationen
Rat der Gemeinde
3721 Treseburg
Tel. Altenbrak 2 23

Essen & Trinken
„Weißer Hirsch"
„Rübezahl"
„Brugstieg"

Ausflüge
Wanderung zur Roßtrappe, 6 km
Wanderung zum Hexentanzplatz, 7 km

Wendefurth

Informationen
Kurverwaltung
3721 Wendefurth
Tel. Altenbrak 9 28

Essen & Trinken
„Zur Bode"
„Am Stausee"

Ausflugsgaststätten
„Hirschgrund" bei Thale, 2,5 km
„Waldkater" bei Thale, 1 km

Halberstadt
Bezirk Magdeburg

Informationen
Halberstadt-Information
Spiegelstr. 12
Tel. 2 16 03

Unterkunft
Haus „St. Florian"
3600 Halberstadt
Gerberstr. 10

Essen & Trinken
„Weißes Roß", Johann-Sebastian-Bach-Str. 26
„Felsenkeller", Spiegelsberge
„Jagdschloß", Spiegelsberge
„Haus St. Florian", Gerberstr. 10
„Bierkeller", Spiegelstraße
„Stadtcafé", Breiter Weg 34
„Milchbar", Spiegelstraße

Kunst & Kultur
Dom St. Stephanus mit Domschatz am Domplatz
Führungen Mai bis Oktober 10.00 bis 15.30 Uhr, Sa, So 10.00 bis 14.00 Uhr, November bis April, 10.00 bis 14.00 Uhr, So bis 11.30 Uhr

Theater
Volkstheater
Straße der Opfer des Faschismus

Städtisches Museum
Stadtgeschichte
Domplatz 36

Museen
Museum Heineanum mit größter Vogelsammlung Deutschlands
Domplatz 37
Mai bis Oktober Di bis Fr 9.00 bis 17.00 Uhr, Sa, So 9.00 bis 16.00 Uhr
November bis April Di bis Fr 9.00 bis 16.00 Uhr, Sa, So 10.00 bis 16.00 Uhr

Gleimhaus
Mo bis Fr 9.00 bis 12.00 und 13.00 bis 17.00 Uhr, Sa 9.00 bis 12.00 und 13.00 bis 16.00 Uhr, So 9.00 bis 12.00 Uhr

Spaß & Sport
Ausflüge
in den Huy, bewaldeter Höhenzug, mit der Eisenbahn bis Dingelstedt mit dem Bus oder an den Wochenenden mit dem Ausflugsbus „Waldexpreß"

Kyffhäuser
Bezirk Halle

Bad Frankenhausen

Informationen
Stadtinformation
4732 Bad Frankenhausen
Anger

Essen & Trinken
„Barbarossagarten", Geschwister-Scholl-Str. 1
„Hotel Stolberg", Bahnhofstr. 15

Kunst & Kultur
Museen
Kreisheimatmuseum im Schloß
Ausstellung zu Bauernkriegen und Thomas Müntzer
Ernst-Thälmann-Str. 11
Bauerkriegsgedenkstätte „Panorama"
mit Monumentalgemälde von Tübcke
Am Schlachtberg 9
täglich außer Mo 9.00 bis 17.00 Uhr
Kyffhäusermuseum neben dem Kyffhäuser-Denkmal
täglich 9.00 bis 16.30 Uhr

Spaß & Sport
Ausflüge
zur Barbarossa-Höhle bei Rottleben, 11 km, Ausgrabungen bronzezeitlicher Kulthöhlen
Gang zur Burg Kyffhausen und Kyffhäuserdenkmal

Quedlinburg
Bezirk Halle

Informationen
Quedlinburg-Information
4300 Quedlinburg
Markt 12
Tel. 28 66

Unterkunft
Hotel „Zum Bär"
4300 Quedlinburg
Markt 8
Hotel „Quedlinburger Hof"
4300 Quedlinburg
Leninstr. 1

Essen & Trinken
„Am Münzenberg", Weststr. 11–13
„Schloßkrug", Schloßberg 1
„Schloßkeller", Schloßberg 1
„Magdeburger Hof", Magdeburger Str. 1
„Ratskeller", Markt 1
„Münzenberger Klause", Pölle 22
„Altenburg", Unter der Altenburg 2
„Milchbar", Pölle
„Café Vogel", Blasiistr. 4
„Café am Finkenherd", Schloßberg 15

Kunst & Kultur
Museen
Schloßmuseum
in den Stiftsgebäuden zur mittelalterlichen Geschichte der Stadt
im Sommer Di bis So 9.00 bis 17.00 Uhr, im Winter bis 16.00 Uhr
Klopstockhaus
Memorialmuseum im Geburtshaus
Schloßberg 12
Mai bis September Mi bis So 9.00 bis 13.00 und 14.00 bis 17.00 Uhr,
Oktober bis April Mi bis So 9.00 bis 13.00 und 14.00 bis 16.00 Uhr
Fachwerkbaumuseum
Wordgasse 3
Mai bis September Fr bis Mi 10.00 bis 14.00 Uhr
Lyonel-Feininger-Galerie
Am Finkenherd 5 a
Theater
Städtische Bühnen
Marschlinger Hof 17/18

Spaß & Sport
Kino
„Camera-Lichtspiele", Weberstr. 34
Ausflüge
nach Stolberg zum Heimatmuseum mit Thomas-Müntzer-Ausstellung
Thomas-Müntzer-Gasse 19
nach Gernrode zur romanischen Stiftskirche des ehemaligen Benediktiner-Damen-Stifts

Rübeland
Bezirk Magdeburg

Informationen
Rat der Gemeinde und Höhlenverwaltung
3725 Rübeland
Tel. Elbingerode 91 31

Essen & Trinken
„Höhlenrestaurant" nahe der Hermannshöhle
„Tannengrund" und „Bodetal" nahe der Baumannshöhle
„Mitropa", im Bahnhof

Spaß & Sport
Ausflüge
Tropfsteinhöhlen
Mitte Mai bis Mitte September täglich 8.30 bis 17.00 Uhr, sonst 9.00 bis 16 Uhr
Wanderung zum Blauen See, 7 km

Thale
Bezirk Halle

Informationen
Informationszentrum am Bahnhof
Tel. 25 97

Essen & Trinken
„Tahler Hof", Karlstr. 1
„Wilder Jäger", Ernst-Thälmann-Str. 22
„Zum Harz", Karl-Marx-Str. 3
„Zur Forelle", Karl-Marx-Str. 78
„Harzbräu", Karl-Marx-Str. 30
„Talstation", Bodetal
„Brauner Hirsch", Roßtrappenstr. 1
„Milchbar an der Bode", Wolfsburger Str. 21

Spaß & Sport
Schwebebahnfahrt zum Hexentanzplatz mit Harzer Bergtheater
Abfahrt Nähe Bahnhof am Ende der Hubertusstraße
Sesselliftfahrt
zur Roßtrappe – Abfahrt am Hubertussanatorium
Tierpark
Tierwelt des Harzes
täglich 8.00 bis 17.30 Uhr
Kino
Kino am Centraltheater
Bahnhofstr. 5
Ausflüge
Schiffsgaststätte „Silberquell" mit Gondelteich und Sommerbad, 4 km
Wanderung zum Hexentanzplatz, 5 km, vorbei am Museum „Walpurgishalle" und am Tierpark
Wanderung zur Roßtrappe, 4 km
Wanderung nach Treseburg, 10 km

Wernigerode
Bezirk Magdeburg

Informationen
Wernigerode-Information
3700 Wernigerode
Breite Str. 12
Tel. 30 35

Unterkunft
Hotel „Weißer Hirsch"
3700 Wernigerode
Markt 5
Hotel „Zur Post"
3700 Wernigerode
Marktstr. 17

Essen & Trinken
„Ratskeller", Markt 1
„Wiener Hof", Marktstr. 12
„Wernigeröder Krug", Breite Str. 15
„Vier Jahreszeiten", Breite Str. 25
„Zur bunten Stadt", Breite Str. 49
„Zur Sonne", Johannisstr. 27
„Haus des Handwerks", Burgstr. 41
„Storchmühle", Mühlental 20
„Ratscafé", Marktstr. 3
„Café Wien, Breite Str. 4
„Gothisches Haus", Markt 2

Kunst & Kultur
Museen
Feudalmuseum im Schloß
Ausstellung der Geschichte der Feudalgesellschaft
täglich außer Mo 9.00 bis 13.00 Uhr
Harzmuseum
Ausstellung zu Bergbau und Fachwerkbau
Klint 10
Mo bis Fr 9.00 bis 16 Uhr, Sa 9.00 bis 12.00 Uhr

Spaß & Sport
Planetarium
in der Maxim-Gorki-Oberschule
Vorführungen Mi 15.00 und So 10.00 Uhr
Kinos
„Capitol", Schöne Ecke 10
„Volkslichtspiele", Flutrenne 6
Ausflüge
mit der Harzquerbahn nach Nordhausen, durchquert den Harz in 4 Stunden
mit der Kutsche
von der Station für Reit- und Fahrtouristik Mühlental aus

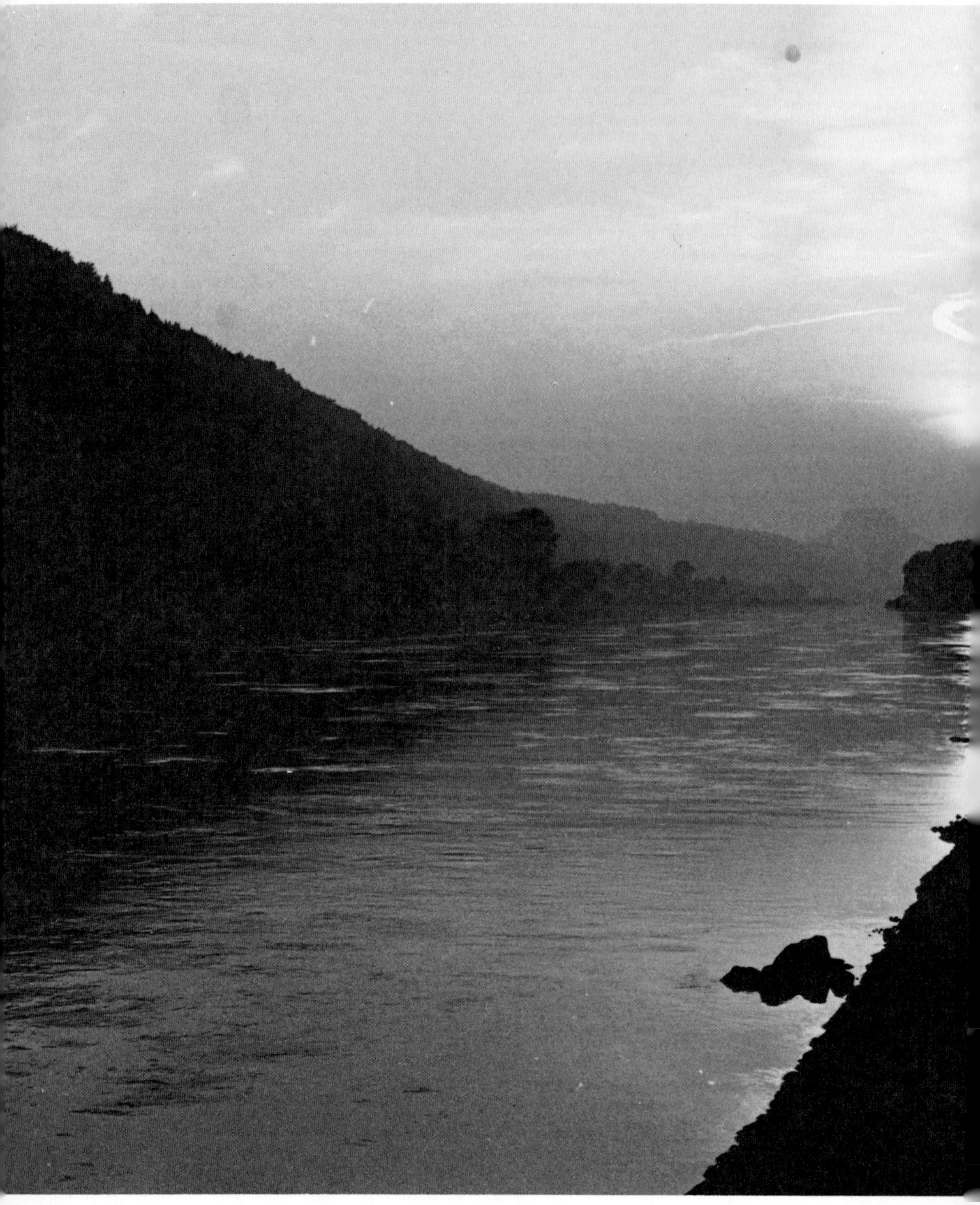

Die Elbetour – von der Sächsischen Schweiz in die Altmark

Die Elbe, der drittgrößte Strom Mitteleuropas, ist von der Quelle bis zur Mündung 1.165 Kilometer lang, 566 davon auf dem Gebiet der DDR. Kaum jemand wird die in einem Zug, in drei oder vier Wochen Fahrtdauer, mit dem Faltboot hinter sich lassen, auch nicht der passionierteste Paddler. Dabei würde ein solcher Wasserwanderweg an einigen der häßlichsten und der schönsten Gegenden der Republik vorbeiführen, an Scheußlichkeiten und Sehenswürdigkeiten. Es ist gut, jemanden zu kennen, der von dieser Tour erzählen kann.

Weil ich ja in der Nähe von Magdeburg groß geworden bin, hab ich mich immer schon zur Elbe hingezogen gefühlt. Das war ja damals nicht so wie jetzt, so Anfang der 50er Jahre haben noch große Schwimmwettbewerbe unten am Fluß stattgefunden. In dem Wasser, da badet heute keiner mehr. Die billigste Möglichkeit, wenn man erst einmal das Faltboot hat, ist ja das Paddeln und auch ziemlich bequem, wenn man sich mit der Strömung des Flusses treiben läßt. Da sieht man alles in Ruhe und auch aus einer Perspektive, die man sonst nicht hat. So schräg von ganz unten von der Wasserfläche her. Also bin ich schon in den 60er Jahren immer wieder mit dem Boot auf der Elbe unterwegs gewesen, bin es auch jetzt noch. Und habe ja seit einigen Jahren beruflich mit dem Fluß zu tun, kenne ihn auf der gan-

zen Länge, von der Grenze mit der CSSR bis zur deutsch-deutschen. Das schönste Stück, vielleicht auch eine der schönsten Gegenden bei uns überhaupt, ist das Elbsandsteingebirge, auch Sächsische Schweiz genannt. Da an der tschechoslowakischen Grenze bei Schmilka sollte man anfangen, sich treiben zu lassen. Elbsandsteingebirge, der Begriff zeigt schon, daß sich der Fluß da in Jahrtausenden in weiches Gestein eingeschnitten hat, hineingespült hat. Zusammen mit Regen und Wind hat die Elbe ganz wilde Formen geschaffen.

In den weichen Sandstein sind härtere Basaltschichten, die durch vulkanische Tätigkeit entstanden sind, und wasserundurchlässiger Ton eingelagert. Die Elbe und ihre Nebenflüsse trafen so auf unterschiedlich harten Widerstand, die Verwitterung schritt unterschiedlich schnell voran. Es bildeten sich freistehende Tafelberge, Steilwände, Felsnadeln und tiefe Taleinschnitte. Darauf und nicht auf die Höhe ist der Gebirgscharakter des Elbsandsteingebirges zurückzuführen, die höchste Erhebung mißt nur 551 Meter.

Gerade am Beginn der Strecke stehen die Felsen eng am Ufer, du fährst vorbei an dicht grün überzogenen Berghängen. Und aus dem Wald ragen oben gelb-braune, gelbgraue, ganz zerklüftete Felshänge, so richtige Wände heraus, die fast völlig senkrecht in die Höhe führen. Das ist schon eindrucksvoll aber nicht beängstigend, weil ja vor den Berghängen die hellgrünen Elbwiesen liegen, manchmal hohes Gras, manchmal auch kleine Felder, mehr Gärten eigentlich. Das ist dann wieder richtig idyllisch. Diese Idylle kann man genießen, auch wenn auf der Elbe ziemlich viel Verkehr herrscht. Nicht nur Lastkähne und Schubschiffe sind da unterwegs und andere Paddler, sondern auch die Schiffe der Weißen Flotte. Zwischen Dresden und Schmilka und Dresden und Meißen kann man ja mit Schaufelraddampfern unterwegs sein, also kann auch der Nicht-Paddler eine Flußfahrt machen. Und auch an vielen anderen Stellen der Elbe fahren Ausflugsschiffe. Und dann gibt es noch die vielen Fähren, die den Strom kreuzen, im Elbsandsteingebirge sind sie an einer Kette mitten im Fluß festgemacht und pendeln immer hin und her. Also, man muß schon aufpassen, aber meistens kann man sich doch einfach im Boot zurücklegen und sich treiben lassen.

So passiert man die kleinen Orte, denen man ansieht, daß sie schon lange Fremdenverkehrsorte sind mit kleinen und großen Pensionen und Hotelgebäuden. Die Häuser sind oft noch so gebirgsmäßig aufgemacht mit hölzernen Balkons und Fensterläden, 'n bißchen nach Schweiz eben. Zuerst direkt an der Grenze Schmilka. Zwischen der Eisenbahnlinie auf der linken Seite und dem Ort auf der rechten pendelt die Fähre. Von den Pensionen an der Dampferanlegestelle führt eine Straße hoch in Richtung Felsenhänge, von der gehen dann kleine Pfade zu Gästehäusern, die manchmal schon richtig im Wald liegen. Und ein paar dieser Pfade laufen hoch zur Felsengruppe Schrammsteine. Die Sächsische Schweiz ist ja nach der Ostsee das Gebiet, wo bei uns die meisten Touristen hinfahren. Zur bekannten Felsengruppe, der Bastei, die später nach dem Kurort Rathen kommt, fahren im Sommer ja Tausende täglich mit ihrem Auto bis fast auf die höchste Stelle. Die Schrammsteine, so dicht an der Grenze, sind lange nicht so überlaufen. Bei einer Tour dort muß man auch mehr tun. Dort kann es einem auf einigen Strecken passieren, daß man sich an einer Eisenstange festhalten muß, um oberhalb eines steilen Abhangs um einen Felsen herumzulaufen auf einem nur schmalen Steg. Das ist nicht waghalsig, nicht gefährlich, aber spannend. Dann gibt es auch steile Abstiege über Leitern, kleine Treppen, wirklich steil nach unten. Oder nach oben, je nach Wanderrichtung natürlich. Oben auf den Schrammsteinen ist der Pfad an manchen Stellen auch recht schmal, aber du hast schöne weite Ausblicke von diesen hohen spitzen Felsnadeln herunter. Dort sind dann auch viele Kletterer unterwegs, also nicht Bergsteiger, sondern Kletterer, die ja außer ihren Händen und Füßen keine Hilfsmittel wie Haken benutzen, die Seile dienen ihnen nur zur Sicherung, nicht wie in einer Bergsteiger-Seilschaft auch zum Nach-

Im Elbsandsteingebirge

ziehen. Es kann dir also passieren, daß du direkt neben dem Wanderpfad Kletterer siehst, die sich die Felsnadeln hocharbeiten. Man kann die oft fast berühren, sieht auch manchmal die Gipfelbücher, in die die sich eintragen, auf Absätzen herumliegen. Einheimische und Leute, die sich auskennen, übernachten auch in Höhlen, Bowen genannt, die gehen also „bowen", obwohl es verboten ist. Es gibt solche Schlafhöhlen für zwei bis 100 Personen, also kleine intime und große hallenartige.

Der Blick von den Schrammsteinen herunter zu den Windungen der Elbe steht dem von der Bastei herab in nichts nach, und auch der Laubwald, durch den man auf den Wanderpfaden geführt wird, ist genauso schön, aber es ist eben nicht so überlaufen. Also, kann man nur empfehlen. Unten auf dem Fluß blickt man beim Vorbeifahren hoch zu so Felstürmen mit Aussehen und Namen wie, ich schau mal auf die Karte, Teufelsturm und Schrammtorwächter, Flaschenstein oder Vorderer Torstein. Und man kommt vorbei an ehemaligen Steinbrüchen, aus denen das Material für viele der Dresdner Bauten gekommen ist, aber auch für Sandsteinbauten in Berlin und anderswo. Der größte Kurort der Sächsischen Schweiz, Bad Schandau, kommt bald nach den Schrammsteinen. Ziemlich große Kästen von Gasthäusern, die so aus den 20er Jahren stammen, verdecken die kleineren Häuser des Ortes. Dadurch entsteht an der Elbe fast so etwas wie eine Kurpromenade. Dahinter sieht man einen Kirchturm und ein kleines Kästchen, das an einem Stahlgerüst die Felshänge hochfährt. Das ist ein Fahrstuhl mit einem richtigen roten Giebeldach. Wenn man mit dem fährt, hat man wirklich 'ne schöne Sicht auf die Schrammsteine.

Bad Schandau, 4.500 Einwohner.

Mit Entdeckung einer eisenhaltigen Quelle in der Nähe, 1730, erste adlige Besucher, weiterer Aufschwung durch frühe Touristik, wohlhabende „Wanderer“, die sich zum Teil in Sänften durch die Gebirgswelt tragen ließen. Ab 1790 ist die Bezeichnung „Sächsische Schweiz“ in der Reiseliteratur zu finden, Wanderwege wurden abgesteckt, aber erst mit Bau der Eisenbahn und Beginn der Dampfschiffahrt begann Mitte des 19. Jahrhunderts der Massenbesuch. Um die Jahrhundertwende und in den ersten Jahrzehnten des 20. Jahrhunderts entstanden viele der Pensionen in Bad Schandau, 1904 ließ ein Hotelier den Fahrstuhl einbauen, seit 1920 führt Schandau den Titel Bad. 400.000 Besucher befördert der Aufzug und 35.000 Feriengäste hat der Ort pro Jahr, die ganze Sächsische Schweiz zählt jährlich zwei Millionen Übernachtungen. Darunter auch Kletterer, die an 1.088 Kletterfelsen emporsteigen können.

Fähre über die Elbe bei Schmilka

Hinter Bad Schandau treten die Berghänge auf manchen Strecken etwas zurück, man sieht den Ort Prossen auf der rechten Seite hinter hohem Gras kaum. Dicht am Ufer aber steht neben der Dampferanlegestelle und einem kleinen hölzernen Kassenhäuschen das Schild, das darauf hinweist, daß da hinten Prossen liegt. Noch vor der großen Schleife der Elbe um den Lilienstein, da, wo die Felswände wieder schroffer am Strom stehen, beginnt auf der linken Seite die Stadt Königstein, so richtig zwischen Fels und Fluß gequetscht. Die Eisenbahn fährt auf hohen Brückenbögen am Ufer entlang, so daß man von Königstein fast nur die steilen Dächer der Häuser sieht. Da einige von diesen Brückenbögen zugemauert sind, ist die Stadt gegen die Elbe abgeriegelt, eingemauert. Ein Stück dahinter, glatte 260 Meter über dem Wasser, steht die Festung Königstein. Von unten sieht das wirklich imposant aus, die Mauern da oben, auch Teile einer alten Burg, auf dem grauen Fels. Wenn man die Festungsstraße emporläuft, auf die wirklich sehr hohen Mauern der Festung zu, erwartet man auch so etwas wie eine Burg vorzufinden. Königstein ist aber eine Bastionsfestung, das heißt, auf dem Plateau der Bastionen stehen verstreut einige zweistöckige Häuser, die Wehranlagen stecken in den Tiefen der Bastionen. Viel ist also oben nicht zu sehen. Lohnend sind die Blicke in die Tiefe.

Festung Königstein, 360 m über Meeresspiegel, eine Befestigung dort wird 1241 erstmals genannt.

Der älteste Teil, die Friedrichsburg, die noch Teil der alten Kaiserfestung war, wurde von August dem Starken zu einem barocken Lustschlößchen umgebaut. Militärisch hat die Festung selten eine Rolle gespielt, sie war sicheres Gefängnis für eine große Anzahl prominenter Häftlinge, darunter Johann Friedrich Böttger, Erfinder des europäischen Porzellans. Heute sind in Festungsgebäuden die Sammlungen des Militärmuseums der DDR untergebracht.

Stadt Königstein, 4.800 Einwohner.

Den Lilienstein, schräg gegenüber, der so um die 400 Meter hoch ist, kannst du auf steilen Wegen und am Ende über Eisenleitern erreichen. Dadurch, daß der Lilienstein so

zentral in der Elbschleife steht, kannst du auf einem Spaziergang oben eine gute Übersicht über die ganze Sächsische Schweiz kriegen.

An der nächsten Biegung des Stroms liegt Kurort Rathen fast eingeklemmt in eine Schlucht, die in die Felsen geht. Direkt hinter dem Ort stehen Felsnadeln, die aus Blöcken aufgetürmt erscheinen. Spalten gehen von oben tief ins Gestein. Solche Felsen bilden auch den Hintergrund für die Freilichtbühne, die bei uns ganz bekannt ist durch die Karl-May-Stücke, die da aufgeführt werden, jedes Jahr, immer wieder reitet der Winnetou. Der Pierre Brice, der den bei euch schon seit Jahrzehnten spielt, hat sich das ja auch mal angesehen und war ganz begeistert. Von Rathen geht der Weg zur Bastei hoch, erst durch Laubwald, an dicken Felsblöcken vorbei, über Geröll. Dann auf immer schmalerem, aber gut ausgebautem Pfad. Es gibt verschiedene Aussichtsplattformen, man kommt auch an Resten einer Bergburg vorbei. Der Weg ist nicht anstrengend, man muß schon sehr schnell gehen, um außer Atem zu kommen. Dann schließlich ist man an der höchsten Stelle. Im Sommer wird man da selten allein sein, die breiten Elbwiesen sind zu sehen, die Elbe, wie sie sich in einer weiten Kurve windet, das ist schon schön.

Bastei, 305 Meter hoch.

Auf dem Weg die 76,5 Meter lange gewölbte Basteibrücke, 1851 gebaut, und Reste der mittelalterlichen Burg Neurathen. An Sommertagen mit schönem Wetter werden an der Bastei 40.000 bis 50.000 Besucher gezählt. Das Berghotel und Restaurant „Bastei", ein Stück entfernt, liegt etwa 200 Meter hoch, ist vor kurzem modern ausgebaut und mit einem noch größeren Parkplatz versehen worden, für bis zu 3.000 PKW.

Wie auch bei den Felsen bei der Festung Königstein ist es besonders toll am späten Nachmittag, wenn der milde Sonnenschein lange Schatten wirft und die Farben der

Schloß Pillnitz

Gesteine, des Waldes, des Flusses und der Wiesen besonders rausholt. Auf dem Fluß geht es nach Rathen eine Strecke gerade bis zum nächsten Ort, Stadt Wehlen. Das ist außerhalb der Saison ein recht stilles Fleckchen mit einem ganz idyllisch abgeschlossenen Marktplatz und einem Hotelrestaurant, in dem man noch so die alten Zeiten des Kurbetriebs in der Sächsischen Schweiz ahnt. Danach geht es dann langsam raus aus dem Gebirge, die Höhen treten zurück, dann kommt Pirna immer näher. Und nun heißt es, Augen zu, Nase zu und durch. Ein Wald von Schornsteinen steht da. Die Elbe ist ja schon von der CSSR her belastet, aber in diesem Industriegebiet bekommt der Fluß den ersten Schlag auf DDR-Seite. An der Elbe hast du eben alles, wirklich schöne Städte, unberührt wirkende Natur, Sümpfe und Auwälder, dann so Kulturlandschaft wie Weinberge, aber auch riesige platte Felder, und dann brutale Umweltverschmutzung. Und auf der Strecke von Pirna bis nach Heidenau, dem Ort direkt an der Dresdner Stadtgrenze, da herrscht eben die Umweltzerstörung.

Pirna, 49.000 Einwohner.

Am Fluß die Vereinigten Mälzereien Dresden, das Kunstseidenwerk, Das Werk I des VEB Vereinigte Zellstoffwerke, der VEB Guß- und Farbenglaswerke, der VEB Betonwerke, die Chemische Fabrik Pirna-Copitz.

Heidenau, 23.000 Einwohner.

Am Fluß der VEB Druckguß und der über einen Kilometer lange Komplex des Kombinats Zellstoff und Papier.

Na ja. Aber es gibt gleich nach Heidenau, schon auf dem Stadtgebiet Dresdens, gleich wieder ein paar schöne Stellen, erst ein ehemaliges Weinanbaugebiet, so bewaldete Hänge, dann liegt die Pillnitzer Insel im Strom mit sehr üppigem Grün und danach rechts das Schloß Pillnitz. Da gleitet das Faltboot vorbei an der Freitreppe, die zum Wasser herabführt, und an der mal die Prachtgondeln der Sachsenkönige gelandet sind. Sphinxe stehen an der Treppe, am Teil des Schlosses, den man vom Wasser her sieht, dem Wasserpalais, gibt es mit Schmiedeeisen verzierte Balkons, geschwungene Dächer, die so ein bißchen an China erinnern, mit Wetterfahnen, die wohl Drachen darstellen sollen. Das alles vor den Bäumen und blühenden Pflanzen des Parks, wenn man zur richtigen Jahreszeit kommt.

Schloß Pillnitz besteht aus Wasserpalais, Bergpalais und Neuem Palais.

Wasserpalais und das auf dem Höhenzug gelegene Bergpalais in den Jahren nach 1720 unter August dem Starken in barockem Stil errichtet, Architekt Pöppelmann. Ihre Dächer im damals sogenannten „indianischen Stil" gehalten, die Palais sollten „orientalische Lustgebäude" sein, mit Wandmalereien verziert, die „chinesisches Volksleben" zeigen. Das Neue Schloß mit Uhrturm 1818 in klassizistischem Stil gebaut.

Zwischen Wasserpalais und Bergpalais ein Lustgarten, im Park hinter dem Bergpalais der Schloßgarten, ein Englischer, Holländischer, Chinesischer Garten, Teiche, eine Orangerie, ein Chinesischer Tempel.

Im Schloß des Museum für Kunsthandwerk.

Auf der Strecke nach Dresden hinein paddelt man an breiten Wiesen entlang, dahinter immer wieder ehemalige Weinberge. Das gibt schöne Bilder, an der Stelle, wo die kleine Schifferkirche „Maria am Wasser" mit weiß-beige abgesetzten Wänden und Zwiebeltürmchen zwischen Gras und Bäumen steht. Später kommt man dann auf die große Stahlbrücke, das Blaue Wunder genannt, zu, nachdem man den Fernsehturm passiert hat. Am Blauen Wunder, das ist auch so eine schöne Stelle, da zieht sich rechts Loschwitz hoch mit kleinen Häuschen, davor und auf der anderen Seite des Flusses Gartenlokale und darüber die Brükke.

Wenn man dann später, so in der Abenddämmerung vielleicht, durch Dresden fährt, steht die Sonne tief hinter dem Zwinger,

Straßen am Meißner Burgberg

die Umrisse der bekannten Gebäude sind im Gegenlicht dunkel aufgebaut. Oder am hellen Tag glitzert der Fluß vor der Brühlschen Terrasse. Schließlich kommt man an der Kuppel und dem Minarett vom Tabakkontor vorbei, das leuchtet dann ganz golden auf dem Dach. Und dann ist man unter den Brücken Dresdens immer wieder im Dunkeln, das sind ja ganz gewaltige Bögen aus Sandstein mit mächtigen Eisbrechern unten, an denen das Wasser arbeitet. Dort am Ufer, an den Brücken, sitzen auch oft Maler, haben den Blick rüber zur Altstadt. Bald nach der Eisenbahnbrücke kommt der Pieschner Hafen, wo die Raddampfer vor Anker gehen, da kann man mal vorbeipaddeln an den Schaufelrädern und altertümlichen Aufbauten.

Bis Radebeul ist das Ufer durchgehend bebaut, Wohnhäuser, auch Fabrikanlagen mit Kränen in ganz merkwürdigen Formen, hin und wieder auch ein altes Gartenlokal. Bei Radebeul fallen einem ja gleich die Obstweine aus der Lößnitz ein, das ist ein sehr fruchtbares Gebiet, so wie Werder. Früher hat da auch jeder seinen Wein gemacht. Aus der Sektkellerei oben auf dem Berg über Radebeul kommt so ziemlich alles an Sekt in der DDR. Da stehen an den Hängen viele kleine Häuser mit Gärten, da haben die Leute ihr Obst, manche sogar noch 'n Stallgebäude. Das Besondere an Radebeul neben dem Wein ist ja das Karl-May-Museum in der „Villa Shatterhand", in der er eine Zeitlang bis zu seinem Tod gelebt hat. In der „Villa Bärenfett" auf dem Grundstück kann man einiges über die Indianer erfahren, da kannst du dich noch mal an Deine Jungensträume erinnern und im Wohnhaus von Karl May an die Bücher, die du damals verschlungen hast. Im Foyer hängt übrigens ein Plakat, auf dem Pierre Brice als Winnetou zu sehen ist. Ach so, der Bahnhof von Radebeul heißt übrigens Radebeul-Weintraube.

Flußabwärts Richtung Meißen werden die Hügel immer höher, und dann fängt es an, daß an den Hängen, die von Süden her Sonne bekommen, Wein angepflanzt wird. Da sieht man ab und zu kleine Schlößchen, Barockschlößchen oben stehen. Die Weinberge werden von Genossenschaften bewirtschaftet, aber immer mehr werden Stücke davon wie Kleingärten an Privatleute vergeben. Der Weinbau ist ja eine sehr pflegeintensive Sache, da steckt viel Arbeit drin. Nach der Ernte geben die Leute die Trauben ab und kriegen eben eine entsprechende Menge Wein dafür. Man kann die Weintrauben übrigens auch essen, je nach Sorte und Jahrgang schmecken sie süß oder nicht so, ich kann mich an Zeiten erinnern, wo es die bei uns auch in den Geschäften als Obst zu kaufen gab. Jetzt wird fast ausschließlich Wein draus gemacht. Wobei es ja komisch ist, in Meißen bekommt man ja fast nie Meißner Wein, der geht ja vor allem an die Interhotels. Aber wenn man zu den Leuten, die so einen Weinhang bewirtschaften, hingeht, die haben dann auf einmal Flaschen mit ihren eigenen Etiketten.

Vom Fluß aus, da sieht man nach Radebeul die Reihen der Rebstöcke übereinander die Hügel hoch, diese Linien, die man von Weinbergen eben kennt, grüne Linien, von den Elbwiesen oder später von etwas felsigen Ufern nach oben. Das geht bis weit nach Meißen. Auf der Strecke gibt es Lokale, Restaurants unten an der Elbe, in so kleinen Weinbergschlößchen, zum Beispiel in Seußlitz. Da gibt es dann hin und wieder doch Meißner Wein, und das ist sehr angenehm, am Fuß eines Weinbergs zu sitzen, vielleicht bis in die Dämmerung hinein, im Garten mit dem Strom vor Augen.

Diese kleinen sandfarbenen Schlößchen aus dem Barock sieht man übrigens sehr gut, wenn man von Dresden nach Meißen mit dem Auto oder der Eisenbahn fährt, fast besser als vom Fluß aus. Da sind ja oft die Ufer so steil, daß nur die Ziegeldächer zu sehen sind.

Die Burg in Meißen wirkt, wie die Bauten in Dresden, wie eingerichtet auf den Blick von der Elbe aus. Sie ist vom Fluß aus schon sehr weit vorher zu sehen, die Türme und Giebel verschieben sich dann je nach Blickwinkel. Ist man dann nah dran, hat man denselben Blick wie von der Straßenbrücke, die vom rechten Ufer zur Altstadt hinüberführt. Die Bauten der Burg scheinen so richtig aus den Felsen, aus dem nackten Stein herauszuwachsen. So an die hundert Meter geht's da steil rauf.

Den Pfad, der dich in Meißen an fast allen Sehenswürdigkeiten vorbeiführt, den kannst du eigentlich gar nicht verfehlen, weil da immer Touristen langlaufen, vom Parkplatz auf der rechten Elbeseite über die Straßenbrücke, dann immer geradeaus die Willy-Anker-Straße lang, erst über den Rathenauplatz, dann bis zum Markt. Da am Markt schaut man hinter die Frauenkirche, geht dann auf der anderen Seite die Burgstraße hoch, nimmt entweder den Hohlweg, die Leinewebergasse oder einen der Treppenwege auf die Höhe der Freiheit und ist dann zum Schluß auf dem Plateau des Burgbergs. An manchen Ecken in der Stadt hab ich mich immer an Prag erinnert, nicht nur wegen der ausgetretenen Stufen, die zur Burg hochführen wie in Prag zum Hradschin. Sondern auch unten in den Gassen, diesen engen Sträßchen, wenn man durch die Marktgasse auf die Apotheke zuläuft oder in der Fleischergasse bei der Frauenkirche. Die kleinen Häuser links und rechts, wo schon Moos auf den Dächern ist, die alten Geschäfte, wie das alles verwinkelt und unregelmäßig ist. Diese Atmosphäre ist fast wichtiger als die einzelnen historischen Gebäude, die du auf dem Weg überall findest. Das Rathaus am Markt mit dem riesigen Dach macht einen sehr kompakten Eindruck, glänzt ein bißchen zu stark, ist frisch weiß renoviert. Am Markt gibt's dann noch die Apotheke, die schon über 400 Jahre alt ist, und alte Bürgerhäuser. Und eine Verkaufsstelle der Porzellanmanufaktur, vor der sich immer Schlangen bilden. Ihr könnt ja mit euren Devisen ein paar Sachen mitnehmen, aber auch eure Brieftasche sollte da ganz schön dick sein. Auf jeden Fall ist ein Besuch in der Schausammlung der Porzellanmanufaktur etwas außerhalb zu empfehlen. Da steht ein riesiger Tafelaufsatz, eine Art Tor oder Gebäude aus weißem Porzellan, getragen von Herkulessen und mit Göttern und Putten verziert, mit spitzem Dach und über 2 Etagen, nimmt einen ganzen langen Tisch ein. An der Frauenkirche in der Nähe vom Markt, die übrigens ein Glockenspiel aus Meißner Porzellan hat, steht eine merkwürdige Gaststätte, ein Weinlokal „Vincenz Richter“. Bei dem Haus weiß man nicht so recht, was da echt ist. Auf 'ner kleinen Treppe kommt man zur niedrigen Eingangstür, wo man unwillkürlich sich bückt beim Reingehen. Die Tür ist so blau gestrichen wie die Fensterläden an dem Fachwerkhaus, die Fenster sind bleiverglast. Drinnen ist es ziemlich schummrig und überall hängen irgendwelche alten Gegenstände, Helme, Uhren. Sieht alles ein bißchen wahllos aus. Der Wirt Vincenz Richter hat im letzten Jahrhundert wohl so alles gesammelt, was ihm alt vorkam. Teile des Gebäudes sind wirklich alt, andere, das Türmchen, ein Seitenflügel, wurden erst in den 20er Jahren gebaut. Auf jeden Fall ist die Weinstube sehr kurios, man sollte auch 'n Blick in den Hinterhof mit den blauen Säulen werfen, der ist schön, bloß Meißner Wein gibt's nicht. Auf dem Weg hoch zur Burg ist im Hohlweg die Konditorei Zieger zu empfehlen, da kann man guten Kuchen essen.

Oben erreicht man den Domplatz durch mehrere Burgtore, das ist irgendwie eine eigene Welt für sich. Der liegt ganz abgeschieden zwischen den Domherrenhöfen auf der rechten Seite, dem Dom in der Mitte, an dem man rechts vorbei zum Bischofsschloß kommt, links ein großes Kornhaus und die Albrechtsburg und die Wehrmauern. Da können noch so viele Besucher rumlaufen, irgendwie ist es doch immer still. Im Hof der Dompropstei, in einem der Domherrenhäuser, ist es mir schon mal passiert, daß durch den engen Hof mit der Galerie Klaviermusik geklungen ist. Da wird man selber still. Beeindruckend ist die Höhe des Innenraums des Doms, da wird man ganz klein, und der massive Wendelstein, also so eine Außentreppe, die sich an der Fassade hochschraubt, an der Albrechtsburg. Und natürlich der Blick runter auf die Elbe, wo man gegenüber schon die Weinberge sieht. Da kann man lange stehen und gucken.

Meißen, 38.000 Einwohner.

Gründung der Burg Meißen um 929, des Bistums Meißen 968, um 1000 erste Marktsiedlung, 1150 erste Erwähnung der Bürgerstadt Meißen. 1423 Meißner Markgrafen werden Kurfürsten und erhalten Herzogtum Sachsen-Wittenberg. 1260 bis 1410 Bau des jetzigen Doms an der Stelle des romanischen Vorgängerbaus, 1471 bis 1500 Bau der Albrechtsburg. Mit Reformation, Einführung in Meißen 1539, Auflösung des Bistums. Zu Beginn des 16. Jahrhunderts Verlegung der sächsischen Residenz nach Dresden.

Meißner Dom, gotisch. Die hohen Westtürme im 16. Jahrhundert durch Blitzschlag zerstört, die heutigen Türme 1903/08 errichtet, 81 Meter. Der Westfront 1425 Begräbniskapelle der sächsischen Herrscher vorgesetzt. Durch ihr Portal ist der Dom zu betreten. Das Schiff durch 18 Bündelpfeiler abgestützt, 18 Meter Höhe bis zum Scheitel des Gewölbes.

Albrechtsburg gilt, da nicht zu Wehrzwecken erbaut, als erstes Schloß Deutschlands. Repräsentative Schauseite zum Hof mit Galeriegängen und Großem Wendelstein, reliefverzierten Brüstungen, Wasserspeiern, Eingangssaal, Großer Bankettsaal, Kleiner Bankettsaal im 1. Obergeschoß. Kleiner und Großer Gerichtssaal, Wohnraum der Herzogin und Wappensaal im 2. Geschoß. Im 3. Geschoß Rätestube und Herrengemach. Heute Museumsgebäude.

Heutige Domherrenhäuser, zwischen 1497 und 1746 erbaut. Das älteste Gebäude ist die ehemalige Propstei, Domplatz 7, die Gaststätte „Domkeller“, Nr. 9, älteste noch betriebene Gaststätte Meißens, Schankrecht aus dem 16. Jahrhundert.

Kornhaus, 1470 als kurfürstliches Wirtschaftsgebäude errichtet. Ab 1710 Teil der Porzellanmanufaktur.

Frauenkirche, in Teilen 13. Jahrhundert, Turm 14. Jahrhundert. Gotisches Giebelhaus, An der Frauenkirche Nr. 9, Brauhaus, Renaissancegebäude, An der Frauenkirche Nr. 3, Handwerkerhäuser um 1600, Burgstraße 14 und 27, Fachwerkhaus, 1. Hälfte des 16. Jahrhunderts, Schloßberg Nr. 3, spätgotisches Haus, Hohlweg Nr. 6, Burglehen, sechsstöckiges Gebäude, zu Teilen 17. Jahrhundert, Freiheit Nr. 2.

Meißner Porzellan, Erfindung Johann Friedrich Böttgers in Zusammenarbeit mit Ehrenfried von Tschirnhaus. Böttger flüchtete 1701 von Preußen nach Sachsen, da er vom preußischen König als Goldmacher festgesetzt werden sollte, dieses Schicksal erfuhr er dann in Wittenberg von August dem Starken. 8 Jahre verbrachte Böttger als Gefangener mit Goldexperimenten in Kasematten unter der Brühlschen Terrasse in Dresden und auf der Festung Königstein. 1709 konnte er seine Nachahmung des chinesischen Porzellans vorweisen. 1710 ließ August auf der Albrechtsburg die erste europäische Porzellanmanufaktur einrichten. Sitz der Porzellanmanufaktur heute in Meißen-Triebischtal.

Im Boot auf der Elbe ist es gut, sich noch einmal nach Meißen umzudrehen, hin zu der Kurve, die der Fluß um den Granitklotz des Burgbergs mit Dom und Albrechtsburg macht, die Flächen der Wiesen vor dem steilen Aufbau Meißens. Aber dann kommt schon bald das erste Zellstoffwerk, das seine Abwasser in den Fluß leitet. Da schwimmen dann sofort die Flocken auf der Elbe herum. Aus den Abflußrohren kommen immer mehr, du kannst es richtig beobachten. In Riesa wird es dann richtig massiv mit der Industrie, da stehen dicke Schlote, die dir entgegenqualmen, Stahlwerke, das ist ja bekannt. So ist das eben an der Elbe, das Frühjahr nach den Hochwassern erkennt man nicht nur daran, daß die Natur wieder grün wird, sondern auch daran, daß die Büsche und Bäume auf den Elbwiesen eine Markierung aus Gerümpel, Plastikflaschen und so 'nem Kram tragen. Da weiß man denn, wie weit das Land unter Wasser gestanden hat.

Bei Torgau gibt es sehr viele Truppenübungsplätze, Panzergelände. Die Russen und die Amis haben sich ja nicht zufällig gerade in der Gegend getroffen, 1945. Die Dübener Heide, die schon vor Torgau anfängt, ist flaches Land, bestens geeignet für schnelle Panzervorstöße. Und Panzer üben nun auch immer noch den Elbübergang. Die leichten sind schwimmfähig, die schweren fahren am Grund entlang. Da kann es dir leicht passieren, daß so ein Manöver gerade im Gange ist, wenn du ankommst. Dann tönt es aus einem Lautsprecher, die Übung

Die Albrechtsburg und die Türme des Meißner Doms

wird für 10 Minuten unterbrochen, hinter dir geht dann der Verkehr unter Wasser weiter. Das sind nun wirklich ganz besondere Begegnungen. Also bei Torgau sollen die russischen und amerikanischen Truppen aufeinandergetroffen sein, so sagt man jedenfalls. Aber die Fotos, die immer von der Begegnung gezeigt werden, die sind gestellt, und es soll auch bei einem Dorf etwas weiter weg von Torgau gewesen sein. Na ja. Das „Denkmal der Begegnung" jedenfalls ist vom Fluß her gut zu sehen, auf einem kleinen Plateau, drei Banner aus Stein obendrauf. Direkt dahinter das massige Schloß Hartenfels mit einem hohen spitzen Turm. Das Schloß ist das Beeindruckendste an Torgau. Da läuft man über eine Brücke, wo unten zu beiden Seiten Bärenzwinger sind im Schloßgraben. Dann durch massive nietenbeschlagene Tore und massivste Mauern, das Portal trägt ein riesiges Wappen. Was gibt es noch in Torgau? Einen Marktplatz und auf dem Friedhof das Grab eines Amerikaners, der damals an der Elbe dabeigewesen ist und sich hier hat bestatten lassen.

Torgau, 23.000 Einwohner.

Das Treffen der sowjetischen und amerikanischen Soldaten fand am 25.4.1945 statt, damit war Nazideutschland in einen nördlichen und einen südlichen Teil getrennt und in die belagerte Hauptstadt Berlin. Der Krieg war endgültig entschieden, obwohl danach auch noch Tausende starben. Der Chicagoer Taxifahrer Joseph Polowsky, der an der Begegnung teilgenommen hatte, ließ sich nach seinem Tod 1982 als Zeichen der Verständigung zwischen USA und UdSSR auf dem Torgauer Friedhof beisetzen.

Schloß Hartenfels entstand aus einem „festen Haus" von 1288, Bauzeit von 1470 bis 1625. Zeitweilig Residenz eines Zweiges der sächsischen Herrscher. Die einzelnen Schloßflügel nach und nach errichtet, herausragend der hohe Hausmannsturm, kunstvoll die schneckenförmigen Zugangstreppen, die Wendelsteine.

Es ist ja so, daß du von der Elbe aus oft sehr Häßliches von den Städten siehst, oft aber auch genau das, was unter Sehenswürdigkeit gehandelt wird. Bei Wittenberg fällt beides zusammen. Man kann vom Boot aus den Turm der Schloßkirche sehen, an deren Portal Luther seine Thesen genagelt hat. Der Turm sieht mit seinem merkwürdigen Aufsatz eher aus wie ein Wasserturm, dem sie einen zu engen Kragen verpaßt haben. Der Kragen, das ist ein Mosaik mit der Inschrift „Ein feste Burg ist unser Gott“. Die Schloßkirche ist unter Kaiser Wilhelm Zwo so verschandelt worden, der hatte ja ungefähr denselben Geschmack wie Honecker.

Lutherstadt Wittenberg, 54.000 Einwohner.

1180 erstmals urkundlich erwähnt. 1502 Gründung der Universität, an der unter anderen Luther und Melanchthon lehrten. Luther ließ sich 1508 als Student immatrikulieren, blieb dann ab 1511 endgültig in Wittenberg, wurde 1512 Doktor der Heiligen Schrift, hielt Vorlesungen. Schlug 1517 seine Thesen gegen den Ablaßhandel und zur inneren Reform der katholischen Kirche an die Tür der Schloßkirche. Gegen die einsetzenden Angriffe von seiten der Kirche verschärfte er seine Vorlesungen, ein Schreiben des Papstes, in dem ihm der Bann angedroht wurde, verbrannte er öffentlich vor dem Elstertor in Wittenberg. Auch als Luther ab 1521 sich auf der Wartburg verbergen mußte, blieb die Stadt Zentrum der Reformation, radikale Theologen lasen an der Universität, Melanchthon war an der Übersetzung der Bibel (Lutherbibel) beteiligt, die auch in Wittenberg gedruckt wurde.

Luthereiche, 1830 gepflanzt, Weserstraße/Ecke Lutherstraße. Bezeichnet in etwa die Stelle, an der Luther am 10. Dezember 1520 das päpstliche Bannandrohungsschreiben öffentlich verbrannte, dazu noch die Bücher des Kirchenrechts.

Lutherhof, ehemaliger Innenhof des Augustiner-Eremiten-Klosters, in das Luther 1508 eintrat.

Lutherhaus, Collegienstraße, nimmt eine Seite des Lutherhofes ein. Wohnhaus Luthers. Heute Museum, die Staatliche Lutherhalle.

Die Rousseau-Insel im Park Wörlitz

Melanchthonhaus, Collegienstraße. Renaissancebau, heute Museum.

Ehemalige Universität, Collegienstraße. Das Alte Kollegium ab 1503, das Neue Kollegium um 1509/11 erbaut, vielfach verändert, heute Wohngebäude. Hier lasen und studierten außer Luther und Melanchthon Giordano Bruno, Johann Kunckel, Novalis, Lessing.

Stadtkirche St. Marien, Kirchplatz. Um 1400 erbaut, Predigtstätte Luthers, Schauplatz theologisch-politischer Disputationen.

Schloßkirche, Schloßplatz. Um 1500 erbaut. An der Tür am Nordportal befestigte Luther am 31. Oktober 1517 die 95 Thesen. Das Original verbrannte 1760, die heutige Bronzetür, die den Wortlaut der Thesen wiedergibt, wurde 1858 eingeweiht. Der Turm der Schloßkirche bekam um 1892 die jetzige Haube mit dem Mosaikband. Unter der Kanzel der Kirche das Grab Luthers, gegenüber die Gruft Melanchtons.

Das Panorama von Wittenberg mit der Schloßkirche und den kleinen Häusern hinter der Böschung hat man im Rücken, wenn man am Ortsteil Piesteritz in die Chemiegegend kommt. Es ist wirklich nicht übertrieben, wenn ich sage, da kocht das Wasser richtig, schlägt Blasen, Abwässer schießen aus Abflußrohren in allen möglichen Formen, ovalen, runden, dreieckigen. Am Himmel stehen die gelben Wölkchen des Schwefels, der aus den Türmen des VEB Agrochemie kommt. Man fährt kilometerlang in einer Kurve, die betonbefestigt ist, an dieser Chemielandschaft vorbei. Da sind alle Baustile der Industriegeschichte vertreten. Schaum in der Elbe. In der Nacht liegt Flutlicht über den Fabriken, es poltert auf dem Gelände, kleine Flammen hier und da, merkwürdige Geräusche, Gerüche, Atmosphäre. Bei der Straßenbrücke nach Dessau kommt die Mulde und bald danach die Saale in die Elbe rein, da braucht man dann nichts mehr zu sagen, wenn du weißt, daß die Mulde an Bitterfeld und die Saale an Leuna und Halle vorbeifließt. Chemiebrühe. Aber zwischen Piesteritz und Dessau liegen seltsamerweise noch ein paar Auwälder und der Park Wörlitz.

Der Wörlitzer Park ist so vier Kilometer von der Elbe entfernt, hat aber viel mit dem Fluß zu tun. Der Wörlitzer See war mal ein Elbarm, die Nähe der Elbe bringt das Wasser für die kleinen Flüßchen, Kanäle, Seen und Teiche, die von Fähren und Gondeln überquert werden, von vielen Brücken überspannt werden. Und der kürzeste Weg von Berlin nach Wörlitz führt über eine Autofähre über die Elbe, da kann man sich übersetzen lassen. Dann ist man bei dieser völlig versponnenen Parkanlage. Der Reiz wird nicht so sehr durch die Bauten ausgemacht, obwohl es schon überraschend ist, das Gotische Haus über die Rasenfläche zu sehen oder an Büschen vorbei. Das hat zwei Fronten, eine mehr englische und eine mehr italienische. Pfauen staksen drumrum. Oder diese Einsiedelei aus Felsgestein, halb Höhle, halb Ruine. Aber viele der Gebäude wirken nur von Ferne, sollen auf die Entfernung beeindrucken, wenn man nahe rankommt, sehen die oft penetrant häßlich aus. Das gilt auch für die Plastik, die da rumsteht, die ist eben auf Blick angelegt. Richtig schön ist die Abwechslung von Gewässern, künstlichen Inseln, Blumengärten, Wiesen, Wald, Strauchstücken und dann dazwischen die Gebäude und Plastiken. Zum Beispiel die Rousseau-Insel. Völlig kreisrund, im Kreis stehen die Pappeln drauf und in der Mitte so ein Monument. Und auf den Kanälen und Seen kann man sich rumgondeln lassen in Schiffchen, die ein bißchen wie venezianische Gondeln aussehen, mit rotem Rumpf und goldgelbem Bugaufbau und Namen wie „Goethe" und „Schiller". Also von einem Gondelhafen kannst du dich durch den Park staken oder auf Fähren übersetzen lassen. Schwäne schwimmen mit, warten auf Futter. Alles versponnen liebenswert. Auch wenn viele Besucher da sind, so ab späten Vormittag, verlaufen die sich ja an vielen Stellen im Park. Aber früh ist es doch schöner, vielleicht noch im

Herbst, wenn in der ganzen Gegend der Nebel hängt, der von der Elbe hochkommt.

Schloß und Park Wörlitz.

Frühklassizistisches Schloß, 1769/73 nach Plänen von Erdmannsdorf errichtet. Anlage des Parks 1765 begonnen, 112 Hektar groß. Fürst Leopold Friedrich Franz von Anhalt-Dessau ließ mit dem romantischen Landschaftspark so etwas wie einen Protest gegen den etwa 15 Jahre zuvor angelegten Park Sanssouci errichten.

Dessau liegt eigentlich mehr an der Mulde als an der Elbe, obwohl es auch einen Elbhafen gibt und die Stadt mit einem Ende noch an die Elbe reicht. Dort gibt es eine Gaststätte direkt am Fluß, „Kornhaus", und das ist ein Bauhauslokal, da bekommt man gleich einen Eindruck von den Bauhausformen. Zwar ist das Gebäude unheimlich verschlampt und runtergekommen, aber du siehst die typischen Formen der Terrasse, des flachen Dachs, der verstrebten Stahlfenster, die abgerundeten Kanten. Also, da wirst du mit dem Boot gleich auf das Wichtige an Dessau gestoßen, das Bauhaus. Dessau ist ja eine furchtbar zerbombte Stadt, zu vergleichen vielleicht noch mit Halberstadt, überall Lücken, nur noch wenig übriggeblieben. Aber im ganzen Stadtgebiet verstreut die Bauhaus-Bauten, nicht nur in Dessau-Törten, wo das ganze Viertel Bauhaus ist. Der Konsum und dann die Reihenhäuser, die inzwischen die verschiedensten Grade der Verwandlung durchgemacht haben. Es gibt noch Häuser im Originalzustand, aber bei den meisten ist da ein Blumenfenster und dort ein Vordach rangesetzt worden, und dann gibt es noch so völlige Umbauten von „So wohnt man in Amerika" mit Hollywoodschaukel bis Gartenzwerg oder maurische Rundbögen.

Dessau, 104.000 Einwohner. Industriezentrum und Wohnstadt für das Chemiegebiet um Bitterfeld und Wolfen.

Bauhaus, Architekten- und Künstlerschule rund um Walter Gropius. Ging von der gegenseitigen Beeinflussung aller Künste, des Handwerks und des Lebensstils der Moderne aus. Der Architekturstil des Bauhauses war Produkt philosophischer, soziologischer und ebenso bauhandwerklicher Überlegungen. Das Bauhaus, 1918 begründet, mußte 1925 auf Druck des rechtsgerichteten Stadtrats von Weimar nach Dessau umsiedeln, dann 1932 auf Erlaß der thüringischen Landesregierung, an der Nazis beteiligt waren, nach Berlin weiterziehen.

Der Magdeburger Dom

Neben einzelnen Bauten, so das Gewerkschaftshaus am August-Bebel-Platz, und der Siedlung in Dessau-Törten ist das Gebäude des Bauhauses erhalten, 1926 errichtet am Bauhausplatz. Nur kleine Ausstellung im Foyer des Gebäudes.

Um Dessau rum ist noch recht viel Wald, aber auf Magdeburg und die Magdeburger Börde zu fährt man durch riesige Felder, von denen man aber nichts sieht, weil die hinter der Uferböschung völlig flach liegen. Man schaut also über den Rand der Böschung nur immer in den Himmel. Bei Magdeburg teilt sich die Elbe, wird ja danach unheimlich breit, ihr kennt das ja auf jeden Fall

von euren Fahrten auf der Transitautobahn, wie der Strom sich da so durch die flache Landschaft wälzt. Direkt am Stadtzentrum von Magdeburg paddelt man um eine Insel rum, auf der es einen Freizeitpark mit Aussichtsturm und so weiter gibt. Dadurch kommt man dicht an allem vorbei, was in der Stadt sehenswert ist, das ist ja eigentlich nur der Dom und das Kloster Unser Lieben Frauen und die Elbpromenade davor. Vielleicht noch das Rathaus und der Reiter davor, aber dazu mußt du dann durch die Straßen der Stadt, und da das überall so penetrant stinkt, ist das schon 'ne Willenssache. Vom Fluß aus ist Magdeburg gut zu ertragen. Der Dom steht auf einem Felsen, der in den Fluß ragt, also erst mal stehen da Reste einer Wehranlage und dahinter dann Bäume und dann die Rückseite vom Dom, das Querschiff und dahinter dann die beiden Türme. Am Kloster fährt man auch ziemlich dicht vorbei, und so hast du von der Stadt einen wunderbaren Eindruck, zwischen all der Industrie vorher und hinterher, den riesigen Speichern, die teilweise gewaltiger als der Dom wirken.

Magdeburg, Bezirksstadt. 300.000 Einwohner.

Erste urkundliche Erwähnung 805. 1064 bis 1240 Bau des Klosters „Unser Lieben Frauen“, 1209 bis 1520 des Doms. Magdeburg war Mitglied der Hanse, hatte als Handelsumschlagplatz ähnliche Bedeutung wie Lübeck. Im 18. Jahrhundert Festungsstadt. Zwischen 1840 und 1900 Wachstum zu Industriezentrum und Großstadt. Im 2. Weltkrieg mehrere Bombenangriffe, schwerste Zerstörungen am 16. Januar 1945. Weitgehend neubebautes Zentrum, mehrere Satellitenstädte. Die Stadt erstreckt sich über 15 Kilometer die Elbe entlang.

Dom. Erhaltene romanische, vor allem im südlichen Kreuzgangsflügel, und frühgotische und hochgotische Stilelemente. Nach Benutzung des Doms als Magazin durch die napoleonischen Truppen 1806, Restaurierung 1826 bis 1834, Zerstörungen durch die Bombenangriffe 1944 und 1945, restauriert. Im Inneren neben sakralen Bildwerken und Grabplatten von Erzbischöfen das „Ehrenmal“ von Barlach für die Kämpfer und Opfer des 1. Weltkriegs, von den Nazis 1934 entfernt, wieder aufgestellt.

Kloster Unser Lieben Frauen, geht auf Ansiedlung der Kanoniker zurück, die sich 1015 bei der erzbischöflichen Residenz niederließen. Mit Klosterkirche St. Marien. Heute Konzerthalle.

Elbpromenade, dort Reste der alten Stadtmauer, zieht sich vor dem Dom, dem Kloster Unser Lieben Frauen, der St. Magdalenenkapelle, der Walloner und der Petrikirche den Fluß entlang.

Rathaus, in einzelnen Teilen aus dem 12. und 13. Jahrhundert, darauf Ende des 17. Jahrhunderts Gebäude im Barockstil gebaut. Nach Zerstörung 1945 in Teilen rekonstruiert.

Magdeburger Reiter, Standbild von 1240. Vor dem Rathaus eine bronzene Kopie, Original im Kulturhistorischen Museum.

Ein Stück nach Magdeburg passiert mit der Elbe etwas Merkwürdiges. Durch die

Breite, den manchmal recht flachen Strom und den Sand muß es so etwas wie einen Effekt der Selbstreinigung geben. Das Wasser wird immer klarer, ist natürlich chemisch immer noch hoch belastet, aber es sieht klarer aus. So daß immer öfter Leute auf Luftmatratzen über den Fluß paddeln im Sommer und voller Hoffnung angeln. Auf jeden Fall, ehe wieder die Lachse den Strom hochziehen, da muß in der CSSR und der DDR und auch bei euch wohl noch einiges passieren.

Jetzt treibt man so ins letzte Stück Elbe vor der Grenze in die Altmark. Das ist ein ganz vergessenes Ende Land, weil hart an der Grenze. Modern ist da das Kernkraftwerk Stendal, das natürlich direkt am Wasser errichtet wird, braucht ja die Elbe für seine Kühlung. Davor kann man bei Jerichow ein kleines Stück in so einen alten Seitenarm paddeln, dann bleibt das Boot im Kraut stecken und man sieht weit über das Gras, ist ja alles platt, die Türme des Klosters. Das ist ein Backsteinkloster und das erste Backsteinkloster auf dem Gebiet der DDR, das überhaupt gebaut worden ist. Man steigt aus dem festgefahrenen Boot aus, läuft über die Elbwiesen, kommt dann zu dem riesigen Doppelturm. Die eine Mauer des Klosters ist gleichzeitig Mauer des Hofs der LPG, eine romantische Absperrung. Tangermünde, ein Stück nach Jerichow auf der linken Uferseite, liegt hinter Backsteinbefestigungen, die die Stadt gegen den alten Hafen absperren. Direkt zum Fluß hin steht ein dreifaches Stadttor. Das leuchtet fast rot in der Sonne. Vom Industriehafen muß man durch ein anderes Tor in die Stadt rein. Auf jeden Fall aber, von wo man auch kommt, muß man durch die mittelalterliche Stadtmauer.

Tangermünde, 12.000 Einwohner.

Erstmals 1009 erwähnt, schon um 1200 städtischer Charakter, Mitglied der Hanse, Blütezeit im 15. Jahrhundert, in dem Rathaus und die Stadttore errichtet wurden.

Rathaus, Backsteingotik, Schmuckgiebel am Ostflügel.

Fast vollständig erhaltene Stadtmauer mit rekonstruiertem Neustädter Tor, dem Wehrturm des Hünerdorfer Tors, Elbtor, Schrotturm und einigen Wiekhäusern.

Stephanskirche, gotisch umgestaltete romanische Basilika, barocke Haube auf dem Nordturm.

Nikolaikirche, aus der zweiten Hälfte des 12. Jahrhunderts, gotischer Turm von 1460/70.

Reste der Burg, des Ursprungs der Stadt.

Bürgerhäuser, die zumeist nach den Stadtbränden des 17. Jahrhunderts entstanden sind.

Dann kommt die Baustelle des Stendaler KKW. Da ist schon so flaches Land an der Elbe, daß der Strom eingedeicht werden mußte wegen der ständigen Hochwasser. Also es gibt Deiche und in Arneburg, nach der Baustelle, da war Bismarck, der bekannte Bismarck, Deichhauptmann. Jetzt bist du schon fast an der Einmündung der Havel in die Elbe, die läuft kilometerweit nebenher, an manchen Stellen sind die beiden Flüsse nur durch 10 Meter Boden und eben die Deiche voneinander getrennt. Direkt vor der Einmündung der Havel ist die schon wieder ziemlich schmal, weil ein Teil ihres Wassers schon vorher über ein Wehr in die Elbe geflossen ist. Da macht sie also einen niedlichen Eindruck, wenn man von der Elbe zu ihr hinläuft, aber die Wasserqualität ist auch nicht die beste. Nur noch ein kurzes Stück vor der Grenze liegt Wittenberge mit einem Industriehafen. Den muß man vermeiden, aber daneben ist ziemlich hoch über dem Wasser auf der Böschung eine schöne Chaussee mit Kopfsteinpflaster und Alleebäumen und alten Häusern. Da kannst du sitzen und übers Wasser auf die Eisenbahnbrücke, Wittenberge ist ja Eisenbahnknotenpunkt mit einem riesigen Verschiebebahnhof, und rüber auf die anderen Ufer schauen. Eine ganze Weile kannst du da in Ruhe sitzen.

Bald danach kommt das Grenzgebiet, wo die Elbe die Grenzlinie bildet, da ist man dann durch durch die DDR.

Ende der Republik.

Die Elbetour – von der Sächsischen Schweiz in die Altmark

Unterkünfte
„Deutsches Haus"
in Gardelegen
Bezirk Magdeburg
„Goldener Adler"
in Wittenberg, Bezirk Halle
„Roland" in Haldensleben
Bezirk Magdeburg
„Stadt Burg" in Burg
Bezirk Magdeburg
„Wittenberger Hof"
in Wittenberg, Bezirk Halle

Camping
Moritzburg,
am Mittelteichbad
Reichenberg,
Bad Sonnenland
Scharfenberg,
im Rehbocktal
Altenberg,
Kleiner Galgenteich

Elbsandsteingebirge
Bezirk Dresden

Anreise
von Berlin
mit der Eisenbahn
über Dresden, dann das Elbufer entlang in Richtung Schmilka
mit dem Auto
über die Autobahnen E 55 und E 40 bis Dresden, dann auf der Landstraße auf und hinter den Elbhöhen nach Wehlen, Rathen, Bad Schandau und schließlich Schmilka oder auf der anderen Seite des Stroms nach Königstein
von Dresden
mit der Weißen Flotte
Ablegestelle vor der Brühlschen Terrasse in Dresden
Fahrtdauer bis Schmilka gut 6 Stunden (und von Schmilka nach Dresden gut 4 Stunden)

Bad Schandau
Bezirk Dresden

Informationen
Kurverwaltung
8320 Bad Schandau
Markt 8

Überfahrt mit der Amtsfähre zum Wörlitzer Vesta-Tempel

Essen & Trinken
„Elbhotel", An der Elbe 2
„Hotel zur Krone", Markt 9
„Ostrauer Scheibe",
Alter Schulweg 12
„Café Häntzschel",
Elbufer 25
„Café Stammler", Markt 2
„Milchbar",
Karl-Marx-Platz 7

Kunst & Kultur
Heimatmuseum
Badallee 10

Spaß & Sport
Kino
„Filmtheater des Friedens"
Ernst-Thälmann-Str. 6
Ausflüge
zu den Schrammsteinen,
3 km entfernt

Königstein
Bezirk Dresden

Informationen
Rat der Stadt
8305 Königstein
Goethestr. 7

Essen & Trinken
„Sachsenhof",
Bielatalstr. 33
„Blauer Stern",
Pirnaer Str. 15
„Schrägers Gaststätte",
Kirchgasse 2
„Elbhotel", Bielatalstr. 7
„Charlottenburg",
Cunnersdorfer Str. 22
„Café Elbblick",
Halbestadt 16
„Festung Königstein",
auf dem Festungsplateau

Kunst & Kultur
Museum Festung Königstein

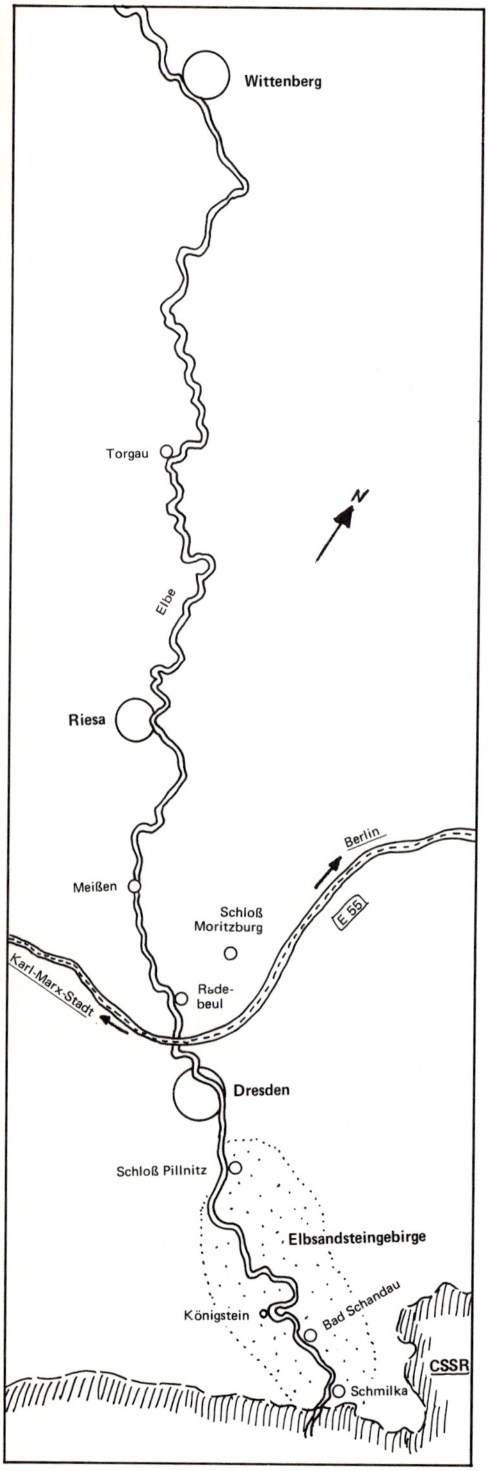

Waffen bis zur Jetztzeit
Mo bis So 8.00 bis 17 Uhr

Spaß & Sport
Kino
„Filmtheater",
Goethestr. 18

Rathen
Bezirk Dresden

Informationen
Rat der Gemeinde
8324 Rathen

Essen & Trinken
„Amselgrundschlößchen"
„Sonniges Eck"
„Café Elbschlößchen"
„Erbgericht"
„Margaretenhöhe"

Kunst & Kultur
Felsenbühne Rathen
Spielzeit Mai bis September
im Repertoire vor allem
Robin Hood und Winnetou
Theaterkasse in Rathen
ab Anfang Mai Di bis So
9.00 bis 15.00 Uhr
weitere Vorverkaufsstellen
in Pirna, Dresden, Meißen

Schmilka
Bezirk Dresden

Essen & Trinken
„Zur Mühle"
„Zjm Greneck"
„Elbcafé"

Kunst & Kultur
Heimatmuseum

Wehlen
Bezirk Dresden

Informationen
Kurverwaltung
8306 Stadt Wehlen
Markt 5

Essen & Trinken
„Einheit", Markt 3
„Dampfschiffhotel",
Elbufer 4
„Café Richter",
Karl-Marx-Platz 4
„Strandidyll", Hofewiese 19

Dessau
Bezirk Halle

Informationen
4500 Dessau
Rat der Stadt

Anreise
von Berlin, Magdeburg und Leipzig
mit der Eisenbahn direkte Verbindungen

von Berlin
mit dem Auto über die Autobahn E 51 Richtung Leipzig/Halle bis Abfahrt Dessau

Essen & Trinken
„Ratskeller", Am Markt
„Haus des Handwerks",
Sophie-Nagel-Str. 1
„Waldbad Freundschaft",
Dessau-Törten
„Café am Bauhaus",
Ernst-Thälmann-Allee
„Teehäuschen"
im Stadtpark
„Kornhaus", Elballee

Kunst & Kultur
Museen
Bauhaus
wechselnde Architektur-Ausstellungen in der Eingangshalle
Ernst-Thälmann-Allee
an der Bauhausstraße
Naturkundemuseum
Wilhelm-Pieck-Straße
Staatliche Gemäldegalerie
im Schloß des Georgium
Sammlung enthält auch
Dürer, Lucas Cranach d. Ä.
Friedrich-Engels-Straße
Theater
Landestheater
Karl-Marx-Straße
am Friedensplatz
Puppentheater
Freiherr-von-Schill-Straße

Spaß & Sport
Ausflüge
Fahrt zum spätbarocken Schloß Mosigkau, Architekt von Knobelsdorff, mit Gemäldesammlung, Rubens, Pesne, van Dyck und Kunsthandwerk des 17./18. Jahrhunderts
Wanderung über die 1760 angelegte Luisiumallee zum Landschaftspark Luisium
Fahrt zu Schloß und Park Wörlitz
Schiffsfahrt mit der Weißen Flotte auf der Elbe bis nach Magdeburg,
Mai bis September
Abfahrtstelle an der Gaststätte „Kornhaus"
am Stadtrand

Jerichow
Bezirk Magdeburg

Essen & Trinken
„Schulterblatt",
Karl-Liebkencht-Str. 60
„Poeges Hotel",
Johann-Lange-Str. 1
„Gerichtsschenke",
Lindenstr. 1

Magdeburg
Bezirkshauptstadt

Informationen
Magdeburg-Information
3000 Magdeburg
Alter Markt 9
Tel. 3 16 67 und 3 53 52

Anreise
von Berlin
mit der Eisenbahn direkte Verbindung
mit dem Auto auf der Autobahn E 30 Richtung Marienborn bis Magdeburg
von Hannover
auf der Autobahn E 30 Richtung Berlin bis Magdeburg

Unterkunft
Interhotel „International"
3000 Magdeburg
Otto-von Guericke-Str. 87
Tel. 38 40

Überblicke
Stadtrundfahrt mit dem Bus
Mo bis Fr 11.00 Uhr,
Sa, So 14.00 Uhr
Abfahrt Alter Markt Südseite

Essen & Trinken
„Stadt Prag",
Karl-Marx-Str. 20
„Bötelstube" Alter Markt
„Donezk", Hegelstr. 42
„Ratskeller", Alter Markt
„Weinkeller Buttergasse",
Alter Markt
„Café Adria"
Halberstädter Str. 98
„Café Liliput",
Karl-Marx-Str. 180

Kunst & Kultur
Museen
Kulturhistorisches Museum
Otto-von-Guericke-Straße 68–73
Di bis So 10.00 bis 18 Uhr
Kloster unser Lieben Frauen
dort auch Nationale Sammlung Kleinplastik der DDR
Regierungsstr. 4–6
Di bis So 10.00 bis 18 Uhr
Johanniskirche
dort Ausstellung zur Stadtentwicklung
Jakobstraße
Mo bis So 13.00 bis 17 Uhr
Galerien
Kleine Galerie
Karl-Marx-Str. 180
Klubgalerie, Hegelstr. 3
Burggalerie
Wilhelm-Pieck-Allee 23
Theater
Bühnen der Stadt Magdeburg
Boleslaw-Bierut-Platz
dort auch Theaterkasse
Tel. 5 81 31
Städtisches Puppentheater
Warschauer Str. 25
Konzerte
Orgelkonzerte in der Klosterkirche
Regierungsstr. 4–6

Spaß & Sport
Zoologischer Garten
Am Vogelgesang 12
täglich 8.00 bis 19.00 Uhr
Kinos
„Am Moritzplatz",
Moritzplatz 1
„Theater des Friedens",
Alter Markt
„Theater der Freundschaft",
Braunschweiger Str. 25
„Scala-Lichtspiele",
Halberstädter Str. 135
Ausflüge
Fahrten mit der Weißen Flotte auf der Elbe nach Tangermünde, nach Dessau, über das Schiffshebewerk Rothensee nach Calvörde, über den Elbe-Havel-Kanal zum Plauer See
Abendfahrten mit Tanz
Ablegestelle Petriförder
Information und Vorbestellung Petriförder, Tel. 3 78, App. 3 54

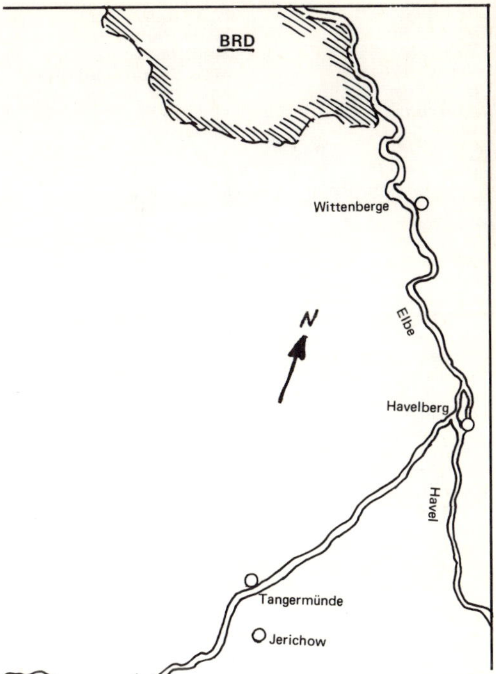

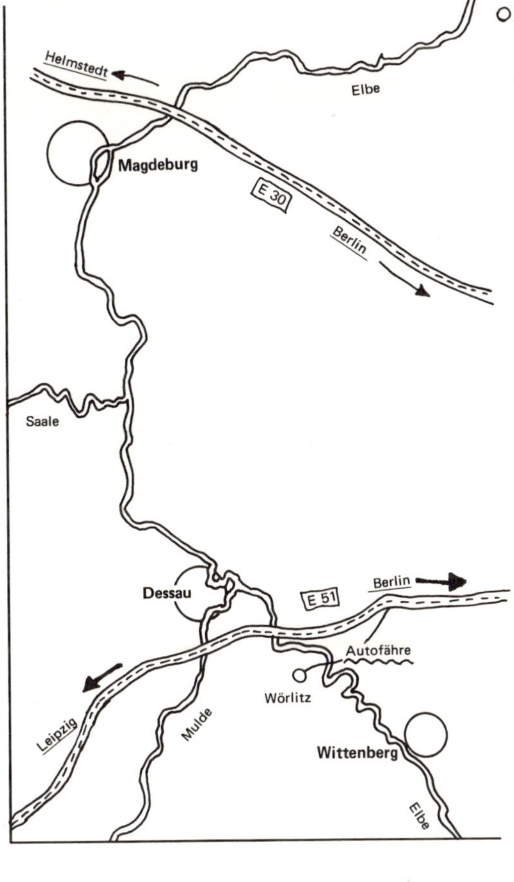

Meißen
Bezirk Dresden

Informationen
Meißen-Information
8250 Meißen
Willy-Anker-Str. 32
Tel. 44 70

Anreise
von Berlin
mit der Eisenbahn nach Dresden, dort mit der Dresdner S-Bahn nach Meißen
mit dem Auto auf der Autobahn E 55 bis Abfahrt Radeburg, dann Landstraße bis Meißen

Überblicke
Stadtführungen durch die historische Altstadt bei Bedarf
Anmeldung bei Meißen-Information
Willy-Anker-Str. 32
Tel. 44 70

Essen & Trinken
„Rastkeller", Markt 1
„Bienenkorb",
Straße der Befreiung 9
„Domkeller", Domplatz 9
„Meißner Hof",
Lorenzgasse 7

„Zum Elbblick“,
Dresdner Str. 59
„Weinkokal
Vincenz Richter“,
An der Frauenkirche 12
„Winkelkrug“,
Schloßberg 13
„Café Zieger“, Rote Stufen 5
„Café Schönitz“,
Straße der Befreiung 89
„Café Zentral“,
Willy-Anker-Str. 9

Kunst & Kultur
Museen
Museen in der Albrechtsburg
Geschichte des Landes, Sammlung sächsischer Sakralplastik, Porzellan
Domplatz 1
täglich 9.00 bis 17.00 Uhr
Stadt- und Kreismuseum
Geschichte der Stadt, des Weinbaus, der Elbeschiffahrt
Rathenauplatz 3
Tel. 31 45
Staatliche Porzellanmanufaktur
Porzellanmuseum und Vorführwerkstatt
Leninstr. 9
Tel. 5 41
April bis Oktober Di bis So 9.00 bis 12.00 und 13.00 bis 16.00 Uhr
Konzerte
Sinfoniekonzerte auf der Albrechtsburg
Domplatz 1
Orgel- und Chorkonzerte im Dom
Domplatz 7
Dom
Führungen mehrmals am Tage (Dauer ca. 1 Std.)

Spaß & Sport
Kinos
„Filmbühne“,
Theaterplatz 14
„Filmburg“,
Straße der Befreiung 44
Tanzvergnügen
Jugendklub „Wendelstein“, in den Kellerräumen der Albrechtsburg
Jugendklubhaus „Weltfestspiele“, Dresdner Str. 72
Ausflüge
Fahrten mit der Weißen Flotte auf der Elbe
nach Dresden, 3 Stunden
April bis Oktober
nach Riesa, 2 Stunden
Mai bis September
Ablegestelle Wilhelm-Pieck-Straße neben der Eisenbahnbrücke

Pillnitz

Schloß Pillnitz
Museum für Kunsthandwerk
Park täglich von 6.00 bis 20.00 Uhr geöffnet
Freilichtkonzerte in den Sommermonaten
erreichbar mit der Weißen Flotte von Dresden in 90 Minuten

Radebeul
Stadtteil Dresdens

Anreise
von Dresden
mit der Straßenbahn Linien 4 und 5

Kunst & Kultur
Museen
Schloß Hoflößnitz
Weinbaumuseum
Lößnitzgrund 16
Mi 14.00 bis 18.00 Uhr,
Do, Fr 14.00 bis 16.00 Uhr,
Sa 10.00 bis 16.00 Uhr,
So 14.00 bis 17.00 Uhr
Karl-May-Museum
Karl-May-Str. 5
Di bis So 9.00 bis 16.30 Uhr

Spaß & Sport
Ausflüge
mit der Schmalspurbahn in Traditionszügen über Schloß Moritzburg nach Radeburg, Abfahrt Bahnhof Radebeul
mit der Weißen Flotte auf der Elbe
nach Dresden, 90 Minuten
nach Meißen, 60 Minuten

Tangermünde
Bezirk Magdeburg

Informationen
Rat der Stadt
3504 Tangermünde

Anreise
von Berlin
mit dem Auto auf der Autobahn E 30 Richtung Marienborn bis Abfahrt Ziesar, dann Landstraße über Genthin nach Tangermünde
von Hannover
mit dem Auto auf der Autobahn bis Braunschweig, weiter auf der Landstraße über Grenzstelle Oebisfelde, weiter über Gardelegen, Stendal bis Tangermünde

Essen & Trinken
„Schwarzer Adler“
„Schiffsgaststätte Störtebecker“
„Elbebrücke“
„Zur Palme“
„Zuckerbörse“
„Burgcafé Utescher“

Torgau
Bezirk Leipzig

Informationen
Reisebüro
7290 Torgau
Straße der Opfer des Faschismus 9

Anreise
von Leipzig
mit der Bahn gute Verbindung
von Berlin
mit dem Auto über die Autobahn E 51 Richtung Leipzig bis Abfahrt Coswig, dann Landstraße über Wittenberg nach Torgau

Essen & Trinken
„Ratskeller“, Markt
„Café Wien“, Breite Straße
„Terrassencafé“,
Wolfferdorffstraße
„Café am Markt“, Markt

Kunst & Kultur
Museen
im Schloß Hartenfels
Geschichte der Stadt, Möbelsammlungen 17. bis 19. Jahrhundert

Wittenberg
Bezirk Halle

Informationen
Wittenberg-Information
4600 Wittenberg
Collegienstr. 8
Tel. 22 39

Anreise
von Leipzig
mit der Bahn über Bitterfeld
von Berlin
mit der Bahn direkte Verbindungen
mit dem Auto auf der Autobahn E 51 Richtung Leipzig bis Abfahrt Coswig, dann Landstraße bis Wittenberg

Überblicke
Stadtführungen
bei Bedarf, Anmeldung Wittenberg-Information
Collegienstr. 8
Tel. 22 39

Essen & Trinken
„Schloßkeller“, Schloß
„Ratsschenke“, Markt 14
„Schwarzer Bär“,
Schloßstr. 2
„Elbschlößchen“,
Straße der Neuerer 14
„Café am Markt“, Markt 5
„Eiscafé“, Schloßplatz

Kunst & Kultur
Museen
Staatliche Lutherhalle
Collegienstr. 54
Di bis So 9.00 bis 17.00 Uhr
Melanchthonhaus
Collegienstr. 60
Mo bis Do 9.00 bis 17.00, Sa, So 10.00 bis 12.00 und 14.00 bis 17.00 Uhr
Stadtgeschichtliches Museum
Schloß
Di bis Fr 9.00 bis 11.30 und 12.15 bis 17.00 Uhr,
Sa, So 10.00 bis 12.00 und 14.00 bis 17.00 Uhr
Theater
Elbe-Elster-Theater Wittenberg
Schauspiel, Oper, Operette
Thomas-Müntzer-Str. 14–15
Information und Kartenvorverkauf
Markt 10
Tel. 20 85

Spaß & Sport
Kinos
„Central-Theater“,
Ernst-Thälmann-Str. 12
„Capitol“, Karl-Marx-Str. 6
Ausflüge
mit der Weißen Flotte auf der Elbe
Abendfahrten mit Tanz
März bis Oktober
Ablegestellen Dresdner Straße und Elbestraße
Information und Vorbestellungen
Verkaufsstelle Mauerstraße

Wittenberge
Bezirk Schwerin

Informationen
Rat der Stadt
2900 Wittenberge
August-Bebel-Straße

Anreise
von Berlin
mit der Bahn direkte Verbindung auf der Linie nach Schwerin
mit dem Auto auf der Autobahn E 26 in Richtung Hamburg bis Abfahrt Pritzwalk, dann Landstraße über Perleberg nach Wittenberge
von Hamburg
auf der Autobahn E 26 in Richtung Berlin bis Abfahrt Pritzwalk, dann Landstraße über Perleberg nach Wittenberge

Essen & Trinken
„Ratskeller“, Rathaus
„Kokospalme“, Bahnstr. 63
„Elbterrasse“, Elbstr. 16

„Zur Elbbrücke“,
Bad-Wilsnacker-Straße
„Café am Stern“,
Perleberger Str. 1

Kunst & Kultur
Museen
Arbeiter- und Industriemuseum
Geschichte der Stadt, der Industrie, der Arbeiterbewegung, der Elbschiffahrt
Putlitzstraße

Wörlitz
Bezirk Halle

Informationen
Rat der Stadt
4414 Wörlitz
Thälmannstr. 87

Anreise
von Dessau
vom Wörlitzer Bahnhof aus mit der Eisenbahn
von Berlin
mit dem Auto auf der Autobahn E 51 Richtung Leipzig bis Abfahrt Dessau-Wörlitz

Essen & Trinken
„Wörlitzer Hof“
„Goldene Weintraube“
„Zum Stein“
„Am Eichekranz“
„Sommercafé
Grüner Baum“

Kunst & Kultur
Museum
Schloßmuseum und
Museum Gotisches Haus
täglich 9.00 bis 18.00 Uhr
Tel. 3 91 Wörlitz

Theater
Wörlitzer Theatersommer
im Amphitheater auf der Insel Stein
im Wörlitzer Park
Mai bis September